Joachim Stopik

Beuthen-Miechowitz/Mechtal

Joachim Stopik

Beuthen-Miechowitz/Mechtal

Die Geschichte eines Ortes und dessen Bewohner im Herzen des oberschlesischen Industriegebietes bis 1946

Laumann-Verlag

Bildnachweis:
Archiv Laumann: 10, 103, 109, 210, 221, 268, 270, 271, 329
Alle anderen Bilder stammen vom Autor.

Gesamtherstellung:
Laumann Druck & Verlag GmbH & Co. KG, Postfach 1461, 48235 Dülmen

ISBN 978-3-89960-310-1

Telefon 02594/9434-0
Telefax 02594/9434-70
E-Mail info@laumann-verlag.de
Internet-shop www.laumann-verlag.de

Inhaltsverzeichnis

Für

Gisela
Andrea und Anja Britta
Michael, Axel
und
Magdalena

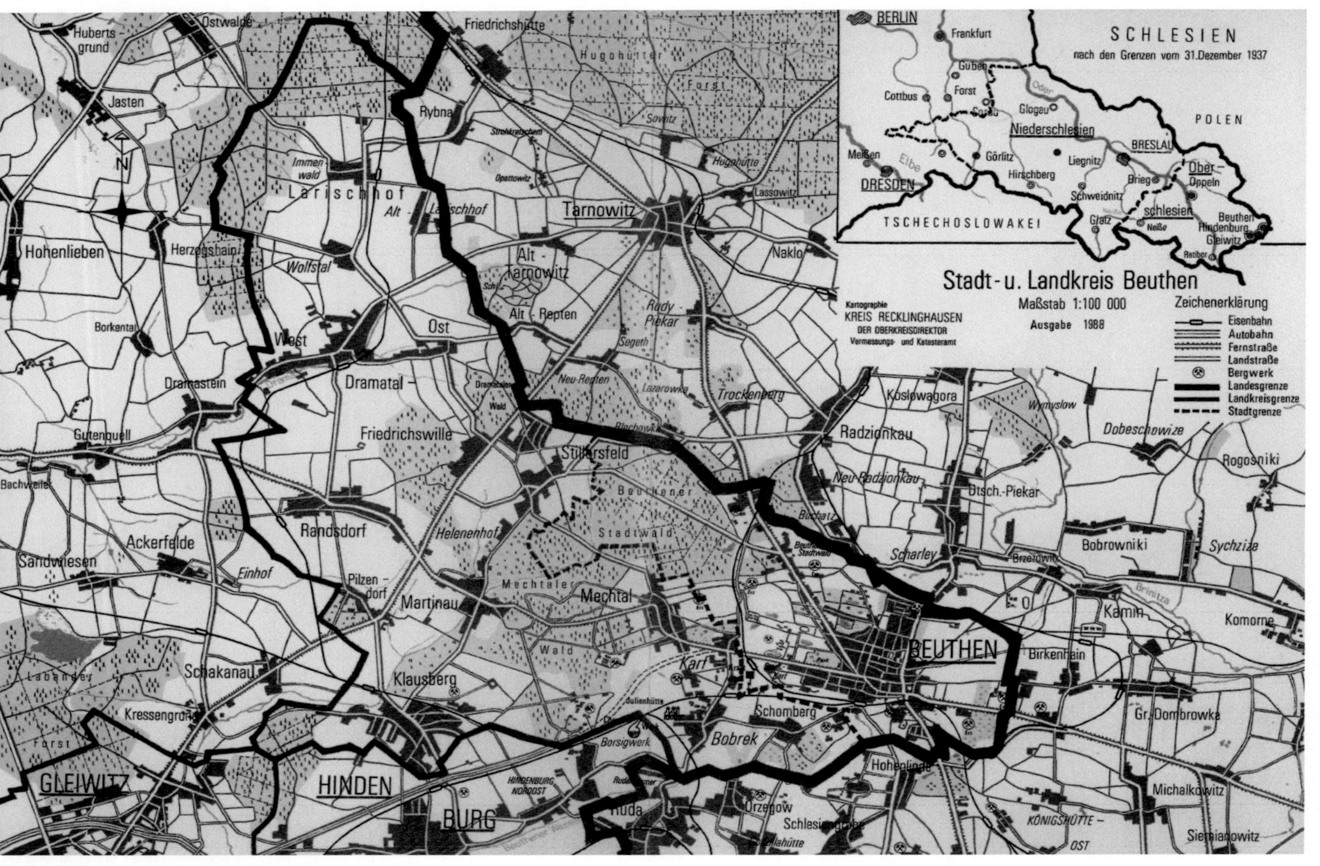

Stadt- u. Landkreis Beuthen
Maßstab 1:100 000
Ausgabe 1988
Kartographie
KREIS RECKLINGHAUSEN
DER OBERKREISDIREKTOR
Vermessungs- und Katasteramt
Zeichenerklärung
Eisenbahn
Autobahn
Fernstraße
Landstraße
Bergwerk
Landesgrenze
Landkreisgrenze
Stadtgrenze
SCHLESIEN
nach den Grenzen vom 31.Dezember 1937
BERLIN
Frankfurt
Guben
Forst
Cottbus
Sorau
Glogau
Oder
POLEN
Niederschlesien
Meißen
Elbe
DRESDEN
Görlitz
Liegnitz
BRESLAU
Hirschberg
Brieg
Ober-
Oppeln
Schweidnitz
schlesien
TSCHECHOSLOWAKEI
Glatz
Neiße
Beuthen
Hindenburg
Gleiwitz
Ratibor
Hubertsgrund
Ostwalde
Friedrichshütte
Hugohütter
Forst
Jasten
Rybna
Sowitz
Hugohütte
Immenwald
Larischhof
Alt-Larischhof
Tarnowitz
Lassowitz
Hohenlieben
Herzogshain
Alt-Tarnowitz
Naklo
Wolfstal
Alt-Repten
Rudy-Piekar
Borkental
West
Ost
Segeth
Dramastein
Dramatal-
Neu-Repten
Lazarowka
Trockenberg
Koslowagora
Wymyslow
Gutenquell
Friedrichswille
Radzionkau
Dobeschowize
Stillersfeld
Rogosniki
Bachweiler
Neu-Radzionkau
Beuthener
Dtsch.-Piekar
Randsdorf
Helenenhof
Stadtwald
Scharley
Bobrowniki
Sychzize
Ackerfelde
Sandwiesen
Einhof
Brzezowitz
Pilzen-dorf
Martinau
Mechtaler
Mechtal
Brinitza
Kamin
Komorne
Wald
BEUTHEN
Birkenhain
Labander
Schakanau
Klausberg
Karf
Julienhütte
Kressengrund
Schomberg
Gr. Dombrowka
Borsigwerk
Bobrek
Hohenlinde
GLEIWITZ
HINDEN
HINDENBURG NORDOST
BURG
Ruda
Orzegow
Schlesiengrube
Michalkowitz
KÖNIGSHÜTTE - OST
Siemianowitz

Miechowitz / Mechtal

Miechowitz, vom 2. Mai 1936 an Mechtal, seit der Monatswende März/April 1945 Miechowice und seit 1953 Bytom-Miechowice, liegt an der uralten Handelsstraße von Breslau nach Krakau, der späteren Reichsstraße 5 im bis 1939 südöstlichsten Zipfel des einstigen Deutschen Reiches.

Kamen in den dreißiger Jahren Menschen von Beuthen aus in den Ort, so gelangten sie zunächst nach Karf, das bis 1875 eine Miechowitzer Kolonie war. Die letzte Straße dieses Ortes auf der rechten Seite, die Skaletzstraße, gehörte mit ihrer rechten Seite zu Karf, mit ihrer linken bereits zu Miechowitz. Diese wird fast durchweg von einem langen Bergarbeiterwohnhaus mit in Richtung Miechowitz gelegenen durchgehenden Balkonen eingenommen. Von hier aus gingen sie an Feldern, an den Überresten der links liegenden einst bedeutsamen Maria-Galmei-Grube vorbei bis zur 305 m ü. d. M. gelegenen höchsten Erhebung von Miechowitz, dem Grytzberg, dem Berg der Miechowitzer. Hier hat man Spuren von Menschen gefunden, die vor Tausenden von Jahren an diesem Ort gelebt hatten. In der ersten Hälfte des 19. Jahrhunderts wurde hier um 1823 Galmei für die Maria-Galmei-Grube gefördert. Für den Bau der Straße Rokittnitz, Miechowitz und Beuthen wurden an dieser Stelle 1829/30 Sand, Kies, Lehm und Kalk gewonnen. Der später im dafür errichteten Kalkofen gebrannte Kalk fand zur Verbesserung der Bodenqualität Verwendung. Der Grundherr Franz von Winckler ließ den Berg in der Mitte des 19. Jahrhunderts zu einer parkartigen Erholungsstätte für die Dorfbevölkerung umgestalten. Auf dem Gipfel steht eine kleine neugotische Barbarakapelle, 1850 erbaut von Franz von Winckler, 1856 von Valeska von Tiele-Winckler ausgebaut und verschönert. Einmal im Jahr zogen die Gläubigen der Kreuzkirche an einem Sommersonntag in feierlicher Prozession dort hinauf, feierten im Freien eine Messe und lauschten der Predigt. Sie sagten ihrer Schutzpatronin, der heiligen Barbara, Dank und richteten ihre Bitten um weiteren Schutz an sie.

Von dort oben aus schauten die Menschen weit ins Land und sahen im Nordosten die Wallfahrtskirche von Deutsch-Piekar mit der dahinter liegenden weiten polnischen Ebene, im Osten die Stadt Beuthen und Karf, die zahlreichen Bergwerke mit ihren Fördertürmen, rauchende Fabrikschlote und unzählige Werkshallen. Beim Blick nach Westen wurde das langgestreckte Miechowitz mit der Kreuzkirche, dem Schloss, dem Schlosspark und den großen Wäldern sichtbar. An der zur Hauptstraße liegenden Seite des Grytzberges sind in der ersten Hälfte des 20. Jahrhunderts moderne Siedlungsbauten entstanden, die heute noch trotz kaum erfolgter Renovierungen einen guten Eindruck machen.

Die Hauptstraße wurde von der Straßenbahnlinie Beuthen – Karf – Miechowitz – Rokittnitz – Randsdorf bzw. Helenenhof durchfahren. Seit Jahrzehnten ist sie verschwunden. Gingen sie weiter, kamen sie am Marktplatz und unmittelbar vor dem Park an dem riesigen Haus des Eisenwarenhändlers Nathan Eisenberger vorbei, das während der letzten Jahre den Abrissbaggern zum Opfer fiel. Nach links zweigten sie in die Tiele-Winckler-Straße ab, auf der man zur Preußengrube, des Hauptarbeitgebers des Ortes, zur Schule II, zum Jugendheim und zu den Badeteichen an der ‚Karbidka' gelangen konnte. Der Schlossgarten mit seinem uralten Baumbestand und einem schönen Teich umgab das 1816/17 gebaute und um 1844 und 1860 im Tudorstil wesentlich erweiterte Renaissance-Schloss. Ursprünglich standen neben dem Schloss Kirche, Friedhof und Pfarrhaus, die Schule und weitere Gebäude. Nach deren Abriss gestaltete Hubert von Tiele-Winckler den Schlossgarten zu einem Park um. Linden, Ahorn, Pappeln, Rot- und Weißbuchen, Tannen, Eichen, Platanen, Gingkos und Edelkastanien schmückten den neuen Park. Anläßlich der Geburt der Tiele-Winckler-Kinder ließen die Eltern jedesmal einen neuen Baum pflanzen und ihn mit dem Namen des jeweiligen Kindes versehen. Einige dieser Bäume stehen bis heute. Mächtige Platanen rahmen die Überreste des Schosses ein. Einen im Park stehenden Springbrunnen zierte ein Knabe mit dem Schwan, einem Werk Theodor Kalide's, dem Schwager Franz von Wincklers. Während der Aufstandszeit hatten Jugendliche dem Knaben einen Arm abgeschlagen und ihn verkauft. Zeitweise war das Kunstwerk versteckt, stand aber nach 1945 noch bis etwa 1958. Der Stumpf des abgeschlagenen Armes ragte anklagend zum Himmel. Nach dem Wegzug der Familie Tiele-Winckler öffnete sich der Park der Allgemeinheit und konnte von der Tiele-Winckler-Straße aus besucht werden. So manche unserer Sonn-

Schloss in Mechtal

tagsspaziergänge führten in diesen schönen Park. An seiner zur Hindenburgstraße gelegenen Seite sahen wir das Ehrenmal für die im Ersten Weltkrieg gefallenen Miechowitzer Männer. Hinter dem Park lagen die Wirtschaftsgebäude des Dominiums. Als Kinder bewunderten wir die riesige Dampfmaschine, mit der die Dreschmaschinen angetrieben wurden. Gingen wir die Hauptstraße weiter, so kamen wir an der rechten Seite an Geschäften, der Apotheke, dem »Deutschen Haus«, der Kreuzkirche mit dem Friedhof und dem etwas dahinter liegenden Kloster mit dem Waisenhaus, der Post und der Polizei, vielen Wohnhäusern, dem imposanten Rathaus mit der Villa des Bürgermeisters und dem Kino vorbei und gelangten auf den Valeska-Platz. Links davon erstreckten sich die 28 Gebäude des großen Liebeswerkes der Schwester Eva von Tiele-Winkler, des Friedenshortes, die evangelische Kirche und das Pfarrhaus. Sie waren umgeben von einer gelblich gestrichenen Mauer. Damals und heute eine Oase der Stille. Auf dem kleinen Friedhof nahe der Kirche ist bis heute das schlichte Grab der Gründerin – der Mutter Eva – vorhanden, nur mit einem einfachen Holzkreuz geschmückt, auf dem die Worte »Ancilla domini« zu lesen sind. An der Westseite des Platzes liegt das Valeska-Stift für Sieche und rechts davon ein großes Geschäftshaus. Bogen die Menschen von hier aus rechts in die Stollarzowitzer Straße, die spätere Stillersfelder Straße, ein, so standen zu beiden Seiten Wohn- und Geschäfthäuser, auf der linken Seite die Corpus-Christi-Kirche und die Schule III. Die Verlängerung der Straße führt in den Wald. Hielten sie sich nach rechts zur Reptener Straße hin, gerieten sie etwas rechts davon zu einer Schrebergartenanlage, in der eine Reihe von Miechowitzern einen Schrebergarten von 400 m^2 oder nur eine Hälfte von 200 m^2 mit meist einer sehr von Grün umgebenen schmucken Gartenlaube besaßen. Ganz in der Nähe lag der etwas abseits vom Ort gelegene evangelische Friedhof. Auch von der Reptener Straße aus gelangten sie in den Wald, der von 1922 bis 1939 teilweise von der deutsch-polnischen Grenze durchschnitten wurde. Hart an der Grenze liegt die heute noch existierende Spielwiese, wo sich Kinder, Familien oder auch zeltende Gruppen zusammenfanden und direkt dahinter die Grenzbaude. Gingen die Menschen die Reptener Straße zurück und bogen in die Lazarettstraße ein, benannt nach dem Krankenhaus, das hier eingerichtet war, so kamen sie zum Sonnenplatz, auf dem die jüngste zu deutscher Zeit gebaute Schule steht. Verfolgten sie die Straße weiter, waren sie in der Kirchstraße, kamen am Kloster und Waisenhaus St. Georg und am Friedhof vorbei. Von dort gelangten sie wieder auf die Hauptstraße unweit des Grytzberges.

Von der Stillersfelder Straße bogen sie bald hinter dem Valeska Platz links in die Fasaneriestraße ein, die in den Miechowitzer Wald führt. Zunächst betraten sie bald hinter den letzten Häusern die einstige Fasanerie, nun ein schmucker Platz zum Erholen und Spielen. Ein wenig später erreichten sie den Eva-Platz. Hier standen Bänke zum Ausruhen, etwas tiefer lag eine stets sprudelnde Quelle und seitlich davon ein kleiner Teich, der allerdings während der Kriegsjahre ausgetrocknet ist. Gingen sie dann den am kleinen Teich entlang führenden Weg nach halb links, so kamen sie an schaurige Orte, den »Düsterblick« und zum »Auge Gottes«, wo vor nicht zu ferner Zeit Menschen durch Mörderhand ihr Leben verloren. Zwischendurch begegneten ihnen Halden und kleine Schächte im Grün des Waldes. Der Weg geradeaus führt zum »Kleinen Stern« und ebenso weiter zur beliebten Skiwiese, dem Tummelplatz aller Wintersportbegeisterten der Umgebung. Viele Hänge und abwärts laufende Wege dienten im Winter als beliebte Rodelbahnen. Der Weg nach links vom Eva-Platz führt über den »Großen Stern« entweder zur Kreisförsterei, zu verschiedenen idyllisch gelegenen Teichen und zur Kreisschänke, die wir häufig auf unseren Sonntagsspaziergängen und bei jedem Wandertag während der Grundschulzeit besuchten.

Die Spaziergänger gelangten wieder auf die Hauptstraße, die vom Valeska Platz aus Martinauer Straße genannt wurde. Wenige hundert Meter rechts stand der 1928 erbaute Nordschacht der Preußengrube. Während des Spazierganges durch Miechowitz-Mechtal kam man an verschiedenen alten Bauernhöfen vorbei, die verstreut überall im Ort lagen.

Zur Gründungsgeschichte von Miechowitz

Es ist unbekannt, wann die ersten Menschen das Miechowitzer Gebiet besiedelten. Nach den Bodenfunden auf dem Grytzberg, kleinen Steingeräten, waren in der mittleren Steinzeit, also in der Zeit vor 7.000 bis 4.000 Jahren vor Christi Geburt, bereits Menschen dort. Während der Jungsteinzeit, im Zeitraum bis 1.800 Jahre vor Christi Geburt, die dann allmählich in die Bronzezeit überging, lebten hier schon sesshafte Bauern. Ein am Nordrand des Ortes gefundenes Steinbeil und eine Steinaxt deuten darauf hin. Auf spätere Siedlungen weisen im Bereich von Miechowitz keinerlei Funde hin. Solche belegen allerdings Funde in den umliegenden Orten, so dass auch eine Besiedlung Miechowitzer Bodens zu dieser Zeit angenommen werden kann. Näheres über Miechowitz und seine dort lebenden Menschen erfahren wir erst aus der Zeit des 11. Jahrhunderts nach Christus.

Neben anderen geistlichen Ordensgemeinschaften hatte auch der Orden der Ritter vom Heiligen Grabe aus dem kleinpolnischen Miechów, danach auch Miechowiter genannt, im östlichen Muschelkalkrücken um Beuthen wohl schon in den Zeiten, als dieses Gebiet noch zu Polen gehörte, Grundbesitz. Im Jahre 1257 erwirkten die Miechowiter beim Herzog von Oppeln, Wladislaus II., ihre Dörfer Chorzow und Belobreze (auch Bialobresie) nach deutschem Recht mit Schulzenrecht und Selbstverwaltung auszusetzen. Belobreze war wahrscheinlich das spätere Miechowitz, da der Name Belobreze seitdem nicht mehr auftaucht. Seinen neuen Namen hatte der Ort nach seinen Besitzern, den Miechówer Mönchen, erhalten. In einer Sage, die aus der Zeit um 1211 berichtet, wird erstmals der Miechower Wald erwähnt. Eine weitere Sage erwähnt das Kloster Miechów, ein Ordensstift der erwähnten Kreuzherren in der Nähe von Krakau. Beide, Ort und Kloster, existieren heute noch. Auf dieses Kloster weist auch der Ortsname Miechowitz hin. Diese Sagen lassen vermuten, dass, falls nicht der Ort, so zumindest die erste Kirche von Miechower Mönchen gegründet worden ist. Diese Annahme wird unterstützt durch die beim Abriss der alten Kirche gefundenen zahlreichen Särge von Geistlichen, die mit dem Ordensgewand der Miechower Mönche bekleidet waren. Der Miechowitzer Heimatforscher Ludwig Chrobok hält folgende Entstehung von Miechowitz für sicher: Um ein bestehendes Gut wurde in der zweiten Hälfte des 11. Jahrhunderts ein Dorf gegründet, das kirchlich nach Beuthen eingemeindet war. Wie auch andere Orte wurde dieser bei einem Mongoleneinfall zerstört und in den Jahren 1251 bis 1286 durch die Kreuzherren des Klosters Miechów bei Krakau neu gegründet und aufgebaut. Für die von ihnen errichtete Kirche »Zum heiligen Kreuz« stellten sie die ersten Pfarrer. Die neue Pfarrkirche aber blieb der Beuthener Pfarrkirche verbunden.

Der Name Miechowitz begegnet uns schriftlich zum ersten Mal 1336 in einer Rechnungsablegung des päpstlichen Nuntius Galhard de Carceribus über den von ihm in diesem Jahr in der Diözese Krakau gesammelten Peterpfennig, zu der das Beuthener Gebiet gehörte. Nach einer Schätzung von Ludwig Chrobok war Miechowitz damals bereits ein mittelgroßer Ort mit etwa 60 Einwohnern.

Das Beuthener Land wurde seit 1179 von eigenen Herzögen regiert. Bald nach 1200 begann die deutsche Besiedlung des Beuthener Raumes. Herzog Kasimir von Beuthen-Cosel führte sein Land am 10. Januar 1289 als erster schlesischer Fürst unter böhmische Lehenshoheit. Die übrigen schlesischen Piasten-Herzöge folgten seinem Beispiel. Der König von Böhmen war zugleich deutscher Reichsfürst. Durch den Vertrag von Trentschin erfolgte durch den Verzicht König Kasimir des Großen von Polen 1335 die endgültige Lösung Schlesiens von Polen. 1355 starb das Beuthener Piastengeschlecht mit Boleslaus (Bolko) aus. Um seinen Besitz stritten sich zwei Verwandte aus den Seitenlinien: Konrad von Öls und Przemislaus von Teschen.

Durch Heirat ging Schlesien 1527 an das Haus Habsburg über und wurde 1741/42 unter Friedrich II., dem Großen, preußische Provinz.

Die Gutsbesitzer von Miechowitz

Im Jahre 1369 wurde Miechowitz aufgeteilt und zwei Herzögen unterstellt: Konrad von Öls und Przemislaus von Teschen. Seit dieser Zeit hatte Miechowitz in der Regel bis ins 18. Jahrhundert hinein zwei Besitzer, von denen einer das nördlich gelegene Ober-Miechowitz und der andere das südlich gelegene Nieder-Miechowitz besass. Die Felder von Miechowitz erstreckten sich zu dieser Zeit bis zum Margareten-Hügel, also bis an die Grenzen der Stadt Beuthen.

1412 verkaufte Pelka von Miechowitz seinen Anteil von Miechowitz an die Gebrüder Stephan und Siegmund Lübeschow. Im gleichen Jahr wird die Scholtisei eines Nickel erwähnt.1414 veräußerte Philipp von Miechowitz die Hälfte des Vorwerks, Wiesen und einen Teich am Walde an seinen Bruder Stephan. Um Miechowitz herum sollen zu dieser Zeit 52 Teiche gelegen haben. Etwa in der Mitte des 15. Jahrhunderts besass der herzogliche Schloss-Hauptmann auf Neudeck, Nikolaus Wechowsky, den nördlichen Teil von Miechowitz, Ober-Miechowitz.

1450 etwa wurde Nikolaus Miechowski als Herr von Nieder-Miechowitz genannt. Mit seinem Bruder Jan wohnte er in Miechowitz Da beide sehr wohlhabend waren, konnten sie ihrem Herzog Wenzel von Teschen eine größere Summe Geld leihen. Nikolaus kümmerte sich besonders um seine beiden Teiche, zu denen er 1456 auch den Teich Karf erwarb, nach dem der Ort Karf benannt wurde. Die Tochter Regina eines der beiden Brüder Miechowski heiratete einen Czygan und erhielt den nördlichen Dorfteil Ober-Miechowitz. Der südliche Teil, Nieder-Miechowitz, war im Besitz von Agnes, einer Tochter des Stanislaus Miechowski. Sie war mit Nikolaus Suchodolsky von Swalislawitz verheiratet. Letzterer erhielt 1524 von Jan Czygan – wahrscheinlich seine Schwager – auch den anderen Teil des Dorfes, so dass seit dieser Zeit beide Teile des Ortes vereinigt waren.

Schon im Mittelalter ist in der Miechowitzer Gemarkung eifrig Bergbau betrieben worden. So erfolgte bereits 1369 der Abbau von Silberbleierz. 1451 erteilte Fürst Wenzel (Waclav von Teschen) erstmals den Besitzern von Miechowitz die Genehmigung, auf ihren Gütern Bergwerke anzulegen.

Mit dem Beginn der Neuzeit wurde überall bei der ostdeutschen Bevölkerung ein neuer Siedlungswille deutlich. Die Grundherren konnten nun die im 15. Jahrhundert verödeten Orte im Oppaland, im Herzogtum Münsterberg, im Freiwaldauer Gebiet und anderswo durch die Belebung des Bergbaus hier neu bevölkern.

Eine eigene Entwicklung nahm der Blei- und Silberbergbau im östlichen Muschelkalkrücken. Schon 1504 waren im Beuthener Gebiet bei Miechowitz, Bobrek und Scharley neue Gruben angelegt worden. Der große Förderer des Bergbaus wurde hier Markgraf Georg von Hohenzollern-Ansbach. Zu dieser Zeit, 1527, zählte man in Miechowitz 29 Bauern, einen Schultheiß und einen Pfarrer.

Wenige Jahre später, 1539, kam es zu Bauernunruhen im Dorf, die von Soldaten niedergeschlagen wurden.

Die genannten Familien prägten für lange Zeit das Leben in Miechowitz. Auf ihrem Grund und Boden ließ um 1570 der Markgraf Friedrich von Brandenburg ein Bergwerk anlegen. Beide Familien beschwerten sich darüber beim Kaiser und erhielten eine Entschädigung. 1590 gab ihnen Kaiser Rudolf das Recht, bei der Skarotka einen Zoll zu erheben. Dafür musste er die Straße instand halten oder den Durchreisenden Vorspann geben.

Im Jahre 1644 kaufte Heinrich Suchodolsky das halbe Dorf von seinem Vater für 4.600 Taler. Die Suchodolskys besassen also zeitweise nur einen Teil von Miechowitz. So hatte Auguste von Koschembar 1617 den ersten Teil von Miechowitz in Besitz.1655 wird ein Koschembar als Besitzer von Miechowitz genannt und 1702 gehörte Albrecht Koschembar Ober-Miechowitz. Als Eigentümer von Nieder-Miechowitz wurden um 1670 Wilhelm Kiczka, Albrecht Anton Meysinger und Wenzel Ohm und von 1691 an Peter Jakob Roter von Kostenthal genannt.

Im 18. Jahrhundert besassen die Ziemietzkis bis 1740 das ganze Dorf. In diesem Jahr verkaufte Georg Friedrich von Ziemietzki Ober-Miechowitz an Franz Leopold Schalscha von Ehrenfeld, der diesen Teil 15 Jahre behielt. Danach ging dieser an Hedwig von Larisch über, die ihren Teil 1767 an Georg Leopold Freiherr von Dolczek, verkaufte und dieser wiederum 1794 an Adam Ignaz von Mletzko. Letzterer besaß seitdem gemeinsam mit seiner Ehefrau Eva wieder das ganze Dorf. Schon zwei Jahre später verkauften sie es an den Freiherrn Georg Ludwig Friedrich von Dalwig. Nieder-Miechowitz hatte Georg Friedrich zunächst für sich behalten, bis er es 1747 als bereits Schwerkranker seiner Ehefrau Ignatia von Ziemietzki überließ. Nach deren Tod erhielt die Familie Mletzko Nieder-Miechowitz. Ignatia von Ziemietzki hatte um 1750 an die alte Kirche eine dem heiligen Judas Thaddäus geweihte Kapelle anbauen lassen, unter der sich eine Gruft befand. Diese wurde bereits 1756 in einem Visitationsbericht aufgeführt und hatte den Charakter einer Seitenkapelle, die nur vom Inneren der alten Kirche her zugänglich war.

Ihr Mann, Georg von Ziemietzki, war bis 1749 Besitzer von Nieder-Miechowitz. Nach ihrem Tode wurde sie in der Gruft beigesetzt und in der Kapelle an jedem Freitag eine Messe für sie gelesen. Der Thaddäus-Altar in der heutigen Kreuzkirche erinnert noch an diese Kapelle.

Um diese Zeit, etwa 1780, hatte Miechowitz 341 Einwohner, zwei Vorwerke, eine Kirche, eine Schule, eine Wassermühle, 11 Bauern- und 29 Gärtnerstellen.

Dalwig, wohnhaft in Peiskretscham, tat trotz des entfernten Wohnsitzes viel für den Ort: Er beschaffte gutes Zug- und Nutzvieh, ließ die Felder besser bewirtschaften, die beiden Teiche im Dorf trocken legen, mit deren Schlamm die Bauern ihre schlechten Felder düngen konnten. Außerdem veranlasste er, die drei alten, baufälligen Scheunen und einen Schafstall abzureißen und durch neue Gebäude zu ersetzen und die Rodung des in der Nähe des Ortes gelegenen Eichenwaldes, Dembnik, und dessen Umwandlung in Ackerland. Zwischen Miechowitz und Beuthen schuf er durch die Bearbeitung des verödeten Bodens fruchtbares Ackerland. Von Dalwig verkaufte um 1800 das Dorf an Wilhelm Siegmund Joachim von Dobschütz, der es nur wenige Jahre bewirtschaftete und es dann an einen Herrn Werner verpachtete. Bereits nach knapp drei Jahren war dieser bankrott. Nun zog der Staat das Gut ein und ernannte einen Herrn Loewe zum Verwalter.

Im Jahre 1812 erwarb der Kaufmann Ignaz Domes aus Czedladz bei Siemanowitz (Laurahütte) Gut und Ortschaft Miechowitz. Domes wurde am 12. Februar 1758 geboren und von 1770 an auf Veranlassung des Abtes Galli, der ihn in einer Wallfahrergruppe entdeckt hatte, im Kloster Rauden erzogen. Er war ein guter Schüler und fand viele Freunde. Nach einem Jahr schickte ihn der Abt zu seinem Bruder, dem Kaufmann Galli nach Gleiwitz in die Lehre. Nach zwölfjähriger Tätigkeit bei ihm machte er sich 1783 selbständig und eröffnete in Czedlads mit Hilfe seines bisherigen Arbeitgebers Galli ein Geschäft. Dort heiratete er Julie Fabrici (1761–1837). Während er nur die deutsche Sprache beherrschte, war sie nur der polnischen mächtig. Das Ehepaar hatte sechs Kinder, drei Jungen und drei Mädchen, von denen die Jungen bereits im frühen Kindesalter verstarben. Die älteste Tochter Maria wurde im Volksmund ihrer Schönheit wegen die »Rose von Schlesien« genannt. Ihr folgte Thekla, die den polnischen Beamten Oslonska heiratete. Jüngste Tochter war Julia, die 1812 im Alter von nur achtzehn Jahren verstarb.

Nach Julias Tod wollten die Eltern nicht mehr in Czedlads bleiben, wo sie sich einsam fühlten. Ignaz Domes hatte einen größeren Geldbetrag erspart, wollte sein Geschäft aufgeben und sich ein Gut kaufen. Unter mehreren Angeboten entschied er sich für Miechowitz, wo er als kleiner Junge 1770 auf dem Weg zu einer Wallfahrt zum Zisterzienser-Kloster Rauden einmal übernachtet hatte. So kaufte das Ehepaar 1812 für 37.000 Reichstaler das Gut Miechowitz. Domes brachte dieses herunter gekommene Gut schnell wieder hoch, verbesserte den Ackerboden und eröffnete den Forsten einen ertragreichen Absatz. Das Ehepaar Domes bewohnte das früher am Osteingang des Schlosses gelegene Wirtschaftsgebäude. Für die Tochter Maria und den Schwiegersohn Franz Aresin, ließ Ignaz Domes 1816/17 ein Schloss im Renaissance-Stil bauen, das den niedrigeren Mittelteil des später erweiterten Schlosses bildete. 1844 und 1860 wurde das Schloss durch zwei Seitenflügel mit drei Türmen im Tudorstil erweitert.

Ignaz Domes, ein kluger, heiterer, lebhafter und sehr gemütlicher Gutsherr blieb sein Leben lang seinem Wahlspruch gemäß ein schlichter Mensch. Darum zog er auch nicht in das neue Schloss ein, sondern lebte zuerst in dem schlechten hölzernen Gutshaus und darauf in dem Wirtschaftsgebäude am Osteingang zum ehemaligen Schlosshof. Während seiner letzten Lebensjahre war er meist kränklich und bettlägerig. Er starb am 17. September 1835 und wurde in der 1827 von ihm erbauten Domes'schen Begräbniskapelle an der Seite seiner Tochter Thekla von Oslonska beigesetzt. Seine Frau Julia starb am 26. Januar 1837. Noch heute ruhen alle drei Mitglieder der Familie Domes in der Gruft der Kreuzkirche.

Die Tochter Maria war seine Erbin geworden. 1806, als sie siebzehn Jahre alt war, hatte sie Franz Aresin (geboren etwa 1785) geheiratet. Nach der Hochzeit lebte das Paar zunächst einige Jahre in Breslau. Dort machten sie während der Belagerung schwere Zeiten durch und mussten zeitweise zu ihrer Sicherheit im Keller wohnen. Von Breslau aus zogen sie auf das Gut Kujau im Kreis Neustadt. Und im Jahre 1819 übernahm das junge Paar Domes-Aresin das Gut Miechowitz und ließ sich im neuen Schloss nieder.

Franz Aresin wirkte sechzehn Jahre in Miechowitz und hat während dieser Jahre sehr viel für den Ort getan. So ließ er auf dem Grytzberg einen Kalkofen bauen, in dem die gebrochenen Kalksteine gebrannt wurden. Mit dem so gewonnenen Kalk wurden die Dominiumfelder gedüngt. Von da an erzielten die Felder wesentlich höhere Erträge. Bisher unbrauchbare und wüste Felder wurden fruchtbar gemacht.

Gemeinsam mit dem in Makoschau geborenen Karl Godulla (1781–1848), dem einzigen Oberschlesier unter den Bergwerksbesitzern, eröffnete Franz Aresin 1822/23 das Zink- und Schwefelbergwerk Mariagrube, deren Galmei Quelle des Reichtums beider Familien wurde. Der große Andrang nach Zink hatte zu der Erkenntnis geführt, eigene Galmeigruben zu erschließen, um unabhängig und vorteilhaft arbeiten zu können. Die Mariagrube lag an der rechten Seite auf dem Weg von Miechowitz nach Karf. Lange waren dort noch Bruchteiche und Dolomithalden zu sehen. Hunderte von Arbeitern hatten auf dieser neuen Grube eine Beschäftigung gefunden. Aresin verkaufte seinen Bergleuten zu niedrigen Preisen Bauplätze, Holz und Kalksteine. Für die Tagelöhner ließ er Familienhäuser bauen und erlaubte diesen Ansiedlern, Kühe zu halten und sie in seinem Wald zu hüten. Ebenso durften sie dort Streu und Brennholz sammeln. Die bis dahin erbuntertänigen Bauern erhielten von Aresin ihre Stellen als Eigentum und brauchten nicht mehr für den Gutsherrn zu arbeiten. Das Dorf Miechowitz wurde schnell größer und die Einwohnerzahl nahm rapide zu. 1817 hatte Miechowitz 360 Einwohner, 1823 waren es 487, 1830 waren es 510 Einwohner in 82 Häusern, es gab eine Kirche, das Schloss, eine Schule mit zwei Lehrern, ein Vorwerk, eine Ziegelei, eine Schäferei und eine Galmeigrube. Dazu kam as Gebiet der Ronot-Wassermühle und Karf mit 510 Einwohnern. 1840 zählte der Ort 105 Häuser mit 1.177 Einwohnern, eine Schule für Rokittnitz und eine für Bobrek, zwei Schankhäuser, zwei Schmieden, eine Bäckerei, zwei Fleischer, eine Krämerei und eine Schäferei mit 900 Merino-Schafen. Beim Schloss ließ Aresin einen Garten anlegen, Wirtschaftsgebäude und eine gutsherrliches Gasthaus errichten.

Franz Aresin starb am 11. Mai 1831 und ruht heute in der Gruft der Kreuzkirche, wo später auch seine Frau Maria, geb. Domes, die spätere Frau von Winckler, beigesetzt worden ist.

Eine der hervorragendsten und außergewöhnlichsten Unternehmergestalten in Miechowitz und Oberschlesien aber war Franz von Winckler. Er stammte nicht aus Oberschlesien, sondern aus Niederschlesien, wo er am 1. August 1803 in Tarnau bei Frankenstein geboren wurde. Sein Vater, Johann Nepomuk Winckler, war dort Gutsverwalter beim Grafen von Schlabrendorf. Seine Mutter Anna Maria war eine geborene Dittrich. Das Ehepaar hatte drei Söhne und sechs Töchter. 1805 zog die Familie nach Stolz in der Nähe von Frankenstein. Bis zu seinem 13. Lebensjahr war Franz Winckler klein und schwächlich. Den größeren Jungen aber mochte er in keiner

Weise nachstehen. Er wollte stets der Erste sein. Schon als Junge interessierte er sich für den Bergbau und den Bergmannsberuf. Er baute Schächte und Stollen und vergrub alles Metall, das er finden konnte, in der Erde, so u.a. auch die Fingerhüte seiner Schwestern. Nach seiner festen Überzeugung würde dieses Metall eines Tages als Gold wieder zum Vorschein kommen. Mit zehn Jahren ging Franz auf das Gymnasium nach Glatz. Er lernte gut und fasste leicht auf, so dass seine Lehrer über ihn staunten. 1818, also mit 17 Jahren, wechselte er auf das Gymnasium in Neiße. Schon nach kurzer Zeit verließ er es wieder. Er wollte unbedingt in das Bergfach. So meldete er sich 1819 beim Bergamt in Brieg und wurde angenommen. Von dort schickte man ihn in das damals noch wenig bekannte Oberschlesien. In Tarnowitz fand er auf der »Königlichen Friedrichs-Bleierzgrube« eine entsprechende praktische Tätigkeit. Gleichzeitig besuchte er die 1811 dort gegründete Bergschule. Da die Eltern inzwischen mittellos geworden waren, musste sich Franz seinen Lebensunterhalt durch verschiedene Arbeiten selbst verdienen. Dort an der Bergschule in Tarnowitz lernte er Friedrich Wilhelm Grundmann (1.1.1808–23.2.1887) kennen, einen sehr begabten und fleißigen jungen Mann. Er zählte zu den tüchtigsten und besten Lehrern der Bergschule, an der er von 1857 bis zu seiner Pensionierung im Jahre 1875 einen erfolgreichen Unterricht in Physik, Chemie, Mineralogie und Geognosie erteilt hatte. Grundmann verstand es, Theorie und Praxis in genialer Weise zu vereinigen. Seine zahlreichen fachmännischen Aufsätze, die sich besonders auf Kohleuntersuchungen bezogen, wurden viel beachtet und geschätzt. Mit seiner damals sehr bekannten, 1864 in Berlin herausgegebenen und 1872 in zweiter Auflage erschienener Schrift »Sind die englischen Steinkohlen besser als die schlesischen?« erwarb er sich große Verdienste für das Kohlenrevier. Mit dieser Schrift konnte er durch seine Ausführungen und Untersuchungen das Vorurteil zugunsten der ausländischen Kohle beseitigen.

Grundmann war ebenfalls auf der »Friedrich-Bleierz-Grube« tätig. Franz Winckler und er schlossen Freundschaft. 1839 übertrug Winckler diesem Freund in Kattowitz und Myslowitz die Verwaltung seiner Güter. Dort erwarb Grundmann für ihn das Bergregal für dieses Herrschaftsgebiet. Lange Zeit förderte er die bedeutsame Zinkindustrie Winckler's. Grundmann war eine Autorität auf dem Gebiet des Verwaltungswesens, bemühte sich um die Gestaltung von Kattowitz und entwarf den Bebauungsplan für diesen Ort. Insgesamt bekleidete er viele Ämter und hatte verschiedene Titel. Für die bei Franz von Winckler beschäftigten Menschen richtete er 1845 eine Arbeiter-

Ansicht von Miechowitz aus dem Jahre 1850

Kranken- und Unterstützungskasse ein. Auch die Gründungen einer solchen Kasse in Breslau und Halle gehen auf Grundmanns Anregung zurück. Er starb am 23. Februar 1887 in Tarnowitz, wo ihm seine Schüler aus Dankbarkeit ein Denkmal auf sein Grab setzten.

1820 arbeitete Winckler als Bergmann und nebenbei in der Schichtmeisterei auf der »Königin-Luise-Grube« in Zabrze, dem späteren Hindenburg. Im Jahre 1822 wurde er Bergbeamter und arbeitete als Gehilfe eines Schichtmeisters in Königshütte. Gegen Ende des gleichen Jahres übernahm er das Schichtmeisteramt auf der »Charlotten-Grube« und bei der »Johanna-Hütte« in Zalenze. Anschließend war er an mehreren Gruben als Steiger und Schichtmeister angestellt. Ein Schichtmeister damals war in der Regel der leitende Beamte mehrerer Gruben.

In Königshütte lernte Franz Winckler seine erste Frau kennen, Alwine Kalide, die Schwester des Bildhauers Theodor Kalide (1801–1863). Dieser schuf beispielsweise für Miechowitz den Bronzeguss »Knabe mit dem Schwan«, der im Park Aufstellung fand, und als eines seiner letzten Werke die »Madonna mit dem Kinde« für die Kreuzkirche, wo sie noch heute vorn an einem Pfeiler auf der rechten Seite des Mittelschiffes ihren Platz hat. 1826 heiratete Winckler Alwine, die aber bereits 1829 an einem Nervenfieber

Franz von Winckler

starb. Aus dieser Ehe gingen zwei Töchter hervor, von denen eine als Kleinkind 1830 starb. So blieb ihm die am 26. August 1829 geborene Tochter Valeska (1829–1880), die später Mutter von Eva von Tiele-Winckler und Erbin von Miechowitz werden sollte. Bis März 1945 trug ein Platz an der Hauptstraße ihren Namen, der »Valeska-Platz« zwischen Friedenshort und dem Valeska-Stift, einer ihrer caritativen Einrichtungen.

Franz Winckler gelangte schließlich an die »Maria-Grube« in Miechowitz und wurde deren Schichtmeister. Er freundete sich mit dem Gutsherrenehepaar Aresin an. Franz Aresin beauftragte ihn mit wichtigen Aufgaben und mit seiner Vertretung. Maria Aresin war Patin von Wincklers zweiter Tochter Valeska. Als 1831 Franz Aresin starb, bestellte die Witwe Maria Franz Winckler zu ihrem Verwalter und Bevollmächtigten. Ein Jahr nach dem Tod von Franz Aresin, am 12. Juni 1832, heirateten Maria Aresin und Franz Winckler, der vierzehn Jahre jünger als seine Frau war. Mit dieser Hochzeit wurde Winckler Mitbesitzer der großen und reichen Herrschaft Miechowitz. Weitsicht, bergmännische Erfahrung, Klugheit und Energie ließen ihn sein Unternehmen weiter ausbauen, besonders auch die 1828 erworbene Herrschaft Kattowitz. Maria Winckler, seiner Frau, fiel auch die Herrschaft von Myslowitz zu. Innerhalb von wenigen Jahren gehörten Franz Winckler vierzehn Galmeigruben, sieben Zinkhütten und neunundsechzig Steinkohlenfelder. Der Besitz von Kattowitz und Myslowitz führte zu einer Verlagerung des Schwerpunktes der Winckler'schen Besitzungen nach Süden. Kattowitz war gegen Ende des 18. Jahrhunderts noch ein kleines Dorf von wenigen hundert Einwohnern. Durch die bergbauliche Entwicklung stieg die Einwohnerzahl in rasanter Weise. Zu seinem Generaldirektor in Kattowitz und Myslowitz bestimmte Franz Winckler seinen bereits erwähnten Jugendfreund Friedrich W. Grundmann.

Winckler selbst reiste oft in andere Länder, um seinen Blick zu weiten und Erfahrungen zu sammeln. So war er 1833 in Belgien, später in England, Frankreich und Italien. Außerdem pflegte er Beziehungen zur westfälischen

Industrie. In besonderer Weise war er dem westfälischen Wirtschaftführer und Politiker Friedrich Wilhelm Harkot (1793–1880) verbunden, der ein großes Unternehmen besass. Harkot setzte sich als liberaler preußischer Abgeordneter für soziale Fürsorge und für Volksbildung ein. Das tat auch Franz Winckler in seiner Gemeinde. Für die Bevölkerung von Miechowitz war er auf sozialem Gebiet engagiert. Nicht nur seine Unternehmen standen im Mittelpunkt seines Wirkens, sondern auch die Arbeiter seiner Werke. Durch Güte und Verantwortungsbewusstsein gewann er ihr Vertrauen. Was bereits Franz Aresin begonnen hatte, setzte er fort: Um den Arbeitern zu einem Eigenheim zu verhelfen, verkaufte auch er ihnen Grundstücke und half ihnen finanziell. Den Grytzberg ließ er zu einem kleinen Erholungspark ausbauen und die Barbarakapelle errichten, die Valeska von Tiele-Winckler wenige Jahre später wesentlich erneuerte. Ein Krankenhaus entstand, wo früher am Sonnenplatz die Lazarettstraße endete.

Seine größte Unterstützung und Hilfe ließ er den Miechowitzern während der Hungerjahre 1847 und 1848 zukommen, als viele Ortsbewohner zugleich an Hungerthyphus erkrankt waren, der in vielen Teilen Oberschlesiens wütete. Die Ernten waren sehr schlecht ausgefallen, da das Getreide und die Kartoffeln auf den Feldern verfaulten. Brennnesseln und Hederich dienten als Ersatznahrung. Es gab kein Haus in Miechowitz, in dem nicht einige Menschen unter dieser Krankheit litten. Da es in Miechowitz keinen Arzt und keine Apotheke gab, bestellte das Ehepaar Winckler einen Arzt aus Beuthen. Diesen ließen sie von Haus zu Haus gehen, Medizin verschreiben und die Pflege der Kranken regeln. Die Kosten für den Arzt und die Medizin übernahmen das Ehepaar Winckler. Den Kranken und ihren Familien, vor allem auch den Kindern, ließen sie aus der Schlossküche kostenlose Verpflegung zukommen. Den ganzen Tag über bis zum Abend wurde im Schloss gekocht. Der Schlosshof war ständig voll von alten Frauen und Kindern, die mit Töpfen und Kannen ein Essen für sich und ihre Familien holten. Auf diese Weise haben Franz und Maria Winckler vielen Menschen aus Miechowitz das Leben gerettet. Norbert Bontzek beschreibt diese Fürsorge der Familie Winckler im Jahr 1847 sehr anschaulich im zweiten Kapitel seines Werkes »Die alte Kirche von Miechowitz und in »Miechowitz um 1850«.

Als im Revolutionsjahr 1848 Gutsherren und Unternehmer von ihren Arbeitern bedrängt wurden und sich in Sicherheit bringen mussten, bildeten die Dorfbewohner von Miechowitz eine Art Schutzwehr und schützten die Familie von Winckler vor fremden Eindringlingen. Einer der führenden

Männer dieser Schutzwehr war Valentin Bontzek, der Vater Norbert Bontzeks, des »Sängers« von Miechowitz.

1849 wurde Franz von Winckler preußischer Landtagsabgeordneter. Als solcher trat er bereits für den Achtstundentag ein, damit den Bergarbeitern mehr Zeit gegeben werde, sich um ihre Anwesen, Gärten und Felder zu kümmern. Darüber hinaus sollten sie mehr Ruhe haben. Bei dem üblichen Zwölfstundentag war das nicht machbar. Weiterhin fungierte er als Landesältester und war Mitglied der Gesellschaft für vaterländische Kultur. Für seine großen Leistungen um die industrielle Entwicklung Oberschlesiens wurde Winckler 1840 vom preußischen König in Anerkennung seiner Verdienste um den oberschlesischen Bergbau geadelt. Seine Absicht, eine Unterstützungskasse einzuführen, verhinderte sein plötzlicher Tod. Erst sein Nachfolger, Hubert von Tiele-Winckler (1823–1893), setzte sie als Stiftung ein.

Die große Arbeitslast wirkte sich auf Franz von Wincklers Gesundheit aus. Im Sommer 1851 begab er sich zu einer Kur nach Bad Gastein. Während der Rückreise ereilte ihn am 6. August in der Adelsberger Grotte bei Krain im heutigen Slowenien plötzlich der Tod. Er starb in den Armen seines Kammerdieners und Hofmeisters Valentin Pietzka, dessen Nachfahren, die Familien Himmel und Krätzig, heute in Ostritz an der Neisse und im Rheinland leben. Die Miechowitzer wollten den Tod Franz von Wincklers nicht wahr haben. Sie glaubten nicht an seinen Tod. Selbst als der Sarg in Miechowitz eintraf, zweifelten sie daran, dass seine Leiche im Sarge läge. Schnell entstanden viele Gerüchte, die sich hartnäckig Jahre hindurch hielten. Auch dies beschreibt Norbert Bontzek sehr lebendig in »Miechowitz um 1850«. An der alten Begräbniskapelle im Park steht unter den Kastanienbäumen ein alter Miechowitzer und denkt über von Wincklers Ruhm und Ende nach:

»Die von Winckler wahrhaftig gute Seelen waren:
Jeder Untertan hat es an sich selbst erfahren.
Und dafür,« fuhr er traurig fort, »hat ihnen hienieden
Unser Herrgott manch schweres, bittres Los beschieden!
Unter diesen Kastanien mit den starken Ästen,
Hier in diesem Kapellchen haben sie den besten
Herrn begraben. Er liebte uns wie das eigne Leben.
Möge Gott ihm die ewige Ruh im Himmel geben!
Unser Schloß schon, das ist mit seinen Gärten, Auen
Und der Grube wie Gottes Statue anzuschauen!

Dennoch konnte sich Winckler nie recht glücklich preisen,
Machte mit dem Arzt und dem Förster Reichelt Reisen,
Um da irgendwo in der Welt sein Grab zu finden;
Fuhr bis England gar, suchte drüben zu ergründen,
Wie denn Zink aus Galmei zu gewinnen wäre.
Und er erntete überall nur Ruhm und Ehre;
Wie ein großer Herr ward er allerorts empfangen!
Nach Italien trieb ihn schließlich sein Verlangen,
Bis, als er in Triest oder Laibach weilte,
Ihn ganz plötzlich der unbarmherzige Tod ereilte.
Niemand kann es beschreiben, welches Weinen, Trauern
Bei der schrecklichen Nachricht einzog in die Mauern
Unseres Schlosses, als Frau und Tochter sie vernahmen.
Kurz darauf sie mit einem großen Sarge kamen.
Hör, die sterblichen Überreste unsres guten
Gnädigen Herrn in einem Kupfersarge ruhten,
Der mit Blei gut verlötet und von einem großen
Schönen Eichensarg wiederum war eingechlossen.
Niemand hat so den Leichnam unsres Herrn gesehen;
Und so konnte im Volke das Gerücht entstehen,
Dass man Särge nur, leere Särge in die Erde
Senkte, und dass der Herr einst wiederkommen werde.
Eitles Hoffen; denn wen der Tod gefällt hat heute,
Der kommt nie mehr, wenn alles auch auf ihn sich freute!
Herr, bist tot; doch dein Herz kam her in weiter Reise,
Dass du ausruhen könntest in der Deinen Kreise!«

Franz von Winckler fand in der Gruft der Kapelle im Park seine letzte Ruhestätte. Am 30. September 1853 verstarb auch seine Frau und wurde an seiner Seite beigesetzt. Valeska von Winckler, die Mutter Evas, erbte nach dem Tod ihrer Eltern ein großes Vermögen. Als die Kapelle wegen Baufälligkeit abgerissen werden musste, setzte man am 3. August 1872 die Eichensärge von Franz und Maria von Winckler in Zinksärge und überführte sie am 6. August 1872, dem 21. Jahrestag seines Todes, mit acht anderen Särgen in die Gruft der neuen Kreuzkirche. Dort stehen sie heute noch. Die Särge der später verstorbenen Valeska , gestorben am 18.3.1880 in Berlin im Alter von 50 Jahren, und Hubert von Tiele-Winckler, gestorben am 12. September 1893 in

Valeska von Winckler

Partenkirchen, sind am 6. August 1907 nach Zellin bei Moschen in der Nähe von Neustadt überführt worden, nachdem die Familie von Tiele-Winckler im Jahre 1894 ihren Wohnsitz von Miechowitz in das dortige neue Schloss verlegt hatte. Hier wurden sie in dem auf dem sogenannte Hünengrab der neuen Parkwiese im Frühjahr 1907 errichteten Mausoleum beigesetzt. Die Familie von Tiele-Winckler lebte dort bis zum Januar 1945.

Mit dem Oberschlesier Karl Godulla gehörte Franz von Winckler zu den wenigen Männern, die aus kleinen Anfängen heraus durch eigene Energie zu Industriekapitänen geworden sind und in die Reihe der adligen Unternehmer einzudringen vermochten.

Franz von Wincklers Erbin wurde Valeska, seine Tochter aus seiner ersten Ehe mit Alwine Kalide. Am 7. November 1854 heiratete sie in der Kreuzkirche den ostpreußischen Leutnant Hubert Tiele, der sich danach mit Genehmigung des Großherzogs von Mecklenburg-Schwerin von Tiele-Winckler nennen und schreiben durfte. Beide, Valeska von Winckler und Hubert Tiele waren von ihrer Persönlichkeit her sehr gegensätzliche Menschen: Sie war ein weiches Wesen, katholisch, Oberschlesierin, deren Denken und Fühlen von tiefer Innerlichkeit geprägt war. Sie sind die Eltern von Eva von Tiele-Winckler (1866–1930).

Hubert von Tiele-Winckler

Erbe wurde sein am 10. März 1857 geborener Sohn Franz Hubert von Tiele-Winckler, der am 25. Juni 1895 in den Grafenstand erhoben und Gründer der Preußengrube wurde. Er lebte vorwiegend im Schloss Moschen im Kreis Neustadt/Oberschlesien. Seine letzten Lebensjahre waren von Krankheit gezeichnet. Er starb am 14. Dezember 1922 in Luzern. Auf ihn folgte als letzter Besitzer des Miechowitzer Rittergutes der ebenfalls auf

Schloss Moschen bei Neustadt lebende Klaus von Tiele-Winkler. Er verkaufte 1923 die Rittergüter Miechowitz und Rokittnitz an die »Preußengrube-Aktiengesellschaft«, später »Kattowitzer AG für Bergbau und Eisenhüttenbetrieb« in Kattowitz. Kleine Acker- und Waldstücke erwarben die Stadt Beuthen und die Gemeinde Miechowitz. Die Familie selbst behielt nur einen ganz geringen Besitz, etwa 17 Hektar, im Miechowitz-Beuthener Raum. Im Januar 1945 verließ die Familie von Tiele-Winckler das Schloss Moschen vor dem Einmarsch der Roten Armee.

Allein die Schlossruine und Teile des großen, von Eva von Tiele-Winckler gegründeten christlichen Sozialwerkes, des ehemaligen Friedenshortes und des Valeska-Stiftes, erinnern im heutigen Bytom-Miechowice noch in gewisser Weise an diese Familie.

Über Miechowitz um die Mitte des 19. Jahrhunderts heißt es in einem topographischen Handbuch von Oberschlesien aus der Zeit um 1860, dass der Ort eine 3/4 Meile (= 5.649,36 m – 1 Meile = 7.532,485 m) von der Kreisstadt entfernt lag und in ein Dominium und in ein Kirchdorf zerfiel. Das Dominium, das der Frau Majorin Valeska von Tiele-Winckler gehörte, umfasste 1.301 Morgen Acker (1 Morgen = 2.553,224 m), 167 Morgen Wiesen, 90 Morgen Gärten und 2.263 Morgen Wald, zusammen 3.761 Morgen (960,3 ha oder 9,6 km^2). Der Boden war teils lehmig und teils sandig und von mittlerer Qualität. Ein großer Teil der Äcker war drainiert. Als bemerkenswert wurde das »großartige gotische Schloss« herausgestellt.

Das Kirchdorf bestand aus dem eigentlichen Dorf und den Kolonien Karf und Oschin und zählte vier Bauern, zwei Halbbauern, vier Viertelbauern, siebzehn Gärtner, fünfzig Ackerhäusler, sechsundfünfzig Angerhäusler mit einem Grundbesitz von 906 Morgen Ackerland und Wiese (210 ha oder 2,1 km) und einem Viehbestand von 96 Pferden, sechs Eseln, drei Stieren, neun Ochsen, 228 Kühen und 65 Stück Jungvieh. Die Bodenbeschaffenheit des Landes war wie beim Dominium. Dazu gab es nachstehende Gewerbetreibenden im Ort: 1 Gastwirt, 1 Brauer, 2 Schankwirte in Miechowitz und einen in Karf, 7 Kaufleute, 15 Krämer, 3 Schmiede, 3 Schuhmacher, 2 Schneider; 2 Tischler, 2 Bäcker, 4 Fleischer, 1 Böttcher.

Zudem waren folgende Gruben vorhanden: die Maria-Galmeigrube, die Emiliensfreude Galmeigrube, die Johanna-Galmeigrube und ein Bleierzversuch. Die Steuereinnahmen betrugen: 90 Taler Haus-, 96 Taler Einkommen-, 1.178 Taler Klassen- und 193 Taler Gewerbesteuer.

Nach der »Heimatkunde des Stadt- und Landkreises Beuthen in Oberschlesien von J. Rieger, erschienen im Verlag von A. Wilpert in Groß-Strehlitz, 1896, zählte Miechowitz um 1896 rund 6.000 Einwohner. »Es liegt an der Chaussee Beuthen-Peiskretscham. Die Bewohner von Miechowitz waren vorwiegend im Ackerbau und im Bergbau tätig. Miechowitz bestand damals aus der Gemeinde und aus dem Gutsbezirk. In der Mitte des Ortes liegt das großartige gotische Schloss des Grafen von Tiele-Winckler. Das Schloss ist von einem prächtigen Park umgeben. Im Walde liegt die Fasanerie.«

Bis zum Bau einer Wasserleitung ab 1894 zunächst auf der Hauptstraße, damals Chaussee genannt, versorgten sich die Miechowitzer bis in die zweite Hälfte des 19. Jahrhunderts aus verschiedenen Brunnen mit dem nötigen Trink- und Kochwasser. Das beste Wasser spendete der zugleich tiefste Brunnen am alten Dominium. Alle Holzbrunnen hatten einen rechteckigen Querschnitt von ca. 1,08 m x 1,35 m (4/8 x 5/8 Lachter – 1 Lachter = 27 cm) quadratische Grundfläche und waren mit Holz verkleidet. Viele Grundbesitzer scheuten die Kosten für die alle drei bis vier Jahre notwendigen Ausbesserungsarbeiten und ließen daher den Brunnen mit Kalksteinen kreisrund ausbauen. Der Durchmesser eines solchen Brunnens betrug in der Regel 1 Meter. Zum Abteufen der Brunnen bestellten sich Hausbesitzer, die das nicht selbst konnten, einen Bergmann, der diese Arbeit in einer sogenannten Beischicht (bejka) ausführte und sich auf diese Weise einen kleinen Nebenverdienst verschaffte. Den polizeilichen Vorschriften entsprechend musste der fertig geteufte Brunnen oben mit einer Schutzvorrichtung, einem Deckel oder einem Schutzhäuschen mit Zugangstüren, versehen werden, um das Hineinfallen von Kindern und Tieren zu verhindern. Geschöpft wurde das Wasser mit Holzkübeln, die an einer unten mit einem Holzhaken versehenen Stange herunter gelassen wurden. Zum Wasserholen nahmen die Bewohner zwei Kannen mit, die an einer gebogenen und über die Schultern gelegten Stange (Klube) mittels zweier Holzhaken befestigt waren. So erleichterten sich die Menschen das Tragen der schweren Kannen. Andere Brunnen waren Ziehbrunnen. Der zunehmende Bergbau ließ das Wasser versiegen, so dass die Miechowitzer gezwungen waren, mit Kannen und Bottichen auf Schiebkarren zur Wasserhaltungsmaschine bei der Mariagrube um Wasser zu ziehen. Um dieses umständliche Wasserbeschaffen zu erleichtern, legte die Schlossherrschaft in der späteren Hindenburg- und Bontzekstraße ein Bassin an, damals »Kaschte« genannt. Den Erdaushub verwandte man zu einem Wall, den man mit Grassboden bedeckte und zum Schutz der Kinder und des Viehs umzäunte. Von jeder der genannten Straßen aus schuf man mit zwei Treppenstufen Zugänge zum Bassin. Das von der Mariagrube hergeleitete Wasser floss ständig aus einem Rohr in die »Kaschte«. Aus ihr schöpfte man das Trinkwasser für die Tiere. Koch- und Waschwasser für den Hausgebrauch ließ man direkt aus dem Rohr in die Kanne laufen. War das Becken voll, konnte das überschüssige Wasser durch eine schmale Erdrinne zum Straßengraben hin abfließen. Besonders an den Sommerabenden gab es an der Kaschte ein fürchterliches Gedränge. Man stieß den Nachbarn in die Seite, schimpfte und zankte. Jeder wollte schnell an das Wasser heran. Die Bauern kamen mit Pferdewagen und stellten beim Füllen ihrer Fässer und Gefäße die Geduld der Wartenden auf eine harte Probe. So hat dieser Wasserspender Anlass zu manchem Ärger gegeben. So manches Tier und auch einige Kinder sind in ihm ertrunken. Dieser Platz war aber auch ein Treffpunkt der weiblichen Bewohner des Ortes und Ausgangspunkt der im Dorf kursierenden Tagesneuigkeiten. Dazu präsentierten sich die wasserholenden jungen Dorfschönen der staunenden Männerwelt.

Neben den erwähnten Brunnen und dem Bassin gab es eine Reihe mehr privat genutzter Brunnen, wie etwa der Pfarrbrunnen. Im Schlosshof befand sich ein Pumpwerk, das noch während der zwanziger Jahre des 20. Jahrhunderts dort zu sehen war. Einer der privaten Brunnen soll Salzwasser geführt haben.

In jedem Haus stand damals auf dem Flur oder in der Küche eine vom Böttger aus Fichten- oder Kiefernholz gefertigte Stande (Wasserstande). Diese ähnelte einem großen Holzfass und hatte im unteren Teil drei verlängerte Dauben, die ihr als Füße dienten. Sie diente dazu, den täglichen Wasserbedarf im Hause bereit zu halten. Um die Wende vom 19. zum 20. Jahrhundert wurde infolge des Bergbaus die Not um das tägliche Wasser zu einer brennenden Tagesfrage. Im Auftrage des Staates bohrte man bei Zawada und Bobrownik nach Wasser, baute Wasserhebewerke, die den ganzen nordwestlichen Industriebezirk mit Wasser versorgten. Wenig später führten Leitungen das kostbare Nass in die Küchen jedes Hauses. Das Dorf wurde von der Kreischaussee, der späteren Reichstraße 5, von Beuthen über Karf nach Peiskretscham durchschnitten. In Karf befand sich eine Pferdebahn zur Maria-Grube. Außerdem hatte Karf eine Station der oberschlesischen Verbindungsbahn zwischen Tarnowitz und Morgenroth.

Bergbau und Bergwerke in Miechowitz

Der Bergbau im Beuthener Gebiet und damit auch in Miechowitz geht bis in das Mittelalter zurück. Bereits 1369 wurde Miechowitz ein Bergwerksdorf genannt, in dem Silberbleierz abgebaut wurde. 1451 erteilte Fürst Wenzel von Teschen erstmals den Besitzern von Miechowitz die Genehmigung, auf ihren Gütern Bergwerke anzulegen. Später wurde eine Silbergrube im Ort erwähnt. Nach der Übernahme Oberschlesiens durch Preußen behielt sich die Regierung alle Silberfunde im Lande vor. 1809 fand man in der Umgebung von Miechowitz noch Silbererze und 1823 im Ort selbst. Intensiv aber wurden sie erst später abgebaut.

Die Geschicke Beuthens und des Umlandes sind eng mit dem Bergbau und der Industrie verknüpft; von deren Blühen das Gedeihen von Stadt und Land abhing. Der älteste Silberbergbau lag bei Chorzow/Königshütte. Eine Nachricht aus der Mitte des 13. Jahrhunderts läßt vermuten, dass Blei auch bereits in der Umgebung Beuthens gefunden wurde. Jedenfalls rechnete man 1260 mit dem Vorkommen von Blei als etwas Gewöhnlichem. In der oben erwähnten Urkunde von 1369 werden Bergwerke in den Hunderthuben, ferner in Bobrek, Miechowitz, Polnisch-Piekar und Bobrownik genannt. An nutzbaren Metallen werden Gold, Silber, Zinn, Kupfer und Eisen erwähnt, ohne dass es freilich sicher ist, ob auch wirklich jedes dieser Metalle gefunden oder abgebaut wurde. Die Rechtsbelehrung bei entstehenden Bergbaustreitigkeiten holten sich die Beuthener wie die meisten Bergbauorte Schlesiens in Iglau (Mähren).

Eine eigene Entwicklung nahm der Blei- und Silberbergbau im östlichen Muschelkalkrücken Oberschlesiens. Schon 1504 waren im Beuthener Gebiet bei Miechowitz, Bobrek und Scharley neue Gruben angelegt worden. Der große Förderer des Bergbaus wurde hier Markgraf Georg von Hohenzollern-Ansbach. Im sechzehnten Jahrhundert begann der Bergbau zu schwinden. Dies lag nicht an der Erschöpfung der Erze, sondern zum größten Teil an den unrationellen Methoden des Betriebes der Gruben und Hütten. Die Gruben waren tiefer geworden, die Wasserhaltung infolgedessen schwieriger. Man wandte zur Entwässerung sogenannte Rosskünste an, d. h. Schöpfvorrichtungen, die durch Pferde betrieben wurden. Die Kosten hierfür wurden immer höher. Dazu kam eine unzweckmäßige Verhüttung der Erze sowie der Mangel an ausgebildeten Hüttenleuten. Das alles führte zur Einstellung des Bergbaues.

Der wirkliche Aufschwung datiert erst seit der Wiederbelebung des Bergbaus im 18. Jahrhundert. Friedrich der Große fand in Oberschlesien eine nur geringe Eisenerzförderung und Galmeigewinnung vor. Steinkohlen waren noch nicht erbohrt, Silber und Blei wurden nicht mehr abgebaut. So wandte sich sein Blick zunächst auf Niederschlesien und erst am Ende seiner Regierungszeit auf Oberschlesien. Die allgemeinen Verordnungen, die er früher erlassen hatte, aber kamen jetzt auch dieser Gegend zu gute, so z.B. die Bergordnung vom 5. Juli 1769. Friedrich war nicht nur auf die wirtschaftliche Entwicklung bedacht, sondern betrieb auch eine großzügige Sozialpolitik, die den Lebensstand der Berg- und Hüttenleute sicherstellte. Der Bergmannsstand genoss damals allgemein ein hohes Ansehen.

Das größte Verdienst an der Wiedererweckung des Bergbaus gebührt dem Grafen Friedrich Wilhelm von Reden, dem ersten schlesischen Berghauptmann und späteren Minister. Die Gruben- und Hüttenanlagen in Friedrichshütte, Zabrze, Königshütte, Gleiwitz usw. verdanken ihre Entstehung seiner Tatkraft. Dem Beispiel des Staates folgten auch Privatleute nach. Bei der Zunahme der Gruben und Hütten in allen Bereichen des Industriegebietes wuchs naturgemäß die Arbeiterbevölkerung stark an.

An der Straße zwischen Miechowitz-Mechtal und Karf konnte man bis 1945 und danach ein weites Gebiet von Dolomithalden und Bruchteichen sehen. Dort befand sich einst die Maria-Galmei-Grube, an der zwei Männer gebaut haben, die beide aus eigener Tatkraft heraus zu hervorragenden und führenden oberschlesischen Industriekapitänen geworden sind: Carl Godulla und Franz von Winckler. Fast einhundert Jahre (1822–1916) hindurch war diese Grube das bedeutendste Bergwerk von Miechowitz. Ihren Namen erhielt sie nach der Besitzerin des Grubengeländes, Maria Domes, der Gattin (1816) von Franz Aresin und später (1832) Franz von Wincklers. Das ergiebigste Erz der Grube war der Galmei, der von 1823 an gefördert wurde. Dieses Zinkerz hatte man bereits im 18. Jahrhundert kennen gelernt, es aber lediglich zur Messingherstellung verwandt. Erst als Johann Christian Ruberg (1751 - 1807) ein Verfahren erfunden hatte, das im Galmei enthaltene Metall hüttenmäßig zu gewinnen, stieg der Wert des Galmeis. Der Boden um Beuthen herum wurde von Schürfschächten durchlöchert. In Miechowitz ließen Franz Aresin und seine Frau Maria auf eigenem Boden eine Reihe von Schächten abteufen. An diesen Versuchen beteiligten sich kapitalkräftige Männer, unter ihnen der damalige Wirtschaftsinspektor Carl Godulla. Ihm war es nach einigen Fehlversuchen an anderen Orten geglückt, auf dieser

Feldmark zwischen Miechowitz und Karf auf Galmei zu stoßen und dort eine Galmeigrube zu muten. Nach der Chronik wurde sie als die »erste und wertvollste Galmeigrube Oberschlesiens« gekennzeichnet. Der später als Zinkkönig bezeichnete Godulla hatte am 10. Juli 1822 den Schürfschein erhalten. Franz Aresin als Grundbesitzer des ersten Fundschachtes der Maria-Galmei-Grube erstattete der Bergordnung gemäß die Hälfte der beträchtlichen Schürfkosten an Godulla. Dieser besaß das Schürfrecht und Aresin das Eigentumsrecht. Dabei kam ihm zustatten, dass 1821 bis dahin bestehende Mutungs-Beschränkungen aufgehoben worden waren, die nur kleine und kleinste Grubenfelder zuließen. So konnte unter dem Datum des 18. Juli 1822 die Maria-Grube als erste mit einer Fundgrube von 1.200 Maaßen (= 1.037.428 m – 1 Maaß = 864,5 m) nebst Stollengerechtigkeit zugelassen und am 25. Mai 1823 von Brieg aus beliehen werden. Am 18. Juni 1823 erfolgte die Bestätigung dieser Belehnung von Berlin aus. Und am 16. August 1823 nahm man die Vermessung der Grube vor. Diese Mutung war die bedeutsamste Galmei-Mutung Godullas, der die Förderung des Galmeis übernahm. Franz Aresin erhielt den Preis für ein Viertel der Ausbeute. Von dieser Grube gingen die stärksten Impulse für die Wirtschaftsentwicklung Oberschlesien aus.

In der Maria-Grube wurde weißer und roter Galmei abgebaut und gefördert. Die Mächtigkeit des weißen Galmei betrug im Jahre 1848 gewöhnlich 3/4 Lachter, stieg aber bis zu eineinhalb Lachter. Ein preußisches Lachter war ein Bergmaß und entsprach 209,24 cm. Der rote Galmei erreichte an mehreren Stellen eine Mächtigkeit von über sechs Lachtern (mehr als 13 m). Auf der Carls-Hütte der Grafen Ballestrem zu Ruda, mit der Godulla seit ihrer Gründung eng verbunden war, wurde der Galmei verarbeitet.

Die Erzadern der Maria-Grube lagen nicht tief. Sie befanden sich in einer Mulde, deren Boden nur etwa 90 m unter der Erdoberfläche lag. Die Bergleute »fuhren«, d. h. sie stiegen anfangs auf Leitern oder »Fahrten« ein und aus oder rutschten auf schräg gelegten Bohlen hinab. Die Löcher für die Sprengladungen wurden noch mit einem meißelartigen längeren Eisen, dem »Stoßbohrer« und dem Schlägel gebohrt. An Stelle der späteren Zündschnur benutzten sie Halme von ungedroschenem Stroh, die sie in einer besonders dafür hergestellten hölzernen »Halmbüchse« mit zur Schicht trugen. Diese enthielt auch ein kleineres Kästchen mit Sprengkapseln. Das Schwarzpulver, womit sie die Halme vor der Sprengung füllten, trug jeder in einem »Pulverhorn« am Gurt. Das war ein Kuhhorn, dessen Ende zugemacht und dessen

Spitze abgesägt war und mit einem Holzpfropfen verschlossen werden konnte. Solche Hörner wurden auch zur Aufnahme des Öls für die in den unterirdischen Gängen verwandten Lampen benutzt.

Zunächst wurde bis in die vierziger Jahre des 19. Jahrhunderts ein Großteil der Erze mittels eines Haspels gefördert. Solche Haspelschächte existierten noch bis etwa 1862/63. Von ungefähr 1850 an schafften die Bergleute das geförderte Gut bei niedrigen Gängen in Mulden, bei tieferen Erzlagen durch einen Hand-Göpelbetrieb in Eimern zu Tage. Bald benutzte man dazu Wassergöpelanlagen. Erst später kamen maschinelle Förderungsarten in Gebrauch. 1850 wurde auf dem Felde der Maria-Grube ein neuer Wassergöpel erbaut. Mit ihm konnte durch das Gewicht eines mit Wasser gefüllten, in die Grube runter fahrenden Kastens 6 Zentner Galmei mit einem Zuge nach oben gefördert werden konnten. In acht Stunden konnten so durchschnittlich 2.000 Zentner zu Tage gefördert werden.

Große Kosten bereitete die Wasserhaltung. Wasserdurchbrüche und Schwemmsand bereiteten stets große Schwierigkeiten. Bereits 1825 wurde die erste Niederdruckdampfmaschine eingesetzt, 1846 erhielt das östliche Feld eine Hochwasserhaltungsmaschine und 1848 benötigte man bereits vier dieser Maschinen.

Die verschiedenen Förderschächte zu dieser Zeit trugen die Namen Schlegel, Unger, Adam, Dreßler, Bahnhofsschacht, Carl, Michael und Eduard. 1893 wurde die Erlaubnis zum Betrieb der Seilfahrt auf dem Erbs-Schacht erteilt. Letzterer wurde während des Zweiten Weltkrieges wieder in Betrieb genommen. Gewonnen wurden in der Maria-Grube Blei enthaltende Erze, Eisenerze und Galmei. Die Bleierze fand man mit Galmei verwachsen vor. Sie mussten darum vom Galmei geschieden werden, was in verschiedenen Aufbearbeitungs-Einrichtungen geschah, die man Wäschen oder auch Kunstwäschen nannte. Gewonnen wurden beispielsweise 1861/62 in der Maria-Grube 6.243 Zentner Bleierz, 219 Zentner Schlieche (aus bleiischen Erzen gewonnen), 565 Zentner Scheidemehl (ebenfalls aus bleiischen Erzen gewonnen), 12.015 Zentner Eisenerz, 37.285 Zentner Weißer Galmei, 233.071 Zentner Roter Galmei, 200.221 Zentner Lagergalmei, 68.831 Zentner Setz- und Klaubgalmei, 203.414 Zentner Waschgalmei, 55.835 Zentner Grabengalmei und 116.793 Zentner Schlammgalmei. Insgesamt machten dies 934.492 Zentner Erz aus (= ca. 46.724 Tonnen). Im Jahre 1849 warf die Maria-Grube einen Reingewinn von 20.458 Reichstalern ab, im Jahr darauf 31.537 Reichstaler und im nächsten Jahr bereits 42.700 Reichstaler. Dieser wurde erreicht, obwohl die den Wert des Galmeis allein bestimmenden Preise des Zinks zu dieser Zeit durchschnittlich nur 4 1/6 Reichstaler (= 4 Thr. und 5 Silbergroschen oder 90 Pfennige – ab 1871 = 12 Mark und 16,7 Pf.) pro Zentner betrugen. Von ihrem Beginn bis Ende 1851 hat die Maria-Grube neben den für die Wasserhaltungsmaschinen aufgewandten 150.000 Reichstaler noch 726.815 Reichstaler Ausbeute erwirtschaftet. Wegen ihrer Ausdehnung und der oft bis zu sechs Lachter Mächtigkeit ihres reichhaltigen Lagers wurde die Maria-Grube zur wertvollsten Galmeigrube Oberschlesiens erklärt.

Die Knappschaft (Belegschaft), die 1851 in die Mariagrube einfuhr, zählte einschließlich von vier Steigern und Aufsehern 493 Mann. Der Lohn für die achtstündige Arbeitszeit betrug je nach dem Tätigkeitsbereich 10 bis 12 Silbergroschen für den Häuer und 5 Silbergroschen für den Tagelöhner. In späterer Zeit hatte die Mariagrube eine Belegschaft von 688 Mann. Die erforderlichen Arbeitskräfte kamen nicht alle aus Miechowitz, sondern auch aus den umliegenden Ortschaften, in denen die meisten gern weiter wohnen bleiben wollten. Arbeitskräften, die in Miechowitz ansässig werden wollten, ließ Franz Aresin große Unterstützung zukommen. Er verschaffte ihnen Baugrundstücke, Ackerland, Geld, Holz und Kalksteine. Diese Maßnahmen ließen die Bevölkerung von Miechowitz schnell ansteigen. Das auf der Grube verdiente Geld verbesserte die soziale Lage der arbeitenden Menschen. Auch die Bauern zogen aus den Bergwerken ihren Nutzen, indem sie mit ihren Gespannen als Vekturanten den Transport des Erzes übernahmen.

Im Jahre 1875 wurde im Bereich der Mariagrube Schwefelkies gefunden. Dieses Schwefelkies-Bergwerk lag in den Gemeinden Miechowitz, Beuthen und Bobrek und hatte eine Ausdehnung von 1.033.137 m^2 – (rd. 103 Hektar). Im Juli 1894 sollte die Mariagrube wegen Unergiebigkeit stillgelegt werden. Nach Verhandlungen mit dem Bergfiskus hielt sie sich noch bis etwa zum Ersten Weltkrieg.

Die Mariagrube bewirkte die Umwandlung des fast rein ländlichen Miechowitz in einen Industrieort. Das zeigte das sprunghafte Ansteigen der Miechowitzer Bevölkerung. Zählte die Gemeinde im Jahre 1823 mit Karf zusammen 549 Einwohner, so waren es 1855 bereits 2.000, 1871 schon 4801 und 1900 ohne Karf 6.555 Einwohner. Von 1900 an wirkte sich allerdings die Einrichtung der neuen Preußengrube wesentlich stärker auf das Ansteigen der Einwohnerzahl aus: 1910 waren es 12.245 und 1914 schon 13.217 Einwohner. Innerhalb von neunzig Jahren war die Bevölkerung also um das Vierundzwanzigfache (!) angestiegen. Zuletzt, 1944, hatte Mechtal rd. 18.000 Einwohner.

Eigentümerinnen der Grube waren in der Mitte des 19. Jahrhunderts die Gräfinnen Valeska von Tiele-Winckler und Anna von Schaffgotsch-Godulla.

Mit anderen Gesellschaftern betrieb die Miechowitzer Gutsherrschaft noch weitere Galmeigruben, so die Johanna-, die Prinz-von-Preußen- und die Emiliensfreude-Grube.

Letztere, die Emiliensfreude-Galmeigrube (1826–1916), wurde 1826 gemutet und war seitdem ununterbrochen mit 135 Bergleuten in Betrieb. Sie gehörte den Arnold Lüschwitz'schen Erben und der Frau Majorin Valeska von Tiele-Winckler mit je 61 Kuxen. Zur Belegschaft zählten 135 Mann. Die jährliche Ausbeute betrug 48.460 Zentner Galmei.

Die Johanna-Galmeigrube wurde 1848 auf einer Fundgrube von 1180 Maaßen gemutet und war seit 1857 ohne Unterbrechung in Betrieb. Eigentümerin war die Frau Majorin – so die damalige Bezeichnung – von Tiele-Winckler. Nach 1918 blieb von den einstigen Gebäuden nur das als Wohnhaus genutzte Zechenhaus übrig. Bis etwa 1940 stand noch die alte Schmiede, die als Turnhalle, Wohnung und als Bierausschank des Josef Piontek diente. Das übrige Gelände wurde in den Jahren nach dem Ersten Weltkrieg eingeebnet und in einen Turn- und Sportplatz umgewandelt. Die Bevölkerung bezeichnete das gesamte Gelände bis 1945 weiterhin als »Mariagrube«.

Weitere Gruben in Miechowitz waren: Das Erzbergwerk Friedrich-Grube, 1827 auf dem nördlichen Gelände von Miechowitz errichtet. Hier ließ der preußische Staat erneut Silberbleierz abteufen. Um etwa 1822 schloss man mit einem Schacht von100 Ruten (eine Rute 3,766 m) nördlich von Miechowitz bei 15 Ruten Tiefe eine edle Bleierzlage in Dolomit auf, die nach verschiedenen Seiten verfolgt und in der man anhaltend fündig wurde. Die damals starken Wasserzuflüsse machten jedoch die Arbeit sehr kostspielig, so dass sie wieder aufgegeben werden mussten. 1855 wurde der Bau erneut aufgenommen. Man verfolgte die Bleierzlage nach Süden bis an Miechowitz heran und nach Norden. In nördlicher Richtung wurde es zur Weiterführung und Förderung notwendig, weitere zwei Schächte abzuteufen. In einem der beiden Schächte ging man tiefer und fand bei etwa 27 Ruten Teufe eine weitere Bleierzlage. Mit einem Bohrloch an der Biskupitzer und Bobreker Dominalgrenze fand man bei 14 Ruten Teufe eine äußerst edle Bleierzlage in Dolomit. Die gewonnenen Erze wurden in einer Wäsche der Mariengrube, die für drei Jahre von der Friedrichsgrube gepachtet worden war, verwaschen und zur Friedrichs-Silberhütte geschafft. Die massenhafte Bleierzgewinnung auf den verschiedenen Galmeigruben und die daraus folgende Überhäufung der Friedrichshütte mit Schmelzgut waren die Ursache für die in der Mitte des Jahres 1860 erfolgte Einstellung des Betriebes. Das gewonnene Erz konnte nur als Bleierz und zwar als Bleiglanz bezeichnet werden, da ein Zentner Blei nur etwa 1 3/4 Lot (= 25,5605 g) Silber enthielt. Zu dieser Grube gehörten auch der Zeisig- und der Kochschacht sowie der Pilger- (1923) und der Nimptschacht (1926).

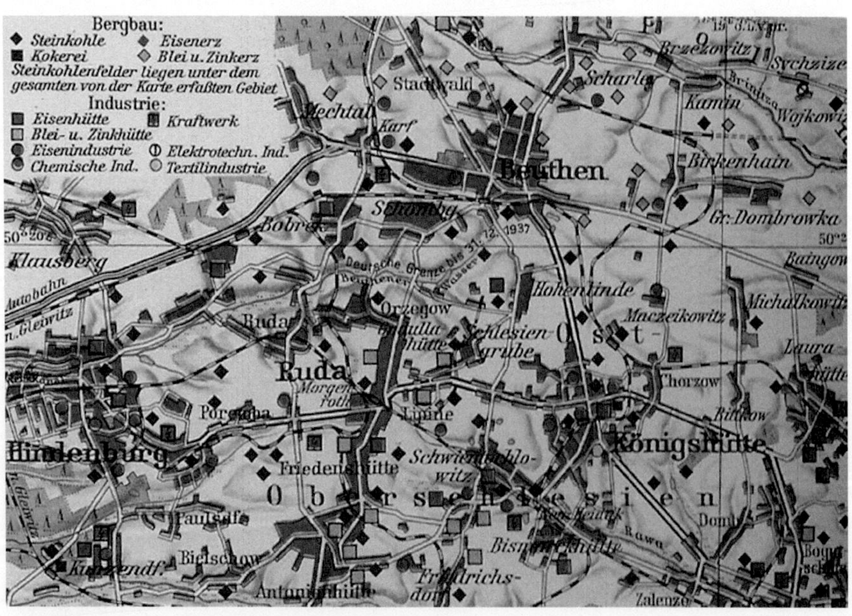

Der Bergbau im Oberschlesischen Industriegebiet

Die Preussengrube

Die verschiedenen Hüttenwerke benötigten dringend Steinkohle. So fanden im Jahre 1899 mit drei Bohrlöchern die ersten Bohrungen nach Steinkohle in Miechowitz statt. Ihnen folgte im Jahre 1900 der Bau einer Kohlengrube, der späteren Preußengrube. Erst durch die Anlage dieser durch Hubert von Tiele-Winkler gegründeten Grube ist Miechowitz zum eigentlichen Industrieort geworden.

1901 entstanden der Jelka- und der Winckler-Schacht. 1902 war die Steinkohle erreicht. Und am 24. November 1902 wurde die erste Tonne mit Steinkohle gefördert. In den ersten Januartagen 1903 begann die eigentliche Kohlenförderung. Die erste Förderung betrug 52,25 Tonnen aus einer Tiefe von 210 und 370 Metern. Spätere Fördersohlen lagen bei 520 und im Jelka-Schacht bei 720 m Tiefe. Die Kohlenflöze lagen in flacher bis steiler und teilweise überkippter Lagerung, was den Abbau schwierig gestaltete.

1906 kam es zur Gründung der AG Preußengrube. Diese wurde an die »Kattowitzer AG für Bergbau- und Hüttenbetrieb« verkauft. Vom 1. Dezember an erhielt Miechowitz von der Preußengrube elektrischen Strom. 1907 bis 1911 erfolgte der Bau des Süd-Schachtes. Dieser Südschacht und ein Wetterschacht dienten der Wetterführung.

Dreimal kam es bis 1945 zu schweren Bergunglücken: Am 2. März 1905 verloren bei einem Bühneneinsturz im Jelka-Schacht 15 Bergleute ihr Leben. Ihr Grab befindet sich heute noch auf dem Miechowitzer Friedhof. Der »Wanderer« berichtete am 3. März 1905: »Gestern abend ist in dem zur Preußengrube bei Miechowitz gehörigen Jelka-Schacht die Arbeiterbühne der 320-m-Sohle auf die 370-m-Sohle hinabgestürzt. 20 Bergleute wurden in die Tiefe gerissen. 15 davon sind, da die Wasserhaltungsmaschinen durch Steinmassen zertrümmert wurden, erschlagen oder ertrunken. Die übrigen fünf sind gerettet, eine Leiche wurde bisher geborgen.« Von den verletzten Bergleuten waren vier leicht und einer schwer verletzt worden. Der Besitzer der Preußengrube, Graf Hubert von Tiele-Winkler, fuhr sofort von Berlin nach Miechowitz und besuchte seine Grube und fuhr in die beiden Schächte ein. Kaiser Wilhelm II. schickte Tiele-Winckler ein Beileidstelegramm nachstehenden Inhaltes: »Ich nehme an dem schweren Unglück in dem Jelka-Schacht herzlichen Anteil und beklage tief den Tod so zahlreicher braver Bergleute. Sie wollen den Hinterbliebenen der Opfer ihres gefahrvollen Berufes wie den mit dem Leben davongekommenen Verunglückten mein wärmstes Beileid aussprechen.«

Durch eine Kohlenstaubexplosion starben am 22. März 1916 zwanzig Bergleute, darunter zwölf russische Kriegsgefangene. Seit 1915 waren 589 russische Kriegsgefangene auf der Grube beschäftigt. Bei einem dritten Unfall im April 1926 wurden zwei Häuer durch abrutschende Kohlenmassen getötet und ein Steiger schwer verletzt

Im Zusammenhang mit dem Kriegsende und dem Ringen um das Verbleiben Oberschlesiens bei Deutschland hatte Polen im Januar 1919 eine verstärkte Werbung für ein polnisches Oberschlesien gestartet. Am 3. Januar 1919 ermutigte Piłsudski bei einem Treffen mit Oberschlesiern zur Gründung einer oberschlesischen »Polnischen Militärorganisation« (POW). Am 8. Januar besetzten Spartakisten mit Waffengewalt die Preußengrube. Über den Stadt- und Landkreis Beuthen wurde der Belagerungszustand verhängt. Die Bemühungen Polens wurden von der oberschlesischen KPD (Kommunistische Partei Deutschlands) unterstützt. Das Miechowitzer Schloss, Sitz der Verwaltung der Preußengrube, war 1921 sechs Wochen hindurch von polnischen Aufständischen besetzt, wo sie am 3. Mai den damaligen Bergwerksdirektor Hermann Julius Koks ermordeten.

Preußengrube

Die durch all diese Schäden und durch andere Ereignisse entstandenen Ausfälle führten zu einem Verlust von 5.916.531 Mark im Abrechnungszeitraum von 1920/21.

Auf dem Weg zur Arbeit trugen die meisten der Bergleute eine Umhängetasche mit dem Essen und einer Kaffeekanne. Auf dem Heimweg barg die Tasche dann einen Holzklotz, den Rest eines Stempels, der daheim zum Anmacheholz für den häuslichen Herd in feine Stücke gespalten wurde.

Im Jahre 1922 kam es zur Übernahme der Preußengrube durch die »Preußengrube Aktiengesellschaft Berlin«. Im Jahre 1925 feierte die Preußengrube ihr 25-jähriges Bestehen. Aus diesem Anlass entstand u. a. ein Foto all derer, die bei der Gründung am 6. April 1900 dabei waren. Dieses Foto befindet sich heute im Beuthener Heimatarchiv in Recklinghausen.

1927/28 erfolgte der Bau des Nordschachtes an der Rokittnitzer Straße. 1999 kam es im Zusammenhang mit der Schließung der ehemaligen Preußengrube, jetzt »Kopalnia Miechowice«, zu seinem Abriss. An seiner Stelle steht heute ein Lidl-Markt.

In den Jahren zwischen 1930 und 1935 gab es im Zusammenhang mit der Weltwirtschaftskrise Absatzschwierigkeiten und dadurch bedingt eine wesentlich geringere Kohlenförderung, die 1932 mit einer Förderung von 779.868 t ihren niedrigsten Stand erreicht hatte. Erst von 1935 an ging es wieder aufwärts.

Die Förderung während der Kriegsjahre betrug:
1939: 1.566.220 t (Belegschaft: 2.674),
1940: 1.573.717 t (Belegschaft: 3.192),
1942: 1.863.605 t (Belegschaft: 3.371),
1943: 1.984.099 t (Belegschaft: 3.125).

Nach 1941 kamen in großer Zahl sowjetische Kriegsgefangene zum Arbeitseinsatz. Sie waren in dem Kriegsgefangenenlager hinter der Schule II untergebracht. So waren während der Jahre 1941 bis Ende 1944 im Durchschnitt etwa 2000 Kriegsgefangene bei der Preußengrube tätig. Nach einer Statistik arbeiteten 1944 auf der Preußengrube außer 2.305 deutschen Belegschaftsmitgliedern noch 34 Franzosen, 220 Ukrainer, 357 Polen, 168 Belgier und 1.000 sowjetische Kriegsgefangene. Angestrebt für dieses Jahr war eine Förderung von 2 Millionen Tonnen Steinkohle, die nicht ganz erreicht worden ist.

Die sowjetischen Gefangenen stellten anfangs im Lager geschnitztes und bewegliches Kinderspielzeug aus Holz her, das sie bei den Bergleuten gegen

Brot oder andere Lebensmittel eintauschten. Überall sah man bald die Kinder der Bergleute damit spielen, bis die Nazis eines Tages Tausch und Gebrauch dieses Spielzeuges verboten und den Besitz unter Strafe stellten. Dennoch versorgten viele Bergleute die hungernden Gefangenen immer wieder mit Lebensmitteln. Wenn diese Menschen z.B. auf der Hindenburgstraße zum Nordschacht marschierten, hoben sie jede auf der Straße liegende Zigarettenkippe blitzschnell auf. Vielleicht hatten mitfühlende Menschen vor dem Kommen der Gefangenen auch Zigarettenreste dorthin geworfen.

Als sich im Januar 1945 die Kriegslage verschlechterte und die Rote Armee an den Grenzen Oberschlesiens stand, musste weiter gefördert werden. Kein Bergmann durfte den Ort verlassen. »Oberschlesien steht und produziert« hieß es auf der Titelseite der letzten Ausgabe der »Ostdeutschen Morgenpost«, unserer Tageszeitung. Trotz der Durchhaltebefehle verabschiedete sich am Dienstag, dem 23. Januar 1945, Bergwerkdirektor Machens morgens von seinen engsten Mitarbeitern und verließ Mechtal und damit auch Oberschlesien. Maschinen-Ingenieur Adamek, er war voller Todesahnung, übernahm am 24. Januar die Grubenleitung. Ihm zur Seite stand der Maschinensteiger Friedrich Biegon. Das bergmännische Aufsichtspersonal verweigerte den vielen noch zur Grube gekommenen Kumpeln die Einfahrt in den Schacht. Nur eine kleine Gruppe energischer Männer blieb zurück. Im Ort ließ die Ordnung bereits nach. Es kam zu Überfällen, Schlägereien und Diebstählen. Russische Flugzeuge überflogen die Grube. Gegen 14 Uhr besetzte eine deutsche Militäreinheit das Bergwerk. Der Kompanieführer wollte von Friedrich Biegon wissen, ob die Bevölkerung evakuiert worden sei, da es heftigsten Widerstand geben werde. Als er hörte, dass dies nicht der Fall sei, fluchte der Offizier über die falschen Informationen seiner Vorgesetzten. Noch zwei Männer waren unter Tage auf ihrem Posten. Am 25. Januar gegen 10 Uhr erreichte eine russische Batterie den Westschacht. Darauf kam es unter den verantwortlichen Steigern zu Meinungsverschiedenheiten über das weitere Vorgehen. Zahlreiche Männern der Führungsgruppe verließen das Werk. Sieben blieben zurück, darunter drei Steiger, unter ihnen Friedrich Biegon und der Fahrsteiger Fabry. Da das Kraftwerk Mechtal noch in Betrieb war, beschlossen sie, die Grube zu erhalten. Drei Bergleute fuhren auf die Sohle 520 hinunter, um sie vor einer Überflutung zu schützen. Gegen 16 Uhr hatten die ersten russischen Panzer Mechtal beim Nordschacht erreicht. Deutsche Truppen wehrten den Angriff ab. In der Nacht zum 26. hatten sich die auf dem Gelände der Preußengrube befindlichen deutschen Soldaten abgesetzt, ohne einen Schuss abgegeben zu haben. Die Männer von Sohle 520 wurden heraufgezogen, da das Kraftwerk seine Arbeit einstellen musste. In den Mittagsstunden gingen die Sowjets zum Gegenstoß vor. Im Ort tobten heftige Kämpfe. Die deutschen Soldaten leisteten harten Widerstand. Die Grube wurde leicht beschädigt. Während im Ort der Kampf tobte, verlief der 27. Januar, der Mechtaler Blutsamstag, auf dem Werk ruhig. Am Sonntag starb Adamek auf dem Weg zur Grube durch Schüsse eines russischen Soldaten. Gegen 10 Uhr begann die Plünderung der Grube und des Kraftwerkes durch Kriegsgefangene und Zivilisten. Niemand konnte etwas dagegen tun. Steiger Biegon war froh, alle Dokumente der Preußengrube unter Tage in Kisten gut versteckt zu haben. Am 29. Januar wurde Biegon von zwei sowjetischen Militärs und einem Zivilisten abgeholt und zur Mititär-Kommandantur in das Polizeigebäude in der Hindenburgstraße in Mechtal gefahren, wo sich bereits ein mit Mechtaler Kommunisten zusammen gesetztes »Provisorisches Komitee« befand. Nach Fragen zu seiner Person, Ausbildung und zu seinem Verhalten gegenüber Kriegsgefangenen wurde Friedrich Biegon mit der Leitung der Preußengrube beauftragt. Eine maschinengeschriebene »Ernennungsurkunde« in deutscher Sprache erhielt er am 2. Februar. Damit wurde er bis zur Zeit der Regelung mit der Führung der Arbeiten zum Wiederaufbau und der erneuten Inbetriebnahme der ganzen Preußen-Grube ernannt. Der Fahrsteiger Fabry hatte sich am 28. Januar um 23 Uhr gemeinsam mit seiner Frau und seinen beiden kleinen Kindern mit einer Schusswaffe das Leben genommen. Seine Frau war hochschwanger und mehrfach von den Sowjets vergewaltigt worden. Ein anderer Fahrsteiger hatte Mechtal mit unbekanntem Ziel verlassen. Um die Grube zu erhalten, riefen die Leute um Biegon die Belegschaft mit kleinen Zetteln, die sie an Bäume und Haustüren hefteten, zur Arbeitsaufnahme auf der Grube auf.

Niederschlagend für Biegon und seine Leute war der am 12. Februar an alle Männer zwischen 17 und 50 Jahren ergangene Befehl, sich in Beuthen mit Gepäck und Verpflegung einzufinden. Sie alle wurden in die Sowjetunion verbracht. Für die Erhaltung der Grube waren von den Sowjets fünfzig gesunde Männer zurückgestellt worden. Nach vier Tagen waren dreizehn von ihnen auf unbekannte Weise geflohen. Ein weiterer Rückschlag für die Grube war die am 13. März 1945 begonnene Demontage des Kraftwerkes Mechtal, die vorwiegend Mechtaler Frauen gemeinsam mit sowjetischen Soldaten durchzuführen hatten. Von Karf aus bekam die Grube den dringend benötigten Strom in nur sehr begrenzter Menge. Am 15. April wurde die Preußengrube dann den neuen polnischen Machthabern übergeben. Mechtal war von diesen inzwischen in Miechowice und die Preußengrube in »Kopalnia Miechowice« umbenannt worden.

Friedrich Biegon hatte die Ereignisse von Januar bis April 1945 in Tagebuchaufzeichnungen festgehalten und damit das einzige authentische schriftliche Zeugnis über Mechtals schwerste Zeit hinterlassen.

1953 konnte das neue Kraftwerk Miechowice wieder in Betrieb gehen.

1962 wurden im März 42 Bergleute in der Abteilung 11 der Kopalnia Miechowice (Preußengrube) verschüttet. Fünf Bergleute kamen dabei ums Leben. Alle anderen wurden lebend geborgen, einige mit Arm- und Beinbrüchen, die in den Knappschaftslazaretten in Beuthen und Scharley Aufnahme fanden. Auch über Tage ereignete sich ein Unglück: Ein bei der Grube beschäftigtes Fräulein W., 24 Jahre alt, stürzte 14 m tief in einen Kohlenbunker und erstickte. Erst nach diesem Unfall wurde der Bunker durch Abdeckungen gesichert und mit einer hellen Lampe angestrahlt.

1985 feierte die nun »Kopalnia Miechowice« genannte Grube ihren 85. Geburtstag und den 40. Jahrestag ihrer Übernahme durch Polen.

1999 Abriss des Nordschachtes

2000 Auflösung der ehemaligen Preußengrube, der »Kopalnia Miechowice«.

Volle einhundert Jahre hat die Preußengrube existiert. So lange hat dieses Bergwerk den Ort Miechowitz/Mechtal/Miechowice geprägt: Sie ließ Miechowitz erst zu einem eigentlichen Industrieort werden und gab Tausenden im Laufe der Jahre Arbeit, Brot, einen gewissen Wohlstand und Tausenden infolge des Zuzugs auch eine neue Heimat.

Durch den unverantwortlichen Raubbau während des kommunistischen Systems in der Nachkriegszeit wurde das alte Miechowitz wegen der vielen Bergschäden fast vollständig zerstört. Nur noch wenige Gebäude erinnern an den alten Ort: Die Kreuzkirche, die evangelische Kirche und die Corpus-Christi-Kirche, die Barbara-Kapelle in dem von Franz von Winckler für die Bevölkerung im 19. Jahrhundert angelegten Erholungspark auf dem Grytzberg, die beiden Friedhöfe, die Schule III und die neue Schule I (Josef-Joachim-Adamczyk-Schule bzw. später Josef-Joachim-Adam-Schule) auf dem Sonnenplatz, eine Reihe von Gebäuden des ehemaligen Friedenshortes, so auch das Wohnhaus der Mutter Eva von Tiele Winckler, der Gründerin des Friedenshortes. Erhalten blieb auch ein Teil des 1897 gegründeten Marienklosters und eine Reihe alter Gebäude in den einzelnen Straßen. Die Ruine des im Januar 1945 niedergebrannten Schlosses erinnert an vergangene Zeiten. Alles andere ist verschwunden.

Im Dezember des Jahres 2000 feierten Bergleute und Bevölkerung mit der Übertragung des Barbarabildes aus der Kapelle der »Kopalnia Miechowice« (Preußengrube) den Abschied von ihrer Grube. Das bereits aus der Maria-Grube stammende Bild der hl. Barbara wurde in einem langen Zug, begleitet von der ehemaligen Bergmannskapelle der Grube, zunächst in die von Menschen überfüllte Kreuzkirche getragen, wo ein Gedenkgottesdienst stattfand. Danach ging es zur Barbara-Kapelle auf dem Gipfel des Grytzberges, in der bereits die geschnitzte Barbarastatue des einstigen Nordschachtes stand. Damit fand die wohl wichtigste Einrichtung des Ortes Miechowitz/Mechtal/Miechowice, die ihn hundert Jahre hindurch am stärksten geprägt hatte, ihr Ende. Sie wurde vom Bobreker Bergwerk (ehemals Gräfin-Johanna-Schacht) übernommen, das inzwischen einem anderen Kohlebergwerk angeschlossen wurde.

Seit alten Zeiten trugen die Bergleute eine besondere und für alle gleiche Bergmannstracht oder -uniform. Rangunterschiede waren nur an den Litzen der Ärmel und an den Kragenspiegeln zu erkennen. Deutlichstes Kennzeichen waren die Federbüsche an den Tschakos: Die Häuer trugen schwarze, die Musiker rote und vom Oberhäuer an einen außen weißen und innen schwarzen Federbusch. Vom Steiger aufwärts gehörte ein Degen zur Uniform.

Im und außerhalb des Bergwerkes grüßten sich die Bergleute nach alter Tradition mit einem »Glück auf!«. Ein Großteil der Bergleute traf sich vor der Einfahrt zu einem Gebet. Viele Zechen hatten eine Barbarakapelle, auf anderen stand im Zechensaal entweder ein Barbara-Altar oder ein Bild der Heiligen, der Schutzpatronin der Bergleute. Während der NS-Zeit und in der kommunistischen Zeit fiel dieser Brauch der braunen und roten Ideologie zum Opfer.

Der 4. Dezember, der Tag der heiligen Barbara, war ein Festtag für die Bergleute. Die gesamte Belegschaft versammelte sich auf dem Grubenhof und marschierte dann unter den Klängen der Bergmannskapelle zu den einzelnen Kirchen. In ihnen war eine blumengeschmückte Barbarafigur aufgestellt. Nach den Gottesdiensten versammelte man sich dann in den verschiedenen Gasthäusern und verbrachte dort einen vergnügten, stimmungsvollen Tag, bei dem in der Regel kräftig dem Alkohol zugesprochen wurde. Neben verschiedenen Bergmannsliedern erklang immer wieder das alte Lied:

»Glückauf, der Steiger kommt«, bis heute eine Art Berufshymne der Bergleute. Die Angehörigen der Preußengrube trafen sich nach 1945, soweit sie im Westen und danach in der Bundesrepublik lebten, alljährlich in Essen.

Anmerkungen

Namen und Anschrift der Friedrichs-Grube in Miechowitz O/S, Kr. Beuthen-Tarnowitz, im Jahre 1936: Bergrevier Beuthen Nord, seit 1784 in Förderung.

Pilgerschachtanlage seit 1924: Preußische Bergwerks- und Hütten AG., Zweigniederlassung Steinkohlenbergwerke Hindenburg O/S. – Eigentümer: Preußische Bergwerks- und Hütten AG in Berlin – Betriebsleitung: Bergwerksdirektor Bergassessor a. D. Dr. Leising, Bergassessor Hermann.

Name und Sitz der Preußengrube 1936 in Miechowitz-Mechtal, Kreis Beuthen-Tarnowitz, Bergrevier Beuthen-Nord. – Anschrift: Preußengrube Aktiengesellschaft, Miechowitz-Mechtal O/S. – Eigentümer: Preußengrube Aktiengesellschaft, Berlin W 9, Potsdamer Str. 127 – Betriebsleitung: Bergwerksdirektor Bergassessor a. D. Machens.

Am 17. Dezember 1941 wurde die Preußengrube der Bergwerksverwaltung Oberschlesien GmbH der Reichswerke Hermann Göring – Kattowitz – Gruppe II – Gleiwitz angeschlossen.

Die Direktoren der Preußengrube von der Gründung bis 1945 waren:

I. 1902 bis 1905: Hugo Herrmann (1871–† 1918)*

II. 1906 bis 1921: Hermann Julius Koks, 1860 in Mühlheim/Ruhr geboren. Er veranlasste auf der Grube zahlreiche moderne technische Neuerungen und Verbesserungen. In Miechowitz setzte er sich für die Stärkung des Deutschtums ein. Nach Beginn des dritten polnischen Aufstandes erschossen ihn am 3. Mai 1921 polnische Aufständische im Mechtaler Schloss, seinem Amtssitz. Er ist auf dem kleinen Friedhof im Friedenshort beigesetzt worden, wo sein Grab heute noch vorhanden ist.

III. 1921 bis 1929: Heinrich Thomas (2. 12. 1878 in Dortmund – † 16. 11. 1929 in Miechowitz). Er war seit 1905 an der Preußengrube tätig gewesen. Für Hilfsbedürftige und für kulturelle Belange hatte er stets eine offene Hand. So gründete er die Bergkapelle zur Ausgestaltung von Feierlichkeiten und Beerdigungen. Landrat Dr. Urbanek fand in ihm einen verständnisvollen Gesprächspartner, als es um die Öffnung des Miechowitzer Waldes für alle Menschen ging. Dank der ausgleichenden Art von*

Direktor Thomas konnte der Kreis das Waldgelände pachten und zu einem Erholungsgebiet für alle Menschen einrichten. Nachdrücklich förderte Thomas die Bestrebungen des Turn- und Sportvereins zur Anlage von Sportplätzen und anderen sportlichen Einrichtungen. Er betätigte sich in der Kommunalpolitik und war Gemeindeschöffe, arbeitete im Schulvorstand und in der Schuldeputation mit. Darüber hinaus war er Kreisdeputierter, Berater des Landrates in bergmännischen Fragen, führendes Mitglied in der Oberschlesischen Knappschaft und im Verein der technischen Bergbeamten Oberschlesiens. Von den Bergleuten wurde er seiner verständnisvollen, sozialen und ausgleichenden Art wegen kumpelhaft Thomek genannt und nach seinem plötzlichen Tode zutiefst betrauert.

IV. 1929 bis zu seiner Flucht aus Mechtal am 23. Januar 1945: Wilhelm Machens (gebürtig aus Gelsenkirchen).

Leitende Beamte und Steiger der Preußengrube bis 1945 – soweit bekannt:

Bergverwalter: Ansorge, Kalicinski, Haupt, Franz Mosler, Paul Mücke

Markscheider: Ksoll, Vinzent, Dr. Labryga, Johannes (1883–1957), Markscheider und Bergdirektor.

Fahrsteiger: Heinrich Bless, Fabry († 28. 1. 1945 – Suizid mit der ganzen Familie), Richard Czempiel, Dylewski, Walter Faltin, Paul Hartwich, Herrmann-Josef Hillebrandt, Hans Kalla, Gerhard Ossig, Karl Schade, Skora, Otto Weinkopf.

Maschineningenieur: Paul Adamek (Am 23. Januar beauftragte ihn Direktor Wilhelm Machens mit der Leitung der Preußengrube, die er am 24. übernahm. Auf dem Weg zur Grube wurde er am Sonntag, dem 28. 1. 1945, von den Sowjets erschossen), Franz Czieschowitz -

Maschinensteiger: Friedrich Biegon (Die Sowjets ernannten ihn am 29. Januar 1945 bis zu einer endgültigen Lösung mit der Leitung der Preußengrube und beauftragten ihn mit der Instandhaltung der Grube. Ihm ist die Rettung der Preußengrube zu verdanken.), Günther Glatzel, Hugo Käufer, Mecha, August Mimietz, Friedrich Philipp

Elektrosteiger:Alfred Tometzki, Georg Nennstiel

Vermessungssteiger: Walter Faltin

Obersteiger: Kalla, Münch

Steiger: Hans Bresler, Ernst Busch, Czempiel, Dylewski, Albert Gärtner, Martin Golibersuch, Ernst Gruschka, Georg Gwosdz, Irmler, Heinrich Klietmann, Klose, Kowollik, Lang, Ewald Malina, Erich Meixner, Kon-

rad Michna, Franz Mnich (bis 1940 und nach der Rückkehr aus der Internierung um 1948 wieder), Morczinek, Franz Mosler, Müller, Gerhard Nowak, Petschke, Friedrich Philipp, Pollak, Bernhard Pospiech, Bruno Potempa, Egon Röder, Hans Röder, Schaffranek, Schmidt, Synowski, Suchanek, Konrad Walter, Weymann, Max Wilsch, Otto Wilke, Hans Woitalla.

Steigerstellvertreter: Johann Sowka, geboren am 26. 11. 1880 in Rosmierka bei Groß-Strehlitz. Er war bei der Gründung der Preußengrube am 6. April 1900 dabei und arbeitete dort als Aufseher, Oberhäuer und Steigerstellvertreter bis zu seiner Pensionierung 1944 unter allen Direktoren der Grube. Zwischendurch, von 1914 bis zu seiner Freistellung 1916, war er Soldat in Russland. 1945 holte man ihn seiner Kenntnisse wegen bei einem geringen Lohn in die Pulverkammer als Magazinverwalter und entließ ihn 1948 mit der Begründung, dass er zu alt sei. Im Jahre 1958 siedelte er in die Bundesrepublik Deutschland nach Mönchengladbach aus und wurde weit über 90 Jahre alt.

Tagessteiger: Beigel, Peter Kadlubski, Lischka, Georg Nitsche, Max Riek

Maschinenbetriebsführer: Haarhausen, Oberingenieur Wilhelm Preuß, Otto Wischmeyer, Schüttel, Schwind, Winden

Münzen, Maße und Gewichte

1 Thaler (Thr.) = 30 Silbergroschen = 360 Pfennige (= 3 Mark – seit 1871)

1 Silbergroschen = 12 Pfennige (Pf., Pfg.)

1 Meile = 2.000 Ruten – 24.000 Fuß = 7.532,485 m

1 Rute = 12 Fuß = 3,766 m

1 Fuß = 0,314 m

1 Quadratrute = 14,184 m²

1 Morgen = 180 Quadratruten = 2.553,224 m²

1 Maaß (Bergmaß) = 1 Maaß = 864,5 m

1 Centner (Ctr.) = 110 Pfund = 51, 448 kg

1 Pfund = 32 Lot = 467,404 g

1 Lot = 14, 606 g

1 Lachter = Bergmaß vor der Einführung des metrischen Systems. 1816 entsprach es 80 rheinischen Zoll = 209,24 cm)

1 Kuxe = Wertpapiere über den Anteil an einer als bergrechtlich betriebenen Gewerkschaft

Kirchen und kirchliches Leben in Miechowitz / Mechtal

Die Katholische Kirche

Bereits Jahrhunderte hindurch hatte die heutige Kreuzkirche in einer Mulde des späteren Miechowitzer Schlossparkes eine Vorgängerin, ebenfalls eine Kreuzkirche. Über ihre Gründung gibt es verschiedene Sagen. Es ist nicht bekannt, wann in Miechowitz die erste Kirche erbaut worden ist. Die wahrscheinlichste Deutung geht davon aus, dass dies im 13. Jh. geschah. Danach geht die erste Kreuzkirche auf die Miechówer Kreuzherren aus dem Kloster Miechów bei Krakau zurück. Schon in einer Sage, die im Jahre 1011 spielt, wird von einem Miechówer Mönch erzählt. Auch der Ortsname Miechowitz weist auf das Kloster Miechów hin. Ort und Kloster bestehen heute noch. Eine weitere Bestätigung dieser Annahme ist die Tatsache, dass beim Abbruch der alten Kirche viele Särge mit Geistlichen gefunden worden sind, die mit dem Ordensgewand der Miechówer Mönche bekleidet waren. Die Miechower Kreuzherren nannten sich auch Hüter des Hl. Grabes in Jerusalem. Als Zeichen trugen sie den doppelten roten Stern. Ihre Hauptaufgabe war die Krankenpflege. Der Orden wurde in Böhmen gegründet und Miechów war später seine Hauptbesitzung. Beim Bau der Kirche soll der Sage nach Hyazinth, der spätere Heilige, durch die Schenkung eines Grundstückes beteiligt gewesen sein. Er wurde in Miechowitz bereits sehr früh verehrt. Seine Figur stand am Hochaltar der alten und steht heute ebenfalls am Hochalter der neuen Kreuzkirche. Hyazinth lebte und wirkte im 13. Jh., in das man darum auch die Gründung der ersten Miechowitzer Kirche legen kann. Die anderen Sagen zur Gründung einer ersten Kirche in Miechowitz sind weniger aussagekräftig.

Wie bereits im ersten Teil vermerkt, begegnet uns der Name Miechowitz 1336 schriftlich zum ersten Mal in einer Rechnungsablegung des päpstlichen Nuntius Galhard de Carceribus über den von ihm in diesem Jahr in der Diözese Krakau gesammelten Peterpfennig, zu der das Beuthener Gebiet gehörte. Danach wurde um diese Zeit von den Miechowitzern bereits der Peterspfennig gezahlt, was auf eine Pfarrgemeinde mit einer Kirche schließen lässt. Urkundlich wird die Existenz einer Kirche in Miechowitz allerdings erstmals im Jahre 1524 erwähnt. Danach hatte ein Peter Ratkay »vom Ritter auf Miechowitz einen Acker und drei Teiche erhalten«. Dafür musste er jährlich u. a. einen Scheffel Korn und einen Scheffel (1 Scheffel = 54,946 Liter) Hafer an den Pfarrer von Miechowitz liefern.

Eine Statistik von 1629 nennt eine evangelische Kirche, bei der es sich nur um die Kreuzkirche handeln kann, die damals von den Protestanten in Anspruch genommen worden war. Beuthen gehörte zu dieser Zeit dem Kurfürsten Johann Georg von Brandenburg, einem Gegner des katholischen Kaisers Rudolf II. In seinen Ländern unterstützte der Kurfürst tatkräftig die evangelische Religion. Durch den Majestätsbrief von 1609 hatte Rudolf II. den Protestanten in Schlesien freie Religionsausübung gewährt. Diese Freiheit genossen sie bis 1653/54. Danach wurde die Rückgabe der Kirchen an die Katholiken verfügt und die Kreuzkirche diente wieder dem katholischen Gottesdienst.

In der zweiten Hälfte des 18. Jh. bildete Miechowitz mit der Colonie Karf, Bobrek und der südöstlichen Hälfte von Rokittnitz eine Pfarrgemeinde und unterstand bis 1821 dem Bischof von Krakau, während die andere Hälfte von Rokittnitz bereits zur Diözese Breslau gehörte.

Die Nebengebäude der massiven Kirche bestanden ganz aus Holz. 1756 sah der abseits von der Kirche stehende hölzerne Turm einer Ruine ähnlich, ebenso die Scheune. Die Kirchhofsmauer war nach Osten hin verfallen. 1781 wies die Kirche starke Risse auf, das Kirchdach war schadhaft und teilweise zerfallen oder verfault.1791 befand sich mit Ausnahme des inzwischen restaurierten Pfarrhauses der gesamte Kirchenkomplex in einem elenden Zustande. Vor allem die Kirche bot mit »ihren eingeschlagenen Fensterscheiben und dem einstürzenden Orgelchor ein Bild des Jammers«, wie es Rechnungen der Kirche aus der damaligen Zeit belegen. 1801 endlich wurde der hölzerne Turm beseitigt und massiv mit Ziegelsteinen neu direkt an die Kirche angebaut.

1813/14 waren russische Soldaten in Miechowitz einquartiert. Sie zündeten die Kirche aus Bosheit oder Unachtsamkeit an. In den Jahren 1821/22 hatte die Kirche keinen eigenen Seelsorger. Pfarrer Johann Benke aus Mikultschütz war gleichzeitig Pfarrverweser von Miechowitz. Die Rokittnitzer waren genötigt, ihre Toten während dieser Zeit in Mikultschütz beizusetzen. Gleichzeitig erfolgte 1821 die Eingliederung der bisher zur Erzdiözese Krakau gehörenden Dekanate Beuthen und Pleß in das Fürstbistum Breslau. 1822 entstand endlich ein neues Pfarrhaus im Pfarrgarten neben der heutigen Kreuzkirche. Das alte Pfarrhaus unweit der alten Kirche war als Wohnung nicht mehr zumutbar.

1823 zählte die Pfarrgemeinde Miechowitz mit der Kolonie Karf, Bobrek und der einen Hälfte von Rokittnitz 992 Seelen. Ein Jahr später waren es bereits 1.018 Seelen und 1833 schon 1.291.

Bis 1827 müssen die Einnahmen der Miechowitzer Pfarrer sehr gering gewesen sein, wie es sich aus dem häufigen Wechsel der Pfarrer und den langen Vakanzzeiten schließen lässt. Auch die Stiftung des Ehepaares Ignaz und Maria Domes in Höhe von 100 Talern von 1827 zur besseren Dotierung des Pfarrers weist darauf hin. Ignaz Domes hatte sehr viel für die Erhaltung und Ausstattung der alten Kirche getan: So ließ er sie 1827 verputzen und mit einer neuen Decke versehen, den Turm einwölben und die abgenutzten Schindeln ersetzen. Daneben schenkte er ihr viele Einrichtungsgegenstände, u. a. zwölf Heiligenfiguren. Häufig spendete er auch das Wachs für die Kerzen.

Von 1842 bis 1848 wurde die Kirche schließlich grundlegend erneuert. Das Geld dazu brachte man durch Sammlungen bei den Pfarrangehörigen auf. Aber auch die Bergwerke spendeten beträchtliche Summen. Die notwendigen Arbeiten und Neuanschaffungen erstreckten sich über sieben »Bauabschnitte«. Es wurde stets nur das gesammelte und gespendete Geld verbraucht. So hatte zum Beispiel die Sammlung des Jahres 1842 für die Verschönerung des Hochaltares 105 Taler, 5 Silbergroschen und 4 Pfennige an Spenden von den Bergleuten erbracht. Davon erhielt ein Bildhauer 108 Taler für eine Arbeit zum Hochaltar und 20 Taler an Vorschuss für zwei Nebenaltäre. Neu angeschafft wurden zwei Kreuze für die Nebenaltäre und ein Vorhang hinter dem Hochaltar. Repariert werden konnte eine Messing-Lampe, die Pfeiler unter dem Chor, die Kirchenfenster und die liturgischen Geräte. Ein Jahr später erbrachte die Sammlung unter den Pfarrmitgliedern 154 Taler für die Instandsetzung der drei Altäre und zur Anschaffung eines »anständigen« Kreuzweges, der noch im gleichen Jahr angeschafft werden konnte und 276 Taler kostete. Außerdem konnte die Brücke zur Kirche repariert und 50 Taler zu Renovierung der beiden Nebenaltäre verwendet werden. Die über die jeweils durch die Gemeindemitglieder erbrachten Beträge müssen wohl aus Spenden der Bergwerke und Anderer ausgeglichen worden sein. So setzte sich die Renovierung bis zum Jahre 1848 fort. Durch diese Opferbereitschaft der Gläubigen konnten viele Schäden beseitigt werden. Die Kirche war, besonders im Inneren, wesentlich schöner geworden.

Infolge des starken Wachstum der Pfarrgemeinde auf 2.250 Seelen im Jahre 1852 wurde Überlegungen zum Bau einer neuen »größeren und wür-

Pfarrer Preuß

digeren« Kirche angestellt. Um diese an der Stelle der alten Kirche in gotischem Stil errichten zu können, wie es dem Wunsch von Maria von Winckler, geb. Domes, entsprach, musste die alte Kirche 1853 abgerissen werden. Sie hatte für den geplanten Neubau 100.000 Taler gespendet hatte. Um den Bauplatz erweitern zu können, mussten Gräber geöffnet und die Überreste der Toten auf den 1852 neu angelegten und jetzt noch bestehenden Friedhof bei der heutigen Kreuzkirche überführt werden. Um Unruhen und Widersprüche seitens der Bevölkerung zu vermeiden, sollten die Gräber nachts geöffnet werden. Unter der Leitung eines Steigers waren Bergleute der Mariagrube beauftragt, die Exhumierung der Toten vorzunehmen. Am Friedhofseingang wurde Polizei postiert. Zur Erhellung ihres »Arbeitsplatzes« hatten die Bergleute Pech in großen Pfannen angezündet. Starke Rauchentwicklung und die empor zündelnden Flammen ließen einen Brand der Kirche vermuten. Die Dorfbewohner eilten in großen Scharen zum Friedhof. Dort fielen sie über die mit der Ausgrabung beauftragten Bergleute her. Einer der Zaungäste verbreitete die Ansicht, man wolle Zucker aus den Knochen herstellen. Die große Menge der Dorfbewohner übernahm diese Meinung und stürzte sich mit Stöcken und Fäusten auf die Bergleute. Es entstand ein regelrechtes Handgemenge. Da trat Pfarrer Preuß vermittelnd auf und dämpfte die Erregung der Dorfbewohner. Durch sein Zureden ließen die Bergleute von ihrer Arbeit ab. Die Särge wurden erst am folgenden Tag nach einem Gottesdienst, an dem sich die Gemeindemitglieder vollzählig beteiligt hatten, den Gräbern entnommen und in feierlicher Prozession auf den neuen Friedhof gebracht. Im Juni begann man dann die alte Kirche abzutragen und den Bauplatz zu erweitern. Bei den Ausschachtungsarbeiten entdeckten die Bauarbeiter das sogenannte schwimmende Gebirge, eine aus feinstem Sand und Ton bestehende Erdschicht, die infolge eines sehr starken Wassergehaltes fast flüssig war. Alles, was sie ausgeschachtet hatten wurde verschlämmt und wieder ausgefüllt. Die zahlreichen Versuche und Methoden, das schwimmende Gebirge aufzuhalten, scheiterten. Der eintretende Winter verhinderte weitere Arbeiten. Am 30. September war Maria von Winckler gestorben und damit die Person, die auf der Errichtung der neuen Kirche am Standort der alten bestanden hatte. Der Bau der Kirche ruhte nun drei Jahre. Das bereits angefahrene und zubereitete Material, Sandsteine, schaffte man nach Kattowitz und erbaute aus ihm die in der einstigen Friedrichstraße stehende evangelische Kirche. In der Zwischenzeit wurde in Miechowitz nach einem geeigneterem Bauplatz für die neue Kirche gesucht. Man fand diesen auf dem 1852 neu angelegten Friedhof neben dem eiligst errichteten und bereits im Sommer 1853 vollendeten hölzernen Notkirchlein. Dieses sollte an sich für nur kurze Zeit ein Ersatz sein, musste aber elf Jahre als Gotteshaus dienen. Der Altar dieser Kirche stand etwa dort, wo sich bis heute das Grab von Pfarrer Preuß befindet. Erst 1856 konnte der Grundstein für die neue Kirche gelegt werden. Anstelle des ursprünglich vorgesehenen Sandsteins verwendete man nun Ziegelsteine, die in Miechowitz hergestellt worden waren. Die Bauzeit der Kirche ohne Turm zog sich über die Jahre 1863 bis 1864 hin. Der Entwurf stammte vom ersten Kirchenbaumeister in Preußen, dem Königlichen Geheimen Ober-Baurat Soller aus Berlin. Sie war sein letztes und nach dem allgemeinen Urteil der damaligen Zeit auch sein gelungenstes Werk. Nach dem Tode Sollers am 6. November 1853 übernahm der Königliche Preußische Hof-Baumeister und Geheimer Ober-Baurat Stüler, ein Freund Sollers, die obere Leitung des Kirchbaus. An der Ausführung des Kirchbaus waren der in von Winckler'schen Diensten stehende Bau-Inspektor Moritz August Nottebaum, der Architekt Richard Lucas, ein Neffe Sollers, die Baumeister Daniel Groetschel und Kuschnia und der Steinsetzmeister Johann Kirstein beteiligt. Hochaltar und Kanzel stammen von dem Münchener Bildhauer Sickinger, die Bilder der Seitenaltäre von Friedrich Bouterwerk und die Marmor-Marienstatue von Theodor Kalide, dem Schwager Franz von Wincklers. Es dauerte acht Jahre, bis der Bau vollendet war und endlich am 5. Februar 1865 durch den Kanonikus und Stadtpfarrer Dr. Franz Heide von Ratibor, einem Freund der Familie von Tiele-Winckler, benediziert werden konnte. Die Stelle des Hochaltares der alten Kirche im Park wurde durch ein Holzkreuz gekennzeichnet. Die Umrisse der ursprünglichen Ausschachtung für die neue Kirche an der zunächst vorgesehenen Stelle im Park waren noch um 1930 deutlich erkennbar. Ein gutes Jahr später taufte Heide am 31. Oktober 1866 in der neuen Kreuzkirche die später weit über die Grenzen Oberschlesiens bekannt gewordene Gründerin des großen christlichen Liebeswerkes Friedenshort Valeska Anna Katharina Adelheid Maria Elisabeth Eva von Tiele-Winckler.

Während der Planungszeit der neuen Kreuzkirche ließ Franz von Winckler 1850 die Barbara-Kapelle auf dem höchsten Punkt des Grytzberges erbauen. Sechs Jahre später ließ seine Tochter Valeska sie 1856 umbauen. Der Platz dort oben auf dem Hügel mit seinen Laub- und Nadelbäumen war ein Lieblingsaufenthaltsort Valeskas. Um diesen Berg mit seiner Kapelle immer sehen zu können, ließ sie im Park einen Weg aushauen. Als nach ihrem Tode das Interesse der evangelischen Schlossherrschaft für die Kapelle erkaltete, wandte sich Pfarrer Kuboth im März 1896 an Franz Hubert von Tiele-Winckler und bat ihn, die Kapelle der katholischen Kirchengemeinde zu überlassen. Bereits am Ostersonntag schenkte der Graf die Kapelle der katholischen Pfarrgemeinde mit der Bedingung, dass sie diese Kapelle ohne Hilfe der gräflichen Familie allein unterhalten müsse. Der Grund und Boden, auf dem die Kapelle stand, sollte Eigentum der Familie von Tiele-Winckler bleiben. Pfarrer Kuboth erwirkte auch die Übertragung des Bodens an die Kirche. Der Graf schenkte ihm darüber hinaus noch einen halben Morgen rings um die Kapelle. Außerdem stellte er in Aussicht, dort nötigenfalls noch einen weiteren halben Morgen für Zwecke der Kirche gegen eine geringe Pachtgebühr zu überlassen. Bereits im Mai 1898 gelang es Kuboth, diesen halben Morgen für 400 Mark käuflich zu erwerben. Die Kapelle stand nun auf einem ein Morgen großen kircheneigenen Grundstück. Der Graf gestattete den Besuchern der Kapelle und der Anlagen auf dem Grytzberg zudem, den Weg von der Beuthen-Miechowitzer Chaussee auf die Kuppe des Grytzberges zu benutzen. Nachdem der Kultusminister im Januar 1899 die Genehmigung zur Annahme der Schenkung und die Nutzung der Kapelle für öffentliche Gottesdienste erteilt hatte, ließ Pfarrer Kuboth die Kapelle auf eigene Kosten geschmackvoll renovieren und ausmalen. In ihr sollten während der Ausmalung der Pfarrkirche die Pfarrgottesdienst stattfinden. Am 2. September 1899, dem Schutzengelfest, wurde die Kapelle benediziert. 13.000 Gläubige aus Miechowitz, Karf und Bobrek waren in Prozessionen dorthin gekommen. Pfarrer Kuboth nahm die Weihe vor, ein Jesuitenpater hielt die Predigt und Kaplan Kubis das Hochamt. Mit einem »Vater unser« für Valeska von Tiele-Winckler schloss die Feier. An den Grafen, als Spender von Kapelle und Grundstück, ging ein Dank-Telegramm nach Chur, das er von dort aus mit dem Wunsch nach einer weiteren »gedeihlichen Entwicklung der kirchlichen Verhältnisse und der Beziehungen zwischen Grundherrschaft und Gemeinde« beantwortete.

Zur neuen Pfarrkirche gehörten 6.000 Gläubige. Erster Pfarrer der neuen Kreuzkirche wurde der Pfarrer der bisherigen Kreuzkirche Alois Joseph Preuß (* 25. März 1803). Er starb am 15. Mai 1870 und wurde auf dem neuen Friedhof bei der Kreuzkirche beigesetzt. Bis 1979 war er der einzige in Miechowitz bestattete katholische Pfarrer. Zu seinem Nachfolger ernannte der Bischof den am 3. Januar 1835 in Antonia bei Oppeln als Sohn eines Kunsttischlers geborenen Geistlichen Heinrich Marx. Das Gymnasium hatte er in Oppeln besucht und danach in Breslau Theologie studiert. Fürstbischof Heinrich Förster erteilte ihm am 12. Juni 1858 die Priesterweihe. Zunächst wirkte er zehn Jahre als Kaplan in Grzendzin im Kreis Cosel und wurde 1868 Pfarrer in Kujau im Kreis Neustadt. 1870, zu einer Zeit, da sich in Miechowitz der Bergbau überaus schnell entwickelte und die Bevölkerung rasant anstieg, übernahm er die Pfarrgemeinde Miechowitz. Zu ihr gehörten weiterhin Bobrek, Karf und der südöstliche Teil von Rokittnitz (Martinau). Eine Riesengemeinde! Bei seinem Amtsantritt zählte sie 6.300 Pfarrmitglieder und vier Schulen mit acht Klassen. Bald waren es über 10.000 Gläubige. Voller Hingabe war er Seelsorger und Lehrer. Bald ernannte ihn der Bischof zum Erzpriester. Mitten aus seiner Arbeit in Miechowitz heraus wurde er im November 1892 als Domkapitular nach Breslau berufen. Am 11. Juni 1900 ernannte ihn Papst Leo XIII. zum Weihbischof von Breslau. Schon am 24. Juni erteilte ihm sein Bischof Georg Kardinal Kopp im Dom zu Breslau die Bischofsweihe. Wenige Tage später übertrug er ihm auch das Amt des Domdechanten. Bei seiner Arbeit als Weihbischof gönnte er sich keine Schonung. In kurzer Zeit bereits hatte er über 100.000 Personen gefirmt. 1903 berief ihn der Bischof zum Bischöflichen Offizial. Er war für viele Ordensgemeinschaften zuständig, Lokalschulinspektor der Breslauer Ursulinen und bischöflicher Kommissar bei Lehramtsprüfungen. Neben all seinen Tätigkeiten lagen ihm besonders die Armen am Herzen, denen er großzügig viele Hilfe zukommen ließ.

1904 ehrte ihn die Theologische Fakultät der Breslauer Universität mit der Verleihung der Ehrendoktorwürde. Die preußische Regierung verlieh ihm zwei hohe Orden. 1905 erkrankte er ernstlich und konnte nur noch in begrenztem Maße seinen Tätigkeiten nachkommen. So wurde im März 1910 auf Wunsch von Kardinal Kopp von Papst Pius X. ein neuer Weihbischof für Breslau ernannt, der Ehrendomherr Karl Augustin. Heinrich Marx starb am 28. August 1911und wurde in der Domherrengruft des Breslauer Domes beigesetzt.

Zu seinem Nachfolger in Miechowitz berief der Bischof am 20. November 1892 den am 27. August 1858 in Guttentag geborenen Pfarrer Johannes Kuboth. Er sollte der wohl bedeutendste, tragkräftigste, baufreudigste und zugleich populärste Pfarrer von Miechowitz werden. Bis weit über die Zeit des Zweiten Weltkrieges hinaus blieb er im Gedächtnis der Miechowitzer lebendig. Überall erzählte man sich Anekdoten und amüsierte sich vortrefflich darüber.

Auch er hatte zunächst in Breslau studiert. Wegen des Kulturkampfes gab es in der Diözese Breslau keinerlei Möglichkeiten einer Anstellung. Viele Geistliche saßen im Gefängnis, eine große Zahl war ausgewiesen worden, Pfarrstellen durften nicht besetzt werden. Bischof Robert Herzog, erst seit kurzer Zeit im Amt, erklärte den jungen Theologen, er könne ihnen der Maigesetze wegen keine Anstellung geben. Sie müssten zusehen, wo sie unterkämen. So ging Kuboth nach Regensburg, wo er am 28. Mai 1883 zum Priester geweiht worden ist. Nach Abflauen des Kulturkampfes kehrte er zurück. Kaplansjahre folgten in Ruda, Laurahütte, Königshütte und Cosel. 1888 wurde er als Divisionspfarrer nach Glatz und 1891 nach Königsberg berufen. 1892 erfolgte dann der Ruf nach Miechowitz. Die Pfarrgemeinde zählte zu dieser Zeit 5.300 Katholiken. Daneben gab es in Miechowitz 123 Protestanten und 34 Juden. Zu diesen zählten noch die 6.000 Katholiken in Bobrek, Karf und Rokittnitz. Von Rokittnitz gehörte nur der südöstliche Teil zur Pfarrgemeinde Miechowitz, der nordwestliche Teil unterstand der Pfarrei Wieschowa (Randsdorf). Umfangreiche Aufgaben warteten auf den neuen Pfarrer. Mit großem Eifer und Unternehmensgeist ging er an die Arbeit. Eine Gemeinde mit weit mehr als 11.000 Pfarrangehörigen wartete also auf ihn. Schnell erkannte er, dass eine räumlich so weit ausgedehnte Gemeinde mit einer so großen Zahl von Gläubigen in keiner Weise seelsorglich vernünftig versorgt werden konnte. Für ihn stand bald fest, jeder Ort braucht eine eigene Gemeinde mit einer Kirche und einem eigenen Pfarrer. So ging er entschlossen ans Werk, führte geschickt und klug abwägend viele Verhandlungen um Bauplätze und um die notwendigen Geldmittel. Nie gab er auf, sondern wartete ab, wenn es notwendig war. Dann ging die Dinge von neuem an, bis er Erfolg hatte. So wurde Kuboth Bauherr. Zunächst erhielt 1894 die Kreuzkirche endlich ihren Turm. Im Jahr 1902 bekam Bobrek eine eigene Pfarrkirche, die neuromanische Kirche »Zur heiligen Familie«. Am 28. August 1902 konsekrierte Fürstbischof Georg Kardinal Kopp diese Kirche und ernannte Kaplan Joseph Kubis (* 19. März 1874 – geweiht am 21. Juni

1899) von der Miechowitzer Mutterkirche zum ersten Pfarrer dieser neuen und nun überschaubaren Gemeinde. Bis 1918 wirkte er in Bobrek und danach bis zu seinem gewaltsamen Tod am 6. Mai 1945 als Pfarrer an der Kreuzkirche in Oppeln. Er war Päpstlicher Hausprälat, Ehrendomherr, Erzbischöflicher Kommissar und Geistlicher Rat. Ähnlich wie sein einstiger Pfarrer Kuboth in Miechowitz baute er zahlreiche (sechs) Kirchen und ermöglichte so eine intensivere seelsorgliche Betreuung der Gläubigen.

Große Schwierigkeiten hatte Kuboth in Karf bei seinen Verhandlungen um einen geeigneten Bauplatz und auch um die notwendigen Geldmittel. Die Gebefreudigkeit der Gemeindemitglieder bei dem ständigen Sammeln ließ nach. Kuboth selbst hatte einen großen Teil seines Vermögens für seine Bauwerke hingegeben. Die Behörden machten Schwierigkeiten wegen des Bergbaus und der eventuell zu erwartenden Bergschäden. Sie verweigerten die Baugenehmigung. Trotz aller Widrigkeiten erreichte Johannes Kuboth sein Ziel. 1909 endlich erhielten auch die Karfer ihre eigene neugotische Kirche »Zum guten Hirten«. Am 7. November 1909 benedizierte der Freund Johannes Kuboths, der Erzpriester des Dekanats Beuthen und Pfarrer von St. Marien, Emanuel Buchwald, dieses neue Gotteshaus. Sein nächstes Ziel war nun Rokittnitz, dessen Bewohner einen sehr weiten Kirchweg bis nach Miechowitz hatten. Hier wurde 1911 die moderne »Herz-Jesu-Kirche« gebaut.

In Miechowitz selbst stieg durch die industrielle Entwicklung, besonders durch die Errichtung der Preußengrube, die Zahl der Einwohner immer stärker an. Das führte zu Überlegungen, die übergroße Kreuzkirchengemeinde aus den bereits erwähnten seelsorglichen Gründen zu teilen. Im Westen des Ortes sollte eine neue Kirche entstehen, die Corpus-Christi-Kirche (1914–1917). Aus der einstigen Riesenpfarrei Heilig Kreuz waren innerhalb von 25 Jahren durch die Initiative von Johannes Kuboth vier zusätzliche neue und selbständige Pfarrgemeinden entstanden.

Kuboth war aber nicht nur Bauherr. Er war in erster Linie Seelsorger und ein geistreicher Kanzelprediger. So sah er auch die mit der Industrialisierung einherschreitende Entwurzelung und das soziale Elend vieler Familien. Dieses führte bei einer großen Zahl von Männern zur Trunksucht, welche die meist schon vorhandene Not vieler Familien vergrößerte. Bei der vielfältigen Armut war es schwierig, Ansatzpunkte zur Hilfe zu finden. Gleich nach seinem Amtsantritt in Miechowitz setzte er seine ganze Kraft für die Errichtung eines Schwesternhauses ein, das er den Grauen Schwestern von der hl. Elisabeth übertragen wollte. Dort sollte ein Waisenhaus, eine Krankenpflegestation, eine Spielschule (Kindergarten) und weitere Einrichtungen ihren Platz finden. Aber die Geldmittel waren knapp. Die Bischöfliche Behörde stimmte zunächst zu, versprach einen Zuschuss, gab die Erlaubnis Sammlungen durchzuführen. Später machte sie Einwendungen, erließ Verbote. Johannes Kuboth ließ sich nicht entmutigen. Eines Tages gab die Gemeinde Miechowitz die Genehmigung, auf einem Gelände nahe der Kreuzkirche ein massives Wohngebäude für die Schwestern und Nebengebäude mit feuersicherer Bedachung zu bauen. Dieses Grundstück gehörte dem Pfarrer, der es für 3.900 Mark erworben hatte. Auf diese Weise hatte man wohl die bischöfliche Behörde »gelinkt«. So war im März 1897 das Haus mit drei Nebengebäuden fertig. Als Eigentümer wurde im September das Bistum Breslau eingetragen. Einen Monat später bezogen fünf Schwestern das neue Haus. Am 15. Oktober fand die Weihe der St. Georgskapelle statt und am 24. Oktober erfolgte die Einweihung des St. Georg-Stiftes, auch Marienkloster genannt. Schon am 1. April 1898 konnte die »Katholische Spielschule« (Kindergarten) eröffnet werden.

Die Schwestern übernahmen neben dem Waisenhaus, die Spielschule (Kindergarten), die Handarbeitsschule und die ambulante Krankenpflege. Im Jahre 1927 teilten sich 15 Schwestern die Arbeit in diesem Haus. Sie leiteten das Waisenhaus, die Näh- und Handarbeitsschule, die Spielschule (Kindergarten), die ambulante Krankenpflege, die Tuberkulose und Säuglingsfürsorge und sorgten für den Kirchenschmuck.

Die Spielschule befand sich zwischen dem Waisenhaus und dem Vordergebäude. Im Sommer besuchten etwa 120 Kinder diese Einrichtung, im Winter waren es etwas weniger. Sie wurden von zwei Schwestern und einer Hilfskraft betreut. Die 1898 gegründete Näh-Schule (Handarbeitsschule) besuchten etwa fünfzig Mädchen.

In der ambulanten Krankenpflege betreuten die Schwestern jährlich etwa 680 Kranke, führten 1500 Tagespflegen durch, hielten 680 Nachtwachen und gaben weit über tausend Essensportionen für Arme aus. Zwei der Nebengebäude des Klosters dienten als Witwenhäuser, die bald aufgestockt werden mussten, um Witwen mit ihren Kindern eine Wohnung geben zu können.

Zwei Schwestern waren in der Tuberkulosefürsorge tätig. Zwei weitere arbeiteten in der Waldschule, die von der Gemeinde für tuberkulosegefährdete Kinder im nahen Kreiswald eingerichtet worden war. Zwischenzeitlich gab es über die Verwendung des Hauses noch andere Pläne, die nur zum Teil verwirklicht werden konnten. Zum einen sollte dort ein Fürsorgeerziehungsheim für Minderjährige geschaffen werden und zum anderen wollte der oberschlesische »Mäßigkeitsapostel«, der Tichauer Pfarrer Kapitza, nachdem er in Miechowitz gepredigt und das Marienkloster besichtigt hatte, hier eine Trinkerheilstätte einrichten. Beide Pläne zerschlugen sich nach längeren Diskussionen. So konnte das Haus schließlich das werden, wozu es vorgesehen war, ein Heim für Waisenkinder. In Karf errichtete Pfarrer Kuboth er ein weiteres Schwesternhaus mit ähnlicher Aufgabenstellung.

Das Waisenhaus St. Georg

Am 12. Juni 1898 konnte in der Miechowitzer Klosterstraße 31 das Waisenhaus »St. Georg« seiner Bestimmung übergeben werden. Im März 1904 bezog eine kleinere Gruppe das Heim. Der Schulraumnot wegen mussten einige Räume zunächst noch als Klassenzimmer genutzt werden, so dass erst 1913 alle Räume für das Waisenhaus zur Verfügung standen. 1927 lebten 51 Waisenkinder, darunter fünf Babys und vierzehn noch nicht schulpflichtige Kinder in dem Haus. Sie stammten aus dem Gebiet der alten Miechowitzer Pfarrgemeinde und wurden von drei Schwestern und zwei Hilfsmädchen betreut.

Im Januar 1945 konnten die meisten Waisenkinder rechtzeitig mit fünf Schwestern evakuiert werden. Fünfzehn Kinder mussten aus Krankheitsgründen zurückbleiben. Im Laufe des Jahres kamen einige durch die Kriegsereignisse zu Waisen gewordene Kinder hinzu. Ein etwa dreizehnjähriger Junge aus unserer Straße, der Fasaneriestraße, Kurt M., war unter ihnen. Sein Vater war im Januar von den Sowjets am Nordschacht erschossen worden und seine Mutter im Laufe des Jahres 1945 verstorben. Schwester Gratiosa aus Bobrek hatte diese Gruppe übernommen. Die ganze Sorge in dieser Zeit galt der Beschaffung von Lebensmitteln. Alles Überflüssige aus dem Haus wurde verkauft. Selbstgefertigte Gegenstände wie Kränze zu Allerheiligen und andere Sachen wurden zum Verkauf angeboten. Es kamen immer mehr neue Kinder hinzu, auch polnische und russische, oft in einem äußerst verwahrlosten Zustand. Ein weiteres Problem war, dass die deutschen Schwestern nicht die polnische Sprache beherrschten. Sie lernten in jeder freien Minute, um den an sie gestellten Anforderungen zu entsprechen. Als ich an einem späten Nachmittag des Jahres 1945 über den Friedhof ging, erklang, als ringsum alles nur noch polnisch sprechen durfte, aus dem angrenzenden Waisenhaus aus hellen Kinderstimmen das Lied »Gelobt sei Jesus Christus« in deutscher Sprache weit über den Friedhof. Mit der Zeit verhielten sich die polnischen Behörden dem zunächst kritisch betrachteten Waisenhaus wohlwollend gegenüber. Sie freuten sich über die gute Behandlung aller Kinder. 1962 aber wurde das gesamte Marienkloster von den polnischen Behörden übernommen. Ein polnischer Leiter und entsprechendes Personal hielten ihren Einzug. Die Schwestern erhielten einen Platz unter dem Dach des Hauses und waren voller Trauer um die ihnen ans Herz gewachsenen Kinder. Als bald darauf immer schwerere Bergschäden eintraten, mussten die dadurch baufällig gewordenen Gebäude bis auf ein Haus abgerissen werden. Das Waisenhaus wurde aufgelöst. In dem übrig gebliebenen Haus wohnen bis heute einige Schwestern und versuchen weiterhin Not unter den Menschen zu lindern.

Für Pfarrer Kuboth stand die Sorge für die Menschen im Mittelpunkt seines Handelns. Er verband die Verkündigung des Evangeliums mit praktischer Nächstenliebe. Das machte mit Sicherheit seine große Bedeutung aus. Er war ein liebenswürdiger, stets hilfsbereiter Priester und hatte einen sonnigen, nie versiegenden Humor. In Anerkennung seiner Verdienste ernannte ihn der Bischof 1912 zum »Geistlichen Rat«, Papst Benedikt XV. im März 1918 zum Prälaten. Die unermüdliche Arbeit hatte natürlich an seinen Kräften gezehrt. Im gleichen Monat, im März 1918, bat er seiner nachlassenden Kräfte wegen um die Versetzung in den Ruhestand. Am Ende des Monats zog er nach Neisse, wo er bereits am 15. Dezember 1920 im Alter von nur 62 Jahren starb. Auf dem Neisser Franziskanerfriedhof fand Johannes Kuboth seine letzte Ruhestätte. Den meisten Menschen unbekannt, befindet sich auf dem Miechowitzer Friedhof noch das Grab seiner Mutter. Die Gemeinde Miechowitz benannte eine Straße an der von ihm errichteten Corpus-Christi-Kirche nach ihm. 1945 gaben die Polen dieser Straße dann einen neuen Namen. Es ist unverständlich, dass diese Straße nach der Wende nicht wieder, wie manch andere Straße, ihren alten Namen zum Gedenken an diesen großen und um Miechowitz so verdienten Seelsorger erhielt.

Johannes Kuboth aber blieb bei den Miechowitzern unvergessen. Er war ein persönlich anspruchsloser Mann, war lebenslustig und fromm. Er liebte den Spaß, auch den derben, hatte stets den Schalk im Nacken und konnte herzlich lachen. Leute, die keinen Spaß verstanden, ärgerten sich. Kuboth allerdings versuchte dann immer wieder, solche Leute zu versöhnen. Er war ein

Original im besten Sinne des Wortes. Sein Humor ließ ihn wohl auch die vielen Schwierigkeiten leichter ertragen, die sich ihm während seiner Miechowitzer Tätigkeit entgegenstellten. Nachstehend einige dieser Kuboth'schen Schwänke: Als Divisionspfarrer wollte er einen alten Mitschüler besuchen, der Pfarrer im Kreis Groß-Strehlitz war und einen guten Tropfen liebte. Dieser war aber nicht daheim. Seiner Haushälterin gegenüber gab er sich als Visitator aus und verlangte Einsicht in die Kirchenbücher. Nach einiger Zeit begann er fürchterlich über die »Sauwirtschaft« zu schimpfen. »Wenn der Pfarrer saufe, könne er keine Ordnung halten!« Er sagte es und verließ das Pfarrhaus. Über die Reaktion des so Verulkten wird leider nichts berichtet.

In der Eisenbahn trifft Kuboth einen jungen Geistlichen, der ihm auf seine Frage hin erzählte, er sei als Kaplan zu Pfarrer Kuboth nach Miechowitz versetzt worden. Kuboth darauf: »Sie armer Mann! Da sind Sie aber sehr zu bedauern! Pfarrer Kuboth ist ein unerträglicher Mensch!« Der junge Kaplan, der Kuboth nicht kannte, bekam es mit der Angst zu tun. Kuboth verließ den Zug in Bobrek und ging schnell nach Hause. Als der Kaplan, man nimmt an, dass es sich um Kaplan Kubis handelte, an der Pfarrhaustür klopfte, öffnete ihm Kuboth selbst die Tür und lachte über das ganze Gesicht.

Kuboth sass mit seinem Freund Buchwald aus Beuthen im Zug. Als er aus dem Zugfenster schaute, fegte der Wind seinen Hut fort. Buchwald lachte: »Du, Kuboth, die Leute werden lachen, wenn Du ohne Hut in Bad Reinerz ankommst!« Kuboth steht auf, greift ins Gepäcknetz und wirft Buchwalds Hut aus dem Zugfenster. »So, jetzt lachen Sie über uns beide!«

In Gleiwitz ruft ein Würstchenverkäufer auf dem Bahnsteig: »Heiße Würstchen! Heiße Würstchen!« Kuboth ruft ihm durchs Zugfenster zu: »Heiße Kuboth, heiße Kuboth!«

Als Kuboth in Karf die Kirche bauen wollte, lehnte die Regierung die Bauplatzgenehmigung mit der Begründung ab, der Untergrund sei nicht bergbausicher. Kuboth hielt sich darauf längere Zeit im Breslauer Staatsarchiv auf und wies nach, dass die Schweden im Dreißigjährigen Krieg dort geschürft hätten, sonst niemand. Dem Regierungspräsidenten blieb nichts anderes übrig, als den Bauplatz zu genehmigen.

Einmal gab K. folgendes Rätsel auf: »Das erste frisst Gras, das zweite schwimmt auf dem Wasser, das Ganze spielt gern Skat und trinkt Wein.« (= Kuboth). Als er Geistlicher Rat geworden war, erklärte er seinen Verwandten, er müsse sich jetzt ein Fahrrad kaufen. Auf deren erstaunte Frage: »Warum?« entgegnete er: »Jetzt bin ich doch Rat-Pfarrer!«

Auf einer Fahrt aus Polen nach Beuthen: Die Grenzkontrolle seitens der polnischen Zöllner war streng. Ein junges Mädchen an der Sperre zitterte vor Aufregung. Kuboth fragte, warum es Angst habe. »Ich habe für meine Brautausstattung eingekauft und weiß nicht, wie ich die Sachen rüberbekomme.« Kuboth läßt sich von ihr die Sachen geben. An der Zollgrenze fragt der Zollbeamte, ob er etwas zu verzollen habe. »Ja, Spitzen für einen Brautunterrock!« Lachen auf allen Seiten. Im Zug dann lachende und frohe Gesichter.

Bei einem Besuch lernt Kuboth einen Mitbruder kennen. Im Gespräch fragte K.: »Wie viele Seelen haben Sie, Herr Confrater?« »Ach, etwas über 1000!« – »Oh, ich habe nur eine!«

Kuboth spielte mit dem Miechowitzer Gutsverwalter regelmäßig Skat. Vor einem Spiel sagte er zu einem Mitspieler: »Herr X., heute müssen Sie bei mir im Skat zwei oder drei goldene Füchse (Goldene 20-Mark-Stücke) verlieren. Die muss Herr Y. (ehemaliger Direktor der Julienhütte, jüdischen Glaubens) gewinnen.« So geschah es. Am anderen Tage fragte X, wozu dieses Spiel nötig gewesen sei. »Ja, Y. musste gute Laune bekommen. Ich war heute bei ihm und bat um eine Spende für den Bau der Bobreker Kirche. Der Gang hat mir 10.000 Goldmark eingebracht!«

Der Frisör Schwarzer, Mitglied des Miechowitzer Turnvereins – lebte 1967 neunzigjährig noch in Mechtal-Miechowice – kommt zum Geistlichen Rat Kuboth, um ihn zu verschönern. Dieser bestaunt das neue Rad Schwarzers, eines der ersten in Miechowitz, und meint zu ihm:

»Ich bin ein Rat und habe kein Rad.
Sie aber sind kein Rat und haben ein Rad.
Da weiß ich mir überhaupt keinen Rat.«

Der wohl größte Streich Kuboths war folgender: Bischof Adolf Bertram von Hildesheim war im August 1914 Fürstbischof von Breslau geworden. Zu seinem Generalvikar hatte er den Liegnitzer Pfarrer, Prälat Blaeschke, ernannt. Kein Pfarrer in Oberschlesien kannte diesen Mann. Eines Tages war Blaeschke für einige Stunden in Beuthen bei Prälat Buchwald. Diese Situation nützte Kuboth. Er schrieb einen Brief an seinen Freund Sigulla, Pfarrer in Orzegow, der eine sehr gute Stimme hatte und nicht wenig stolz darauf war: Am Dom zu Breslau sei eine Domherrenstelle frei. Dem Bischof habe seine Stimme so gut gefallen, dass er ihn für diese Stelle vorgesehen habe. Er, der Generalvikar, habe bei seinem kurzen Besuch in Beuthen keine Zeit mehr gehabt, ihm dies persönlich mitzuteilen. Bis er aus Breslau weitere Nachricht erhalte, möge er darüber Stillschweigen bewahren. Sigulla hatte davon aber seinen geistlichen Nachbarn erzählt. Als sich Breslau nicht meldete, fragte er dort an, wie es um die Sache stünde. In Breslau wusste man natürlich nichts davon. Das Schreiben des Generalvikars wurde zur Einsicht angefordert. Jetzt erst fiel Sigulla ein, wer wohl diesen Brief geschrieben haben könnte. Da die Angelegenheit aber bereits lief, wurde Kuboth zum Bischof zitiert. Auf Fragen, wie der Besuch beim Bischof verlaufen sei, erzählte Kuboth, er sei beim Betreten des Bischofszimmers niedergekniet und habe gesagt: »Pater peccavi!« (Vater, ich habe gesündigt!) Der Bischof, von Hildesheim her keine solch derben Späße gewohnt, habe am Ende auch lachen müssen. Er habe nicht gedacht, dass die Herren Pfarrer in Oberschlesien bei ihrer vielen Arbeit noch Zeit für solche Witze hätten. Zur Strafe musste Kuboth 100 Mark an die Caritas zahlen.

Für Kriegszwecke mussten 1916 die Glocken der Kirche zwangsweise abgegeben werden, die erst zehn Jahre später, am 18. Juli 1926, durch neue ersetzt werden konnten.

Zum Nachfolger von Pfarrer Kuboth ernannte Bischof Bertram den Geistlichen Johannes Lerch, geboren am 6. März 1883, geweiht am 17. Juni 1909. Das Bestreben von Pfarrer Lerch galt dem Erhalt der durch den Bergbau beschädigten Kirche. Während seiner Amtszeit wurde die Kreuzkirche zwischen 1936 und 1938 grundlegend renoviert. Ein von ihm geplantes Jugendheim konnte leider nicht verwirklicht werden. 1942 erfolgte zum zweiten Male die Zwangsabgabe der Kirchenglocken für Kriegszwecke. Er erlebte Ende Januar 1945 den Einmarsch der Roten Armee in Mechtal mit allen folgenden Nöten. Ende März/Anfang April übernahmen die Polen die Herrschaft über Mechtal und wiesen ihn schwerkrank um die Jahreswende 1946/47 aus dem inzwischen Miechowice genannten Mechtal aus. Sie luden ihn auf einen offenen Lastwagen und »schickten« ihn in die damalige Sowjetische Besatzungszone. In Hartenstein bei Zwickau in Sachsen starb er am 12.11.1947 fern seiner Gemeinde an den Folgen dieser Ausweisung. Ich bin Pfarrer Lerch stets dankbar dafür, dass er sich in der zweiten Julihälfte 1945 erfolgreich bei dem von den Sowjets für Mechtal beauftragten Deutschen St. und mit Hilfe des sowjetischen Ortskommandanten für die Befreiung meines Vaters aus der von der polnischen Miliz willkürlich vorgenommenen Haft eingesetzt hat.

Seine Nachfolge trat 1946/47 als Pfarrverwalter ein Jan Szmidt an, den 1947 Pfarrer Anton Nierobisch ablöste. Unter nicht stichhaltigen Gründen verhaftete ihn 1953 die polnische Geheimpolizei und hielt ihn bis 1957 in

Haft. Nach seiner Entlassung durfte er nach Miechowice zurückkehren, wo er bis zu seiner Ausreise in die Bundesrepublik Deutschland noch bis 1969 wirkte. Er starb später in Aachen.

Heutiger Pfarrer der Kreuzkirche ist Jan Plichta, der zunächst vom 23.2.1973 bis zum 4.4.1976 Pfarrverwalter der Kreuzkirche war und dann ihr Pfarrer wurde. Zur Gemeinde zählen 6.000 Gläubige von insgesamt 8.000 Einwohnern im Gebiet der Pfarrgemeinde. Sie wohnen in 43 Straßen. Drei weitere Straßen gehören die teilweise zu beiden Pfarrgemeinden von Miechowice. Pfarrer Plichta und ein Vikar sind die Seelsorger dieser Menschen. Zur Kreuzkirchengemeinde gehören heute auch die Vorschulen Nr. 41 und 42, die Grundschulen Nr. 33 und 39, die Zepół-Szkół Nr. 5 (ehemalige Schule I) und das Fachgymnasium Nr. 18. Im Jahre 1991 errichtete die Gemeinde ein neues Pfarramt mit Katechetenhaus und ein Pfarrhaus. Das alte, 1822 erbaute Pfarrhaus wurde abgerissen. Zwischen 1950 und 1990 wurden während der Nachkriegszeit in drei Abschnitten beträchtliche Bergschäden an der Kreuzkirche beseitigt. Auch heute ist wieder ein Teil im Inneren wegen Bergschäden eingerüstet. 1982 erhielt die Kreuzkirche eine neue Orgel mit 36 Registern und 1984 drei neue Glocken. Pfarrer Plichta erlernte zudem die deutsche Sprache und hält jeden Samstag um 17 Uhr einen deutschen Gottesdienst in der Kreuzkirche.

Das Pfarramt der Kreuzkirche lag bis Februar/März 1945 an der Hindenburgstraße 42, danach bis etwa 1991 trug die Straße den Namen »Straße der Roten Armee« und heute heißt sie »Kaplan-Johannes-Frenzel-Straße« (ul. Ks. Jana Frenzla).

Kirchenbücher der Kreuzkirche gibt es über die Hochzeiten seit 1764, über die Taufen seit 1767 und Totenbücher seit 1768.

Die Geistlichen der alten und der neuen Kreuzkirche

1740 Pater Anton Klugius

1746/56 Andreas Jalowy, geboren 29. 11. 1716, geweiht am 12. 6. 1745 und am 16. 3. 1746 in Miechowitz als Pfarrer eingeführt

1767/68 Administrator Philipp Placzek, Pfarrer von Mikultschütz, in dessen Gemeinde Miechowitz zu dieser Zeit wohl eingepfarrt war

1775 Pfarrer Meer

1775/77 Pfarrer Caspar Stosch, geboren ca. 1744, studierte in Breslau und wurde 1766 oder 1768 dort auch geweiht. 1775 Pfarrer. Administrator Valentin Antlauf

1780/82 Pfarrer Anton Schmieskowsky

1782 Philipp Placzek aus Mikultschütz

1783/89 Administrator Hyazinth Heindl, von 1785 an Pfarrer genannt

1789 Philipp Placzek, »Kapellan von Miechowitz« und Pfarrer in Mikultschütz Administrator Hieronymus Ross, Administrator Peter Spichowski

1798/1811 Pfarrer Johann Bencke. Er scheint die Pfarrgemeinde Miechowitz von Mikultschütz aus mit verwaltet zu haben

1815/20 Pfarrer Hieronymus Wöhl

1820/21 Joseph Biak (auch Büak und Bijak), wurde am 15.2.1820 »Kapellan« von Miechowitz und vom Mai an bis zum März 1821 Administrator.

1823/24 Pfarrer Martin Bontzik

1824/33 Pfarrer Valentin Niewidok

1833/70 Pfarrer Joseph Aloys Preuß. Letzter Pfarrer der alten und erster der neuen Kreuzkirche. Geboren am 25.3.1803, vom 25. April 1833 bis zu seinem Tode am 15. Mai 1870 Pfarrer von Miechowitz. Bis zum Februar 1979 war er der einzige auf dem Miechowitzer Friedhof beigesetzte Pfarrer bzw. Geistliche.

1870/92 Heinrich Marx. 1892 Domkapitular, 1900 Weihbischof, 1904 Ehrendoktor der Theologischen Fakultät der Universität Breslau. Verstorben am 28.8.1911 in Breslau.

1892/18 Johannes Kuboth: Geboren am 27.8.1858 in Guttentag, geweiht am 28. Mai 1883 in Regensburg, Pfarrer in Miechowitz von 1892 bis 1918, verstorben am 15.12.1920 in Neiße und dort auf dem Franziskanerfriedhof beigesetzt.

1918/46 Johannes Lerch, geboren am 6. März 1883, geweiht 1909, Pfarrer in Miechowitz/Mechtal/Miechowice von 1918 bis 1946. Im Winter 1946/47 ist er auf einem Lastwagen in die Sowjetische Besatzungszone Deutschlands gebracht worden, wo er am 12. November 1947 in Hartenstein bei Zwickau/Sachsen an den Folgen der grausamen Ausweisung verstarb.

1946/47 Jan Szmidt

1947/53 Anton Nierobisch. 1953 verhaftet und lange inhaftiert gewesen.

1953/57 Pfarradministrator Józef Wereta

1957/69 Rückkehr von Anton Nierobisch, 1969 in die Bundesrepublik Deutschland umgesiedelt. In Aachen verstorben.

1969/76 Joachim Szymon

Seit 1976 Jan Plichta

Organisten an der alten Kreuzkirche im Laufe der vergangenen Jahrhunderte:
1768 bis 1771 Ludwig Hergefelt
1776 Auspringer
1780 bis 1782 und 1785 bis 1786 Joseph Samuel
1784 bis 1785 Adalbert Burszyk, Schulmeister
1785 Schulhalter Anton von Kaminsky
1789 Valentin Gardawski
1790 Martin Szeliga
1798 Organist und Schulmeister Ostrowski
1811 Schullehrer Adalbert Nitsch (auch Nitsche oder Nitschke genannt)
1816 bis 1817 Organist und interimistischer Schullehrer Nowak
1819 bis 1821 Organist und Lehrer Kutscha
1821 bis 1825 Ägidius Michalczyk, Lehrer und Organist
1825 Franz Czichon, Lehrer und Organist
1825 bis 1888 Paul Bienek, Lehrer und Organist, später Erster Lehrer.

Begräbniskapellen im Bereich der alten und neuen Kreuzkirche

Bereits im Heimatkundeunterricht der dritten oder vierten Klasse hörten wir von der Gruft unter dem Hochaltar der Kreuzkirche, in der die Särge einiger Grundherren von Miechowitz und deren Angehörigen stehen. Es sollten mehr als fünf Jahrzehnte vergehen, bis ich endlich Gelegenheit hatte, einmal in diese Gruft hinabzusteigen. Eine kleine Holztür an der Außenseite der Apsis der Kirche führt zu dieser hinunter, vor der sich die Heizungsanlage für die Kirche befindet. Der Gruftraum ist wenig gepflegt, fast dem Verfall preisgegeben.

Diese heute noch bestehende Gruft hatte neben und unweit der alten Miechowitzer Kirche im Park ihre Vorgängerinnen. So erbaute bereits zwischen 1747 und 1752 die Gutsfrau Ignatia von Ziemietzki eine an die alte Kirche angefügte, dem Apostel Judas Thaddäus geweihte Kapelle. Diese hatte den Charakter einer Seitenkapelle, war mit Schindeln gedeckt nur vom Inneren der alten Kirche her zugänglich. Unter ihr befand sich eine Gruft. Ihr Mann, Georg von Ziemietzki, bis 1749 Besitzer von Nieder-Miechowitz, hatte 1747 als bereits Schwerkranker das Gut seiner Ehefrau Ignatia vererbt. Es wird vermutet, dass Ignatia diese Kapelle nach dem Tode ihres Mannes als

Begräbnisstätte für ihn und für sich selbst hatte errichten lassen. 1752 überließ sie Nieder-Miechowitz ihrem Schwiegersohn. Nach ihrem Tode wurde auch sie in dieser Kapelle beigesetzt. In ihr sollte nach dem Tod der Stifterin jeden Freitag eine Messe für ihr Seelenheil gelesen werden. Von den Zinsen der Stiftungssumme in Höhe von 205 Reichstalern, 14 Groschen und 4 Pfennigen sollten jährlich 1 Rtlr. und 8 Groschen für die Reparatur der Kapelle verwandt werden. 1810 erhielt die Kapelle ein neues Dach. Von 1817 an hieß diese Kapelle vorwiegend die »Ziemietzkische Kapelle«. 1828 waren größere Reparaturen notwendig. Beim Abbruch der alten Kirche im Jahre 1853 fiel auch sie den Spitzhacken zum Opfer. Im kapellenartig ausgebauten südlichen Flügel des Querschiffes der heutigen Kreuzkirche erinnert der Judas-Thaddäus-Altar an diese alte Kapelle.

Im Jahre 1827 wurde unabhängig von der Ziemietzkischen Kapelle die »Domesche Kapelle und Familiengruft«, etwa dreißig Meter von der alten Kirche entfernt, errichtet. Bis 1921 zeigte ein etwa ein Meter hohes Marmorkreuz den einstigen Standort dieser Kapelle an, bis es während der Unruhen in der Abstimmungszeit zerstört worden ist. Die Entstehung dieser Kapelle hängt mit dem Tode von Thekla von Oslonski am 10. März 1827 zusammen. Sie war eine Tochter des Gutsherrn Ignaz Domes. Noch in ihrem Todesjahr ließ der Vater diese Kapelle bauen und Thekla darin beisetzen. 1835 und 1837 fanden hier auch Ignaz und Julia Domes, geb. Fabrici, an der Seite des 1831 verstorbenen Schwiegersohnes Franz Aresin ihre letzte Ruhestätte. Ihre Tochter und Erbin, Maria Aresin, heiratete in zweiter Ehe Franz von Winckler und hieß nun Maria von Winckler-Domes. Ignaz Domes hatte in seinem am 20. Januar 1828 verfassten und am 8. Oktober 1835 veröffentlichten Testament eine Mess-Kapellen- und Familiengruft-Stiftung mit einem Kapital von hundert Reichstalern errichtet. Nach dieser erhielt der Pfarrer jährlich einen Reichstaler, für den er zwei Messen zu lesen hatte. Die übrigen Zinsen sollten dem Kapital zugeschlagen werden, bis Reparaturen an dieser Kapelle und Familiengruft anfallen würden, die bis zum Jahre 1872 existierte. Wegen ihrer Baufälligkeit wurde unter der neuen Kreuzkirche eine Gruft geschaffen, die als »von Tiele-Winckler-Domesche Familiengruftkapelle« bezeichnet wurde. An der Stelle der 1853 abgebrochenen alten Kirche hatte sich ein Teich gebildet. Die Grundmauern der Domeschen Kapelle lagen unter dessen Wasserspiegel. Die in dieser Gruft stehenden Särge wurden morsch und waren 1872 dem Verfall nahe. Darum wurden die Holzsärge am 3. August 1872 in Zinksärge eingesetzt und am 6. August 1872 in die Gruft der neuen Kreuzkirche überführt. Bereits einen Tag später, am 7. August 1872 begann der Abbruch der alten Gruft.

In dieser neuen Gruft standen zunächst zehn Särge. Franz Hubert von Tiele-Winckler verlegte nach 1900 seinen Wohnsitz von Miechowitz in das neu umgebaute Schloss von Moschen bei Oberglogau. Bei dieser Gelegenheit ließ er die Särge von Valeska von Tiele-Winckler (gestorben am 18. März 1880 in Berlin) und von Hubert von Tiele-Winckler (geboren am 8. Juni 1823 – gestorben am 12. September 1893 in Partenkirchen) am 6. August 1907 nach Moschen überführen. So stehen heute noch acht Särge in der Gruft unter dem Hochaltar der Kreuzkirche. In der Mitte dieses Raumes steht ein kleiner Altar. Vor ihm stehen von links nach rechts die Särge nachstehender vier Personen:

Julia Domes, geb. Fabrici, * am 21. 3. 1761 – † 20. 2. 1837
Maria von Winckler, geb. Domes, verw. Aresin,
* 28. 7. 1789 – † 30. 9. 1853
Franz von Winckler, * 1. 8. 1803 – † 6. 8. 1851
Ignaz Domes, * 12. 2. 1758 – † 17. 9. 1835

Rechts und links an der Rückwand der Gruft sind in die Ecken zwei Nischen eingebaut, in denen jeweils zwei Särge übereinander stehen. Von links stehen jeweils unten die Särge von:

Franz Aresin, erster Mann von Maria Domes, † 11. 5. 1831
Peter Heinrich von Tiele, * 25. 7. 1777 – † 26. 9. 1866
darüber stehen von links:
Adelheid von Tiele, geb. von Wedell, * 19. 7. 1803 – † 18. 3. 1875
Thekla von Oslonska, geb. Domes, † 10. 03. 1827

Der Friedhof bei der Kreuzkirche

Im Zusammenhang mit dem Abriss der alten Kreuzkirche musste auch der bis dahin neben ihr gelegene Friedhof weichen. Ein neuer Friedhof entstand 1852 um den Platz der neu zu errichtenden Kreuzkirche, wo er bis heute besteht. Insgesamt gesehen hat dieser Friedhof bis heute das Aussehen behalten, wie es die Miechowitzer-Mechtaler bis 1945 kannten. Interessant sind einige noch erhaltene alte Grabstätten, die z. T. noch aus dem 19. Jahrhundert stammen, wie die Grabstätte der Familie Bontzek, der Eltern und einiger Geschwister von Norbert Bontzek, das Grab des Pfarrers Joseph Preuss, der

Grabmal des ehemaligen Bergwerkdirektors Kuhna

1870 verstarb, Gemeinschaftsgräber verunglückter Bergleute der Preußen- und der Castellengogrube, das jeglicher Inschrift beraubte Grab der Mutter von Pfarrer Johannes Kuboth, das große, mit einem Marmordenkmal versehene Grab des Bergwerksdirektors Kuhna, des Sohnes einer großen Miechowitzer Bauernfamilie. Die nach 1945 ausgehauenen Inschriften sind durch Marmortafeln überdeckt worden. Inzwischen ziert wieder der Name Kuhna neben anderen Inschriften das Grab. Unweit dieses Grabes befindet sich seit 1979 das von Pfarrer Prälat Dr. Johannes Sossalla und seiner Eltern. Mitten zwischen den Gräbern Miechowitzer Bürger nimmt das Grab der im Januar 1945 bei den Kämpfen um Mechtal gefallenen deutschen Soldaten seinen Platz ein. Ab und zu ist noch ein Grab mit den Namen der Ende Januar 1945 erschossenen Mechtaler zu sehen. So befindet sich direkt links neben der Friedhofskapelle das Grab des Kaufmanns Richard Nowara, der am 27.1.1945 in seinem Geschäftshaus in der Fasaneriestraße 2 mit mehreren anderen Männern – der jüngste war 15 Jahre alt – im Hausflur erschossen worden ist. Inzwischen teilt er die Grabstätte mit seinem 1990 verstorbenen Sohn Dieter. Auch zahlreiche Gräber ehemaliger Spiel- und Schulkameraden sind dort zu finden.

Die Corpus-Christi-Kirchengemeinde

Trotz der bisher zur Kreuzkirche gehörenden neu gegründeten Pfarreien Karf, Bobrek und Rokittnitz hatte die Kreuzkirchengemeinde noch 13.000 Gläubige. Das machte den Bau einer weiteren Kirche für Miechowitz erforderlich. Pfarrer Johannes Kuboth ließ sie in den Kriegsjahren von 1914 bis 1917 im Westen von Miechowitz errichten, die neubarocke Corpus Christi Kirche. Über die ursprünglichen, 1910 begonnenen Planungen, war der 1. Weltkrieg ausgebrochen. Es wurde notwendig, den Bauplan zu vereinfachen. Statt des vorgesehenen Kupferdaches und des kupferbedeckten Turmhelmes mussten Dachpfannen verwendet und das Kupfer für Kriegszwecke abgeliefert werden. Am 1. April 1914 war mit dem Bau der Kirche begonnen worden. Bauherr war Pfarrer Johannes Kuboth, Architekt Theodor Ehl aus Beuthen, Wilhelmstraße 4. Die Kirche ist 48 m lang und 29 m breit und hat damit eine Grundfläche von 1392 m^2 . Der Turm erreicht eine Höhe von 47 Metern und wurde bereits am 24. Juli 1915 fertiggestellt. Unterhalb der Halbbögen an den Außenmauern des Querschiffes standen bis in die neunziger Jahre des vorigen Jahrhunderts steinerne Figuren der Kirchenlehrer Gregor, Ambrosius, Augustinus und Hieronymus, die Pfarrer Nalewaja herunternehmen ließ. Heute stehen an ihrer Stelle steinerne Amphoren, die zu gegebener Zeit wieder durch die Kirchenlehrer ersetzt werden sollen.

Die Fertigstellung der Kirche erfolgte 1917. Am 6. Oktober 1917 konsekrierte der Breslauer Fürstbischof Adolf Bertram diese neue Kirche, die offiziell am 1. Mai 1918 als Pfarrgemeinde eingerichtet wurde. Sie zählte 1920 rund 4.500 Gläubige. Der Bau des Pfarrhauses der Corpus-Christi-Kirche erstreckte sich über die Jahre 1925 bis 1928 an der Neuen Pfarrstraße ebenfalls nach Plänen des Architekten Ehl aus Beuthen. Bis dahin wohnten die Geistlichen im großen Eckhaus an der damaligen Stollarzowitzer- und Kubothstraße.

Die Corpus-Christi-Kirche besitzt das wohl älteste Kunstwerk von Miechowitz, ein Ölgemälde. Es zeigt Christus mit einem Bild Hyazinths in der Hand, das aller Wahrscheinlichkeit nach die alte, erste Kreuzkirche darstellt, in der es früher gehangen hat.

Gemeindeleben

Es gab bis in die Kriegszeit hinein ein reges Gemeinde- und Vereinsleben. Verbreitet waren die Müttervereine, die sich in der Sozialarbeit, bei der Festgestaltung und in anderen kirchlichen Bereichen engagierten, Vorträge zu Erziehungsfragen anboten und gesellschaftliche Veranstaltungen und Ausflüge durchführten. Verbreitet waren ebenfalls die »Marianischen Kongregationen«, in denen eine marianisch ausgerichtete Frömmigkeit gepflegt wurde. Rein religiösen Charakters waren der »Dritte Orden des heiligen Franziskus« und die »Rosenkranzbruderschaft«.

Eine sehr wichtige Rolle spielte die Jugendarbeit in ihren verschiedenen Gruppierungen und Zielsetzungen. Sportlich ausgerichtet war die »Deutsche Jugendkraft«, die »DJK-Preußen 23« der Kreuzkirche mit ihren Sportwettkämpfen, Wanderungen und öffentlichen Veranstaltungen.

Eine Kolping-Familie bestand nur an der Kreuzkirche. Sie hatte die höchste Mitgliederzahl aller kirchlichen Vereinigungen in Miechowitz-Mechtal. Von daher kam ihr eine ganz besondere Aufgabe zu. An ihrer Arbeit interessierte Männer der Corpus-Christi-Gemeinde orientierten sich zur Kreuzkirche hin. Neben der rein berufsorientierten Arbeit verfügte sie über eine Gesangs- und eine Theaterabteilung. Höhepunkt in der Theaterarbeit war neben zahlreichen Volksstücken und Singspielen die Aufführung der Operette »Der Bettelstudent« von Millöcker. Faschingsvergnügen, Sommer- und Gartenfeste waren weitere Veranstaltungen in ihrem Programm. Zu den Gruppen Jung- und Altkolping kam der »Katholischer Meisterverein Miechowitz« hinzu. Im August 1924 führte die Kolpingfamilie anläßlich der Fahnenweihe ein glanzvolles Fest durch, zu dem nicht nur alle Miechowitzer Vereine erschienen, sondern auch Abordnungen aus Beuthen und Breslau. Die Kapelle der Carsten-Zentrum-Grube gab ein Konzert und der Pfarrer der Beuthener Marienkirche, Joseph Niestroj, hielt die Festrede.

Bei beiden Kirchen gab es jeweils einen Kirchenchor zur Gestaltung der Gottesdienste und der kirchlichen Feiern. Bekannte Dirigenten des Kreuzkirchen-Chores waren die Herren Zapka, Sollors, Sliwka, Hanke, Kortyka und Stephani. Den 1927 gegründeten Chor der Corpus-Christi-Kirche leiteten der Mittelschullehrer J. Schmidt und später der Organist Gediga.

In der Corpus-Christi-Gemeinde existierten neben den bereits erwähnten kirchlichen Vereinen noch die »Pfadfinderschaft St. Georg«, die DJK (Deutsche Jugendkraft) »Silesia«, der »Katholischen Männerverein«, der Jugendkreuzbund (Abstinenzler – verzichteten z. B. auf Alkohol und Tabak) und der »Kindheit-Jesu-Verein« zur Förderung des Missionsgedankens. Der Katholische Männerverein beschäftigte sich nicht nur mit religiösen Fragen, sondern setzte sich auch mit gesellschaftlichen Problemen auseinander. Fast alle religiös-kirchlichen Vereine hatte polnische Gegenstücke, so z. B. die »Kongregacia Mariańska«. Daneben gab es an beiden Kirchen einen mehr politisch, wirtschaftlich und sozial geprägten polnischen Arbeiterverein (»Związek kat. Robotniców«).

Für beide Kirchengemeinden gemeinsam wirkte der Caritasverband, dem der »Verein katholischer Invaliden und Witwen«, eine Gründung des Miechowitzer Bürgermeisters Dr. Kwoll, angegliedert war. Der Caritasverein wurde von der Kirchstraße aus geleitet und war ein Zusammenschluss der früheren Elisabeth- und Vinzenzvereine. Sekretärin der Verbandes war Frau Gertrud Hoffmann. Die Aufgabe des Caritasverbandes bestand besonders in der Betreuung verarmter Familien, in Maßnahmen zur Erholung überlasteter Mütter, in der Fürsorge gefährdeter Jugendlicher, in der Eheberatung und in vielen anderen Bereichen. Finanziert wurden all diese Maßnahmen mit den Beiträgen der katholischen Gemeindemitglieder. Obwohl die NSV all diese Aufgabenbereiche für sich beanspruchte, setzte der Caritasverein seine Arbeit dennoch fort.

In beiden Gemeinden lebten sehr viele polnisch sprechende (oberschlesischer Dialekt) Menschen. Daher war es selbstverständlich, in den zuständigen Kirchen regelmäßig polnische Gottesdienste mit polnischen Predigten zu halten. In der Corpus-Christi-Kirche waren es jeden Sonntag zwei Messen. Nur das Hochamt fand in deutscher Sprache statt. Jeder im zweisprachigen oberschlesischen Industriegebiet tätige Priester musste aus diesem Grunde die polnische Sprache beherrschen. Darauf bestand der Breslauer Erzbischof Adolf Kardinal Bertram, von den Polen sehr häufig, vor allem nach 1945, polemisch als Germanisator verteufelt. Jeder Theologiestudent war verpflichtet, in Breslau polnische Sprachkurse zu belegen. Bertram veranlasste das aus seelsorglichen Gründen, da er es für notwendig hielt, dass sich jeder Priester mit seinen polnisch sprechenden Gemeindemitgliedern auch in ihrer Sprache unterhalten und unter ihnen wirken konnte. Dabei gab es ein Problem, die Theologen hatten in Breslau die hochpolnische Sprache erlernt, die den im oberschlesischen Dialekt sprechenden Menschen nur schwer verständlich war. Insgesamt aber war dies eine vorbildliche Regelung. Bald nach Beginn der II. Weltkrieges verboten die Nationalsozialisten in allen Kirchengemeinden die polnischen Gottesdienste. Nach 1933 versuchten die Nationalsozialisten zunehmend die kirchliche Vereins- und besonders die Jugendarbeit stark einzuschränken. Ihr Ziel war es, die Jugend zu willigen Werkzeugen ihrer Anschauungen zu machen. In immer stärker werdendem Maße drängten sie alles kirchliche Leben aus dem öffentlichen Leben in die Sakristei. Viele Jugendgruppen trafen sich darum unter rein religiösen Gruppennamen wie »Marianische Kongregation« heimlich zur Fortsetzung ihrer bisherigen Arbeit. Pfarrer in dieser schwierigen Zeit war seit 1936 Josef Cichon (* 3.3.1896 – † 24.6.1976). Während der kurzen Zeit seines Wirkens ließ er in der völlig frei stehenden und daher sehr kalten Kirche eine Warmluftheizung installieren. Am Palmsonntag 1938 konnte in der noch teilweise unvollständig ausgestatteten Kirche eine Orgel der Neisser Orgelbaufirma Berschdorf geweiht werden. Organisten waren die Herren Kozok, Gediga und Wieczorek. Letzterer war noch viele Jahre nach Kriegsende Organist an der Kirche, bevor er in die Bundesrepublik Deutschland nach Neuburg an der Donau umsiedelte.

Die Schikanen der Nazis gegenüber der Kirche und dem Wirken der Geistlichen setzten Pfarrer Cichon sehr zu. Er war häufig krank und ließ sich in die kleine Gemeinde Walzen (Walce) im Kreis Neustadt (Prudnik) versetzen, an der er fast bis zu seinem Tode 1976 wirkte. Unter ihm amtierte von 1936 bis zum Sommer 1941 der unter den Kaplänen der Corpus-Christi-Kirche besonders herausragende junge Kaplan Peter Paul Urbanczyk (* 11.7.1907). Er zählte zu den beliebtesten und fähigsten Geistlichen, die bis dahin in Mechtal fungiert hatten. Nach dem Abitur hatte er in München Kunstgeschichte und Theologie studiert, letzteres in Breslau fortgesetzt. Dort ist er am 5. April 1936 zum Priester geweiht worden. Die Corpus-Christi-Gemeinde in Mechtal wurde seine erste Wirkungsstätte. Urbanczyk war ein sehr vielseitig und künstlerisch begabter Mann, gehörte der liturgischen Bewegung an und war sehr um die Verschönerung der

Kaplan Urbanczyk

Gottesdienste bemüht. Pfarrer Cichon ließ ihm bei dieser Arbeit freie Hand. So nahm er sich unter anderem in besonderer Weise des Volksgesanges in der Kirche an. In Zusammenarbeit mit einem Kreis rheinischer Kirchenmusiker unter Adolf Lohmann sind viele neue und zeitgemäße Lieder auch in Schlesien bekannt gemacht worden. Um diese Lieder in die Gemeinde zu bringen, gab er ein Liederbüchlein – das sogenannte »Rote Büchlein« – »Singet und betet im Heiligen Geist« heraus, das als Manuskript gedruckt in der Oberschlesischen Gesellschaftdruckerei in Beuthen erschienen war. Es enthielt u a. die »Mechtaler Singmesse« und die »Mechtaler Totenmesse« die von Joseph Theodor Scholz geschrieben und von Professor Gerhard Strecke (*13. 12. 1890 – † 8. 12. 1968) komponiert wurden. Strecke war die profilierteste Persönlichkeit des schlesischen Musikschaffens. Er war Professor, Komponist und Dirigent. Eigens für die Corpus-Christi-Kirche hatte er das »Vater unser« vertont. Darüber hinaus enthielt das »Rote Büchlein« neue Vespern und viele damals unbekannte und moderne Lieder: »Macht hoch die Tür... «, »Uns kommt ein Schiff gefahren... «, »In dulci jubilo... «, »Wahrer Gott, wir glauben Dir ...«, »Nun bitten wir den Heiligen Geist... «, »Atme in mir, du heil'ger Geist... «, »Maria, breit' den Mantel aus... «, »Nun danket all und bringet Ehr... « und viele weitere Lieder mehr, die bis in unsere Zeit gesungen werden. Vor den Messen und Andachten übte P. P. Urbanczyk mit den Teilnehmern die neuen Lieder ein. An den Festtagen gestaltete er den Hochaltar in besonderer Weise, entwarf ein Verhüllungstuch für die Fastenzeit und zeitgemäße Messgewänder für die Kirche. In der Zeit des zunehmenden nationalsozialistischen Kirchenkampfes hielt er Glaubensstunden ab, um den Gläubigen zu zeigen, wie sie ihren Glauben vertiefen und festigen konnten.

Im Sommer 1941 erfolgte seine von der Gemeinde unerwartete und sehr bedauerte Versetzung nach Gleiwitz-Öhringen. Ganz still und ohne jedes Aufsehen hatte der so beliebte Peter Paul Urbanczyk Mechtal verlassen. In Gleiwitz waren ihm nur ein kurzes Wirken vergönnt. Schon nach wenigen Monaten erhielt er die Einberufung zum Militärdienst und erlebte das Kriegsende in Norwegen. Nach seiner Rückkehr kam er in das norddeutsche Diasporabistum Hildesheim, wo er zunächst eine Flüchtlingsgemeinde am Rande der Lüneburger Heide übernahm. Nach kurzer Zeit schickte ihn der Bischof von Hildesheim 1946 als Pfarrer an die Hl.-Geist-Gemeinde in Braunschweig-Lehndorf. Dort fand er eine Gemeinde ohne eigene Kirche vor. Schon wenige Jahre später erbaute er die Hl.-Geist-Kirche, deren Mittelpunkt eine Plastik des Bildhauers Toni Zenz »Christus und die Kirche« darstellt. Bald nach der Fertigstellung der Kirche wurde ein Stahlgerüst als vorläufiger Kirchturm neben dem Eingang der Kirche errichtet. Aber noch fehlten die Glocken. Pfarrer Urbanczyk bemühte sich darum, die Glocken seiner Öhringer Kirche zu bekommen, die evtl. auf einem Glockenfriedhof lagerten. In einem Verzeichnis der noch vorhandenen Glocken stellte er fest, dass die Öhringer Glocken nicht mehr zur Verfügung standen. Bei diesen Nachforschungen stieß er auf die Glocken der Gleiwitzer Allerheiligenkirche. Von den fünf Glocken dieses Geläutes erhielt er nur drei für seine Gemeinde. Die kleine Glocke, 1734 gegossen, ist 79 cm hoch und hat am unteren Rand einen Durchmesser von 89 cm. In einem Relief zeigt sie eine stehende Muttergottes und den hl. Johannes von Nepomuk. Die zweite Glocke ist 99 cm hoch und hat einen Durchmesser von 111 cm. Sie trägt folgende Inschrift: »Zur größeren Ehre Gottes in dem Jahre da die Freie und Kaiserliche Stadt Gleiwitz zusammenstürzt, niedergebrannt, in der Feuersbrunst entflammt, ging ich neu aufgerichtet hervor unter dem bewunderungswürdigen und hervorragenden Herrn Thomas Joseph Pfarrer und Erzpriester von Gleiwitz ... Diese Glocke wurde 1711 gegossen. In dem seligen Jahr da alles voll Krieg war, hat mich Franciscus Stanke gegossen.« In zwei Reliefs zeigt diese Glocke rechts Maria und Joseph unter dem Kreuz und links eine stehende Maria mit gefalteten Händen. Die dritte und größte Glocke wurde 1550 gegossen. Sie wiegt 32 Zentner, ist 125 cm hoch und hat einen Durchmesser von 133 cm. Sie zeigt rechts die thronende Gottesmutter, links die Taufe Jesu und dahinter einen Bischof mit Kelch und Hostie, wahrscheinlich den hl. Donatus. Die Inschrift lautet: »Zu Gottes Ehr' floß ich, Stefan Dominicus Reichel in Neis' goß mich.« Am heiligend Abend 1952 erklangen die Glocken erstmals wieder, seit sie während des Krieges aus Gleiwitz weggeholt wurden. Das war für alle, die dies erleben konnten, ein erhebender Augenblick. Die neuen und alten Glocken schufen eine Verbindung zur Heimat und zum letzten Wirkungsort von Pfarrer Urbanczyk in Oberschlesien.

Neben seiner Tätigkeit als Pfarrer war er lange Zeit hindurch Studentenseelsorger und später auch wegen seiner Sprachkenntnisse Seelsorger für Spanier und Polen. Während des Schulkampfes in den fünfziger Jahren in Niedersachsen sprach er im Auftrage des damaligen Bischofs Joseph Godehard Machens in vielen Gemeinden des Braunschweiger Landes zum Problem der Bekenntnisschulen.

Als jemand, der stark mit der liturgischen Bewegung verbunden war und liturgische Erneuerungen anstrebte, gehörte Pfarrer Urbanczyk lange vor dem Konzil zu den Geistlichen, die mit Erlaubnis des Bischofs die Messe zum Volk gewandt feiern durften.

Zunächst waren in seiner Gemeinde in Braunschweig die ehemalige Mechtaler Caritas-Mitarbeiterin, Frau Hoffmann und deren Schwester, mit ihm in der Seelsorge tätig. Den Haushalt führte ihm seine Schwester Elisabeth.

Er starb am Dienstag nach Pfingsten, am 9. Juni 1981, fast 74-jährig, während eines Ausfluges der Geistlichen des Dekanates Braunschweig in das grenznahe Gebiet der damaligen DDR, im Dom zu Halberstadt. Am 16. Juni 1981 wurde er auf dem Friedhof in Braunschweig-Lehndorf beigesetzt. Dreiunddreißig seiner fünfundvierzig Priesterjahre hat er in der Heilig-Geist-Gemeinde in Braunschweig-Lehndorf mit Hingabe gewirkt.

Die »Kirchenzeitung für das Bistum Hildesheim« zeichnete Peter Paul Urbanczyk in einem Nachruf im Juni 1981 wie folgt:

»Durch das Leben des Seelsorgers Peter Paul Urbanczyk hat sich ein Grundgedanke konsequent gezogen: Sich öffnen für den Heiligen Geist. Kirche sein – das bedeutete für ihn: dem Beispiel Mariens folgen, die sich ganz dem Wirken des Geistes öffnete. Als er schon wenige Jahre nach dem Krieg in Braunschweig die Heilig-Geist-Kirche gebaut wurde, konzipierte er mit dem Bildhauer Toni Zenz jene Plastik ›Christus und die Kirche‹, die – zunächst umstritten – bald über Braunschweigs Mauern hinaus bekannt wurde. Eine weibliche Gestalt steht unter dem Kreuz und fängt mit offenen Händen das Blut des Gekreuzigten auf, der Herr aber hat seine Arme vom Kreuz zu einer Umarmung herab geneigt, und das Ganze geschieht vor dem Hintergrund einer symbolischen Darstellung des Heiligen Geistes in Gestalt einer Taube. Das war Peter Paul Urbanczyks Denken: Wie Maria offen sein zur Christusbegegnung, damit der Geist das Heil wirkt. So verband er innige Marienfrömmigkeit mit großer Offenheit für Neues, was sich in der Kirche regte: für die liturgische Bewegung, für Kontakte mit evangelischen Gemeinden, für die ›Charismatische Gemeinde-Erneuerung‹. Er war ein Seelsorger, der Zeit für die Menschen hatte, sich tief in ihre seelischen Probleme hineindachte und so vielen geholfen hat.« Die Anfänge dazu hat er als junger Kaplan in Mechtal, seiner ersten Seelsorgestelle, gelegt und praktiziert. Ich denke gern an all die Begegnungen mit ihm in Braunschweig und bei der von ihm vorgenommen Trauung meiner Schwester in seiner Braunschweiger Pfarrkirche zurück. Gern erinnerte er sich dabei auch stets an seine erste Wirkungsstätte nach seiner Priesterweihe, an die Corpus-Christi-Kirchengemeinde in Mechtal.

Sein Nachfolger wurde Kaplan Johannes Frenzel, der bis zum Sommer 1941 Kaplan an der in das Jahr 1288 zurückgehenden Pfarrkirche Mariä Himmelfahrt in Langenbielau (Bielawa), etwa 6 km südwestlich von Reichenberg (Dzierzoniów) im Eulengebirge tätig war. Langenbielau war durch die große Not der Weber und durch den Weberaufstand vom 5. Juni 1844 bekannt geworden. Der berühmte schlesische Dichter und Literatur-Nobelpreisträger Gerhart Hauptmann (1862–1946) hat diesen 1891/92 in seinem Schauspiel »Die Weber« geschildert. 1939 verzeichnete Langenbielau knapp 19.924 Einwohner. Der neue Kaplan war nun in seine engere Heimat gekommen, wo er am 29. August 1907 in Scharley bei Deutsch Piekar geboren wurde. Später zogen seine Eltern, Karl und Anna Frenzel, nach Birkenhain, das 1922 zwangsweise polnisch geworden war. Johannes Frenzel hatte vier Geschwister, zwei Schwestern und zwei Brüder, von denen die beiden Schwestern heute im Ruhrgebiet leben. Die Mitglieder der Familie Frenzel lebten als Deutsche im 1922 polnisch gewordenen Oberschlesien und haben dort deutsche Schulen besucht. Johannes Frenzel machte sein Abitur am deutschen humanistischen Gymnasium in Kattowitz. Da es in Polen keine deutschen Universitäten gab, studierte er in Breslau Theologie. Vor Beginn seines Studiums allerdings musste er, um in den Semesterferien nach Hause kommen zu können, zwei Jahre zum polnischen Militärdienst.

Kaplan Johannes Frenzel

Von einer Schwester Kaplan Frenzels, Frau Lucia Frenzel, erhielt ich einen Zeitungsausschnitt aus einer oberschlesischen Zeitung, wohl einer Kirchenzeitung, vom August 1939 mit einem Bericht über die Primiz von Johannes

Frenzel am 1. August 1939 in Martinau (Rokittnitz), dem Nachbarort Mechtals: »Primizfeier eines Neupriesters aus Brzeziny in Martinau. Am 1. August hat der Neupriester Johannes Frenzel aus Brzeziny (Birkenhain) in der Pfarrkirche Martinau (Deutsch-Oberschlesien) sein erstes heiliges Messopfer dargebracht. Am 30. Juli hatte der neue Diener im Heiligtum des Herrn die Priesterweihe durch Kardinalerzbischof Dr. Bertram in Breslau empfangen. Auf Anfragen, die an uns gerichtet wurden, sei nur kurz mitgeteilt, dass die Primizfeier nicht, wie es sonst üblich ist, in der Heimatgemeinde stattfinden konnte, weil dafür – wie wir erfahren haben – gewisse Bedingungen gestellt worden waren, mit denen sich ein Priester deutschen Volkstums nicht ohne weiteres einverstanden erklären konnte. Dafür wurde in der Pfarrgemeinde Martinau, obwohl der Neupriester nicht zu dieser Parochie gehört, alles getan, um den Tag der Primiz würdig auszugestalten. In feierlicher Prozession wurde Neupriester Frenzel vom Pfarrsaal abgeholt. Mit zahlreichen Gläubigen und den kirchlichen Organisationen, die mit ihren Fahnen erschienen waren, gaben Erzpriester Plonka/Martinau, Erzpriester Kunze/Waldenburg und zahlreiche Kapläne aus der Umgebung dem neuen Mitbruder das Geleit zum Gotteshaus, das aufs festlichste geschmückt war. Bis auf den letzten Platz war die Kirche besetzt. Die Festpredigt hielt Erzpriester Kunze/Waldenburg. Inniger deutscher Volksgesang erklang zur Messfeier, bei der Erzpriester Plonka als Presbyter assistens fungierte. Die Kapläne Hemeyer und Malik assistierten als Diakon und Subdiakon. Möge reichster Gottessegen das Wirken des Neupriesters begleiten!«

Wie mir Frau Frenzel schrieb, wurden als Bedingungen für die Primizfeier in Birkenhein polnischer Gesang und eine polnische Predigt gefordert. Diese Forderung kam nicht vom Pfarrer des Ortes, der Johannes Frenzel sehr schätzte, sondern von wenigen Ortsbewohnern.

Das Versetzungsschreiben Kaplan Frenzels an die Corpus-Christi-Kirche nach Mechtal trägt das Datum vom 24. Juli 1941. Zuständiger Pfarrer an dieser Kirche war damals Joseph Cichon. Bald nach dem Amtsantritt des neuen Kaplans fand an der Corpus-Christi-Kirche eine von Jesuiten durchgeführte große Volksmission statt, die letzte zu deutscher Zeit. Ich erinnere mich noch an die spannenden Predigten des bekannten Kinderpaters Max Biber SJ. Uns Kindern wurden Aufgaben gestellt, die am Ende der Mission prämiert wurden. Auch ich erhielt unter vielen anderen damals eine Prämie in Form eines größeren Bildes mit einer Widmung. Zwei der Missionslieder wurden bis 1945 häufig gesungen: »Voll Freude, voll Freude, dient Gott, dem großen Herrn...« und ein nach einer besonderen Melodie gesungenes »Ehre sei dem Vater...«.

Prälat Dr. Johannes Sossalla

Kaplan Frenzel war streng und erwartete ein entsprechendes Verhalten von uns Schülern. Auf der anderen Seite war er sehr lustig und sang mit seinen Schülern fröhliche Volkslieder. Nach dem Weggang von Pfarrer Joseph Cichon übernahm er nach einjähriger Tätigkeit an der Corpus-Christi-Kirche bis zur Einführung eines neuen Pfarrers die Leitung der Pfarrgemeinde.

Neuer Pfarrer wurde der am 26. Juni 1908 in Königshütte geborene Dr. theol. Johannes Sossalla. Am 31. Januar 1932 hatte Kardinal Bertram ihn in Breslau zum Priester geweiht. Dort promovierte er in der Folgezeit zum Doktor der Theologie. Seine ersten Stellen erhielt er 1932 vorübergehend in Ratibor und noch im gleichen Jahr in Kreuzburg, wo er bis 1934 blieb. Von dort aus berief ihn der Bischof bis 1939 als Domvikar an die Domkirche in Breslau. Noch einmal führte ihn danach sein Weg bis 1942 als Pfarradministrator nach Kreuzburg, wo er auch im höheren Schuldienst tätig war, eine Tätigkeit, die ihm viel Freude bereitet hatte, wie er stets betonte. Um eine Einberufung zum Militärdienst zu verhindern, ernannte ihn Kardinal Bertram 1942 zum Pfarrer an der Corpus-Christi-Kirche in Mechtal. Er selbst sah diese Stelle als eine vorübergehende an. Nach dem Kriegsende wollte er wieder in den höheren Schuldienst. Dieser Wunsch sollte nicht in Erfüllung gehen.

Gespannt und neugierig erwarteten die Pfarrangehörigen an einem schönen und sonnigen Sonntag, dem 11. Oktober 1942, ihren neuen und dritten Pfarrer auf dem Platz vor der Kirche, die gerade 25 Jahre alt geworden war. Mit einer Kutsche kam er von Stillersfeld aus nach Mechtal, wo er herzlich begrüßt worden ist. Anschließend feierte Dr. Sossalla in der überfüllten Kirche seinen ersten Gottesdienst mit seinen neuen Pfarrangehörigen. Mit 34 Jahren war der neue Pfarrer ein junger Mann. Er übernahm seine Pfarrstelle mit 5.838 Gläubigen in einer sehr schwierigen Zeit, bespitzelt von der Gestapo, eingeengt in vielen Bereichen der Seelsorge, begleitet von den Nöten seiner Pfarrangehörigen. Ihm zur Seite stand Kaplan Johannes Frenzel.

Neben seiner seelsorglichen Tätigkeit widmete sich der sehr musikalische Dr. Sossalla besonders der feierlichen liturgischen Gestaltung der Gottesdienste. Diese zog viele Menschen aus anderen Gemeinden, vor allem aus der Kreuzkirche, an den Festtagen in der Corpus-Christi-Kirche. Einen Monat nach seiner Amtseinführung, am 9. November 1942, einem Freitag, fand die letzte Firmung zu deutscher Zeit statt. Kirche und Vorplatz waren festlich geschmückt. Am Eingang zum Kirchhof war ein Ehrenbogen mit Grußworten an den Bischof errichtet worden. Der Breslauer Weihbischof Dr. Josef Ferche, ein Oberschlesier aus dem Industriegebiet, kam mit der Kutsche von der Kreuzkirche her und spendete Hunderten von Kindern, darunter auch meinem Bruder und mir, das Sakrament der Firmung. Damals war es üblich, dass der Firmling sich einen Firmnamen aussuchen musste. Mein Bruder wählte den Namen Michael, ich den Namen Josef. Firmpate für alle Jungen war ein Lehrer der Schule III, Adolf S., für die Mädchen eine Lehrerin der gleichen Schule, Agathe G.

Zu Beginn des Jahres 1943 bemühte er sich um die Beseitigung der auftretenden Bergschäden in der Kirche. Betroffen war besonders die Wölbung vor dem Hochaltar. Mit Baumeister Korinth und einem Vertreter der Preußengrube besprach er die Probleme. In diesem Zusammenhang ließ er der schlechten Akustik wegen die Kanzel so versetzen, dass von ihr aus wieder für alle verständlich gepredigt werden konnte. Als Notbehelf musste bis dahin vor den Sonn- und Feiertagsgottesdiensten eine Holzkanzel aus dem rechten Seitenschiff in den Mittelgang der Kirche geschoben werden. Nur so konnte bis dahin für alle gut hörbar gepredigt werden.

Während der Weihnachtszeit, vom zweiten Feiertag an bis zum Dreikönigsfest, gab es einen schönen Brauch, die Kolende. In alter Zeit diente sie der Entgegennahme der Abgaben an die Geistlichen und den Küster. Jetzt war sie eine gute Gelegenheit, die Gemeindemitglieder kennen zu lernen und deren Wohnungen zu segnen. Diese wurden dafür nach dem Weihnachtsputz erneut auf Hochglanz gebracht. Vom zweiten Weihnachtsfeiertag bis zum Dreikönigstag besuchten die Pfarrgeistlichen alle Familien ihrer Gemeinde.

Pfarrer und Kaplan hatten ihre bestimmten Straßen, die im nächsten Jahr gewechselt wurden. So kam jeder Pfarrgeistliche in alle Familien. Es kam natürlich auch vor, dass die Geistlichen in eine Wohnung nicht herein gelassen wurden. In unserem Wohnhaus gab es eine solche Familie. Das waren aber die Ausnahmen. Wir Kinder warteten immer gespannt auf die Ankunft des betreffenden Geistlichen, der vom Küster oder Organisten und einigen Ministranten in ihren Gewändern begleitet wurde. In kurzen Abständen schauten wir hinaus, um festzustellen, wo der Pfarrer oder der Kaplan gerade waren. Endlich war der sehnsüchtig erwartete Besuch da. Schon vor der Korridortür sangen die Ministranten ein Weihnachtslied. Dann trat der Geistliche ein. Er kniete sich auf die Fußbank vor dem Wohnzimmertisch, auf dem zwischen zwei Leuchtern ein Kreuz stand, sprach das Segensgebet und besprengte die Familienangehörigen und den Wohnraum mit Weihwasser. Der Küster schrieb mit geweihter Kreide auf den oberen Türbalken der Wohnzimmertür die Buchstaben C + M + B: »Christus mansionem benedicat«/ »Christus segne diese Wohnung« und die Jahreszahl. In der Regel wurden diese drei Buchstaben im Volksmund als die Initialen von Caspar, Melchior und Balthasar angesehen. Dann unterhielt sich der Geistliche mit Eltern und Kindern. Jedes Familienmitglied erhielt als Andenken an diesen Besuch ein Andachtsbildchen, der Geistliche und sein Anhang ein kleines Geldgeschenk. Durch diesen Kolende-Brauch lernten die Pfarrgeistlichen die Familien ihrer Gemeinde und deren Lebensverhältnisse besser kennen und hielten eine gewisse Verbindung zu ihnen aufrecht. Ein Brauch, der vor allem die heutige Seelsorge anstelle vielen bürokratischen und anderen Krimskrams sehr bereichern würde. Anfang März 1944 sollte Kaplan Johannes Frenzel nach Klosterbrück bei Oppeln versetzt werden. Durch Rücknahme der Versetzung blieb er die letzten elf Monate seines Lebens weiterhin in Mechtal.

Zur Jahreswende 1944/45 war die Kolende verboten worden. Während der Jahresabschlussandacht 1944 – die Kirche war überfüllt – wollten die Gläubigen ihre Solidarität mit den Geistlichen und der Kirche zum Ausdruck bringen. Nach der Predigt stürmten sie in den Altarraum, um bei einem Gang um den Altar ihr Opfer zu spenden, obwohl vorher bereits auf das Verbot desselben hingewiesen worden war. Die beiden Geistlichen hatten alle Mühe, die Gläubigen aus dem Altarraum zu drängen. Das war ein letztes Aufwallen der dem Untergang nahen Machthaber gegen die Kirche.

Um die Schüler und Schülerinnen der höheren Schulen ihrer Kirchengemeinde nicht zu entfremden, gab es für sie einmal wöchentlich besondere

Seelsorgestunden. Für die Jungen war der Kaplan, für die Mädchen der Pfarrer zuständig. Unsere letzte Seelsorgestunde fand eine Woche vor dem Einmarsch der Roten Armee in Mechtal nicht mehr in der Sakristei, sondern im hervorragend ausgebauten und mit vielen Räumen ausgestatteten Keller des Pfarrhauses statt. Da bereits eine Anzahl von Schülerinnen und und Schülern fehlte, spielten wir gemeinsam unbeschwert an diesem Abend. Als ich bei einem Ratespiel auf den Flur musste, ging dort Dr. Sossalla auf und ab. Er trat auf mich zu und sagte bedrückt zu mir: »Stopik, Stopik, was wird in einer Woche mit uns sein?«

Acht Tage später, nur gut zwei Jahre nach seiner Amtsübernahme, musste er mit seiner Gemeinde in den Tagen vom 25. bis 27. Januar 1945 das Kriegsgeschehen und den Einmarsch der Roten Armee in Mechtal erleben. In Oberschlesien waren alle Geistlichen geschlossen bei ihren daheim ausharrenden Gemeindeangehörigen geblieben, was nicht unbedingt überall der Fall war, wie etwa in der Freien Prälatur Schneidemühl. Diese Tage und auch die nachfolgende Zeit brachte den Menschen von Mechtal unendlich viel Leid und einer sehr großen Zahl seiner Pfarrkinder, vorwiegend Männern, Bergleuten, den Tod durch Massen- und Einzelerschießungen seitens der sowjetischen Soldaten. Auch sein Kaplan Johannes Frenzel zählte zu diesen Opfern. Gegen 15 Uhr waren sowjetische Soldaten in den Keller der Kubothstraße 13 eingedrungen und hatten sechs Männer im Alter von 17 bis 44 Jahren mitgenommen. Auf der Stillersfelder Straße (ul. Stolarzowicka) vor dem Haus Nr. 4 (Frisörgeschäft und Wohnhaus) mussten sich die sechs Männer zum Erschießen aufstellen: Robert Kusch, geb. 6.8.1901, Paul Schikora, geb. 23.6.1911, Valentin Drzesga, geb. 12.2.1901, Herbert Drzesga, geb. 4.12.1928, Sohn des Valentin D., Peter Thomalla, geb. 4.12.1901 und Karl Heinz Klatzek, geb. 21.4.1928. Die drei Erstgenannten starben sofort. Herbert D. wurde lebensgefährlich verletzt, Peter Thomalla war nur leicht verletzt und Karl Heinz Klatzek hatte einen Lungenschuss erhalten. Bei diesen Opfern handelte es sich um die ersten von den Sowjets exekutierten Zivilisten in Mechtal. Den beiden zuletzt genannten Männern, sie hatten sich wohl schnell fallen lassen, gelang es irgendwie, sich in Sicherheit zu bringen. Ein Mann aus der Stillersfelder Straße brachte den lebensgefährlich verletzten, im Dezember 1944 gerade sechszehn Jahre alt gewordenen Herbert Drzesga gegen 15.30 Uhr in den Keller der Kubothstraße 13 zurück. Unmittelbar danach ging eine Frau aus diesem Haus ins Pfarrhaus und bat, dem schwerverletzten Herbert die Sterbesakramente zu spenden. Kaplan Frenzel begab sich mit dem Küster gegen 16 Uhr in den betreffenden Keller. Während der Küster unmittelbar nach der Erteilung der Sterbesakramente nach Hause gegangen war und so am Leben blieb, verweilte Johannes Frenzel auf Bitten der Frauen weiter im Keller und sprach ihnen Trost zu. Herbert D. verstarb am Freitagmorgen um 7 Uhr. Kurz danach, während der Kaplan im Keller die Beichte hörte, kamen erneut sowjetische Soldaten in den Keller, rissen ihm die Stola ab und trieben ihn aus dem Keller. Draußen führten sie ihn und andere Männer wohl wegen des Gegendrucks deutscher Truppen in Richtung Stillersfeld fort. Unterwegs legte Kaplan Frenzel die beschädigte Patene und die übrigen Versehgegenstände in das zerschlagene Schaufenster der Bäckerei Wötzker in der Stillersfelder Straße 14. Er muss dort wohl einen Augenblick gestanden haben. Die Sowjets waren während eines Gegenstoßes deutscher Soldaten auf dem Rückzug in Richtung des Mechtal-Stillersfelder Waldes, wo Kaplan Frenzel dann am gleichen Tag, dem 26. Januar 1945, im Bereich der ehemaligen Flakstellung erschossen worden ist. Bis zum Freitagmittag etwa war der Teil Mechtals, aus dem der Kaplan verschleppt worden war, wieder in deutscher Hand.

Ein Stillersfelder Aufräumkommando fand die Leiche von Johannes Frenzel am 2. Februar 1945 in diesem Bereich des Stillersfelder Waldes und brachte sie auf den Friedhof von Stillersfeld. Außer ihm wurden dort vierzehn weitere Männer aus Mechtal erschossen aufgefunden, deren Beisetzung in einem Massengrab auf dem Stillersfelder Friedhof erfolgte. Frenzels Leichnam wurde nicht ins Massengrab gelegt, sondern am 3. Februar separat an der Kirchenmauer beerdigt. Seine Schwester Lucia machte sich auf die Suche nach ihm. Am 4. Februar 1945 erfuhr sie vom Tod ihres Bruders und von seiner Beisetzung in Stillersfeld. Der Leichnam lag ohne Sarg in einem nicht tief ausgehobenem Grab an der Kirchmauer und war mit Erde bedeckt. Sie bat dort um die Mitnahme der Leiche ihres Bruders, grub sie aus und brachte sie zunächst nach Mechtal in die Friedhofskapelle. Dort wuschen Schwestern des Marienklosters den Leichnam, legten ihm priesterliche Gewänder an und bahrten ihn auf. In einem Bericht über den Tod von Kaplan Johannes Frenzel für die für die Broschüre »Vom Sterben schlesischer Priester« schrieb seine Schwester Lucia über den Zustand seiner Leiche: »... er sah ganz entstellt aus. Seine Nase war eingeschlagen, der Mund von Schmerzen ganz verzerrt, beide Oberarme und das Schlüsselbein durchschossen, die linke Brustwarze angerissen, die Füße zerschlagen und die Hände gefesselt. Ein Kopfschuss machte seinem jungen Leben ein Ende (Einschuss ins linke Auge). Nur am

Kollar war er noch als Priester erkenntlich...«. Von der Mechtaler Friedhofskapelle aus brachte die Schwester Frenzels den Sarg auf einem Handwagen nach Birkenhain. Bis zur Ortsgrenze begleiteten vorwiegend Frauen betend diesen traurigen Zug. Auf dem Weg nach Birkenhain hielt ein sowjetischer Posten Frau Frenzel mit ihrer Last kurz an. In Birkenhain wurde Kaplan Johannes Frenzel am Freitag, dem 9. Februar 1945, fünfzehn Tage nach seinem gewaltsamen Tod, auf dem dortigen Friedhof beigesetzt. Die Beerdigung nahm der damalige Ortspfarrer Dr. Herbert Bednorz vor, der spätere Bischof von Kattowitz. Über die Beisetzung am Freitag, dem 9. Februar 1945, in Birkenhain berichtete Frau Lucie Frenzel, dass die Angst vor den Sowjets zu diesem Zeitpunkt riesengroß war. Um jedes Aufsehen bei den Sowjets zu vermeiden, wurde der Zeitpunkt des Requiems und der Beerdigung nicht bekannt gegeben. Trotzdem war die Kirche während des Requiems voll. Der Pfarrer bat die Gläubigen, sich nicht dem Beerdigungszug anzuschließen. Diese Bitte wurde ignoriert und der Zug der Menschen von Birkenhain zum Grab war sehr lang. Die Eltern und Schwestern von Kaplan Johannes Frenzel wurden im Juli 1946 vertrieben. Die beiden Brüder Kaplan Frenzels waren an diesem Tag für die polnische Miliz nicht erreichbar.

Johannes Frenzel gehört zu den frühen zivilen Opfern in Mechtal. Die meisten Zivilisten in Mechtal wurden am Samstag, dem 27. Januar 1945, erschossen, nachdem angeblich ein Hitlerjunge an der Ecke Stillersfelder- und Holteistraße einen sowjetischen Major erschossen haben soll. Der Major fand dort zwar den Tod und wurde in der Nähe der Stelle seines Todes im Sandkasten des Hofes Ecke Holtei- und Stillersfelder Straße beigesetzt. Männer aus den umliegenden Häusern mussten das Grab schaufeln und wurden anschließend fast alle erschossen Ein mit rotem Stoff überzogener Obelisk schmückte das Grab des Offiziers. Es lässt sich nicht ausschließen, dass der sowjetische Offizier umkam, als die Kämpfe in diesem Bereich bereits beendet waren. Die Vermutung bezüglich des Hitlerjungen lässt sich nicht nachweisen. Darüber gab es die verschiedensten Gerüchte. Den wahren Grund wird niemand mehr feststellen können. Kaplan Frenzels Tod kann mit dem des Majors nichts zu tun haben. Die Massenerschießungen im Zusammenhang mit dessen Tod erfolgten erst am Samstag, dem 27. Januar 1945.

Über das Todesdatum von Johannes Frenzel gibt es unterschiedliche Eintragungen: Im Totenbuch der Pfarrgemeinde von Stillersfeld – Kaplan Frenzel wurde auf Stillersfelder Territorium erschossen – wird als Sterbedatum der 27. Januar 1945 angegeben, weil dort die meisten Männer an diesem Tag erschossen worden waren. Im Totenbuch der Pfarrgemeinde Birkenhain ist als Todestag richtig der 26. Januar 1945 vermerkt. Weil die sowjetischen Truppen zu diesem Zeitpunkt unter deutschem Gegendruck standen, haben sie ihre Opfer auf ihrem Rückzug in den Wald mitgenommen und dort getötet, ohne sich noch lange mit ihnen zu beschäftigen. Für den Tod von Johannes Frenzel gibt es jedenfalls keinen Zeugen. Er hat ihn einsam im Stillersfelder Wald erlitten. Daher sind auch alle nachträglichen Versionen über die näheren Vorgänge bei seiner Erschießung in keiner Weise stichhaltig. Auch die Ende der achtziger Jahre vorgenommenen Befragungen über seine letzten Tage und seinen Tod scheinen über vierzig Jahre nach dem Geschehen großen Erinnerungslücken unterlegen zu haben und sagen über den Tod Frenzels nichts aus. So soll nach diesen Aussagen Johannes Frenzel am Sonntag, dem 21. Januar 1945, in seiner Predigt gesagt haben: »Hüten wir uns, den Märtyrertod zu erleiden, ohne die Märtyrerkrone zu erlangen«. Einen theologisch so fragwürdigen Satz kann er als Geistlicher beim besten Willen nicht von sich gegeben haben. Auch die Aussagen über seinen Tod sind wenig hilfreich, wenn da etwa vierzig Jahre nach den Ereignissen im Januar 1945 allgemein bekannte Tatsachen laufend erwähnt werden. Die verschiedensten Gerüchte befassten sich mit Verstümmelungen Frenzels. Der Körper wies, wie dem oben zitierten Bericht zu entnehmen ist, zahlreiche mehr oder minder schwere Verletzungen auf. Wer die Zeit 1945 einigermaßen wach erlebt hat, weiß, wie schnell damals die unsinnigsten Gerüchte entstanden. Ich denke dabei z. B. an den Heizer der Corpus-Christi-Kirche, Goldmann, der im Haus neben uns in der Fasaneriestraße 18 wohnte und mir und anderen unmittelbar nach den Kampfhandlungen erzählte, Pfarrer und Kaplan lägen erschossen auf den Stufen des Hochaltares in der Kirche.

Pfarrer Dr. Johannes Sossalla ließ später im ehemaligen Birkenhain ein Grabmal für Kaplan Frenzel errichten, für das die Pfarrmitglieder das Geld gespendet hatten. Als Sterbedatum ist auf ihm der im Stillersfelder Totenbuch verzeichnete 27. Januar 1945 angegeben. Am 13. Juli 1975 habe ich das Grab von Johannes Frenzel in Birkenhain aufgesucht. Es trägt die Inschrift:

Vicarius cooperator
Ks. Jan Frenzel
** 29. 8. 1907*
† 27. 1. 1945
RIP

Ein zweites Mal besuchte ich das Grab am 27. Juli 2006. Über dem Grab liegt heute eine große Steinplatte, wie es bei fast allen Gräbern dort üblich ist.

In den Akten oder in der Chronik der Pfarrei Corpus Christi gibt es keinerlei Aufzeichnungen über die Ereignisse im Januar 1945 und danach. Sicher war es zu dieser Zeit sehr gefährlich, die damaligen Geschehnisse schriftlich festzuhalten. Eine Verwandte von Dr. Sossalla, die ihm bis ins hohe Alter den Haushalt führte, behauptete, Dr. Sossalla habe eine Chronik über die Zeit von 1945 geführt und diese aus Furcht vor Repressalien irgendwo in der Kirche versteckt. Leider ist diese, so es sie denn gibt, bis heute nicht gefunden worden.

Mit dem Sterben schlesischer Priester befasste sich nach dem Krieg erstmals eine vom Verlag der Kirchlichen Hilfsstelle 1950 in München herausgegebene Broschüre, die 1988 vom Apostolischen Visitator für die Priester und Gläubigen der Erzdiözese Breslau neu aufgelegt wurde. In der Erstauflage von 1950 ist neben dem Tod von Kaplan J. Frenzel auch der des am Sonntag, dem 28. Januar 1945, erfolgte gewaltsame Tod des Kaplans Konrad Lerch S.J. (geb. 10. Juni 1905 – geweiht 27. August 1935) von der Marienkirche in Beuthen verzeichnet. Lerchs Tod beruht auf einem folgenschweren Missverständnis, wie ein Beuthener Chronist schreibt: Ein Russe hatte von Lerch eine Uhr verlangt. Da er kein Polnisch verstand, griff er in der Meinung, er wollte Zigaretten oder Zigarren, in seine Rücktasche. Dabei wurde er erschossen. Beide, die Kapläne Johannes Frenzel und P. Konrad Lerch SJ, sind die einzigen Opfer unter den Geistlichen im Bereich von Beuthen.

Nach der Wende wurde in Bytom-Miechowice die ehemalige Hindenburgstraße, von 1945 in »Straße der Roten Armee«, und die Martinauer Straße zum Gedenken an die zivilen Opfer vom Januar 1945 in Kaplan-Johannes-Frenzel-Straße (ul. Ks. Jana Frenzla) umbenannt. In der Friedhofskapelle hinter der Kreuzkirche befindet sich seit 1993 eine Gedenktafel mit nachstehendem Text (links deutsch und rechts polnisch), deren Enthüllung im Rahmen einer ökumenischen Feierstunde erfolgte:

Zum Gedenken
An Kaplan
Johannes Frenzel
und hunderte Miechowitzer,
die im Januar 1945
Durch die Sowjet
Armee ermordet
wurden.
Requiescant in Pace
Miechowitz D. F. K. Miechowice
A.D. 1993

(DFK = Deutscher Freundeskreis)

Seit den schrecklichen Ereignissen des Jahres 1945 sind inzwischen über sechzig Jahre vergangen, mehr als ein halbes Jahrhundert. Die unzähligen unschuldigen Opfer dieser Tage sollten nicht vergessen werden und stets an ein friedliches Zusammenleben der Menschen untereinander mahnen.

Insgesamt wurden, wie mir Dr. Sossalla in einem Gespräch im Juli 1975 in seinem Pfarrhaus auf meine Frage hin mitteilte, an die 450 Männer, Jugendliche und einige Frauen in Mechtal während der Kampftage erschossen. Weit über die Hälfte der Opfer stammten aus seiner Gemeinde. Auch sein Vater wurde von einem sowjetischen Soldaten angeschossen und von Dr. Sliwka nach den Kampfhandlungen bis zu dessen Verhaftung behandelt.

Die Kirche war während der Fronttage erheblich beschädigt worden. Besonders die Nordseite, das Dach und die Fenster hatten schwere Schäden aufzuweisen. Mit Hilfe von Gemeindemitgliedern, darunter auch Frauen und Jugendlichen, versuchte man im zeitigen Frühjahr die größten Schäden, vor allem das Dach, provisorisch zu reparieren.

Weitere Not brachte die Verschleppung aller Männer zwischen 17 und 50 Jahren im Februar 1945 mit sich. Auch Dr. Sossalla musste sich in Beuthen melden. Doch die Sowjets schickten alle Geistlichen zu ihren Gemeinden zurück. So blieb wenigsten eine vertraute Persönlichkeit bei den vielen allein stehenden Frauen, Müttern und Kindern. Unter der Vortäuschung, Aufräumungsarbeiten im rückwärtigen Frontgebiet leisten zu müssen und unter Androhung eines Kriegsgerichtsverfahrens im Falle des Nichterscheinens wurden die Männer in die Weiten der Sowjetunion, viele bis nach Sibirien, verschleppt. Zahlreiche Männer überstanden bereits den Weg dorthin nicht. Vom Spätsommer 1945 an brachten erste kranke Heimkehrer viele Todesnachrichten mit. Wiederum herrschte große Trauer in Mechtal. Eine große Zahl von Familien hatte den Vater verloren, viele Mütter auch ihre Söhne. Zahlreiche Familien trauerten um mehrere ihrer Angehörigen. Die Zahl der in der Sowjetunion umgekommenen Verschleppten überstieg bei weitem die der im Januar Erschossenen.

Ein weiterer herber Schlag für die Seelsorge war der Übergang des bisher unter den Sowjets deutsch verwalteten Mechtals in polnische Hände. Rigorose, die Seelsorge einschränkende Maßnahmen folgten: Alle Gottesdienste, Predigten, selbst die Beichte hatten in polnischer Sprache zu erfolgen. Die Diözese Breslau wurde durch das eigenmächtige, von Rom nicht genehmigte Handeln des damaligen polnischen Primas Kardinal Hlond zerrissen und in sogenannte Apostolische Administraturen aufgeteilt. 1972 sollten daraus dann Bistümer werden. Hlond selbst war 1939 nach Ausbruch des Krieges als oberster Bischof und Hirte aller polnischen Katholiken feige ins Ausland geflohen. Die deutschen Oberhirten zwang Hlond nach seiner Rückkehr 1945 unter Vortäuschung falscher Tatsachen zum Verzicht auf ihre Ämter, so auch den Kapitularvikar der Erzdiözese Breslau, Dr. Ferdinand Piontek. Oberschlesien gehörte nun zur »Apostolischen Administratur« Oppeln, ohne dass Rom über diese Maßnahmen informiert worden war. Bereits vor seiner Ernennung zum ersten Administrator von Oppeln setzte sich Dr. Boleslaw Kominek vehement auf Priesterkonferenzen im oberschlesischen Industriegebiet für die totale Polonisierung der Seelsorge ein, die durch den Gebrauch der polnischen Sprache bis in den Beichtstuhl hinein strikt von ihm gefordert wurde. Was die Polen an den Nationalsozialisten heftig kritisiert hatten, taten sie nun als Vertreter der Kirche in gleich verwerflicher Art und Weise. Das brachte neue Probleme. Trotz des bereits verfügten Verbots der deutschen Sprache im Gottesdienst hielt Dr. Sossalla den Erstkommunion-Gottesdienst am Weißen Sonntag, dem 8.4.1945, in deutscher Sprache. Er war der letzte deutsche Gottesdienst in der Corpus-Christi-Kirche wohl bis heute. In der Beichtpraxis bediente er sich allen Verboten zum Trotz der deutschen Sprache bei denen, die es so wünschten oder die des Polnischen nicht mächtig waren.

Am 6. Juli 1945 verstarb in Jauernig auf Schloss Johannisberg der letzte deutsche Oberhirte der Erzdiözese Breslau, Erzbischof Adolf Kardinal Bertram, im Alter von 86 Jahren. Diese Nachricht übermittelte Dr. Sossalla seiner Gemeinde ebenfalls in deutscher Sprache, da es sehr viele Gemeindemitglieder gab, die kein Polnisch verstanden. Auch dies war eine Handlung gegen die bestehenden staatlichen und kirchlichen Bestimmungen. Für den verstorbenen Erzbischof hielt er ein feierliches Requiem.

Als mein Vater sich im Mai 1946 kurz vor unserem Verlassen Mechtals bei Dr. Sossalla verabschiedete, erhielt er von ihm eine Bescheinigung, nichts mit der NSDAP und ihren Organisationen zu tun gehabt und freiwillig während der NS-Zeit Religionsunterricht erteilt zu haben. Vorsichtshalber setzte er hinter seinen Namen nicht wie Pfarrer Lerch das Wort Pfarrer, sondern die lateinische Bezeichnung parochus. Auch den Vornamen hat er in der lateinischen Form mit Joannes verwandt. Der Druck, die deutsche Sprache nicht zu gebrauchen, war bereits sehr groß. Ihm selbst merkten die Polen an der Aussprache des Polnischen sofort seine Herkunft an und betrachteten ihn daher wohl zwiespältig.

Nach seinem Tod schrieb mir seine Schwägerin, Witwe des einzigen Bruders Dr. Sossallas, des Fahrsteigers Heinrich Sossalla, dass ihr Schwager in den Jahren, als der Druck auf die Kirche stärker wurde (ca. 1949/50), eine Vorladung zur UB nach Beuthen (UB: Urząd Bespieszienstwa – politische Polizei, vergleichbar mit der Gestapo oder dem NKWD). Er hatte dort morgens zu erscheinen. Sein Vater begleitete ihn bis vor das UB-Gebäude. Erst am Abend kam er als ein völlig veränderter Mensch wieder aus dem Gebäude heraus. Er ging an diesem Tag nicht nach Miechowice zurück, sondern fuhr zu seinem Bruder nach Stolarzowice/Stillersfeld, zu dessen Frau und deren Kindern Hans und Beate. In deren Eigenheim blieb er vierzehn Tage, völlig verstört und verängstigt. Die Türglocke musste abgestellt werden, weil er bei jedem Klingeln zusammenschreckte. Er hat wohl nie darüber gesprochen, was man mit ihm bei der UB gemacht hat. Sicher musste er vor seiner Entlassung die bekannten Formulare unterzeichnen, dass er korrekt behandelt und ihm keinerlei Unrecht zugefügt worden sei. Dazu kam die Schweigeverpflichtung gegenüber allen über die Vorgänge im Haus der UB.

Eine weitere Schikane waren die Überprüfungen der Gemeindefinanzen durch Beamte der Finanzbehörden, die sich oft über den ganzen Tag oder länger hinzogen und die häufig zu hohen Steuernachforderungen führten. Einen oder mehrere Tage blieben die Beamten dann im Pfarrhaus.

Ein anderes Problem waren die häufig auftretenden Bergschäden an der Kirche. Nach dem Kriege wurde der Bergbauschäden wegen eine Reihe von Ausbesserungsarbeiten an der Kirche notwendig. Dr. Sossalla erzählte mir, bevor er irgendwelche Mittel, Materialien oder Arbeitskräfte der Kopalnia Miechowice (Preußengrube) erhielt, musste er zunächst deren Direktoren mit für die damalige Zeit horrenden Geldsummen »schmieren«, wie er sich ausdrückte. Nur so konnte er etwas für die Kirche erreichen. Diese Schmiergelder musste er irgendwie aufbringen.

1957 konnten die im Herbst 1942 auf Anordnung der Nazi-Behörden als Rohstoff für Waffen entfernten drei Bronzeglocken durch vier neue ersetzt werden. Es war eine insgesamt schwierige Zeit. Wie in der Nazizeit! In unseren Gesprächen klagte er immer wieder über die Schikanen der kommunistischen Behörden, durch die sie die Seelsorge erheblich erschwerten. Dazwischen lagen je nach politischer Großwetterlage »Tauwetterperioden«, während der das kirchliche Leben sich ein wenig freier entfalten konnte. Nach mehr als zehn Jahren als alleiniger Seelsorger an der so großen Corpus-Christi-Kirche bekam er wieder einen und später mehrere Kapläne. Die Neubauten mit wohl rund 10.000 bis 15.000 Bewohnern im Bereich der Reptener-, Stillersfelder Straße und auf dem Gebiet zwischen Stillersfelder- und Martinauer Straße bis zum Evaplatz brachten neue seelsorgliche Probleme. Während seiner langen seelsorgerischen Tätigkeit in Mechtal-Miechowice wandten sich mehrere junge Menschen dem Theologiestudium zu und wurden Priester. Sie wirken heute in Polen und der Bundesrepublik Deutschland.

Nach unserem Verlassen Mechtals im Jahre 1946 begegnete ich Dr. Sossalla erstmals bei meinem gut einstündigen Mechtal-Aufenthalt am späten Nachmittag des Silvestertages 1970 wieder. Als ich an der Pfarrhaustür klingelte, öffnete mir seine bereits sehr alte, aber noch vollkommen rüstige Haushälterin. Auf meine Frage, ob sie deutsch spreche, erwiderte sie mir: »Was denken Sie? Wir sind doch Deutsche!« Im Sommer der Jahre 1974 und 1975 sahen wir uns jeweils mehrere Male. Er war immer erfreut, wenn ehemalige Mechtaler Gemeindemitglieder ihn besuchten. In unseren Gesprächen streiften wir zahlreiche anliegende aktuelle und vergangene Ereignisse und Probleme. Immer wieder brachte er zum Ausdruck, wie gern er doch im höheren Schuldienst geblieben wäre.

Im Mai 1978 besuchte er zum ersten Male die Bundesrepublik Deutschland. Nach seiner Rückkehr machte sich eine schwere Krankheit bemerkbar, die ihn zwang, Ende Oktober 1978 nach 36 jähriger Tätigkeit als Pfarrer der Corpus-Christi-Gemeinde in Mechtal/Miechowice sein Amt aufzugeben.

Während seiner Amtszeit hatte er viele überörtliche kirchliche Aufgabenbereiche inne und war u. a. Synodalrichter beim bischöflichen Gericht in

Oppeln. Bis zum Jahr 1978 war er Dechant des Dekanates Beuthen-West. Als Historiker befasste er sich mit vielen geschichtlichen Problemen und veröffentlichte zahlreiche wissenschaftliche, meist historische Aufsätze und Abhandlungen. Seine Tätigkeit fand durch besondere Ehrungen Anerkennung: So ernannte ihn der Bischof zum Geistlichen Rat und Papst Paul VI. im Jahre 1971 zum Prälaten.

In den Monaten der Krankheit erhielt seine Schwägerin mit ihren Kindern die Genehmigung, in die Bundesrepublik Deutschland auszureisen. Im Hinblick auf die Zukunft ihrer bereits erwachsenen Kinder wollte sie auch angesichts der schweren Krankheit Dr. Sossallas auf eine Ausreise nicht verzichten. Es wurden Überlegungen angestellt, Dr. Sossalla mit in die Bundesrepublik zu nehmen. Seines Krankheitszustandes wegen verweigerte der Bischof seine Zustimmung. So musste die Familie seines verstorbenen Bruders ihn allein zurücklassen. Er durfte weiter im Pfarrhaus wohnen. So oft es ging, machte er in Begleitung ehemaliger Mitarbeiter Spaziergänge. Im Februar 1979 verschlechterte sich sein Zustand erheblich. Am 18. Februar, einem Sonntag, verstarb mit Dr. Johannes Sossalla um 22.30 Uhr der letzte Pfarrer der Corpus-Christi-Gemeinde aus deutscher Zeit. Die Glocken der Kirche verkündeten der Gemeinde sein Ableben. Sein Leichnam wurde im Mittelschiff der Kirche aufgebahrt. Die Mitglieder seiner Gemeinde, seine geistlichen Mitbrüder und die Oppelner Weihbischöfe nahmen von ihrem Seelsorger und von Ihrem Mitbruder Abschied. Am Morgen des 22. Februars 1979 hielt der Bischof von Oppeln, Dr. Alfred Nossol, das Requiem. 102 Priester und unzählige Gläubige waren gekommen, um daran teilzunehmen und ihm das letzte Geleit zu geben. Zehn Bergleute in ihren alten Uniformen trugen seinen Sarg. Auf dem Platz links hinter der Kreuzkirche fand er zwischen seinen Eltern seine letzte Ruhestätte. Der Grabstein gibt in lateinischer Sprache seinen Namen, Titel und seine Daten und die seiner Eltern wieder. Lateinische Grabinschriften auf den Gräbern der dort verstorbenen ehemaligen deutschen Geistlichen sind immer ein Hinweis auf ihr Deutschtum.

In die Wölbung über dem Chor des Hochaltares der Corpus-Christi-Kirche ließ Dr. Sossalla bei seiner letzten Renovierung der Kirche das Bild von der Speisung der Fünftausend malen. Inmitten der Volksmenge sieht man ihn, der 36 Jahre hindurch als eifriger und frommer Priester dieser seiner Gemeinde in mehr schweren als leichten Jahren mit großer Hingabe gedient hat.

Sein Nachfolger von November 1978 bis zum Sommer 1994 wurde Pfarrer Hubert Nalewaja. Nach der Gründung des Bistums Gleiwitz im Jahre

1992 berief ihn der Bischof zum Kurienkanzler der neuen Diözesanverwaltung. Er blieb zunächst weiter Pfarrer der Corpus-Christi-Gemeinde. In den Jahren 1981/83 entstand hinter der Kirche ein äußerlich sehr unschönes Katechetenhaus, um den schulpflichtigen Kindern und Jugendlichen Religionsunterricht erteilen zu können. In den Schulen war der Religionsunterricht untersagt. Während seiner Amtszeit wurde die Kirche in baulicher Hinsicht unter dem Einfluss verschiedener unkompetenter Ratgeber stark verschandelt. Erst sein Nachfolger, der heutige Pfarrer Henryk Jan Oleś, hat die Kirche stilgerecht in sehr geschmackvoller Weise wiederherstellen lassen. Das Dach und der Turmhelm erhielten eine Kupferverkleidung und die Kirche außen einen gelblichen Anstrich, passend zum barocken Baustil. Altmetalldiebe versuchen immer wieder, Kupferplatten des Kirchdaches zu nächtlicher Stunde zu entwenden und sie bei den Altmetallhändlern zu verkaufen. Die Kirchengemeinde richtete zunächst einen freiwilligen Wachdienst ein, der inzwischen durch eine elektronische Überwachungsanlage ersetzt wurde.

Die Pfarrgemeinde zählt heute 15.000 Gläubige, das sind 94 Prozent aller im Bereich der Pfarrgemeinde wohnenden Menschen. Sie wohnen in 30 Straßen, von denen drei je etwa zur Hälfte zu den beiden Kirchengemeinden des Ortes gehören und vom Pfarrer und drei Vikaren betreut werden. An Sonn- und Feiertagen haben die Gläubigen Gelegenheit an einer von jeweils zehn Messen teilzunehmen. Fünf Vorschulen (Kindergärten), drei Volksschulen (Klassen 1 bis 6), zwei Gymnasien (Klassen 7 bis 9 – etwa unserer Realschule entsprechend) und ein Fach-Lyceum (Klassen 10 bis 12) für behinderte Schüler/innen.

Während der Nachkriegszeit gingen aus der Gemeinde zwischen 1954 und 2005 etwa zwölf Neupriester hervor. Kirchenbücher über Taufen, Trauungen und Sterbefälle sind seit 1919 vorhanden.

Die Pfarrer der Corpus-Christi-Kirche

1918 Anton Plewnia, Pfarrverwalter -

1918/19 Stanislaus Smieja, Pfarrverwalter

*1919 bis 1936 Pfarrer Dr. theol. August Demski – * 7. Juli 1877*

*1936 bis 1942 Pfarrer Josef Cichon – * 3. März 1896 - † 24. Juni 1976 in Walzen (Walce)*

*1942 bis 1978 Pfarrer Dr. theol. Johannes Sossalla, Prälat, * 26. Juni 1908 in Königshütte, geweiht am 31. Januar 1932, am 10. Oktober 1942 als Pfarrer von Mechtal eingeführt und am 17. Oktober 1978 aus dem Amt* *geschieden. Verstorben am 18. Februar 1979 nach schwerer Krankheit in Miechowice. Er wirkte 36 Jahre an dieser Kirche.*

1978 bis 1994 Pfarrer Hubert Nalewaja, Prälat. Zunächst vom 18. 10. bis zum 17. 12. 1978 Pfarrverwalter und vom 18. Dezember 1978 bis zum 27. August 1994 Pfarrer. Nach der Gründung des Bistums Gleiwitz Kanzler der neuen Diözese. Dieses Amt verwaltete er bis 1994 neben seinen Aufgaben als Pfarrer von Miechowice, um dann ganz nach Gleiwitz zu gehen.

27. August 1994 Pfarrer mag. theol. Henryk Jan Oleś, geboren am 21. Mai 1961 in Jejkowice (Jejkowitz) im Kreis Rybnik, geweiht am 21. Juni 1986 in Oppeln. Vom August 1989 an bis zum 26. August 1994 Kaplan und Katechet an der Corpus-Christi-Kirche.

Die evangelische Kirche und das große Friedenshortwerk der Schwester Eva von Tiele-Winckler

Eva von Tiele-Winckler und der Friedenshort

Weit über die Grenzen Oberschlesiens und des Deutschen Reiches hinaus machte das große christliche Liebeswerk Friedenshort der Tochter des Grafen Hubert von Tiele-Winckler und seiner Gattin Valeska das oberschlesische Miechowitz bekannt. Eva von Tiele-Winckler, vor mehr als 150 Jahren in Miechowitz geboren, war eine bereits in sehr jungen Jahren aus ihrer christlichen Einstellung heraus eine sozial sehr engagierte Frau. Sie gründete 1890 den Friedenshort, in dem alte und einsame Frauen, behinderte Kinder und Waisenkinder, Krüppel und unheilbar kranke Menschen eine Zuflucht und Heimat fanden. Ihr Werk hat alle Wirren dieser langen Zeit überdauert und kündet noch heute in Miechowice und vor allem in vielen Teilen der Bundesrepublik Deutschland von ihrem Wirken.

Kindheit und Jugendjahre

Inmitten der rauchenden Schornsteine der aufstrebenden Industriegemeinde wurde am 31. Oktober 1866 in dem in einem herrlichen Park gelegenen neugotischem Schloss zu Miechowitz im Kreis Beuthen Valeska Anna Catharina Adelheid Maria Elisabeth Eva von Tiele-Winckler als achtes und zweitjüngstes Kind des Grundbesitzers und Industrieherren Hubert und seiner Gattin Valeska von Tiele-Winckler geboren. Für jedes Kind wurde nach dessen

Geburt im Schlossgarten ein Baum gepflanzt, von denen heute noch der eine oder andere von ihnen dort steht. Getauft wurde sie am 23. November 1866 in der Kreuzkirche zu Miechowitz durch den Pfarrer Dr. Heide aus Ratibor, einem Freund der Familie. Zunächst wurde sie mit ihrem ersten Namen Valeska gerufen. Um Verwechslungen mit der Mutter zu vermeiden, rief man sie einfach Eva. Diesen Rufnamen behielt sie bis zu ihrem Lebensende. In dieser Zeit des industriellen Aufbaus und des gesellschaftlichen Wohlstandes wuchs das Kind Eva im Kreis von acht Geschwistern zu einer von früher Jugend an sehr eigenwilligen Persönlichkeit heran.

Wurzeln ihrer späteren Entwicklung mögen zum einen der Großvater Franz von Winckler gewesen sein, der sich als einfaches, unverbildetes Landkind aus Mittelschlesien aus eigener Kraft vom kleinen Bergmann zum Industriekapitän des oberschlesischen Bergbaus empor gearbeitet hatte. Zum anderen war es die tiefe Frömmigkeit seiner einzigen Tochter Valeska, der Mutter Evas, die nach dem frühen Tod ihrer Mutter eine liebevolle, ihrer Gläubigkeit und ihrem Hang zum Geistlichen entgegenkommende Erziehung erhielt. Dazu kam schließlich eine unbestechliche Pflichtauffassung. Diese glückliche Verteilung ihrer Herkunft aus dem Volk, ihrer Frömmigkeit und Pflichtauffassung mögen Eva von Tiele-Winckler die Zähigkeit gegeben haben, ihren von Natur aus zarten Körper mit ungeheuren Willenskräften zu Höchstleistungen zu zwingen und ein Werk zu schaffen, das wie ein Wunder wirkt.

Der am 8. Juni 1823 in Caminen im Kreis Rössel (Reszel) im Ermland geborene Vater Hubert von Tiele stammte aus einer verarmten ostpreußischen Adelsfamilie und war ein durch und durch preußischer Offizier, streng, tatkräftig, evangelisch. In Miechowitz wurde er allgemein der »Major« genannt, was weniger einen Titel als viel mehr eine Charakterisierung bedeutete. Seinen Untergebenen gegenüber war er ein strenger und gerechter, aber auch ein sorgender und mitfühlender Herr. Um von seinen Eltern keine Unterstützungszahlungen aufzubürden, brachte er sich selbst Kenntnisse in der Feldmesskunde bei, die ihm militärische Aufträge und auch Geld einbrachten. Auf der Insel Rügen hatte er die oberschlesische Erbin Valeska von Winckler kennen und lieben gelernt. Am 7. November 1854 wurden sie in der Miechowitzer Kreuzkirche getraut und führten trotz aller Gegensätze eine überaus glückliche Ehe.

Die Mutter Valeska dagegen war katholisch, »eine innige und fromme Katholiken«, wie Pastor Walther Zilz schreibt, und stammte aus Hohenlinde bei Königshütte (Chorzów). Sie war die Tochter des Schichtmeisters Franz

Winckler und seiner ersten Frau Alwine, geborene Kalide Großeltern Evas. Nach dem Tod Alwines heiratete er, inzwischen Verwalter der Aresin'schen Bergwerke, die kinderlose Witwe und Besitzerin des Miechowitzer Schlosses Maria Aresin, geborene Domes.

1840 wurde Franz Winckler von König Friedrich Wilhelm IV. wegen seiner Verdienste um die oberschlesische Industrie geadelt. Valeska von Winckler, die Mutter Evas, erbte nach dem Tod ihrer Eltern ein großes Vermögen.

Nach dem Ehevertrag von Hubert und Valeska sollte die Trauung in der katholischen Kirche stattfinden und alle Kinder sollten im Sinne ihrer frommen Mutter Valeska katholisch getauft und erzogen, der Familienname zu von Tiele-Winckler zusammengefasst werden. Die Zustimmung zu dieser Namens-Zusammensetzung gab am 19. Dezember 1854 der Großherzog von Mecklenburg.

Ihre Kindheit und Jugend verbrachte Eva im Miechowitzer Schloss, streng abgegrenzt vom Leben der Menschen außerhalb der Schlossmauern. Zwischendurch lebte sie immer wieder in Berlin und in Moschen (Moszna) bei Neustadt (Prudnik) in Oberschlesien, dem später letzten Sitz der Tiele-Wincklers in Schlesien. Die Mutter nahm sich verantwortungsbewusst und liebevoll ihrer Kinder an. Für Eva waren die Dämmerstunden an den Winterabenden unvergesslich, wenn sich die Kinderschar mit der Mutter um das prasselnde Kaminfeuer versammelte und sie ihnen selbsterdachte Märchen und Geschichten erzählte, zu denen die großen Gemälde des Bildersaales im Schloss Anregung boten. Auch die sonntäglichen Andachten mit ihr liebte sie. Die Mutter las dann ausgewählte Bibelstellen und Worte der Kirchenväter vor. Am schönsten jedoch fand sie es, wenn die Mutter abends in die Kinderstube kam, sich auf die unterste Stufe der Wendeltreppe setzte, die von ihrem Zimmer hinunterführte, und die Kinder sich an sie schmiegen und von ihr liebkosen lassen durften. Darüber schrieb sie nach dem Tod der Mutter ein kleines Gedicht:

Die Mutter erzählt, und atemlos lauscht
Am prasselnden Feuer die kleine Schar.
Die Blicke hängen an jedem Laut
Der Märchen so schön und so wunderbar.

Und durch die Worte zieht es hin
Wie Waldesrauschen und Vogelsang,

Wie fröhliche Wandermelodien
Und dunkler Meereswogen Klang.

Weit trägt sie die Seele der Kinder fort
In die schimmernde glänzende Märchenzeit:
Andächtig lauschen sie jedem Wort –
Die leuchtenden Augen geöffnet weit.

Die Jahre fliegen dahin mit Macht –
Das Feuer verbrannt und die Zimmer leer,
Der Sturm braust heulend durch die Nacht
Und im Hause ist's öd – keine Mutter ist mehr.

Für Eva war die Mutter der Inbegriff von Liebe und Güte. Gutes zu tun und Freude zu bereiten war ihr ein Lebensbedürfnis. Nie haben die Kinder einen Zug von Selbstsucht an ihr bemerkt, nie ein liebloses, richtendes Wort über andere gehört. Allen Menschen gegenüber sei sie gut und freundlich gewesen, ob sie nun arm oder reich, hoch oder niedrig waren. Obwohl in Königshütte geboren, liebte sie Miechowitz als ihren Heimatort und fühlte sich für die Leute des Dorfes verantwortlich. Gern hätte sie die Kranken selbst gepflegt. Da sie aber selbst kränklich war, schickte sie regelmäßig eine Vertraute mit Lebensmitteln, Kleidung und Medikamenten in die Häuser. Die jahrelangen Krankheiten und Leiden trug sie klaglos, in rührender Geduld, mit Heiterkeit und stiller Ergebung. »Meine Mutter war ein Kind ihrer Zeit und ein Glied der katholischen Kirche. Ihr weites Herz umfasste alle, die Wahrheit liebten und suchten. Sie suchte den Kern und nicht die Schale, das Wesen und nicht die Form.« Eigenschaften, die alle auf ihre Tochter Eva übergegangen waren.

Durch das Aufblühen der Schwerindustrie kam es in Oberschlesien zu einer gewaltigen Umstellung des Gemeinschaftslebens. Die sozialen Verhältnisse waren noch nicht geregelt. Obwohl die Kinder vom Dorfleben abgeschirmt wurden, beobachtete Eva interessiert, was sich im Ort abspielte. Dabei erlebte sie aus allernächster Nähe die große Not der früher bäuerlichen und nun entwurzelten Bevölkerung mit, die in den Bergwerken schwer arbeiten musste. Die Familien lebten mit vielen Kindern in den kleinen Häusern mit meist nur eineinhalb Zimmern. Am Lohntag herrschte der Suff und an jedem Alltag die tägliche Not: Hunger, Elend, Krankheit und viele andere

Leiden. Vor ihren Augen taten sich Abgründe auf. Sie strömte über vor Mitleid, empfand die Not dieser armen Menschen nach. Diese Erfahrungen ließen in ihr den Wunsch wach werden, etwas gegen diese Nöte zu tun, sie zu beseitigen oder wenigstens zu lindern.

Eva von Tiele-Winckler – »Mutter Eva«

Da starb am 13. August 1880 Evas Mutter, Valeska von Tiele-Winckler, in Berlin. Für die dreizehnjährige Eva war dieser Tod ein harter Schicksalsschlag. Dringend hätte sie ihren Rat für ihre Pläne gebraucht. Zwei Jahre später, am 14. Februar 1883, heiratete Hubert von Tiele-Winckler Rose von der Schulenburg. Sie fördert die christliche Erziehung der Kinder. Eva, bisher katholisch erzogen, sollte nun am evangelischen Religionsunterricht teilnehmen und konfirmiert werden. Nach einiger Zeit ist sie bereit am Religionsunterricht teilzunehmen. Im Neuen Testament entdeckt sie für sich bei Joh. 10, 27–28 »... die Herrlichkeit Jesu als Guter Hirte, der das Verlorene sucht«. Das wurde ein entscheidender Augenblick in ihrem Leben. Nach einer längeren Krankheit ließ sie sich 1884 in Berlin konfirmieren. In diesen damit verbundenen inneren Kämpfen mag sie sich entschlossen haben, sich ganz in den Dienst Gottes zu stellen und den Armen zu helfen. Als Christin sah sie es als ihre Lebensaufgabe an, Dienerin des Herrn zu werden. Sicher war dies eine Frucht des Wirkens ihrer Mutter Valeska, die neben ihrer eigenen caritativen Tätigkeit in Miechowitz auch ihre Kinder zur Liebe und Hilfsbereitschaft zu erziehen versucht hatte. »Brich mit dem Hungrigen Dein Brot, und die, so im Elend sind, führe in Dein Haus!«, so schrieb die Mutter in ein Familienbuch, in welches die Eltern abwechselnd Lebenshilfen und Lebensweisheiten für den großen Geschwisterkreis eintrugen. Der Vater schrieb zum Beispiel: »Wer im Geringsten treu ist, ist auch im Großen treu!« in dieses Buch. Beide Einträge wurden für Eva zu einem Lebensauftrag.

Eva bewahrte sich einen gewissen Hang zur katholischen Kirche. Zeitlebens verehrte sie den heiligen Franz von Assisi und die heilige Hedwig. Ein geschnitztes Bild des heiligen Franziskus ist noch heute in ihrer Wohnung zu sehen. Das bunte Glasfenster mit dem Bild der hl. Hedwig aus der Schlosskapelle schmückt seit dem Ende der zwanziger Jahre auf Anordnung von Mutter Eva den Gebetsraum des Hauses »Heilig dem Herrn«. An einer alten Eiche auf der Osterinsel des Schlosses Moschen ließ sie ein Bild der heiligen Hedwig anbringen. Neben den Werken evangelischer Theologen las sie u. a. auch die Werke der heiligen Theresia von Avila. Lange dachte sie an das Leben in einem katholischen Orden mit einer lebenslangen Bindung durch ein Gelübde.

Die Entstehung des Friedenshortes

1886 äußerte Eva den Wunsch, Kranke pflegen zu dürfen. Der Vater untersagte ihr zunächst jede praktische Arbeit in der Armenpflege, da er dies als eine vorübergehende Anwandlung jugendlichen Tatendranges sah. Lediglich die im Schloss für die Armen gekochte Suppe durfte sie mit austeilen. Von ihrem Taschengeld ließ sie für Kinder, die ohne Frühstück zur Schule gehen mussten, eine Suppe kochen und bewirtete die Kinder persönlich. Die schulentlassenen Mädchen lud sie ebenfalls ins Schloss ein und unterrichtete sie in einem Zimmer dicht am Flur im Nähen und Stricken. So erlaubte er ihr 1887 eine Ausbildung bei Pastor Friedrich von Bodelschwingh in Bethel bei Bielefeld, damit sie dort die Grundlagen für ihre spätere Tätigkeit lege. Schon im April ging sie nach Bethel und begann einen Lehrgang, der acht Monate dauerte. Während dieser Zeit lernte Eva Pastor von Bodelschwingh schätzen und ihm zu vertrauen. Er stand ihr mit seiner Erfahrung zur Seite und gab ihr viele entscheidende Ratschläge für den Aufbau des Friedenshorts in Miechowitz.

Zu Beginn der Arbeit von Eva von Tiele-Winckler lebten in Miechowitz etwa 6.000 Menschen, von denen rund 700 evangelisch waren. Eva selbst lernte von einer Angestellten des Schlosses den oberschlesischen Dialekt, das Wasserpolnische, um sich mit den Menschen des Ortes in deren Sprache unterhalten zu können.

Ihr Vater ließ es nach ihrer Rückkehr aus Bethel zu, Kranke im Dorf zu pflegen und sich um die Armen zu kümmern. Er richtete ihr zunächst im Schloss zwei Zimmer dafür ein, eine Näh- und eine Krankenstube. Von der Bevölkerung wurden diese »Eva-Heim« genannt. Noch lange gebrauchte der

Volksmund diese Bezeichnung – vielfach bis 1945 – für den gesamten Friedenshortkomplex. Zu Weihnachten 1888 schenkte der Vater ihr den Bauplan eines Hauses für ihre caritative Arbeit unter der Dorfbevölkerung mit dem Hinweis, dass sie selbst aber im Schloss wohnen solle und nicht bei den Armen, wie sie es gern gesehen hätte. Das war ihr schönstes Weihnachtsgeschenk und der Beginn des großen Friedenshort-Werkes, dessen erstes heute noch stehendes Gebäude »Friedenshort« am 29. September 1890 eingeweiht werden konnte.

»Dieses Haus ist gegründet zu Deiner Ehr, o segne und schirme es teurer Herr. Zu Deinem Dienst mach uns all' bereit und sei uns gnädig in Ewigkeit!«, so kündet noch heute der im Mauerwerk eingelassene Spruch des ersten Hauses der Diakonieanstalt Friedenshort (heute Pflegeheim). Eva nannte diesen Tag ihren Hochzeitstag. Nun bat sie den Vater, in dieses Haus einziehen zu dürfen, um sich ganz den armen Menschen widmen zu können. Schweren Herzens entsprach er diesem Wunsch, vielleicht mit einer gewissen Bewunderung für ihre konsequente Haltung. Er wusste, dass dies ein Abschied war. Sie erhielt 3.000 Mark Wirtschaftsgeld jährlich, mit dem alles bezahlt werden mußte. Alleinstehende alte Frauen, unversorgte Kinder, später auch gelähmte Kinder und unheilbar kranke Frauen fanden in diesem Gebäude ein Zuhause, wo man sich liebevoll um sie kümmerte. Aus den anfänglich vier Betten waren zum Jahresende bereits vierzig geworden; das

Friedenshort in Mechtal

Haus war überfüllt. Überall hatte es sich herumgesprochen, dass in Miechowitz Not leidenden Menschen geholfen würde. Mutter Eva wurde von Arbeit überströmt. Sie selbst verrichtete immer wieder auch die niedrigsten Arbeiten wie das Scheuern und Wischen. Mit Umsicht meisterte sie ihren großen Haushalt. Den Vater erstaunte dieses Ergebnis, das nur durch ihren persönlichen Einsatz erzielt worden war. Er war aber auch besorgt, wie die körperliche und seelische Anstrengung an den Kräften dieser Pionierarbeit leistenden jungen Frau zehrte. Doch sie nahm darauf keine Rücksicht. Sie bekennt es auch ganz schlicht:

»An mir und meinem Leben ist nichts auf dieser Erd'.

Was Christus mir gegeben, das ist der Liebe wert!«

Zur gleichen Zeit herrschte in Miechowitz und Karf eine Scharlach- und Diphtherie-Epidemie. Eva begann sofort eine umfassende Pflegeaktion für die 230 erkrankten Kinder. Am Ende überlebten 158 von ihnen.

Mit 25 Jahren, 1891, konnte Eva von Tiele-Winkler das mütterliche Erbe antreten. So standen ihr jetzt jährlich12.000 Mark an Zinsen für ihr Werk zur Verfügung. 2.000 Mark sollte sie davon für persönliche Erholungszwecke verwenden. Nun konnte das »Valeska-Stift« für Sieche und das »Schwalbennest« für 20 Kinder gebaut und am 29. September 1892 eingeweiht werden.

Im gleichen Jahr besuchte Pastor von Bodelschwingh aus Bethel Eva in Miechowitz. Er sah sofort, dass diese umfangreiche Arbeit nicht von ihr und ihrer Helferin allein geleistet werden konnte. Nach seiner Meinung war diese Aufgabe nur mit Hilfe einer organisierten Schwesterngemeinschaft zu bewerkstelligen. Die Schwestern sollten eine Tracht tragen, wie Eva sie bereits trug. Er lud sie ein, nach Bethel zu kommen. Am Sonntag nach Ostern 1893 wurde Eva in Bethel zur Diakonissin eingesegnet mit der Verpflichtung »zum Dienst in der Gemeinde«, nicht im Hause, d.h. einer Schwesterngemeinschaft. Sie wurde auch keinem bestimmten Mutterhaus zugeteilt. Die von Eva in Bethel erarbeitete Schwesternordnung wurde von Pastor von Bodelschwingh gebilligt. Vorsichtige Kritik, mit der er das Beste für die junge Schwester Eva wollte, übte er später an den seiner Meinung nach übertrieben häufigen Gebetsübungen. Neben der Beratung bezüglich ihrer Tätigkeit und des Aufbaus ihres Werkes hatte von Bodelschwingh einen tiefgreifenden Einfluß auf die religiöse Entwicklung Evas, deren tiefe Religiosität stark von ihrer frommen katholischen Mutter Valeska geprägt war.

Während ihrer Zeit in Bethel starb ganz plötzlich der Vater, Hubert von Tiele-Winckler, am 12. September1893 in Partenkirchen. Das bedeutete für sie den Verlust seines Schutzes. Dieser Tod und ihr weiter wachsendes Werk, das unter der starken Leitung des von ihr persönlich ausgewählten Diakonissenpfarrers Ebeling stand, mit dem sie aber bald in Konflikt geriet, wühlten Körper und Seele auf.

In ihrem Drang nach Vollkommenheit schien ihr ein Gelübde in einem katholischen Orden mit seinem Leben in der Abgeschiedenheit von der Welt, bei Arbeit und Gebet angebracht, eine Konversion also. Auf der anderen Seite stand ihr begonnenes Werk, die Sorge um die Armen und um die Gemeinschaft der ihr anvertrauten Schwestern. Sie hatte vor, katholisches Ideal und evangelische Wirklichkeit miteinander zu verbinden. Das aber war nicht möglich. In tiefen Seelenkämpfen rang sie um eine Entscheidung. Von Pastor von Bodelschwingh erbat sie schriftlich Rat. Seine Antwort, sie solle den Frieden ihres Herzens nicht anderswo suchen als in der freien Gnade Christi. Er glaube an die eine heilige allgemeine christliche Kirche, in der alle christlichen Kirchen der Welt enthalten seien. »Lass Dir die Gründung der kleinen Gemeinde in Miechowitz nicht leid sein. ... O nein, liebe Eva, Du hast Dich schon viel zu tief hineingelebt in die seligmachenden Geheimnisse der Schrift, als dass Du Dich dauernd woanders wohlfühlen könntest. ... In inniger herzlicher, fürbittender Liebe Dein F. B.«

Der Vater hatte ihr ebenfalls ein großes Vermögen hinterlassen, dessen Hauptteil sie für ihr Miechowitzer Werk verwenden wollte. Bodelschwingh schlug ihr vor, das Vermögen in eine Stiftung einzubringen, deren Verwaltung ein Kuratorium übernehmen sollte. Das geschah und Bodelschwingh wurde dessen Mitglied. Als Eva begann, selbständig finanzielle Entscheidungen gegen die Meinung des Kuratoriums zu treffen und ein Haus für Kinder trotz fehlender Geldmittel kaufte, kam es zu Differenzen zwischen beiden. Eva war gebeten worden, ein Waisenhaus in Altendorf bei Pleß (Pszczyna) zu übernehmen, das bis dahin von den Kaiserswerther Schwestern geleitet worden war. Das Kuratorium lehnte die Übernahme angesichts der leeren Kassen strikt ab. Eva aber setzte sich über den Beschluss hinweg und übernahm das Haus als Privatperson ohne Privatvermögen. Bodelchwingh und die übrigen Kuratoriumsmitglieder schieden daraufhin aus dem Kuratorium aus. Eva bestellte neue Mitglieder, die mehr Zuversicht in das Werk setzten. Und gegen alle Erwartung ging die Entwicklung ihres Werkes stürmisch voran. Obwohl die Kassen meist leer waren, kam auch immer wieder Hilfe. Das freundschaftliche Verhältnis zwischen ihr und von Bodelschwingh aber wurde dadurch nicht beeinträchtigt.

Sie hatte einst versprochen, in ihrer Heimat den Armen zu dienen. Nach einer Reise in das Heilige Land besuchte sie Bethel. Pastor von Bodelschwingh überzeugte sie dazubleiben. Trotz ihrer Sehnsucht nach Miechowitz arbeitete sie zunächst in Bremen in der Krankenpflege. Durch ein Telegramm des Miechowitzer Pastors Ebeling wurde sie nach dort zurückgerufen. Doch von Bodelschwingh gab sein Werben, Eva für seine Arbeit zu gewinnen, nicht auf. Sie sollte die Leitung des Hauses Sarepta bei Bethel übernehmen. Er reiste nach Miechowitz und konnte sie von der Notwendigkeit seines Planes überzeugen. Schweren Herzens ließen die Miechowitzer Mitschwestern sie gehen. Trotz ihrer großen Beliebtheit in ihrer neuen Stellung gab sie bereits am 30. Oktober 1900 ihr Amt in Sarepta aus gesundheitlichen Gründen auf. Obwohl die Jahre in Sarepta für Eva schwer waren, hatte sie dort Abstand von ihrer Miechowitzer Gründung gewonnen und andere Verhältnisse kennen gelernt. Aus den Vergleichen beider konnte sie nun ihr Werk in Miechowitz besser und anders beurteilen.

Nach einer schweren Erkrankung und nach einer sich anschließenden Kur in Davos kehrte Eva Ende 1901 nach Miechowitz zurück. Nannten die Miechowitzer sie vor ihrem Weggang einfach Fräulein (freliczka), so bezeichneten sie Eva nach ihrer Rückkehr liebevoll als Mutter (mutterliczka). Inzwischen war in Miechowitz auf dem Gelände des Friedenshortes mit Geldern aus dem Stiftungskapital eine neugotische evangelische Kirche gebaut und am 2. Februar 1898 eingeweiht worden.

1902 wurde das kleine hölzerne Häuschen zwischen Pfarrhaus und Kirche erbaut. In ihm lebte Mutter Eva bis zu ihrem Tode. »Eigentum Jesu Christi«, heute in polnischer Sprache, steht über dem Eingang. Eva selbst gestand, in größeren Häusern oder Palästen wohnen zu können. Sie wählte dieses, um als Arme unter Armen zu leben. Von hier aus verwaltete sie als erste Oberin ihrer Diakonissenanstalt, den Friedenshort. Sie lehnte es jedoch ab, als Oberin gesehen zu werden und ließ auch keine Oberschwestern zu. Alle Schwestern sollten den gleichen Rang haben und allein aufgrund ihrer Fähigkeiten dort wirken. Den Schwestern ließ sie bei ihrer Arbeit alle Freiheiten. Sie selbst verrichtete zwischendurch immer wieder einfache Arbeiten im Friedenshort.

In dem kleinen Holzhaus ist fast alles so erhalten, wie Mutter Eva es 1930 verließ: Möbel, die Fotos der Familie, alte Bücher und Landkarten, Bilder, Küchengeräte und das Steingut aus Bunzlau. Das Häuschen ist heute zu einem kleinen Museum geworden, in dem das Andenken an sie gepflegt wird.

Das »Mutter-Eva«-Haus in Miechowitz

1905 richtete Mutter Eva das Diakonissen-Haus (Mutterhaus) »Zions Stille« für 50 Schwestern ein, dessen Einweihung am 5. Oktober erfolgte. Die Zahl der Schwestern war inzwischen auf rund einhundert angewachsen. Neben den Räumen für die Schwestern verfügt das Haus über einen großen Saal, in dem Evangelisationen und Missionsveranstaltungen stattfanden. Heute dient es als Wohnhaus für die Mitarbeiter des 1990 grundgelegten und inzwischen fertiggestellten neuen Pflegeheimes auf dem Gelände des Friedenshortes.

Am 6. August 1907 wurden die Särge ihrer Eltern aus der Gruft der Kreuzkirche nach Moschen (Moszna) bei Neustadt (Prudnik) überführt, wo die Familie von 1906 an im großzügig erbauten Schloss bis zum Januar 1945 ihren Wohnsitz hatte.

In besonderer Weise sorgte sich Mutter Eva um die Not leidenden Kinder. Für gefährdete und verwaiste Kinder wollte sie Stationen »Heimat der Heimatlosen« schaffen. Doch dazu fehlte es ihr an den nötigen Geldmitteln. Ein lyrischer Aufruf »Heimat für Heimatlose«, der in einem Kirchenblatt veröffentlicht wurde, brachte unerwartet große Hilfe. So erhielt sie zum Beispiel von einem unbekannten Mann das geräumige Haus »Warteberg« mit Stallungen und 30 Morgen Land auf einer lieblichen Höhe des Katzengebirges bei Obernigk in der Nähe von Breslau. Dieses Haus wurde zur Gründungsstätte ihrer Kinderheime und konnte bald von 90 Kindern bezogen werden. Andere Spender folgten diesem Beispiel, so dass schon 1917 die Zahl der Häuser auf 34 angewachsen war, in denen fast 1.700 Kinder versorgt wurden. Später waren es über das ganze damalige Deutsche Reich verteilt 61 Heimstätten in 35 Orten mit etwa 3.000 Kindern. Da das Geld für die Unterhaltung in der Regel äußerst knapp war oder ganz fehlte, kam Eva von Tiele-Winckler auf die Idee, für ihr Werk einen Freundeskreis zu gewinnen, den Sternenbund. Bald setzte eine begeisterte Opferwilligkeit ein. Große und kleine Beträge wurden gespendet. Auch die Kinder sollten und wollten helfen. Für sie gründete Eva den »Sternchenbund«. Unter der Leitung von Förderinnen wurden in vielen Orten Kinderkreise gegründet. Jedes Kind bekam ein Patenkind in einem der Kinderheime. Mit diesem wechselte es Briefe, beschenkte es zum Geburtstag und zu Weihnachten. Hieraus entwickelten sich oft lebenslange Freundschaften. Die Kinderheime wurden außerdem von den Eltern der »Sternchenkinder« finanziell unterstützt. Dadurch sicherten sie deren Bestand. Tausende eltern- und heimatloser Kinder haben auf diese Weise eine Heimat und oft auch Freunde fürs Leben gefunden.

Durch das Familiensystem, sie hatte es in England kennen gelernt, wurde den Kindern das Elternhaus ersetzt. Das waren neue Wege in der Betreuung von Waisenkindern. Und damit war sie ihrer Zeit weit voraus. Die Kinder brachte sie in »Heimaten« unter, etwa vergleichbar mit den heutigen SOS-Kinderdörfern von Hermann Gmeiner. Bis zu 14 Kinder, Jungen und Mädchen, wurden in Familien (Schmetterlinge, Paradieskinder usw.) aufgeteilt und von einer Diakonisse, dem Mütterchen, und zwei Helferinnen, meist jüngeren Schwestern, den Tanten, wie in einer Familie betreut und erzogen. Das Mütterchen sollte wirklich die Mutter der ganzen Kinderfamilie werden. Sie wurde es auch, nicht nur für die Jahre, in denen die Kinder dort waren, sondern oft weit darüber hinaus, wenn sie ins Leben hinausgegangen waren. Die ländliche Umgebung und die praktischen Pflichten in Garten, Stall und auf dem Feld gaben den elternlosen Kindern Lebensfreude und Geborgenheit.

Die Jahre 1914 bis 1923
Vom Jahre 1913 an gab Mutter Eva ein Berichtsblatt mit dem Titel »Im Dienste des Königs« über den Friedenshort heraus.

In den Jahren des Krieges von 1914 bis 1918 war es zeitweise zu ernsten Ernährungsschwierigkeiten gekommen. Das brachte neue Aufgaben. Der Friedenshort wurde um Hilfe für polnische Mütter und Kinder gebeten. Eva sah nicht tatenlos zu, sondern ließ in Lodz ein Kinderheim und eine Suppenküche einrichten und unterhalten.

Während des Polenaufstandes, das Schloss war von polnischen Insurgenten besetzt, richteten die Schwestern eine Gebetskette ein. Etwa 24 bis 30 Schwestern verpflichteten sich, zu bestimmten Zeiten zwischen 5.30 Uhr und 21.30 Uhr je eine halbe Stunde für die Anliegen des Friedenshortes und die Anliegen derer zu beten, die sich um Fürbitte an sie gewandt hatten. Trotz der damals unsicheren Lage und der blinden Zerstörungswut der Jugendlichen geschah auf dem Gelände des völlig ungeschützten Friedenshortes nichts. Es gab keine Verluste zu beklagen. Nach der Erstürmung des Schlosses befand sich nicht nur der Ort, sondern auch der Friedenshort für sechs Wochen fest in der Hand der polnischen Insurgenten. Jeder Verkehr war unterbrochen, ebenso der Post- und Paketdienst. Um nach Beuthen gehen zu dürfen, musste eine Genehmigung von den Insurgenten aus dem Schloss eingeholt werden. Am Tag, als die Lebensmittel sehr knapp wurden, das letzte Brot gebacken war und neues von der Behörde nicht zugeteilt wurde, fuhr am Vormittag ein Wagen mit einer amerikanischer Fahne, zwei Amerikanern und einem Dolmetscher auf den Hof. Sie kamen aus Schweden, hatten sich den Quäkern zur Verfügung gestellt und wollten sich einen persönlichen Eindruck von den Verhältnissen in Oberschlesien machen. Fröhlich fragten sie die erstaunten Schwestern, ob sie noch Lebensmittel hätten. Die Lebensmittelvorräte des Friedenshorstes waren, nachdem der letzte Sack Reis an diesem Tag in die Küche gegeben worden war, tatsächlich aufgebraucht. Die Amerikaner fuhren nach Beuthen und brachten vielerlei Lebensmittel mit. Bald erhielten die Schwestern auch wieder die Möglichkeit, sich in Beuthen mit Lebensmitteln zu versorgen, so dass sie der momentanen Not enthoben waren. Für Mutter Eva war dies eine Erfahrung der göttlichen Gnade, die sie und ihre Gemeinschaft in diesem Schreckensjahr 1921 vielfach erfahren hatten. Gleiches schrieb sie dem gegen alle menschliche Erwartungen 1922 beschlossenen und überwältigende Freude auslösenden Verbleib von Beuthen, Karf und Miechowitz, das damals sehr polnisch war, beim Deutschen Reich zu. Das zeige sich, so Eva von Tiele-Winckler, besonders in der merkwürdigen Grenzziehung um diese Orte herum. Auch bei einer anderen Lösung wäre Eva von Tiele-Winckler im Friedenshort geblieben, um für ihr Werk wirken zu können.

Die Inflationszeit brachte sie um die Zinsen ihres Stiftungskapitals, die Teilung Oberschlesiens um den ansehnlichen Heimbesitz in Marschallen, das an Polen gefallen war. Dort musste sie ihre Arbeit einstellen. Für Mutter Eva war das kein Grund, die Arbeit einzuschränken. In großem Gottvertrauen warb sie unter der Bevölkerung um Spenden für ihr Werk. Immer wieder erhielt sie Hilfe von fremder Seite. So konnten auch diese großen Schwierigkeiten gemeistert werde. Der Bau des Hauses »Heilig dem Herrn« z.B. wurde mit 500 Mark begonnen und schuldenfrei vollendet.

Das Wachsen des Friedenshort-Werkes

Eva von Tiele-Winckler wollte, seitdem sie sich ganz dem Dienst des Herrn verschrieben hatte, dies auch mit ihrem ganzen Wesen und Herzen tun. Sie kritisierte, wie lau die Botschaft des Evangeliums von den Kanzeln herab verkündet wurde und wie verkümmert die praktischen Einrichtungen des kirchlichen Lebens blieben. Eine heute noch aktuelle Kritik! Sie führte, wie sie 1926 schrieb, ihr Werk ohne jeden Anschluss an eine religiöse Partei oder Bindung. Ihre Schwesternschaft sei ein Zusammenschluss von Frauen, die sich dem Dienst Jesu Christi in lebendigem Glauben und in Liebe geweiht haben, die Gemeinschaft mit allen wahren Kindern Gottes suchen und pflegen. Das waren ungewohnte, vielleicht unerhörte Anschauungen in den Ohren mancher Kirchenmänner. Aus heutiger Sicht waren dies bereits sehr ökumenische Ansichten. Die Katholiken hatten den Schmerz über den Verlust dieser Frau noch nicht überwunden und protestantische Kreise waren über ihre »unklaren« Reden und Schriften nicht gerade erfreut.

Das letzte und achtunzwanzigste Werk Mutter Evas, das Schwesternhaus »Heilig dem Herrn«, wurde am 8. Mai 1927 eingeweiht und seiner Bestimmung übergeben. In ihm befinden sich 60 Einzel- und einige Doppelzimmer. Das Erdgeschoss enthält eine stimmungsvolle Empfangshalle mit einem Pfeiler aus Nadelholz in dessen Kapitell die vier Merkmale einer guten Diakonisse symbolisch dargestellt sind: Ein Vogelnest für die Mutterschaft, ein Eichhörnchen für die Sparsamkeit, ein Auerhahn für die Wachsamkeit und eine Eule für die Weisheit.

Gegen Ende der zwanziger Jahre umfasste das Werk der Mutter Eva nachstehende Einrichtungen mit 538 Schwestern: 39 Niederlassungen der »Heimat für Heimatlose« mit 1.094 Kindern über viele Teile Deutschlands verteilt, vier Krankenhäuser, 33 Gemeindehäuser, fünf Spielschulen (Kindergärten), sechs Waisenhäuser, drei Erholungsheime, drei Rettungsheime, sechs Gemeindepflegestätten und diakonische Arbeit in Lappland, China, Guatemala und Afrika.

Der Miechowitzer Friedenshort wies am Ort selbst folgende Einrichtungen auf: das Haus »Friedenshort« (erstes und heute noch bestehendes Gebäude des Friedenshort-Werkes, Büroräume, eine Kinderfamilie), Räume des Haustöchterheimes für 24 schulentlassene Mädchen, ein Haus für Schülerinnen und Probeschwestern, das Mutterhaus der Schwestern, das Haus »Schwalbennest« (erstes Haus für Kinderfamilien), eine zweiklassige Schule und eine Hilfsschule (Sonderschule), das »Valeskastift« mit »Kreuzhilfe« für Sieche und einer Baracke am Valeskaplatz, ein Handwerkerhaus mit einer Schlosserei, Tischlerei, Stallungen und Wohnungen, eine Herberge (Gesellenheim, Bäckerei und Schuhmacherei), die »Engelwacht« (Druckerei, Buchbinderei, Flickstube und Sternenbüro), das Haus »Sonnenland« für Säuglinge, kranke und zurückgebliebene Kinder, einen Kindergarten und einen Kinderhort (Baracke), das Haus »Maranatha« (Schwesternschule mit 20 Zimmern), das Haus »Zionsstille« (Schwesternhaus), die Kirche und das Pfarrhaus, das »Häuschen« (Haus der Mutter Eva), die »Gnadenpforte« (Stübchen und Saal für junge Schwestern und Helferinnen), das Haus »Gottesruh« (Lehrsaal der Kindergärtnerinnen, Seminar-Gastzimmer), das Haus »Ruhe in Christo« (Haus für kranke Schwestern) und das Haus »Heilig dem Herrn« (Versammlungsraum und 60 Zimmer für die Schwestern).

In den letzten Jahren ihres Lebens wandte sich Mutter Eva auch der ganz anders gearteten Not der Alten und Siechen zu. Auch für sie wollte sie eine »Heimat für Heimatlose« schaffen, da das für diese Kranken vorgesehene Valeskastift längst viel zu klein geworden war. Sie hat noch erleben dürfen, dass in den Vorbergen des Isergebirges ein großes Haus gekauft und als »Heimat für Heimatlose« für Alte und Sieche eingerichtet werden konnte. »Gnadensonne« nannte sie es. Unmittelbar nach Mutter Evas Tod wurde ein weiteres solches Haus in Ostpreußen eingerichtet.

Für Eva von Tiele-Winckler gehörten Diakonie und Mission zusammen. Noch am Tag vor ihrem Tod konnte sie eine der zwei etwa 1912 nach China entsandten Missionsschwestern und eine mitgebrachte chinesische Schwester erkennen, umfassen und ein klares, deutliches »Gott sei Dank!« sprechen.

Mutter Evas Liebeswerke, die sich in großer Zahl über Ober- und Niederschlesien verzweigten, waren von einer tiefen Breite. Schwesternschaft und Einrichtungen wuchsen. Sie war die große Gestalterin. Sie lebte persönlich vor, was sie von der Gemeinschaft ihrer Schwestern, von denen viele im Missionsdienst in allen Erdteilen wirkten, nach den Grundsätzen klösterlicher Selbstlosigkeit verlangte: Arbeit, Armut und Gehorsam. All ihre Liebeswerke wurden ein Hort des Friedens, entsprechend ihrem Gründungshaus »Friedenshort« in Miechowitz.

Die Schriftstellerin

Eva war schriftstellerisch begabt. Sie schrieb gern und gab eine Reihe von Büchern heraus: »Die Bergmannstochter – Aus unserer Mutter Jugendzeit« (1928), »Wie der Friedenshort entstand«, »Nichts unmöglich!«, »Erinnerungen und Erfahrungen von Schwester Eva von Tiele-Winckler«, »Denksteine des lebendigen Gottes«, »Geisteswirken im täglichen Leben«, »Aus stillen Stunden«, »Kleine Tropfen aus dem Lebensstrom«, »Kleine Strahlen der Lebenssonne«, usw. Darüber hinaus verfasste sie viele Gedichte. In diesen warb sie fast immer für ihre Kinder, Kranken und Alten, für alle, denen sie Hilfe gab. Eine reihe ihrer Gedichte wurden vertont, ihre Lieder viel gesungen. Eva selbst sang gern und richtete im Friedenshort Singeabende ein. So sang man untereinander und vor den Gästen des Hauses. Mitreißend und zündend war auch ihre Redegabe.

Diese Dienerin des Herrn, die ihr Leben ganz in seinen Dienst gestellt hatte, besang in einem Hymnus, der erst nach ihrem Tod bekannt wurde, die Unsterblichkeit dienender Liebe in Gott im letzten Vers so:

Und wird die Nacht auch kommen,
da niemand wirken kann,
wird mir der Dienst genommen,
den ich so gern getan,
ja, ruhen auch die Hände –
Mein Herr entlässt mich nie;
ich dien' ihm ohne Ende –
Ancilla Domini!

Immer wieder kommt ihre große Liebe zu ihrer Heimat in ihren Werken und Gedichten zum Ausdruck, so zum Beispiel in ihrem Gedicht »Sei getreu bis in den Tod«, in dem sie unter anderem schreibt:

»... Ich hab gelobt dem Volk, dem ich entstammt,
anzugehören, bis der Tod uns scheide!
Mit Gottes Hilfe fest und unverwandt,
zu ihm zu stehen treu in Glück und Leide...«

Krankheit und Tod

Schwere Krankheiten unterbrachen immer wieder die Arbeit von Mutter Eva. Oft mußte sie darum Miechowitz verlassen und klimatisch günstige Orte aufsuchen: Die Kanarischen Inseln, Bad Gastein, die Schweiz, die Alpen und den Schwarzwald. 1930 aber waren alle Versuche, Mutter Eva Heilung zu verschaffen, vergebens. Ihre Kräfte waren erschöpft, im rastlosen Dienst am Mitmenschen verbraucht. Eine längere Krankheitszeit ging ihrem Abschied voraus. Ein Aufenthalt in der Schweiz, in Bad Gastein und in einer Breslauer Klinik brachten keine Besserung. Mutter Eva drang darauf, nach Hause gebracht zu werden, nach Miechowitz in ihre oberschlesische Heimat, in ihren Friedenshort zu ihren Kindern, ihren Kranken und Alten. Getreu ihrem Gelöbnis wollte sie bis zum letzten Atemzug unter ihnen sein. Sie wusste, dass der Tod nahe war. In ihrem Vermächtnis dankte sie Gott und allen ihren Mitarbeitern und schloss mit den Worten: » In der Liebe Christi bleiben wir verbunden in Zeit und Ewigkeit.«

Miechowitz, »Mutter-Eva«-Grab

In ihrem kleinen Holzhäuschen in Miechowitz gab diese großartige Frau am Samstag, dem 21. Juni 1930, gegen 21 Uhr ihr Leben in die Hände ihres Schöpfers zurück. 43 Jahre hindurch hatte sie ihre Arbeit am armen, Not leidenden, einsamen, siechen oder kranken Mitmenschen getan. Mit Ausnahme der wenigen Jahre in Bethel und Sarepta leistete sie diese in ihrer oberschlesischen Heimat in Miechowitz. Für die Miechowitzer war sie die »Unsre«.

An der von ihr bestimmten Stelle unter dem Kreuz in der Nähe ihres Häuschenses wurde sie am 25. Juni 1930 um 16 Uhr feierlich beigesetzt. Kinder mit Lilien in den Händen säumten den Weg. Die Schwestern sangen das von ihr so geliebte Lied »An dem Fuß des Kreuzesstammes«. Der Chor der Mittelschule sang ebenfalls. Einzelne Mitglieder dieses Chores lebten noch bis in das Jahr 2003, so der Ingenieur und Künstler Franz Gold in Brühl. Vertreter der Kirchen und der staatlichen Behörden nahmen an der Beisetzung teil. Landrat Dr. Urbanek dankte Mutter Eva für ihr Wirken und Werk. Nach ihm sprach Pastor Friedrich von Bodelschwingh, der Sohn des Gründers der Betheler Anstalten, und zuletzt Pastor Walther Zilz (1921–1945 in Miechowitz/Mechtal). Er sagte abschließend:

»Eine leuchtende Spur ist sie in unserem und vieler Menschen Leben gewesen; sie hat uns den Herrn Jesus Christus vorgelebt, soweit dies ein armer Mensch überhaupt tun kann.«

Unzählige Menschen waren gekommen, um Abschied von ihr zu nehmen. Sogar der im Exil lebende ehemalige Kaiser Wilhelm II. soll einen Kranz geschickt haben. Eva hatte ihn bei einem seiner Besuche in Schloss Moschen kennen gelernt und erhielt von ihm Unterstützung für ihre Miechowitzer Einrichtung. Das Grab ziert ein schlichter Stein mit den Worten »Ancilla Domini 1866–1930« (Dienerin des Herrn). An jedem 21. Juni läuteten um 21 Uhr in der Todesstunde Mutter Evas die Glocken der Friedenshort-Kirche und die Schwestern versammelten sich zum Gebet an ihrem Grab.

Das Friedenshort-Werk nach ihrem Tod

Letzte Oberin in Mechtal war von 1936 bis 1945 die am 29. August 1878 in Neisse geborene Schwester Frieda von Redemann. Seit 1908 war sie Diakonisse. Da das Friedenshortwerk Niederlassungen in ganz Deutschland hatte, kam auch die Schwesternschaft aus allen Gegenden Deutschlands. Eine sehr große Zahl der Schwestern hatte ihre Heimat in Schlesien, Ostpreußen und Süddeutschland. Eine geringere Zahl kam aus dem Ausland.

Die Zahl der Schwestern wuchs bis zum Beginn des II. Weltkrieges auf etwa 700 bis 800 Diakonissen an. Sie wirkten besonders in der Kinderarbeit, in Mädchen- und Altersheimen, in der Großstadtmission, in der Gefangenenfürsorge, in den Gefängnissen und in den Missionsgebieten in 18 Ländern in aller Welt. Während der NS-Zeit passte den damaligen Machthabern die christliche Erziehung in den Kinderheimaten nicht. Sie versuchten unter fadenscheinigen Gründen diese Häuser zu schließen. 1940 musste die erste aller Kinderheimstätten außerhalb von Mechtal, Warteberg bei Obernigk im Katzengebirge, innerhalb von acht Tagen geräumt werden. Das war für das Friedenshortwerk besonders schmerzlich. Bald folgten vier weitere Heimstätten: Crossen, Slate, Heinersgrün und Gnadenfrei. In diesen fünf Heimen waren bis zur Zwangsräumung 1.400 Waisenkinder erzogen worden. Andere Erholungsheimen erlitten das gleiche Schicksal. In Mechtal musste, natürlich aus ideologischen Gründen, das Kindergärtnerinnenseminar geschlossen werden. Eine christliche Ausbildung von Kindergärtnerinnen war für die Nazis undenkbar. Schwierig war es, während des Krieges die Ernährung vor allem in den Heimen zu gewährleisten.

Im Januar 1945 konnten alle Kinder Mechtal rechtzeitig vor dem Einbruch der Roten Armee verlassen. Dennoch blieben sehr viele Menschen zurück, auch viele aus dem Westen, vor allem aus Berlin in den Friedenshort evakuierte alte Menschen.

Trotz der Ende Januar 1945 rings um den Friedenshort tobenden Kämpfe und der Erschießungen Hunderter Zivilisten, wurden im Friedenshort keiner Schwester und keinem sonstigen Insassen der Anstalt ein Haar gekrümmt. Es war ebenso wie während der Abstimmungs- und Aufstandszeit zwischen 1920 und 1921. Nur einige Häuser wurden beschädigt.

Die Nachkriegszeit seit 1945

Der Friedenshort selbst wurde von der polnischen evangelisch-augsburgischen Kirche übernommen. Am 22. August 1945 erging der Befehl der neuen Machthaber über die Ausweisung aller deutschen Schwestern. Innerhalb von vier Wochen hatten sie und Pfarrer Zilz das inzwischen Miechowice genannte Mechtal zu verlassen. Den Winter über lebten die Schwestern und Pastor Zilz in Jannowitz bei Hirschberg im Riesengebirge. Im April 1946 hieß es endgültig Abschied von Schlesien zu nehmen. Die Schwestern gelangten dann zum Teil nach Heiligengrabe in der damaligen Sowjetischen Besatzungszone (SBZ), wo sie die 1287 gegründete ehemalige Zisterzienserinnen-Abtei als neue Bleibe erhielten. Oberin war Frieda von Redemann, bis 1945 Oberin in Mechtal. In diesem Zufluchtsort verstarb sie am 29. Oktober 1960. Andere Schwestern gingen in die westlichen Besatzungszonen und fanden von 1947–1957 vorübergehend auf Schloss Berleburg bei Wittgenstein ein Unterkommen. 1957 ließen sie sich in Freudenberg bei Siegen in Nordrhein-Westfalen nieder, wo im gleichen Jahr ein neuer Friedenshort mit zunächst drei Gebäuden entstand. Pastor Walther Zilz, ehemaliger Leiter des Miechowitz-Mechtaler Friedenshortes hatte die Anregung dazu gegeben. Ihm war noch die Freude vergönnt, im Sommer 1957 das neue Diakonissen-Mutterhaus einweihen zu können, das die Schwestern am 1. Juli beziehen konnten. Wenig später starb er dort nach kurzer schwerer Krankheit am 25. November 1957 im Alter von siebzig Jahren. Mehr als dreieinhalb Jahrzehnte hatte er im Friedenshort gewirkt. Für die vertriebenen Friedenshort-Schwestern galt Mutter Evas Leitspruch: »Bei Gott ist kein Ding unmöglich!« Er war ihnen Ermutigung und Hoffnung, als sie daran gingen, in Ost und West eine neue Wirkungs- und Heimstätte zu schaffen, mit denen das große Liebeswerk der Mutter Eva fortgesetzt wird bis in unsere Tage und sicher noch weit darüber hinaus.

Von 1945 bis 1951 wurde im Friedenshort mit ganz wenigen polnischen Schwestern den Umständen entsprechend in bescheidenem Umfang weitergearbeitet. 1951 fand die Diakonie-Anstalt in vielen Bereichen ihr Ende. Ihre Arbeit wurde staatlicherseits sehr eingeschränkt, die Gebäude zum Teil verstaatlicht. Zwischen kirchlichem und staatlichem Bereich wurde eine Betonmauer errichtet, die heute verschwunden ist. In einigen der enteigneten Gebäude wurde das staatliche »Josef-Lompa-Kinderheim« eingerichtet. Nach der Wende ist es nach Beuthen verlegt worden. Das Haus »Heilig dem Herrn« war seit dieser Zeit das Arbeiterhotel »Ewa« der »Kopalnia Miechowice« (Preußengrube).

Von den alten Gebäuden des Friedenshortes stehen noch und befinden sich im Besitz der evangelisch-augsburgischen Kirche: die Kirche, das alte Pfarrhaus, der »Friedenshort« und die Häuser »Elim«, »Zions Stille«, das Häuschen der Mutter Eva und die Tischlerwerkstatt. Im Staatsbesitz befinden sich die Häuser »Heilig dem Herrn«, »Sonnenlandschaft« und das »Valeska-Stift«, heute Lungenkrankenhaus. Alle anderen Gebäude waren durch Bergschäden unbrauchbar geworden und wurden abgerissen. Das Erbe Eva von Tiele-Wincklers, ihr Häuschen und der Garten, im heutigen Miechowice (2006) wird liebevoll von der einzigen dort noch lebenden Schwester Martha gepflegt.

In den Jahren 1984–1987 wurde auf dem Friedenshortgelände ein neues Gemeindehaus erbaut und am 16. September 1987 eingeweiht. Am 21. Oktober 1990 legte der damalige evangelische Pfarrer Rudolf Pastucha den Grundstein für ein neues Alters- und Pflegeheim, das mit Hilfe der evangelischen Kirche des Rheinlandes fertiggestellt worden ist. Pfarrer R. Pastucha ist seit 1981 in Miechowice und war viele Jahre hindurch Bischof der Evangelisch-Augsburgischen Kirche für die Region Kattowitz. Sein Amtssitz war der Friedenshort. Heute lebt er dort im Ruhestand. Er war der neunte Pfarrer seit dem Bestehen der evangelischen Gemeinde Miechowitz (1894). Diese zählt im heutigen Miechowice nur noch rund 200 Gemeindemitglieder, die in Miechowitz, Karf, Bobrek, Schomberg, Stollarzowitz, Rokittnitz und Helenenhof wohnen. Die meisten ehemaligen Mitglieder der evangelischen Gemeinde sind im Laufe der letzten Jahrzehnte in die Bundesrepublik Deutschland übergesiedelt.

Das eigentliche Werk der Mutter Eva aber wurde nach 1945 in Heiligengrabe, damals DDR, und in Freudenberg in der Bundesrepublik Deutschland als Nachfolgewerk des Miechowitz-Mechtaler Friedenshortes fortgeführt. Seit der Wiedervereinigung bilden beide Teile wieder ein Gesamtwerk unter einer einheitlichen Leitung, an deren Spitze bis 2000 die Oberin Sr. Anneliese Daub stand. Seitdem übt Sr. Christine Killies dieses Amt gemeinsam wie unter Sr. Daub mit Pfarrer Leonhard Gronbach aus, dem sechsten Nachfolger von Pfarrer Walther Zilz in Freudenberg im Sauerland. Noch heute gibt es enge Verbindungen zur Ursprungsstätte des Friedenshortes. Regelmäßig fahren Schwestern aus der Bundesrepublik in das heutige Miechowice und besuchen die Ursprungsstätte ihrer Einrichtung. Dabei wohnen sie meist im Häuschen der Mutter Eva. Vor zehn Jahren feierte der Friedenshort sein hundertjähriges Bestehen in der Bundesrepublik und in Miechowice. Dort lebt zur Zeit nur noch eine Schwester, Sr. Martha Grudke. Liebevoll pflegt sie das Haus der Mutter Eva und das darin befindliche kleine Museum zum Gedenken an Eva von Tiele-Winckler. Heute erstreckt sich das Friedenshortwerk über ganz Deutschland mit den verschiedensten Einrichtungen. Von ihm geht ein segensreiches Wirken für unzählige, vor allem junge Menschen im Sinne Mutter Evas aus nach dem Leitwort für dieses Tun:

»Dem Leben Zukunft – Das glauben wir. Das hoffen wir. Danach handeln wir.«

In zahlreichen Orten Deutschlands gibt es nach Eva-von-Tiele-Winckler benannte Straßen und Einrichtungen.

In einem mit achtzehn Jahren geschriebenen Gedicht brachte Eva von Tiele-Winckler ihre Liebe zu ihrer oberschlesischen Heimat zum Ausdruck:

Volk meiner Heimat in Nebel und Rauch
Dir bleib ich treu bis zum letzten Hauch!
Ich hab mein Herz und mein ganzes Leben,
Meine Kraft, meine Liebe dir hingegeben;
Dein will ich sein bis zum letzten Hauch
Volk meiner Heimat in Nebel und Rauch.

Vater im Himmel! Du hast es gehört,
Du hast mir das Wollen, das heiße beschert.
So gib Deinen Segen, nun auch zum Vollbringen,
O lass, o Herr, das Werk meines Lebens gelingen!
Lass dienen mich treu bis zum letzten Hauch
dem Volk meiner Heimat in Nebel und Rauch!

Zeittafel zum Miechowitz-Mechtaler Friedenshort

1888 Hubert von Tiele-Winckler richtete seiner Tochter Eva im Schloss zwei Zimmer ein, eine Näh- und eine Krankenstube. Von der Bevölkerung wurde diese Einrichtung »Eva-Heim« genannt.

1890 Das erste Gebäude des großen Friedenshort-Werkes, das Haus »Friedenshort«, konnte am 29. September eingeweiht werden.

1892 Bau des Valeska-Stiftes, in dem unheilbar kranke, behinderte, blinde, alleinstehende und geistesgestörte Menschen lebten.

1902 Bau des kleinen hölzernen Häuschens zwischen Pfarrhaus und Kirche, in dem Eva bis zu ihrem Tode lebte.

1905 Diakonissen-Haus (Mutterhaus) »Zionsstille« für 50 Schwestern am 5. Oktober eingeweiht. Es enthielt Wohnräume für die Schwestern und einen großen Saal für Evangelisationen und Missionsversammlungen. Im Anbau befand sich die Küche für den Friedenshort.

1908 Bau des Hauses »Maranatha«, Fortbildungsschule für junge Diakonissen in der Pflege- und Erziehungsarbeit.

1910 Eröffnung des Hauses »Sonnenland«, das von 45 Kindern bewohnt wurde, die in Familien zusammengefasst waren (»Paradieskinder«, »Schmetterlinge« usw.). Es enthielt auch Räume für Säuglinge, kranke und geistesgestörte Kinder.

1916 Haus »Elim – Gottesruh«, am 3. August eingeweiht

1917 Die Zahl der Häuser des Friedenshort-Werkes war auf 34 angewachsen, in denen fast 1.700 Kinder versorgt wurden.

1922 Bau des Hauses »Heilig dem Herrn«

1927 Am 8. Mai Weihe des letzten Gebäudes Eva von Tiele-Wincklers, des Schwesternhauses »Heilig dem Herrn«.

1928 Das Werk der Mutter Eva umfasste außer den über das ganze damalige Deutsche Reich verteilten 61 Kinderheimstätten in 39 Orten mit etwa 3.000 Kindern nachstehende Einrichtungen mit 538 Schwestern: Vier Krankenhäuser, 33 Gemeindehäuser, fünf Spielschulen, sechs Waisenhäuser, drei Erholungsheime, drei Rettungsheime, sechs Gemeindepflegestätten. Missionsarbeit in Afrika, Guatemala, China und in Lappland.

1930 Am 21. Juni, 21 Uhr, Tod der Mutter Eva von Tiele-Winckler.

1945 Im Januar Evakuierung aller Kinder. Dennoch blieben sehr viele Menschen zurück, viele aus dem Westen, vor allem aus Berlin in den Friedenshort evakuierte alte Menschen. Ende Januar Besetzung Mechtals durch die »Rote Armee« und Ende März/Anfang April Übernahme durch die Polen. Am 22. August Ausweisungsbefehl für Pfarrer Zilz und alle deutschen Schwestern. Sie hatten innerhalb von vier Wochen Mechtal-Miechowice zu verlassen und sich nach Niederschlesien zu begeben. Sie kamen zunächst nach Jannowitz bei Hirschberg.

1946 Im April endgültige Ausweisung aus Schlesien in die damalige Sowjetische Besatzungszone nach Heiligengrabe und in die Britische Besatzungszone (Berleburg bei Wittgenstein, später nach Freudenstadt).

1987 16. August Einweihung des neues Gemeindehauses

1990 Baubeginn des neuen Alters- und Pflegeheimes.

Die evangelische Kirchengemeinde

Infolge der immer rascher zunehmenden Industriealisierung zogen auch evangelische Christen nach Miechowitz. Ursprung der evangelischen Gemeinde Miechowitz war wohl die Heirat von Valeska von Winckler mit dem evangelischen Offizier Hubert von Tiele. Auch der von Eva von Tiele-Winckler gegründete Friedenshort trug zur Bildung einer festen evangelischen Gemeinschaft bei. So konnte bereits 1894 das Pfarrhaus eingeweiht werden, das bis 1987, also 93 Jahre, von den Miechowitzer Pfarrern bewohnt wurde und heute unter Denkmalschutz steht. 1895 zählte die Gemeinde in Miechowitz 121 Mitglieder, 146 in den Orten Karf, Bobrek und Rokittnitz, also 267 Pfarrangehörige. Bis zum Bau einer Pfarrkirche in Miechowitz gehörten die Gemeindemitglieder zur evangelischen Gemeinde in Beuthen.

Inzwischen war in Miechowitz auf dem Gelände des Friedenshortes mit Geldern aus dem Stiftungskapital Eva von Tiele-Wincklers eine neugotische evangelische Kirche erbaut und am 2. Februar 1898 eingeweiht worden. Die Gestaltung des Innenraumes erfolgte nach den Plänen Eva von Tiele-Wincklers. Den Altar schmückt ein holzgeschnitztes Kreuz mit Corpus, unter dem nicht, wie sonst oft üblich, Maria und Johannes stehen. Vor der Kulisse des Industriegebietes knien dort vielmehr zwei Vertreter des oberschlesischen Volkes: ein Bergmann und ein Stahlkocher. Der Altar soll ein Geschenk der Stifterin sein. Die Orgel stammt von der Firma Schlag & Söhne aus Schweidnitz.

Durch den Bau und die Eröffnung der Preußengrube nach der Jahrhundertwende wurde die Gemeinde immer größer. 1917 bereits gab es eine evangelische Volksschule mit drei Lehrkräften. Und 1927 zählte die Gemeinde von Miechowitz etwa 2.700 Mitglieder.

Erster Geistlicher der evangelischen Gemeinde und zugleich Leiter des Friedenshortes wurde von 1893 bis 1897 Pfarrer Johannes Ebeling, der von Eva von Tiele-Winckler persönlich ausgewählt worden war und mit starker Hand den Friedenshort leitete. Wegen grundlegender und unüberwindbarer Schwierigkeiten in der Zusammenarbeit kam Eva bald mit ihm in Konflikt. So verließ Ebeling Miechowitz bereits im Mai 1897 wieder und übernahm im schlesischen Strehlen eine neue Pfarrstelle. Sein Nachfolger, Pfarrer Hermann Wilm, geboren am 30. Januar 1865 in Barmen (Wuppertal), hatte in Greifswald, Berlin, Bonn und Utrecht studiert. Er wurde 1890 Leiter des Kandidatenkonvikts in Bethel. Danach ging er für drei Jahre nach England, wo er die deutsche Gemeinde in Edinburgh betreute. 1897 wurde ihm die evangelische Gemeinde und der Friedenshort in Miechowitz übertragen. Für diese Tätigkeit brachte er durch sein Wirken am Kandidatenkonvikt in Bethel wesentliche Voraussetzungen für sein neues Aufgabengebiet mit. Während seiner Amtszeit war Eva von Tiele-Winkler, die Gründerin des Friedenshortes, als Oberin des Hauses Sarepta in Bethel bei Bielefeld tätig. Wilms änderte die Verwaltung und Arbeitsweise in Miechowitz grundlegend. Der Schwesternschaft gab er eine neue Ordnung, die aus den ursprünglich gesetzten Grenzen der alten herausführte und damit eine neue Dimension weit über die Grenzen von Miechowitz hinaus öffnete. Bis dahin war die Schwesternzahl begrenzt und deren Wirkungsbereich auf den Friedenshort in Miechowitz beschränkt. Durch diese Neuordnung wurden die ursprünglichen Intentionen der Gründerin teilweise grundlegend geändert.

Schon im Jahre 1900, nach nur dreijähriger Tätigkeit in Miechowitz, verließ auch er die Gemeinde und den Friedenshort wieder. Nach einer Zwischenstation in Reinswalde in der Niederlausitz wurde er zum Pfarrer der Anstalten von Kaiserswerth bei Düsseldorf und danach, 1915, zum Vorsteher des Diakonissenhauses in Witten an der Ruhr berufen. 1925 wiederum übertrug man ihm die Leitung des Kandidatenkonviktes in Bethel, dem er bis 1935 vorstand. Er starb am 5. Januar 1942 in Bethel. Einer seiner Söhne wurde Leiter der Anstalt von Bethel und stellvertretender Leiter der von Bodelschwinghschen Anstalten. Zum neuen Pfarrer in Miechowitz wurde Adolf Arps bestellt, der die Kirchengemeinde und den Friedenshort bis zu seinem Tode am 5. Dezember 1920 leitete. Sein Grab auf dem kleinen Friedhof des Friedenshortes ist bis heute erhalten.

Zu seinem Nachfolger berief Eva den am 2. August 1887 in Berlin geborenen Pastor Walther Zilz. Von ihm heißt es, dass er als Kleinkind lange nicht sprach. Aus lauter Sorge um ihn suchten seine Eltern einen Arzt auf. Dieser erklärte ihnen: »Dem fehlt nichts, er wird später noch genug sprechen.« Rückblickend war diese Aussage des Arztes fast seherisch. Dieses Kind entwickelte sich zu einem tatkräftigen und vielseitig interessierten Jungen. Seine Lieblingsbeschäftigung war das Durchstöbern alter Berliner Läden. Vor allem die christlichen Buchhandlungen hatten es ihm angetan. Die damals entwickelte Leidenschaft für Bücher hielt bis zu seinem Lebensende an. Eine ansprechende und erbauliche Verkündigung führte zu einer Entscheidung für Christus. Er folgte seiner inneren Stimme und entschloss sich zum Studium der Theologie in Berlin.

Pastor Walter Zilz

In Rothenmoor in Mecklenburg, im Hause des Freiherrn Hans Werner von Tiele-Winckler, einem Bruder von Eva von Tiele-Winckler, hatte Eva Walther Zilz kennen gelernt. So kam es, dass er nach seinem Studium sein Lehrvikariat von 1912 bis 1913 im Mutterhaus in Miechowitz ableistete. Während des Ersten Weltkrieges erhielt er den Auftrag, da frontdienstuntauglich, in Kleinasien, vor allem in der Türkei, christliche Soldatenheime zu gründen und zu betreuen. Während dieser Tätigkeit erkrankte Zilz an Schwarzwasserfieber und an Malaria. Entgegen allen damaligen Erwartungen erholte er sich von den Krankheiten und kehrte nach Deutschland zurück. Nach dem zweiten Examen erhielt er von 1917 bis 1921 seine erste Pfarrstelle in Bad Schönfließ in der Neumark. Mit unerschöpflicher Kraft nahm er dort seine Tätigkeit auf. Seine Verkündigung war vom persönlichen Glaubensbekenntnis gekennzeichnet.

Der junge Pastor Walther Zilz hatte das Werk des Friedenshortes während seiner einjährigen Vikariatszeit in Miechowitz lieben gelernt. Als Pastor von Bad Schönflies in der Neumark hatte er zugleich den Ruf an den Friedenshort in Miechowitz und an die Stadtmissionskirche nach Berlin erhalten. Er folgte dem Ruf Eva von Tiele-Wincklers nach Miechowitz in Oberschlesien. Nur schweren Herzens ließ ihn die Gemeinde von Schönfließ gehen.

Für ihn aber waren die Weichen gestellt. Gott hatte entschieden, wo seine Lebensaufgabe liegen sollte. So übernahm er im März 1921 das Amt als leitender Pastor des Friedenshortes und als Pfarrer der evangelischen Pfarrgemeinde in der schweren und politisch unruhigen Zeit der Nachkriegswirren und des Abstimmungskampfes in Oberschlesien und überstand sie mit Haltung und Mut.

Sein Amtsbereich in Miechowitz erforderte einen tatkräftigen und für seine Aufgabe begeisterten Mann. Zum einen hatte er sich um die Belange des immer größer werdenden Friedenshortes und zum anderen um seine vier Orte zählende Diasporagemeinde zu kümmern. Das kostete viel Kraft, auch wenn ihm für diese Aufgabe Vikare zur Verfügung standen. Neun Jahre durfte er noch an der Seite von Eva von Tiele-Winckler wirken. Während dieser Zeit erfuhr alle studierte Theologie eine überaus wertvolle Ergänzung durch den gelebten Glauben und durch die geübte Nächstenliebe der profilierten Persönlichkeit dieser Frau. Ihr fiel es auch nie schwer, mit großer Selbstverständlichkeit bei vielen Anlässen dem jungen Theologen den Vorrang zu lassen. In Wirklichkeit aber war dieser in den ersten Jahren im Bereich des geistlichen Lebens und der Seelsorge bei ihr in der Lehre. Zwischen 1921 und 1932 wuchs die Schwesternschaft des Friedenshortes besonders schnell. Das bedeutete eine verstärkte Unterrichtstätigkeit durch die starken zwei bis drei Einsegnungskurse pro Jahr. Die ständig zum Friedenshort hinzukommenden Stationen machten es notwendig, die geistliche Betreuung der dort Tätigen zu gewährleisten. Auf größeren Stationen fanden regelmäßig Schwesterntage statt, im Mutterhaus selbst von Zeit zu Zeit Bibelkurse. Wenn Pastor Zilz auch nicht alle Kurse zu halten hatte, so fiel ihm doch ein beträchtlicher Anteil daran zu.

Die beiden wichtigsten Ausbildungsstätten des Friedenshortes wurden durch seine Initiative geschaffen: Das Kindergärtnerinnen-Seminar und die Säuglingspflegeschule. Diese ständige Ausweitung seiner Arbeit schien seine körperlichen Kräfte in keiner Weise beeinträchtigt zu haben. Es ist erstaunlich, mit welcher Selbstverständlichkeit Pastor Zilz seine vielen Pflichten unermüdlich wahrnehmen konnte. Einer seiner späteren Nachfolger in Freudenberg, Carlo Büchner, schrieb darüber: »Gott ließ einen Strom geistlicher Lebendigkeit durch ihn hindurch fließen und sich den Anderen mitteilen.« Zu all diesen Aufgaben kam noch die Betreuung seiner Pfarrgemeinde. Im Gottesdienst führte Zilz einige Neuerungen ein. So baute er die Kindertaufe, bisher außerhalb des Gottesdienstes gespendet, in den Gottesdienst der Gemeinde ein. Das Glaubensbekenntnis während dieser Handlung sprachen die Konfirmanden. Sechs Wochen später segnete er Mutter und Kind vor dem Altar.

In dem mit besonderer Sorgfalt erteilten Konfirmandenunterricht mussten die Konfirmanden eifrig mitarbeiten. Vor der Konfirmation bestellte er jedes Kind einzeln zu sich und nach der Konfirmation blieb er mit den Konfirmanden weiter in Verbindung. Beerdigungen fanden von der Leichenhalle im Valeska-Stift aus statt. Vor dem Leichenzug gingen drei Konfirmanden als Kreuzträger in schwarzen Talaren. Der Weg führte zum neuen evangelischen Friedhof an der Friedhofstraße am Nordrand des Ortes. In der Jugendarbeit fand Pastor Zilz viele Helferinnen unter den jungen Diakonissen. Sie übernahmen die Leitung der Mädchengruppen. Für die Arbeit mit den

Jungen stellten sich freiwillige Helfer aus der Gemeinde zur Verfügung. Das galt auch für die Männerarbeit. Persönlich kümmerte sich Pastor Zilz um die ehemaligen Trinker und um die »Blaukreuzler«, die ihnen helfen wollten. Dabei gab er durch seine persönliche Enthaltsamkeit ein Beispiel. In Miechowitz, Bobrek und Karf hielt er Bibelstunden. Einmal jährlich feierten Gemeinde und Friedenshort ein großes Missionsfest, bei dem ein auswärtiger Prediger sprach.

Sekretärin von Pastor Zilz war Schwester Susanne Lipinski, die dessen vielseitige Tätigkeit neben seiner Arbeit als Seelsorger auf organisatorischem und schriftstellerischem Gebiet wesentlich erleichterte. Neben all seiner Arbeit wirkte Pastor Zilz in Miechowitz-Mechtal und später nach der Vertreibung unermüdlich auch schriftstellerisch. So veröffentlichte er neben vielen anderen Schriften: »Kleines bergmännisches Gesangbuch für den gottesdienstlichen und häuslichen Gebrauch« (Miechowitz um 1930/32), »Unser Gehorsam vor Gott« (Miechowitz 1934), »Die biblische Schau widergöttlicher und göttlicher Linien in der letzten Zeit« (Miechowitz 1935), »Wirklichkeitszeugnisse des Glaubens« (Berlin 1935), »Mein Konfirmationsunterricht« (1937), »Sonette um den Friedenshort« (1946), »Ein Brief Christi. Züge aus dem Leben der Mutter Eva« (Lahr-Dinglingen 1949), »Eva von Tiele Winckler« (Konstanz 1952), »Ancilla Domini. Lebens- und Dienstordnung der Schwesternschaft« (ohne Jahresangabe). Die von 1934 an herausgegebenen Schriften deuten vom Titel her auf eine Auseinandersetzung mit den gottlosen Zielen des Nationalsozialismus hin. Pastor Zilz schrieb auch Gedichte. Zum Teil wurden sie in den hauseigenen Schriften des Friedenshortes veröffentlicht.

Gottes Wege sind vom Licht,
auch da, wo wir es nicht sehen;
all sein Führen endet nicht,
wenn wir es auch nicht verstehen .

Er schaut im Zusammenhang,
was vereinzelt wir nur wissen;
alles ist sein Segensgang,
auch der Weg in Finsternissen.

Alles will zur Ewigkeit
irgendwie uns zubereiten,

alles will uns aus der Zeit
in die ew'ge Heimat leiten.

Darum gehe deinen Pfad,
den dein Gott dich führt, ohn' Sorgen
überall ist Seine Gnad',
gestern, heute und auch morgen.

Der Friedenshort hatte sich während der Jahre von 1921 bis 1932 immens vergrößert. Allein die Zahl der Kinderheimaten war in Deutschland auf über vierzig angestiegen. Dazu kamen die vielen Außenstationen. Mutter Eva, die sich nie geschont hatte, war häufig aus Krankheitsgründen abwesend. Das führte dazu, dass Pastor Zilz weitgehend allein die Verantwortung tragen musste und auf diese Weise schnell in das große Werk hineingewachsen und auch mit ihm gewachsen ist.

Da starb am 21. Juni 1931 Mutter Eva. Das war nicht nur ein schwerer Schlag für die Schwestern und unzählige andere Menschen, sondern auch für Pastor Zilz. Er hatte die große Gabe der Verkündigung. Doch in Miechowitz verlegten sich nach Mutter Evas Tod mit der Übernahme des Amtes als leitender Pastor des Friedenshortes und der Schwesternschaft die Schwerpunkte seiner Arbeit zu einem nicht geringen Teil auf außerhalb der Seelsorge liegende Bereiche. So lagen alle Verhandlungen beim Kauf oder bei der Errichtung neuer »Kinderheimaten« der »Heimat für Heimatlose GmbH« weitgehend in seiner Hand. Darüber hinaus hatte er sehr viel mit Behörden zu tun. Sein Aufgabenbereich wurde immer umfangreicher: So waren damals rund 1.500 Kinder in den Kinderheimaten der »Heimat für Heimatlose GmbH« untergebracht. Für diese suchte man nach einem Weg, auch nach der Schulentlassung eine einheitliche Betreuung zu ermöglichen. Darum übernahm er die Sammelvormundschaft für mehr als 500 Mündel.

Oft mußte er unterwegs sein, nicht nur zu den Außenstationen des Mutterhauses, sondern auch zu anderen Diensten. Längere Reisen unternahm er Dank seiner guten körperlichen Konstitution vorwiegend nachts, um am Tag für den Dienst frei zu sein. Überall im Land hielt er Evangelisationen und nahm an Konferenzen teil. Dabei betonte er stets wieder: »Man muß das Netz auswerfen, solange die Möglichkeit dafür da ist.«

Um immer auf dem neuesten Stand über das große Werk zu sein, hatte Pastor Zilz einige Gepflogenheiten, die sich als äußerst nützlich erwiesen: Ordnung und Pünktlichkeit waren in gewisser Weise die Programmpunkte seines Arbeitslebens. Von seinen Mitarbeitern war immer zu hören: »Man konnte sich auf ihn verlassen!« Das gleiche erwartete er allerdings auch von diesen. So verlangte er zum Beispiel auf seinen vielen Reisen, dass er von seinem Büro an jedem zweiten Tag über alle Vorgänge im Mutterhaus und im ganzen Werk informiert wurde. War er daheim, musste dies täglich stichwortartig geschehen, so dass für ihn zu jeder Stunde der volle Überblick gewährleistet war. Das war einfach notwendig, wenn er leisten sollte, was ihm als Aufgabe oblag. Regelmäßig fanden im Friedenshort Zusammenkünfte von Pfarrern und Predigern statt, die allen Teilnehmern unvergesslich blieben.

Die folgende Zeit brachte noch mehr Verantwortung. Von 1933 an begann eine der schwersten Epochen in der Geschichte des Friedenshortes. Die vielen Gewaltmaßnahmen des Dritten Reiches begannen sich auf den Stationen und besonders in den Kinderheimaten auszuwirken. Das bedeutete eine große Belastung für den Leiter eines solchen Werkes. Er wusste, dass auch das Letzte als Christuszeuge von ihm gefordert werden konnte. Im Friedenshort wurde damals in der »Heimat für Heimatlose GmbH« um jedes jüdische Kind gekämpft. Unter Mühen und Gefahren konnten einige nach England gebracht werden.

Jede biblisch klare Wortverkündigung konnte damals dazu führen, als Staatsfeind bezeichnet zu werden. Walther Zilz konnte das nicht hindern, eine eindeutige Botschaft von jeder Kanzel zu verkünden, auf der er stand. Nach Ausbruch des Zweiten Weltkrieges spitzte sich die Situation weiter zu. Der Friedenshort füllte sich nach Beginn der großen Bombenangriffe auf Berlin mit Evakuierten. Ganze Schulklassen aus Berlin und aus anderen Städten wurden aufgenommen. Es gehörte zum Geist des Friedenshortes, der dem Geist Christi entsprach, niemanden abzuweisen. Nie war für den Friedenshort entscheidend, was bei einer Sache für ihn selbst herauskam. Seine Türen waren für alle Menschen offen, seine Botschaft für alle gleich. In diesem Sinne hat Pastor Zilz seine Aufgabe bis zum letzten Tag weitergeführt.

Am 17. Januar 1945 fielen in der Nähe des Friedenshortes die ersten Bomben. Ein Haus in der Umgebung war weitgehend zerstört worden. Wir Kinder eilten damals dorthin, um es uns anzuschauen. Für Mechtal begann das Ende des Kriegsgeschehens mit allerdings verheerenden Folgen für die Bevölkerung. Vom 23. bis 30. Januar hatten sich die Bewohner des Friedenshortes in die Keller von vier Häusern zurückgezogen. Bald fielen Licht und

Wasser aus. Draußen lag viel Schnee. Die Außentemperaturen betrugen minus fünfzehn Grad und mehr. Die Kämpfe zogen sich hin und her. Schrecklicher Höhepunkt war Freitag, der 26. Januar. Dicht gedrängt standen die Menschen des Friedenshortes an den Kellerwänden. Die Häuser bebten unter dem Luftdruck der schweren Granaten und Minen. Pastor Zilz ging von Raum zu Raum, sagte ein kurzes Bibelwort, einen Liedvers, sprach ein Stoßgebet. Er selbst sagte darüber:

»Am Abend hielt ich den Abendsegen über Römer 5, 1–5 und sprach von dem Frieden mit Gott und der seligen Stufenleiter: Trübsal, Geduld, Erfahrung, Hoffnung, Nicht-zuschanden-Werden. Wir sassen dicht gedrängt im Dunkel des Kellers, der durch eine Kerze notdürftig erhellt war. Da kamen von der Treppe schwere Soldatenschritte herunter gestolpert. Die jüngeren Schwestern versteckten sich hinter den älteren. Manche wollten bange werden. Ich sprach Gottes Wort weiter. Zwei russische Soldaten traten in den Keller, sahen sich nach allen Seiten um, schauten auf mich, dem einzigen Mann unter den Schwestern, der mit der Bibel in der Hand die Andacht hielt, und fragten, was wir täten. Und als eine Schwester antwortete: »Wir beten«, wiederholten sie diese Worte in ihrer Sprache und gingen still hinaus, ohne uns das geringste zu tun oder uns zu stören.« Am Sonnabendmittag war der Kampf zu Ende. Trotz der rings um den Friedenshort tobenden Kämpfe und der Erschießungen Hunderter Zivilisten in unmittelbarer Nähe geschah im Friedenshort keiner Schwester und keinem sonstigen Insassen der Anstalt irgend etwas. Es wiederholte sich, was während der Abstimmungs- und Aufstandszeit zwischen 1920 und 1921 geschehen war. Alle im Friedenshort wurden auf wunderbare Weise beschützt, nur wenige Häuser beschädigt.

Am 22. August 1945 kam der Befehl der seit April neuen polnischen Machthaber, den Friedenshort innerhalb von vier Wochen zu räumen. Pastor Zilz und die Schwestern wurden aus Mechtal, das inzwischen in Miechowice umbenannt worden war, nach Niederschlesien ausgewiesen. Nur zwei polnische Diakonissinnen durften bleiben und ihre Arbeit fortsetzen. Am 3. September 1945 hielt er seine letzte Predigt vor seiner Ausweisung in Mechtal. Der Friedenshort selbst wurde von der polnischen evangelisch-augsburgischen Kirche übernommen. Die letzte deutsche Gruppe verließ am 18. September 1945, einem Donnerstag, den Friedenshort. Als Junge erlebte ich damals den Weggang von Pastor Zilz und den letzten deutschen Schwestern an der Straßenbahnhaltestelle am Valeskaplatz. Das Amt als der vierte und letzte deutsche Pfarrer der evangelischen Pfarrgemeinde und des

Friedenshortes in Miechowitz/Mechtal hatte er bis zu diesem Zeitpunkt inne gehabt. Von Mechtal aus gelangte er mit den Schwestern im September 1945 in das 15 Kilometer von Hirschberg entfernte Dorf Jannowitz (Janowice Wielkie) im Riesengebirge, wo sie den Winter über lebten. Von dort aus besuchte und betreute er in weiten Fußmärschen die unversorgten evangelischen Gemeinden. Ein halbes Jahr später, im April 1946, folgte die endgültige Vertreibung. Mit einem Teil der Schwestern gelangte er in die Britische Besatzungszone. Seine Hauptaufgabe sah er zunächst darin, die in alle Besatzungszonen Deutschlands verstreuten Schwestern wieder zu sammeln. Ein Teil der Schwestern war nach Heiligengrabe in Brandenburg in der damaligen sowjetischen Besatzungszone (SBZ) gelangt. Dort erhielt die letzte Mechtaler Oberin, Schwester Frieda von Hedemann, von Bischof Dibelius eine ehemalige Zisterzienserinnen-Abtei als neue Bleibe. Pastor Zilz und die anderen Schwestern fanden von 1947 bis 1957 auf Schloss Berleburg bei Wittgenstein ein Unterkommen. Hier begann die intensive Suche nach einem Ort für ein Diakonissenhaus im Westen. Für die vertriebenen Friedenshort-Schwestern galt dabei Mutter Evas Leitspruch: »Bei Gott ist kein Ding unmöglich!«. 1957 ließen sie sich in Freudenberg bei Siegen in Nordrhein-Westfalen nieder, wo im gleichen Jahr ein neuer Friedenshort mit zunächst drei Gebäuden als neue Heimat für die Schwesternschaft entstand. Pastor Walther Zilz hatte die Anregung dazu gegeben. Ihm war noch die Freude vergönnt, im Sommer 1957 das neue Diakonissen-Mutterhaus einzuweihen. Die Schwestern hatten es am 1. Juli beziehen können. Dort konnte er nach der Einweihung der ersten neuen Friedenshortgebäude am 2. August 1957 noch seinen 70. Geburtstag feiern. Ein festlicher Kreis umgab ihn an diesem Ehrentage: Seine Gattin Johanna, geb. Teßmer, Pfarrerstochter aus der Nähe von Kolberg, mit der er bereits 36 Jahre verheiratet war, seine drei Töchter Magdalena, Maria und Elisabeth, der Sohn Friedrich, damals Pfarrer in Jena, später Oberkirchenrat, und seine vier noch lebenden Geschwister. Dazu scharte sich voller Freude und Dankbarkeit der große Kreis der Friedenshort-Schwestern, die Brüder von der Evangelischen Allianz und viele treue Freunde. Sie alle wünschten ihm im Sinne von Psalm 92,14–15 viele weitere Jahre oder Jahrzehnte. Sie riefen ihm zu, was er, der dichterisch Begabte einmal seinen Schwestern und Brüdern zugerufen hat:

Gehe deinen Weg nur still,
Gott wird niemals dich verlassen;

wolle, was dein HERR auch will,
müh dich, Seine Hand zu fassen.

Er hat dich in Dienst gestellt
für Sein Reich und Seine Armen;
du gehörst nicht mehr der Welt,
lebst nur täglich von Erbarmen.
Schaue nicht nach ringsumher,
übe dich, auf Gott zu bauen
und, wenn dir so manches schwer,
ganz und fest auf ihn zu trauen!

Er, der HERR, kennt deinen Weg
besser als du selbst und andere;
dich in Seine Gnade leg',
lobe, liebe, diene, wandre!

Von den Diakonissen wurde er wie ein Vater verehrt und angesehen. Eine von ihnen berichtete darüber: »Herr Pastor hat uns nie seine biblische Erkenntnis aufgezwungen, auch als junge Schwestern durften wir anderer Meinung sein. Er duldete kein Richten über andere. Als ich einmal auf die Verfehlung einer Schwester hinwies, sagte er kurz: ›Wir wollen doch nicht vergessen, dass wir auch schon Fehler gemacht haben‹. Trotz seiner vielen Arbeit, dachte er immer daran, seinen Schwestern eine Freude zu machen: In Wernigerode z. B., bei der Pfingstkonferenz, machten wir eine Wanderung zur Steinernen Renne. Und als es in Hamburg keine Hafenrundfahrten mehr gab, mietete er eine Barkasse, um den Schwestern den Hafen zu zeigen zu können.«

Nur knapp vier Monate später sollte sich das Leben von Pastor Zilz vollenden. Am 11. November 1957 kam er erkältet von einer Vorstandssitzung aus Berlin zurück. Niemand ahnte, dass diese Krankheit zum Tode führen würde. In den ersten Tagen der Krankheit hofften die Familie und die Schwesterngemeinschaft in Freudenberg auf Besserung und Genesung. Darum beteten sie. Infolge einer Herzschwäche setzte ein rascher Kräfteverfall ein. Er selbst war bereit, sein irdisches Leben und seinen irdischen Dienst abzubrechen und sich rufen zu lassen. Immer wieder bat er vom Krankenbett aus, nicht um die Genesung und die Erhaltung seines Lebens zu beten, sondern allein um die Erfüllung des heiligen Willen Gottes. In seine Fürbitten auf dem

Sterbebett bezog er alle ein, mit denen er bis dahin gearbeitet hatte. Mit den Worten: »Das war ein schöner Bruderkreis«, meinte er seine Mitbrüder der Allianz und deren Vorstand. Über jeden Gruß, der im übermittelt wurde, freute er sich herzlich. »Ich glaube, der Herr wird mich bald heimrufen, meine Aufgabe ist erfüllt.« Auf die Rückseite eines Fotos von ihm, das zwei Monate vorher, im September, bei der letzten von ihm geleiteten Europäischen Allianz-Konferenz in Kopenhagen gemacht worden war, schrieb er wohl bereits in Todesahnung: »Was ihr auf dem Bilde seht, das ist der Leib, der bald vergeht – die verhüllte Persönlichkeit sehnt sich nach der Herrlichkeit.« Auf dem Sterbebett hatte er sein letztes Gedicht begonnen und nachstehende drei Zeilen noch auf einem Blatt Papier festgehalten:

»Der Weg ist klar, das Herz nach oben,
zu Ende geht des Lebens Lauf.
Ich kann nur immer wieder loben…«

An dieser Stelle bricht der Vers ab, wie bald danach auch sein Leben. Mit letzter Kraft lispelten seine Lippen immer wieder: »Beugung – Demut – Dank!« Am 25. November 1957 gab Pastor Walther Zilz in der Pastorat im Diakonissen-Mutterhaus »Friedenshort« in Freudenberg, wo er nur kurze Zeit gelebt hatte, sein Leben in die Hände seines Schöpfers zurück.

Seine Beisetzung erfolgte am Nachmittag vor dem ersten Advent, am 30. November 1957, einem herrlichen und klaren Tag. Mitbrüder aus allen Vereinigungen, in denen er gearbeitet hatte, waren gekommen, unzählige Diakonissen in der schlichten Tracht Mutter Evas und viele Pfarrer im Ornat. Gruppenweise fanden sich die Trauernden zum Abschied am Sarge ein, bevor um 14 Uhr der Trauergottesdienst begann. Ein Pfarrer stimmte den Choral an »Christus, der ist mein Leben«. Die Liturgie und die Rede in der Kapelle und am Grabe hielt der Generalsuperintendent D. Braun aus Potsdam. Er sprach über das adventliche Wort von den Knechten, die auf den Herrn warten. So einer war auch Pastor Zilz, der noch im Sterben Narkotika ablehnte, weil er wachen wollte, wenn der Herr kam.

Brüder vom Gemeinderat trugen den Sarg aus der Kapelle. Das Totenglöcklein klang monoton. Ein langer Zug von 200 Diakonissen ging dem Pferdegespann mit dem Sarg voraus. Diesem folgten die Gattin, die Kinder und Verwandten, danach viele Pfarrer im Ornat und zahlreiche andere Mitarbeiter und Gemeindemitglieder. Am offenen Grab auf der Anhöhe des

Friedhofs stimmte die große Trauergemeinde das Lied an: »Brich herein, süßer Schein, sel'ge Ewigkeit«. Schneidende Kälte lag über der Anhöhe, so dass der Satz »Kalter Wind oft weht« sehr wörtlich empfunden wurde. Zahlreiche Mitbrüder, die das Leben von Walther Zilz begleitet haben, sprachen am Grabe Worte des Dankes und der Liebe.

In einem Nachruf schrieb damals einer seiner Mitbrüder: »Ein Vierfaches darf ich von dem Heimgegangenen sagen:

1. Bruder Zilz war ein Mann mit einer ungebrochenen Stellung zum Wort Gottes. Er war nie zu haben für eine Lehre, in der die Wissenschaft überbetont wurde. Für ihn stand allezeit an erster Stelle das Wort.

2. Aus dieser Liebe zum Wort entstand seine Liebe zu seinen Büchern, Lebensgeschichten und theologischen Werken. Ich habe wenige Brüder kennen gelernt, die so in ihrer Bibliothek zu Hause waren.

3. Bruder Zilz war ein Mensch mit seinen Grenzen, seinen Ecken und Kanten, aber ein Mann von durchsichtiger Klarheit in Wort und Wesen. Aller Menschendienerei war er abhold.

4. Unser Bruder hatte eine tiefe Freude an der Gemeinschaft der Kinder Gottes. Er begegnete den Brüdern, auch den irrenden, mit großer Zartheit und versuchte überall zu dienen.«

Ein anderer Mitbruder schrieb in einem Bericht über die Beisetzung an einen Mitbruder: »Der gute Alte hat erstaunlich viel geleistet. Er hat nie von sich geredet, aber viel gearbeitet.« Andere schrieben: »Gott sei herzlich Dank gesagt für Seinen guten Knecht Pastor Zilz!«

»... Mit brüderlichem Sinn und gereiftem Verantwortungsbewusstsein hat Pastor Zilz elf Jahre lang auf der Warte der Deutschen Evangelischen Allianz gestanden. Er war ein guter Steuermann, der im Wettersturm unserer Gegenwart ruhig und fest am Steuer blieb. Sein Tagewerk ist vollendet ... Er hat seines und unseres Herrn Befehle in Liebe, Treue und Standhaftigkeit bis zuletzt ausgeführt. Dies kommt sehr schön in einem seiner Gedichte zum Ausdruck:

Dienen
Diene einfach, treu und recht,
Er der Herr und du der Knecht,
frag' nicht viel warum und wie,
still auf deinen Jesus sieh!

Dienen ist ein sel'ger Stand,
schon dem himmlischen verwandt,
helfen, trösten, lindern zart,
Liebe, die sich offenbart.

Herz, das zu dem Herzen spricht,
in die Dornen Rosen flicht,
warten kann, geduldig, still,
ob die Frucht wohl reifen will.

Gib dich selbst zum Opfer dar,
sei ein Vorbild, echt und klar,
geh in Frieden deinen Gang,
werde Gott ein Lobgesang!

Geh so deinen Weg einher,
dienen wolle, sonst nichts mehr,
alles andre Gott dann macht,
segnet mehr, als du gedacht.«

Ein schlichtes, großes, steinernes Kreuz ziert seine Grabstätte inmitten zahlreicher Gräber alter Mechtaler Schwestern. Neben ihm liegt seine im Alter von einhundert Jahren und drei Monaten 1990 verstorbene Gattin Johanna. Die Grabinschrift lautet:

Walther Zilz
Pastor
** 2.8.1887 † 25.11.1957*
Hanna Zilz geb. Tetzmer
** 31.3.1890 † 15.6.1990*

Sechsunddreißig Jahre, von 1921 bis 1957, hatte er im Friedenshort in Miechowitz-Mechtal und danach bis zu seinem Tode in Freudenberg gewirkt, davon 26 Jahre, seit 1931, als Vorsteher des Friedenshortes. So wurde und wird das Werk der Mutter Eva in beiden Teilen des damals geteilten und heute im vereinten Deutschland fortgeführt. Seine Arbeit als Vorsteher und Pastor des Friedenshortes in Miechowitz-Mechtal und in Freudenberg war nur ein Teil seiner Tätigkeit. Immer wieder wurde er, den man den »Reichsgottesarbeiter« nannte, von verschiedenen Seiten um Mitarbeit gebeten. Fast zehn Jahre war er im Vorstand der Deutschen Zeltmission. Ebenfalls viele Jahre gehörte er zum Vorstand des Gnadauer Verbandes. Ständig bemühte er sich um die Blankenburger Allianzkonferenz (SBZ–DDR). Solange es die politischen Verhältnisse erlaubten, wurde er auch noch nach dem Ende des Krieges nach dort gerufen. Als einmal der Termin der Allianzkonferenz mit dem Weltfriedenstag zusammenfiel, durfte er nicht im Konferenzraum sprechen. Er wurde in die Stadthalle beordert. Dort scheute er sich nicht, über den Frieden zu sprechen und Friedensworte Christi mit einer Rede über den weltlichen Frieden zu verbinden. Unbekümmert ging er so stets seinen Weg, begleitet von der Fürbitte seiner Mitbrüder. Pastor Zilz gehörte bereits früh zur Evangelischen Kirche der Allianz, zu deren Vorsitzendem er gewählt wurde. Direktor Reinhold Kücklich von der früheren »Evangelischen Gemeinschaft« schrieb dazu: »Im Vertrauen auf den Beistand seines Herrn und in guter Sachkenntnis ist unser Bruder ans Werk gegangen und hat in seiner friedliebenden Art und edlen Brüderlichkeit der Evangelischen Allianz unschätzbare Dienste geleistet.« Als sich die verschiedenen Kreise der Evangelischen Allianz in Europa 1953 zur Europäischen Allianz zusammenschlossen, wurde Walther Zilz ihr erster Präsident.

Der oben bereits erwähnte Direktor Kücklich sagte dazu: »Gott hat unserem Präses Zilz Haushalteraufgaben aufgegeben und Haushaltsgnade beschieden«. »Solche Gaben empfangen« nach Carlo Büchner »Menschen, bei denen der geistliche Standpunkt bis auf den Grund klar und durchsichtig ist«. Das bestätigte auch der Bundesdirektor Paul Schmidt, der über Walther Zilz sagte: »Sein persönlicher Heilsglaube ruhte auf Jesus Christus, dem gekreuzigten und auferstandenen Sohn Gottes, dem Heiland der Sünder.« Eine weitere Aussage über ihn lautete: »Das war der Mensch Walther Zilz, ein Licht für die Menschen und ein leuchtendes Vorbild für alle, die im Dienst der Kirche Christi stehen.«

Nachfolger von Pastor Zilz im heutigen Miechowice waren von 1945 an die polnischen Pfarrer Hlawiczka, Mrowiec, Sztwiertnia, Rudolf Pastucha, bis zum 31. August 2006 Pfarrer Albert Staniek und seit dem 1. September 2006 Pfarrer Sczymon Csembor.

Das kommunistische System machte der Einrichtung das Leben ungemein schwer. Bis 1951 existierte die Diakonieanstalt. Große Teile der Anstalt wurden damals enteignet und die Arbeit des Friedenshortes stark eingeschränkt.

Pfarrer Rudolf Pastucha, der seit 1981 in Miechowice wirkte, war zugleich viele Jahre hindurch Bischof der Evangelisch-Augsburgischen Kirche für den Kirchenbezirk Kattowitz. Zur heute etwa zweihundert Mitglieder zählenden evangelischen Kirchengemeinde Miechowice gehören Miechowitz (Bytom-Miechowice), Bobrek (Bytom-Bobrek), Karf (Bytom-Karb), Schomberg (Bytom 7–Szombierk), Stillersfeld (Bytom-Stolarzowice), Stroczek (ehemals Ostoberschlesien), Martinau (Zabrze-Rokitnica) und Helenenhof (Helenka).

Evangelische Kirche

Am 16. August 1987 wurde nach dreijähriger Bauzeit ein neues Pfarr- und Gemeindehaus eingeweiht und bezogen. Das alte Pfarrhaus wurde gründlich restauriert, gegen Bergschäden abgesichert und unter Denkmalschutz gestellt. Heute sind in ihm teilweise Altenwohnungen des Pflegeheimes enthalten. Die Kirche, das alte Pfarrhaus, das Haus der Mutter Eva und einige andere Gebäude des ehemaligen Friedenshortes stehen seit 1987 unter Denkmalschutz.

Nachdem die evangelische Kirchengemeinde im heutigen Miechowice nach der Wende einen Teil des 1951 verstaatlichten Grundstücks wieder zurück erhalten hatte, wurde mit den Planungsarbeiten für ein neues Alten- und Pflegeheim begonnen. Am 21. Oktober 1990 konnte der Grundstein dazu gelegt werden. Inzwischen ist der Bau mit finanzieller Hilfe der evangelischen Kirche des Rheinlandes fertiggestellt worden. Außerdem entstand ein großes neues Kinderheim.

Nach wie vor beruft man sich im heutigen Bytom-Miechowice auf Mutter Eva und verehrt sie. Ihr Häuschen mit ihrem Mobiliar ist ein kleines Museum geworden, das einen Einblick in ihr Leben und Wirken gewährt. Das neue Pfarramt liegt an der nach Mutter Eva benannten Straße, der ul. Matki Evy 1 (Mutter-Eva-Straße). Das alte Pfarrhaus lag früher an der Hindenburgstraße 91.

Das Schulwesen in Miechowitz/Mechtal von 1742 bis 1945

Die Entwicklung des Schulwesens in Oberschlesien und Miechowitz in der Zeit von 1742 bis 1800

Zu Beginn der preußischen Herrschaft 1742 in Schlesien steckte das Schulwesen in Oberschlesien mit seinem sehr hohen Anteil polnisch sprechender Bevölkerung in äußerst dürftigen Anfängen. Bereits vor der Übernahme Oberschlesiens durch Preußen gab es vereinzelte Schulen, die Pfarr-, Küster- oder Organistenschulen. Der Pfarrer, Küster, Organist oder eine andere Person hatten zu dieser Zeit die Aufgabe, den Kindern den Katechismus, Kirchenlieder und Gebete einzuprägen und sie recht und schlecht das polnische Lesen zu lehren.

Die Lehrer dieser Zeit hatten noch keinerlei Vorbildung. Zum Lehramt galt befähigt, wer lesen, schreiben und die Orgel spielen konnte. Oft fand der »Lehrer« keine Schüler vor, da diese daheim zur Mitarbeit in der Landwirtschaft dringend gebraucht wurden. Nur selten war für den Lehrer ein einigermaßen gutes Schulhaus vorhanden. Häufig bewohnte er armseligste Häuser, eine elende, oft baufällige Hütte, die ihm zugewiesen wurde. Er musste den Unterricht in seiner Wohnung oder in absolut ungeeigneten Räumen halten. Dazu kam, dass der Lehrer von dem eingenommenen Schulgeld nicht leben konnte. Er war darum auf Nebeneinkünfte aus einem Handwerk, aus dem Küster- und Organistendienst oder aus einer Tätigkeit als Gemeindeschreiber dringend angewiesen. Oft verdienten Lehrer im Jahr nicht mehr als ein Tagelöhner in drei Monaten. Diese Zustände herrschten am Ende des 18. Jahrhunderts und zum Teil bis in das 19. Jahrhundert hinein. Ein geregeltes Volksschulwesen in Oberschlesien fehlte also zu Beginn der preußischen Herrschaft über Oberschlesien.

Die preußische Regierung hatte sich in Oberschlesien zwei große Aufgaben gestellt, die sie durch die Schule zu lösen beabsichtigte:

1. die Erziehung der sich in größter Unwissenheit befindenden polnisch sprechenden Bewohner und

2. die Verbreitung der deutschen Sprache, um die polnisch sprechenden Einwohner mit den deutsch sprechenden Landsleuten in jeder Hinsicht auf eine Stufe zu stellen, auch wirtschaftlich.

Dazu war es erforderlich, Schulen zu bauen, Lehrer entsprechend auszubilden und die Schulpflicht für die Kinder einzuführen. Im Kreis Beuthen gab es nur in Beuthen und Tarnowitz ein Schulhaus. An allen anderen Orten waren die Wohnungen der Lehrer oder andere ungeeignete Räume Unterrichtsstuben. Die Verbreitung der deutschen Sprache durch die Schule wollten auch die oberschlesischen Landräte in der richtigen Erkenntnis, dass nur so die oberschlesische Bevölkerung im preußischen Staat heimisch gemacht werden könnte. Dazu waren also Lehrer erforderlich, die die deutsche Sprache beherrschten. An solchen aber fehlte es. Mangels der notwendigen Geldmittel scheiterten zunächst viele Vorhaben auf dem Schulsektor. 1764 wurde ein Versuch zur Begründung eines oberschlesischen Schulwesens unternommen. Im Kreis Beuthen gab es damals nur zwei Lehrer und in den beiden Kreisen Beuthen und Pleß nur zwei Geistliche, die der deutschen Sprache mächtig waren.

Eine große Zahl von Problemen wartete also in Oberschlesien auf eine Lösung:

1. Der Lehrermangel war groß. Aus diesem Grund konnten untaugliche Lehrer nicht entlassen werden, da sonst viele Dörfer ganz ohne Lehrer gewesen wären.

2. Es waren genügend Lehrerseminare erforderlich, an denen Lehreranwärter eine gute Ausbildung erhalten konnten. Für Ostoberschlesien gab es nur ein Seminar in Rauden (1765 bis 1802), das in vierwöchigen Kursen Lehramtskandidaten für ihren Beruf »fähig« machte.

3. Die Grundherrschaften kamen den Verpflichtungen nicht nach, ihre Geldanteile für das Schulwesen zu zahlen.

4. Viele Eltern waren der Meinung, Schule sei überflüssig, da sie selbst auch nichts gelernt hätten.

5. Sie schickten ihre Kinder nicht zur Schule, weil sie nicht in der Lage waren, das Schulgeld aufzubringen. Zudem hatten sie meist mehrere Kinder im schulpflichtigen Alter.

6. Die ungeregelte Bezahlung der Lehrer wartete auf eine Lösung.

Friedrich Wilhelm III., seit 1797 preußischer König, nahm sich der Schulpolitik in besonderer Weise an. Am 1. November 1801 wurde ein neues Schulreglement erlassen, das neben weiteren richtungsweisend für das oberschlesische Schulwesen werden sollte. So wurden anstelle der Ortsgeistlichen, die bisher die Schulaufsicht hatten und über denen lediglich der Erzpriester stand, Kreisschulinspektoren ernannt. Nicht mehr der Erzpriester sollte Kreisschulinspektor werden, sondern vielmehr »ein munterer, tätiger, in der Pädagogik erfahrener Mann«. Dazu sollten künftig nicht die Kirchensprengel den Schulaufsichtsbezirk bilden, sondern das Gebiet eines Landkreises. Einer der unermüdlichsten und verdienstvollsten Kreisschulinspektoren war der für den Kreis Beuthen zuständige Tarnowitzer Stadtpfarrer Schneidersky, der über dreißig Jahre (1814/46) dieses Amt inne hatte.

Ein weiteres Anliegen des neuen Schulreglements war es, das Ansehen des Lehrers zu heben. So wurde bestimmt, dass der Lehrer alles vermeiden solle, was ihn von seinem Amte ablenken oder in den Augen der Gemeinde herabsetzen konnte. Bisher durfte er neben dem Lehramt noch ein Handwerk ausüben und musste nur auf den Geldverdienst als Dorfmusikant, Schankwirt und Krämer verzichten. Jetzt wurde ihm jegliches Gewerbe ausdrücklich verboten. Das Handwerk neben dem Lehrberuf hatte oft dazu geführt, dass z. B. ein Lehrer, der als Maurer arbeitete, nur von Martini (11. 11.) bis Ostern seine Kinder unterrichtete. War er aber Schneider oder Schuhmacher, so überhörte er oft seine Schüler und ließ sich bei seiner »Hauptarbeit« nicht stören. Er arbeitete also ganzjährig in seinem Handwerksberuf.

Die Geistlichen wurden angehalten, die Lehrer als Personen zu betrachten, die ihnen in der moralischen Erziehung der Kinder vorarbeiten. Sie sollten sie nicht in den Augen der Gemeinde und der Schulkinder herabsetzen, sie vor allem vor diesen nicht pöbelhaft behandeln.

Um Küsterdienste oder Schreibertätigkeiten auszuführen, durften die Lehrer nicht mehr die Schule ausfallen lassen. Auch die Willkür, mit der Gemeinden und Herrschaften gegen Lehrer vorgingen, sie eigenmächtig ihres Amtes enthoben, wurde unterbunden. Nur auf dem Weg über den Kreisschulinspektor stand dies allein der königlichen Schuldirektion zu.

Auch das Mindesteinkommen für die Lehrer auf dem Lande fand eine Regelung. Danach hatte der Lehrer Anspruch auf ein gutes und beständiges Haus, in dem die Wohnstube der Lehrerfamilie von einer geräumigen Schulstube getrennt sein musste. Dazu kamen Stallungen und ein Platz für Getreide und Futter. In der Nähe der Schule war ein Stück Feld oder Garten zur Verfügung zu stellen, das so groß war, dass es für eine Familie, in der Regel Eltern und drei Kinder, und zur Fütterung und Überwinterung von zwei Stück Rindvieh ausreichte. Außerdem sollte der Lehrer zwei Rinder und ein Schwein unentgeltlich unter das Gemeindevieh treiben dürfen. Weiter standen ihm neun Klafter Holz zu, das ihm anzufahren und zu zerkleinern war, fünfzehn Scheffel Roggen, insgesamt drei Scheffel Gerste, Erbsen und Hirse und schließlich fünfzig Reichsthaler bares Geld. Die Bezüge für das Küster- und Organistenamt sollten auf die Lehrerbezüge angerechnet werden, nicht aber die Einnahmen als Gemeindeschreiber. Das Schulgeld fiel in der Regel ganz weg. Diese Einnahmen des Lehrers hatten zu zwei Dritteln die Gemeinden und zu einem Drittel die Grundherrschaften zu tragen. Aufgabe der Behörden war es, die pünktliche Abgabe und Zahlung der Einkünfte für die Lehrer, gegebenenfalls mit Zwangsmitteln, durchzusetzen.

Die Schulpflicht wurde vom vollendeten 6. bis 13. Lebensjahr festgesetzt. Der Unterricht sollte im Sommer nur vormittags und im Winter drei Stunden am Vormittag und zwei Stunden am Nachmittag stattfinden. Der Mittwoch- und Samstagnachmittag war unterrichtsfrei, um dem Lehrer Gelegenheit zur Erholung zu geben.

Für unbegründetes Fernbleiben vom Unterricht hatten unvermögende Eltern pro Woche Schulversäumnis einen Tag Gemeindearbeit zu leisten. Dieses Reglement von 1801 und seine Ergänzungen brachte die Schulentwicklung durch die klaren und gerechten Bestimmungen ein wesentliches Stück weiter und machten auf die Zeitgenossen einen großen Eindruck.

Der Kreis Beuthen hatte die ungünstigste Schulentwicklung zu verzeichnen. Nur der Kreis Pleß stand noch schlechter da. 1816 lebten im Kreis Beuthen 22.367 Menschen, aber nur 21 Schulen und 22 Lehrer standen für diese große Zahl an Einwohnern zur Verfügung. Auf 1016 Einwohner kam ein Lehrer. Langsam kam es im 19. Jahrhundert auch durch eine sich weiter entwickelnde Gesetzgebung zu einem geordneten Schulwesen, das allerdings durch die Kriegsjahre 1806/07 und 1813 zunächst größere Rückschläge erlitt.

Schule und Lehrer in Miechowitz am Ende des 18. und im 19. Jahrhundert

Früh schon scheint es so etwas wie Schule in Miechowitz gegeben zu haben. So weist der Titel eines Aufsatzes von dem Miechowitz/Mechtaler Heimatforscher Ludwig Chrobok (1889–1960) »Die Miechowitzer Schule zur Zeit Friedrichs des Großen«, darauf hin. Sicher waren es die bereits erwähnten Pfarr-, Küster- oder Organistenschulen. So sind nachstehende Namen Miechowitzer Organisten bekannt, die zugleich Schulmeister, Schulhalter oder Lehrer waren:

1784/85 Adalbert Burszyk, Schulmeister und Organist
1785 Anton von Kaminsky, Schulhalter und Organist
1798 Ostrowski, Schulhalter und Organist
1811 Adalbert Nitsch, Schullehrer und Organist
1816/17 Nowak, interimistischer Schullehrer
1819/21 Josef Kutscha, Lehrer und Organist
1821/25 Franz Cichon, Lehrer und Organist
1825/76 Paul Bienek, Lehrer, Organist, Küster, Gemeindeschreiber und Leiter der Gemeindeversammlung (Gromada)

Interimistisch angestellte Lehrer wurden nicht endgültig angestellt, da es sich hierbei um wenig fähige Personen handelte, von denen es 1830 im Kreis Beuthen 18 solcher Lehrer gab.

Über den letztgenannten Lehrer Paul Bienek gibt es umfangreiche Informationen, so dass er die bekannteste Lehrerpersönlichkeit aus dem Miechowitz des 19. Jahrhunderts ist. Bereits über seine Anstellung im Jahre 1825 existiert ein Vertrag aus den »Acta betreffend die kath. Schule, Anstellung und Besoldung des Schullehrers zu Miechowitz im Beuthenschen Kreise.« Leider steht der eigentliche Vertragstext nicht zur Verfügung, nur das Ende: »Worüber gegenwärtige Verhandlung aufgenommen und sowohl vom Schullehrer Paul Bienek – als dem Dominio Ignatz Domes – dem Pfarrer Niewidok und dem Schulzen Martin Bontzek unterschrieben und geschlossen wurde. Schneidersky, Kreis Schulen Inspector.«

Schneidersky, der Tarnowitzer Stadtpfarrer, war seit 1814 als Nachfolger des Probstes Nawrath, der sein Amt resigniert aufgegeben hatte, Kreis-Schulinspektor. Nawrath und Schneidersky fanden im Beuthener Landrat, Graf von Henkel, tatkräftige Unterstützung bei ihrer Arbeit für eine positive Entwicklung des Schulwesens im Kreis Beuthen.

Bienek übernahm mit Beginn seiner Tätigkeit in Miechowitz ein neues, 1818 errichtetes Schulgebäude. Es war das erste vorschriftsmäßige Schulhaus in Miechowitz und Ergebnis der ersten Maßnahmen der neuen Regierung, die Oberschlesien 1816 mit dem Sitz in Oppeln erhalten hatte. Insgesamt wurden in den Jahren 1817/1818 in allen Kreisen Oberschlesiens auf dem Lande 95 Schulen erbaut. Im Gebiet rechts der Oder waren es weniger, im Gebiet links der Oder mehr.

Das neue Schulgebäude lag im späteren Schlosspark, westlich der alten, 1853 abgerissenen Kreuzkirche, also zwischen Schloss und dem späteren

Paul Bienek

Tiele-Winckler-Platz. Es hatte nur ein Erdgeschoss und erstreckte sich von Süden nach Norden, die Fenster der Klassenzimmer zeigten nach Osten. In der Mitte lag die Wohnung des Lehrers, rechts und links daneben je ein Unterrichtsraum für die Unter- und Oberklasse. Die Unterrichtssprache an dieser Schule war polnisch wie an allen anderen 29 Schulen des Kreises Beuthen. In allen übrigen Kreisen Oberschlesiens gab es unterschiedliche Schulen: deutsch-, polnisch-deutsch- oder polnischsprachige Schulen. Im Kreis Leobschütz waren dagegen neben 45 deutschsprachigen auch noch 13 böhmisch-deutschsprachige Schulen vorhanden. Der Kreis Ratibor hatte neben allen oben genannten Schulen auch 22 mährisch-deutschsprachige Schulen aufzuweisen. Unterrichtsfächer waren Religion (Katechismus und biblische Geschichte), Lesen, Schreiben, Rechnen, Erdkunde, Singen, soweit dies festzustellen ist. Darüber hinaus informierte Paul Bienek seine Schüler eingehend über das Gemeindegeschehen. Bis zum Jahre 1857 besuchten auch die Kinder aus Bobrek und bis 1860 die aus Karf diese Schule.

Paul Bienek, geboren am 8. Januar 1803 in Kujau im Kreis Neustadt O/S, war von 1825 bis 1838 alleiniger Lehrer, danach bekleidete er bis zu seiner Pensionierung mit 73 Jahren im Jahre 1876 das Amt des Ersten Lehrers. Bis 1864 wirkte er in der Schule von 1818 im Schlosspark und seit 1865 in der neuen Schule (später Schule I) an der Kirchstraße. Neben seinem Lehreramt übte Bienek eine Anzahl von Nebenämtern aus. So war er Gemeindeschreiber und als solcher Ratgeber in vielen Gesetzesangelegenheiten, Leiter der Gemeindeversammlung (Gromada), nahm bis 1866 das Küsteramt wahr und bis zu seinem Tode am 20. Februar 1888 auch das des Organisten. Unter dem Pfarrer Alois Joseph Preuss (25.4.1803–15.5.1870), von 1833 bis 1870 Pfarrer an der alten und neuen Kreuzkirche in Miechowitz, war er auch an der Kirchenverwaltung und als Ratgeber beim Bau der Notkirche und der neuen Kreuzkirche beteiligt. Sein verdienstvolles Wirken in Miechowitz erfuhr durch die Verleihung des Hohenzollern-Hausordens im Jahre 1872 eine entsprechende Würdigung.

In jedem Lehrerhaushalt auf dem Lande ging es weitgehend wie auf einem Bauernhof zu. So war Bienek gleichzeitig ein guter Landwirt, der viele fachliche Ratschläge geben konnte. Er baute Obst an, veredelte Obstbäume, hatte einen Gemüsegarten und züchtete Bienen.

Im Jahre 1875 feierte Paul Bienek sein 50-jähriges Ortsjubiläum in Miechowitz. Aus diesem Anlass schrieb sein ehemaliger Schüler Norbert Bontzek ein Epos auf Bienek. Damit setzte er ihm, für einen Lehrer eine höchst seltene Ehre, ein literarisches Denkmal unter dem Titel »Stary kościól Miechowski«. Dieses Kapitel über Bienek veranlasste Bontzek später zu einem umfassenderen Werk über das Miechowitz vieler Jahrzehnte des vergangenen Jahrhunderts. Bei der Feier von Bieneks Jubiläum trug Bontzek diesen Text erstmals vor einer größeren Versammlung vor. In ihm beschreibt er in humorvoller Weise das Leben Bieneks in alle seinen bereits genannten Ämtern und Leidenschaften. Nachstehend einige Auszüge:

Ein Schultag

Teure Schule, du Quell, in dem das Glück in großen
Strömen nach unsrer Dörfler Hütten ist geflossen!
O, wie sollten die Miechowitzer drum dich ehren!
Ahn und Urahn schon schöpften in dir gute Lehren;
Ja, ganz Bobrek und Karf, sie wischten deine alten,
Langen Bänke gar wacker, und es ward zerspalten
Mancher Stecken in dir, den auf Befehl die Knaben
in den Bobreker Wäldern frisch geschnitten haben.
Wie der schlagende Stahl in kalten Feuersteinen
Wärme, Funken weckt, so hat auch in die die Kleinen
Der »Herr Rektor« zu großen Leuten streng erzogen,
unbekümmert, ob sie deswegen ihm gewogen
Waren oder auch gram. Die Schmeichler, die erreichten
nichts bei ihm, doch auch die Seufzer nie sein Herz erweichten.
Ja, er wusste gerecht zu loben und zu strafen,
Schwer doch den Schuld'gen seine Schläge trafen.
Schule, Wiege, der Richter und Geistliche entsprangen,
Und aus der viele Schulzen sind hervorgegangen,
Welche Kaufleute und Gemeindeschreiber wiegte,
Und an die manche spät're »Ordonnanz« sich schmiegte,

Schule, liebliches Bild aus froher Jugend Tagen,
Feld ist heut, wo einst deine Heiligtümer lagen!
Auch die Kirche, dein Nachbar, die Kastanien, Linden,
Alle mußten von ihrem Platze sie verschwinden,
Die Kapelle mit den Särgen einst'ger Miechowitzer
Herren, milder und ernster, strenger Gutsbesitzer
Und der Kirchhof mit vielen Tausenden von bleichen
Knochen schwanden dahin, sie wichen großen Teichen.
Eines sinkt nach dem anderen: aus dem bunten Leben
Lohnt sich's, einiges für die Nachwelt aufzuheben.

Von dem Turme hat's acht geschlagen. Goldne Strahlen
In die Fenster der Miechowitzer Schule fallen.
Die erwachende Sonne Pfeil um Pfeil verschicket,
Rosig glühend, voll Neugier sie ins Schulhaus blicket.
In der oberen Klasse bei fünf rohen, alten
Tischen paarweis die Bänke stehn, im Wald gespalten,
Und auf ihnen von einer Seite sitzen Knaben,
Gegenüber die Mädchen ihre Platze haben.
Viele zanken sich, andre schwätzen unterdessen,
Manche schlafen, ihr Brot die Letzten hastig essen.
Kaum halbvoll ist das Zimmer an dem heut'gen Tage,
Kühe hüten die meisten im Brzesiner Hage.
Der »Herr Rektor« im Hausflur Audienz gewähren. –
Er ist nämlich Gemeindeschreiber, muß erklären
Die Gesetze den Leuten, welche gerne streiten. –
Wie die Schüler ihn in die Stube sehen schreiten,
Springen artig sie auf mit gleichen Füßen,
Und im Chore sie: Gelobt sei Jesus Christus! grüßen.
Mancher Plan noch des »Rektors« Hirn gar tief erregte,
Leise sprach er: »In Ewigkeit!« Das Käppchen legte
Auf den Tisch er, auf welchem, den Kindern kein Vergnügen! –
Ein gar kräftiger Stock, Papier und Federn liegen;
Eine Schere, ein Lineal dazu sich fanden
Und ein Messer. Die Dinge auf dem Tische standen
In vortrefflicher Obhut; denn des guten alten
»Rektors« Töchterlein, Lorchen, mußte sie verwalten.

Ein Gebet nun zuerst die Schüler frisch hersagen, –
So begann hier der Unterricht an allen Tagen ...
»Hört, mein Amt ruft zur Arbeit mich, die schwer und wichtig;
Stört mich darum mit Schwätzen nicht, schreibt schön und richtig!
Banasch Bartek, schreib die auf, die sich umgesehen!
Bontzek, du aber sollst in meinen Garten gehen;
Denn dein Vater und mein Gevatter hält auch Bienen,
Drum verstehst du dich drauf und weißt, wie man mit ihnen
Umgeht. Lauf also hin! Doch nicht umherzustreifen
Hast du! Schnüffle nicht, wo Stachelbeeren reifen!
Weiter mußt du dich – zu den Stöcken, hör'! – begeben.
Mach die Augen gut auf! Bemerkst du, daß sie eben
Schwärmen, komm in die Schule schnell, es mir zu sagen! –
Julie Krzon, mit dem Schreiben magst du dich nicht plagen,
Geh hinaus denn und Lass bei meiner Frau dich blicken,
Sag, sie soll aufs Feld dich mit dem Frühstück schicken! –
Lasczyk Lorenz wird's sicher nicht für Strafe halten,
Schick ich ihn, für die Küche etwas Holz zu spalten ...

Die weiteren Abschnitte dieses Epos auf Paul Bienek lauten: »Im Schulgarten« und »Auf dem Bauplatz der neuen Kirche«.

Norbert Bontzek war ein Miechowitzer, geboren am 6. Juni 1837 als Sohn des Steigers Valentin Bontzek. Nach dem Besuch der Miechowitzer Schule war er von 1851 bis 1858 Schüler des Gymnasiums in Gleiwitz. In Breslau studierte er von 1858 bis 1861 Theologie und wurde 1862 zum Priester geweiht.

Sein Grab und das Grabmal der Eltern und Schwestern von Norbert Bontzek ist noch auf dem Miechowitzer Friedhof vorhanden. Es trägt nachstehende Namen: Joanny, Marianny, Rozalii, Konstanty, Tekli und Walentin Bontzek. Rozalii und Konstanty sind die 1847 an Hungerthyphus verstorbenen Schwestern.

1918 erschien »Stary kosciól Miechowski« in einer polnischen Neuauflage. Die deutschsprachigen Miechowitzer waren der polnischen Schriftsprache nicht mächtig. Sie wünschten in immer stärkerem Maße, Bontzeks Werk auch in deutscher Sprache zu lesen. So übersetzte es der Lehrer und Heimatforscher Ludwig Chrobok ins Deutsche. Die Übersetzung erschien 1925, also 100 Jahre, nachdem Paul Bienek nach Miechowitz gekommen war und 50 Jahre nach seinem Amtsjubiläum. Unmittelbar vor deren Erscheinen fand im Dezember

1924 die Einweihung des Um- und Erweiterungsbaues der alten Schule I statt, die zugleich ihr 60-jähriges Bestehen feierte. Erst etwa 1994 wurde diese Schule, nachdem sie höchstwahrscheinlich durch Brandstiftung Anfang der neunziger Jahre niedergebrannt war, abgerissen. Sie hat 130 Jahre Miechowitz, Mechtal und Miechowice als Schule gedient. Während der langen Jahre in Miechowitz erlebte Bienek dort viele grundlegende Veränderungen. Die Einwohnerzahl war von knapp 400 Einwohnern bei seinem Amtsantritt auf etwa 5000 bei seinem Tode angestiegen. Zu dieser Zeit kamen auf jeden Lehrer noch über 80 Schüler. 1846 schied nach über 30-jähriger Tätigkeit Kreisschulinspektor Schneidersky aus seinem Amt und wurde im Rahmen eines Mittagessens im Klosterkorridor des ehemaligen Minoritenklosters in Beuthen feierlich verabschiedet. Sein Amt übernahm während dieser Feierstunde Pfarrer Joseph Schaffranek (1807–187) von der Marienkirche, ein fast fanatisch polnisch ausgerichteter Mann, der von 1848–1865 und 1865 auch Mitglied des preußischen Landtages war. 92 Personen nahmen an dieser Festlichkeit teil: 5 Beamte, 21 Geistliche und 66 Lehrer, darunter sicher auch Paul Bienek als Schulleiter aus Miechowitz.

Bienek sah in Miechowitz viel Not: Epidemien, einen verheerenden Wirbelsturm, Missernten und die schrecklichen Jahre des Hungertyphus 1847/48, die vielen Miechowitzern den Tod brachten. In Oberschlesien blieben nach diesen Jahren Tausende von Waisen zurück. Die Regierung in Oppeln musste sich den Vorwurf gefallen lassen, nichts zur Verhütung dieser Schreckensjahre getan zu haben. Wieder ist es Norbert Bontzek, der diese Zeit in Miechowitz am Beispiel seiner eigenen Familie beschreibt:

Im Hungerjahre 1847

... Von der Not hab ich ein Liedlein singen können;
Damals wurde ich nie von Brot satt, aber von Tränen!
Meinen Vater warf eine böse Krankheit nieder;
Bald nach ihm legte sich die gute Mutter wieder;
Und die Kinder – es war schon eine Schar – die hatten
Keine richtige Pflege. Was war da zu raten?
Zu dem gnädigen Herrn ging ich mit einer Bitte.
In der Not lenkte halt ein jeder zu ihm die Schritte.
Dieser hörte mich an und gab mir Geld. »Und morgen
Schick' ich den Rest«, so sprach er, »mach dir keine Sorgen;

Denn ich kenne den Vater!« Was ist dann geschehen?
Seinen Leibarzt, Herrn Meiselbach, den hieß er gehen
Alle Tage zum Vater, wohl ein Dutzend Wochen.
Nach der Stadt wieder bin ich früh stets aufgebrochen,
Um dort Schachteln und Flaschen voll Arzeneien zu kaufen;
Immer kam ich mit vollem Korbe heimgelaufen.
Lagen krank doch auch Rosel, Eva und Kostusia,
Hans, Antonie und selbst die Kleinste, die Lorusia.
Als erste die Mutter ich verloren habe;
In gar traurigem Zuge trugen wir sie zu Grabe.
Dann starb Rosel; nach ihr verlosch nach vielen Schmerzen
Unsre liebe Kostusia an des Vaters Herzen.
Fort lief Meiselbach! Niemand mehr zu uns sich wagte;
Hin und wieder nur einer mich von weitem fragte,
hinterm Zaun stehen bleibend, ob wir denn noch leben.
Fleißig mußt ich die Arme und die Beine regen!
Bin ums Essen zum Schlosse Tag für Tag geschritten,
Konnt dort einen zweiten Arzt auch bald erbitten;
Ihm, dem rührigen Herrn, der ohne Furcht und Wanken
Wirkte, wir außer unserm Herrn das Leben verdanken...

Über Bieneks Familie ist wenig bekannt. Seine Frau scheint schon früh verstorben zu sein. Außer der Tochter Lorchen ist noch ein Sohn bekannt, Karl Ignatz Valentin, der Jura studiert hatte. Bald nach seinem Studium war er Kreisrichter von Myslowitz und danach als Amtsgerichtsrat Leiter des Amtsgerichtes in Leobschütz. Bereits 1880 starb er, acht Jahre vor seinem Vater. Interessant dürfte es sein, dass die Violine, auf der Paul Bienek während seines Unterrichtes den Gesang seiner Schüler begleitete, noch erhalten ist. Um 1975 befand sie sich noch im Besitz eines Urenkels im Rheinland.

Paul Bienek war 51 Jahre Lehrer in Miechowitz, hat 63 Jahre dort gelebt, bis er am 20. Februar 1888 verstarb und auf dem Friedhof bei der Kreuzkirche beigesetzt wurde. Sein Grab ist leider nicht mehr vorhanden, während das des Pfarrers Preuß (1803–1870), der mit ihm in »Stary kosciól Miechowski« gewürdigt wird, noch neben der Kreuzkirche zu finden ist und einen gepflegten Eindruck macht. Es liegt an der Stelle, über der einst der Altar der Notkirche bis zur Errichtung der heutigen Kreuzkirche gestanden hatte. Bis zum Beginn des 20. Jahrhunderts gab es in Miechowitz nur eine Schule.

In den Jahren von 1907 bis 1923 sollten sich die Schulverhältnisse in Miechowitz grundlegend ändern.

Schulen und schulische Einrichtungen in Miechowitz / Mechtal von 1900 bis 1945

Die industrielle Entwicklung in Oberschlesien ließ die Einwohnerzahlen sprunghaft ansteigen. Damit wuchs auch die Zahl der Schüler, ebenso die der Lehrer. Durchweg waren es an Präpanrandie und Lehrerseminaren gut ausgebildete Lehrkräfte, die an den Schulen in Oberschlesien und in Miechowitz unterrichteten. In der zweiten Hälfte des 19. Jahrhundert waren viele neue Lehrerseminare entstanden. Die Ausbildung an ihnen hatte sich nach dem Erlass vom 1. Juli 1901 über die Neugestaltung der Lehrpläne wesentlich verbessert und die Lehrerausbildung einen großen Schritt nach vorn gebracht. Lehrerseminare gab es u. a. in Peiskretscham, Kreuzburg (evangelisch), Zülz, Ratibor, Proskau, Pilchowitz, Tarnowitz, Oppeln, Ziegenhals, Habelschwerdt, Oberglogau, Rosenberg, Liebenthal, Leobschütz, Myslowitz und für Lehrerinnen in Breslau und in Beuthen O/S. Letzteres wurde 1906 als Katholisches Lehrerinnen-Seminar gegründet und 1918 in »Staatliches kath. Lehrerinnen-Seminar« umbenannt. Seit den achtziger Jahren des 19. Jahrhunderts hatte es in Beuthen bereits eine private Präparandie unter der Leitung Beuthener Rektoren gegeben. Im Zusammenhang mit einer grundlegenden Umstrukturierung und Neuordnung der Lehrerausbildung in Preußen lief die Präparandie- und Seminarausbildung bis 1926 aus. An ihre Stelle traten die Pädagogischen Akademien. Eine solche entstand am 5. Mai 1930 in Beuthen. Sie zählte zu den frühen Gründungen dieser Art von Lehrerausbildungsstätten. Voraussetzung für die Zulassung zum Studium wurde nun das Abitur. Nach 1933 wandelten die Nationalsozialisten diese in Hochschulen für Lehrerbildung und 1941 in Lehrer- oder Lehrerinnen-Bildungsanstalten (LBA) um.

Kehren wir zu Miechowitz-Mechtal zurück. Infolge der industriellen Entwicklung war auch die Einwohnerzahl von Miechowitz ständig gestiegen. 1830 zählte Miechowitz 510, 1851 – 1.170, 1861 – 2.909, 1900 – 5.959, 1907 – 10.476, 1923 – 15.020, 1936 – 17.372 und 1944 rund 18.000 Einwohner. In einem Zeitraum von 115 Jahren war die Einwohnerzahl um das Sechsunddreißigfache gestiegen!

Die Schule I
Dieses starke Ansteigen der Einwohnerzahl hatte natürlich Auswirkungen auch auf die schulische Entwicklung. Bis 1907 gab es nur eine Schule, die Schule I, wie sie von da an genannt wurde. Das 1864 erbaute Gebäude hatte nur wenige Jahre später, 1877, einen Anbau erforderlich gemacht. 1923/24 erfolgte eine grundlegende Renovierung, verbunden mit einer Aufstockung und verschiedenen Um- und Anbauten. Im Dezember 1924 wurden die Erweiterungsbauten im Rahmen einer Feierstunde ihrer Bestimmung übergeben. 1913 besuchten 710 Schüler diese Schule. Sie waren auf elf Klassen verteilt. Auf eine Klasse kamen also 62 Schüler. Zwölf Jahre später, 1925, unterrichteten 14 Lehrer 584 Schüler in 13 Klassen.

Die Schule leiteten: Hauptlehrer Franz Seiffert von 1891 bis 1919, Rektor Franz Schumnik von 1919 bis 1929, Rektor Dr. Josef Irmler von 1929 bis 1934 und Rektor August Gatzka von 1934 bis 1945. Als Konrektorin wirkte u. a. Hedwig Glogasa an dieser Schule. Mit ihnen unterrichteten dort im Laufe der Jahrzehnte eine große Zahl von Lehrern und Lehrerinnen: Gonska, Roskwitalski, Johann Pawletta, Viktor Sollors, Langer, Johannes Sliwka, Frau Bürgel, Frau Göbel, Maria Stritzke, Alwine Förster, Valeria Michalski, Hedwig Scholz, Josef Bogutzki, Karl Gawron, Peter Marschollek, Erich Rinnbauer, Albert Puntke, Alfons Sindermann, Ludwig Chrobok, Josef Böhm, Greipel, Alfons Setny, Franz Dinter, Margarete Wohkittel, Helmut Muskalla, Georg Kuschnierz (später Kürschner), Elisabeth Kubina, Richard Rauprich, Hedwig Pawletta, Franz Dinter, Alfred Hanke, Bernhard Letzel, Minna Heidrich, Frau Gottschlich, Frau Feike, August Brzenskot, Genoveva Uwira, Frau Arndt, Georg Paul, Paul Andratschke, Wiesemyrzowski, Kowallik, Bujok und Schwibode.

Eine Lehrkraft dieser Schule erwarb sich um die heimat- und ortsgeschichtliche Forschung von Miechowitz und darüber hinaus große Verdienste: Ludwig Chrobok (1889–1960), von 1910 bis 1958 in Miechowitz gewesen.

Mangel an Unterrichtsräumen machte der Schule ständig zu schaffen. Dennoch herrschte an ihr ein blühendes Leben: Große Aufmerksamkeit kam dem musischen Leben zu. Ausstellungen im Rathaussaal und Elternabende, während der Theaterstücke zur Aufführung kamen, fanden in der Öffentlichkeit große Beachtung. Eins der aufgeführten Theaterstücke stammte aus der Feder eines Lehrers der Schule, von Ludwig Chrobok. Seit 1930 absolvierten dort regelmäßig Studenten der Pädagogischen Akademie aus Beuthen ihre verschiedenen Praktika. Während des Krieges, erstmals zu Beginn des Krieges 1939, wurden häufiger Klassen der Schule III in die Räume der alten Schule I ausgelagert, wenn diese zur Unterbringung von Soldaten für militärische Zwecke benutzt wurde. Auf diese Weise habe auch ich diese Schule erlebt. Die Raumnot an dieser Schule wurde immer größer, zumal in ihr auch die 1923 gegründete Mittelschule untergebracht werden musste. 1933 erhielt die Schule I ein neues Gebäude am Sonnenplatz. Als einzige Miechowitzer Schule trug sie neben der Bezeichnung Schule I auch einen Namen: Josef-Joachim-Adamczyk-Schule, von 1940 an Josef-Joachim-Adams-Schule. Sie war nach dem am 20. März 1901 in Schönburg/Oberschlesien geborenen Nationalsozialisten benannt, also nach einem noch sehr jungen Mann, der seinen Familiennamen 1940 in Adam umändern ließ. Er war zunächst Lehrer in Oppeln, trat 1923 der NSDAP bei, wurde 1929 NSDAP-Stadtverordneter in Ratibor, 1931 Untergauleiter für Oberschlesien, 1932/33 Mitglied des Preußischen Landtages, im April 1933 Vorsitzender des Oberschlesischen Provinzialausschusses und Bevollmächtigter zum Reichsrat, Mitglied des Reichstages ab September 1933 und seit dem 1. Oktober 1933 Landeshauptmann der Provinz Oberschlesien. In Klausberg gab es eine nach ihm benannte Straße. Die neue Schule I war die modernste Schule von Miechowitz und zugleich das letzte zu deutscher Zeit erbaute Schulgebäude. Mit der ehemaligen Schule III ist sie heute das letzte Zeugnis einstiger Miechowitzer Schulen.

Die Schule II

Schon 1906/07 musste der immer größer werdenden Schülerzahlen wegen eine weitere Schule in Miechowitz gebaut werden, die Schule II an der Kronprinzenstraße. Die feierliche Eröffnung dieser Schule fand am 15. Oktober 1907 statt. Im Jahre 1913 besuchten sie 995 Schüler in 16 Klassen und wurden von 16 Lehrern unterrichtet. Das bedeutete durchschnittlich 62 Schüler je Klasse. 1925 waren es nur noch 748 Schüler in 18 Klassen mit 18 Lehrern. Gegenüber 1913 war das eine wesentliche Verbesserung. Nicht mehr 62 Schüler waren in einer Klasse zusammengefasst, sondern nur noch 42. Erster Rektor der neuen Schule war Josef Scholz von 1907–1913, ihm folgte Rektor Josef Korgel von etwa 1918 bis 1923. Letzter Rektor zu deutscher Zeit war Heinrich Ludewig (1886–1949) von etwa 1923 bis 1945. Ludewig war ein begeisterter Musiker und Sänger, spielte in einem Kammerquartett und sang im Beuthener Opernchor. 1945 verschleppten ihn die Sowjets in die UdSSR, aus der er krank zurückkehrte und auf dem Weg zu seinen Kindern in Thüringen im Januar 1949 verstarb. Von den Konrektoren sind bekannt Johannes Sliwka (1868–1935), der die Schule fünf Jahre lang kommissarisch leitete. Auch er zählte zu den musikbegeisterten Lehrern und leitete als Dirigent den Männergesang-Verein und den Arbeiter-Gesangverein der Preußengrube. Viele Jahre stand er an der Spitze der Spar- und Darlehnskasse von Miechowitz. Er war Vater des letzten deutschen Arztes von Mechtal, Dr. Hans Sliwka, der 1945 in die Sowjetunion verschleppt wurde und im gleichen Jahr dort verstarb. Spätere Konrektoren der Schule II waren Peter Marschollek und Albert Puntke (1886–1946). Albert Puntke war bis 1938 Leiter der Ortsbildstelle. Während der Abstimmungszeit oblag ihm die Propaganda für die deutschen Interessen. Als politisch engagierter Mann gehörte er dem Vorstand der Zentrumspartei an und hatte als deren Vertreter ein Ratsmandat inne. Nach seiner Pensionierung verließ er 1939 Mechtal und zog nach Bad Salzbrunn in Schlesien.

Als Lehrer wirkten an der Schule II u.a.: Konstantin Michna, Paul Haucke, Georg Pelz, Ernst Ledwoch, Albert Laugwitz, Richard Rauprich (1879 bis 1959 – betätigte sich lange in der Jugendpflege und war der erste Kreisjugendpfleger des Landkreises Beuthen), Robert Scheffczyk, Gotthard Widera, Bernhard Latzel, Guido Mainka, Josef Behrla, Julius Stenzel, Ewald van Acken, Josef Böhm I (später Rektor in Karf), Stephan Wietzorke, Martha Knauf, Hedwig Loch, Margarete Titze, Edith Glombitza, Katharina Wrzecino, Aurelie Graf, Hedwig Heidrich, Frau Seeliger, Ewald Thoma und Richard Cibis.

Die Schule III

Hundert Jahre nach den Befreiungskriegen und der Völkerschlacht bei Leipzig – darum auch Jubiläumsschule genannt – nahm 1913 die dritte Schule von Miechowitz ihren Unterricht auf. Sie liegt im Westen von Miechowitz an der Stollarzowitzer, später Stillersfelder Straße, heute ul. Stollarzowicka. Neben ihr wurde vier Jahre später die Corpus-Christi-Kirche fertiggestellt. Zwanzig Jahre hindurch war diese Schule die modernste Schule von Miechowitz mit Werkräumen und einem Filmvorführraum im Dachgeschoss, sowie einer modernen Lehrküche und Duschräumen im Kellergeschoss. Im Jahre 1913 unterrichteten in Miechowitz 43 Lehrer 2.595 Schüler, die in 43 Klassen zusammengefasst waren. Das entspricht 60 Schülern pro Klasse. Die Schule III begann nach ihrer Eröffnung im gleichen Jahr mit 14 Lehrern und 820 Schülern in 14 Klassen. Zum ersten Schulleiter wurde Rektor Josef Korgel (1883–1935) ernannt, etwas später Paul Haucke zum ersten Konrektor

(† 1922). Mit ihnen begannen an dieser Schule: Alfons Bake, Josef Böhm II, August Brzenskot, Richard Bujok, Wilhelmine Heidrich, Ida Penczerzinki, Josef Pluhatsch, Rudolf Podlesny, Georg Pzribilla, Albert Puntke, Adolf Schwibode, Johannes Sliwka und Artur Tyrania. 1926 besuchten 771 Schüler in 17 Klassen diese Schule, die von 17 Lehrer unterrichtet wurden. 1919 erhielt die Schule mit Emil Prchalla (später Rasch) einen neuen Rektor und 1922 mit Rudolf Podlesny einen neuen Konrektor. Emil Prchalla (1884–1962) hatte 1905 einen Roman »Oskar Kuron« veröffentlicht, der eine ergreifende Lehrertragödie aus dem Hultschiner Ländchen zum Inhalt hatte. Mit diesem Roman wirbelte er, der sein Leben hindurch ein streitbarer Mann war, viel Staub auf. Sein Verhältnis zum Kollegium war stets gespannt. Das ging bis zur Weigerung der Kollegen, sich mit ihm fotografieren zu lassen. 1935 wurde er nach Breslau versetzt.

Seit 1913 hatte sich das Kollegium stark verändert. Außer dem Konrektor und vier weiteren Lehrpersonen waren alle anderen neu: Mia Cofalla, Konrad Galuschka (später Gallen), Hanns May, Anna Olesch, Frau Rauprich, Martha Schörnig, Heinrich Schyma, Adolf Suchanek und andere. In späteren Jahren kamen bis zum Kriegsbeginn u. a. folgende Lehrer hinzu: August Galuschka, Agathe Gromnitza, Frau Halama, Josef Haupt, Hanns Hiller, Johanna Kuschel, Valentin Ludwig, Helmut Muskalla, Anton Riha, Ignaz Stephan, Charlotte Stoll, Richard Stopik, Richard Tschauder, Genoveva Uwira, Herr Wanjek, Margarete Wohkittel und Ruth Zwirner, geb. Achtelik, hinzu.

Nachfolger des nach Breslau versetzten Rektors Prchalla wurde nach zweijähriger Vakanzzeit 1937 Richard Cibis der dritte und zugleich der letzte deutsche Rektor dieser Schule. Aus Miechowitz war im Rahmen der nationalistischen »Eindeutschungsversuche« am 2. Mai 1936 Mechtal geworden. Der am 29. März 1888 in Simsdorf im Kreis Oberglogau geborene Cibis hatte in der Kreisstadt das Lehrerseminar besucht. Nach der ersten Lehrerprüfung begann seine Berufstätigkeit zunächst von 1909–1910 in Repten im Kreis Tarnowitz. Im Anschluss an seine Militärdienstzeit in Breslau folgte Koslowagora im Kreis Tarnowitz als neuer Wirkungsort. Zu Beginn des I. Weltkrieges musste auch er Soldat werden und geriet bereits während der ersten Kriegswochen nach einer Verwundung in russische Gefangenschaft. Sechs lange Jahre mit ihren vielen Nöten und mit den Schrecken der bolschewistischen Oktoberrevolution verbrachte er in Krasnojarsk am Jenissej in Sibirien, ehe er wieder heimkehren durfte. Während dieser Zeit erlernte er die russische Sprache und begegnete auch dem »Engel von Sibirien«, der Schwe-

Schule III vor dem Krieg

din Elsa Brändström, die sich unermüdlich für die Belange der Kriegsgefangenen einsetzte. Sie tat es furchtlos und ging für diesen Einsatz sogar ins Gefängnis. Unerschrocken erwirkte sie Pflegepersonal und Medikamente beim russischen Roten Kreuz für die Notleidenden Gefangenen. Wie die Gefangenen wollte sie leben, nicht besser. Während des »Dritten Reiches« emigrierte sie mit ihrer Familie in die USA.

Nach seiner Rückkehr im Jahre 1920 kämpfte R. Cibis an seinem alten Dienstort in Koslowagora unermüdlich für ein deutsches Oberschlesien. Am Abstimmungstag, am 20. März 1921, musste er wegen seines Deutschtums vor den Polen flüchten. Mit der Verleihung des Schlesischen Adlerordens fand seine Tätigkeit im Abstimmungskampf die entsprechende Würdigung. Neuer Dienstort wurde von 1922 bis 1930 Altsülz im Kreis Neustadt O/S (heute Prudnik). 1930 erfolgte die Versetzung nach Karf. Überall, wo er tätig war, lag ihm die Pflege des oberschlesischen Kulturgutes am Herzen. In Karf übte er zudem viele Jahre das Amt des ersten Vorsitzenden des Gesangvereins aus. 1933 erfolgte dann seine Versetzung an die Schule II in Miechowitz.

Für das Kollegium der Schule war er der Wunschkandidat für das Rektorenamt. Niemand hatte in den politisch schwierigen Jahren etwas von ihm zu befürchten. Eine weitgehende Harmonie innerhalb des Lehrerkollegiums waren die Früchte seines loyalen Verhaltens, das zudem frei war von jeder Überheblichkeit, wie es in einer Jubiläumszeitung der Schule III aus dem April des Jahres 1941 nachzulesen ist:

»... An Schule drei amtier'n zur Zeiten
Sechs Mann mit noch sechs Maiden.
Der Oberste ist Rektor Cibis,
Ein Mann gerad', bar aller Hybris.
Er leitet seine Schule gut ...«

Frau Margarete Wohkittel musste zur Aushilfe an die Schule I und Herr August Galuschka an die Mittelschule. Auch der Zweite Weltkrieg forderte seinen Tribut, mehrere Lehrkräfte mussten oder gingen freiwillig zum Militär. Um an den Mechtaler Schulen einen Ausgleich zu schaffen, erfolgten eine Reihe von Abordnungen und Versetzungen innerhalb der Schulen des Ortes. Mit der Erfindung der »Schulhelferinnen«, das waren junge Mädchen oder Frauen, auch Hilfslehrerinnen genannt, hoffte man die größten Lücken schließen zu können. An der Schule III war ein Fräulein Meissner bis zum Zusammenbruch in dieser Funktion tätig.

Während der letzten Monate vor dem Einmarsch der Sowjets wurde Cibis als Zugführer einer Volkssturmeinheit verpflichtet und eingesetzt. In Mechtal erlebte er die Schreckenstage des Kampfes um den Ort und die Erschießung Hunderter Mechtaler. Danach geriet Cibis im Februar 1945 zum zweiten Mal in die Hände der Sowjetrussen. Diesmal war Mitgliedschaft in der NSDAP sein Verhängnis. Von Mechtal über Beuthen wurde er vom 20. Februar bis zum 21. März 1945 mit anderen Mechtalern im Hindenburger Gefängnis gefangen gehalten, bevor er nach wochenlanger Fahrt in das zwischen südlichem Ural und Kaspischem Meer gelegene Aktjubinsk gelangte. Für drei Jahre wurde diese Stadt Ort seiner erneuten Gefangenschaft mit all ihren bitteren Begleiterscheinungen. Durch seine russischen Sprachkenntnisse konnte er so manchem der mitgefangenen Landsleute und sich selbst in kritischen Situationen helfen. Diese und sein unverwüstlicher Humor ließen ihn die Jahre in der Sowjetunion überleben. 1948 kehrte er in die damalige Sowjetische Besatzungszone zurück. Dort lebte in Salzwedel seine Familie. Auf seinen Ratschlag verließen seine drei bereits erwachsenen Kinder Edith, Kurt und Oskar bald die SBZ und gingen in den Westen. Er selbst verließ im

August 1961, wenige Tage vor dem Mauerbau, die DDR und ließ sich in Heidenheim in der Nähe seiner Tochter und deren Familie nieder. Dort setzte er sich in den folgenden Jahren für die Belange der Vertriebenen ein. In zahlreichen Vorträgen stellte er immer wieder seine oberschlesische Heimat vor. Die Verbundenheit zu seinen Kollegen und Kolleginnen zeigte sich bis zu seinem Tod durch eine liebenswürdige Korrespondenz mit den noch lebenden Mitgliedern oder auch durch gelegentliche Treffen mit ihnen. Am 17. Juni 1967, dem damaligen Tag der Deutschen Einheit, starb Richard Cibis im Alter von 79 Jahren.

Der Schulalltag an der Schule III zeigte ein vielfältiges Gesicht. Besondere Ereignisse, Jubiläen, runde Geburtstage, Verabschiedungen usw. fanden in festlichem Rahmen statt. Eine »Festschrift« berichtet von den letzten beiden 25-jährigen Dienstjubiläen an der Schule III im Jahr 1941. Frau Johanna Kuschel beging am 1. März 1941 und Herr Adolf Suchanek am 10. April 1941 diesen Tag. Verschiedentlich kam es während des Krieges vor, dass einige Klassen, wohl vorwiegend die der Grundschüler, in die alte Schule I ausgelagert werden mussten, da die Schule zeitweise zur Unterbringung von Soldaten genutzt wurde. Der Unterricht und das alte Gebäude erschien uns Schülern recht angenehm. Wir gingen gern dorthin. Manchmal lebten Soldaten oder Offiziere aber auch mit uns in der Schule.

Wie an allen Schulen fehlte es nicht an entsprechenden Spitznamen für die Lehrer: Schiwek (Graukopf), Skrent (selbstgedrehte Zigarette), Fasan, Hanessek, Steinpilz um nur einige zu nennen. Einzelne Lehrer, durchweg Parteigenossen, strebten nach »Höherem«, nach Schulleiterposten in Ostoberschlesien oder noch weiter östlich. Einer wurde etwa 1942 Konrektor in Kattowitz. Der Verlauf des Krieges machte die weiteren Wünsche zunichte. Ein Lehrer gab sich zwar sehr katholisch, glaubte aber, alles miteinander vereinbaren zu können und kämpfte entschieden gegen das seiner jüdischen Herkunft wegen Alte Testament. Vater und er stritten darüber sehr heftig.

An der Seite des Schulhofes der Schule III stand das Toilettenhäuschen, eine Hälfte für die Mädchen, die andere für die Jungen. Bei Letzteren kam es häufig zu regelrechten Wettkämpfen, wer am höchsten pinkeln konnte. Vorgemacht hatten es Soldaten, denen zeitweise Teile der Schule als Einquartierung zur Verfügung standen. Auf dem Schulhof »kämpften« während der Pausen häufig zwei Schüler gegeneinander, weil sie miteinander irgendeine Rechnung zu begleichen hatten. Schnell bildete sich eine Traube von Schülern um diese Streithähne und feuerte je nach Sympathie den einen oder den

Lehrerkollegium der Schule III im Jahre 1941. Hintere Reihe von links: Hiller, Böhm, Goluschka, Stoll, Schyma, Grommitza, Stopik. Vordere Reihe sitzend: Tschauder, Halama, Suchanek, Zwirner/Achtelik, Kuschel, Suchanek, Uwira

anderen der beiden »Kämpfer« mehr oder weniger lautstark an. Sobald ein Lehrer in die Nähe kam, war die Keilerei zu Ende, falls das Nahen des Aufsichtführenden überhaupt wahrgenommen wurde. Manchmal bekamen die dabei erwischten Schüler danach den Rohrstock zu spüren, von dem übrigens besonders während des Unterrichtes, aber auch beim Herumtoben und Lärmen auf den Fluren oder in den Klassen nach den Pausen reichlich Gebrauch gemacht wurde. Es verging kaum ein Tag, an dem nicht irgendein Schüler, meist eine ganze Reihe, mit dem Rohrstock Bekanntschaft machten. Äußerst hart wurden die Schüler mit dem Stock bestraft, die über längere Zeit nicht zum Jungvolk-Dienst erschienen waren. Die Jungvolk-Führer wandten sich an einen bestimmtem Lehrer, der dann den Schwänzern auf diese Weise die Teilnahme am »Dienst« beibrachte. In Martinau besorgte das der vorher in Mechtal wohnhaft und tätig gewesene Schulleiter der dortigen Schule. Auch der Hausmeister der Schule III hatte meist einen Rohrstock unterm Arm und gebrauchte ihn regelmäßig. Oft lief er in der SA-Uniform herum. Während der Kampfhandlungen wurde er von den Sowjets erschossen.

Von Zeit zu Zeit bekamen alle Schüler über einen längeren Zeitraum im Laufe des Schulvormittags eine Vitamintablette, mit deren Hilfe die Abwehrkräfte des Körpers gestärkt werden sollten. Während der Vorweihnachtszeit gab es Gelegenheit, verschiedenartige Leuchter mit Kerzen des Winterhilfswerks zu bestellen. Alle waren mehr auf das Julfest als auf das althergebrachte Weihnachtsfest ausgerichtet. Ein besonderes Erlebnis waren Versuche mit flüssiger Luft, die in der Küche der Schule vorgeführt wurden. Dadurch sollte das naturwissenschaftliche Interesse und der »Forscherdrang« der größeren Schüler geweckt werden.

Hatte ein Lehrer oder eine Lehrerin Geburtstag, so wurden die Klassenräume am Nachmittag zuvor schön geschmückt. An die Tafel malten kunstschrifterfahrene, meist ältere Schüler, in vollendeter Form mit Ornamenten verzierte Glückwünsche. Oft gab es auch kleinere Geschenke. Große Freude lösten die Wandertage aus. Ein kleiner Rucksack wurde mit Proviant gefüllt und los ging es. Der Weg führte während der Grundschuljahre fast durchweg in den Kreiswald. Ziel war meist die Kreisschänke bei Martinau. Die Holztische und -bänke im Freien luden zur Rast und zum Verzehr der mitgebrachten Vorräte ein. Das Gelände selbst bot sich hervorragend zum Spielen an. Viel zu schnell gingen solche Tage zu Ende.

Während der letzten Kriegsjahre hatte jeweils ein Lehrer Luftschutz-Nachtdienst in der Schule, um im Notfall entsprechende Maßnahmen einleiten zu können. Für die Schüler begann der Unterricht nach nächtlichen Fliegeralarmen, die sich seit 1944 häuften, am anderen Morgen je nach Dauer des Alarms später.

Letzter Schultag an den Schulen in Mechtal und im Kreis Beuthen war Donnerstag, der 18. Januar 1945. An diesem Tag fehlten bereits viele Schüler, da sie sich mit ihren Müttern auf der Flucht befanden. Damit begann der große Exodus. Lehrerkollegium und teilweise die Schülerschaft wurden innerhalb weniger Tage in alle Himmelsrichtungen verstreut. Bald danach war die Schule III Quartier und Anlaufpunkt für die Frontsoldaten. Als Kinder schauten wir dem Treiben auf dem Schulhof zu, erlebten, wie diese Ihre Verpflegung und ihre Anweisungen erhielten. Als der Kampf bevorstand, gab es für immer zwei oder drei Soldaten gemeinsam eine Flasche Schnaps. Unmittelbar nach den Kampfhandlungen fiel das Schulgebäude Plünderungen anheim. Wertvolle Lehr- und Lernmittel flogen aus den Fenstern, wurden zerstört oder mitgenommen. Von der Lehrerschaft der Schule III erlebten die Damen Gromnitza, Kuschel und Stoll und die Herren Cibis, Galuschka, Ludewig, Stopik, der Pensionär Stephan und einige Andere die Kampfhandlungen und den Einmarsch der Roten Armee in Mechtal. Die Männer hatten bis zum Schluss Anwesenheitspflicht. Johanna Kuschel und Charlotte Stoll verließen Mechtal nach der ersten Einnahme des Ortes durch sowjetische Truppen. Alle Männer ihres oder des Nachbarwohnhauses in der Braustraße waren erschossen worden. Mit Hilfe und auf Anraten deutscher Soldaten, die Teile Mechtals noch einmal für kurze Zeit in ihren Besitz genommen hatten, kletterten sie auf einen Geschützwagen und kehrten dem Ort ihres langjährigen Wirkens für immer den Rücken.

Weitere Lehrer der Schule III

Ein Miechowitzer Lehrer und gleichzeitg ein leidenschaftlicher Naturfreund, Botaniker und Heimatkundler war August Brzenskot (1879–1958), der am 14. September 1879 in Kunzendorf im Kreis Wartenberg geboren wurde. Er war also kein gebürtiger Oberschlesier. Erst sein Studium am Lehrerseminar in Rosenberg O/S führte ihn nach Oberschlesien, dem er danach für immer verbunden blieb. Als Lehrer kam er über Danietz (1936 Bergdorf – heute: Daniec) und Ellguth-Turawa im Kreis Oppeln, nach Miechowitz. Vom Tage der Einweihung der Schule III im Jahre 1913 bis 1937, also 24 Jahre hindurch, wirkte er an dieser Schule. Danach war er von 1937 bis 1945 Konrektor in Stillersfeld, das er im Januar 1945 mit seiner Familie verließ. Neue Heimat nach dem Kriege wurde für ihn Cham im Bayerischen Wald, wo er am 20. Februar 1958 im Alter von neunundsiebzig Jahren an den Folgen eines Herzinfarktes im dortigen Krankenhaus verstarb.

Er durchwanderte die Wälder der Umgebung auf der Suche nach den dort wachsenden Pflanzen. Im Jahr 1928 brachte die »Heimatstelle Beuthen O/S« im Rahmen ihrer »Beiträge zur Heimatkunde des Beuthener Landes« als Heft Nr. 7 ein Ausflugsbüchlein mit Wegekarte von August Brzenskot unter dem Titel »Blumen im Miechowitz – Rokittnitzer Waldpark« für die heraus, die allein die Wälder durchstreifen wollten. In Miechowitz schuf er den ersten modernen Schulgarten, der später von der Mittelschule erweitert wurde. Für die Rokittnitzer Schule legte er ein Herbarium mit über tausend Pflanzen aus dem Beuthener Hinterland an. Dem Beuthener Museum schenkte er eine große Standortkarte der Flora des Beuthener Landes. Vorträge über die biologischen Aufgaben des Heimatschutzes gehörten zu seinen Lieblingsbeschäftigungen. Für interessierte Naturfreunde und Gruppen bot August Brzenskot botanische Wanderungen durch die Wälder des Beuthener Landes an.

Er gehörte zu den Lehrern, die ihr Wissen über die Schule hinaus auch an Andere weitergab. Sein Wirken stand bis zu seinem Tod ganz im Dienst für die Heimat. Hier legte er einen ersten modernen Schulgarten an, betätigte sich schriftstellerisch und veranstaltete Führungen durch die heimatlichen Wälder. Schüler, Lehrer, Mitglieder des Beuthener Kneip-Vereins, der verschiedenen Frauenvereine und die Schwestern des Miechowitzer Friedenshortes ließen sich besonders gern von ihm die Flora der Wälder im Beuthener Land zeigen. In der Zeitungsbeilage »Aus dem Beuthener Lande« erschienen weitere Veröffentlichungen: »Die höchste Erhebung in der Miechowitzer Gegend« und »Ein botanischer Streifzug durch den Miechowitz-Rokittnitzer Waldpark«.

In der »Arbeitsgemeinschaft für Heimatkunde« (Miechowitzer heimatkundliche AG) referierte er u. a. während der verschiedenen Tagungen über die biologischen Aufgaben des Heimatschutzes durch die Anlage von Herbarien, Terrarien, Aquarien in den Schulen und durch gut geführte Wanderungen.

Brzenskot war ein Mann immer frohen Mutes, den eine unbeschwerte Heiterkeit auszeichnete. Noch im Herbst 1957 traf er sich in München in voller Frische auf dem Heimweg von einer Kur in Bad Heilbronn mit dem letzten in demokratischer Wahl bestimmtem deutschen Oberbürgermeister von Beuthen, Dr. Knackrick, den die Nazis 1933 aus seinem Amt enthoben hatten. Zum Jahresende 1957 fühlte Brzenskot wohl das nahe Ende. Seinen Neujahrswünschen an Dr. Knackrick legte er das nachstehende Gedicht bei:

Zum Abruf muß man sein bereit
Nach dieser langen Lebenszeit,
Gelenktes Schicksal liegt hier vor,
Nachdenklich wird jetzt selbst der Tor.
Gar schnell verrinnt die teure Zeit,
Vorbei sind Kraft und Heiterkeit,
Man steht bald vor dem Himmelstor,
Der ew'ge Friede steht bevor.

Kein »Wanderheil« und »Wegeglück«
Bringt uns von drüben mehr zurück,
Wo jeder Kummer, jedes Leid
Sich auflöst in Glückseligkeit.

Neben der Gläubigkeit, die aus diesen Zeilen spricht, ist auch die Wehmut zu spüren, diese von ihm immer als schön angesehene Welt verlassen zu müssen.

Die Ahnung seines nahen Todes ließ ihn seine eigene Todesanzeige entwerfen, eine Liste mit den Namen aller zu benachrichtigenden Menschen, denen er nahe stand, anzufertigen und die Inschrift seines Grabsteines zu entwerfen. Noch am Tag vor seinem Herzinfarkt schrieb er die Anschrift der »Totenfrau« auf.

Der Probedruck seines Büchleins, den er auf der Flucht mitgenommen hatte, sollte nach seinem Willen in das Beuthener Archiv eingereiht werden, um immer Zeugnis zu geben von der Flora unserer Beuthener Wälder und von der Heimatliebe des Verfassers.

Johanna Kuschel (1895–1979), wohnhaft in der Braustraße 7, hatte ihre Ausbildung am Lehrerinnenseminar in Breslau erhalten. Ihre ersten Stellen waren von 1916 bis 1918 Geppersdorf in Schlesien, von 1918 bis 1934 Carlsruhe in O/S und danach bis Januar 1945 Miechowitz/Mechtal. In Carlsruhe kam sie an die Aufbauschule und unterrichtete Geographie, Deutsch, Geschichte und Französisch. Dort lernte sie auch Frau Charlotte Stoll (geboren 12. 11. 1899) kennen. Als sehr resoluter Frau wurde ihr bald die Leitung der Schule anvertraut, an der sie keinen Widerspruch duldete und Ordnung in allen darnieder liegenden Bereichen schuf. Als einzige Frau saß sie jahrelang im Gemeinderat von Carlsruhe und widmete sich der Arbeit beim Roten Kreuz. Letzteres tat sie auch in Mechtal. Während der Abstimmungszeit arbeitete sie unermüdlich für ein deutsches Oberschlesien. Die Verleihung des Schlesischen Adler-Ordens war eine Würdigung ihres furchtlosen Einsatzes für Oberschlesien. Zufällig wurden beide Damen, Frau Kuschel und Frau Stoll, infolge der Auflösung ihrer alten Schule nach Mechtal versetzt: Frau Kuschel an die Schule III und Frau Stoll zuerst an die evangelische Schule und nach deren Auflösung ebenfalls an die Schule III. Beide konnten sich an den Industrieort Miechowitz-Mechtal nie recht gewöhnen und waren nur ungern dort. Nachdem sie Mechtal nach dem ersten Einfall der Sowjets verlassen hatten, fanden sie Zuflucht auf einem Familiengut in Schlesien, bis sie 1947 endgültig von den Polen aus Schlesien vertrieben wurden. In Kirchweye bei Bremen fand J. Kuschel, in Braunschweig Ch. Stoll eine neue Bleibe. Nach ihrer Pensionierung ging J. Kuschel nach Heppenheim an der Bergstraße und kümmerte sich dort im Rahmen ihrer Kirchengemeinde um die alten Leute. Hatten Frau Kuschel und Frau Stoll in Mechtal eine gemeinsame Wohnung und verbrachten sie ihre Ferien getrennt, so lebten sie seit 1947 getrennt und verbrachten die Ferien miteinander. Der Verfasser begegnete beiden Damen während ihres Urlaubs zuletzt

1977 im Bayerischen Wald. Ein leichter Schlaganfall im September 1979 zwang Frau Kuschel, ihre Wohnung aufzugeben. Noch am hl. Abend des gleichen Jahres telefonierte sie mit ihren Angehörigen und schmiedete neue Reisepläne, die wenige Tage später der Tod zunichte machte. Über den weiteren Verbleib von Frl. Stoll ist leider nichts bekannt.

Agatha Gromnitza (* 1888 – † 1972 in Augsburg) aus der Stillersfelder Straße 4 war eine Flüchtlingslehrerin aus Ostoberschlesien (Kattowitz). Erst nach zwei Jahrzehnten eines armseligen Lebens in Mechtal-Miechowice nach 1945 gelangte sie in die Bundesrepublik nach Augsburg. Mühsam hatte sie sich in der Heimat durch privaten Unterricht ihren Lebensunterhalt verdienen müssen. Bis zuletzt sang sie im Kirchenchor der Corpus-Christi-Kirche in Miechowice. Wo immer Not in Miechowice herrschte, half sie trotz ihrer geringen Mittel immer wieder den leidenden Menschen.

Josef Böhm I (1879 –1955) aus der Braustraße 2 hatte seine Ausbildung am Lehrerseminar in Zülz erhalten und wirkte 46 Jahre, Generationen hindurch, an Miechowitzer-Mechtaler Schulen, am längsten von 1913 bis 1945 an der Schule III. Als Schüler haben wir ihn seiner väterlichen Art, seiner Güte und Abgeklärtheit wegen sehr gemocht. Während des Krieges fielen zwei seiner vier Söhne, Herbert und Josef. Die Flucht aus Oberschlesien endete für ihn in Dresden, wo er im Februar 1955 noch seine Goldene Hochzeit feiern konnte. Im November des gleichen Jahres erlag er einem langen und schweren Leiden.

Konrektor Ignaz Stephan, Grytzbergstraße 7, war ein Flüchtlingslehrer aus Königshütte (Chorzów) und zählte zu den Opfern der NS-Zeit in Mechtal. Wegen seines politischen Engagements als Vorsitzender der Zentrumspartei und als deren Mitglied Ratsherr im letzten frei gewählten Gemeinderat wurde er aus politischen Gründen vorzeitig in den Ruhestand versetzt. Nach dem Krieg musste auch er in Mechtal/Miechowice ohne jede finanzielle Grundlage ein elendes Leben fristen und sich durch privaten Polnisch-Unterricht das Notwendigste zum Leben verdienen. So hat er zweimal während seines Lebens unverdienterweise leiden müssen.

Hanns May (1893–1957), Lehrerseminar Zülz, aus der Kronprinzenstraße 2, war während beider Kriege Soldat, Offizier, kam nach dem Ersten Weltkrieg an die Schule III. In seiner Freizeit gehörte seine Stimme dem Männergesangverein. Nach Kriegsende gelangte er nach Osnabrück-Haste, wo er zwischen zwei Unterrichtsstunden im Oktober 1957 plötzlich verstarb.

Adolf Suchanek (1897–1966) aus der Stillersfelder Straße 21 kam aus dem Hultschiner Ländchen und stammte aus einer alten Lehrerfamilie. Nach Kriegsdienst und Gefangenschaft führte sein Weg an die Schule III. Seine Vorliebe gehörte dem Gesang und der Philosophie. Das Kriegsende verschlug ihn und seine Familie nach Westfalen in die Heimat seiner Frau, wo das Ehepaar neue Wirkungsstätten fand.

Richard Tschauder (1893–1977), Lehrerseminar Zülz, Karfer Straße 25, setzte sich als begeisterter Sportler für die Sportausbildung der Jugendlichen ein. Von 1943 an war er Konrektor in Ostoberschlesien. In Rumbeck bei Arnsberg in Westfalen fand er mit seiner Familie eine neue Heimat und wurde dort Konrektor.

Johannes Hiller (Knitta): Geboren am 16. Mai 1888 in Neustadt O/S. Lehrerseminar Oberglogau. Er heiratete 1919 in Münsterberg Helene Rieger und nahm am 21. Oktober 1937 den Familiennamen Hiller an. Seit 1938 lebte er in Beuthen und unterrichtete bis zum 18. Januar 1945 an der Schule III in Mechtal. Auf der Flucht wurde er in einen Vorort von Dresden verschlagen, wo er am 14. Februar 1945 verstarb. Seine Tochter (1920) und seine Enkeltochter (geb. 1946 in Lam/Bay. Wald) leben seit 1962 in Kalifornien/USA.

Genovefa Uwira, geb. 3.1.1891, hatte das Lehrerseminar in Breslau bis 1911 besucht und war seit dem 1.8.1926 bis zum 18. Januar 1945 in Miechowitz-Mechtal tätig. Sie wohnte in der Kirchstraße 2b. Sie galt als eine sehr musikalische Frau, war pantomimisch begabt und sorgte für Frohsinn im Kollegium. Sie war auf der Flucht nach Sachsen-Anhalt verschlagen worden. Über ihren weiteren Verbleib ist leider nichts bekannt.

Heinrich Schyma (1900–1976) studierte am Lehrerseminar in Tarnowitz. In Miechowitz wohnte er in der Fasaneriestraße 16 und war von 1920 bis 1939 an der Schule III tätig. Von 1939 an war er beim Militär.

Richard Stopik (1900–1972) wohnte ebenfalls in der Fasaneriestraße 16. Er hatte die Präparandie und das Lehrerseminar in seinem Heimatort Pilchowitz besucht. Im Herbst 1914 verlor er infolge eines Sportunfalls sein rechtes Unterbein. Von 1920 bis 1928 war er Lehrer an der »Höheren privaten Knabenschule – Fliegnerschule« in Beuthen und seit 1933 an der Schule III in Miechowitz. Als Hobbyfotograf interessierte ihn alles, was mit Fotografieren, Filmen usw. zu tun hatte. So wurde er 1934 Schulbildwart an der Schule III und 1938 Ortsbildstellenleiter als Nachfolger von Konrektor Albert Puntke. Das fehlende Bein bewahrte ihn vor dem Militärdienst und im Februar 1945 vor der Verschleppung in die Sowjetunion. Noch ist der primitive postkartengroße Zettel der Meldestelle Saarlandstraße in Beuthen erhalten. In kyrillischen Buchstaben mit grüner Tinte geschrieben heißt es darauf: »Stopik Richard kann nach Hause, da er nur ein Bein hat. gez. Borissowa – 14.2.1945«. Dieser Zettel ohne Kopf und Stempel diente lange Zeit als fragwürdiges aber wichtiges Ausweis-Dokument. Größte Sorge in Mechtal, das seit März 1945 Miechowice hieß und von den Polen übernommen worden war, bereitete die Beschaffung von Nahrungsmitteln. Tausch und Verkauf von Gegenständen aus der Wohnung auf dem »Wolny Handel« waren an der Tagesordnung. Aufgrund einer Denunziation durch eine Mechtalerin wurde R. Stopik von der Miliz verhaftet. In unserer Not suchte ich Herrn Pfarrer J. Lerch auf. Durch seine Vermittlung über den Bevollmächtigten der sowjetischen Kommandantur, den Ende Januar von den Sowjets eingesetzten Mechtaler Staschek, verfügte der sowjetische Ortskommandant die Freilassung. Sowjets und Polen waren sich zu diesem Zeitpunkt bereits nicht mehr grün. So war die Verhaftung ein Alarmzeichen. Im Mai 1946 verließ R. Stopik nach mehr als einem Jahr der Not und Drangsal mit seiner Familie auf abenteuerliche Weise Mechtal-Miechowice. Noch unmittelbar vor dem Weggang benachrichtigten zwei Mechtalerinnen, die sich in leeren Wohnungen der Fasaneriestraße 16 eingenistet hatten, darunter die Denunziantin vom Juli 1945, die polnische Miliz. Nur durch massive Bestechung konnte eine evtl. weitere Festnahme verhindert werden. Knapp eine Woche später fand er mit seiner Familie in dem 1.200 Einwohner zählenden Dorf Runstedt im Kreise Helmstedt an der Zonengrenze in einer erbärmlichen Unterkunft eine neue Bleibe. Dort erfolgte wenige Monate später die Übernahme in den Schuldienst des damaligen Landes Braunschweig. Im gleichen Jahr wählten ihn die Vertriebenen dieses Ortes zu ihrem Flüchtlingsbetreuer. Fast 15 Jahre hat er dieses Amt mit Hingabe ausgeübt und Hunderten von Hilfesuchenden mit Rat und Tat zur Seite gestanden. Als CDU-Ratsherr wirkte er bis zum Abriss des auf Braunkohle stehenden Ortes im Rat der Gemeinde, wo er die Belange der Vertriebenen und die Interessen des zum Sterben verurteilten Dorfes vertrat. Zuletzt war er Ratsvorsitzender, als der er in die Geschichte dieses nicht mehr existierenden Ortes eingegangen ist. Neben diesen Tätigkeiten sorgte er sich als Kirchenrat um die Angelegenheiten der kleinen Diasporagemeinde Wolsdorf, zu der Runstedt gehörte. In den Mittagsstunden des 14. Januars 1972 starb er ganz plötzlich. Seit dem 20. Januar 1972 ruht er auf dem Friedhof der 1200-jährigen Salzstadt Schöningen am Elm, fern seiner oberschlesischen Heimat, der er bis zuletzt eng verbunden und die wiederzusehen, ihm nicht vergönnt war.

Ruth Zwirner, geb. Achtelik (1912), Technische Lehrerin, lebte in Düsseldorf und war 85 Jahre alt, als ich 1997 zuletzt mit ihr telefonierte. Ihre erste Stelle als Junglehrerin führte sie nach Dramatal und anschließend nach Mechtal an die Schulen I und III. An der Schule III legte sie ihre zweite Prüfung als technische Lehrerin ab. Im März 1941 heiratete sie den an der Ransdorfer Schule wirkenden Lehrer Heinz Zwirner. In einer Festschrift anlässlich zweier Dienstjubiläen an der Schule III in Mechtal wurde dieses Hochzeitstages gedacht und für den vielen Hochzeitskuchen, den die nunmehrige Frau Zwirner Ihren Kolleginnen und Kollegen hatte zukommem lassen, vielmals gedankt. Sie war das jüngste Kollegiumsmitglied und fühlte sich in den beiden Kollegien wohl und glücklich, wie sie noch heute betont. Gern noch erinnerte sie sich an die Mitglieder ihrer Kollegien, an ihre Fähigkeiten und Eigenarten. Für eine ältere Kollegin allerdings war es damals unfassbar, nun eine verheiratete Dame in ihrem Kollegium erdulden zu müssen.

Als sich ihr erstes Kind anmeldete, wechselte sie in ihren Heimatort Klausberg. Hier traf sie das Schicksal. Am Tag des Russeneinmarsches, am Freitag, dem 26. Januar 1945, gebar sie Zwillinge, zwei Töchter. Nun hatte sie drei Töchter. Erster Besucher am Wochenbett war ein russischer Soldat, der allerdings sehr kinderlieb und nett war. Tagtäglich machte sich ihr Vater in dieser gefährliche Zeit auf den Weg, um irgendwo ein wenig Milch für die Babys aufzutreiben. So gelang es, die Kinder am Leben zu erhalten. Trotz der widrigen Lebensumstände entwickelten sich die Kleinen gut. Vom Ehemann und Vater erhielt Frau Zwirner 1946 das erste Lebenszeichen aus Westdeutschland. Mit ihrer dreijährigen ältesten Tochter machte sie sich auf den Weg zu ihrem Mann. Die Zwillinge blieben zunächst bei der Oma und Schwester in Klausberg. Der Zug in den Westen endete in einem Lager der damaligen Sowjetischen Besatzungszone und verhinderte ein Wiedersehen mit dem Gatten und Vater. Erst die Flucht aus dem Lager nach Berlin ermöglichte dieses. Bis 1948 noch, ehe ein Rot-Kreuz-Transport die Zwillinge »heimbrachte«, mussten Eltern und Schwester warten, bevor sie beide, die inzwischen perfekt polnisch sprachen, wieder in ihre Arme schließen konnten. Nun erst konnte ein gemeinsames Familienleben beginnen. In der Nähe von Grevenbroich fand die Familie Zwirner eine Unterkunft und Anstellung. Einige Jahre später, 1952, gingen Zwirner's nach Düsseldorf. Dort setzte sich der Ehemann Heinz. Zwirner, der in Beuthen studiert hatte, ein großer Sportler und ein begeisternder Lehrer war, ganz für die Belange der geistig Behinderten ein. Er wurde Leiter einer großen Sonderschule. Sein Ziel war die Frühförderung in Kindergärten, Schule und Werkstatt. Auf zahlreichen Kongressen der Internationalen Liga für geistig Behinderte vertrat er die Bundesrepublik in aller Welt. In Anerkennung seiner Leistungen erhielt er vom Bundespräsidenten das Bundesverdienstkreuz am Bande und von der Lebenshilfe als fünfter Bundesbürger die goldene Ehrennadel. Seit 1979 lebte er im Ruhestand. Im April 1986 verstarb H. Zwirner ganz plötzlich. Später erhielten zwei Studentinnen für ihre Examensarbeit das Thema »Heinz Zwirner als Pionier der Schulen für geistig Behinderte«. Ruth Zwirner kann heute auf ein interessantes und zum Teil schweres Leben zurückblicken. Ihre Freude sind Ihre Töchter und deren Familien, die alle in ihrer Nähe leben.

Die evangelische Schule

Über die evangelische Schule von Miechowitz-Mechtal ist leider wenig bekannt. Ihre erste Bleibe hatte sie im ehemaligen Miechowitzer Krankenhaus, das vom Sonnenplatz aus gesehen, an der Ecke der Kirchstraße stand. 1933 konnte sie in das Untergeschoss der neuen Adamczyk-Schule auf dem Sonnenplatz einziehen. Im Zusammenhang mit der Auflösung der konfessionellen Schulen durch die Nationalsozialisten zum Beginn des Krieges mussten die Schüler dieser Schule die anderen Volksschulen des Ortes besuchen. Es sind kaum Namen von Lehrern dieser Schule bekannt. 1919 war ein Herr Weinhold Schulleiter, der aber bald Miechowitz verließ. Zuletzt unterrichteten an der evangelischen Schule u. a. ein Herr Hörbiger, Frau Elisabeth Stephan und Frau Charlotte Stoll.

Die Mittelschule

Die Bestimmungen vom 3.2.1910 über die Neuordnung des Mittelschulwesens in Preußen sagten eine vielversprechende Schulart voraus, deren großer Nachteil es allerdings war, keine Berechtigungen vergeben zu können. Das war schwer in einer Zeit, in der überall solche Schulabschluss-Nachweise höherer Schule nachgewiesen werden mussten. Aus diesem Grund konnte sich die Mittelschule nur langsam entwickeln. Gegner diese Schulart kamen vor allem aus linksgerichteten Kreisen und zum Teil aus der Volksschullehrerschaft. Auf der einen Seite rief man nach der Hebung der Volksschulbildung, auf der anderen lehnte man die selbständige Mittelschule (heute Realschule) ab. Argumente für die Mittelschule waren die Forderungen der Industrie und des Handels nach einer gesteigerten Ausbildung von Jungen und Mädchen für ihren Bereich. Ebenso verlangte der Ausbau des staatlichen und kommunalen Beamtenapparates nach einer geeigneten Vorbereitung für die Beamten des Mittelbaus im Verwaltungsdienst von Staat und Gemeinde. Diese Forderungen vermochte die Volksschule allein unter den in ihr gegebenen Bedingungen nicht zu leisten. Immer stärker wurde daher der Ruf nach einer Schulart zwischen der Volksschule, die Grundlagen für alle legte, und der höheren Schule verlangt, die zur wissenschaftlichen Arbeit ausbildete. In Beuthen kam es am 1. April 1920 zur Gründung einer katholischen Mittelschule mit je einer Jungen- und einer Mädchenklasse. In den Räumen der Volksschule V an der Kurfürstenstraße erhielten die neuen Mittelschulklassen die notwendigen Räumlichkeiten. Zur Aufnahmeprüfung hatten sich 76 Jungen und 40 Mädchen gemeldet, von denen 50 Jungen und 30 Mädchen aufgenommen wurden. 1925 konnten zum ersten Mal Zeugnisse der mittleren Reife erteilt werden. Inzwischen besuchten 443 Schüler diese Schule, die aus allen Teilen des Kreisgebietes kamen.

Zum 1. Juni 1925 gab es neue Bestimmungen für die Mittelschulen, die höhere Lernziele verbindlich machten. Auch in Miechowitz wurde die Einrichtung einer Mittelschule diskutiert. Initiatoren und Vorkämpfer für diese Schulart waren der damalige Miechowitzer Bürgermeister Dr. Lazarek (1878–1931) und der damalige Beuthener Schulrat Viktor Grzesik (1882–1960), die eine Mittelschule für Miechowitz schließlich auch durchsetzten. Die offizielle Einrichtung der Miechowitzer Mittelschule erfolgte 1923 mit zwei Klassen. Einzugsbereich der neuen Mittelschule waren neben Miechowitz die umliegenden Orte Rokittnitz-Martinau, Stollarzowitz-Stillersfeld, Bobrek und Karf. Räume erhielt die Schule im grauen Gebäude der Schule I an der Kirchstraße gegenüber der Kreuzkirche. Aus Raummangel mussten später Klassen auch im alten Gebäude der Schule I untergebracht werden. Erster Rektor wurde Josef Korgel (1883–1935), der zuvor Rektor an den Schulen II und III war. Neben seinem Beruf dirigierte er den Männergesangverein und den Lehrerchor. Während der Abstimmungszeit war er Abstimmungskommissar von Miechowitz.

Nach dem Tode Korgels übernahm Viktor Zmieschkol (1889–1945) von 1935 bis zum Januar 1945 die Leitung der Mittelschule. Am Sonntag, dem 28. Januar 1945, wurde er gemeinsam mit seinem Konrektor Burschka und dem Hausmeister in Beuthen in der Parkstraße gegenüber der Brauerei und Parkapotheke von sowjetischen Soldaten erschossen. Sie hatten sich dort in einem Keller von Verwandten des Hausmeisters aufgehalten.

Konrektor Alfred Burschka (1890–1945) machte sein Abitur in Hindenburg und studierte in Breslau. Er war letzter Vorsitzender der Zentrumspartei in Miechowitz und Leiter des Turnvereins. Während des Krieges sollte er Schulrat in den besetzten Ostgebieten werden, was er ablehnte. Am 28. Januar 1945 fand er durch sowjetische Soldaten in der Parkstraße in Beuthen den Tod. Seine letzte Ruhestätte fand er am 8. Februar 1945 auf dem Kommunalfriedhof in Beuthen (136/1945/Einzelgrab Nr. 28/Feld I).

Zu den Mitgliedern des Lehrerkollegiums der Mittelschule im Laufe der Jahre zählten: Herr Bialas, Josef Bolik, Ernst Danisch, Maria Freihöfer, August Galuschka, Alfred Hanke, Heider, Konrektor Jung, Steffi Kytzia, Erhard Palla (Palder), Scholz, Josef Schmidt und Stephan Wietzorke. Eine weitere Lehrkraft war Alfons Perlick, der nach seiner Lehrertätigkeit von 1930 bis 1945 Dozent und später Professor an der Pädagogischen Akademie in Beuthen war. Nach dem Krieg hatte er einen Lehrstuhl an der Pädagogischen Hochschule in Dortmund. Er war Heimatforscher und Herausgeber zahlreicher Schriften in Schlesien und in Nordrhein-Westfalen.

Das Schulleben an der Mittelschule war vielfältig. Eine besondere Bedeutung kam dem von Herrn Heider gegründeten Schulchor zu. Zu reifem Können wurde er von Josef Schmidt-Greisau geführt, der auch das Schulorchester und eine Gitarrengruppe ins Leben rief. Später übernahm dann Alfred Hanke die musikalische Erziehung an der Mittelschule. Der Chor gestaltete alle schulischen Feste. Auch außerhalb der Schule musste und konnte der Chor immer wieder sein Können unter Beweis stellen. Höhepunkte der Chorarbeit stellten mehrere Auftritte im Rundfunk dar. Daneben kam auch dem Laienspiel eine besondere Pflege zu.

Viele Schüler dieses Chores stießen später aufgrund ihrer guten musikalischen Ausbildung zum »Mechtaler Singekreis« unter Georg Magiera und bildeten dort den Stamm des stimmgewaltigen Chores. Er hatte an Hunderten Rundfunksendungen mitgewirkt und einen festen Platz im Programm der Sender Breslau, Gleiwitz und Kattowitz. Damals galt er als einer der besten gemischten Jugendchöre Deutschlands.

Da das Fach Heimatkunde kein Fach der Mittelschule mehr war, wurde eine Heimatkunde-Arbeitsgemeinschaft gegründet, die sich mit den Anliegen der Heimat und der Geschichte der Heimat beschäftigte. Dieser AG schlossen sich wider alle Erwartungen viele Schüler an. Der von Lehrer Brzenskot angelegte erste Schulgarten von Miechowitz fand durch die entsprechende AG der Mittelschule eine umfangreiche Erweiterung.

Höhepunkte des Schullebens bildeten mehrtägige Klassenfahrten, die

z. B. nach Berlin, Dresden, Weimar, Eisenach, Wien, ins Riesengebirge und in den Spreewald führten. Wieder heimgekehrt, ließen die Schüler ihre Erlebnisse und Eindrücke vor Eltern und Lehrern noch einmal lebendig werden. Nach der Schulzeit fanden die Absolventen der Mittelschule Anstellungen in Wirtschaft, Handel und Industrie. Andere gingen auf die Beuthener Oberrealschule, um das Abitur zu machen und danach zu studieren.

Ein ehemaliger Schüler der Mechtaler Mittelschule, Joachim Kroll, Mittelschüler von 1939 bis 1945, beschreibt in acht Folgen seine Erlebnisse als Mittelschüler bis zum Ende als Flackhelfer und Soldat in sehr interessanter Weise. Unter anderem beschreibt er auch seine damaligen Lehrer. Bei der nachstehenden Darstellung einiger Lehrkräfte der Mittelschule beziehe ich mich zum Teil auf seine Ausführungen:

Von den Schülern besonders geschätzt und geliebt wurde Frau Steffi Kytzia. Ihr, die immer sachlich und nie aufbrausend war, gehörte stets das Vertrauen ihrer Schüler. Durch ihre mütterliche Güte und ihre natürliche Autorität gelang es ihr, das ihre Klassen hervorragende Leistungen erbrachten. Dafür danken ihr die Ehemaligen bis heute.

Alfred Karl Maria Hanke, Mittelschul- und akademischer Musiklehrer wohnte mit seiner Familie in der Hindenburgstraße. Er wurde am 4. Juni 1899 in Radzionkau im Kreis Tarnowitz als viertes von acht Kindern geboren. Sein Vater war Hauptlehrer. Nach der Volksschulzeit bereitete sich Alfred auf einer Präparandie auf das spätere Lehrerstudium vor. In Breslau studierte er nach der Lehrerausbildung Musik und wurde akademischer Musiklehrer (heute: Dipl. Musiklehrer) und Mittelschullehrer. Während der Zeit seines Studiums lernte er seine spätere Frau Thea Gebauer, eine Mitstudentin, kennen.

In der Zeit der großen Lehrerarbeitslosigkeit in den zwanziger Jahren musste Alfred Hanke zeitweise in einem Sägewerk arbeiten. Seine erste Anstellung erhielt er am Ursulinen-Lyzeum in Ratibor. Im Jahre 1932 verschlug es ihn mit seiner Familie für vier Jahre nach Lichtringhausen in der Nähe von Attendorn im heutigen Naturpark Ebbegebirge im Sauerland. Von dort kam er 1935 nach Miechowitz. In den Jahren von 1936 bis 1945 prägte er das Musikleben entscheidend mit leitete den Cäcilienchor und einen Volksliederchor. Er komponierte u. a. Gedichte von Ludwig Chrobok, so das »Mechtaler Heimatlied«.

An der Mittelschule gab er Musik, Deutsch und Sport. Nach Aussagen des o. g. ehemaligen Schülers war er Musiker mit Leib und Seele, bei dem die

Schüler viele schöne deutsche Lieder gelernt hatten, die sie bis heute erfreuen. Hanke gründete sogar eine Klassenkapelle, in der sein Sohn Peter und Gerhard Markiefka die Geige und ein anderer das Cello spielten. Im Frühjahr 1945 fand er als Volkssturmmann im Raum Neisse den Tod.

August Galuschka (1888–1959), wohnhaft in der Schlageterstraße 18, war Flüchtlingslehrer aus Neudeck und ist danach an der Schule III und an der Mittelschule in Miechowitz-Mechtal tätig gewesen. 1945 wurde er von den Sowjets verschleppt. Eine neue Heimat fand er nach seiner Rückkehr in Bamberg. Seine Kollegen nannten ihn einen »... viel gewandten, tüchtigen Lehrer, Biologen und Germanisten ... «. Von ihm existieren noch zwei Festlieder aus dem Jahr 1941, die er anläßlich der 25-jährigen Jubiläen zweier Kollegen der Schule III geschrieben hat. In ihnen zeichnet er humorvoll, aber auch kritisch das Wirken der Jubilare. Dazu war er sehr musikalisch und komponierte. Eine seiner Leidenschaften war das Schmetterlingssammeln. Oft konnte man ihn allein mit einem Schmetterlingsnetz und einer Tasche im Mechtaler Wald begegnen. Kroll schreibt, wie er während eines Wandertages im Kreiswald hinter Herrn Galuschka herging und romantische Jugenderinnerungen bei ihm zu entdecken glaubte: »Er wanderte ganz lässig, die Hände auf dem Rücken, und summte vor sich eine Melodie hin. Ich lauschte, ahmte ihn nach und behielt folgendes Liedchen: › ... Rose rot, Rose weiß, wie süß ist doch Dein Mund, Rose rot, Rose weiß, Dein denk' ich alle Stund', alle Stund', bei Tag und Nacht wie Dein Mund mir zugelacht, Dein roter Mund, Dein roter Mund .... ‹«.

Über Konrektor Jung berichtet er, wie er mitten in der Kriegszeit die Schüler ermunterte: »Jungs, wenn ihr mal erwachsen seid, müsst ihr nur das Zentrum wählen!«. Ganz kritisch dagegen sieht er Frau Elfriede Macha, die Englischlehrerin: » ... Die Schläge, die Frau M. manchmal während des Unterrichtes erteilte, würden wir aus heutiger Sicht als kriminell bezeichnen.« Er gesteht allerdings, dass das bei ihr gelernte Schulenglisch so gut war, um damit im Leben bestehen zu können.

Maria Freihöfer, die Englisch und Französisch lehrte, wird als sehr streng bezeichnet. Er schildert sie als ein Vorbild an Selbstdisziplin, die jede ihrer Stunden sorgfältig vorbereitet und den Schülern ein geordnetes Lernen beigebracht hatte. Sein bei ihr erlerntes Französisch sei so gut gewesen, dass er sich später mühelos in dieser Sprache unterhalten konnte.

Ernst Danisch zeigte den Schülern, dass es etwas für sich hätte, über den Dingen zu stehen. Er brachte den Schülern auch nicht nur die Elemente der

Mathematik bei, sondern auch das Verständnis für sie. Herr Scholz (Deutsch und Mathematik) vermittelte das Wissen auf souveräne und unverkrampfte Art. Deshalb und wegen seines hintergründigen Humors, seiner Selbstironie, seines steten Wohlwollens und seines ernsthaften Forderns wegen mochten ihn seine Schüler. Bei ihm lernten sie zudem, was es hieß fair zu sein.

Josef Schmidt war nach diesem ehemaligen Schüler ein jungenhafter, schlanker Typ, dem die Herzen aller Mädchen zuflogen. Als er eines Tages verkündigte, dass er heiraten werde, war es damit vorbei. Seine Frau hieß Ilse und er zitierte den bekannten Auszählreim auf seine Weise:

»Ilse, Bilse, niemand will' se.

Kam der Schmidt und nahm sie mit.«

Sie war ein ebenso froher Mensch wie ihr Mann und konnte natürlich sehr gut singen. Für die Schüler war es eine große Freude während der Wandertage mit ihr zu singen.

Den Geschichtsunterricht erteilte ein inzwischen überzeugter Nationalsozialist. Jede Stunde begann mit dem »Deutschen Gruß« und dem Lied »Es zittern die morschen Knochen ... «. Der letzte Bericht des Oberkommandos der deutschen Wehrmacht musste zu jeder Stunde auswendig gelernt werden. Ebenso hatte jeder über die Lage an den Fronten und über alle Sondermeldungen gut informiert zu sein. Seinen Schülern prägte er ein, sie wären die auserwählte Generation, die das Glück hätten, die Wende der Zeit erleben zu dürfen. Erst als der Niedergang zu erkennen war, ließ er von den markigen Sprüchen und dem Absingen des obigen Liedes ab. Dass die Wende eine andere war, als er sie sich vorstellte, ist jedem bekannt. Ihn selbst erschossen die Sowjets im Januar 1945 in Beuthen.

Für die Schüler der oberen Klassen endete die Schulzeit während der letzten Kriegsjahre in der Regel als Luftwaffenhelfer. Der Jahrgang 1928 zum Beispiel erhielt im Januar 1944 den Einberufungsbefehl. Einige dieser Schüler waren im Dezember gerade 15 Jahre alt geworden.

Ein ehemaliger Schüler, Diplom-Ingenieur, hob besonders die überaus hervorragende Qualität des Unterrichtes hervor, die für alle Fächer galt und vor allem ein Erfolg der Lehrer war. Das war auch in der Stadt und im Land Beuthen bekannt und zeigte sich in den erfolgreichen Leistungen ihrer Schüler auf den weiterführenden Schulen und im Beruf. So haben zahlreiche Schüler und auch er mit dem an der Mittelschule erhaltenen Wissen mit bestem Erfolg die strenge Aufnahmeprüfung in die Obersekunda der Oberrealschule bestanden. Der Unterricht an der Mittelschule war vielseitig.

Bereits damals wurde auch Stenographie gelehrt. Der Fremdsprachenunterricht wurde der korrekten Aussprache wegen durch den Einsatz von Schallplatten mit englischen und französischen Texten unterstützt. Die meisten Schüler sahen in dieser Methode nur Positives. Schüler, die im Anschluss an die Mittelschule ein humanistisches Gymnasium besuchen oder eine geistliche Ausbildung absolvieren wollten, erhielten nach dem normalen Vormittagsunterricht privaten Latein- und Griechischunterricht.

Materiell war die Schule relativ gut ausgestattet. In dem für das Schulwesen in der Gemeinde Mechtal zuständigen Amtmann Hayn hatte die Mittelschule einen zwar kritischen aber wohlwollenden Partner, der zahllose begründete Neuanschaffungen ermöglichte: Bücher, Landkarten, Lehrmittel für alle Fächer und Einrichtungsgegenstände.

Zusammenfassend kann gesagt werden, dass Miechowitz-Mechtal eine sehr schulfreundliche Gemeinde war. Alle Schulen hatten eine gute Ausstattung und einen vorbildlichen Lehrmittelbestand. Telefon und Schreibmaschine gehörten zum Inventar jedes Rektorzimmers, damals durchaus keine Selbstverständlichkeit. An die Einstellung einer Sekretärin wagte wohl kaum jemand auch nur im Traum zu denken. Diese konnten nur Gymnasien für sich beanspruchen.

Schon Ende der zwanziger Jahre gaben Fachleute verschiedener Regierungsstellen positive Urteile über die Schulen in Miechowitz und in Oberschlesien ab. Hervorgehoben wurde u. a. eine um ihre Weiterbildung bemühte Lehrerschaft, die Kollegialität innerhalb dieser, die Verbindung von Unterricht und Erziehung und ein hoher Stand der Schülerleistungen. Der Ministerialdirektor Kaestner vom preußischen Kultusministerium erklärte nach einem Besuch oberschlesischer Schulen im Mai 1926, wie es aus einem Protokoll des preußischen Landtages hervorgeht, das Schulwesen in Oberschlesien habe einen besonders starken Eindruck auf ihn gemacht. Es stehe dem westlichen Schulwesen in keiner Weise nach. Ein gutes Zeugnis für eine Region des Deutschen Reiches, die zur damaligen Zeit vielen fremd und abgelegen erschien.

Lehrerverbände in Beuthen und Miechowitz

Während der siebziger Jahre des 19. Jahrhunderts begannen sich die Lehrer und Lehrerinnen in ganz Deutschland zu Lehrerverbänden zusammenzuschließen. In Beuthen entstand zur Zeit des Kulturkampfes zunächst ein Lehrerverein, zu dessen Gründung alle Lehrer und Lehrerinnen eingeladen worden waren. 1875 kam es zur Bildung eines zweiten Lehrerverbandes, der sich den Namen »Lehrer-Fortbildungsverein zu Beuthen O/S« gab. Ihm gehörten nur katholische Lehrer an. Vom Jahre 1889 an nannte sich dieser Verband »Verein katholischer Lehrer«. In dem damals noch relativ kleinen Beuthen mit ca. 20.000 Einwohnern existierten also zwei Lehrerverbände, die später trotz aller anfänglichen Querelen in gutem Einvernehmen nebeneinander gewirkt haben. Dachverband für den Beuthener Verein war zunächst der »Schlesische Provinzial-Lehrerverein zu Breslau«. Nach Auseinandersetzungen vorwiegend inhaltlicher Art verließen die katholischen Lehrer diesen Dachverband und schlossen sich 1893 dem »Verein katholischer Lehrer Schlesiens« an und 1906/07 dem »Verband der katholischen Lehrer Deutschlands«.

Als ihre Aufgabe sahen die Lehrervereine außer standespolitischen Anliegen besonders die Fortbildung der Lehrer an. Neben der Pädagogik bildeten wissenschaftliche Vorträge einen wesentlichen Beitrag in der Lehrerfortbildung (Psychologie, Geschichte, Geographie, pädagogische Wissenschaft und Praxis, Arbeitsschule, Literatur, Musik usw.). Große Bedeutung kam den Arbeitsgemeinschaften des Vereins zu, die sich intensiv mit schulpolitischen, wirtschaftlichen und pädagogischen Fragen auseinander setzten.

In Miechowitz gründeten die katholischen Lehrer 1884 einen eigenen Verein, dem fast alle katholischen Lehrer aus Miechowitz und Karf angehörten. Zielsetzung und Arbeit ähnelten der des Beuthener Verbandes. Auch hier stand die Lehrerfortbildung im Vordergrund. 1915 hatte der Verein 53 Mitglieder, von denen 21 beim Militär waren. 1920 waren es 66 Mitglieder. Über die Hälfte von ihnen erschien regelmäßig zu den Verbandstagungen. Im Mittelpunkt standen oft Zeitprobleme, etwa »Tuberkulose, ihre Entstehung und Vorbeugung«, »Bergbau und Hüttenwesen«, »Neuerungen auf dem Gebiet des Telegraphenwesens«, »Der Kinematograph als Volksunterhaltungsmittel« und andere aktuelle Themen. Die Vielseitigkeit des Miechowitzer Vereins zeigte sich auch in seiner Mitgliedschaft im »Beuthener Museumsverein« und in der »Arbeitsgemeinschaft für Volkskunde«.

Vom 4. bis 7. Oktober 1925 fand im Beuthener Schützenhaus die 17. Hauptversammlung des »Vereins katholischer Lehrer Schlesiens« mit einem umfangreichen Programm statt. Etwa 70 Verlage und Lehrmittelhersteller boten ihre Produkte an. Einige dieser Aussteller gibt es heute noch. In der eigens herausgegebenen Festschrift inserierten viele bekannte Beuthener Unternehmen und Geschäfte, darunter auch der Vater von Max Tau, der zu den berühmtesten Söhnen Beuthens zählt.

Führende Männer im Miechowitzer Lehrerverein waren Hauptlehrer Seiffert, erster Vorsitzender des Miechowitzer Lehrervereins und seit 1919 Ehrenvorsitzender und Ehrenmitglied, Viktor Sollor (geb. 1853), von 1873 bis 1913 Lehrer in Miechowitz, Konrektor Johannes Sliwka (1868–1935), Johann Pawletta (1859–1920), Konrektor Rudolf Podlesny (1873 – ?), Erich Rinnbauer (1886–1931) und Hanns May (1895–1957).

Neben dem Lehrerverein hatten sich die Lehrerinnen im »Verein katholischer deutscher Lehrerinnen« zusammengeschlossen und waren dem Beuthener Verein beigetreten. Die Miechowitzer Abteilung leitete die Konrektorin Hedwig Glogasa.

Nach ihrer Regierungsübernahme lösten die Nationalsozialisten am 1. Juni 1933 alle Reichsverbände der deutschen Lehrerschaft mit 300.000 Mitgliedern auf. Pflichtorganisation für die gesamte Lehrerschaft wurde danach der »Nationalsozialistische Lehrerbund« (NSLB).

Weitere schulische Einrichtungen in Miechowitz/Mechtal

Die Gewerbliche Fortbildungsschule

Zu Beginn des Jahres 1925 entstand in Miechowitz eine vierklassige gewerbliche Fortbildungsschule, die von etwa 120 Schüler besucht wurde. Fachlehrer und Miechowitzer Volksschullehrer erteilten dort den Unterricht.

Die Waldschule

Während der Notzeiten der zwanziger Jahre litten in Miechowitz viele Kinder an TBC und anderen Lungenkrankheiten, hervorgerufen durch Armut infolge von Arbeitslosigkeit. Um diesen Kindern zu helfen, richteten die Gemeinde und die Preußengrube August 1927 im Miechowitzer Wald zwischen Eva-Platz und Kleinem Stern ein Erholungsheim in zwei eigens dafür errichteten Baracken ein. Die Preußengrube übernahm die Finanzierung, die

Grauen-Schwestern aus dem Marienkloster führten das Heim und Lehrer Georg Kuschnierz, später Kürschner, war für den unterrichtlichen Bereich zuständig. Regelmäßig lebten etwa 50 Kinder in diesem Waldheim, wo ihr Gesundheitszustand ständig von Ärzten überwacht wurde. Für die Übernachtung der schwerer erkrankten Kinder standen 32 Betten zur Verfügung. Spiel-Gymnastik, Wandern und Unterricht, Ruhe und Liegekuren wechselten im Tagesprogramm der Waldschule einander ab.

Später musste diese segensreiche Einrichtung aus finanziellen Gründen aufgegeben werden. Die Anlagen, die sich bis an den Weg zum Düsterblick erstreckten, bestanden bis auf die beiden Baracken bis zum Kriegsende und danach. Für uns Kinder waren die schönen, terrassenförmig angelegten Wasseranlagen herrliche Spielplätze bei den sonntäglichen Spaziergängen.

Kindergarten und pädagogische Einrichtungen im St. Georg-Stift

Im Jahr 1897 entstand in Miechowitz das von den Grauen Schwestern der heiligen Elisabeth geleitete Marienkloster. Am 12. Juni 1904 eröffneten diese dort das Waisenhaus St. Georg. Fünfzig 10 bis 14 jährige Kinder, Voll- und Halbwaisen aus Bergmannsfamilien, die aus Miechowitz, Rokittnitz, Karf und Bobrek stammten, lebten in diesem Haus. Gemeinden und Grubenverwaltungen übernahmen die Kosten.

Neben dem Waisenhaus unterhielten die Schwestern einen Kindergarten, damals Spielschule genannt. Rund 150 Kinder im Vorschulalter besuchten diese Einrichtung, die im Januar 1945 ihre Pforten schloss.

Unzählige junge Mädchen erlernten bei den Schwestern in der Näh- und Handarbeitsschule alles, was mit Hand- und Näharbeiten, wie sie im Hause vorkamen, zusammnenhing.

Nach dem Einmarsch der Roten Armee in Mechtal existierte nur noch das Waisenhaus mit den aus Krankheitsgründen nicht evakuierten Kindern weiter. Inzwischen hatten dort auch Kinder, deren Väter durch die Sowjets erschossen oder verschleppt worden waren und deren Mütter fehlten, Aufnahme gefunden. Noch als Mechtal polnisch geworden war, klangen aus diesem Haus von den Kindern gesungene deutsche Lieder. 1962 übernahm der polnische Staat das Waisenhaus, um letztlich eine kommunistische Erziehung zu garantieren. Bergschäden zwangen Jahre später zum Abriss dieser Gebäude. Nur noch das Schwesternhaus erinnert heute an die einstige Anlage.

Pädagogische Einrichtungen im Friedenshort

Ein zweiter Kindergarten gehörte zu den Anstalten des Friedenshortes. Zu ihnen zählte auch ein Kindergärtnerinnen-Seminar, an dem allerdings nur Schwestern der Friedenshortstiftung ausgebildet wurden. Die Nationalsozialisten schlossen diese Einrichtung, da nach ihrer Auffassung christliches Gedankengut bei den Ausbildung von Kindergärtnerinnen nichts zu suchen hatte. Eine weitere Abteilung bildete eine private Friedenshort-Heim-Schule, in der vier Schwestern etwa 70 Schüler unterrichteten, und eine Haushaltungsschule. Eine Hilfsschulklasse (Sonderschulklasse) für Zöglinge des Hauses vervollständigten die pädagogischen Einrichtungen des Friedenshortes.

Schulen im heutigen Miechowice

Im März/April 1945 übernahmen die Polen Mechtal, das in Miechowice umbenannt wurde. Die oben erwähnten Miechowitz/Mechtaler Schulen erlebten ihre Umwandlung in polnische Schulen. Seit Januar 1945 hatte es keinerlei Unterricht mehr gegeben. Im April 1945 etwa wurden die polnischen Schulen eröffnet. Alle in Mechtal lebenden schulpflichtigen Kinder mussten im Rahmen der Zwangspolonisierung nun diese polnisch gewordenen Schulen besuchen. Der Unterrichtet wurde nur in polnischer Sprache erteilt. Die nicht des Polnischen mächtigen Schüler hatten zuzusehen, wie sie zurechtkamen. An der Schule III fand aus mir nicht unbekannten Gründen zunächst kein Unterricht statt. Alle Schüler dieser Wohngegend hatten die neue Schule I (Adamczyk- bzw. Adam-Schule) am ehemaligen Sonnenplatz zu besuchen. Nur die anfangs übliche Schulspeisung kam in der Küche der Schule III zur Verteilung. Häufig sangen die dort wartenden Schüler deutsche Lieder – meist unflätige Abwandlungen von Texten aus der Dreigroschenoper. Ein Teil der polnischen Lehrer kam aus dem Gebiet von Lemberg, aus dem alle Polen von den Sowjets das ganze Jahr 1945 hindurch zwangsausgesiedelt wurden. Andere waren aus den an Oberschlesien grenzenden Teilen Polens nach Miechowice gekommen. Erster polnischer Schulleiter (Kierownik) der Schule III war ein Herr Pelka, ein älterer und recht angenehmer Herr, der im Rathaus wohnte. Nachstehend eine Episode aus seinem Unterricht. Herr Pelka schrieb an seinem Pult eine Reihe von Briefen und ließ darum die Schüler der Reihe nach polnische Texte lesen. Ein Junge aus den Familienhäusern, der zwar recht gut polnisch sprechen, aber polnische Texte nicht lesen konnte, las wortfetzenartig: »tritritrarza...« usw. Pelka hörte das, glaubte, der

Junge wolle die polnische Sprache verhöhnen, sprang wie von einer Tarantel gestochen auf, riss den Jungen wütend aus der Bank, trieb ihn hin- und herreißend aus der Klasse und gab ihm auf dem Flur vor den Treppen einen kräftigen Tritt. Andere Lehrer waren Herr Gruca, an den sich alle gern erinnern, ein Herr Nowotarski, zwei Schwestern Zielinska. Sie wohnten in ehemaligen Lehrerwohnungen oder in ausgesuchten Häusern. Unter den vielen polnischen Lehrern gab es einen ehemaligen deutschen, der bis Januar 1945 an der Schule I gewirkt hatte und nun an der vorherigen Schule II seinen Dienst als nun polnischer Lehrer versah. Unter den Umständen von 1945 dürfte dies ein einmaliger und absolut unverständlicher Fall gewesen sein. Aus der Rückschau ist anzuerkennen, dass der Unterricht 1945 in Miechowice, zumindest an der genannten Schule, weitgehend sachlich und frei von größeren deutschfeindlichen Erscheinungen erteilt worden ist. Nur eine blonde, etwa 30 Jahre alte Lehrerin, allgemein »Blondinka« genannt, zeichnete sich in den ersten Jahren durch eine besondere Deutschfeindlichkeit aus.

1953 erfolgte die Eingemeindung von Miechowice und anderen Orten nach Bytom/Beuthen. So ist Mechtal seit fast einem halben Jahrhundert Stadtteil des heute 82,6 qkm großen und 228.165 Einwohner zählenden Bytom. 53 Grundschulen (1. bis 8. Schuljahr), acht allgemeinbildende Lyzeen (Gymnasien), 38 Berufsbildende Schulen, 21 allgemeinbildende Berufsschulen, eine Musikschule (ehemaliges Hindenburg-Gymnasium), zwei Künstlerschulen, sechs Berufschulen für Absolventen der allgemeinbildenden Lyzeen, ein Zentrum für »Ständige Bildung« und ein Lehrerkolleg hat Bytom heute als schulische Einrichtungen aufzuweisen Von diesen Bildungseinrichtungen befinden sich sieben Vorschulen (Kindergärten), fünf Grundschulen (Klassen 1 bis 6), drei Gymnasien (Klassen 6 bis 8), etwa unseren Realschulen vergleichbar, eine Sonderschule für geistig Behinderte, ein Fachlyzeum (Klassen 10 bis 12) und ein Lyzeum (entspricht unseren Gymnasien) in Miechowice. Diese Schulen sind in den ehemaligen Schulen I und III und in einer Reihe neuer Schulen untergebracht, etwa gegenüber der Schlossruine, an der Reptener Straße und im Neubaugebiet zwischen der einstigen Martinauer und Stillersfelder Straße.

Die frühere alte Schule I und die Mittelschule an der Kirchstraße brannten vor einigen Jahren nieder und sind inzwischen abgerissen worden. Infolge sehr starker Bergschäden musste auch die ehemalige Schule II an der Kronprinzenstraße abgetragen werden.

Josef-Joachim-Adam-Schule

Das Leben der Menschen in Miechowitz/Mechtal

Den größten Anteil an der Bevölkerung des Ortes stellten die Bergarbeiter. Im westlichen Teil des Ortes waren sie besonders stark vertreten. Ein Teil der Miechowitzer Männer arbeitete natürlich auch in anderen Industriebetrieben. Durch die starke Zunahme der Industrie und die Einrichtung der neuen Preußengrube waren sehr viele von ihnen aus Orten benachbarter oder weiter entfernt liegender Kreise hierher gezogen, so aus Rosenberg, Guttentag, Kreuzburg, Neiße und Neustadt. Hervorragende Handwerker, die in ihrem Bereich keine Arbeit fanden, ließen sich auch im Hinblick auf einen sicheren Arbeitsplatz zum Bergmann umschulen. Unter ihnen waren viele Bauernsöhne, die keine Aussicht auf einen landwirtschaftlichen Betrieb hatten. Zu dieser Gruppe arbeitender Menschen kamen die Handwerker, Angestellten und Beamten. Löhne und Gehälter waren sehr niedrig und damit natürlich auch der Lebensstandard. In den meisten Familien gab es drei, vier und wesentlich mehr Kinder, die ernährt und bekleidet werden wollten. Wohnraum fand die Großzahl von ihnen in Mietwohnungen. Eigene Häuser besassen nur wenige Leute. Die Bergarbeiter wohnten weitgehend in den knapp einhundert Grubenhäusern, einfach ausgestatteten Vielfamilienhäusern, im Volksmund »Familoki« genannt. Die meisten Wohnungen bestanden in der Regel aus nur einer geräumigen Stube und einer ebensolchen Küche, also aus zwei Räumen. In der Küche stand ein gekachelter Herd mit zwei bis drei rechteckigen Herdplatten als Kochstätte, einem Warmwasser-Behälter und einem Backofen, Backrohr genannt. Das Klosett und eine Wasserzapfstelle gab es auf dem Treppenabsatz zwischen den Etagen auf dem Flur. In zahlreichen Häusern mussten die Bewohner das sogenannte Plumpsklo auf dem Hof aufsuchen. Weitere Wohnmöglichkeiten boten die Grundbesitzern gehörenden rund 380 Wohnhäuser. Zu fast jeder hier genannten Häuserkategorie gehörte ein von Kohle- und Kleintierställen begrenzter Hof. Zwischen den beiden Weltkriegen gebaute Häuser waren moderner, hatten ein WC, meist schon mit Bad in der Wohnung. Da entsprechend den gesetzlichen Bestimmungen, alle Häuser an die Schmutzwasserkanalisation angeschlossen werden mussten, kam es in diesem Zusammenhang zur Renovierung vieler Altbauwohnungen. So hatte Miechowitz bereits während der dreißiger Jahre einwandfreie sanitäre Anlagen und eine Kläranlage.

Viele Familien hatten sich ein kleines Feldstück gepachtet und bauten auf ihm Kartoffeln und Gemüse an. In ihren Ställen auf dem Hof hielten sie Hühner, Kaninchen, Enten, Gänse, gelegentlich auch Tauben und meist noch ein Schwein, manchmal auch eine Ziege. All dies trug zur Speisekarte bei und brauchte nicht gekauft zu werden. Das im Winter geschlachtete Schwein versorgte die Familien lange Zeit mit Wurst und Fleisch. Während des Krieges waren dies besonders kostbare Erzeugnisse zur willkommenen Erweiterung der auf Lebensmittelkarten erhältlichen Nahrungsmittel. Zu dieser Zeit brachten wir und viele andere Leute Kartoffelschalen und pflanzlichen Abfall in ein Nachbarhaus als Futter für die Tiere.

Die Wohnungen der Bergarbeiter waren einfach und nur mit dem Notwendigsten ausgestattet. In der großem Wohnküche, dem Hauptaufenthaltsraum, standen vorwiegend das sogenannte Küchenbüffet, also der Küchenschrank, ein großer Tisch und eine entsprechende Anzahl an Stühlen, eine Liegebank, Ruhestätte des Vaters nach der Arbeit. Im anderen Zimmer standen die Betten und Schränke. Der Fußboden war gedielt und manchmal mit Linoleum bedeckt. In fast jeder katholischen Wohnung gab es zumindest ein kleines an der Wand hängendes Weihwasserbecken. Beim Verlassen der Wohnung wurden die Fingerspitzen ins das Wasser getaucht und ein Kreuzzeichen gemacht. Über den Türen hing meist ein Holzkreuz mit einem Corpus.

Der Bergmann suchte nach der schweren Schicht Entspannung. So gab es nicht wenige Männer, die ein Musikinstrument spielten, damals häufig die Zither, die Mandoline oder die Laute. Manche taten sich zusammen, musizierten gemeinsam und gaben ihr Können manchmal sogar im Rundfunk zu Gehör wie einer unserer Nachbarn. Leider gaben sich auch viele Bergleute dem Trunk hin. Gefürchtet bei den Ehefrauen war immer der Lohntag, an dem so mancher Mann lieber das Gasthaus als die familiäre Wohnung aufgesucht hat. Um dem zu begegnen, passte die eine oder andere Frau ihren Mann bereits am Grubentor ab und nahm ihm die Lohntüte mit dem dringend benötigten Geld fort. Aus Geldmangel waren die Frauen oft gezwungen, beim Einkauf die Kaufsumme in einem kleinen Heftchen »anschreiben« zu lassen. Nach dem Lohntag wurde die Schuld meist beglichen. Die Bergmannsfrauen hatten ein nicht immer leichtes Los. Schon am frühen Morgen begann ihre Arbeit und war oft erst am späten Abend beendet. Zwischendurch kamen die Kinder aus der Schule. Die Hausaufgaben mussten unter oder auch ohne Beaufsichtigung angefertigt werden. Manchmal wurden auch keine gemacht und dann am anderen Morgen in der Schule abgeschrieben. Alles, was uns heute technische Geräte erleichtern, musste zu dieser Zeit mit der Hand gemacht werden. Bei zahlreichen Arbeiten waren gewisse Vorarbeiten notwendig. Das kostete viel Zeit und Kraft. Selbst das Einkaufen dauerte lange. Manchmal, vor allem während des Krieges, dauerte es lange, bis man an der Reihe war. Das Gewünschte musste abgewogen und in Tüten verpackt oder in Gläser abgefüllt werden. Längst nicht alles war in einem Laden zu bekommen. Darum war der Besuch mehrerer Geschäfte mit einem entsprechenden Zeitaufwand erforderlich. In der Regel wurde in vielen Familien einmal in der Woche Brot gebacken. Am Abend vorher wurde die Backdiese in die Küche gebracht, der in ihr liegenden Sauerteig wurde mit Mehl vermischt und musste in der Nähe des warmen Herde garen. Am Morgen kam der Teig in längliche oder runde Backschüsseln und wurden mit einem kleinen Namensschild aus Papier versehen. Diese trugen die Frauen oder die Kinder zum Bäcker. Dieses selbst gebackene Brot war billiger und schmeckte auch besser. In der Kriegszeit war dieses Brot eine willkommene Ergänzung zum auf Brotmarken erhältlichen Brot. Waren während der Kriegszeit die Männer eingezogen, lag die ganze alltägliche Arbeitslast allein in den Händen der Mütter, die ohne Beistand und ohne zu klagen oft Übermenschliches geleistet haben.

Das »Mittagessen« gab es, wenn der Mann und Vater von der Schicht kam. Dann traf sich die ganze Familie. Wenn die Kinder aus der Schule kamen, erhielten sie meist ein Schnitte Brot.

Genügend vorhanden war immer das Heizmaterial, da die Bergleute ausreichend Kohle als Deputat bekommen haben, die sie nicht immer selbst verbrauchen konnten. Besonders in der Kriegszeit tauschten oder verkauften so manche Bergleute einen Teil ihrer Deputatkohle.

Wesentlich besser ging es den Angestellten und Beamten, von denen es eine große Anzahl gab. Sie hatten bessere und größere Wohnungen in ansprechenderen Häusern und auch ein anderes Einkommen. Das war wohl auch bei Handwerkern und Geschäftsleuten so.

Sitten und Feste im Laufe des Jahres

Neben den auch heute noch üblichen Festen und Feiertagen im Laufe eines Jahres gab es in Oberschlesien einige besondere Bräuche: Am Karfreitag zogen Kinder und Jugendliche mit Holzklappern durch den Ort und erinnerten die Menschen wegen des an den Kartagen üblichen Schweigens der Glocken an die Gottesdienstzeiten. Am Ostersonntag war der Osterschinken das Hauptgericht zum Mittagessen. Ein äußerst beliebter Brauch war das Osterspritzen. Jungen und junge Männer bespritzten Mädchen mit parfümierten oder einfachen Wasser und bekamen dafür in der Regel Ostereier geschenkt. Das Spritzen machte immer besonders viel Spaß.

Ein beliebtes Fest war das Patronatsfest, das »Ablassfest«. An der Kreuzkirche wurde es im September am Sonntag nach der Kreuzerhöhung begangen, an der Corpus-Christi-Kirche muss es wohl um Fronleichnam stattgefunden haben. Auf den Straßen gab es Stände wie bei allen heutigen Kirmesveranstaltungen oder Märkten. Dazu kamen Stände mit Devotionalien und auf dem Markt- und Sonnenplatz Buden verschiedenster Art und Karussells.

Feierte ein Kind seinen ersten Geburtstag, so wurde das Kinde festlich gekleidet und mit einem am Mäntelchen angebrachten Myrtenkranz zu einer besonderen Messe getragen, an deren Ende dem Einjährigen der Kindersegen erteilt wurde.

Ein Höhepunkt des Totengedenkens war der Allerheiligentag. Die Gräber wurden würdevoll geschmückt. Eine Prozession mit den Pfarrgeistlichen zog über den Friedhof und mit Anbruch der Dämmerung wurde der Friedhof zu einem Lichtermeer. Auf allen Gräbern standen unzählige Lichter, meist in farbigen Cellophanhüllen als Windschutz untergebracht. Die Angehörigen standen an den Gräbern und gedachten ihrer verstorbenen Lieben. Besonders eindrucksvoll war es zu Allerheiligen 1945, als zum ersten Mal die Gräber wieder erleuchtet waren. Bekannte oder Nachbarn kümmerten sich um die Gräber der geflüchteten und bereits vertriebenen Mechtaler. Mein Bruder und ich versorgten zwei Gräber, deren Angehörige nicht mehr da waren. Eins war das eines im Januar von den Sowjets erschossenen Bekannten, dessen Frau und Tochter bereits im Sommer ausgewiesen worden waren. Das andere Grab war das eines Lehrers der Schule III, der 1936 plötzlich während des Unterrichtetes verstorben war.

War ein Angehöriger ernstlich erkrankt, wurde ein Geistlicher gerufen. Pfarrer oder Kaplan begaben sich in Begleitung des Küsters, der ein Glöckchen bei sich hatte, zum Hause der Erkrankten. Begegneten dieser Gruppe unterwegs Leute, so knieten sie auf offener Straße hin, bekreuzigten sich und warteten, bis dieser Zug vorüber war.

Starb ein Mensch, so wurde er in der Wohnung aufgebahrt. Die Angehörigen verhängten die Spiegel der Wohnung und öffneten die Fenster. Um dem Sarg standen Leuchter mit brennenden Kerzen und vielen Blumen. Am Beerdigungstag kam der Geistliche in Haus, verrichtete am offenen Sarge die entsprechenden Gebete. Der Sarg wurde in einen prächtigen Leichenwagen geschoben, an dessen Seiten die Kränze hingen. Danach ging es in einem Zuge zur Kirche, wo der Sarg im Mittelgang unweit des Altares aufgestellt wurde. Nach dem Requiem zog der Trauerzug, zum Friedhof bei der Kreuzkirche. War der Verstorbene ein Bergmann, so begleitete die Bergmannskapelle in den Bergmannsuniformen den Beerdigungszug und spielte am offnen Grab ein Abschiedslied. Die Teilnehmer warfen als letzten Gruß drei kleine Schaufeln Erde auf den Sarg. Nach der Beisetzung trafen sich die Angehörigen und Verwandten zum Kaffee in der Wohnung des Verstorbenen.

Die übrigen Feste des Jahres sind bereits oder werden an anderer Stelle erwähnt.

Sprachliche Eigenheiten

Zahlreiche Menschen in Mechtal sprachen untereinander häufig oder auch ständig im oberschlesischen Dialekt, dem sogenannten Wasserpolnisch, einer Mischung von deutschen und polnischen Ausdrücken. Vor allem wenn Kinder etwas nicht mitbekommen sollten, war das häufig der Fall. Oft war an deutsche Wörter eine polnische Endung angefügt worden. So lautete der Satz »Du hast eine einfache Bluse« im oberschlesischen Dialekt: »Ty mos tako einfachowo Blusa« oder »Eine Unterschrift mit dem Bleistift gilt nicht« hieß »Unterschrifte z bleistiftem nie gultujom«. Die Wörter Mutter und Vater dagegen gebrauchte man immer in der deutschen Fassung. Obwohl der Gebrauch dieses Dialektes nach dem Krieg mit Polen verboten worden war, unterhielten sich vor allem die älteren Menschen auf dem Lande und auch in Mechtal weiterhin recht offen auf diese Weise. Für einen hochpolnisch sprechenden Menschen war dieser Dialekt nicht verständlich. Spöttisch wurden die ihn sprechenden Menschen als »Wasserpolaken« bezeichnet. Wir Kinder hatten einige wenige dieser Worte aufgeschnappt und gelegentlich gebraucht, so zum Beispiel »Te jest gupi« zu deutsch »Du bist dumm oder bekloppt«. In unserer Familie wurde nie auch nur ein Wort in diesem Dialekt gesprochen. Insgesamt gesehen, wurde die deutsche Sprache im oberschlesischen Industriegebiet sehr hart gesprochen. Viele Oberschlesier haben dies auch Jahrzehnte nach dem Verlassen ihrer Heimat nicht abgelegt und sind darum leicht als solche erkennbar.

Die Nationalsozialisten versuchten in vielen Bereichen »germanische« oder deutsche Bezeichnungen einzuführen. So sollten die Monate z. B. Hartung, Hornung, Lenzing, Ostermond, Wonnemond, Brachet, Heuert, Ernting, Scheiding, Gilbhard, Nebelung und Julmond heißen. In allen damals herausgegebenen Kalendern wurden diese Namen neben den alten Monatsbezeichnungen angeführt. Für neu geborene Kinder waren Namen wie Siegfried, Helmut, Eckart, Hermann, Kunigunde, Brunhilde, Helga, Kriemhilde, Waldefried, Wolfgang, Hartmann, Meinrad, Adelgunde usw. als zeitgemäß angesehen und empfohlen worden.

Spezielle Ausdrücke für verschiedene Begriffe in der deutschen Umgangssprache

Abgerührte: *Kuchen aus Rührteig, Sand- und Napfkuchen*
abschreiben: *auf einen Brief antworten*
achte, neune: *Zählweise*
Ambrot: *Abendbrot*
anlegen: *Kohle in den Ofen legen*
Babe: *Napfkuchen*
Backdiese: *Backtrog*
Befej: *Küchenschrank*
Begratschen: *etwas unnötig berühren, schmutzig machen, befummeln*
bissel: *ein wenig, etwas*
Blaukraut: *Rotkohl*
Bombsel: *Bonbon*
Brillok: *Brillenträger*
Brötchen: *Semmel*
Buchte: *Hefeklösse*
Bügeln: *plätten*
Bunzlok: *Bunzlauer Geschirr*
Dämlak: *dämlicher Mensch*

Dickusch:	*Dicker*
dotte:	*dort*
Dresche/Haue:	*Prügel*
Dupa:	*einfältiger, dummer Mensch,wörtlich Hintern*
Eierkuchen:	*Pfannkuchen*
erscht:	*zuerst*
Familok(i):	*Familienwohnhaus(er)*
Farrosch:	*Pfarrer*
fiepzig:	*komisch*
Flappe:	*abfällig für Gesicht*
Flapps:	*unappetitliches Essen*
Frela:	*Fräulein*
Futschikokel:	*Krimskrams*
Gorol:	*Pole, Hinterwäldler*
Gripsch:	*Kerngehäuse von Apfel, Birne usw.*
Hacher:	*lumpig gekleideter Mensch*
Haderlok:	*Lumpensammler*
Hausschuhe:	*Pootschen,*
Hopek:	*kleiner Mensch*
horch mal:	*für »Hör mal zu«,*
Ipta:	*Trottel*
jeschinna:	*Um Gottes Willen*
Karbidka:	*Karbidlampe:*
kascheln:	*schliddern, rutschen*
Kastrol:	*Blechtopf, Kochtopf*
Kavalier:	*Freund, Bräutigam*
Klacke:	*Steckrübe*
Klapaschka:	*Fliegenklatsche*
klauben:	*aufsammeln*
Kobel:	*Spielwürfel*
Krause:	*Einweckglas*
Krupniok:	*Graupenwurst*
Kulle:	*Ball*
labern:	*quatschen, wenig geistreich reden*
Ludrian:	*Taugenichts*
Lulatsch:	*großer, ungeschickter Mensch*
Lure:	*kalter Kaffee*

Lusche:	*Pfütze*
Mostrich:	*Senf*
motschen:	*trödeln, umständlich arbeiten*
nackicht:	*nackt*
Natschliese:	*Heulsuse*
Nudelkulle:	*Nudel- oder Teigrolle*
Oberrübe:	*Kohlrabi*
Pass:	*Ledergurt*
Pelz:	*Haut der heißen Milch*
Pfannkuchen:	*Berliner:*
pjerunie:	*Fluchwort*
Pjeron:	*schlechter, gerissener Mensch und umgekehrt im positiven Sinn*
Pitfok:	*stumpfes Messer*
placken:	*sich abmühen, plagen*
Plompa/Plumpe:	*Brunnenpumpe*
pullen:	*Harn ablassen, pissen*
Scheslong:	*gepolsterte Liegebank*
Schiefer:	*Splitter in der Haut:*
Schlickermilch:	*saure Milch:*
Schmodder:	*Schmierfink:*
Setzei:	*Spiegelei*
Strietzel:	*Kuchenstollen*
Stürze:	*Topfdeckel:*
Tatsche:	*große Hand*
Tuleja:	*Trottel, Dummkopf*
verkuddeln:	*die Haare durcheinander bringen*
warte mich:	*warte auf mich*
watte:	*warte*
Welschkraut:	*Wirsingkohl*
Wichse:	*Hiebe, Züchtigung,*
Wickse:	*Schuhcreme*
verflischt:	*verdammt, verflucht*
Zips:	*Heißhunger auf etwas haben*

Bauern und Landwirtschaft

Miechowitz war bis zum Ende des 19. Jahrhunderts ein noch überwiegend bäuerlich geprägtes Dorf mit bereits einigen Bergwerken. Mit dem Bau der Preußengrube um die Wende vom 19. zum 20. Jahrhundert entwickelte es sich dann zu einem Industrieort. Trotz der schnell fortschreitenden Industrialisierung blieben eine Reihe von Bauernhöfen erhalten, die zum Teil bis heute noch existieren. Norbert Bontzek schildert im zweiten Kapitel seines Werkes »Die alte Kirche von Miechowitz – Miechowitz um 1850« unter anderem auch einen Bauernhof und den Gutshof, das große landwirtschaftliche Unternehmen des alten Miechowitz:

»Kunas Hof.
Hinter Lasczyk die langen, ewigen Äste spreitet
Kunas Eiche. Gleich wie ein treuer Engel breitet
Überm größten Besitztum segnend sie die Hände.
Keinen reichern als Kuhna man im Dorfe fände.
Wieviel Gänse und Hühner, wieviel Schweine, Kühe,
Pferde! Dem alten Woitek schaffen sie viel Mühe.
Lange Tage und Nächte muß er schimpfen und rechten
Mit dem Vieh, dem Geflügel, mit den Mägden und Knechten.
Schweine grunzen, die Gänse schnattern, Hunde bellen,
Und des Hengstes, des Stiers, des Ebers Stimmen gellen!
Tot ist die erste Hausfrau. Mit der städtischen zweiten
Tag um Tag sich die Ordnung und der Reichtum weiten.

Der Gutshof.
Herrlich unter Bäumen
Liegt das Gutshaus! Den Weg, mit Sand bestreut, umsäumen
Mauern; das ist der Marstall, da die Ställe liegen,
Scheunen dran sich, die Mühle und die Speicher schmiegen.
Dort das Haus, über welchem die Kastanie thronet,
Mit dem Schatten es deckend, mit Thereschen wohnet
Drin der Koch. Frau Waliczek, die gar arg Gequälte,
Allzeit Kranke zur Messe dennoch niemals fehlte.
Drüben seh ich das Häuschen des Inspektors blitzen;
Müller heißt er. Im nächsten Simon und Florian sitzen,

Erste Diener des Gutes. Florian ist zur Stelle
Auf der gnädigen Herrin Wünsche und Befehle;
Wenn sie eine Spazierfahrt machen will mit ihren
Kleinen Pferden, muß immer Florian kutschieren.
Simon wieder hat unter sich des Herren Rosse.
Wenn er ausfährt, sitzt auf dem Hintersitz der Karosse
Niki stets. Hinter diesem Haus Holzschuppen liegen
Und die Ställe, wo aus und ein die Hühner fliegen;
Auch die Waschküche. Jetzt kommt dran das Schloß, das weite.
Drüben auf der Altane an der Vorderseite
Sitzen an schönen Tagen in den Abendstunden
Gern die Damen. Es hat sich oft auch eingefunden
Bei der Gutsfrau und bei Valeska, unserem lieben
Fräulein, die Frau Inspektor mit den Töchtern drüben,
Ihre beiden, die heißen Anna und Maria.«

Ein Verzeichnis von 1532 nennt für Miechowitz 29 Bauern. Während des 18. Jahrhunderts waren es 11 Bauern und 24 bis 29 Gärtner. Gärtner waren Besitzer eines Hauses mit wenig Ackerland. Oft besaßen sie aber gar kein Ackerland, sondern nur etwas Gartenland. Um 1939 gab es in Mechtal neben dem Staatsgut, dem Dominium, noch nachstehende Bauernhöfe, die eine Größe von durchschnittlich etwa fünf bis sechs Hektar auswiesen, nach damaliger Größenangabe also etwa zwanzig bis vierundzwanzig Morgen:

1. Dudek, Johann, Verbindungsstraße 3
2. Kaczmarczyk, Alfons, Albertstraße
3. Kaczmarczyk, Felix, Kirchstraße 8a
4. Kaczmarczyk, Franz Felixstraße 8
5. Kaczmarczyk, Nikolaus, Hindenburgstraße 10
6. Lasczyk, Leopold, Stillersfelder Str. 15
7. Madeiski, Felix I, Florianstraße 3
8. Madeiski, Felix II, Kirchstraße 35
9. Madeiski, Philipp, Lazarettstraße 2
10. Markucik, Wilhelm, Mittelstraße 16a
11. Pietzka, Hubert, Hindenburgstr. 25a
12. Saternus, Ottilie, Stillersfelder Straße 15
13. Sczyrba, Johann, Hindenburgstraße 38

14. Spintzyk, Paul, Lazarettstraße 13
15. Spinzyk, Johann, Reptener Str. 2a Landwirt und Händler
16. Wikarek, Franz, Valeskaplatz 2

Auf den Flächen der Landwirte wurden alle Getreidearten, in größerem Maße Kartoffeln, Futterrüben und während des Krieges auch Zuckerrüben und Flachs angebaut, letzterer besonders großflächig auf den Feldern des Dominiums. Pferde, Kühe, Ziegen und Kleinvieh in unterschiedlicher Anzahl machten den Viehbestand der einzelnen Höfe aus.

Weitere Einnahmequellen waren Mieten aus den von vielen Landwirten gebauten Häusern. Einen zusätzlichen Teil ihres Einkommen machten die Fuhrgeschäfte aus. Sie transportierten vor allem die Deputatkohlen der Bergleute und den Kohlenbedarf der übrigen Einwohner fast durchweg mit dem Pferdefuhrwerk bis vor die Kellerfenster oder auf die Höfe der Leute. Einige Bauern hatten bereits auch Lastwagen. Daneben gab es noch den Berufsstand der Vekturanten (Fuhrgeschäfte), die Kohle und andere Güter beförderten.

Besonders arbeitsintensiv war der Erntezeitraum. Da wurde gemäht, Garben gebunden, die zu Puppen aufgestellt und später eingefahren wurden. Zum Dreschen des Getreides benutzen die Bauern die unterschiedlichsten Maschinen. Interessant für uns Kinder damals war das Dreschen beim Dominium in der Nähe des Schlosses, wo unter hohen Bäumen eine riesige Dampfmaschine aufgestellt war, die eine riesige Dreschmaschine antrieb. Immer fanden sich dort einige Schaulustige, meist Kinder, ein. Zwischen Martinauer Straße und Skarotka lagen die großen Koppeln für die Kühe des Dominiums. In der Erntezeit wurden auf fast jedem Hof Erntehelfer eingestellt. Während der Arbeitszeit wurden sie mit Mohnflechten oder Wurstsemmeln bewirtet. Auch viele Bergleute und andere Mechtaler hatten kleine Feldstreifen, z. B. etwa an der Linie Martinauer- und Stillersfelder Straße hinter der Wikarek-, Fasanerie-, Kuboth und der Neuen Pfarrstraße gepachtet oder besassen eigene Feldstücke. Auf diesen bauten sie Kartoffeln und Gemüse an (Gurken, Weiß- und Rotkohl, Kürbisse, Mohrrüben usw.). Die Kartoffeln wurden auf diesen kleinen Feldern mit einer Hacke in mühseliger Arbeit aus der Erde geholt. Zu diesen Erntearbeiten wurden in der Regel auch die Kinder hinzu gezogen. Auf diesen Umstand nahm auch die Schulbehörde Rücksicht und legte die Herbstferien so, dass sie in die Zeit der Kartoffelernte fielen und darum auch »Kartoffelferien« genannt wurden. Besonders wir Kinder freuten uns in jedem Jahr auf die Kartoffelernte, wenn wir dann auf irgendeinem Kartoffelfeld das trockene Kartoffelkraut verbrennen durften. Die in der Glut gebratenen Kartoffeln mit ihrer knusprigen Schale schmeckten vorzüglich.

Das Dominium und einige Bauern lagerten die geernteten Kartoffeln in mehr oder weniger großen Kartoffelmieten ein. So wurden nach dem Russeneinmarsch im Februar 1945 z. B. die Mieten des Dominiums geöffnet und die dort gelagerten Kartoffeln an die Bevölkerung verteilt. Wegen unsachgemäßen schließens der Mieten nach der Entnahme von Kartoffeln von einem Tag zum anderen erlitten viele Kartoffeln Frostschäden. Die Kartoffeln schmeckten dann sehr süßlich.

In den bäuerlichen Familien wurde das von Generation zu Generation übernommene ländliche Brauchtum bis zum Kriegsende und darüber hinaus gepflegt: Im Dezember – so glaubte man – an den Tagen zwischen Lucia und Weihnachten, wurde das Wetter für das kommende Jahr beobachtet, gelost. Wie der betreffende Tag in der Reihenfolge, so würde auch das Wetter im entsprechenden Monat des neuen Jahres sich zeigen. Auch als Kinder, die wir in der Schule davon gehört hatten, schrieben wir das so beobachtete Wetter an diesen Tagen im Dezember manchmal auf, um später zu prüfen, ob das »angekündigte Wetter« auch tatsächlich eintrat.

Erntehelferinnen schnitten vor Beginn des Getreide-Mähens Ähren ab und banden sie zu einem Kranz. Diesen legten sie dem ersten Schnitter nach dem ersten Schnitt um, der dann am Abend zum Dank dafür etwas spendieren musste.

Wenn der letzte Erntewagen eingefahren war, begann die erste Erntefeier. Ein Erntekranz wurde gebunden, mit bunten Bändern versehen und meist in der Einfahrt aufgehängt. Das eigentliche Erntedankfest wurde im Oktober gefeiert, wenn auch die letzten Früchte, etwa die Rüben, eingebracht waren. An einem Oktobersonntag fand dann in der Kirche ein Erntedank-Gottesdienst statt. Vor dem Altar oder seitlich davon war immer ein großer Tisch mit allen Früchten des Feldes und des Gartens aufgebaut. Mit einem festlichen »Te Deum« endete die kirchliche Feier. Danach feierte der Bauer daheim mit seiner Familie, mit seinen Helfern und Verwandten.

Ein bekannter Bauernhof in unserer Wohngegend war der Hof Franz W. am Valeskaplatz 2, der wohl bereits seit Generationen dort seinen Platz hatte. Letzte bekannte Hofbesitzer waren Simon, Franz, Klara und Rudolf W. Wegen seines deutschen Vornamens musste Rudolf zwangsweise einen anderen annehmen. So nannte er sich nun Francziczek, wohl nach seinem Vater

Franz. Heute ist der Hof verpachtet, der Besitzer und letzte Bewirtschafter des Hofes, Rudolf W., lebt seit geraumer Zeit in Deutschland. Ursprünglich sollte der älteste Sohn von Simon, Philipp, den Hof übernehmen Er hatte kein Interesse an der Landwirtschaft und begann vor dem Ersten Weltkrieg in Hamburg ein Ingenieur-Studium und wollte Schiffsingenieur werden. Der Krieg verhinderte seine Ausbildung. Als Marinesoldat musste er auf einem Kreuzer dienen. Nach dem Ersten Weltkrieg wurde er Maschinensteiger und übte diesen Beruf bis zu seiner Pensionierung aus. Großvater Simon W. hatte kurz vor Beginn des I. Weltkrieges zum Bau, das heißt zur Finanzierung der Corpus-Christi-Kirche an der Stillersfelder Straße beigetragen und Land gespendet. Außerdem hatte er ein Pferdegespann mit einem Kutscher kostenlos während der Bauzeit zur Verfügung gestellt. Wie er, taten es sicher auch zahlreiche andere Miechowitzer.

Sein Hof war etwa 24 Morgen (6 Hektar) groß. Dazu kamen zeitweise gepachtete kleinere Felder und auch auf Zeit gepachtetes Land der Preußengrube. Angebaut wurden die Hauptgetreidearten. Der Ertrag von rund sechs Morgen Hafer diente als Viehfutter. Weizen, Roggen und Gerste konnten bei einer guten Ente ca. 20 dz je Morgen bringen. Dieses Getreide wurde, wenn es um kleinere Mengen bis zu zwei Säcken handelte, zu einer elektrischen Mühle in Miechowitz gebracht. Nach dem Mahlen des Korns nahmen die Bauern das Mehl wieder mit nach Hause. Größere Mengen schaffte man zu einer Wassermühle nach Dramatal, bei der das Korn nur abgegeben und eine entsprechende Menge Mehl sofort im Empfang genommen werden konnte. Etwa vier Morgen waren Wiesen mit einem großen Anteil an Klee. In der Regel gehörten zum Hof zwei oder mehr Pferde, Kühe, Schweine, Hühner und anderes Kleinvieh. Im Durchschnitt beschäftige die Familie bis zu zwei Knechte und eine Magd. Während des Mittagessens sassen alle Familienmitglieder und alle Mitarbeiter um den Küchentisch versammelt. Simon las laut aus der Zeitung vor, so dass stets alle über die neuesten Ereignisse informiert waren. Das Ehepaar selbst aß allein, wenn alle anderen Mitarbeiter wieder bei ihrer Arbeit im Stall und auf dem Felde waren.

Die acht Geschwister des Bauern Franz, die nichts mit der Landwirtschaft zu tun hatten, waren auf irgendeine Weise dem Bergbau verbunden, einer als Maschinensteiger, ein weiterer Bruder starb bereits 1934 an einer schweren Gesteinslunge und Josef wurde 1945 in die Sowjetunion, in das Donezbecken verschleppt, wo er bis Ende 1947 unter Tage im Bergbau arbeiten musste. Erst im Januar 1948 kehrte er mit großem Untergewicht heim.

Nach dem Tode von Simon W. im Jahre 1927 übernahm sein Sohn Franz den Hof. In dem Haus am Valeskaplatz 2 wohnten drei Familien. Die Brüder Franz, Josef und Philipp. Franz bewirtschaftete den Hof bis zu seinem Tode im Juni 1944. Vom gleichen Monat an leitete ihn seine Frau Klara mit fester Hand und vergrößerte den Personalbestand, was in der Endphase des Krieges nicht einfach war. Zwei osteuropäische Mägde und eine Obermagd aus Mechtal, einen zur Landarbeit verpflichteten Mechtaler aus der Fasaneriestraße und zwei Ukrainer unterstützten sie nun bei der Arbeit auf dem Hof. Einer der Ukrainer ging im Januar 1945 den sowjetischen Truppen mit einer roten Fahne entgegen. Ein sowjetischer Kommissar schoss ihn kurzerhand nieder. Auch ein weiterer Ukrainer erlitt unabhängig vom ersten während der Einnahme Mechtals das gleiche Schicksal.

In der Nachkriegszeit, als die Lage für sie besonders schwierig war, übernahmen sie einen Ukrainer, der nicht in die Sowjetunion zurückgekehrt war. Es war ein stiller, keine Ansprüche stellender Mann, der die Landwirtschaft versorgte. Später ging er in den Bergbau, blieb aber auf dem Hof wohnen und half weiterhin mit. Auch als Rentner unterstützte er später Rudolf W. (geboren 1932), der den Hof inzwischen übernomen hatte, bis er eines Tages in die Ukraine zurückkehrte, um seine kranke Schwester zu pflegen. Nach etwa einem Jahr meldete er sich und klagte verbittert, dass er noch keine Kopeke von seiner Rente erhalten hätte.

Rudolf kam durch die Technisierung seiner Landwirtschaft mit Hilfe von zwei Treckern und einem Mähdrescher fast allein zurecht. Da er handwerklich und auch sonst sehr geschickt war, konnte er die meisten Schäden an seinen Geräten selbst beheben und dadurch viel Geld und Zeit sparen. Die alte Scheune an der Grenze zum Valeskastift hin ließ er abreißen und baute eine um einen Maschinen- und Geräteschuppen erweiterte neue Scheune. Er war im Miechowitzer Bauernverband, lebte von seiner Landwirtschaft und von Aufträgen der Gemeinde und einer Gärtnerei. Wegen der guten Entwicklung seines Hofes beneideten ihn viele der übrigen Bauern. Heute leben die meisten Familienangehörigen der Familie in Deutschland, auch der Besitzer Rudolf, der in den neunziger Jahren Miechowice verließ. Der Hof in Miechowice ist weiterhin in den Händen der Familie und wird durch einen Verwalter bewirtschaftet. Zwei Schwestern von Rudolf wohnen in Deutschland, eine Schwester ist Musiklehrerin und lebt mit ihrem Mann in Kattowitz. Klara W. starb 1994 kurz vor ihrem 90. Geburtstag in Miechowice.

Unsere Familie bezog von der Familie die zugeteilte Milch und die Winterkartoffeln. Außerdem lieferten sie für uns die Steinkohle von der Preußengrube bis vor unser Kellerfenster an. Auch 1945 erhielten wir von ihnen unsere Winterkartoffeln, die mit Sachwerten bezahlt worden sind. In diesem Jahr half uns auch die Familie Saternus mit Kartoffeln und anderen Lebensmitteln. As ich 1974 Mechtal erstmals wieder besuchte, war Frau Saternus gerade verstorben. Ich besuchte auch die Familie Wikarek. Der Hof am Valeskaplatz wirkte wie eine Festung. Leider hatte ich keine Zeit, um die Einladung zum Mittagessen anzunehmen. Rudolf traf ich zuvor auf dem Sonnenplatz mit einem seiner Gespanne.

Das »Brandenburger Tor« – Überreste einer alten Zollstelle

Das Dominium als mit Abstand größtes landwirtschaftliches Unternehmen besaß umfangreiche Landflächen. Feldwirtschaft, Viehzucht und Forstwirtschaft, früher auch Fischwirtschaft, standen im Mittelpunkt des landwirtschaftlichen Wirkens. Während der Blütezeit stachen besonders während der Kriegszeit die blau blühenden Flachsfelder ins Auge. Bereits 1870/71 verfügte es über eine ökonomische Versuchsanstalt, in der zu dieser Zeit etwa Versuche mit 50 Erbsen- und 112 Kartoffelsorten durchgeführt worden sind.

Miechowitzer/Mechtaler Heimatforscher

Dem Erforschen ihrer Heimat und deren Geschichte, dem Bewahren zahlreicher unwiederbringlicher Gegenstände, dem Sammeln und Verfassen heimatgeschichtlichen Schrifttums widmeten sich einzelne Miechowitzer von der Mitte des 19. an bis in die siebziger Jahre des 20. Jahrhunderts. Der erste dieser Männer war Norbert Bontzek. Ihm folgten später Ludwig Chrobok, der Heimatschriftsteller Franz Mainka, Alfons Perlick und Heinrich Schyma.

Norbert Bontzek – Der »Sänger des alten Miechowitz«

Zu den bekanntesten Miechowitzer Persönlichkeiten des 19. Jahrhunderts zählt Norbert Bontzek. Als Sohn des Steigers Valentin Bontzek wurde er am 6. Juni 1837 in Miechowitz geboren. In der 1988 in Miechowitz herausgekommenen »historia Miechowice« wird die Herkunft Bontzeks im Kapitel über ihn ganz in der damals vorherrschenden sozialistisch-kommunistischen Diktion etwas polemisch als eine aus der unteren sozialen Schicht für einen Großgrundbesitzer arbeitende Familie dargestellt. Dagegen führte Valentin Bontzek, der Vater Norberts, 1848 die Männer an, die sich zum Schutz ihres im sozialen Bereich sehr verantwortungsbewussten Grubenherrn Franz von Winckler zusammengetan hatten. Anderswo wurden die Grubenherren verjagt.

Norbert Bontzek

Nach dem zweijährigen Besuch der Miechowitzer und dem siebenjährigen der Beuthener Schule war Norbert von 1851 bis 1858 Schüler des Gymnasiums in Gleiwitz. Das oben genannte Werk, das stark den Polen Bontzek herausstellt, weist darauf hin, dass das im Miechowitzer Umfeld positiv beeinflusste polnisch-nationale Denken Bontzeks an der städtischen Schule in Beuthen und am Gymnasium in Gleiwitz im negativen Sinn verändert worden sei. Er sei dort germanisiert worden. Auch sein Name, so die Verfasser, wurde durch die

Schreibweise mit »tz« entsprechend geändert, germanisiert. Bontzek schrieb seinen Namen mit »tz«. Das geht auch aus dem polnisch beschrifteten Grabstein der Familie Bontzek in Mechtal und aus dem Grabstein seines Grabes in Beuthen hervor.

In Breslau studierte Norbert Bontzek von 1858 bis 1861 Theologie und wurde 1862 zum Priester geweiht. Im gleichen Jahr übernahm er eine Kaplansstelle in Deutsch-Piekar bei Pfarrer Prukop, der sich nach der »historia Miechowice« für die polnische Bewegung einsetzte. 1865 wurde er als Kaplan des »Freiheitskämpfers«, so »historia Miechowice«, des antideutschen Pfarrers und preußischen Landtagsabgeordneten Josef Schaffranek, dem Nachfolger des Tarnowitzer Pfarrers Schneiderskis als Kreisschulinspektor, an die Marienkirche in Beuthen versetzt. Im gleichen Jahr machte er bereits sein Pfarrexamen, das ihn zur Übernahme einer Pfarrstelle berechtigte.

Während dieser Zeit kam es im kirchlichen Bereich Oberschlesiens zur Gründung vieler Bruderschaften und Vereine. So gehörte Bontzek hier mit Schaffranek und anderen zu den Mitbegründern des »St.-Aloisius-Vereins« und anderer Zusammenschlüsse, die im religiös-sozialen Bereich ihre Bedeutung hatten. Neben der religiös-kulturellen Tätigkeit kamen seine Mitglieder jeden Sonntag zu Konferenzen zusammen.

1874 verstarb Pfarrer Schaffranek und Bontzek verwaltete die Pfarrei St. Marien in der schwierigen Zeit des Kulturkampfes von 1874 bis 1886. Erst nach dem Abklingen des Kulturkampfes 1886 konnte er durch den Breslauer Fürstbischof Robert Herzog zum Pfarrer an dieser Kirche ernannt werden. Nach dem Vatikanischen Konzil von 1869/70 trennten sich wegen des Unfehlbarkeits-Dogmas einzelne Gruppen von der römisch-katholischen Kirche, die Altkatholiken. In Oberschlesien breiteten sie sich besonders stark im Raum Kattowitz aus. Um dem Einhalt zu gebieten, wurde der wohl besonders fähige Kaplan Bontzek aus Beuthen nach Kattowitz geschickt, um sich dort vor allem in polnischen Ansprachen um die Eingrenzung der Ausbreitung der Altkatholiken zu bemühen. Er ging in erster Linie gegen die erfolgreiche Tätigkeit des Pfarrers Kaminski in Kattowitz vor, der zu den Gründern der ersten drei altkatholischen Vereine in Preußen gehörte, von denen einer in Kattowitz seinen Sitz hatte. Kaminski hatte sich am 5. Mai 1871 in einem »Offenen Brief« an den damaligen Breslauer Fürstbischof Heinrich Förster gegen dieses Dogma gewandt. Darauf wurde er exkommuniziert und seines Amtes als Pfarrer enthoben. In der Folgezeit setzte er sich mit Eifer für den Altkatholizismus ein und gewann vor allem unter den besser gestellten Bürgern, unter der ländlichen Bevölkerung, bei den französischen und italienischen Bergarbeitern im Raume Kattowitz viele Anhänger. Seine Rednergabe und seine Sprachkenntnisse trugen wesentlich zu seinen Erfolgen bei. Bontzek hatte durch seine praktische Art Probleme zu lösen Erfolge, die den Zulauf zu Kaminski stark zurückgehen ließen.

Während des Kulturkampfes wurde Bontzek am 4. November 1872 in Beuthen angeklagt, eine gegen die Politik Bismarcks gerichtete Broschüre »Der neue Gott« (nach »historia Miechowice«: »Stary Bóg zyje«/»Der alte Gott lebt«) ins Polnische übersetzt, von der Kanzel empfohlen und durch Ministranten verbreitet zu haben. Anstelle der vom Staatsanwalt beantragten vier Monate Gefängnis erhielt er eine Geldstrafe von 15 Talern (Schlesisches Kirchenblatt, Breslau 1872, Nr. 46 vom 16. November). Die Verfasser von »historia Miechowice« dagegen behaupten, dass Bontzek zu einer dreimonatigen Gefängnisstrafe verurteilt worden war und diese in Gleiwitz verbüßt habe.

Am 12. Februar 1893, nur 56 Jahre alt, starb er in Beuthen und wurde in der Kapelle des »Mater Dolorosa«-Friedhofes an der Piekarer Straße beigesetzt, wo sein Grab noch erhalten ist. Der Grabstein trägt eine lateinische Inschrift:

Hic
requiescit in domine
Norbertus Bontzek
parochus ecclesiae ad B. Mariam V.
nat. 6. Junii 1837,
pie dfctus. 18. Februarii 1893.
Opera ejus sequuntur illum
R. I. P.

Bontzeks großes Verdienst ist es, ein Werk geschaffen zu haben, in dem er aufgrund seiner eigenen Erlebnisse in Miechowitz diesen Ort und das Leben seiner Menschen um 1850 darstellt. Im Jahre 1875 feierte der Lehrer, Gemeindeschreiber und Organist Paul Bienek sein 50-jähriges Ortsjubiläum in Miechowitz. Aus diesem Anlass schrieb Norbert Bontzek als dessen ehemaliger Schüler ein Epos und setzte ihm, eine für einen Lehrer höchst seltene Ehre, ein literarisches Denkmal unter dem Titel »Stary kosciół Miechowski« (»Die alte Miechowitzer Kirche«). Bei der Feier von Bieneks Jubiläum trug

Bontzek diesen Text erstmals vor einer größeren Versammlung vor. In ihm beschreibt er in humorvoller Weise das Leben Bieneks in allen seinen Ämtern und Leidenschaften. Dieses Kapitel über Bienek veranlasste Bontzek später zu einem umfassenderen Werk über das Miechowitz vieler Jahrzehnte des vergangenen Jahrhunderts. Die zeitgenössische, umfassende und eingehende Schilderung stellt ein einmaliges Beispiel der Darstellung eines Dorflebens um die Mitte des 19. Jahrhundert dar. Es gab im deutschen Osten kein zweites derartiges Werk. Ihm verdanken wir die Schilderung der Gemeindeversammlung (Gromada), der Schule und des Unterrichtes, des Ortes mit seinen Höfen und Besitzern, der alten Kirche, der Notzeit in Miechowitz und der Menschen, des Schlosses und des Waldes. Seine Werke stellen bis in unsere Zeit die wichtigste Quelle über das Miechowitz des 19. Jahrhunderts dar. Bontzek war getragen von der Liebe zu seinem Heimatort. Diese versuchte er auch den Menschen von Miechowitz zu vermitteln. Im Jahr 1879 erschien sein Werk zum ersten Male in Beuthen unter dem Titel »Stary koscio Miechowski – obrazek obyczajów wiejskich w narczecu Gorno l skiem« (»Die alte Miechowitzer Kirche – Ein ländliches Sittenbild im oberschlesischen Dialekt«). Ein zweites bedeutendes, sieben Jahre später erschienenes Werk Bontzeks trägt den Titel »Góra Chełmska« (»Der Chelmberg«).

Seine Dichtungen schrieb er in der oberschlesisch-polnischen Mundart, der Sprache der Menschen in Miechowitz. Seine poetische, fast homerische Sprache macht sein Werk interessant und authentisch. Für seine Seelsorgearbeit und sein Dichten galt für ihn der Grundsatz: »Ich verteidige hier nicht die polnische Sprache für die Politik, sondern nur für die Befreiung der Seelen.« Das klingt anders als der Tenor in Teilen des Artikels in »historia Miechowice«, wie es damals wohl nicht anders geschrieben werden konnte und durfte.

Norbert Bontzek schrieb auch in deutscher Sprache, wie es Veröffentlichungen des Verlages der »Schlesischen Volkszeitung« zeigen. Nachstehend ein Beispiel:

Frühlingslied

Kaum singen die Lerchen, kaum grünet das Land,
Schon kommt der Frühling im neuen Gewand.
Und wohnt in den Herzen, auf Fluren, im Hain,
Und alles muß jünger und glücklicher sein.

Wie jubelt's im Tale, wie brauset der Strom,
Und immer ist's Sonntag, die Welt ist ein Dom.
Es putzt sich der Hochwald, wie schön er nur kann,
Die Sonne steigt höher und sieht es sich an.
O Frühling, o Frühling, wer liebte dich nicht,
Und wer kann dich schildern, wie schön er auch spricht!
Du Wonne des Lebens, o kehr bei uns ein!
Wir wollen uns freuen und dankbar sein.

Aus der romantischen Sage »Karpathenmärchen«

Seine Werke brachten ihm den Beinamen »Schlesischer Homer« ein. Er selbst liebte Klassiker verschiedener Kulturkreise. So waren seine Lieblingsdichter Homer, Horaz und Vergil, Mickiewicz, Malczewski, Goethe und Schiller. Dichtungen von Goethe, Schiller, Klopstock u. a. übersetzte er ins Polnische und fügte diese als Anhang einem Teil seiner Dichtungen bei. Darüber hinaus galt Bontzek als sehr gelehrter Mann.

1918 erschien »Stary kosciól Miechowski« in einer polnischen Neuauflage. Die deutschsprachigen Miechowitzer wünschten in immer stärkerem Maße, Bontzeks Werk auch in deutscher Sprache zu lesen. So übersetzte es Ludwig Chrobok in Teilen ins Deutsche. Der erste Teil erschien 1925 mit der Übersetzung des 3. Kapitels über die Schule und Pfarre. Drei weitere Teile folgten in den Jahren danach.

1967 wurden alle weiteren Werke Norbert Bontzeks unter dem allgemeinen Titel »Poesie« herausgegeben. In der heutigen Heimat-Geschichtsliteratur in Bytom-Beuthen wird er als hervorragender Dichter im oberschlesischen Dialekt und als Sänger des alten Miechowitz gefeiert. Ihm zu Ehren wurde noch im alten Miechowitz lange vor 1945 eine Straße benannt, die auch danach als einzige Straße ihren alten Namen behielt: aus der Bontzekstraße wurde allerdings die ul. Norberta Bonczyka. 1982 ließ die »Gesellschaft für Kultur und Bildung« in Oppeln (Opole) eine Medaille zu Ehren Bontzeks prägen, die auf der Vorderseite Norbert Bontzek und auf der Rückseite den Annaberg zeigt.

Einige Beispiele aus Bontzeks literarischem Schaffen: In den Nachbetrachtungen Bontzeks zu seinem zweiten Kapitel »Miechowitz um 1850« widmet er einen Absatz seinem Vaterhaus:

Im Vaterhause Bontzeks:
Winckler als Bontzeks Gönner;
Vater Bontzek will aus alten Chroniken erzählen.

Auf der Bank vor dem Hause saß im kühlen Schatten
Der Kastanien der alte Bontzek – Kaffee hatten
Alle außer Norbert schon getrunken – streute
Körner, dass sich laut lärmend, das Geflügel freute.
Tauben, Hühner und Enten um ihr Futter kommen.
Von der gestrigen Sitzung ist er noch benommen,
Spricht nur wenig und muß sich immer wieder fragen,
Ob die Welt einen andern Kurs hat eingeschlagen.
Dass hinsinken die alte Kirche er soll sehen,
Will ihm heute nicht aus dem grauen Schädel gehen.
»Unsre Kirche! Bald ist sie von dem Platz verschwunden,
Und auch wir haben bald das gleiche Los gefunden!«
Sann er. Plötzlich ein Lärm! Der Knabe kommt im Sturme
Und berichtet ihm hastig, dass er war im Turme,
Was er sah, was er hörte, spricht von Drasczyks Trübsal
Ob des dahingegangenen Gutsherrn bösem Schicksal.
»Ach, mein Sohn,« sprach der Vater, »wenn du könntest wissen,
Was mit unserem Herrn der Tod dir hat entrissen!
Andre hat er wohl reich gemacht, doch bessere Sachen
Hat er dir zugedacht: dich wollte er glücklich machen!
Kirchen wollte er bauen, nun deckt ihn die kühle
Erde; der einst so tätig war, liegt jetzt so stille.
Wollt ich dir berichten von dem Leben, Ergehen
Und den Taten der Herrn, die Miechowitz schon gesehen,
Würdest aus der Erzählung du, mein Sohn, erkennen,
Dass selbst in den Palästen rinnen viele Tränen.
Eitelkeit aller Eitelkeiten! Das sind, merke –
Denn so nennt sie das Buch der Weisheit – Menschenwerke!
Doch jetzt geh in die Küche! Hunger, will ich meinen,

Hast du sicher schon; bei der Platte ist im kleinen
Topfe Zur, auch Kartoffeln! Kannst auch Kaffee trinken;
Auf dem Mäuerchen ist er, in dem Krug, zur Linken!
Iß und trink, was du willst; doch mußt du dich schon sputen,
Es ist Zeit in die Schule! Wenn Gott einen guten,
Schönen, heiteren Abend heute uns wird schenken,
Werden beide wir auf das Feld die Schritte lenken;
Dort will ich mein Gedächtnis wiederum auffrischen,
Aus der Chronik des Dorfes dir etwas auftischen.
Das Gehörte mußt du wohl im Kopf bewahrest!
Was aus alter Zeit Gutes, Schlimmes wir erfahren,
Sei den Kindern zur Lehre, sei ein Halt im Sturme.«

Bontzeks Geburtshaus

»Ei, wie kannst du,« sprach Drasczyk, »alles so auftischen!« –
»Unsere Nachbarin ist sie! Zwischen uns und zwischen
Ihr wohnt Stanislaus Adam bloß. Seht, dort wir stecken,
Wo ein Haus hohe Weiden und Kastanien decken!
Untermauert schon ist es, seitwärts Obstbäume stehen,
Die herab auf die Beete mit Gemüse sehen.
Vor den Fenstern im Garten sehen ihr Bienenstöcke:
Ordnung überall, Ordnung in der fernsten Ecke.
Von dem Großvater hat der Vater nichts bekommen,
Hat nach dessen Tod noch den Bruder übernommen;
Alles hat Vaters Hand in harter Arbeit geschaffen!
Feld auch wollte der Gutsherr geben meinen braven
Vater; der wollt's nicht haben. Wären wir reiche Leute,
Fühlten wir uns wahrscheinlich nicht so glücklich heute!« –
»Recht, mein Knabe!« der Totengräber sprach gemessen.
»Ich Hab nichts, muß im Schweiß der Stirne Schwarzbrot essen,
Trinke Wasser, in Säcken trag ich schwere Bürden
Deputat dem Herrn Pfarrer, will doch nichts von Hochwürden.
Gott gab Kraft und Gesundheit, wünsche nichts darüber,
Sehe nicht auf die Reichern, mag den Blick viel lieber
Nach den Brüdern, die ärmer sind, zufrieden lenken.
Ähnlich, meine ich, wird dein braver Vater denken.«

Der Ministrant Bontzek will Priester werden
»Ei, du tadelst zu viel,« glaubst Drasczyk warnen zu müssen,
»Kannst du doch, wozu du es einmal bringst, nicht wissen!« –
»Ich? – Mich werdet im Priesterkleid Ihr einmal sehen,
Und die Schwestern, die werden alle ins Kloster gehen!«
Vor sich blickte der Alte, eine Weile schweigend,
Und bemerkte dann strenge, nach dem Gutshaus zeigend:
»Ja, wenn jener euch hilft, dann könnte es gelingen!
Nur mit Mitteln des Vaters ist es nicht zu vollbringen,
Doch wie kommst du darauf?« Dazu mit wichtiger Miene
Meint der Knabe: »Sechs Jahr ich schon zu Messe diene,
Weiß die Ministratur, auch wie sie Trauung geben,
Und das bißchen, das noch fehlt, lerne ich eben.« –
»Hätte doch nicht gedacht, dass du bei deinen Jahren
Noch so dumm bist,« sprach Drasczyk, »noch so unerfahren!
Wieviel hast du schon in den Kopf hineingetragen?
Frag Kasmarczyk, den Küster, der wird dir schon sagen,
Was, ein Priester zu sein, bedeutet; denn verraten
Haben Hochwürden ihm, was sie zu lernen hatten.
Und du kennst doch Hochwürdens Corpus, Kopf, Erscheinung!
Dennoch sind sie, wie selbst sie sagen, noch der Meinung,
Dass nicht einmal die Hälfte des Wissens der Erde
Ist in ihrem Gedächtnis. Und wieviel Beschwerde,
Wieviel Zeit, wieviel Kosten, die dabei entstehen!
Norbert, das wird in deinen Schädel niemals gehen!
Zwanzig Jahr, an verschied'nen Schulen, sagt man, hätten
Sich Hochwürden gequält und in verschied'nen Städten.
Zwanzig Jahre, bedenk mal! Das sind lage Qualen.
Und dazu waren jährlich hundert Taler zu zahlen.
Extra ist noch zu rechnen, was die gute Mutter
Regelmäßig dem Knaben schickte, Brot und Butter.
Kannst du, Schlauer, was das bedeutet, dir vorstellen?
Hundert Taler! Sag, sahst du je schon so viel zählen?
Taler, merke, nicht Sechser! Werde kaum mich irren,
Wenn ich sage, du kannst mir keinen Ort anführen,
Wo man so viel Geld zählte.« Bontzek muß verneinen;
Mit dem Kopfe er schüttelt; »Nein, ich kenne keinen!«

»Mit der Opfergeldbüchse bist du, kleiner Streber,
Auch gegangen,« so fährt nun fort der Totengräber;
»War das Opfergeld drin von einem Vierteljahre,
Dass mit Müh nur die schwere Büchse du zur Pfarre
Tragen konntest, wieviel war da zusammengekommen?
Ob fünf Taler? Die Summe zwanzigmal genommen,
Wären hundert. Was das für eine schwere Menge
Geldes ist, das zu fassen, ist dein Kopf zu enge.
Und erst Tausende! Nutzlos, sie erst zu erwähnen!
Wirst den Kasimir Niemczyk, den aus Karf, auch kennen.
Ja, der weiß jetzt, wie schnell das Geld wird ausgegeben.
Sparte, ersparte siebzehn Taler, nicht viel eben.
Bat Orlowski, dafür ein Haus ihm aufzuführen.
In Gedanken und Reden ging's ans Fundamentieren,
Dann tatsächlich ans Bauen. Darauf begann man zu schachten
Für den Kalk eine Grube, für die Ziegel machten
Einen Schuppen sie, da war, eh man kam zum Bauen,
Von dem Geld, dem ersparten, keine Münze zu schauen.
Sie verkaufte die Röcke, selbst die bunten, weichen
Zamotowken, doch mochte all das Geld nicht reichen.
Früher hatte er Geld, jetzt hat ihn die Not der Erden;
Und du willst, in der Tasche Leinwand, Priester werden?« –
»Nun, so werd ich Schmied; Mariechen Slenczek sagte,
Dass ihr Vater schon oft nach einem Lehrling fragte.«
Arg verärgert spricht Drasczyk: »Von der Bank herunter!
Deine Red' wird, je länger, desto dümmer, bunter.« –
»Ja, ich folge schon, sehe erst noch dort hinüber,
Ob des Dorfes andre Hälfte ich erkenne, mein Lieber!« –
»Blick denn hin, doch ich hab wenig Zeit! Sprich balde!«

Norbert Bontzek bleibt eine große Persönlichkeit von Miechowitz und seine Werke bieten nach wie vor eine wichtige Quelle über das Miechowitz des 19. Jahrhunderts. Er nahm immer eine loyale Haltung zum Staatsvolk (Preußen) ein. An keiner Stelle seiner Werke finden sich Hinweise, die auf politisch-propagandistische Absichten hinweisen. Er nimmt allerdings auch keine Stellung zum damaligen Deutschland. Die Zeit des Kulturkampfes, unter dem er ständig zu leiden hatte, schmerzte ihn vielleicht zu sehr. Seine ganze Liebe allerdings galt seiner engeren Heimat. In unserer heutigen Zeit des Zusammenwachsens Europas, in der es fast überall offene Grenzen gibt, sollte es müßig sein, darüber zu streiten, ob Bontzek Deutscher oder Pole war. Er war ein leidenschaftlicher und großer Oberschlesier, dem besonders das Wohl und das Heil der Menschen ein großes Anliegen waren.

Ludwig Chrobok – Lehrer, Heimatforscher und Heimatschriftsteller

Das Wissen um die Geschichte von Miechowitz-Mechtal ist untrennbar mit dem Namen Ludwig Chrobok verbunden. Mit seinen heimat- und ortsgeschichtlichen Forschungen über Miechowitz und darüber hinaus erwarb er sich bleibende und große Verdienste.

Ludwig Chrobok war ein fröhlicher, humorvoller, stets zu lustigen Streichen aufgelegter Mensch, der den Schalk im Nacken hatte und gern mit gut gemeintem Spott neckte. Er wurde am 23. Januar 1889 in Jankowitz im Kreis Pless geboren und kam 1910 als junger Lehrer an die Schule I nach Miechowitz, an der er bis zum 18. Januar 1945 wirkte. Im I. Weltkrieg musste er als Fussartillerist an die Front. Seit Ende der dreißiger Jahre wohnte er in seinem eigenen Haus in der Schlageterstraße (1994 abgerissen). Verheiratet war er mit Margarete Wengrzik, mit der er vier Kinder hatte. Während des II. Weltkrieges wurde Ludwig Chrobok, da er mit seiner Meinung nicht hinter dem Berge hielt, trotz der Anerkennung seiner heimatgeschichtlichen Arbeit, von den Nazis strafversetzt. Er musste Mechtal verlassen. Monate später wurde diese Maßnahme rückgängig gemacht. Nach der Übernahme Mechtals im Frühjahr 1945 durch Polen wirkte er vom Sommer des gleichen Jahres an als polnischer Lehrer an der ehemaligen Schule II. Im September 1958 siedelte er in die Bundesrepublik Deutschland über, wo er am 1. 10. 1958 mit seiner Frau und seinen drei Töchtern Christa, Ruth und Maria bei seinem Sohn Dr. med. Hans Chrobok in Essen/Ruhr eintraf. Viele seiner heimatgeschichtlichen Werke hat er damals mitbringen können. Bereits zwei Jahre später, am 29. Oktober 1960, starb er in seinem neuen Wohnort in Essen, wo er auch beigesetzt worden ist.

Nach dem I. Weltkrieg wurde besonders bei jungen Leuten in Oberschlesien das Interesse wach, sich näher mit der Geschichte ihrer Heimat zu befassen. Im Zusammenhang mit der Abstimmungszeit und ihren Folgen, die Oberschlesien in aller Welt bekannt gemacht hatte, entwickelte sich ein oberschlesisches Selbstbewusstsein. Verstärkt wurde nun nach den eigenen Wurzeln gesucht.

Als Mitbegründer der AG für Heimatkunde im Jahr 1921wurde Chrobok bald deren wegweisender Mann. Er war der Leiter und stete Anreger. Die AG begann ihre Tätigkeit am 22. Januar 1921 als Ortsgruppe der »Arbeitsgemeinschaft für oberschlesische Volkskunde«. Aus ihr entwickelte sich später die »Arbeitsgemeinschaft für Heimatkunde in Miechowitz«, der besonders viele Lehrer, aber auch Frauen und Männer anderer Berufsschichten angehörten.

Zunächst kam er einem vielfältigen Wunsch nach und übersetzte Norbert Bontzeks Epos »Stary kosciół Miechowski – Obrazek obyczajow wiejskich w narczecu Górnośląskiem« – »Die alte Miechowitzer Kirche – Ein ländliches Sittenbild im oberschlesischen Dialekt« aus dem Polnischen ins Deutsche und machte damit die deutschsprechenden Miechowitzer mit der Geschichte ihres Heimatortes im 19. Jahrhundert vertraut. Die Ergebnisse der Arbeit des Arbeitskreises wurden in der Heftreihe »Beiträge zur Heimatkunde von Miechowitz« festgehalten. Unter Chroboks Regie gab die Arbeitsgemeinschaft insgesamt vierzehn Hefte im Verlag des Beuthener Geschichts- und Museumsverein und im Verlag Heimatkundliche Arbeitsgemeinschaft Miechowitz heraus. Allein neun dieser Hefte stammten aus seiner Feder. Vier Hefte brachten die von ihm übersetzten Kapitel aus Bontzeks »Stary kosciol Miechowski«. Sie erschienen zwischen 1925 und 1938:

1. *Bontzek, Norbert, Schule und Pfarre in Miechowitz vor 70 Jahren (31 S.) III. Kapitel aus »Stary kosciół Miechowski«, übersetzt von Ludwig Chrobok, 1925*
2. *Chrobok, L., Zur Biographie Franz von Wincklers, 1925*
3. *Chrobok, L., Der Grytzberg (15 S.), 1925*
4. *Bontzek, Norbert, Eine Gemeinde-Versammlung im Jahre 1853 (43 S.) I . Kapitel aus »Stary kosciół ... «, übersetzt v. L. Chrobok, 1925*
5. *Chrobok, L., Sagen von Miechowitz, 1926*
6. *Bontzek, Norbert, Miechowitz um 1850 (32 S.), 1929 I. Kapitel aus »Stary kosciol ...«, übersetzt von L. Chrobok, 1926*
7. *Chrobok, L., Aus der Geschichte des Männer-Turnvereins Miechowitz, 1927*
8. *Chrobok, L., Die alte Kreuzkirche (24 S.), 1927*
9. *Chrobok, L., Das Marienkloster (16 S.), 1927*

10. *Lazarek, Dr., Kommunalpolitik der Gemeinde Miechowitz (63 S.), 1928*
11. *Bontzek, Norbert, Feld, Wald und Gottesacker im Leben der Miechowitzer um 1850, 4. Kap. aus »Stary k. ...«, übersetzt von L. Chrobok (28 S.), 1929*
12. *Chrobok, Miechowitzer Gutsbesitzer (27 S.), 1930*
13. *Chrobok, Streifzüge des kleinen Heimatforschers in Miechowitz. Versuch einer geschichtlichen Heimatkunde des Ortes. (79 S. mit 30 Abb.), 1930*
14. *Chrobok, L., Der Männergesangverein Mechtal von 1878–1938. Zu seiner Jubiläumsversammlung am 12.12.1938 (10 S. mit 3 Abb.), 1938*

In seinem Heft »Streifzüge des kleinen Heimatforschers in Miechowitz« lässt er all das, an dem die Menschen in Miechowitz tagtäglich vorübergehen, lebendig werden: Straßen, Häuser, Bäume, Plätze, Teiche, Schulen und Kirchen. So wurde der Leser mit all dem, was ihn umgab, vertraut und schätzte es im Gegensatz zu früher.

Mit der Einrichtung der von Alfons Perlick angeregten »Heimatstube« schuf er ein kleines Ortsmuseum mit zwei Räumen, die zuerst im Rathaus und später in der alten Schule I zur Verfügung gestellt wurden. So hatten die Ortsbewohner die Möglichkeit, die Geschichte, Geographie und Wirtschaft des Ortes in Modellen, durch Bilder, Fotos und Gegenstände zu erleben und sich damit vertraut zu machen: Gegenstände aus Küche und Stube der Großeltern, von der Arbeit der Bauern, aus den Werkstätten alter Handwerker, über das Gezähe des Bergmanns. Weiterhin waren zwei Modelle alter Schachtanlagen aus der Galmeizeit, Bilder, Reliefs, Karten, Pläne, Abgüsse und vieles andere mehr zu sehen. Zahlreiche Ausstellungsgegenstände waren Spenden aus der Bevölkerung. Damit auch Schulklassen die Heimatstube besuchen konnten, wurde ein Plan herausgegeben, der Hinweise auf die Ausstellungsstücke enthielt und auf weitere Quellen verwies. Wegen der großen Geldknappheit der Gemeinde zu Beginn der dreißiger Jahre konnte diese dem kleinen Ortsmuseum, um das Miechowitz von vielen anderen Orten beneidet wurde, keine finanziellen Zuschüsse mehr geben. Bereits zu Beginn der Kämpfe um Mechtal Ende Januar 1945 wurde diese Einrichtung leider zerstört.

Vater der Miechowitzer Geschichtsschreibung war Norbert Bontzek, ein Miechowitzer, mit seinem Werk »Stary kosciół Miechowski«, in dem er in verschiedenen Kapiteln die Geschichte von Miechowitz im 18. Jahrhundert festhält. Ludwig Chrobok wurde durch seine intensive Beschäftigung mit Norbert Bontzek zum besten Bontzek-Kenner und zum Bontzek-Biographen. In zahlreiche Rundfunkvorträgen über heimatliche Themen und Hörspiele gleicher Art weckte er die Liebe zur Heimat. Daneben hielt er viele Vorträge in Arbeitsgemeinschaften und Vereinen. Außerdem schrieb er unzählige Beiträge zur Heimatgeschichte in Zeitschriften und Zeitungen. In der Beilage »Aus dem Beuthener Lande« (AdBL) der »Oberschlesischen Zeitung« veröffentlichte er u. a.: »Haus- und Straßenbeleuchtung in Miechowitz in früherer Zeit«, »Die ältesten Straßen in Miechowitz«, »Dienstleistungen der Miechowitzer Bauern und Gärtner um 1800«, »Die Miechowitzer Schule zur Zeit Friedrichs des Großen«, »Zur Geschichte des Bergbaus – bergmännisches Volkstum«, »Die Überführung der Särge aus der Domes'schen Kapelle nach der Gruft der Miechowitzer Kreuzkirche«.

Ludwig Chrobok

In den Mitteilungen des »Beuthener Geschichts- und Museums-Vereins« und in anderen Organen schrieb Ludwig Chrobok u. a. über folgende Themen: »Särge in der Gruft zu Miechowitz - Zur Geschichte des Miechowitzer Schlosses«.

Er sammelte alte in wasserpolnischer Mundart geschriebene Volkslieder und übersetzte sie. Im Laufe der Jahre richtete er eine heimatgeschichtliche Bibliothek ein, deren Bestände laufend erweitert wurden. So kam es auf diese Weise zum ersten Mal zu einer Darstellung der Ortsgeschichte von Miechowitz, welche die bisherigen Ergebnisse der Heimatforschung auch der Öffentlichkeit zugänglich machten. Es gab zwar bereits eine »Chronik von Miechowitz«, eine Einzelschrift, die bis zum Jahre 1888 geführt wurde und danach mit einem Anhang über die Entwicklung der Preußengrube bis zum Jahre 1912 versehen wurde. Diese Chronik, die der Beuthener Chronist, Hauptlehrer Franz Gramer (28. 5. 1797 – 28. 2. 1865), an seinem Sterbetag der Miechowitzer Schlossherrschaft übergab, ging beim Umzug der Tiele-Wincklers nach Moschen im Kreise Neustadt O/S dorthin. Auch in Franz Gramers »Beuthener Chronik« ist viel Material über Miechowitz zu finden.

Neben der Erforschung der Miechowitzer Ortsgeschichte, arbeitete Ludwig Chrobok im Pfarrarchiv der Marienkirche in Beuthen, wo er ein Urkunden- und Aktenverzeichnis anlegte und im Beuthener Stadtarchiv, in dem er Register erstellte und tschechische und polnische Urkunden übersetzte.

Er schrieb viele Gedichte, so 1928 auch das »Mechtaler Heimatlied«, das zunächst von Josef Schmidt und später von Alfred Hanke vertont wurde:

Lass viel tausendmal dich grüßen,
Du mein trauter Heimatort;
Wo ich wand're, wo ich weile,
Seh dein Bild ich immerfort.

Rüstig deine Häuser steigen
Aus der Nied'rung engem Raum
Über well'ge Ackerbreiten
Nach des Waldes grünem Saum.

Von der nahen Preußengrube
Dröhnt der Arbeit ernstes Lied,
Dort die Schar der wackern Knappen
Schwarzes Gold zum Lichte zieht.

Und das Schloss, das einsam stolze,
Träumt von alter Herrlichkeit,
Und der Kirchen Türme mahnen
Mich an Gott und Ewigkeit.

Von dem Grytzberg spähen Müde,
Neu erstarkend, weit ins Tal;
Friedenshorst und Kloster lindern
Leibesnot und Seelenqual.

Nach der Straßen bunten Zeilen
Sorgend-ernst das Rathaus schaut,

Während drängend-hast'ges Leben
Sich zu seinen Füßen staut.

Weich sind meiner Brüder Herzen,
Blickt das Auge oft auch hart;
Stark ist doch der Stamm der Bürger
Und von guter, alter Art.

Ja, so lebst du mir im Herzen,
Frisch und blühend, fort und fort;
Ob ich lebe, ob ich sterbe,
Lieb ich dich, mein Heimatort!

Neben seiner heimatgeschichtlichen Forschung und Arbeit war er in erster Linie mit Leib und Seele Lehrer. Zudem war er von einer tiefen Religiosität erfüllt, die Quelle seines Wirkens und sicher auch seines so langen Ausharrens in der Heimat war.

Unverstanden von vielen war 1945 sein Eintritt in den polnischen Schuldienst zu einer Zeit, in der alles Deutsche in der Heimat radikal verfolgt und unterdrückt worden ist. Hier fehlte ihm etwas von seiner früheren Haltung. Dieser Schritt brachte ihm auch nicht die wohl erhofften Möglichkeiten eines weiteren fruchtbaren Wirkens. Auch eine Einflussmöglichkeit, sich etwa für einen ebenso wie er völlig unbelasteten Kollegen aus deutscher Zeit nach der Verhaftung durch die polnische Miliz einzusetzen, war nicht gegeben. Zudem lehnte er es damals strikt ab, sich mit in Mechtal gebliebenen Frauen deutscher Kollegen zu unterhalten oder ihnen ein tröstendendes Wort zukommen zu lassen.

Die Tragik dieser Entscheidung lassen seine zwischen 1946 und 1949 geschriebenen Gedichte erahnen. Das nachstehende Gedicht aus dem Jahre 1949 möge ein Beispiel dafür sein:

Gebet eines Oberschlesiers

Bin ein Oberschlesier,
Grenzlandkind,
Hin und her gepeitscht
Vom eis'gen Wind!

Meine Lieben haben mich verlassen,
Und die Fremden kränken mich und hassen.
Ende, guter Herrgott, meine Pein.

Will dir dienen treu
Um jeden Preis,
Will mich für der nähren
Von Gram und Schweiß.
Nur lass in die Heimat fest mich krallen,
Und führe mich in deine lichten Hallen
Nach der Prüfung gnädig ein!
(1949)

Er mag in bester Absicht gehandelt haben, wurde aber durch die sich entwickelnden Verhältnisse maßlos enttäuscht. Erst nach der Wende, also nach der Beseitigung des kommunistischen Regimes, wurde man sich auch im heutigen Bytom-Miechowice des Wirkens von Ludwig Chrobok bewusst. Seine Arbeiten auf heimatgeschichtlichem Gebiet dienen den Heimatforschern von Miechowice nach wie vor als wichtige Quelle. So benannte man die Straße am ehemaligen Jugendheim, die Wiesenstraße, in Anerkennung seiner Forschungen und Arbeiten über Miechowitz-Mechtal-Miechowice in ul. L. Chroboka (L.-Chrobok-Straße) um. Eine späte Anerkennung. Seine Verdienste um Miechowitz-Mechtal-Miechowice sind unbestritten.

Nachstehend ein Auszug aus dem 2. Kapitel aus Bontzeks »Stary kosciol Miechowski« – »Miechowitz um 1850«:

Das Dorfbild

Seine nördliche Einfassung
Hin zur Schule, zur Kirche und zum Gute sprangen
So die Stunden; durchs Fenster sie ins Freie drangen.
Durch das eine, das nach dem Schlosse zeigte, drückte
Sich der Knabe, riß Mund und Augen auf; erblickte
Er die Welt doch in neuem, prächtigem Gewande!
Anders er sie bis jetzt von Kunas Eiche kannte.
Weiter, größer ist sie, ganz anders, als des lieben
Rektors Zunge sie in der Schule hat beschrieben.

Felder kann er, wie weit die Blicke reichen, Auen,
Wald und Himmel, das große Dorf inmitten schauen.
»Doch die Berge, die hohen, die sich dort anschmiegen
Rechter Hand an den Forst von Beuthen, sag, die liegen
In Amerika schon?« So fragt er jetzt den Alten.
Dieser kann sich vor Lachen auf der Bank kaum halten,
Biegt gleich ihr sich, und beide drohen bald zu brechen.
Drasczyk prustet, fängt lachend eben an zu sprechen.
»Bist mir wahrlich der rechte Schüler!« meint er heiter,
»Radzionkau ist's, der Trockenberg ein wenig weiter,
Drüben Worpie[1]*, wo Wyplers sitzen; und daneben,*
Durch den Rain nur getrennt, den schmalen, Drzezgas leben.«
»Ach, die Wyplern, das ist ja meine liebe Tante,«
Sprach der Knabe hinstierend, keinen Blick er wandte
Von der Gegend, Kolumbus gleich, der weithin irrte,
Als er bangend nach dem neuen Land die Schiffe führte.
Bontzek war schon zur Hochzeit dort und zum Kindtaufschmause,
Oft enteilte darum sein Geist nach jenem Hause.
Sinnend blickt er auch jetzt hin. Drasczyk will inzwischen
Nach dem Stahl in der Tasche seiner Kurtka[2] *fischen.*
Schwamm und Feuerstein hat er jetzt aus ihr gezogen,
Stopft die Pfeife, schlägt Feuer nun in raschen Bogen,
Pustet, um so den Tabak sachte anzuzünden
Und dem Knaben, zum Fenster weisend, mehr zu künden:
»Siehst du dort jenen hohen Wald, vom Zaune umgeben?
Unsrer Herrschaft gehört er. In dem Wildpark leben
Rehe, Truthühner, Pfauen, gut gepflegt, gehütet,
Auch Fasanen[3]*. Sobald man sie zum Füttern bittet*
Durch den Ton eines Glöckleins, nach den
Schüsseln sie langen,
Nach den Trögen und Händen, Nahrung zu empfangen.«
»Kenne das Glöcklein,« spricht Bontzek, »denn wir hören's klingen.
Wenn am Wygon[4] *wir, hinterm Czempiel hütend, springen,*
Und wir wissen, wenn wir dort seine Stimme hören,
Daß es sechs bald; das Vesperbrot wir dann verzehren.
Um die nämliche Stunde, einzeln oder zu zweien,
Sehn wie Bergleute zieh'n in langen, gelben[5] *Reihen.*

Auf der Stollarzowitzer Straße und auf den Rainen,
Unterm Arm die große Tasche tragend, einen
Kittel an, auf den Schultern Stiefel, von Blechowka,
Repten, Stollarzowitz, Friedrichswille, Lazarowka.«

1 Anhöhe an der Reptener Straße - dicht am Wald
2 kurze Jacke
3 Nach ihm wurde die Fasaneriestraße benannt
4 Viehtrieb: von hier aus wurde das Vieh zum Dorf hinausgetrieben
5 Sie förderten Galmei, ihre Kleider waren vom Gesteinsstaub schmutzig

Vorbei!
Von Ludwig Chrobok
Vertont von Alfred Hanke anlässlich des 50. Geburtstages von Ludwig Chrobok 1939

Als rings die Au erblühte
Im sonnig-linden März,
In tausend Farben glühte
Auch unser junges Herz;
Da gab's in unserm Innern
Nur Wonne, Duft und Sang!
Wie voll von Dank und Jubel
Da meine Laute klang!

Nun blüht schon das Getreide,
Zu Ende ist der Mai,
Geschieden sind wir beide,
Der Frühling ist vorbei;
Kalt sind die langen Tage,
Matt, todkrank ist mein Mut,
Verwaist in staub'ger Ecke
Die stumme Laute ruht.

Den du in Lieb erkoren,
Er führt dich in das Glück;

Mein Herz, das bleibt erfroren
und blühend hier zurück.
O März, hätt' ich doch niemals
Des Lenzes Hauch gespürt!
O Mai, hätt' ich die Laute
Nie jauchzend doch berührt!

1943 schrieb Ludwig Chrobok ein weiteres Mechtal-Lied:

Liebes Mechtal

Liebes Mechtal, liebes Mechtal, an dich Heimat denk ich oft.
Könnt ich ewig bei dir weilen – anstatt in die Fremde eilen.
Heimat, du mein Glück! Heimat, du mein Glück!

Liebes Mechtal, liebes Mechtal – Oberschlesiens Ort,
Wo der Grubenschlote rauchen und die Bergleut Kohle schaufeln
aus dem tiefen Schacht, aus dem tiefen Schacht.

Ganz vertraut sind mir die Straßen – und auch jeder Platz.
Dann im Park in froher Runde saßen wir so manche Stunde.
Haben froh gelacht. Haben froh gelacht.

Und am Abend, dann am Grytzberg – musizierten wir.
Mandolinen und Gitarren, schöne Lieder hört man schallen.
Schöne Zeit war hier. Schöne Zeit war hier.

Nun muß ich doch dich verlassen – in die Fremde ziehn.
Eltern, Freunde und Bekannte. Land der Diamanten.
Mußte von euch fliehn. Mußte von euch fliehn.

Und im Geiste will ich wandern – mit betrübtem Sinn.
Schnell zum Friedhof dann noch eilen, und in Andacht hier verweilen.
Hier die Eltern ruhn. Hier die Eltern ruhn.

Karl Franz Mainka – Bergmann, Heimatkundler und Heimatschriftsteller

Im kulturellen Leben von Miechowitz ragte ein Mann hervor, der äußerst vielseitig interessierte am 14. Januar 1868 in der Nähe von Tarnowitz als Sohn einer alten Bergmannsfamilie geborene Karl Franz Mainka. In seiner Jugend hatte er als unruhiger Geist verschiedentlich den Beruf gewechselt, die Bergschule abgebrochen, um schließlich Bergmann wie seine Vorfahren zu werden. Als Häuer arbeitete er auf verschiedenen Zechen, anfangs in Erzbergwerken, dann auf der Mariagrube, später in Steinkohlengruben, zuletzt auf der Carsten-Zentrum-Grube in Beuthen. Diese Wechsel weiteten seinen Blick und ließen ihn auf zahlreiche alte Funde stoßen die ihn zu Forschungen über den alten Bergbau anregten. Als Bergmann musste er sich mit einem geringen Lohn und einem einfachen Lebensstandard zufrieden geben. Dennoch beteiligte er sich intensiv am kulturellen Leben in Miechowitz. Er war intelligent, phantasievoll und hatte eine hervorragende Beobachtungsgabe.

Schrieb er in seiner Jugend ab und zu ein kleines Gedicht, so weckte die Zeit unmittelbar nach dem Ersten Weltkrieg in ihm den Drang mehr zu schreiben. Angesichts der drohenden Verlustes seiner Heimat machte er es zu seiner Aufgabe, für das Verbleiben Oberschlesiens bei Deutschland zu kämpfen. Damals entstanden viele begeisternde Gedichte, die in verschiedenen Zeitungen und Zeitschriften veröffentlicht wurden. Ihre Zahl ist unbekannt. Er wurde zum Dichter der Heimat, zugleich auch zum Dichter der verlorenen Heimat. Mainka verließ seine durch den Genfer Schiedsspruch an Polen gefallene Heimat Tarnowitz und erwählte Miechowitz zu seiner neuen, in der er bis zu seinem Tode lebte. Miechowitz wurde die Stätte seines fruchtbaren Schaffens und seiner schriftstellerischen Arbeit, die ihn nie wieder losließ. In seiner bescheidenen Wohnung in der Blücherstraße gab es zwei Gegenstände, die er ganz besonders liebte, ein Harmonium, an das er sich immer wieder setzte, und eine uralte Schreibmaschine, die selten still stand. Er veröffentlichte hier eine Fülle von Erzählungen, Geschichten und Aufsätzen

Bei einem Preisausschreiben für das beste Heimatgedicht errang er 1923 mit seinem Gedicht »Die verlorene Heimat« den ersten Preis. Dieses Gedicht, das er seiner verlorenen Heimat gewidmet hatte, wurde zweimal vertont, einmal durch den Beuthener Komponisten Kluß und weit nach dem Zweiten Weltkrieg in einer moderneren Fassung durch den jungen Komponisten Alwis John. Während eines Neujahrstreffens des Beuthener-Lokay-Kreises erfolgte die Uraufführung der neuen Komposition. Eine Sängerin des Osnabrücker Stadttheaters sang das Lied und der Komponist begleitete sie. Wie die erste Fassung rief auch die moderne die gleiche innere Ergriffenheit unter den Zuhörern hervor.

Die verlorene Heimat

Sing mir ein Lied von jenem Lande,
Darin einst meine Wiege stand,
In dem in diesem Staubgewande
Das erste Erdenglück ich fand!
Ich kann es nicht, mein Herz ist schwer,
Ich habe keine Heimat mehr!

Sing mir ein Lied von jenen Tagen,
Da ich das Mutteraug' geschaut,
Wo Mutterliebe mich getragen
Und Muttertreue mich betraut.
Ich schweige still, mein Herz ist schwer,
Ich habe keine Mutter mehr!

Sing mir das Lied von jenen Stunden,
den schönsten in des Lebens Mai,
In welcher Jugendlust verbunden
Mit Blütenzweigen mancherlei!
Ich bleibe stumm, es schmerzt zu sehr.
Ich habe keine Jugend mehr!

Es schwand mir Jugend, Muttertreue,
Die traute Heimat ward geraubt! –
Geblieben ist nur bittre Reue
Ein Dornenpfad, von Hass bestaubt! –
O süße Heimat, Zauberland,
Wann gibt dich frei des Schicksals Hand?

Veröffentlicht wurden dieses Gedicht und viele andere Gedichte und Erzählungen in der Beilage der »Oberschlesischen Zeitung – Aus dem Beuthener Lande«.

Volkstümliche Romane und Erzählungen, die sich auf das Revier beziehen, waren: »Bergmannsblut« (1924), »Die Töchter des Obersteigers« (1926), und »Die Erzählungen aus dem Leben eines oberschlesischen Bergmannes« (1926). Zu seinen größeren Arbeiten zählten der Bauernroman »Auf dem Ulmenhofe«, die Erzählungen »Der Liebestraum des Forstgehilfen«, »Die verfluchte Mühle« und »Der Glöckner von St. Marien«. Seine Romane und Erzählungen erschienen meist in Zeitungen und Zeitschriften. Sie wurden sehr gern von einfachen Menschen gelesen. Mainka schrieb in schlichter, mit Humor gewürzter Sprache. Leider fand er keinen Verleger. Einige seiner Werke wurden auf verschiedenen Bühnen aufgeführt, andere sendete der Rundfunk. Auch die Laienspielgruppe des immer für caritative oder kirchliche Zwecke spielenden »Katholischen Gesellenvereins« (Kolping) Miechowitz, führte eins von Mainka's Stücken auf.

Besonders wertvoll sind seine heimatkundlichen, volkskundlich-bergmännischen Beiträge. Aus eigenem Erleben heraus schilderte er »Das Grubenunglück auf der Deutschland-Grube 1884« (1924) und »Das Unglück auf der Preußengrube 1905« (1930). Mit bergtechnischen und heimatkundlichen Fragen beschäftigte sich Mainka besonders gern. Beobachtungen, die er in alten Schächten gemachte hatte, besonders in Erzbergwerken, regten ihn zu Forschungen über den alten Bergbau an. Die aus Volksüberlieferungen gesammelten Mitteilungen bildeten die ersten Beiträge für eine oberschlesische berg- und hüttenmännische Volkskunde. Bergmännische Zeitschriften veröffentlichen seine Beiträge: »Die Eisenerzgräberei im Kreis Beuthen« (1924), »Vom alten oberschlesischen Kohlenbergbau« (1927), »Die Reifen- und Flechtenschächte des ersten oberschlesischen Bergbaus« (1929), »Die Zähl-und Leistungskontroll-Einrichtungen im Oberschlesischen Bergbau« (1929), »Von der Kerbgeige und Kerbtafel« (1929), »Ein Haspelschacht« (1929), »Die Schichtglocke von Tarnowitz«, »Die Wassergewältigung im alten Bergbau« (1935), »Der Werdegang der Grubenlampe im Bezirk des Beuthener Landes« (1925), »Die Halmzündung« (1929), »Ein Tag in der Bergstadt Tarnowitz« und viele weitere Aufsätze. Mainka beschäftigte sich auch mit der Sammlung von Berggeistsagen und brachte diese, geschickt und gut ausgewählt zusammengefasst in einer volkstümlichen Fassung als »Oberschlesische Berggeistsagen« 1927 in zwei Auflagen im Selbstverlag heraus. Wie groß die Zahl von Mainka's Werken war, weiß niemand genau. Die meisten von ihnen sind wohl infolge der Kriegswirren 1945 und danach verloren gegangen. Er hatte sie in seiner

Wohnung in einem alten Schrank aufbewahrt, viele noch ungedruckt und unbekannt.

Ein vom »Sonntagsblatt für die Erzdiözese Breslau« ausgeschriebener Wettbewerb für ein neues Barbaralied brachte etwa 2.000 Einsendungen. Während der erste Preis nach Hindenburg ging, fielen die drei nächsten Preise nach Miechowitz: Der Schichtmeister-Assistent Dr. Josef Bullok erhielt den 2. Preis, der Miechowitzer Heimatforscher Ludwig Chrobok den 3. Preis und der Heimatdichter Karl Franz Mainka den 4. Preis. Das war eine beachtliche Leistung für Miechowitz!

In Fragen der oberschlesischen Volkstum- und Heimatkunde war er ein lebendes Lexikon. Zahlreichen Fachleuten und Studenten gab er auf diesem Gebiet kompetente Auskünfte und wusste ihnen oft Neues zu vermitteln. Der bekannte Heimatforscher Professor Alfons Perlick konnte in einer Würdigung Mainka's mehr als 130 seiner Aufsätze auflisten. Auch geschichtliche Fragen interessierten ihn. Er studierte und erforschte die Geschichte von Tarnowitz und Miechowitz und arbeitete an einer Chronik von Miechowitz. Mainka galt als ein echter Vertreter der in jede Richtung begabten oberschlesischen Berg- und Hüttenleute: Er war technisch gewandt, erzählfreudig, musikalisch, einfach und bedürfnislos. Einer seiner Vorfahren war 1661 Bürgermeister von Georgenberg. Er selbst hatte 1889 die damals übliche Bergmannswanderung von Oberschlesien in das Ruhrgebiet zu Fuß unternommen, um dort Arbeit zu finden.

Wenige Tage vor seinem 70. Geburtstag, am 6. Januar 1938, starb Karl Franz Mainka in Mechtal. Die für diesen Geburtstag vorgesehenen Ehrungen und die Würdigung seines Schaffens konnte er nicht mehr erleben. Mit ihm ging ein vielseitig interessierter und selbstbewusster, mit allen Fasern seines Herzens an seiner oberschlesischen Heimat hängender, um die Heimat verdienter einfacher und dennoch großer Mann dahin.

Professor Alfons Perlick – von 1925 bis 1930 Mittelschullehrer in Miechowitz

Der damalige Mittelschullehrer Alfons Perlick wirkte eine nur relativ kurze Zeit, etwa ein halbes Jahrzehnt, an der Mittelschule in Miechowitz. Geboren wurde er am 13. Juni 1895 in Ossen (Ose) im Kreis Groß-Wartenberg (Syców) im Bezirk Breslau als ältestes von elf Kindern. Sein Vater wirkte als

Alfons Perlick

Kunstgärtner in Kynau im Kreis Waldenburg unterhalb der Kynsburg und im Schlosspark Osseg (Auenrode-Kreis Grottkau). Später, von 1908 an fungierte er als Revisionsbeamter bei der Oberschlesischen Landwirtschafts-kasse in Breslau. Sein Sohn Alfons verbrachte seine Jugendjahre in Kynau und besuchte später die Präparandie und das Lehrerseminar in Proskau, elf Kilometer südöstlich von Oppeln. Mit seinem ganzen Seminarjahrgang meldete er sich 1914, wie es damals viele junge Männer taten, freiwillig zum Militär. Während des Kriegseinsatzes wurde er schwer verwundet, so dass ihm im Kriegslazarett in Freiburg ein Arm amputiert werden musste. Dort in Freiburg kam er mit dem damaligen Vorsitzenden des Verbandes deutscher Vereine für Volkskunde zusammen. Nach Perlicks eigenen Aussagen ging seine spätere Arbeit im Bereich der oberschlesischen Volkskunde auf diese Begegnung in Freiburg zurück.

Nachdem er genesen war, trat er in Rokittnitz (Martinau) im Landkreis Beuthen-Tarnowitz seine erste Lehrerstelle an. In der deutschen Pädagogik war gerade der Sinn für den Wert der Heimatkunde in Erziehung und Unterricht aufgegangen. Diese sollte zu seiner Lebensaufgabe werden. Mit Energie und Organisationstalent gründete er in seinem Dienstort Rokittnitz eine Heimatstube, die später von Landrat Dr. Urbanek zu einer Kreisheimatstelle umgewandelt und unter der Leitung von Alfons Perlick ausgebaut worden ist. Sie entwickelte sich wegweisend für die Heimatforschung auf dem Lande.

Hier suchte er die Zusammenarbeit mit einem Gymnasiallehrer aus Hindenburg, der ihn zur weiteren Arbeit auf dem Gebiet der Volkskunde begeisterte. Gemeinsam mit seiner späteren Frau Maria Blümel gründete Alfons

Perlick eine kleine Arbeitsgemeinschaft für Heimatkunde, die äußerst aktiv war. 1924 gab die Arbeitsgemeinschaft die heimat- und volkskundliche Beilage »Aus dem Beuthener Lande« (AdBL) der »Oberschlesischen Zeitung« heraus, in der eine unendlich große Zahl von Beiträgen zur Geschichte des Kreises Beuthen veröffentlicht worden sind. 1919 bereits hatte Alfons Perlick eine »Arbeitsgemeinschaft für oberschlesische Volkskunde« ins Leben gerufen, die Mitglied im Verband deutscher Vereine für Volkskunde wurde. In der Zeitschrift »Der Oberschlesier« stellte er von 1921 an die Arbeit dieser Arbeitsgemeinschaft dar und forderte zur Unterstützung und Mitarbeit auf.

In allen Kreisen berief er Vertrauensmänner für Volkskunde, um so ein flächendeckendes Mitarbeitersytem zu schaffen. Innerhalb weniger Jahre hatte er mit seiner Arbeitsgemeinschaft ein »Oberschlesisches Volksliederarchiv« und ein »Oberschlesisches Volkskunde Archiv« aufgebaut. Als Beilage für die Zeitschrift »Der Oberschlesier« gab er von 1929 an regelmäßig das Mitteilungsblatt »Oberschlesische Volkskunde« heraus, deren Beiträge zu einem großen Teil von ihm selbst geschrieben worden sind. Neben all dieser Arbeit veröffentlichte er eine fast unübersehbare Anzahl von kleineren und größeren Beiträgen zu seinem Arbeitsbereich. Nachdem 1923 in Miechowitz eine Mittelschule eingerichtet worden war, wurde er bald an diese versetzt. Hier strebte er seine Gedanken über die Erziehung durch und für die Heimat zu verwirklichen. Gleichzeitig erprobte er in Miechowitz moderne, z. T. bis heute gültige neue Lehrmethoden wie die Selbsterarbeitung eines Sachgebietes, Selbsttätigkeit, Gruppenarbeit, Naturschutz, Schulgartenarbeit usw. In Miechowitz erweiterte er mit seinen Schülern u. a. den von August Brzenskot angelegten Schulgarten und -teich für die neue Mittelschule. Der inzwischen verstorbene Ingenieur und Künstler (Maler) Franz Gold aus Miechowitz hatte Alfons Perlick damals als Klassenlehrer und dachte bis zu seinem Lebensende mit Verehrung an seinen großartigen Lehrer zurück. Er berichtete, wie es Perlick als Lehrer verstanden hatte, seine Schüler neben seinem eigentlichen Fach Biologie für die Volkskunde zu begeistern. Es gelang ihm, sie anzuspornen, alte Bauernhäuser, Bergwerke, Bergmannswohnungen und andere Bereiche aufzusuchen. Dort sollten sie nach bereits in Abstellräumen liegenden alten Gebrauchsgegenständen, Büchern, Karten usw. suchen und um deren Überlassung bitten. Es handelte sich um Gegenstände, wie sie in der Landwirtschaft, im Bergbau, im Handwerk, im normalen Haushalt und in anderen Bereichen benutzt worden waren. Der Erfolg war groß. Die von Perlick so motivierten Schüler brachten die verschiedensten alten Gegenstände zusammen. Sie sollten als Grundstock für eine Heimatstube dienen und wurden zunächst im Keller der Mittelschule verwahrt. Zur Einrichtung einer Heimatstube für Miechowitz durch Alfons Perlick kam es nicht mehr. Seine großartige Idee verwirklichte dann der Miechowitzer Heimatchronist Ludwig Chrobok.

In den Jahren von 1927 bis 1929 studierte Alfons Perlick neben seiner Volkskundearbeit an den Universitäten Hamburg und Berlin. In Berlin absolvierte er einen viersemestrigen Kurs für angehende Dozenten an den neu gegründeten Pädagogischen Akademien, die das System der Lehrerseminare ablösten. Nach der Eröffnung der Pädagogischen Akademie für katholische Lehramtstudenten in Beuthen am 5. Mai 1930 wurde Alfons Perlick dort Dozent für Volks- und Heimatkunde. 1935 ist er zum Professor ernannt worden und übte dieses Amt bis zum Kriegsende aus. Trotz dieses Amtes ist er niemals Mitglied der NSDAP gewesen. Am neuen »Oberschlesischen Landesmuseum« in Beuthen, richtete er als verantwortlicher Leiter die heimat- und volkskundliche Abteilung ein. Im Jahre 1943 konnte er als Höhepunkt seiner wissenschaftlichen Arbeit die »Landeskunde des oberschlesischen Industriegebietes« herausgeben, die als erster Band einer geplanten umfassenden Geschichte Oberschlesiens erschien. 1945 musste er mit seiner Familie Beuthen verlassen. Zwei seiner Söhne waren während des Krieges gefallen, der dritte kehrte krank zurück und starb später. All seine Unterlagen und die reichen Archivbestände blieben in Beuthen und gingen verloren. Das waren harte Schicksalsschläge, die ihn schwer trafen, ihn aber nicht verzweifeln ließen. Schon im Auffanglager Iserlohn in Westfalen begann er sich nach neuen Aufgabengebieten umzuschauen. Und nur wenige Monate später, am 1. Oktober 1945, konnte er seine Tätigkeit als Dozent für Heimat- und Erdkunde an der neuen Pädagogischen Akademie Dortmund zunächst in Lünen und später in Dortmund aufnehmen. Mehrere Jahre hindurch war er deren Prorektor.

In Lünen brachte er ein mit seinen Studenten erarbeitetes Studienbuch zur »Heimatkunde der Stadt Lünen« heraus. Es war seine erste heimatkundliche Arbeit in der neuen Heimat und über sie.

Genau ein Jahr danach, am 1.Oktober 1946, gründete er an der sich nun in Dortmund befindlichen Pädagogischen Akademie die »Fachstelle für ostdeutsches Volkstum« innerhalb des westfälischen Heimatbundes. Unermüdlich blieb er seinen alten Heimat- und Volkskunde-Aufgaben treu und gründete 1947 ein »Institut für wissenschaftliche Heimatkunde«.

Zur gleichen Zeit übernahm er den Vorsitz einer damals neuen Kommission für die Volkskunde der Heimatvertriebenen im »Verband deutscher Vereine für Volkskunde«. Fünfzehn Jahre hatte er dieses Amt inne und gab von 1952 bis 1965 auch deren Jahrbuch heraus. 1952 gründete er die »Ostdeutsche Forschungsstelle in Nordrhein-Westfalen« in Dortmund. Im gleichen Jahr rief er den »Beuthener Geschichts- und Museumsverein« wieder ins Leben und setzte die Herausgabe von dessen »Mitteilungen« fort, deren Betreuung er von 1954/55 bis 1974/75 selbst übernahm. Deren 52. und bisher wohl letzte Band erschien im Jahre 2002. 1953 kam als dritte Veröffentlichung der »Oberschlesischen Studienhilfe« sein Werk »Oberschlesische Berg- und Hüttengeschichte«, Lebensbilder aus dem oberschlesischen Industrierevier, heraus. Dieses gibt einen einzigartigen Einblick in das Wesen und Werden des oberschlesischen Industriereviers. Zweihundertdreißig Lebensbilder bedeutender Persönlichkeiten sind darin zusammen gestellt: Landesherren, Industriekapitäne, Techniker und Beamte. In ihnen werden die Geschicke eines Landes lebendig, das zu einem bedeutenden Industriegebiet Europas wurde. Aus Miechowitz werden darin Franz und Valeska von Winckler, Eva von Tiele-Winckler und andere Mitglieder der Familie von Tiele-Winkler behandelt. 1960 präsentierte er sein Werk »Eichendorff und Nordrhein-Westfalen« in Dortmund. In der »Oberschlesischen Schriftenreihe« veröffentlichte er1963 das Heft »Sitte und Brauch in Oberschlesien« über das er im Vorwort schreibt: »Der Sinn dieser Darstellung ist der, die Schönheiten und den Reichtum unseres oberschlesischen Volkstums aufzuzeigen, die sich im Bereiche von Sitte und Brauch erhalten haben, Einsicht in die Bedeutung mancher Formen zu geben und Wege anzuzeigen, wie diese Überlieferungen gepflegt werden können.«

Und 1964 schrieb er für ganz Schlesien »Hermann Stehr-Handschriften im Rheinland und in Westfalen«. Hermann Stehr (1864–1940), ursprünglich Lehrer, dann schlesischer Dichter, schrieb vorwiegend Novellen und Romane, in denen er häufig das Schicksal suchender Menschen darstellte.

1982 erschien von Alfons Perlick in zweiter und ergänzter Auflage (erste Auflage 1962) das von der Stadt und vom Landkreis Recklinghausen herausgegebene Heimatbuch des Beuthener Landes »Beuthen O/S«. Am Ende des Buches wird in drei kürzeren Beiträgen Beuthens Patenstadt Recklinghausen vorgestellt. Ein Bildanhang mit vielen Fotos von Beuthen und Umgebung rundet das Werk ab. Nachdem seit der letzten Auflage wiederum fast zwanzig Jahre verflossen sind, wäre es an der Zeit, dieses Werk zu überarbeiten, zu aktualisieren und auch die Ereignisse vom Januar 1945 und in der Folgezeit bis zur heutigen Situation der Beziehungen zwischen dem alten Beuthen und dem heutigen Bytom einzubeziehen.

Anlässlich des 65. Geburtstages von Alfons Perlick gab 1960 die bereits erwähnte Kommission für Volkskunde der Heimatvertriebenen im Verband deutscher Vereine für Volkskunde als Dank und Anerkennung seiner großen Leistungen für die Volkskunde eine Festschrift unter dem Titel »Festschrift für Alfons Perlick zum 65. Geburtstag am 13. Juni 1960 – dargebracht von Freunden und Schülern« mit einem Umfang von 232 Seiten heraus. Anlässlich dieses Geburtstages charakterisierte der einstige Inhaber des Verlages »Der Oberschlesier« in Oppeln den Jubilar wie folgt:

»... Was dann Alfons Perlick noch auszeichnet, ist die Gabe, immer wieder einen Kreis von Gleichgesinnten um sich zu sammeln, Arbeitsanstöße und Anregungen zu geben, für die Mitarbeit zu begeistern und mit seinem hervorragenden Organisationstalent seine Mitarbeiter in eine echte Gemeinschaft zusammen zu bringen.«

Zu seinem 75. Geburtstag 1970 erschien eine weitere 448 Seiten starke Festschrift von G. Scheja mit zahlreichen Beiträgen seiner ehemaligen Studenten und seiner Freunde.

Für all sein Wirken erhielt er zahlreiche Preise und Auszeichnungen, so auch im Jahre 1970 den »Oberschlesischen Kulturpreis« des Landes Nordrhein-Westfalen. Und Brigitte Bönisch-Brednich, die in den letzten »Mitteilungen des Beuthener Geschichts- und Museumsvereins« eine Würdigung zum 100. Geburtstag von Alfons Perlick schrieb, sagt darin: »... er gehört ohne Zweifel zu den Persönlichkeiten in der mittel- und osteuropäischen Heimat- und Volkskunde, die mit ihrem innovativen, organisatorischen und integrativen Potential diese Forschungsrichtung entscheidend geprägt haben. Diese Eigenschaften waren vielen seiner Kollegen, die sich durch umfassende wissenschaftliche Monographien einen Namen gemacht haben, nicht gegeben«.

Professor Alfons Perlick starb am 24. September 1978 im Bayerischen Wald, in dem er seit 1974 wohnhaft war. Er ruht auf dem eigens für Flüchtlinge und Heimatvertriebene geschaffenen Waldfriedhof Hochwurz inmitten vieler seiner Landsleute.

Heinrich Schyma – Lehrer und Heimatschriftsteller

Neben den beiden bekannten Miechowitzer-Mechtaler Heimatforschern Ludwig Chrobok und Alfons Perlik hat sich ein dritter Mechtaler Lehrer um die Heimatforschung von Miechowitz-Mechtal und darüber hinaus verdient gemacht: Heinrich Schyma aus Mechtal, zuletzt Fasaneriestraße 16, von 1920 bis 1939 (1945) Lehrer an der Schule III in der Stollarzowitzer-Stillersfelder Straße. Nach dem Krieg lebte er mit seiner Familie in Essen/Ruhr.

Geboren am 5. Juli 1900 in Roßberg als Sohn eines am Johannaschacht tätigen Grubenbeamten und verlebte den größten Teil seiner Kindheit und seiner Jugendzeit im Kreis mehrerer Geschwister in Karf, wohin seine Eltern mit der Familie verzogen waren. Von 1914 an besuchte der Schüler die damals Königliche Präparandenanstalt und danach das Lehrerseminar in der alten »Freien Bergstadt« Tarnowitz. 1920 bestand er dort die erste Lehrerprüfung und fand im nahen Scharley sogleich seine erste Anstellung. Bereits drei Monate später wurde Heinrich Schyma an die damals neueste und modernste Schule in Miechowitz, die Schule III (seit 1913), versetzt. An ihr bestand der junge Lehrer 1923 seine zweite Lehrerprüfung. Die folgenden Jahre nutzte Heinrich Schyma zur weiteren beruflichen Fortbildung. So legte er eine Reihe von Ergänzungsprüfungen ab: 1928 als Werklehrer am Werkseminar in Köln, 1929 die Mittelschullehrerprüfung in Oppeln und 1930 die Hilfsschullehrerprüfung in Halle/Sachsen-Anhalt. 1933 wurde er Flugmodellbauer, war Modellbau-Sachbearbeiter der Fliegergruppe, führte Sprachheilkurse durch und gab eine kurze Zeit auch Blindenunterricht.

An der Schule III erteilte er freiwilligen Unterricht in der »Hobelschule« (heute: Werkunterricht) und in den Klassenzimmertechniken. So erarbeitete er u. a. in seinem Werkunterricht auch Modelle alter Miechowitzer Gebäude: Das »Brandenburger Tor«, »Miechowitzer Dachformen« und einen alten Galmeischacht.

In Miechowitz oblag ihm auch die Leitung der »Deutschen Jugendkraft Preußen 23« und der Vorsitz der Katholischen Jugendvereinigung der Kreuzkirche bis zum Jahre 1933.

In seiner freien Zeit beschäftigte Schyma sich vom Beginn seiner Lehrertätigkeit an mit Fragen der Heimat- und der Volkskunde. Er betrieb entsprechende heimatkundliche Studien. Sein alter Wohnort Karf weckte in ihm zunächst das Interesse an der Geschichte dieses Ortes, über den er 1925 eine 64-seitige Schrift »Bausteine zur Heimatkunde von Karf« herausgab. In seinem neuen Wohnort Miechowitz arbeitete er eng mit dem Heimatforscher und Heimatschriftsteller Ludwig Chrobok (1889–1960) zusammen.

Bereits als junger Lehrer gehörte Schyma dem Kreis der Beuthener Heimatforscher an, der seine Arbeit auf das gesamte damalige Industriegebiet ausdehnte und eine zuverlässige Basisarbeit für eine spätere Gesamtdarstellung des Raumes schaffen sollte. Im Rahmen dieses Kreises durchforschte Schyma das Archiv des Beuthener Landratsamtes, in dem er viel wertvolles Material zur Auswertung fand. Diese Archivarbeit führte zu einer Reihe von Aufsätzen in der Beilage »Aus dem Beuthener Lande« (AdBL) der Tageszeitung »Oberschlesische Zeitung«. So veröffentlichte er zum Beispiel: »Die Schulen des Kreises Beuthen zur Zeit Friedrichs des Großen« (1925), »Die Zucht der Seidenraupe im Beuthener Kreise« (1926), »Tag- und Nachtwächter im Beuthener Kreise« (1926), »Die Straßenverhältnisse im 18. und 19. Jahrhundert«, »Die Beuthener Landräte von 1742 an« (1926) und »Gesinde, Tag- und Nachtwächter auf den einzelnen Höfen«. Mit dem Werklehrerkollegen Paul Kytzia aus Roßberg veröffentlichte er im Rahmen seiner pädagogischen Aufsätze 1934 als Sonderheft der Beilage des »Oberschlesiers« eine viel beachtete Zusammenfassung aller bisherigen Bestrebungen im Werkunterricht unter dem Thema »Werkarbeit in Oberschlesien«.

Von 1939 bis 1945 leistete er als Bildauswerter und danach als Oberzahlmeister Dienst bei der Luftwaffe. 1945 folgte für kurze Zeit die amerikanische Kriegsgefangenschaft. In dem kleinen Dorf Feldkahl im Landkreis Aschaffenburg fand er seine auf der Flucht dorthin verschlagene Familie wieder. Zwei Jahre hindurch arbeitete er in einer Tischlerei, um den Lebensunterhalt für sich und seine Familie bestreiten zu können.

Im Jahre 1947 kehrte Heinrich Schyma wieder in seinen Lehrerberuf zurück. In Essen/Ruhr erhielt er eine Stelle als Hilfsschullehrer. Erst ein Jahr später konnte ihm auch seine Familie dorthin folgen.

Er war mit Gertrud Nowak aus Karf (gestorben 1972) verheiratet, mit der er zwei Söhne, Gottfried und Wolfgang, hatte. Der jüngere von ihnen, Wolfgang, verunglückte 1968 tödlich. Nach dem plötzlichen Tod seiner Frau im Jahre 1972 heiratete er 1973 deren Schwester Adelheid.

1955 erfolgte die Ernennung zum Hauptlehrer an der Rafaelschule in Essen-Bedingrade und 1959 zu deren Rektor. Erst 1970, also siebzigjährig, schied H. Schyma aus dem Schuldienst aus. In seiner neuen Heimat wurde er u. a. Mitglied eines Heimatgeschichtlichen Arbeitskreises. Insgesamt wurden in den verschiedensten Zeitschriften, Zeitungen, Fachblättern der alten und neuen Heimat etwa achtzig seiner Ausätze in Form von Berichten, heimatlichen Betrachtungen und Plaudereien veröffentlicht, viele auch im Gleiwitzer-Beuthener-Tarnowitzer Heimatblatt über das heimatliche Brauchtum: Weihnachten, Kolende, Ostern, Pfingsten, Sommer, Barbara-Tag. Er schrieb Würdigungen und Nachrufe.

Im Zusammenhang mit seiner Tätigkeit an einer Essener Hilfsschule schrieb er aus den Erfahrungen in der Praxis heraus zahlreiche Aufsätze zu den verschiedensten Problemen der Sonderschule z. B. »Heilpädagogische Gedanken in der Erziehung«, »Unser Kind kann sich nicht konzentrieren«, »Geschichte des Hilfsschullehrerwesens in Borbeck« usw. In Essen-Borbeck leitete Schyma zwei Arbeitsgemeinschaften, eine heilpädagogische und eine religionspädagogische.

Die kulturelle Vertriebenenbetreuung bildete einen weiteren Arbeitsbereich. Intensiv befasste er sich auch mit der Problematik der Vertriebenen und ihres Verhältnisses zu den Einheimischen (»Der Vertriebene und der Einheimische«, »Zur Begegnung ost-und westdeutscher Menschen«).

Sein Hauptwerk aber ist das im Jahr 1974 veröffentlichte Buch über Miechowitz-Mechtal. Es handelt sich dabei um die einzige Gesamtdarstellung des Ortes Miechowitz/Mechtal. In diesem Buch sind viele und wichtige und wertvolle Daten zur Geschichte und Entwicklung von Miechowitz, Ereignisse und Berichte über das Wirken Miechowitzer Menschen, über Sitten und Bräuche enthalten, die für die Nachwelt unverzichtbar sind. Das Buch erschien in der Reihe B – Nr. 23 der von Alfons Perlick herausgegebenen Veröffentlichungen der Forschungsstelle Ostmitteleuropa in Dortmund und trägt den Titel: »Das oberschlesische Industriedorf Mechtal/Miechowitz (Kr. Beuthen OS) in seinem kommunalen, sozialen und kulturellen Leben zwischen den beiden Weltkriegen (1919–1939) – Eine dokumentarische Berichterstattung«, Dortmund 1974. Gewidmet wurde dieses Werk dem Gedenken des Miechowitz/Mechtaler Heimatgeschichtlers Ludwig Chrobok (1889–1960).

Das Vorwort schrieb der 1900 in Mechtal geborene und an der dortigen Schule III tätig gewesene ehemalige Lehrer und damalige Bonner Regierungsdirektor Dr. Konrad Gallen (Galuschka). Er betont u. a., Schyma habe einer typischen oberschlesischen Industriegemeinde ein Denkmal gesetzt, indem er mit unermüdlichem Fleiß alles zusammen getragen hat, was nur unter sehr schwierigen Umständen möglich war. Er tat dies in einer Zeit, in der moderne Soziologen versuchten den Begriff Heimat auszuhöhlen, indem sie behaupten, der stete Fortschritt der Technik habe alle Eigenarten der Landschaft platt gewalzt. Und aus diesem Grund gäbe es keine Verbindung der Menschen mehr zur Mentalität ihrer Landschaft. Die Arbeit des Verfassers widerlege dies. Die Heimat und die Kunde von ihr leben weiter, auch wenn die Menschen, ja selbst die Sprache der Landschaft gewechselt hätten. Zur Aufgabe des Werkes schreibt der Verfasser selbst: »Das Schicksalsjahr 1945 hat das kulturelle Gesicht Oberschlesiens grundlegend verändert. Weil Leben einmalig ist, kann auch kulturelles Leben nicht wiederholbar sein. Das, was vor 1945 in O/S ersonnen, geschaffen, gedichtet und gesungen, erlebt und gefeiert, übernommen und tradiert wurde, ist zu einem historischen Faktum geworden. Darum soll ein Teil davon festgehalten werden. ... Objekt der Darstellung ist das Industriedorf Mechtal, das bis 1936 Miechowitz hieß.«

Während der letzten Jahres seines Lebens gab Heinrich Schyma aus dem Nachlass seines Freundes Ludwig Chrobok im Quellenverlag das Heft »Am Herzen der Heimat« heraus. Es enthält Gedichte, Sagen und Märchen Chroboks aus verschiedenen Zeitabschnitten.

Heinrich Schyma verstarb am 11.9.1976 in Essen und wurde auf dem Westfriedhof neben seiner Frau Gertrud und seinem Sohn Wolfgang beigesetzt.

Volksabstimmung in Oberschlesien am 20. März 1921

Schon zu Beginn des 20. Jahrhunderts forderten polnische Nationalisten die Eingliederung Oberschlesiens in ein wieder zu errichtendes Polen. Nach dem Zusammenbruch Russlands 1917 bildete sich in Paris ein polnisches National-Komitee unter Roman Dmowski, der in einem Memorandum an den US-Präsidenten Wilson deutsches Reichsgebiet für Polen forderte. Wilson nahm daraufhin die Forderung nach einem unabhängigen polnischen Staat, der Gebiete mit unbestreitbar polnischer Bevölkerung umfassen soll, in seine vierzehn Punkte auf. Nach dem am 7. Mai 1919 der deutschen Delegation in Versailles übergebenen Friedensvertrag sollte Oberschlesien bis auf das Hultschiner Ländchen, das der Tschechoslowakei zugesprochen wurde, an Polen fallen. Auf Massenkundgebungen protestierten die deutschen Oberschlesier energisch dagegen. Die von der deutschen Reichsregierung darauf verlangte Änderung des Vertrages zugunsten einer Volksabstimmung wurde von den Alliierten als einzige größere Korrektur des Versailler Vertrage auf Verlangen des englischen Premierministers Lloyd Georges angenommen. Nach der Unterzeichnung des Versailler Friedensdiktates am 28. Juni 1919 wurde am 14. Oktober des gleichen Jahres durch ein preußisches Gesetz eine Provinz Oberschlesien geschaffen. Vom 17. bis zum 24. August 1919 versuchte Polen von Sosnowitz aus mit einem Aufstand die Entwicklung in Oberschlesien für sich zu beeinflussen. Nach der blutigen Niederschlagung dieses Aufstandes durch die deutsche Reichswehr musste diese Oberschlesien verlassen, die Polizei wurde in eine Abstimmungspolizei umgruppiert und das Land vom übrigen Reichsgebiet abgeriegelt. Am 11. Februar 1920 übernahm die Interalliierte Plebiszitkommission die Macht in Oberschlesien. Ingesamt 15.000 interalliierte Soldaten hatten bereits die Städte des Abstimmungsgebietes besetzt: 13.000 Franzosen, 2.000 Italiener und etwa 1.000 Engländer. Der französische General Bonnet übernahm die Polizeigewalt. Die leitenden oberschlesischen Verwaltungsbeamtem mussten Oberschlesien verlassen. Auf polnischer Seite leitete der fromme Katholik Wojciech Korfanty fanatisch und mit allen nur erdenklichen hasserfüllten menschenfeindlichen Mitteln den polnischen Abstimmungskampf.

Ein zweiter Aufstand vom 19. bis 25. August 1920 seitens der Polen konnte nur noch von der deutschen Sicherheitspolizei bekämpft werden. Die

Polen verbreiteten Angst und Terror und wollten dadurch vollendete Tatsachen schaffen. Unter der deutschen Bevölkerung gab es etwa 150 Tote, die deutsche Siedlung Anhalt wurde von den Polen niedergebrannt. Die Franzosen, einseitig die polnische Sache unterstützend, lösten die deutsche Sicherheitspolizei auf, schoben sie ab und entwaffneten die deutsche Bevölkerung. Das führte zu einer zunehmenden Bedrohung und Verängstigung der Deutschen vor allem auf dem Lande. Als wahlberechtigt wurden am 30. Dezember 1920 erklärt: Wer 20 Jahre alt ist, wer in Oberschlesien lebt oder dort geboren ist und wer nicht in Oberschlesien geboren ist, aber vor dem 1. 1. 1904 zugezogen ist.

Zum Jahresbeginn 1921 verstärken beide Seiten ihre Propaganda, die bis zur Kirchenkanzel reichte. Der Breslauer Bischof Adolf Kardinal Bertram verbot in seiner Pastoralanweisung vom 21. November 1920 allen Priestern und Klerikern gleich welcher Nationalität strengstens, an einer politischen Demonstration teilzunehmen oder irgendwelche politische oder andere Reden zu halten ohne die ausdrückliche Erlaubnis des örtlich zuständigen Pfarrers. Allen nicht der Breslauer Diözese unterstehenden Priestern wurde überdies im oberschlesischen Abstimmungsgebiet aufs strengste jedwede politische Agitation verboten, mögen sie im Halten von Reden oder Teilnahme an Demonstrationen bestehen, möge sie mit oder ohne Zustimmung des Pfarrers geschehen.« Übertretungen dieser Verbote wurden mit der sofort wirksam werdenden Suspension geahndet. Das Gebiet der 1925 gegründeten Diözese Kattowitz gehörte damals zur Diözese Breslau.

Vom herbeigesehnten Abstimmungstag am 20. März 1921 erhoffte sich die lange terrorisierte Bevölkerung Oberschlesiens ein Ende ihrer Leidenszeit. Außer den in Oberschlesien lebenden deutschen Oberschlesiern nahmen 170.000 Abstimmungsberechtigte aus ganz Deutschland, aus Europa und sogar aus Übersee an der Abstimmung teil. Am Abend des sonnigen Frühlingssonntags fiel die Entscheidung.

Bei einer Wahlbeteiligung von 98 % der Wahlberechtigten hatten 717.122 für Deutschland und 483.514 für Polen gestimmt, also fast 60 % für einen Verbleib Oberschlesiens beim Deutschen Reich. Der deutsche Plebiszitskommissar, der Beuthener Landrat Dr. Urbanek, erklärte von Oppeln aus: »Der Sieg ist unser, es lebe das einige, unteilbare Oberschlesien, der Bruderkampf ist zu Ende!« Dem war aber nicht so. Unter dem Eindruck ihrer Niederlage brach in der Nacht zum 3. Mai 1921, dem polnischen Nationalfeiertag, der dritte und blutigste polnische Aufstand aus, der sich bis Juli hinzog. Das gesamte oberschlesische Industriegebiet befand sich in der Hand der Aufständischen Polen. Es kam zu einem Rachefeldzug gegenüber allen, die sich zu Deutschland bekannt hatten. Eine große Zahl von Oberschlesiern, Frauen und Männern, wurden teilweise auf grausamste Weise von den Aufständischen ermordet, Andere verschleppt und misshandelt. Viele heimattreue Oberschlesier, die sich im Abstimmungskampf besonders engagiert hatten, mussten fliehen. Die zunächst schwache deutsche Abwehr wurde durch Freiwillige aus ganz Deutschland verstärkt. Ganz besonders tat sich das aus Bayern kommende Freikorps Oberland hervor. An der Spitze des deutschen Selbstschutzes stand der General a. D. Karl Höfer. Am 21. Mai 1921 stürmte der Selbstschutz den Annaberg, den heiligen Berg Oberschlesiens. Wiederum standen dieser Auseinandersetzung die Franzosen mit ihrem berüchtigten General Le Rond einseitig auf der Seite Polens. Er erzwang die Auflösung des Selbstschutzes, war aber auch gezwungen, das mit den polnischen Insurgentenverbänden zu tun.

IV. Das amtliche Ergebnis der Volksabstimmung vom 20. März 1921

	Stimmberechtigte insges.	Ergebnisse der Abstimmung abgegebene Stimm.	für Polen	für D.-Land	ungültig
Stadtkreis Beuthen	42990	40091	10101	29890	100
Landkreis Beuthen	109748	107126	63021	43677	425
Landkreis Cosel	88305	86415	16717	69476	221
Stadtkreis Gleiwitz	41949	40700	8558	32029	113
Landkreis Tost-Gleiwitz	50766	47435	27198	20098	139
Landkreis Groß-Strehlitz	46528	45590	23046	22415	129
Landkreis Hindenburg	90793	89152	43261	45219	672
Stadtkreis Kattowitz	28531	26715	3900	22774	41
Landkreis Kattowitz	122342	119458	66119	52892	447
Stadtkreis Königshütte	44052	42758	10764	31864	130
Landkreis Kreuzburg (einschl. Teil Namslau)	46208	45196	1785	43323	88
Landkreis Leobschütz	66697	65428	259	65128	41
Landkreis Lublinitz	29991	29195	13679	15453	63
Stadtkreis Oppeln	22930	21984	1098	20816	70
Landkreis Oppeln	82293	80692	24710	55770	212
Landkreis Pleß	73923	72277	53378	18675	220
Stadtkreis Ratibor	25336	24675	2227	22291	157
Landkreis Ratibor	45900	45053	18518	26349	185
Landkreis Rosenberg	35976	35108	11150	23857	101
Landkreis Rybnik	82350	80438	52347	27919	172
Landkreis Tarnowitz	45561	44739	27513	17078	148
zusammen	1223169	1190225	479349	706993	3874

Da sich die Interalliierte Kommission nicht über die Behandlung Oberschlesiens einigen konnte, trat am 12. August 1921 der Oberste Rat des Völkerbundes zusammen und bildete am 1. September 1921 eine Kommission, der ein Belgier, ein Brasilianer, ein Chinese und ein Spanier angehörten, die Oberschlesien nie gesehen hatten und die dortigen Verhältnisse nicht kannten. Sie sollten die Grenzen Oberschlesiens festsetzen. Am 20. Oktober 1921 wurde der von der Kommission festgelegte Teilungsplan bekannt gegeben.

Danach verlor Oberschlesien 32.139 km Land mit 830.000 Einwohnern an Polen. Von den 63 Steinkohlengruben erhielt Polen 51, von den 19 Zink- und Bleigruben 15, von 37 Hochöfen 22, von 18 Stahl- und Walzwerken 9, darüber hinaus alle Eisenerzgruben und Zinkhütten, und damit den weitaus größten Teil des oberschlesischen Industriepotentials. Aus dem abgetrennten Teil Oberschlesiens flüchteten 120.000 Menschen. So hatte der Völkerbund den Willen der deutschen Mehrheit missachtet und den lebendigen Organismus Oberschlesien zerrissen, wie ein Abgeordneter aus dem abgetrennten Gebiet am 30. Mai im Deutschen Reichstag erklärte. Im Juni/Juli 1922 wurde das Gebiet nach dem Spruch des Völkerbundrates zwischen Deutschland und Polen geteilt. In den deutschen Teil rückte in der Regel die deutsche Reichswehr um den 15. Juli, in Beuthen am 4. Juli, ein und wurde von der Bevölkerung jubelnd empfangen.

Die Abstimmungszeit in Miechowitz

Deutscher Abstimmungskommissar war zunächst der Fahrsteiger Mosler, dann Rektor Korgel. Dem Lehrer Albert Puntke oblag während der Abstimmungszeit die Leitung des Abstimmungskampfes und die Propaganda für die deutschen Interessen. Als politisch engagierter Mann gehörte er dem Vorstand der Zentrumspartei an und war als deren Vertreter im Miechowitzer Gemeinderat. Die Leitung des Miechowitzer Selbstschutzes hatte der damalige Lehrer Konrad Gallen übernommen.

Während der Vorbereitungszeit der Volksabstimmung in Oberschlesien war der Miechowitzer Brandmeister Fritz Rosemann einige Zeit im Deutschen Plebiszitkommissariat unter dem Beuthener Landrat Dr. Urbanek tätig.

Eva von Tiele-Winckler schrieb über die Nachkriegs- und Abstimmungszeit in Miechowitz, dass die Revolution von 1918 gewaltige Umwälzungen für die oberschlesische Arbeiterschaft gebracht hätte und die Erhebung Polens für Miechowitz und die nächste Umgebung von großer und tragischer Bedeutung geworden war. Es waren Monate starker innerer Spannungen. Die allgemeine Lage war brisant. Sprengstoff war genügend vorhanden. Es fehlte nur noch der Funke, ihn zu entzünden. Alles war bewaffnet: Engländer, Schotten und Franzosen, Italiener. Eine gemischte Besatzung von 38 Mann wurde in das Schloss verlegt. Im Friedenshort herrschte Stille mitten im Sturm der unruhigen Tage und Nächte im Mai 1921. Er machte seinem

Namen Ehre und war ein kleines Friedensreich mitten im Kampf der Parteien: eine Zufluchtsstätte der Bedrängten und Schutzbedürftigen, ein Ort der Ruhe und des Schutzes in der Stunde der Gefahr. In der Nacht vom 2. zum 3. Mai 1921 wurde das Elternhaus von Eva von Tiele-Winckler, das Schloss, von polnischen Insurgenten erstürmt. Viereinhalb Stunden dauerte die Beschießung. Ein schwer verwundeter Pole wurde in der Morgendämmerung zu den Schwestern gebracht, die ihn im Valeskastift aufnahmen und pflegten. Als Eva auf dem Weg zum Schloss am Pferdestall vorbeikam, hörte sie vom Kutscher des Schlosses das Gerücht, der Direktor der Preußengrube, Hermann Julius Kocks (1860–1921), sei im Schloss erschossen worden. Sofort ging sie mit einer anderen Schwester durch den von Menschen gefüllten Schlosshof und fand im Schloss die fassungslose Witwe über die Leiche ihres blutüberströmten Mannes gebeugt, des Freundes der Familie von Tiele-Winckler. Er wurde einige Tage später unter großer Beteiligung der Bevölkerung auf dem kleinen Friedhof im Friedenshorst beigesetzt. Sein Grab ist bis heute erhalten. Nach der Erstürmung des Schlosses befand sich nicht nur der Ort, sondern auch der Friedenshort für sechs Wochen fest in der Hand der polnischen Insurgenten. Jeder Verkehr war unterbrochen, ebenso der Post- und Paketdienst. Um nach Beuthen gehen zu dürfen, musste eine Genehmigung von den Insurgenten aus dem Schloss eingeholt werden.

Als mutige Frau erwies sich während dieser Zeit Elsa Mücke. Während des Polenaufstandes 1920, gelang es ihr, die Liste der »heimattreuen« Oberschlesier unter Einsatz ihres Lebens dem Zugriff der polnischen Insurgenten zu entziehen. Als sie mit dieser Liste nach Beuthen fahren wollte, stiegen Insurgenten in die Straßenbahn ein, um die Fahrgäste zu kontrollieren. Schnell sprang Frau Mücke am anderen Ende aus der Bahn, verschwand in einem Haus und übergab die Liste dem Lehrer Josef Böhm jun., der sie sicher verwahrte. Dadurch hat Frau Mücke viele ihrer Landsleute vor schwersten Folterungen oder gar vor dem Tod bewahrt. Für diese mutige Tat wurde sie nach den Aufständen als eine der wenigen Frauen mit dem Schlesischen Adlerorden ausgezeichnet. Auch Frau Johanna Kuschel, Lehrerin an der Schule III, hatte wegen Ihres Einsatzes in der Abstimmungszeit, allerdings in einem anderen Ort, den gleichen Orden erhalten.

In Miechowitz nahmen von 6.275 Wahlberechtigtenn 6.181 an der Wahl teil und 4.472 (72,35 %) gaben ihre Stimme für Polen und 1.685 (27,2 %) für Deutschland ab.

Der gegen alle menschliche Erwartungen 1922 beschlossenen Verbleib von Beuthen, Karf und dem damals sehr polnischen Miechowitz beim Deutschen Reich löste große und überwältigende Freude aus. Pünktlich um 9 Uhr trafen am 4. Juli 1922 die Truppen der Reichswehr am Beuthener Bahnhof ein, wo sie von unzähligen Menschen, weiß gekleideten Mädchen, den Vereinen und dem Selbstschutz empfangen wurden. Um 11.30 Uhr zog die Reichswehr vom Bahnhof in Richtung des Stadtinneren los. Die Kirchenglocken läuteten, die Menschen jubelten von den Straßen, aus den Fenstern und von den Dächern den Truppen zu. Der Weg führte über den Kaiser-Franz-Joseph-Platz, durch die Gleiwitzer Straße hin zum Ring. Dort begrüßte Oberbürgermeister Dr. Stephan die aufmarschierten Truppen nach den Leiden der vergangenen zweieinhalb Jahre durch die Polen und die französischen Besatzungstruppen. Er schloss mit den Worten »Unser geliebtes deutsches Vaterland, unsere Heimat Oberschlesien, sie leben hoch! hoch! hoch!« Die versammelte Menge stimmte begeistert mit ein, bis die Reichswehrkapelle die Nationalhymne intonierte.

Bundesstaat oder Provinz Oberschlesien?

Während der Abstimmungszeit war bei vielen Oberschlesiern der Wunsch nach einem eigenen Bundesstaat Oberschlesien innerhalb des Deutschen Reiches wach geworden, während andere die Beibehaltung der Provinz Oberschlesien wünschten. Am 3. September 1922 erfolgte dann innerhalb Oberschlesiens eine Volksabstimmung über diese Frage, bei der sich die überwiegende Mehrheit von 91,11 % für eine Provinz Oberschlesien innerhalb Preußens und nur 8,89 % für ein besonderes Land Oberschlesien aussprachen (StatDR 1920, IV, S. 27). Damit war die Abtrennung Oberschlesiens von Preußen abgelehnt. In Miechowitz stimmten 4.719 von 6.716 Stimmberechtigten 3.226 (68,4 %) Miechowitzer für eine Provinz Oberschlesien und 1.408 (29,8 %) für einen eigenen Bundesstaat und lagen damit, was den eigenen Staat betraf, wesentlich über der Mehrheit der Bevölkerung.

Gemeindeverwaltung, Gemeinderat und Bürgermeister

Ursprünglich befand sich um 1414 im südlichen Teil von Miechowitz die Scholtisei des Nikel, die das Schulzenamt, die führende Funktion in der bäuerlichen Gemeinde, inne hatte und dem Amt eines Gemeindevorstehers entsprach. Dieses war mit dem Grundbesitz und der niederen Gerichtsbarkeit verbunden. Ein weiteres Merkmal der Scholtisei war der Besitz der Dorfschänke (Kretscham) und die Handelserlaubnis (Krämer), die Errichtung von Handwerksbetrieben oder Mühlen und andere Privilegien. Die Scholtisei war zudem ein Indiz für dir Aussetzung des Ortes nach deutschem Recht.

Jedes schlesische Dorf unterstand in früheren Zeiten einem Grundherrn, der in der Regel der Besitzer des jeweiligen Rittergutes war. In späteren Zeiten wurden Grundherrschaft und Rittergut auch Dominium genannt. Die Grundherrschaft oder das Dominium hatten die oberste Aufsicht und auch das Verfügungsrecht über den Dorfanger mit der Dorfstraße und dem Dorfteich, über Grenzraine, Wege, Stege, Bäche, Flüsse und die unbebauten Flächen der Dorfgemarkung. Als besondere Rechte hatten sie u. a. das Jagd- und das Fischereirecht, das Bier- und Branntweinmonopol.

Im 19. Jahrhundert änderte sich nach den Reformen der Jahre 1807 bis 1845 das Verwaltungswesen in den Gemeinden. Zu einer Einrichtung der dörflichen Selbstverwaltung wurde die wahrscheinlich in den Grenzbereichen aus dem Polnischen übernommene Gromada, eine Art Gemeinderat, während ein Gemeindeschreiber der führende »Gemeindebeamte« war. Jahrzehnte hindurch übte in Miechowitz der Lehrer Paul Bienek neben seiner Lehrertätigkeit als erste bekannte Person dieses Amt des Gemeindeschreibers und das des Leiters der Gromada aus. In dieser Funktion war er Ratgeber in vielen Gesetzesangelegenheiten für die Einwohner von Miechowitz, wie es Norbert Bontzek in seinem Epos »Schule und Pfarre in Miechowitz vor 70 Jahren« beschreibt:

Der »Herr Rektor« im Hausflur Audienz gewähren.
Er ist nämlich Gemeindeschreiber, muß erklären
Die Gesetze den Leuten, welche gerne streiten.
»Hört, mein Amt ruft zur Arbeit mich, die schwer und wichtig;
Stört mich darum mit Schwätzen nicht, schreibt schön und richtig!

Erst die Auflösung der Gutsbezirke, deren Selbständigkeit eine gerechte Verteilung der Lasten innerhalb der Gemeinde sehr beeinträchtigt hatte, führte zu einer ordentlichen Finanzplanung der Gemeinde. Durch ein Gesetz vom 14. April 1856 ist die Einführung einer Gemeindeordnung veranlasst worden, bis zu der Durchführung eine gewisse Zeit verstrich. Die Dorfversammlungen wurden abgeschafft und die Geschicke der Gemeinde durch einen Gemeindevorsteher (Amtsvorsteher) oder Bürgermeister in Zusammenarbeit mit der Gemeindevertretung geleitet. Dem Amtsvorsteher oblagen auch die polizeilichen Aufgaben. Rokittnitz und Karf gehörten zunächst noch zum Amtsbezirk Miechowitz, wurde aber bald aus dem Gemeindeverband herausgelöst. Ein ehrenamtlicher Gemeindeschreiber konnte auch im Rahmen der immer stärker werdenden industrieellen Entwicklung des Ortes bald die anfallenden Aufgaben nicht mehr bewältigen. So wurde im November 1917 der seit dem 15. Oktober 1910 die Amtsgeschäfte der Gemeinde leitende Amtsvorsteher und ehrenamtliche Gemeindevorsteher Dr. jur. Hugo Lazarek zum ersten hauptamtlichen (besoldeten) Bürgermeister von Miechowitz gewählt. Zu seiner Unterstützung wählte man aus dem Kreise der Ratsmitglieder Schöffen (Beigeordnete).

Lazarek, am 1. April 1878 in Reinschdorf bei Cosel geboren, erwarteten in der sich schnell entwickelnden Gemeinde große Aufgaben. Der Ort hatte eine Fläche von 7,98 km . Davon waren 0,45 km bebaut, 3,24 km forstwirtschaftlich und 3,34 km landwirtschaftlich genutzt. Nur die Straßen, Plätze und Anlagen mit einer Fläche von 0,13 km gehörten der Kommune. So musste die Gemeinde wegen des mangelnden Besitzes an Land für jedes kommunale Vorhaben erst den notwendigen Baugrund für ihre Vorhaben ankaufen. Die gemeindlichen Steuereinnahmen hatten bereits 1927 die äußerste Grenze erreicht. 1929 war der Jahresetat auf 1 221 500 Mark angelaufen und wies einen Fehlbetrag von 59 000 Mark auf. Im Jahre 1930 steigerten sich die Summen wiederum. Für zahlreiche Vorhaben waren Anleihen erforderlich, die den Schuldenstand erneut steigen ließen. Zu den ständigen Ausgaben der Gemeinde zählten u. a. die dauernd steigenden Soziallasten, der Ausbau und die Erweiterung des Straßennetzes, der Kanalisation. Ein elektrisches Lichtnetz war erforderlich. Zur Erholung der Bewohner sollten entsprechende Grünanlagen geschaffen werden. Unter der Leitung Hugo Lazarek ging es an die Arbeit. Die primitiven Straßen wurden ausgebaut und gepflastert oder geteert, Bürgersteige angelegt, die Straßengräben beseitigt, eine elektrische Straßenbeleuchtung geschaffen. Im Jahre 1911 erfolgte der erste Spatenstich für den Bau einer modernen Straßenbahnverbindung zur Kreisstadt nach Beuthen. Von den Geschäftsleuten wurde diese Neuerung nicht gern gesehen, fürchteten sie doch Umsatzverluste. Dr. Lazarek kannte diese Befürchtungen der Miechowitzer Wirtschaft, hielt aber dennoch aus grundsätzlichen Erwägungen und mit Blick in die Zukunft an der Einführung der Straßenbahn fest. Kurz vor dem I. Weltkrieg, am 13. November 1913, konnte diese Verbindung feierlich eröffnet und zwölf Jahre später diese Strecke bis nach Rokittnitz, Wieschowa (Randsdorf) und Helenenhof erweitert werden.

Ein vordringliches Problem stellte durch das sprunghafte Anwachsen der Bevölkerung die Errichtung neuer Wohnungen und Schulen dar. Da während des I. Weltkrieges kaum gebaut werden konnte, wuchs die Zahl der Wohnungssuchenden stark an. Als nach der Abstimmungszeit zahllose Deutsche aus Ostoberschlesien in das westliche Oberschlesien flüchteten, verschärfte sich das Problem erneut. Das war in allen Orten fast gleich. Infolge der großen Geldnot der Gemeinde konnte hierbei keine Abhilfe geschaffen werden. Staatlicherseits wurden für den durch die Grenznähe bedingten Zuzug von Zollbeamten am Ortsrand Häuser errichtet. Nach Verhandlungen mit den Behörden und der Wohnungsfürsorge-Gesellschaft entstanden 1927 am Grytzberg und an der Teichstraße neue Wohnsiedlungen mit etwa 150 neuen Wohnungen. Eine andere Wohnbaugesellschaft errichtete weitere Wohnbauten in der Hermannstraße. Aus Geldern der Osthilfe konnten 1930 zwanzig Wohnungen in der Wiesenstraße gebaut werden. All das reichte jedoch nicht. Immer noch waren 600 Wohnungssuchende zu verzeichnen. So setzte man große Hoffnungen auf die Privatinitiative. Als hier eine finanzielle Hilfe einsetzte, konnten bis 1930/31 über 150 Wohnungen neu gebaut werden. Als schulfreundlicher Amtsvorsteher und als weitsichtiger Vorsitzender des Schulvorstandes stellte er wichtige Weichen für die Miechowitzer Schulentwicklung. Im Jahre 1913 folgte der Bau der Schule III in der Stollarzowitzer Straße und 1923 folgte der Ausbau und die Aufstockung der Schule I. Mit großem Einsatz unterstützte er im gleichen Jahr die Einrichtung einer Mittelschule. Während seiner Amtszeit erfolgte die Planung einer weiteren Schule, der neuen Schule I (Adamczyk-Schule), auf dem Sonnenplatz, deren Bau er leider nicht mehr erlebte. Seine besondere Vorliebe galt der Einrichtung der Waldschule für TBC-kranke Kinder im Miechowitzer Wald (1927). Unterstützung fanden auch alle heimatkundlichen und kulturellen Belange, u. a. auch die Miechowitzer »Heimatstube«, das kleine Ortsmuseum. In der Reihe »Beiträge zur Heimatkunde von Miechowitz« schrieb er 1928 das Heft 10 »Kommunalpolitik in der Gemeinde Miechowitz«.

Ein zweites Problem stellte die große Arbeitslosigkeit dar. Die Folgen des Krieges hatten der Wirtschaft tiefe Wunden geschlagen und ein Heer von Erwerbslosen geschaffen. Die Not der betroffenen Menschen war groß, Unterstützungen wie heute gab es nicht, nur eine geringe Erwerbslosenunterstützung, die zu einem menschenwürdigen Leben nicht reichte. Das wiederum bot den Nährboden für radikale Parteien, die trotz aller Propagandasprüche ebenfalls nicht in der Lage waren zu helfen. Während der sogenannten »Goldenen zwanziger Jahre« in der Mitte des Jahrzehnts besserte sich die Lage auf dem Arbeitsmarkt, führte aber nie zu einem völligen Abbau der Arbeitslosigkeit in Miechowitz. Nach einigen ruhigeren Jahren ließ die Weltwirtschaftkrise die Zahl der Arbeitslosen wieder sprunghaft ansteigen. Hilfsmaßnahmen mussten durchgeführt werden, um vor allem den dadurch betroffenen Kindern ein warmes Mittagessen geben zu können. Familien erhielten Mehlzuteilungen, Alleinstehende für 30 Pfennig eine stärkende Suppe. Die bestehende Lage zog natürlich gesundheitliche Schäden unter den betroffenen Menschen nach sich. Beängstigend stieg die Zahl der an TBC erkrankten Menschen. Eine TBC-Beratungsstelle wurde eingerichtet, eine Fürsorgeschwester eingestellt, Heilmaßnahmen eingeleitet und Milch an gefährdete und kranke Kinder ausgegeben. Eine wesentliche Hilfe dabei war die Einrichtung der Waldschule als Erholungsstätte für an TBC erkrankten oder gefährdeten Kindern. Auf dem Grytzberg entstanden 1920 ein Wasserwerk und neue Grünanlagen. In der Hindenburgstraße wurde am 23. August 1925 das Ehrenmal für die während des Ersten Weltkrieges gefallenen Miechowitzer Männer eingeweiht. Drei Jahre später erfolgte am 13. Juni 1927 der erste Spatenstich und am 24. August die Grundsteinlegung zum imposanten Miechowitzer Rathaus mit einer Bürgermeistervilla. Planung und Ausführung lagen in den Händen des Architekten Eugen Walter aus Beuthen und des Baumeisters Josef Wieczorek aus Miechowitz.

Während der Bauarbeiten hatte es infolge des Fließsandes große Probleme gegeben und dadurch die Baukosten erheblich ansteigen lassen. Statt der veranschlagten 60.000 Mark mussten 95.000 Mark aufgebracht werden. Der gesamte Komplex konnte 1931 feierlich seiner Bestimmung übergeben werden. Im Mai 1998 erfolgte der Abriss dieses schönen Gebäudes, das nicht einmal siebzig Jahre alt geworden ist. Dazu kam der Zusammenbruch der Genossenschaftsbank, hervorgerufen durch den Leichtsinn eines leitenden Beamten – die Gemeinde hatte für sie eine Bürgschaft von 40.000 Mark geleistet –, belastete den Haushalt enorm. Die zusätzliche Schuldenlast erhöhte

Rathaus und Bürgermeistervilla

sich so um insgesamt 75.000 Mark. Die Erweiterung des Beamtenapparates im neuen Rathaus kostete viel Geld. Der Konjunkturrückgang durch die Weltwirtschaftkrise auch bei der Preußengrube, die wesentliche Absatzschwierigkeiten hatte, wirkte sich auf Miechowitz negativ aus und schwächte durch die geringeren Einnahmen die Finanzkraft der Gemeinde außergewöhnlich. Dies alles bedrückte den Bürgermeister sehr. Vielleicht aus diesem Grund erschoss er sich Dr. Lazarek am 28. November 1931 in seinem Amtszimmer des Miechowitzer Rathauses. Er hatte noch viele Pläne gehabt: den Bau eines Jugendheimes, eines Spiel- und Sportplatzes und eines Stadions. Überall wurde das Wirken von Dr. Hugo Lazarek gewürdigt, der sich um Miechowitz große Verdienste erworben hatte. Neben seinen Miechowitzer Aufgaben hatte Dr. Lazarek regionale und überregionale Ämter. So war er 1. Vorsitzender des Kreisfeuerwehrverbandes, 1. Vorsitzender des Oberschlesischen Provinziallandgemeindeverbandes und Leiter des Oberschlesischen Kulturverbandes.

Als Nachfolger sandte die Oppelner Regierung den dem Zentrum angehörigen Regierungsassessor Dr. jur. Werner Kwoll vom Beuthener Landratsamt zunächst als Staatskommissar nach Miechowitz. Tatkräftig ging er an seine Arbeit. Wegen seiner hohen Qualifikation als Verwaltungsbeam-ter wurde er später von den Nazis geduldet, die sonst jeden Beamten anderer Parteizugehörigkeit in ähnlicher Stellung entlassen hatten. Der neue leitende Mann der Gemeinde Miechowitz wurde am 2. Juni 1899 in Oppeln geboren.

Dr. Kwoll

In Breslau hatte er Rechts- und Staatswissenschaften studiert, im Januar 1924 seine erste juristische Staatsprüfung und im Oktober 1926 das Assessoren-Examen bestanden. Im gleichen Jahr wurde er an der juristischen Fakultät der Breslauer Universität mit einer Arbeit »Der Unterstützungswohnsitz der Kinder« zum Doktor der Rechte promoviert. Von ihm, dem klugen und energischen jungen Kommissar, erhoffte man eine schnelle Beendigung der Miechowitzer Schwierigkeiten und vor allem die Sanierung der Gemeindefinanzen. Miechowitz, die inzwischen höchstverschuldete Gemeinde Preußens, stand damals kurz vor dem Konkurs. Bereits 1932 wählte man Dr. Kwoll zum Bürgermeister. Ursprünglich hatte er nicht vor, auf Dauer in Miechowitz zu bleiben, zumal er begründete Aussicht hatte, Bürgermeister von Glatz zu werden. Aber er nahm die Wahl zum Miechowitzer Bürgermeister in einer politisch unruhigen und schwierigen Zeit vor der Machtübernahme durch Hitler an und wurde Miechowitzer. Zuerst griff er in der Verwaltung durch, löste das Vermessungsamt auf und hielt seine Beamten zu größter Sparsamkeit an. Ebenso beendete er einen langwierigen Prozeß mit der Preußengrube und schuf damit die Voraussetzung für eine gute Atmosphäre in der Zusammenarbeit beider Partner. Zudem gelang es ihm, die Schuldenlast abzubauen. Bis 1939 war mehr als die Hälfte der Schulden abgetragen. Diese erfolgreichen ersten Maßnahmen des Staatskommissars zeigten seine Fähigkeit, die schwierige Miechowitzer Verwaltung zu leiten. Bis zur Auflösung der Zentrumspartei am 5. Juli 1933 war Dr. Kwoll deren Mitglied. Außerdem war er u.a. führendes Mitglied der Beuthener katholischen Kreuzschar, die zum Schutz der Versammlungen vor Übergriffen und Überfällen radikaler politischer Parteien, auch vor denen der NSDAP, gegründet worden war. In Miechowitz hatte er entscheidenden Anteil an der Bildung einer eigenen Kreuzschargruppe. Leiter dieser Kreuzschar wurde der ehemalige Vorsitzende der Miechowitzer Zentrumspartei, Ratsherr des letzten aus freien Wahlen hervorgegangenen Gemeinderates von Miechowitz und Konrektor der Schule III, Ignatz Stephan. Im Bereich des für beide

Kirchengemeinden zuständigen Caritasverbandes regte Dr. Kwoll bald nach seinem Amtsantritt in Miechowitz die Gründung eines Vereins für katholische Invaliden und Witwen an und leitete die ersten Maßnahmen zu dessen Verwirklichung ein.

Obwohl all dies öffentlich bekannt war und der Beuthener Landrat, Dr. Urbanek, sowie die Bürgermeister der Umgebung zugunsten von Mitgliedern der NSDAP aus ihren Ämtern weichen mussten, beließ man Dr. Kwoll in seinem Amt. Kein Mitglied der NSDAP hatte das Verlangen, eine so schwierige Gemeindeverwaltung wie Miechowitz zu übernehmen. Darum duldeten sie ihn. Seine Arbeit wurde allerdings unter den gegebenen Umständen sehr schwierig. Auch Männer seiner eigenen Verwaltung bereiteten ihm viele Schwierigkeiten. Da er den übergeordneten Stellen aber unentbehrlich schien, unterstützten sie Dr. Kwoll immer wieder.

Später, in den Jahren unmittelbar vor dem Zweiten Weltkrieg, scheint Dr. Kwoll sich den neuen Machthabern, aus welchen Gründen auch immer, angepasst und angenähert zu haben, wenn man den Aussagen Ludwig Chroboks aus dem Jahre 1938 glauben darf, der damals im Zusammenhang mit dem Mechtaler Männergesangverein über ihn schrieb: »... Seine (Dr. Kwolls) nationalsozialistisch ausgerichtete Persönlichkeit verbirgt, dass der rechte neuzeitlich bedingte und notwendige Geist im Verein waltet ...«.

Die Miechowitzer Gemeindeverwaltung unter Dr. Kwolls Leitung wurde bald zu einer Musterverwaltung, von der die durch die NSDAP eingesetzten Bürgermeister in anderen Orten lernen konnten und sollten. Im Mittelpunkt seiner Arbeit in Miechowitz standen aber nicht nur die Sparmaßnahmen. Der Ausbau und die Modernisierung von Miechowitz blieben fest in seinem Blick. So ließ er die vorhandenen Straßen wesentlich verbessern, vor allem die Hindenburgstraße und die Stollarzowitzer (Stillersfelder) Straße. Der Valeskaplatz wurde umgestaltet und im Bereich des Grytzberges ein neues Baugebiet ausgewiesen, in dem die Beethoven- und Mozartstraße entstanden. Die Namensgebung für die neuen Straßen ging auf Dr. Kwolls Musikliebe zurück. Vollendet und vorzüglich ausgestattet wurde der Bau der neuen Schule I (Josef-Joachim-Adamczyk-Schule – später J.-J-Adams-Schule) am Sonnenplatz. Sie erfüllt bis heute ihre Aufgabe, wurde 1994 restauriert und 1996 von einer Grundschule in eine Sonderschule für geistig behinderte Kinder umgewandelt. Auch das lange geplante Jugendheim konnte errichtet werden. Nach seiner Fertigstellung allerdings ging es an die Hitlerjugend und das Jungvolk über. Seit Jahrzehnten bereits ist es aus dem heutigen

Miechowitzer Ortsbild verschwunden, wie ein Großteil der Gebäude des alten Miechowitz/Mechtal ebenfalls.

Eine weitere Neuerung in Miechowitz war die Einrichtung einer Gemeindegaststätte im Gebäude der Genossenschaftsbank. Die Feuerwehr erhielt eine neue und moderne Ausstattung.

Auf dem Gelände des Karbidwerkes entstand eine Art Freibad, im Volksmund »Karbidka« genannt. Als weitere Einrichtung zur Erholung der Bevölkerung gelang es infolge des von Dr. Kwoll herbeigeführten guten Verhältnisses zwischen Gemeinde und Preußengrube, den schönen, alten Schlosspark, auch Tiele-Winckler-Park genannt, mit seinem herrlichen Baumbestand und dem idyllischen Teich mit der als Fontäne dienenden Bronzegruppe »Der Knabe mit dem Schwan« des Bildhauers Theodor Kalide der Öffentlichkeit zugänglich zu machen. Die Gemeinde übernahm die notwendige Aufstellung von Zäunen zur Abgrenzung des Parkes. Besonders an den Sonntagen nutzten ihn die Einwohner Mechtals zu Spaziergängen und die Kinder zu ungestörtem Spiel. Ich erinnere mich gern an die häufigen und schönen Familienspaziergänge an Sonntagen durch diesen Park.

In seiner Freizeit engagierte sich der neue Bürgermeister im Miechowitzer Männergesangverein, der ihm viel zu verdanken hatte und dessen Vorsitzender er in den Jahren von 1938 bis 1939 war. Ludwig Chrobok, der Mechtaler Chronist, würdigte in der Festschrift zum sechzigjährigen Bestehen des Vereins im Jahre 1938 Dr. Kwolls Verdienste um den M.G.V. Mechtal. Er, Chrobok, schrieb in der damals üblichen Diktion u.a.: »... Wenn auch dem Chorleiter Erich Lokay das Hauptverdienst für das mächtige Aufblühen des gesanglichen Könnens... gebührt, so darf doch nicht unerwähnt bleiben, daß zahlreiche Faktoren seine Arbeit wesentlich unterstützten. An erster Stelle ist hier der derzeitige Bürgermeister von Mechtal, Reg.-Assessor a.D., Dr. Kwoll, zu nennen, der seit Februar 1938 den Verein leitet, ihn ideell und finanziell nach Kräften fördert und unterstützt. Selbst ausübender Sänger und Musiker, voll innerer Wärme und Begeisterung für deutsches Wesen und deutsche Kunst überhaupt, für das deutsche Lied insbesondere, versteht er durch Beispiel und Wort nicht nur die Sänger, sondern die ganze Einwohnerschaft für die Pflege des hohen Kulturgutes im bedrohten Grenzland zu begeistern ... «.

Bei Ausbruch des Krieges 1939 wurde Dr. Kwoll eingezogen, aber bald wieder nach Miechowitz entlassen. Doch seine Tage als Bürgermeister des seit 1936 nun Mechtal heißenden Ortes waren gezählt. Nach der Einverleibung Ostoberschlesien in das Deutschen Reich im Herbst 1938, mussten in den dortigen Städten und Gemeinden neue Verwaltungen aufgebaut werden. So wurde Dr. Kwoll nach Laurahütte (Siemianowitz) versetzt, wo er am Mittwoch, dem 12. Juni 1940, in sein neues Amt eingeführt wurde und die Leitung der Stadtverwaltung übernahm. Wenige Tage zuvor, am Freitag, dem 7. Juni, war er als Bürgermeister von Mechtal verabschiedet worden.

Zu seinem Nachfolger als Leiter der Gemeindeverwaltung in Mechtal wurde der Ortsgruppenleiter der NSDAP, der Steiger Emil Jausly aus der Tiele-Winckler-Straße, ernannt, ein Mann, der in naiver Weise Hitler fast göttliche Ehren zukommen ließ. Er hatte dieses Amt bis zum Januar 1945 inne. Einige Tage vor dem Einmarsch der sowjetischen Truppen verließ Jausly mit Teilen der Beuthener und Mechtaler Naziprominenz in braunen Uniformen mit einer Wagenkolonne Mechtal. Wir Kinder hatten uns damals diesen aus heutiger Sicht schamlosen und feigen »Abzug« auf der Hindenburgstraße angeschaut. Die arbeitende Bevölkerung dagegen, vor allem aber die Bergleute, mussten unter Androhung härtester Strafen den Weisungen und Durchhalteparolen dieser »tapferen Verteidiger« folgen und weiter für den »Endsieg« arbeiten. Dafür durften sie wenige Tage später in großer Zahl völlig sinnlos ihr Leben hingeben.

Nach dem Krieg wurde Dr. Kwoll nach Arnsberg, dem Sitz des gleichnamigen westfälischen Regierungsbezirkes, verschlagen. Dort wurde er 1949 Kreisrechtsrat und stellvertretender Oberkreisdirektor des Landkreises Arnsberg. Von 1952 bis 1964 an war er Richter und Verwaltungsgerichtsrat am Arnsberger Verwaltungsgericht bis zu seiner Pensionierung im Jahre 1964. Neben seiner Berufstätigkeit bekleidete er zahlreiche Ehrenämter. In ganz besonderer Weise lagen ihm die Anliegen seiner vertriebenen Landsleute bis ins hohe Alter am Herzen. Diese Arbeit nahm nach seiner Pensionierung den größten Teil seiner freien Zeit in Anspruch. So gehörte er zu den Mitbegründern der Landesgruppe Nordrhein-Westfalen der Landsmannschaft der Oberschlesier. Von 1951 bis 1980 war er deren Vorsitzender in Arnsberg. Lange Zeit leitete er auch das Hedwigswerk im Kreis Arnsberg, den Zusammenschluss der vertriebenen Neubürger innerhalb der einzelnen katholischen Pfarrgemeinden, in dem das ostdeutsche religiöse Kulturgut gepflegt wird.

Neben vielen anderen Auszeichnungen erhielt Dr. Kwoll 1981 das Bundesverdienstkreuz am Bande. Am Freitag, dem 22. Januar 1993, starb Mechtals letzter Bürgermeister hochbetagt im 94. Lebensjahr in Arnsberg, wo er am 27. Januar 1993 im engsten Familienkreis beigesetzt worden ist. Mit ihm starb der letzte große Verwaltungsmann und -jurist unseres Heimatortes.

Das Konzerthaus und Theater in Beuthen mit neuer Überdachung

Parteien und die politische Zusammensetzung des Miechowitzer Gemeinderates 1929 und 1932

Stärkste und bestimmende Partei auf der politischen Bühne von Miechowitz war das katholische Zentrum, deren letzte Vorsitzende Schneidermeister Kowoll, Konrektor Stephan und Mittelschulkonrektor Burschka waren. Das Zentrum stellte auch eine der beiden Frauen, die damals bereits im Gemeinderat vertreten waren, Frau Emilie Glatzel.

Als zweitstärkste Partei fungierte die SPD, deren bekanntester Vorsitzender der Bergmann Konstantin Kokoschka (1882–1958) war, zugleich Gewerkschaftler und Arbeitervertreter auf seiner Grube. In den Jahren 1933 und 1944 wurde er von den Nazis in Haft genommen.

Die KPD (Kommunistische Partei) war trotz ihrer nur zwei Mandate eine sehr aktive Partei. Einer ihrer Vertreter war der Techniker August Staschek, der Ende Januar 1945 von den Sowjets zum Beauftragten der Ortskommandantur von Mechtal ernannt wurde.

Eine weitere Partei war die recht starke Deutsch-Nationale-Volkspartei (DNVP). Ihr Gründer und Vorsitzender der Ortsgruppe war der Bergverwalter Mücke. Seine Frau Elsa war neben Frau Glatzel die zweite Frau im Miechowitzer Rat.

An der Spitze der Deutschen Volkspartei (DVP) stand der Direktor der Preußengrube, Thomas, der selbst einige Jahre dem Rat angehörte und Schöffe (Beigeordneter) war. Schließlich gab es neben anderen kleinen Gruppierungen noch die polnische Minderheit, die in der PPS, der polnischen sozialistischen Partei organisiert war. Vorsitzender dieser Vereinigung war ein Robert Drobczyk, nach dem 1945 die Schlageterstraße umbenannt wurde. Ein anderer Polenführer in Miechowitz war der Kreistagsabgeordnete Laszczyk.

Die NSDAP versuchte, das politische Leben zu radikalisieren und die bestimmende Partei zu werden. Ihre ersten Verfechter in Miechowitz waren die Bergleute Franz Kortyka, Franz Gawlik, der Mittelschullehrer Josef Bolik und einige andere Männer. Der letzte führende Nazi und Ortsgruppenleiter in Mechtal war der Steiger Emil Jausly.

Bei den Kommunalwahlen 1929 erhielt das Zentrum 1.698 Stimmen, die KPD 1.271, die SPD 650 Stimmen, der Ordnungsblock (Rechtsparteien) 989

Stimmen, Wirtschaftspartei 335 Stimmen. Dazu gab es noch fünf kleinere Zusammenschlüsse, die allerdings keinen Sitz im Rat erhielten.

In den Kreistag wählten die Miechowitzer zwei Vertreter des Zentrums, und je einen der Deutschnationalen, der KPD, der SPD, der Polnischen Partei, von den Invaliden und der NSDAP. Dem 1932 letzten frei gewählten Gemeinderat von Miechowitz gehörten 15 Vertreter der Zentrumspartei, 7 der SPD, 5 der Deutsch-Nationalen-Volkspartei und 2 Kommunisten an. Leider ist es nicht feststellbar, ob auch ein Nazi in den Gemeinderat gewählt worden ist.

Kriegerdenkmal

Das Vereinsleben

Der Kriegerverein Miechowitz und andere Vereinigungen

Miechowitz war Grenzland in der Nachbarschaft eines national gesinnten Volkes. Von daher bildeten sich im Ort eine Reihe von Vereinen, die eine nationale Gesinnung pflegen wollten. Der älteste Verein von Miechowitz und des Landkreises war der Kriegerverein. Der Maschinenmeister Segnitz von der Mariagrube und 63 Männer hatten ihn am 21. Juni 1877 gegründet. Mitglieder waren ehemalige Kriegsteilnehmer und Soldaten. Als erster Protektor des Vereins fungierte der Oberst von Tiele-Winckler, sein Nachfolger wurde der Landrat von Thiele. Die Feier nationaler Gedenktage und die Pflege patriotischer Gesinnung zählte neben dem Schießen und Marschieren zu den Tätigkeitsbereichen des Vereins, der bald 184 Mitglieder in seinen Reihen hatte. Während des 1. Weltkrieges wurden 120 Mitglieder eingezogen. 1920 traf man sich wieder. Die Unruhen im Zusammenhang mit der Abstimmung aber zwangen zu einer längeren Pause. Erst nachdem der Landkreis deutsch geblieben war, entstand der Verein am 18. Februar 1924 neu und hatte binnen kurzer Zeit 215 Mitglieder. Vorsitzender wurde der Preußengruben-Direktor Heinrich Thomas, ein warmherziger und in vieler Weise helfender Gönner. Der Schießsport blühte wieder auf und man konnte bei großen Veranstaltungen zahlreiche Preise gewinnen. In der Weihnachtszeit gab es großherzige Bescherungen. Zudem besaß der Verein eine eigene Kapelle unter dem Kapellmeister Kortyka, die zeitweise mit der Bergwerkskapelle identisch war.

Unter Beteiligung aller Vereine von Miechowitz und vieler auswärtiger Gäste wurde am 3. September 1927 das fünfzigjährige Bestehen des Vereins gefeiert. Am Tag zuvor erhielten alte Mitglieder bei einer Ehrentafel eine Auszeichnung. Am Festtag selbst, einem Sonntag, zog ein Festzug, begleitet von Kavalleristen und Radfahrern, mit 2.000 Teilnehmern, zwei Musikkapellen durch den Schlosspark auf die Festwiese am Schwarzen Weg. Dort gab es ein großes Volksfest, dessen Abschluss ein Feuerwerk und Tanz in beiden Sälen des Ortes bildeten. Später gehörte der Verein dem Kyffhäuserbund an, der heute noch in vielen Städten und Orten besteht.

Weitere derartige Vereine waren der nur wenige Mitglieder zählende »Königin-Luisen-Bund«, der Wert auf nationale und konservative Erziehung legte. Die Angehörigen des ehemaligen Oberschlesischen Selbstschutzes schlossen sich dem Oberschlesischen Landesschützenbund an und pflegten ein heimattreues Deutschtum und die kameradschaftliche Einsatzbereitschaft. Daneben bestand ein Vaterländischer Arbeiterverein der Preußengrube, der Versammlungen, Wald- und Kinderfeste veranstaltete und für in Not geratene Mitglieder eine Unterstützungskasse unterhielt.

Schließlich existierte noch der »Verband für das Auslandsdeutschtum« mit dem Ziel, Deutsche im Ausland finanziell zu unterstützen, ihnen durch Bücherspenden, Vortragsreisen und einen Studentenaustausch zu helfen. Ihnen sollte es möglich gemacht werden, ihr Volkstum zu bewahren und sich in Vereinen und sonstigen Veranstaltungen kulturell zu betätigen.

An einer Werbeveranstaltung zur Gründung einer Miechowitzer Ortsgruppe waren am 16. Mai 1929 insgesamt 250 Teilnehmer erschienen. Nach einem einleitenden Vortrag durch einen Beuthener Studiendirektor erfolgte die Wahl des Vorstandes mit Mittelschulrektor Korgel, Dr. Irmler, Obersteiger Mücke und Lehrer Paul Dastig.

Der Männergesangverein M.G.V. in Miechowitz/Mechtal

Sangeslustige deutsche Männer aus Miechowitz, so der Rentmeister Schippan, die Lehrer Hoffmann, Sollors, Gajke, Kostka-Rokittnitz, Schaffrath, Lipinski, Bednara, Malcher und Kania, der Postvorsteher Kreuzer, der Amtsvorsteher Dziallach, der Wirtschaftsinspektor Keil, Kaplan Sobel, Obersteiger Strachotta und die Materialienverwalter Himmel und Ullmann gründeten am 20. November 1878 einen Männergesangverein und warben eifrig Mitglieder. Erster Vorsitzender des neuen Vereins war von 1878 bis 1899 der Rentmeister Schippan. »Zweck des Vereins ist die Ausbildung und Hebung des Männergesanges und die Pflege der geselligen Unterhaltung« hieß es im ersten Paragraphen der Satzung. Der Paragraph 3 bestimmte die Aufnahmebedingungen: »In den Verein können nur aufgenommen werden rechtliche und gebildete Männer.« Der Aufzunehmende musste »in dem laufenden Jahr das zwanzigste Lebensjahr erreichen«. Über die schriftlich zu beantragende Aufnahme entschied ein Gremium von elf Mitgliedern, erst später konnte der Vorstand darüber entscheiden. Die Satzungsbestimmungen waren derart gestaltet, dass die gesellschaftliche Stellung, die erworbenen Lebensformen und der Geldbeutel eine Schranke für die nicht »gebildeten«, nicht manierlichen und wenig zahlungskräftigen Ortsbewohner darstellte. So waren tatsächlich nur Grubenbeamte, Lehrer und Gemeindebeamte Mitglieder des Männergesangvereins.

Der Pflege des Männergesanges dienten anfangs die wöchentlichen Übungsstunden unter dem ersten Liedermeister (Dirigenten) Hoffmann von 19.30 bis 22 Uhr. Nach der Satzungsänderung von 1899 und 1908 trafen sich Sänger im Winterhalbjahr nur alle vierzehn Tage und im Sommerhalbjahr sogar nur monatlich. Folge dieser Regelung waren bescheidene Erfolge und eine geringe Ausstrahlung auf die Öffentlichkeit. In seinen Anfangsjahren hatte der Chor schwere Krisen zu durchstehen. So zählte er im Jahre 1888 nur noch zwölf Mitglieder. Wenige Jahre später fehlten viele Stimmlagen, manche waren gar nicht vertreten. So dachte man 1902 ernsthaft an eine Auflösung des Chores. Über das bunte Treiben der Sänger in den Gründerjahren und danach berichteten zahlreiche Anekdoten. Allerdings sah der Männergesangverein seine Grenzen nicht so eng, wie in der Satzung aufgezeigt. Schon am 17. Januar 1880 veranstaltete er eine »Theatralisch-Musikalische Abendunterhaltung zum Besten der Ortsarmen von Miechowitz-Karf-Rokittnitz« und 1881 ein »Theater zu Wohltätigkeitszwecken«. Im Mittelpunkt der Darbietungen standen Lustspiele, Schwänke und Burlesken. Nur in den Zwischenpausen boten die Sänger ihre Musik- und Gesangsvorträge. Das schien Kritikern zu wenig für eine nachhaltige und breite musikalische Wirkung gesanglichen Können. Trotzdem verschönerten die Sänger Feiern anderer Vereine durch ihre gesanglichen Darbietungen. Besonders aber pflegten sie ihre Stiftungs- und Sommerfeste, Vergnügungen, Familienfeste, Nikolausfeiern, Schweineschlachtfeste mit einem Kränzchen in geschlossener Gesellschaft, Faschingsvergnügen, Festkommerse anläßlich der Kaisergeburtstagsfeier. Die Übungsabende dehnten sich oft bis zum nächsten Morgen aus. Deutsche Gemütlichkeit war ihr Anliegen zum Ärger einzelner Kritiker, die ein stärkeres nationales Engagement lieber sahen.

Seit dem Umschwung in Deutschland 1918/19 war der Verein aufgeblüht. Nach der Abstimmungszeit mit ihren Unruhen fühlte der Verein sich nach der Abtretung Ostoberschlesiens verpflichtet, die Verbindung mit den getrennten Sangesbrüdern in Ostoberschlesien aufrechtzuerhalten. So lud er beispielsweise die Kattowitzer Sänger in die Kreisschänke ein. Alljährlich sangen die Mitglieder u. a. anläßlich der Gefallenenehrung am Kriegerdenkmal.

Zum 50. Jahrestag der Vereinsgründung trafen sich die Mitglieder am 9. Februar 1929 aus diesem Anlass. Die »Festschrift aus Anlaß des 50jährigen Bestehens des Männergesangvereins Miechowitz am 9. Februar 1929« stellte das Vereinsleben des vergangenen halben Jahrhunderts anschaulich dar.

Zum 1. Bundessängerfest 1928 in Wien fuhr fast die Hälfte der aktiven Mitglieder hin und brachte zahlreiche Impulse für das Vereinsleben mit. Am 11. Juni veranstaltet der Chor erstmals einen öffentlichen Singabend, an dem auch die Chöre von Karf und Rokittnitz und der »Liederkranz« Beuthen teilnahmen. Dieses öffentliche Singen, das mal vor dem Rathaus und mal am Grytzberg stattfand, übte eine starke Anziehung aus und führte neue Mitglieder in den M. G. V. Der Deutsche Sängerbund schuf den deutschen Liedertag mit dem Ziel, bei den breiten Massen des Volkes den Sinn für das Volkslied wachzurufen. Die Einrichtung des achten Gaues des Schlesischen Sängerbundes führte zu einer straffen Zusammenfassung der oberschlesischen Männergesangvereine. Das wiederum bewirkte einen regeren Wettstreit, gegenseitige Besuche und die Erkenntnis, dass die Männergesangvereine eine Kulturaufgabe zu erfüllen hatten. Im Rechenschaftbericht für das Jahr 1930 heißt es: »Wir veranstalten keine Konzerte für Fachkritiker; denn diese erwarten natürlich Höchstleistungen. Wir trugen vielmehr bei allerlei Veranstaltungen das deutsche Lied in das Volk und gaben, was in unseren Kräften stand. Das war gediegen und gut.« Das Heimatbewusstsein war erstarkt und wurde durch den Oberschlesischen Kulturverband besonders im Grenzland gepflegt. Einheimische Komponisten erschienen bei den Vereinen auf der Bühne. So trat am 27. März 1930 der Gleiwitzer Komponist Franz Kauf mit eigenen Schöpfungen vor die Miechowitzer Zuhörer.

Daneben verschönerten die Chormitglieder zum Missfallen wiederum mancher Kritiker nach wie vor ihre 50. Geburtstage, Abrahamsfeste, wie sie damals genannt wurden, machten Familienausflüge, sangen bei den Beerdigungen ihrer Sangesbrüder, beteiligten sich an Sängerfesten und schafften sich Fahnen an.

Trotz aller Fortschritte des Miechowitzer M. G. V. sank die Mitgliederzahl von 151 in Jahre 1928/29 auf 77 im Jahre 1933/34. Mit Rücksicht auf die schwierige Wirtschaftslage musste 1932 das traditionelle Wintervergnügen ausfallen. Das Deutsche Sängerfest in Frankfurt am Main konnte kein Miechowitzer Sänger besuchen. An den 25 Singabenden 1933/34 nahmen im Durchschnitt 12 Sänger teil, so wenige wie in den letzten zehn Jahren nicht mehr. Das Jahr 1934/35 brachte einen katastrophalen Niedergang, der zu ernsthaften Überlegungen über eine Vereinsauflösung führte. Die Gründe dafür lagen in der großen Arbeitslosigkeit, in den Gehaltskürzungen und in der nationalsozialistischen »Revolution«, bei der viele Mitglieder so stark in Gremien der SA und Partei mitwirkten, dass sie keine Zeit mehr für den Gesang fanden. Ein weiterer Grund lag in der ernsthaften Erkrankung des Liedermeisters, des Mittelschulrektors Korgel.

1935 setzte ein neuer Aufstieg des Vereins ein. Neben der Abnahme der oben genannten Gründe brachte der neue Chorleiter Erich Lokay, Lehrer, aus Beuthen neues Leben in den Verein, den er am 12. Februar 1935 übernahm. Schon im ersten Jahr besuchten durchschnittlich 46 Sänger jeden der 55 Übungsabende. Der neue Wind im Verein brachte ihm auch einen Zustrom neuer Mitglieder. 1935/36 beteiligte er sich an den verschiedensten Veranstaltungen. Chormeister Lokay gelang es durch seine systematischen Schulungen den Chor so weit zu bringen, dass er bereits ein Jahr nach dem Chorleiterwechsel am 1. März 1936 gemeinsam mit anderen Chören bei einer Veranstaltung des Reichssenders Breslau im Rundfunk singen konnte. Auch in der Folgezeit konnte der Chor verschiedentlich im damaligen Reichssender singen. Im Advent 1937 sang er im evangelischen Gemeindehaus in Beuthen und in der Wandelhalle des Knappschaftskrankenhauses in Martinau Weihnachts- und Volkslieder, um den Kranken eine Freude zu bereiten. Der Ehrenkreisvorsitzende Schulrat Neumann und der bekannte Musikpädagoge und Komponist Gerhard Strecke zollten dem Mechtaler Chor hohes Lob. Gerhard Strecke widmete dem Verein den vom ihm komponierten Chor »Glückauf«, der am 23. März 1937 in einem Rundfunkkonzert uraufgeführt wurde. Beide, Neumann und Strecke, wurden auf der Jahreshauptversammlung am 7. Januar 1938 einstimmig zu Ehrenmitgliedern des M. G. V. Mechtal ernannt. Während des NS-Zeit nahm der Einfluss nationalsozialistischen Gedankengutes im Verein in immer stärkeren Maße zu.

Das Aufblühen des Vereins und das gesangliche Können verdankte der Chor seinem Dirigenten, dem Lehrer und Chorrektor Erich Lokay, dem bis Januar 1945 letzten Chorleiter. Bürgermeister Dr. Kwoll engagierte sich in seiner Freizeit im Miechowitzer Männergesangverein, der ihm viel zu verdanken hatte und dessen Vorsitzender er in den Jahren von Februar 1938 bis 1939 war. Ludwig Chrobok, der Mechtaler Chronist, würdigte in der Festschrift zum sechzigjährigen Bestehen des Vereins im Jahre 1938 Dr. Kwolls Verdienste um den M. G. V. Mechtal. Er, Chrobok, schrieb in der damals üblichen Diktion u. a.: »... Wenn auch dem Chorleiter Erich Lokay das Hauptverdienst für das mächtige Aufblühen des gesanglichen Könnens ...

gebührt, so darf doch nicht unerwähnt bleiben, daß zahlreiche Faktoren seine Arbeit wesentlich unterstützten. An erster Stelle ist hier der derzeitige Bürgermeister von Mechtal, Reg.-Assessor a.D., Dr. Kwoll, zu nennen, der seit Februar 1938 den Verein leitet, ihn ideell und finanziell nach Kräften fördert und unterstützt. Selbst ausübender Sänger und Musiker, voll innerer Wärme und Begeisterung für deutsches Wesen und deutsche Kunst überhaupt, für das deutsche Lied insbesondere, versteht er durch Beispiel und Wort nicht nur die Sänger, sondern die ganze Einwohnerschaft für die Pflege des hohen Kulturgutes im bedrohten Grenzland zu begeistern ... «.

Die alten Satzungen waren hinfällig. Jeder sangesfreudige Mechtaler konnte inzwischen in den Chor aufgenommen werden. Während des Krieges ging die Chorarbeit naturgemäß zurück. Sein Ende fand der Chor nach fast siebenundsechzigjährigem Bestehen mit der Eroberung Mechtals durch die Rote Armee in den letzten Januartagen des Jahres 1945.

Vorsitzende des Miechowitzer Männergesangvereins waren neben dem bereits genannten Schippan von 1899 bis 1901 der Arzt Dr. Larisch, von 1901 bis 1902 der Gutsvorsteher Karpe, von 1902 bis 1903 Hauptlehrer Seiffert, von 1903 bis 1904 Obersteiger Nowak, von 1904 bis 1912 Bergverwalter Kalicinski, von 1912 bis 1923 wiederum der Arzt Dr. Larisch, von 1923 bis 1924 Baumeister Rosemann, von 1924 bis 1938 Oberingenieur Preuß, von 1938 bis 1939 Bürgermeister Dr. Kwoll und von 1939 bis 1945 Bergverwalter Mücke. Als Dirigenten wirkten neben dem genannten Lehrer Hoffmann die Lehrer Seiffert, Suchan, von 1901 bis 1912 der spätere Konrektor Sliwka, danach Ehren-Dirigent, von 1912 bis 1918 Lehrer Tyrtania, von 1918 bis 1935 Mittelschulrektor Korgel, ebenfalls Ehren-Dirigent, und zuletzt Lehrer und Chorrektor Erich Lokay von 1935 bis 1945. Zu Ehrenvorsitzenden ernannte der Chor den Rentmeister Schippan, den Arzt Dr. Larisch und den Oberingenieur Preuß.

Arbeiter-Gesangverein der Preußengrube

Ein weiterer erfolgreicher Chor war der Arbeiter-Gesangverein der Preußengrube. Die Mitglieder sahen im Gesang einen Ausgleich zu ihrer schweren körperlichen Arbeit. Erster Vorsitzender dieses Chores war der Bergverwalter Kalicinski und erster Dirigent der Konrektor Sliwka, beide bekannt aus der Arbeit des Männergesangvereins.

Daneben hatte die Preußengrube eine Bergkapelle, deren eigentliche Aufgabe es zunächst war, Beerdigungen von Bergleuten und die Feste der Bergmänner musikalisch zu umrahmen. Bergwerksdirektor Thomas, langjähriger Vorsitzender der Kapelle, bemühte sich um qualifizierte Kräfte, so dass die Bergkapelle mit zu den besten im Revier zählte.

Die Sing- und Laienspielschar »Mechtaler Singkreis«

Ein musisch vielseitig begabter Mann war Georg Magiera. 1911 in Laurahütte geboren, kam er 1922 nach der Ausweisung seiner Eltern aus Ostoberschlesien nach Miechowitz. Nach dem Abitur und einer vielseitigen Ausbildung war er Jugendmusikerzieher. Der Beuthener Landrat ernannte ihn seiner musischen Fähigkeiten wegen zum Kreisjugendpfleger. In Miechowitz-Mechtal gründete und leitete er eine Sing- und Spielschar (Laienspielbühne). Für beide verfasste und komponierte er Lieder und schrieb Bühnenstücke. Außerdem schrieb er Hörspiele, die nach dem Krieg vorwiegend von Hannover aus ausgestrahlt wurden. Mit seinem Chor sang er bei den Sendern Gleiwitz, Breslau, Königsberg und Saarbrücken und brachte es auf insgesamt 189 Rundfunksendungen. Von den Mitgliedern dieses Singekreises fielen 22 während des II. Weltkrieges. Nach dem II. Weltkrieg lebte er als Journalist, freier Schriftsteller und Komponist im niedersächsischen Salzgitter.

Schulchöre

Die verschiedenen Schule hatten unterschiedlich gute Chöre. Der beste und bekannteste Chor war der Mittelschulchor. An der Mittelschule gab es durchweg begabte Musikpädagogen, die mit ihrem Chor dem Sangesleben des Ortes viele Impulse gaben. Die Schüler lernten nicht nur Noten kennen, sondern beschäftigen sich auch mit der Harmonielehre und erhielten eine qualifizierte Stimmbildung. Manche Schüler brachten es später zu einer erfolgreichen Chorleitertätigkeit.

Kirchenchöre

An beiden Kirchen existierten Kirchenchöre zur gesanglichen Verschönerung der Gottesdienste besonders an den Festtagen.

Ein bekannter Organist an der Corpus-Christi-Kirche war der auch in Orchestern mitwirkende Bruno Gediga. Neben seinem Orgelspiel war er ein auch im Rundfunk auftretender bekannter Pianist. Während seiner langjährigen sowjetischen Kriegsgefangenschaft war er neben seiner Arbeit in der Lagerbetreuung tätig und schrieb rund 330 Musikstücke aus dem Gedächtnis für seine Lagerkapelle. Bis zu seiner Ausreise im Jahre 1958 betätigte er sich als Organist in Karf und als Café-Haus-Spieler, um seine Familie ernähren zu können. Danach wirkte er als Organist in Bad Liebenzell und im Kurorchester des Ortes.

Polnischer Gesangverein »Lutnia«

Ein von polnischen Einwohnern 1911 gebildeter Gesangverein trug den Namen »Lutnia« (Laute). Seine Blütezeit lag in der Abstimmungszeit, als er etwas über einhundert Mitglieder zählte. Vorsitzender war ein Paul Müller und Dirigent Alexander Skrzypczyk. Als Miechowitz nach der Abstimmung deutsch blieb, ging die Zahl seiner Mitglieder zurück. Allerdings veranstaltete er noch 1930 gemeinsam mit dem Beuthener Chor »Halka« und dem Hindenburger Chopin-Chor an einem nicht genannten Ort einen Liederabend.

Sportvereine

Die erste sportliche Vereinigung in Miechowitz war der von einem dazu begründeten Komitee, das die Männer und die schulentlassene Jugend für planmäßige Körperübungen interessieren sollte, am 16. April 1902 gegründete Männer-Turnverein. Die Mitglieder hatten sich laut Satzung die »Pflege des Turnens und damit die Ausbildung und Kräftigung des Körpers zu fördern« zum Ziel gesetzt. Daneben sollte auf die patriotische Gesinnung und auf die Vaterlandsliebe eingewirkt werden. Letztlich sollte der Verein eine Heimstätte des geselligen Verkehrs und der Gemütlichkeit sein. Der Verein feierte jedes Jahr im Mai ein Stiftungsfest und ein Winter- oder Faschingsvergnügen. Außerdem fanden nach Bedarf die sogenannten Turnermärsche statt, Ausflüge und Wanderfahrten in die nähere und weitere Umgebung. Verboten waren jegliche politischen Umtriebe, die mit dem sofortigen Ausschluss geahndet wurden, da solche Manipulationen nicht dem Zweck des Vereins entsprachen. Übungsabende fanden zweimal in der Woche statt Vor dem 1. Weltkrieg zählte der Verein über 100 Mitglieder. Die meisten von ihnen kamen aus der Belegschaft der Preußengrube. Bald konnten die Mannschaften erste Erfolge aufzeigen. Zu den eifrigen Mitbegründern und Förderern des Vereins zählten Lehrer Rauprich, Bäckermeister Spak, und die Herren Haucke und Tschörner. Bäckermeister Spak war Vorturner und Turnwart, später Ehrenturnwart. Er war im ganzen Turngau Schlesien als Kampfrichter bekannt und wurde scherzhaft Turnvater Spak genannt. Zu seinem 50. Geburtstag 1936 erhielt er den Gau-Ehrenbrief. Er blieb 1945 in Mechtal und starb dort 1950.

Der Turnverein war in verschiedene turnerische Sparten aufgeteilt. Die Turnstunden fanden zunächst auf dem Dorfplatz, dem späteren Marktplatz statt. Allerdings fehlte es am Notwendigsten, besonders an Geräten. So konnten anfangs nur Frei- und Ordnungsübungen durchgeführt werden. Später wurden Spiele hinzugenommen, die besonders die Damen pflegten. 1904 kam es zur Gründung eines gemischten Chores, um das Programm des Verein zu erweitern.

Ständig kaufte der Verein die verschiedensten Turngeräte, zuerst ein Pferd und einen Barren, dann ein Reck, einen Bock und Geräte für die Leichtathletik. Tiele-Winckler und die Regierung stifteten Geldbeträge zu weiteren Anschaffungen. Die größte Opferbereitschaft aber zeigten die Mitglieder selbst, die weder Geld noch Arbeit scheuten, um zu helfen. So entwickelte sich der Verein zum stärksten Turnverein im Landkreis Beuthen. Ihren ersten großen Erfolg erzielte die erste Riege beim Bezirksturnfest 1907, als sie in einer Gruppe den zweiten Platz belegte. Bei Beginn des 1. Weltkrieges mussten von den damals 141 Mitgliedern 121 in den Krieg ziehen. Trotzdem existierte der Verein weiter. Jugendliche übten regelmäßig unter der Leitung von Polizeikommissar Fuhrmann.

Während der Abstimmungszeit geriet der Verein in größte Bedrängnis. Der Sokol, der polnische national geprägte Turnverein, eignete sich die Geräte an. Erst 1922, als sich die allgemeine Lage beruhigt hatte, mussten diese Geräte auf Veranlassung der Staatsanwaltschaft wieder zurück gegeben werden. Nach den Unruhen der vorangegangenen Jahre gingen die Mitglieder daran, die Grundlagen für einen neuen Aufbau zu schaffen. Um einen festen Übungsort zu haben, pachtete der Verein 1924 die Schmiede der einstigen Mariagrube und richtete sie in Eigenarbeit zu einer Turnhalle her. Gemeinde und Preußengrube beteiligten sich an den Kosten des Ausbaus. Zwei Jahre danach konnten auf dem alten Haldengelände der Mariagrube wiederum in Eigenarbeit Spiel- und Sportplätze angelegt werden. Diese Maßnahmen führten zu einem gewaltigen Aufschwung des Turnvereins. Die Turnstunden waren sehr gut besucht. An manchen Abenden waren bis zu 190 aktive Teilnehmer erschienen. Neben den bestehenden Turngruppen wurde auch eine Jugendriege gegründet. Die Turner zeigten in ihrem Heimatort gern ihr Können, nahmen aber bald auch an auswärtigen Veranstaltungen in Köln, Ratibor, Neiße und München teil und kehrten oft erfolgreich zurück,

Am 27. Mai 1927 feierte der Turnverein sein 25-jähriges Bestehen mit einem großen Turnfest, an dem sehr viele Bewohner von Miechowitz teilnahmen. Die Feierlichkeiten begannen am Tag zuvor mit einem Festabend. Kreisjugendpfleger Rauprich, der die Hauptlast der Vorbereitungen des Turnfestes trug, hielt die Festrede. Danach fand umrahmt von turnerischen Darbietungen, Volkstänzen und einem Theaterspiel die Ehrung einiger Jubilare statt. Die Geehrten waren Maschinenmeister Strzebin, Uhrmachermeister Eugen Markefka, Gastwirt Paul Cichowski, Bäckermeister Paul Spak und Kaufmann Georg Marettek. Der Sonntag begann mit einem musikalischen Wecken und einem gemeinsamen Kirchgang. Dann folgten die Wettkämpfe auf dem Sportplatz unter Beteiligung vieler Turner des oberschlesischen Turngaus. Am Nachmittag zog ein Festumzug, an dem 13 Vereine mit 17 Fahnen teilnahmen, unter festlich geschmückten Ehrenpforten hindurch zu den Sportplätzen.

Nach 1933 gab es viele Rückschläge. Wie beim Gesangverein hatten viele Mitglieder irgendwelche Parteiaufgaben zu leisten und mussten so den Sport vernachlässigen. Seitens der Nazibehörden legte man mehr Wert auf das Marschieren als auf das Turnen. Den Planungen zur Autobahn fielen die Turnhalle und die Sportplätze zum Opfer, wodurch die eigentlichen Sportaufgaben immer schwieriger wurden. Geturnt wurde wieder in den Sälen von Grabka und Broll wie vor dem Turnhallenbau. Fast nur noch die Jugendlichen widmeten sich mit Begeisterung dem Turnsport, den sie nun meist im Jugendheim ausüben mussten. Dort sind 1945 alle Geräte demoliert worden. Auch die Vereinsfahne von 1908, aus Spenden der Mitglieder angeschafft, wurde am 28. Januar 1945 mit dem Besitztum des Ehrenoberturnwarts, wohl Paul Spaks, von den Russen verbrannt. Das war zugleich für Jahrzehnte das Ende des Turnsports in Mechtal-Miechowice. Einzige sportliche Betätigung der Jugend nach 1945 war nur noch das Fußballspielen, das mit wechselndem Erfolg von den vereinigten Mannschaften der ehemaligen Preußengrube, der Kopalnia Miechowice, und des Kraftwerkes ausgeübt wurde.

Neben dem Männer-Turn-Verein gab es in Miechowitz weitere sportlich ausgerichtete Vereine. So der 1912 gegründete Spiel- und Eislaufverein. Der ebenfalls 1912 und nach dem 1. Weltkrieg wieder ins Leben gerufene Spiel- und Sportverein 1912 betrieb neben der Leichtathletik in erster Linie Fußball. Zunächst nur in der Kreisklasse, später, unter den Vorsitzenden Baumeister Rosemann und Geometer Stangretzki in der Bezirksklasse und in der Oberliga. Während dieser Zeit wurde der bereits erwähnte Sportplatz gepachtet, gebaut und eingezäunt. Ende der zwanziger Jahre zählte der Verein 150 Mitglieder, von denen 60 Jugendliche waren. Sie spielten in drei Senioren-, zwei Jugend- und in einer Schülermannschaft. Nach Beginn der Naziherrschaft ist der Sport gleichgeschaltet worden. Der Vorstand wurde nicht mehr gewählt, sondern bestimmt. So übernahm der damalige Ortsgruppenleiter Franz Gawlik den Vereinsvorsitz. Während seiner Zeit fiel der Sportplatz dem Autobahnbau zum Opfer. Dem Verein waren ein Ski-Club und eine Tennisabteilung angeschlossen. Für letztere wurde der Tennisplatz im Park erweitert.

Weiterer Sportvereine waren die DJK (Deutsche Jugendkraft). Sie gehörte zum Bereich der Jugendarbeit der katholischen Kirche: Die DJK Silesia zur Corpus-Christi-Kirche und die DJK Preußen 23 zur Kreuzkirche. Die einzelnen Abteilungen spielten Fußball, Faustball und Leichtathletik. Die DJK Preußen 23 führte den ersten Lehrgang für den Flugmodell-Bau in Miechowitz durch. Die Nazis lösten 1933 die DJK auf.

Sportliche Vereinigung im weiteren Sinne war die nach 1933 gebildete Gruppe des Deutschen Luftsportverbandes (DLV). Die Mitglieder bauten sich eine Werkstatt, in der unter Anleitung eines erfahrenen Flugzeugbauers eigene Schul- und Segelflugzeuge gebaut wurden. 1936 veranstalteten die Segelflieger einen Flugtag am Grytzberg, eine Luftfahrtausstellung im Sitzungssaal des Rathauses und einen Modellbau-Wettbewerb. Ich selbst war als Junge beim Schaufliegen von Flugzeugmodellen verschiedentlich dabei.

Zu einer nur gewissen Kreisen vorbehaltenen Sportart zählte das Tennisspielen. Dicht neben dem Schloss, das nun Verwaltungssitz geworden war, lagen die Tennisplätze. Nur die höheren Angestellten, Ingenieure und Ärzte des Ortes konnten sich den Tennissport leisten. Sie beschäftigten einen Balljungen, der fleißig die Bälle einsammelte, die ins Leere gingen. Seine Mutter hatte ihm für diese Aufgabe einen besonderen Anzug anfertigen lassen. Er selbst lieferte daheim gewissenhaft das Trinkgeld ab, das nicht nur die Mutter zu schätzen wusste.

Schrebergartenverein

Zwischen Holtei und Friedhofstraße befand sich eine größere Schrebergartenanlage, deren Pächter im Schrebergartenverein zusammengefasst waren. Die einzelnen Parzellen waren etwa 400 m^2 groß. Manche von ihnen benutzten zwei Pächter mit je 200 m^2 . Die einzelnen Gärten waren schön angelegt und sehr gepflegt. In fast jedem Garten stand eine ansprechend gestaltete Laube, die von einer kleinen Grünanlage umgeben wurde, auf der häufig Kinderspielgeräte wie Schaukeln und Sandkästen zu finden waren. Den Rest das Landfleckens nahmen Gemüsebeete und Blumenrabatten ein. Zwischendurch standen Obstbäume, meist schon in buschiger oder niedriger Form. Jede Parzelle hatte eine eigene Wasserzapfstelle. Für uns Kinder waren diese Gärten ein kleines Paradies. Reste dieser Anlage sind heute noch vorhanden und zum evangelischen Friedhof hin noch erweitert.

Das Deutsche Rote Kreuz – Elsa Mücke im Dienste der Mitmenschen

Neben der bereits erwähnten Caritas und der Inneren Mission spielte das Deutsche Rote Kreuz in der Sorge um die Notleidenden eine entscheidende Rolle.

Eine Frau, die sich mit anderen Frauen in besondere Weise um die Not leidenden Einwohner von Miechowitz kümmerte, war Elsa Mücke, geb. Heymann. Am 14. Juni 1888 in Finkenstein im Kreis Oppeln, einer Kolonistengründung aus der Zeit Friedrichs des Großen, geboren, heiratete sie 1908 in der »Freien Bergstadt« Tarnowitz Paul Mücke (1882–14.1.1953), der seit 1907 an der Preußengrube in Miechowitz tätig war.

In Miechowitz-Mechtal wohnte die Familie Mücke mit ihren drei Söhnen in der Hohenzollernstraße. Von den drei Söhnen starb der jüngste als Jagdflieger während des Zweiten Weltkrieges bei einem Absturz über deutschem Gebiet. Der älteste Sohn wurde Bauingenieur, der andere Diplom-Gärtner. Im Krieg zog Letzterer sich schwere Verwundungen zu, so dass er zu 70 % körperbeschädigt war. Nach 1945 war er Dozent an der Hochschule für Gartenbau in Weihenstephan.

Frau Mücke gehörte Jahrzehnte hindurch zu den führenden Damen des Deutschen Roten Kreuzes. In Miechowitz entwickelte sich zunächst 1896 neben der »Caritas« und der »Inneren Mission« der überkonfessionelle Wohlfahrtsverband »Vaterländischer Frauenverein«, von der Frau des Bergrates Sanner ins Leben gerufen. Auch die Orte Karf und Rokittnitz gehörten zu diesem neuen Miechowitzer Verband. 1902 übernahm Frau Kocks, die Gattin des ersten Bergwerkdirektors der Preußengrube, den Vorsitz. Bis zum Beginn des Ersten Weltkrieges sorgte sich der »Vaterländische Frauenverein« vorwiegend um die Ortsarmen, um die Versorgung armer Wöchnerinnen mit Kinderwäsche und Lebensmitteln.

Schon 1913 wurde mit der Ausbildung von etwa zehn Helferinnen begonnen. Nach dem Ausbruch des Ersten Weltkrieges sind sie zur Unterstützung der Schwestern in den Heimatlazaretten eingesetzt worden. Zur gleichen Zeit bekamen die Mitglieder den Auftrag, für die Soldaten an der Front Socken, Kopfschützer und Leibbinden zu stricken.

Als 1915 die Not immer größer und die Lebensmittelversorgung immer knapper wurde, richtete der Verein Suppenküchen ein. In zwei Schulküchen wurden Kessel eingebaut, in denen pro Tag 2.000 Portionen Essen gekocht wurden. Arme, Alte und unterernährte Schulkinder holten sich dort täglich ihre Suppe. Diese Suppenküchen blieben bis lange nach Kriegsschluss bestehen. Erst nach der Normalisierung der Ernährungslage konnten sie eingestellt werden.

Während des Krieges kamen viele Pakete aus dem Inneren des Reiches mit Lebensmitteln zur Verteilung an die Armen. Die Mitglieder des Miechowitzer Vereins wiederum schickten alljährlich um die Weihnachtszeit Pakete mit Lebensmitteln, selbst gefertigten Socken und Unterwäsche an die Miechowitzer Soldaten an die Front, wo sie viel Freude auslösten.

Während der Abstimmungszeit erwies sie sich Elsa Mücke als mutige Frau. 1920, während des Polenaufstandes, gelang es ihr, die Liste der »heimattreuen« Oberschlesier unter Einsatz ihres Lebens dem Zugriff der polnischen Insurgenten zu entziehen. Als sie mit dieser Liste nach Beuthen fahren wollte, stiegen Insurgenten in die Straßenbahn ein, um die Fahrgäste zu kontrollieren. Schnell sprang Frau Mücke am anderen Ende von der Bahn, verschwand in einem Haus und übergab die Liste dem Lehrer Josef Böhm jun., der sie sicher verwahrte. Dadurch hat Frau Mücke viele ihrer Landsleute vor schwersten Folterungen oder gar vor dem Tod bewahrt. Für diese mutige Tat wurde sie nach den Aufständen als eine der wenigen Frauen mit dem Schlesischen Adlerorden ausgezeichnet. Eine andere Miechowitzern, die diesen Orden während ihrer Lehrerinnentätigkeit in Carlsruhe O/S erhalten hatte, war Frau Johanna Kuschel, Lehrerin an der Schule III bis Januar 1945 und ebenfalls im Roten Kreuz tätig..

Nach 1918 betätigte sich Elsa Mücke auch politisch. Sie gehörte der in Miechowitz eigenartigerweise relativ starken Deutschnationalen Volkspartei (DNVP) an und war zeitweise auch als deren Vertreterin im Miechowitzer Gemeinderat. Ihre Aufgabengebiete dort lagen im Bereich der Sozialarbeit und Wohnungsfragen. Auf Kreisebene leitete sie die Frauengemeinschaft des DNVP.

Nachdem während des Polenaufstandes 1921 Bergwerksdirektor Kochs von polnischen Insurgenten im Miechowitzer Schloss erschossen worden war, gab Frau Kocks den Vorsitz auf. Als ihre Nachfolgerin übernahm 1922 Frau Martha Thomas, die Gattin des neuen Bergwerkdirektors der Preußengrube, den Vorsitz. Inzwischen hatte es sich herausgestellt, dass eine solche Arbeit nicht von einer Person allein geleistet werden konnte. Der Vaterländische »Frauenverein« wurde umstrukturiert und erhielt einen Vorstand, dem mehrere Personen angehörten. Damals wurde Elsa Mücke Schrift- und Kassenführerin. Karf und Rokittnitz trennten sich und wurden selbständige Vereine. Eine Mitgliederwerbung ließ den Miechowitzer Verein auf zweihundert Mitglieder ansteigen. Die Einrichtung einer Sterbekasse hatte wesentlich dazu beigetragen.

Die schon früh hohe Mitgliederzahl ermöglichte es, sich auch an andere Aufgaben zu wagen. So wurde während der zwanziger Jahre die sehr segensreiche Einrichtung eine Wochenpflegestation geschaffen. Außer der Pflege der Wöchnerinnen wurden auch der Haushalt und die Kinder versorgt. Stärkungsmittel gelangten zur Ausgabe. Kinderwäschepakete, deren Inhalt von den Mitgliedern in der Nähstube hergestellt worden war, konnten verteilt werden. Auch die einstige Hauptaufgabe, die Armenpflege, durfte nicht zu kurz kommen. Miechowitz wurde in Bezirke aufgeteilt, deren Betreuung die Vorstandsmitglieder übernahmen. Um die notwendigen Mittel für diese Arbeit zu bekommen, fand jährlich im Herbst ein großes Wohltätigkeitsfest statt, das immer auch ein gesellschaftliches Ereignis in Miechowitz war und bis zu 3.000 Reichsmark an Reingewinn erbrachte. Danach galt es herauszufinden, was in den einzelnen Familien am nötigsten gebraucht wurde. Unendlich viel Arbeit war damit verbunden, bis 350 bis 400 Pakete gepackt waren. Gleichzeitig musste eine stimmungsvolle Weihnachtsfeier vorbereitet werden. Während dieser hielten zunächst die Geistlichen beider Konfessionen eine Ansprache. Gedichte, Lieder und Musikstücke folgten. Nach einer Kaffeetafel fand die Bescherung statt: Die vielen Pakete wurden verteilt und lösten bei den Empfängern große Freude aus. Während der Zeit der Arbeitslosigkeit am Ende der zwanziger und zum Beginn der dreißiger Jahre wurden wiederum Verpflegungsküchen eingerichtet.

1929 legte Frau Thomas nach dem Tode ihres Mannes den Vorsitz nieder. Neue erste Vorsitzende wurde die Frau des Berginspektors Fesser, zweite Vorsitzende Frau Elsa Mücke, ihr Mann Geschäftsführer und die Lehrerin Johanna Kuschel von der Schule III Schriftführerin. Dazu kamen noch einige andere Vorstandsämter. Der Zusammenhalt unter den Mitgliedern wurde durch regelmäßige Zusammenkünfte gefördert. Koch- und Nähkurse, Vorträge hauswirtschaftlicher Art wechselten mit solchen über das Tagesgeschehen ab. Lieder, Gedichte und Musikvorträge brachten Abwechslung in das Programm. Dazu kamen schöne Ausflüge zum Gleiwitzer Sender, ins Altvatergebirge, zum Roten Berg und an andere Orte.

Einschneidende Änderungen gab es 1933 nach der Machtübernahme durch die Nationalsozialisten. Im Jahr 1934 wurde alle Wohlfahrtspflege an die NSV, die Nationalsozialistische Volksfürsorge, übertragen. Für alle im öffentlichen Dienst Beschäftigten wurde die Mitgliedschaft in der NSV Pflicht. Die segensreiche Einrichtung der Wochenpflegestation musste aufgegeben werden. Ebenso gab es keine Weihnachtfeiern mit Bescherungen für arme Familien mehr. Das »Deutsche Rote Kreuz«, in dem der »Vaterländische Frauenverein« als einziger Wohlfahrtsverband in Miechowitz aufgegangen war, bekam andere Aufgaben. Caritas und Innere Mission arbeiteten selbständig weiter. Neue Aufgaben des Roten Kreuzes waren: Die Ausbildung von Helfern und Helferinnen als wichtigste Aufgabe. Alle Mitglieder unterstanden Ortsgemeinschaften, die Helferinnen den Bereitschaften. Bereitschaftsleiterin für den Kreis Beuthen-Tarnowitz wurde eine Frau Lotte Lungels. Nun wurden regelmäßige Kurse zur Ausbildung von Helferinnen durchgeführt. Sie dauerten zwanzig Stunden und wurden mit einer Prüfung abgeschlossen. Kolonnenärzte waren die Herren Dr. Kaul, Dr. Sliwka und Dr. Domaniecki.

Mit dem Kriegsausbruch 1939 kam der Ernstfall. Ein großer Teil der ausgebildeten Helferinnen wurde eingezogen. Wieder mussten neue Kurse zur Ausbildung weiterer Helferinnen durchgeführt werden, so dass eine hohe Anzahl von Ausgebildeten zur Verfügung stand.

1940, während des Zweiten Weltkrieges, zählte das Deutsche Rote Kreuz in Mechtal sechshundertfünfzig Mitglieder. Das übertraf weit die Mitgliederzahl der Stadt Beuthen und darauf war man besonders stolz.

Nach der Pensionierung von Paul Mücke zog das Ehepaar in die an der Warthe gelegene damals 32.000 Einwohner zählende Stadt Zawiercie, wo Herr Mücke bis Januar 1945 einen leitenden Verwaltungsposten ausgeübt hat. Diese kleine polnische Stadt war nach der Eroberung Polens in die Provinz Oberschlesien eingegliedert und in Warthenau »Stadt im Grünen«, umbenannt worden. Nach den Vorstellungen der NS-Machthaber sollten dort deutsche Familien in großer Zahl sesshaft gemacht werden. Welche Rolle spielte Mücke dabei? In Warthenau wurde Elsa Mücke während des Krieges Bereitschaftsleiterin des DRK und bildete Helferinnen aus, mit deren Hilfe sie durchreisende Soldaten und besonders Verwundete und Kranke betreute. Auch die Betreuung der Frauen und Kinder, die im Januar 1945 flüchten mussten, lag ihr dort besonders am Herzen.

Im Laufe des Jahres 1945 kam sie nach Giengen an der Brenz in Württemberg. Vom gleichen Jahr an bis 1947 betreute sie in vorbildlicher Weise die

Heimatvertriebenen im Lager Ebach, die mit den Vertriebenen-Transportzügen nach Giengen und Umgebung geleitet wurden. Ein Schlesierin unterstützte tatkräftig ihre Arbeit. Auf ihre Initiative wurde im Steiff-Saal von Giengen eine Nähstube eingerichtet, in der sie nach dem Grundsatz »Aus Alt mach Neu« für die in Not befindlichen Vertriebenen Bekleidung anfertigte und ihnen auch in vielfältiger anderer Weise half. Darüber hinaus organisierte sie Paketaktionen für Menschen in der Sowjetischen Besatzungszone und der daraus 1949 entstandenen DDR. Gleiches tat sie auch für die in der Heimat zurückgebliebenen Landsleute.

Gemeinsam mit ihrem Mann hatte sie 1947 die Landsmannschaft Schlesien in Giengen gegründet. Nach dem Tode ihres Gatten 1953 war sie bis 1963 zweite und von 1963 bis 1968 erste Vorsitzende und später Ehrenvorsitzende dieser Landsmannschaft. Neben diesen Ämtern übte sie viele Jahre hindurch das der Kreisfrauenreferentin im Landkreis Heidenheim aus.

Im Laufe ihres Lebens wurden ihr zahlreiche Ehrungen zuteil. So erhielt sie im Zusammenhang mit der Abstimmung 1921 den bereits erwähnten Schlesischen Adlerorden, das Erinnerungskreuz und das Ehrenkreuz des Roten Kreuzes, die silberne und goldene Ehrennadel der Landsmannschaft Schlesien. Am 21. Dezember 1968 wurde der achtzigjährigen Mechtalerin während einer Feierstunde im Rathaussaal der Stadt Giengen durch den Bügermeister der Stadt in Gegenwart vieler Ehrengäste die Verdienstmedaille des Verdienstordens der Bundesrepublik Deutschland als Anerkennung ihrer fünfzigjährigen selbstlosen sozialen Tätigkeit und Öffentlichkeitsarbeit verliehen.

Der Bürgermeister würdigte den Einsatz von Elsa Mücke für ihre Heimat und für die Bürger ihrer neuen Heimatstadt Giengen und übermittelte die Glückwünsche der Landesregierung, des Regierungspräsidenten, des Landrates und der Stadtverwaltung. Für das DRK erinnerte der Kreisgeschäftsführer daran, was sie in ihrer oberschlesischen Heimat für das DRK geleistet hatte. Er führte u.a. aus: »Es gibt nichts Schöneres im Leben, als Menschen in der Not zu helfen. Und das hat die Geehrte in vorbildlicher, selbstloser Weise getan.« Als Dank für die geleistete Arbeit überreichte er der »Schlesiermutter« wie viele Vertriebene sie wegen ihres Einsatzes nannten, einen Blumenstrauß und als besondere Anerkennung die Einladung zu einem vierwöchigen Urlaub in ein im Schwarzwald gelegenes DRK-Erholungsheim. Elsa Mücke dankte mit bewegten Worten und sagte im Rückblick auf ihr Leben: »Ich habe alles sehr, sehr gern getan. Meine Tätigkeit in der Öffentlichkeit hat mir das Einleben in der neuen Heimat sehr erleichtert. Es gefällt mit gut im Schwabenland. Ich habe das Bewusstsein, das Bestmögliche für die Gemeinschaft hergegeben zu haben, und das gibt mir im Alter innere Zufriedenheit.«

Am Tag der Heimat 1970 erhielt sie die Urkunde als Ehrenvorsitzende der Landsmannschaft Schlesien in Giengen an der Brenz. Über die Heimat äußerte sich Elsa Mücke mit nachstehenden Worten: »Wir sollen die Erinnerung an die alte Heimat stets lebendig halten, vor allem bei der Jugend. Wir müssen das kulturelle Erbe aus der alten Heimat bewahren ... Niemals aber hege ich Gedanken der Rache oder der Gewalt.« Noch einmal, zu ihrem 85. Geburtstag am 14. Juni 1973, ehrte die Stadt Giengen sie in einer kleinen Feierstunde. Ihre Familie war mit den beiden Söhnen und Familien zugegen, darunter sechs Enkelkinder und acht Urenkel. Am 24. Mai 1977, zwanzig Tage vor ihrem 89. Geburtstag starb Elsa Mücke an ihrem letzten Wohnsitz im Altersheim in Höchstädt an der Donau. Am 27. Mai wurde sie in Giengen beigesetzt. Elsa Mücke war stets eine vitale, herzensgute, humorvolle, lebensfrohe und energische Frau, die stets dort einsatzbereit war, wo man sie brauchte. In leitenden Stellen des DRK hat sie etwa fünf Jahrzehnte hindurch ihre Kraft der Betreuung der Armen, Kranken und Notleidenden gewidmet.

Das DRK im Ort verfügte wie auch andernorts über eine gut ausgebildete »Freiwillige Sanitätskolonne«. Bis 1930 stand sie unter der Leitung des Kolonnenführers Konrektor Georg Przybilla. Ihm folgten u. a. die Herren Zwirner, Bienek, Seidel und Ullmann. Im neuen Rathaus erhielt die Kolonne einen Raum zur Einrichtung einer Unfallwache, die ständig besetzt war. Ständig wurde sie zu Einsätzen bei Arbeits- und Verkehrsunfällen und auch bei Schlägereien gerufen. Außerdem stellte sie Unfallwachen bei Veranstaltungen verschiedenster Art.

Ärztliche Versorgung

Die Gesundheitspflege und Krankenversorgung lag in den Händen einiger Ärzte. Bis über das Ende des I. Weltkrieges hinaus lag diese Aufgabe für Miechowitz und Karf und manchmal noch für andere Nachbarorte allein in den Händen des Arztes Dr. Larisch. Dieses große Betätigungsfeld führte wohl auch zu seinem frühen Tod mit erst vierundfünfzig Jahren.

Zu Beginn der zwanziger Jahre kam der bald sehr geschätzte und beliebte Arzt Dr. med. Hans Kaul nach Miechowitz und hatte seine Praxis im Postgebäude in der Hindenburgstraße. Im Zweiten Weltkrieg musste er zum Militär. Nach seiner Kriegsgefangenschaft fand er in Potsdam eine neue Praxis und Heimat. Dort verstarb er im Juni 1962.

Im Jahre 1927 eröffnete in der Klosterstraße Dr. med. Hans Sliwka, Sohn des Konrektors und Chorleiters Johannes Sliwka eine Praxis. Auch er erfreute sich großer Beliebtheit bei seinen Patienten. Im Januar erlebte er den Einmarsch der Roten Armee und war bis April des gleichen Jahre der einzige Arzt in Mechtal, bis er Mitte April von den Sowjets nach Sibirien verschleppt wurde, wo er im Juni 1945 im Lager Kopeisk, wenige Kilometer südlich von Tscheljabinsk im südlichen Ural, am 9. Juni 1945 verstarb.

Weitere Ärzte waren zeitweise Dr. med. Max Drischel (bis 1937) und Dr. med. Domaniecki. Zahnärzte waren Dr. med. dent. Schendera, der 1945 ebenfalls in der Sowjetunion verstarb, Dr. Wilk und ein Dentist. Die Versorgung der Mechtaler mit Medikamenten lag in den Händen des Apothekers Rudolf Springer und seiner Apotheke in der Hindenburgstraße.

Die Freiwillige Feuerwehr

Eine andere und wichtige Einrichtung in der Gemeinde war die »Freiwillige Feuerwehr« zur Bekämpfung von Bränden, wie es sie in allen Orten des Kreises gab. Nur die Stadt Beuthen verfügte über eine Berufsfeuerwehr. Die Zahl der Einsätze war in der Regel relativ gering, die Ausbildungs- und Übungsabende als Vorbereitung für den Ernstfall dagegen aber häufig. Brandmeister waren der Maschinensteiger Mimietz, der Schornsteinfegermeister Wiedorf und Hubert Goschütz. 1925 zählte die Freiwillige Feuerwehr beispielsweise 50 aktive und 78 inaktive Mitglieder. Über die späteren Zeiten gibt es leider keine Unterlagen. Der Miechowitzer Bürgermeister Dr. Hugo Lazarek war Vorsitzender des Kreisfeuerwehrverbandes. Vorsitzende waren der Arzt Dr. Larisch, der Apotheker Springer und der Baumeister Fritz Rosemann. Letzterer fasste die Feuerwehren des Kreises zusammen und wurde Kreisbrandmeister und Kreisbranddirektor. Diese wichtige Einrichtung erhielt nach Fertigstellung des Rathauses dort ein Feuerwehrhaus mit Geräteschuppen, Räumen und Anlagen für ihre Ausbildung. Dort wurde nun auch der Feuerspritzwagen untergebracht und eine ständige Brandwache unter Brandmeister Schygulla, der seine Wohnung im Rathaus hatte, eingerichtet. Während der letzten Jahre war der Bezirksschornsteinfegermeister Hauptbrandmeister Max Wiedorn Ortswehrführer, wie es in der NS-Zeit hieß.

Dienstleistungen, Handwerk und Gewerbe im Jahre 1937

Zu Beginn der zweiten Hälfte des 19. Jahrhunderts, also bald nach 1850, wies das zwischen 2.000 und 3.000 Einwohner zählende Miechowitz einen Gastwirt, einen Brauer, zwei Schankwirte (Kneipier, Wirt), sieben Kaufleute, 15 Krämer (Händler), drei Schmiede, drei Schuhmacher, zwei Schneider, zwei Tischler, zwei Bäcker, vier Fleischer und einen Böttcher auf.

Nach dem Einwohnerverzeichnis von 1937 standen den etwa 17.000 Mechtaler Einwohnern nachstehende Dienstleistungsbetriebe, Geschäfte und Unternehmen zur Verfügung: Im Gesundheitswesen: 4 Ärzte, 1 Dentist, 4 Hebammen, 1 Apotheke und 4 Drogerien, in der Lebensmittelversorgung: 38 Kolonialwarengeschäfte, 17 Bäcker, 18 Fleischer, 1 Fisch- und Feinkosthandlung, 6 Geschäfte mit Molkereiprodukten, 9 Obst- und Gemüsegeschäfte, 3 Kartoffelhandlungen,1 Süßwarengeschäft und 1 Pfefferküchler.

Weitere Geschäfte: 2 Buchhandlungen, 2 Eisenwarengeschäfte, 4 Fahrradgeschäfte, 2 Fotografen, 1 Hutgeschäft, 2 Schuhgeschäfte, 3 Tabakwarengeschäfte, 13 Textilgeschäfte, 1 Uhren- und Goldwarengeschäft, 2 Fotografen, 11 Gastwirtschaften und 1 Viehhändler.

Handwerksbetriebe: 6 Baugeschäfte, 8 Frisöre, 2 Gärtner, 1 Glaser, 2 Installateure, 2 Klempner, 3 Malereibetriebe, 1 mechanische Werksatt, 1 Ofensetzer, 2 Sattler und Tapezierer, 3 Schmiede, 15 Schneider, 3 Schneiderinnen, 1 Schornsteinfeger, 11 Schuhmacher, 1 Stellmacher, 4 Tischler, und 18 Vekturanten (Fuhrunternehmer).

Verschiedene: 1 Kino und 1 Sarggeschäft.

Tageszeitungen: »Ostdeutsche Morgenpost«, »Oberschlesische Zeitung«, »Oberschlesische Volksstimme« und »Der oberschlesische Wanderer«. Daneben gab es bis etwa 1921 das »Miechowitzer Wochenblatt«, das 1923 als amtliches Veröffentlichungsblatt für Miechowitz, Rokittnitz und Karf neu erschien. Die »Oberschlesische Zeitung« gab eine Beilage »Aus dem Beuthener Lande« heraus, die unzählige Aufsätze zur Geschichte und Heimatkunde des Beuthener Landes veröffentlichte.

Büchereien: Eine Volksbücherei in der Schule I, die beiden Borromäus-Büchereien der katholischen Kirchengemeinden, eine Leihbücherei einer Buchhandlung und die Schülerbüchereien an den einzelnen Schulen.

Banken-Sparkassen: Im Rathaus hatte die Kreissparkasse Beuthen ein Niederlassung.

Die Genossenschaftsbank war um 1930 infolge der Leichtfertigkeit eines leitenden Beamten wirtschaftlich zusammengebrochen.

Kaufleute und Handwerker bildeten den wesentlichen Bestandteil des Miechowitz-Mechtaler Mittelstandes. Schon 1904 hatten sich beide Gruppen zu einem »Verein zum Schutz von Handel und Gewerbe« zusammengeschlossen. Später schlossen sich die Kaufleute zum »Kaufmännischen Verein Miechowitz« zusammen. Eine Anzahl von Handwerksmeistern engagierte sich im politischen, sportlichen und kirchlichen Bereich, hier vor allem in der Kolpingsfamilie.

Handwerksbetriebe
Das Baugeschäft Erich Korinth – Fasaneriestraße 16 und 16a

Im Jahre 1937 gab es in Mechtal sechs Baugeschäfte: Franz Florian in der Braustraße, Herbert Glatzel und Josef Wieczorek in der Hindenburgstraße, Johann Pawelczyk in der Stillersfelder Straße, Johann Vogel in der Schlageterstraße und Erich Korinth in der Fasaneriestraße. Letzterer besass das wohl jüngste Baugeschäft, dessen Sitz mit Fasaneriestraße 16a, dem Bürohaus hinter dem Gebäude Nr. 16, im letzten Einwohnerverzeichnis der Stadt Beuthen und Umgebung angegeben ist. In diesem Haus wohnte bis zu seiner Heirat auch Erich Korinth mit seiner Mutter. Geboren wurde er am 14. März 1901 in Beuthen. Nach seiner Ausbildung im Bauhandwerk, machte er später die Maurermeisterprüfung. Im Oktober 1932 wurde das von ihm gebaute Mehrfamilienhaus Fasaneriestraße 16 fertig gestellt. Zu den ersten Bewohnern dieses Hauses zählten meine Eltern und ich. Am 9. Januar 1933 heiratete Erich K. Hedwig Kinner aus Beuthen. Sie war die dritte Tochter des Kaufmanns Georg K., der ein Geschäft in der Nähe des alten Rathauses an der Ecke Schneiderstraße-Lange Straße in Beuthen besass. Das junge Paar bezog die Wohnung im ersten Stock des erwähnten neuen Hauses. Bis zum 18. Januar 1945, also bis kurz vor dem Einbruch der Sowjets, bewohnte die Familie mit ihren vier Kindern dieses Haus.

Nach seiner Baumeisterprüfung eröffnete Erich Korinth am 6. Dezember 1936 ein Hoch-, Tief- und Stahlbeton-Baugeschäft in der Fasaneriestraße 16a (Bürohaus, Werkstätten und Lagerplatz). Hauptauftraggeber des jungen

Baumeister Erich Korinth mit den Töchtern des Autors

Unternehmens war vorwiegend die PREUSSAG. In den verschiedenen Gruben baute er Stahlbetonstollen, daneben aber auch Mehrfamilienhäuser. Noch heute stehen eine Reihe von ihm gebauter Wohnhäuser in Miechowice. Das letzte dieser Häuser steht am ehemaligen Sonnenplatz. Im Auftrage der Preußengrube (seit 1945 Kopalnia Miechowice) behob sein Unternehmen auch durch den Kohleabbau verursachte Bergschäden, so z.B. an der Corpus-Christi-Kirche etwa Anfang 1943. Zu dieser Zeit etwa wurde Erich Korinth zum Militär eingezogen und galt seit September 1944 als vermisst. Wie sich nach dem Krieg herausstellte, war er in Rumänien in sowjetische Kriegsgefangenschaft geraten. Seine Frau führte mit Hilfe von verbliebenen Fachleuten das Geschäft weiter, bis sie am 18. Januar 1945 mit ihren damals vier kleinen Kindern Mechtal verließ. In einem Dorf in der Nähe von Passau fand sie mit den Kindern eine neue Bleibe. Erst 1948 erhielt sie nach Jahren der Ungewissheit ein Lebenszeichen ihres Mannes aus dem Uralgebiet in der Sowjetunion. Am 18. Mai des gleichen Jahres konnte er endlich seine Familie nach fünfjähriger Abwesenheit in ihrer neuen Heimat wieder in die Arme schließen. Nach einer gewissen Genesungszeit fand er Anstellung bei einer Regensburger Wohnbau-Gesellschaft, bei der er bis zu seiner Pensionierung tätig war. Seine Familie folgte ihm nach Regensburg, wo er ein kleines Einfamilienhaus für seine Familie baute. Am 30. September 1975 starb Erich Korinth. Er war immer seiner oberschlesischen Heimat verbunden geblieben. Zu seinen in der Heimat verbliebenen Polieren hielt er zeitlebens schriftlichen Kontakt. Seine Frau verstarb fast 91-jährig im Juli 1996.

Durch Bergschäden hat das Haus Fasaneriestraße 16 in den Jahren nach 1945 durch den rigorosen Raubbau der Kohle sehr gelitten. Es musste ganz umfaßt und verankert werden. Trotzdem steht es heute noch wie ein Fels in der Brandung da. Fast alle Häuser der ehemaligen Fasaneriestraße dagegen sind verschwunden. Noch hat das Haus die alten Fenster, die einstigen Haustüren, sogar die alten Türklinken, noch sieht es im Inneren aus wie früher, wenn auch nicht mehr so ansehnlich. Selbst der Flursockel hat noch seine ursprüngliche Maserung. Und das nach mehr als sechzig Jahren! Häuser in Miechowice, die erst zwanzig oder dreißig Jahre alt sind, wirken dagegen fast schon verfallen. So manch altes Haus jedoch wurde während der letzten Jahr liebvoll restauriert und stellt eine Zierde für den Ort dar.

Schornsteinfeger in Mechtal vor und nach 1945

Wer erinnert sich nicht gern an das Treiben der bei den Menschen beliebten Schornsteinfeger in der Kinderzeit? Wir bewunderten die »Schwarzen Männer«, die Glück verhießen, schauten ihnen beim Besteigen der Dächer und dem Klettern auf diesen voller Spannung zu. Viele Häuser, vor allem neuere, hatten Gehstege auf dem Dach, die von Schornstein zu Schornstein führten. In der Bundesrepublik gibt es heute 17.000 von ihnen. Ihre Aufgabe ist es, Schornsteine und Heizungsanlagen zu reinigen, zu prüfen und auf ihre Feuersicherheit zu untersuchen und die feuerpolizeiliche Funktion auszuüben.

Der am 7. Mai 1930 in Martinau geborene Joachim Helmut W. hatte nach Beendigung seiner Schulzeit an der Martinauer Volksschule Ende März 1944 am 1. April eine Schornsteinfegerausbildung begonnen. Am 17. Mai 1944 unterzeichnete er seinen Lehrvertrag für Handwerkslehrlinge zwischen dem Bezirks-Schornsteinfegermeister August Langer in Beuthen, Neue Straße 12a, bei dem auch sein älterer Bruder Gerhard in der Lehre war. Damals ahnte er nicht, wie diese Lehrzeit eines Tages auf tragische Weise zu Ende gehen würde.

Da es kaum noch Lehrverträge aus der Zeit vor 1945 aus Beuthen gibt, nachstehend der Original-Text des Lehrvertrages von 1944 in der Diktion der damaligen Zeit:

Gauwirtschaftskammer Oberschlesien
Abteilung Handwerk. Sitz Oppeln O/S
Eingetragen in die Lehrlingsrolle

Nr. X/16/10/44
Datum: 17. 5. 1944

(Siegel)

Lehrvertrag für Handwerkslehrlinge

Die Vertragsschließenden sind sich darüber einig, dass der Lehrvertrag ein Berufserziehungsverhältnis auf der Grundlage gegenseitiger Treue begründet.
Der Lehrherr ist verpflichtet, den Lehrling zu einem charakterlich gefestigten und beruflich tüchtigen Volksgenossen heranzubilden und ihn durch Vermittlung fachlichen Könnens und Wissens zu hochwertigen Berufsarbeiten für die Leistungsgemeinschaft des deutschen Volkes zu befähigen. Der Lehrling muss bestrebt sein, die Ausbildungsmöglichkeiten in Treue, Fleiß und Ausdauer zu nützen und durch seine Leistung und Führung ein brauchbares Glied der Betriebs- und Volksgemeinschaft zu werden.

Zwischen Herrn
August Langer, Bez. Schornsteinfegermeister
in Beuthen O/S. Neuestraße 12 a Kreis Beuthen O/S als Lehrherrn
und dem minderjährigen
Helmut W., wohnhaft in Martinau O/S, Heinitz-Straße Nr. 11, geboren am 7. Mai 1930 in Martinau O/S, vertreten durch dessen Vater, Name: Johann W., Beruf: Aufseher, wohnhaft in Martinau, Heinitz-Straße Nr. 11 wird heute der folgende Lehrvertrag zur Erlernung des Schornsteinfeger-Handwerks geschlossen.

Vor Abfassung des Lehrvertrages zu lesen!

Der Lehrvertrag ist sofort nach Beginn der Lehre in der von der Handwerksabteilung festgelegten Anzahl auszufertigen. Alle Ausfertigungen sowie der Anmeldevordruck und die Einstellungsgenehmigung des Arbeitsamtes hat der Lehrherr der Innung portofrei binnen vier Wochen nach Abschluß des Vertrages zur Eintragung in die Lehrlingsrolle bei Vermeidung einer Geldstrafe zu übersenden. Je eine Ausfertigung des Vertrages erhalten sodann der gesetzliche Vertreter des Lehrlings und der Lehrherr mit dem Eintragungsvermerk der Handwerksabteilung zurück. Nichtinnungsmitglieder haben die Lehrverträge unmittelbar an die Handwerksabteilung einzusenden. Bei verspäteter Anmeldung ist eine erhöhe Einschreibegebühr zu entrichten. Die Einschreibegebühr trägt der Lehrherr.

Im Lehrvertrag sind die fettgedruckten Stellen auszufüllen!

1) Beruf des Lehrherrn und des Vaters des Lehrlings muß angegeben werden.
2. Die Ausbildung als Handwerkslehrling darf nur in einem anerkannten Lehrberuf des Handwerks erfolgen.

Joachim W. wohnte damals bei seinen Eltern in Martinau und fuhr täglich zu seinem Lehrbetrieb nach Beuthen in der Neuen Straße zwischen Moltke Platz und Ringstraße im Stadtteil Rossberg. Sein monatliches Lehrlingsgeld betrug ganze drei Reichsmark. Der Berufsschulunterricht fand in sechswöchigen Blocks statt. Die Lehrlinge waren während dieser Zeit in den Bergbaubaracken der Bergbauschule im Stadtwald untergebracht. Die Auszubildenden des ersten Lehrjahres mussten täglich von dort aus über die Pappelallee bis zur Staatsbauschule am Moltke Platz zum Unterricht marschieren. Die älteren Lehrlinge dagegen durften vom zweiten Lehrjahr an die Straßenbahn über Karf bis zum Beuthener Ring benutzen. Während dieser Monate bis zum Januar 1945 hat er bereits sehr viel für seinen Beruf gelernt. Nach dem 16. Januar 1945 begaben sich Teile der Beuthener Bevölkerung und der umliegenden Orte auf die Flucht. Sein Meister August Langer verließ mit dem letzten aus Beuthen abgehendem Zug am 26. oder 27. Januar 1945 die Stadt. Mit seiner Frau und seiner Tochter kam er am 13. Februar während der Bombardierung Dresdens um. Die Lehrlingszeit Joachims endete abrupt. Auch sein Vater war gefallen. Die Zukunft lag völlig im Dunklen.

Es folgte der Einmarsch der Roten Armee. Einer seiner Mitlehrlinge aus Mechtal, Werner P., geboren am 13. April 1929 in Miechowitz, also knapp sechzehn Jahre alt, aus der Lazarettstraße 29, wurde von den Sowjets am Samstag, dem 27. Januar 1945, nach Stillersfeld verschleppt und dort erschossen. Dort fand er auch seine letzte Ruhestätte.

In der unmittelbaren Zeit nach den Kampfhandlungen, im Februar 1945, wurde Joachim W. von den Sowjets zunächst zu einem Einsatzkommando gezwungen, das die Schienen der Reichsbahn in Klausberg auf die russische Breitspur umzusetzen musste. Am Ende des gleichen Monats verschleppten sie ihn nach Idaweiche bei Kattowitz zum Graben neuer, 1,60 m tiefer und 0,60 m breiter Schützengräben, deren Erdhügel zum Auflegen der Gewehre nach Westen angelegt worden waren. Untergebracht waren die Jungen in verlassenen, allen Mobiliars beraubten Villen geflüchteter ehemaliger Bewohner. Nach sechs Tagen nutzte er eine günstige Gelegenheit und floh nach Hause.

Wochen später, am 11. April 1945, wurde er wiederum mit vielen anderen, besonders jungen Einwohnern aus Martinau nach Heydebreck und Odertal zur Demontage der chemischen Werke Blechhammer gezwungen. Am 30. April hatten die Russen Wodka und Tabak für den bevorstehenden 1. Mai erhalten. Bald hatten sie zu viel getrunken. Diese günstige Gelegenheit nutzten zwölf Jugendliche zur Flucht aus dem Lager. Leider kamen nur zwei Jungen durch, darunter Joachim W. Die anderen Flüchtenden wurden gefasst, weil sie statt an den Ortsrändern entlang zu gehen, sich mitten durch die Orte begaben, wo sie sowjetischen Streifen in die Hände fielen. Etwas später wurde das Lager der vielen Flüchtigen wegen stärker gesichert, so dass eine Flucht unmöglich wurde. Die Demontagearbeiten dauerten bis September. Erst dann durften die übrigen zu dieser Arbeit gezwungenen Menschen wieder heim.

Bis zum Mai 1945 waren die Schornsteine nicht mehr gefegt worden. Vom 15. Mai 1945 an konnte Joachim Helmut W. seine Schornsteinfegerlehre bei dem aus Ostoberschlesien nach Martinau eingewanderten polnischen Meister Ostrowski fortsetzen. Ein Jahr später, am 1. Juni 1946, wechselte er zu dem aus Krakau zugewanderten polnischen Schornsteinfegermeister Wlodimierz Fridrich nach Mechtal und beendete dort im Juni 1948 seine Lehrzeit. Am 10. Juni erhielt er von der Gewerbekammer in Kattowitz das Gesellenzeugnis. Nach diesem war er entsprechend Artikel 135 der Verordnung des Präsidenten der Republik vom 7.6.1927 über Industrierecht laut Gesetz vom 8. August 1938 berechtigt, den Titel eines Schornsteinfegergesellen zu führen.

Sein Einsatzgebiet danach war gemeinsam mit seinen beiden Mechtaler Schornsteinfegerkollegen Günter Z. (1929) und Paul C. (1930), dessen Vater und einer seiner Brüder ebenfalls am 27. Januar 1945 von sowjetischen Soldaten erschossen worden, der Mechtal-Karfer-Kehrbezirk. Bis zur Ausreise der beiden Kollegen in die Bundesrepublik Deutschland zu Beginn der sechziger Jahre verrichteten sie gemeinsam ihre Arbeit. Ihr Kehrbezirk umfasste die rechte Seite der Stillersfelder Straße bis zum Grytzberg in Mechtal und die linke Seite der Mechtaler Straße (Hauptstraße) in Karf. Außerdem zählten die sogenannten »Finnischen Häuser« an der linken Seite der Martinauer Straße dazu. Sie wurden nach 1945 errichtet und waren eine skandinavische Stiftung. Auch der nicht ausgebrannte Teil des Mechtaler Schlosses gehörte dazu, in dem drei Schornsteine gefegt werden mussten. Dieser Teil wurde im Untergeschoss vom polnischen Verwalter des ehemaligen Dominiums bewohnt, im Obergeschoss waren Büroräume eingerichtet worden. Von hier aus konnten die Schornsteinfeger alljährlich ein Storchenpaar bewundern, das auf einem der Schlosstürme sein Nest hatte. Durch die vielen Teiche und die später durch die Grubenschäden entstandenen »Seen« in Richtung Martinau fanden »Meister Adebar und seine Frau« reichlich Futter. Die finnischen Holzhäuser mussten der großen Brandgefahr wegen siebzehnmal, die normalen Häuser neunmal im Jahr gefegt werden. Die Bäckereien ihres Kehrbezirks waren der starken Rußbildung in den Schornsteinen wegen besonders zu beachteten. Es waren u. a. die Bäckereien Franz Wötzker (1950 verstaatlicht), Johann Knejski, Georg Fiebach, Kosik, Jerzy, Euphemie Mika, August Pielot, Wilhelm Gogolin, Bruno Rother, Duda (früher Gerhard Burziwoda), Nikita und Josef Jaersche-Czerba. Der starken Rußbildung wegen mussten die Schornsteine der Bäckereien alle vierzehn Tage am Samstag gefegt werden. Auch die Koks-Zentralheizungen der Mechtaler Schulen und die Mechtaler Kirchen-Heizungen unterlagen einer regelmäßigen Reinigung.

Durch die gewissenhafte Betreuung der drei Schornsteinfeger kam zur Zufriedenheit der zuständigen Feuerwehr es in diesem Mechtaler Kehrbezirk zu keinerlei Schornstein- oder Hausbränden. Da es in der Nachkriegszeit keinen Ofensetzer in diesem Bezirk mehr gab, übernahmen die Schornsteinfeger deren Aufgaben und halfen auf diese Weise vielen Mechtaler Einwohnern, indem sie die Kachelöfen reinigten. Während der ersten Nachkriegsjahre unterstützten sie die zahlreichen kriegsgefangenen deutschen Soldaten. Als Schornsteinfeger kamen sie häufig in das Gefangenenlager in den Baracken vor der Ziegelei, da die Schornsteine der Küchenkessel alle vierzehn Tage gereinigt werden mussten. Sie führten Gespräche mit den Gefangenen, schmuggelten Lebensmittel hinein und immer wieder Briefe der Gefangenen aus dem Lager. Diese gaben sie bei der Post nach Deutschland auf. Dadurch halfen sie den deutschen Kriegsgefangenen, ihre Angehörigen in den westlichen Besatzungszonen zu benachrichtigen und ihnen die Ungewissheit über ihr Schicksal zu nehmen. Das war ein gefährlicher Dienst, dessen Bekanntwerden nachhaltige Konsequenzen, etwa mit der Einweisung in ein Straflager, nach sich gezogen hätte. Gefährlicher war die Hilfe im Valeska-Stift, das inzwischen eine Lungenheilstätte geworden war. Bei den dort von Ende 1946 bis Anfang 1947 untergebrachten kranken deutschen Kriegsgefangenen war die Gefahr der Ansteckung sehr groß. Sie waren an der Ruhr oder an Typhus erkrankt. Hier sorgten die drei Schornsteinfeger durch das für gewerbliche Betriebe vorgeschriebene vierzehntägige Reinigen der Kachelöfen für die nötige Wärme in den Räumen der Kranken. Der Chefarzt dieser Anstalt, der stets freundliche, zuvorkommende Arzt Dr. Nickel, war voller Fürsorge für die drei Männer. Von etwa 1947 an änderte sich die Lage der deutschen Kriegsgefangenen wesentlich, die Behandlung und das Essen waren besser geworden. Im Lager gab es sogar eine recht umfangreiche Bibliothek für die gefangenen Soldaten. Im Dezember 1964 legte Joachim W. vor der Gewerbekammer in Kattowitz seine Meisterprüfung ab und erhielt das Meister-Diplom, das nach seiner Ausreise von den Behörden der Bundesrepublik anerkannt wurde. Auf der folgenden Seite die Übersetzung ins Deutsche:

Gewerbekammer in Kattowitz
Nr. 1887/64
Meisterdiplom

Bürger Joachim W., geboren am 7. Mai 1930 in Martinau bei Hindenburg hat die Meisterprüfung abgelegt, und entsprechend Art. 185 der Verordnung des Präsidenten der Republik vom 7.6.1927 über Industrierecht (Dz. U.R.P. Nr. 53, Pos. 4) mit späteren Änderungen, hat er das Recht, den Meistertitel im Schornsteinfegerberuf zu führen.
Den 19. Dezember 1964

Prüfungskommission: Vorsitzender (Unterschrift unleserlich)
Präses der Gewerbekammer (Unterschrift unleserlich)
Mitglieder (Unterschriften unleserlich)
Direktor der Gewerbekammer (Unterschrift unleserlich)

Ovales Siegel der Gewerbekammer in Katowice.

(Eine Übersetzung der Urkunde, daher auch die deutschen Ortsnamen.)

Bis zum 30. Juni 1952 war das Schornsteinfegerwesen weitgehend in privaten Händen. Zum 1. Juli 1952 wurde es verstaatlicht, wie viele andere Betriebe auch. Nachdem J. W's. Mutter 1957 in die Bundesrepublik ausgereist war, stellte Joachim Helmut zwanzig (!) Ausreiseanträge. Als Begründung für die jeweilige Absage wurde stets ein § 4 in Anwendung gebracht. Der eigentliche Grund war, dass er seiner Deutschkenntnis wegen gebraucht wurde. Deswegen unterblieben auch die sonst üblich gewesenen Schikanen.

Weitere Schornsteinfeger aus Mechtal waren zu dieser Zeit Josef St., Johannes P., R. und Herbert R.. Sie alle waren in der Stadt Beuthen beschäftigt. Bis 1945 gab es in Mechtal den Bezirksschornsteinfegermeister Max Wiedorn in der Braustraße 5, der Mechtal bereits vor dem Russeneinmarsch verlassen hatte. Sein Nachfolger wurde der bereits erwähnte Schornsteinfegermeister Wlodimierz Fridrich aus Krakau. Zahlreiche andere polnische Schornsteinfegermeister waren aus Ostoberschlesien in das Gebiet von Beuthen gekommen.

Insgesamt wirkte J. H. W. bis zu seiner Ausreise in die Bundesrepublik Deutschland über 23 Jahre in diesem Mechtaler Kehrbezirk. Bis 1960 legte er den Weg von Martinau nach Mechtal mit der Straßenbahn zurück, danach bis zu seiner Ausreise mit einem tschechischen JAWA-Motorrad. Seine Fahrerei karikierten Freunde und Bekannte mit flotten Sprüchen. Als Lehrling bekam er 1945 lt. Lehrvertrag 2 Zloty, als Geselle verdiente er zunächst ca. 800 und seit Beginn der sechziger Jahre 2.500 Zloty. Zu deutscher Zeit stellte der Meister auch die Kleidung, während der Lehrlingslohn 3 Mark betrug. Von 1945 bis zur Verstaatlichung des Schornsteinfegerwesens 1952 stellten die privaten Betriebe keine Berufskleidung. Erst danach gab es wieder welche.

Am 15. September 1968 endlich konnte Joachim Helmut W. mit seiner Familie in die Bundesrepublik ausreisen. Um dies zu ermöglichen hatte er zu einer List gegriffen. Ein ihm bekannter Arzt schrieb ein Attest, nach dem er nicht mehr arbeitsfähig war. Dies bewirkte, dass er die Ausreisegenehmigung erhielt und deswegen in keiner Weise belästigt wurde. In der Bundesrepublik gelangte er nach Rüsselsheim, wo er eine Stelle als Bezirksschornsteinfegermeister erhielt, die er bis zu seiner Pensionierung nach 51 Berufsjahren am 30. Juni 1995 inne hatte. Zu seinem fünfzigsten Dienstjubiläum – wer arbeitet in unserer Zeit ununterbrochen noch über fünfzig Jahre? – verlieh ihm der Bundesverband des Schornsteinfeger-Handwerkes als siebentem Meister in Hessen die nachstehende Ehrenurkunde:

Für soziale Tätigkeit im
Schornsteinfegerhandwerk wird dem
Bezirksschornsteinfegermeister

Joachim W.

Dank und Anerkennung ausgesprochen
und diese Ehrenurkunde verliehen
Düsseldorf, 1.4.1994

Bundesverband des Schornsteinfegerhandwerks
– Zentralinnungsverband (ZIV) –

gez. Stein
Bundesinnungsmeister Hauptgeschäftsführer

Kunst und Künstler

Theodor Kalide – Bildhauer und Eisengießer

Theodor Kalide war kein Miechowitzer, doch durch seinen Schwager Franz von Winckler war er eng mit Miechowitz verbunden. Er war der Onkel von Valeska von Tiele-Winckler, der Mutter von Eva von Tiele-Winckler. Noch heute kündet eines seiner Werke in Miechowitz von ihm, während ein anderes spurlos verschwunden ist. Am 8. Februar 1801 erblickte er in Königshütte als Sohn eines Hütteninspektors das Licht der Welt. Unter der Anleitung seines Bruders lernte er in der »Gleiwitzer Eisenhütte« die Eisenkunst kennen. Sehr jung, mit 17 Jahren bereits, ging er voller Unternehmenslust nach Berlin, wo er sich als Eisenmodelleur in der Berliner Gießerei betätigte. Zugleich war er Schüler an der vom berühmten Bildhauer und Graphiker Johann Gottfried Schadow (1764–1850) gegründeten Berliner Bildhauerschule. Schadow war der reinste Vertreter des Klassizismus in Deutschland und auch Kalides Lehrer. Später wurde Kalide Gehilfe und Ziseleur des klassizistischen Bildhauers Christian Daniel Rauch (1777–1857), der ebenfalls ein Schüler von Schadow war.

Bei dieser Arbeit wuchs er schnell in den Künstlerberuf hinein. Als er 1835 an das Sterbebett seines Vaters nach Königshütte eilte, war er bereits als Künstler anerkannt. Sein um diese Zeit hervorragendstes Werk war die Gruppe eines mit einem Schwan spielenden Knaben. Auf dem Sterbebett in Königshütte modellierte er den greisen Vater in einem Flachrelief lebensecht und charakteristisch. Dieses in Eisen gegossene Relief sah man in seiner Heimatstadt als besonders wertvoll an.

»Der Knabe mit dem Schwan« von Theodor Kalide wie er bis etwa 1958 im Park stand

Nach dem Tode des Vaters kehrte Kalide nach Berlin zurück, wo er in der unmittelbaren

Nachbarschaft Rauchs inzwischen eine eigene Werkstatt besass und sich der ersten Anerkennung erfreute. Der König hatte seine Springbrunnengruppe des »Knaben mit dem Schwan« angekauft und für die Bronzeausführung bestimmt. Kurz zuvor hatte er bei Kalide auch eine große Bronzeprachtvase in Auftrag gegeben. Das Motiv des mit einem Schwan spielenden Knaben war nicht neu. Kalides Schwan stieß unvermutet einen Wasserstrahl hervor, so dass eine reizende Gebärde des Knaben mit überraschtem Gesicht und abwehrender Handstellung gegeben ist. Diese kleine reizvolle Handlung mit dem hervorragend gestaltetem Ausdruck der Überraschung in Gesicht und Körperstellung war gegenüber ähnlichen Gruppen der Antike und der Renaissance das Neue, dem Künstler Kalide Eigene. Dazu kam die prachtvoll zum Flug ansetzende Stellung des Schwans in Flügel- und Halshaltung, Kraft, Beweglichkeit und Leben atmend. Christian Daniel Rauch, sein Meister, war von dieser Darstellung entzückt und machte den Versuch, Kalide zu einer Marmorausführung zu bewegen. In einer solchen Marmorgruppe würde man »das nie Gesehene erblicken«, schrieb er. Für die Steinausführung war sie jedoch nicht gedacht. So wurde die Gruppe in der Folgezeit mehrfach in schwarzem Eisen statt in weißem Marmor ausgeführt. Das Original dieser Gruppe steht auf der Pfaueninsel in Berlin. Es zählt zu den bedeutendsten und anmutigsten Tierplastiken Kalides. Die Gleiwitzer Eisengießerei hatte damals die Vervielfältigung für 150 Taler je Guss übernommen. Im Miechowitzer Schlosspark seines Schwagers Franz von Winckler, auf einem Platz in Königshütte und in den Breslauer Promenadenanlagen waren diese Gruppen noch bis zum Kriegsende zu sehen. Den Abguss der Gruppe im Miechowitzer Schlosspark hatten Jugendliche während der Abstimmungszeit 1921/22 beschädigt, indem sie dem Knaben einen Arm abgeschlagen und ihn verkauft hatten. Um das Kunstwerk zu sichern, versteckten verantwortungsbewusste Miechowitzer diese Gruppe. 1926 wurde sie dann gereinigt und an ihrem früheren Platz wieder aufgestellt. Der Armstumpf ragte nun wie anklagend zum Himmel. Der Schwan konnte keinen Wasserstrahl mehr in die Höhe senden und so während der heißen Sommerzeit Abkühlung und einen schönen Anblick bieten. Diese Gruppe, heute verschwunden, stand noch 1958 an der alten Stelle, nachdem sie vorher längere Zeit in einem Keller versteckt worden war. Die Gleiwitzer Eisengießerei übernahm auch den Vertrieb dieser Brunnengruppe, nachdem sie vorher bereits andere Werke ihres ehemaligen Mitarbeiters und Lehrlings gegossen hatte: Zwei überlebensgroße Löwen, einen »Wachenden« und einen »Schlafenden« und zwei Reiterstatuetten König Friedrich Wilhelms III. und des Kronprinzen. Diese Arbeiten Kalides stammten aus seiner Gehilfenzeit, aus dem Jahrzehnt vor der Schwanengruppe. Sein »Schlafender Löwe« war sehr bekannt als der volkstümlich gewordene – irrtümlich Rauch zugeschriebene – Löwe des Scharnhorstdenkmals auf dem Invalidenfriedhof in Berlin. Zwei weitere Abgüsse dieses Löwen sind für die Kriegerdenkmäler in Beuthen und Gleiwitz verwendet worden. Weniger bekannt waren die Reiterstatuetten, die in Eisenabgüssen verbreitet waren. Die Gussmodelle wurden bis zum Kriegsende 1945 in der Modellkammer der Gleiwitzer Hütte aufbewahrt und sind wohl danach zerstört worden.

Grabmal für den Herzog von Württemberg (1788–1855) in Carlsruhe O/S

Kalide bevorzugte die Darstellung des Tierkörpers. Häufig verband er sie mit der des Menschen: Pferd und Reiter, Knabe und Schwan, Muse und Dichterross, Knabe und Ziegenbock, Bacchantin und Panther. Ross und Reiter darzustellen, war zu Kalides Zeit etwas Außergewöhnliches. Seit Schlüters »Großem Kurfürsten« wurden sie während des ganzen 18. Jahrhunderts und im folgenden bis 1828 so gut wie gar nicht geschaffen. Das Studium der Pferdeschönheit war der klassizistischen Schule fremd geblieben. So war das Vorgehen der beiden Eisenmodelleure Kalide und August Riß bahnbrechend, als sie sich an das Modellieren von Pferden wagten. Riß stammte aus Pogrotzan bei Pleß und war ebenfalls zunächst in der Gleiwitzer Eisengießerei in der Kleinkunst ausgebildet worden und danach in der Berliner Gießer-, Ziseleur- und Bildhauerschule. Aufgrund seiner Begabung und Gedankenrichtung war er zum Großbildhauer geschaffen. Von ihm stammte das Denkmal Friedrichs des Großen vor dem Breslauer Rathaus, das 1945 zerstört und 1956 von den Lemberger Neusiedlern Breslaus durch ein aus Lemberg (Lwòw) überführtes Denkmal des polnischen Dichters Alexander Fredro (1798–1876) ersetzt. Es steht auf dem gleichen Sockel, auf dem bereits das Denkmal Friedrichs II.

stand. Während der 22-jährige Riß Studien zu seinem Reiterdenkmal betrieb, fasste der 23-jährige Kalide den Entschluss zu seinen beiden Reiterstatuetten.

Gottesmutter von 1860 aus Marmor in der Kreuzkirche – Kalides wohl letztes Werk

Der schaffensreichen Jugendzeit folgte eine Zeit unausgeführter Entwürfe. Dazu zählten die beiden Gruppen träumerischer Frauengestalten mit dem Pegasusross und die Gruppe mit der trunkenen und nackten »Bacchantin auf dem Panther«. Unter der Nichtbeachtung dieser kühnen Komposition, weil sie angeblich unästhetisch war, litt der Künstler sehr. Kalide hatte die letztere Gruppe 1847/48 selbst in Marmor gehauen. So war es für ihn besonders schmerzlich, wie sie unausgepackt aus dem Kattowitzer Schloss des inzwischen verstorbenen Bestellers Franz von Winckler von Ausstellung zu Ausstellung wanderte, ohne dass sich ein Käufer fand, der dem geld- und glücklosen Kalide, der alle frühere Gunst verloren hatte, zu Geld verhalf. Erst nach seinem Tode erwarb die Berliner Nationalgalerie aus dem Fond seines Landmannes Riß diese Gruppe. Diese Auszeichnung war eine späte Genugtuung für das Werk Kalides. Er war ein Bildhauer zwischen Klassizismus und Realismus. Seine naturalistisch-barocken Figuren, die den Jugendstil vorausnahmen, fanden damals leider nur geringe Beachtung.

Kalide war von Berlin aus immer seiner oberschlesischen Heimat verbunden. Oft hielt er sich bei seinem Bruder in Gleiwitz auf und widmete in seiner schwierigen Zeit der Heimat seine bereits zermürbten Kräfte, als er an eine Statue zur Erinnerung an den Grafen Reden, den Begründer des oberschlesischen Bergbaus, dachte. Diese wurde ein guter Wurf, die Oberschlesien das bedeutendste öffentliche Denkmal bescherte. Kalide stellte Reden in der Bergbeamtentracht dar und schuf eine hervorragende Plastik mit einer ausgezeichneten Darstellung Redens. Die Denkmalsenthüllung erfolgte 1853 in Königshütte. Danach folgten für Kalide noch zehn Jahre großer Enttäuschungen, während der ihm bis zu seinem Tod 1856 sein Schwager Franz von Winckler aus Miechowitz, der auch das Redendenkmal vermittelt hatte, immer wieder durch Aufträge geholfen hatte. Der letzte Auftrag war Wincklers Bestellung eines Marienstandbildes für die Miechowitzer Kreuzkirche, das heute noch an einem Pfeiler rechts im Mittelschiff etwa gegenüber der Kanzel steht. Diese 1860 in Marmor gehauene Madonna mit dem Kinde war das wohl letzte Werk Kalides. In Miechowitz wurde sie als die »Schwermutsvolle Madonna« bezeichnet. Die Arbeit an ihr hat wohl an seinen letzten Kräften gezehrt. Ernst und kummervoll schaut die Madonna mit dem Kinde vor sich hin. Sie hat nichts mehr mit seinen spielenden und ausgelassenen Gestalten seiner Jugend- und Meisterzeit zu tun. Aus dem Schöpfer anmutiger Ausgelassenheit war ein Darsteller müder Erdenschwere geworden. Kalide war damals bereits krank und verbittert. Drei Jahre später starb er am 23. August 1863 in Gleiwitz und wurde auf dem dortigen Hüttenfriedhof beigesetzt. Im Jahre 1927 setzte ihm die Stadt Gleiwitz auf diesem Friedhof einen Grabstein mit einer Erinnerungstafel, die von Peter Lipp entworfen und in der Gleiwitzer Hütte gegossen worden war. Im heutigen »Muzeum w Gliwicach«, das in der Tradition des »Oberschlesischen Museums in Gleiwitz« steht, ist neben anderen Werken von Bildhauern der »Gleiwitzer Hütte« in der Abteilung »Schloss« in der ul. Pod murami (Muzeum Odlewnictwa Artysycznego) auch Kalides »Das Mädchen mit der Lyra« zu sehen. Die Anerkennung seiner Werke hat er nicht mehr erleben dürfen. Die Nachwelt würdigte sein Werk und festigte seine Stellung innerhalb oder besser außerhalb der nüchtern klassizistischen Gruppe von Bildhauern um Christian Rauch. Dem Temperament nach stand er darin seinem Landsmann August Riß nahe, wobei nicht übersehen werden darf, dass beide im Leben und in ihrem Verhältnis zur Kunst in unüberbrückbarem Gegensatz standen: einmal der starre, nur seinem Ideal folgende Theodor Kalide und zum anderen der schmiegsame, aufs Verdienen bedachte August Riß.

Gartenbaukunst

Durch die Berufung namhafter Gartenbaugestalter ließ der Major von Tiele-Winckler 1854 die Umgebung des Schlosses zu einem künstlerisch gestalteten Park umwandeln. Unter der Leitung des Institutsgärtners Gustav Stoll von der Landwirtschaftlichen Akademie in Proskau wurde der acht Morgen große Schlossgarten zu einem 68 Morgen umfassenden Park umgestaltet.

Dazu ließ er zahlreiche Bauten abreißen und das Gelände mit 360 verschieden Strauch- und Baumarten bepflanzen. Kleine Schilder bezeichneten jedes Gewächs mit seinem Namen. Den Schlosspark vollendete von 1868 an sein Nachfolger, der Gartenbauinspektor B. Becker. 1870 legte er einen Plan zur parkartigen Gestaltung des Miechowitz-Rokittnitzer Waldes vor, nach dem er diesen umgestaltete und danach auch den Grytzberg durch eine weitere neue Bepflanzung verschönerte.

Franz Gold – ein Mechtaler Maler

Ein Mann, der seinen Weg zur Kunst erst nach seiner Pensionierung und außerhalb seiner oberschlesischen Heimat in den sechziger Jahren des verflossenen Jahrhunderts fand, war Franz Gold. Er wurde am 18. September 1917 als viertes von sieben Kindern in Miechowitz geboren und wohnte später mit seinen Eltern in der Fasaneriestraße. Nach der Grundschulzeit besuchte er die Miechowitzer Mittelschule, als deren Schüler er 1930 als Mitglied des Schulchores an der Beisetzung der Stifterin des großen Sozialwerkes Friedenshort, Eva von Tiele-Winckler, im Miechowitzer Friedenshort teilgenommen hatte. Später folgten Praktikantenzeit, Studium, Arbeitsdienst, Militärdienst und Gefangenschaft. Kurz vor Kriegsende hatte er 1944 in Mechtal die Lehrerin Annemarie G., geboren 1919, älteste Tochter und erstes Kind in einer Reihe von sieben Kindern des Lehrers August G. aus Mechtal geheiratet. 1948 endlich konnte er sein Ingenieurstudium beenden und war danach in größeren Firmen beschäftigt, zuletzt als technischer Leiter eines Betriebes im Salzgitter-Konzern. Das Ehepaar hat zwei Söhne, von denen einer Jurist und der andere Zahnarzt ist, und drei Enkelkinder.

Seit seiner Pensionierung betätigte sich Franz Gold künstlerisch. Gemälde in Öl, Acryl, Aquarelle, Holz- und Linolschnitte und Lithographien zeigen seine breite malerische Schaffenspalette. Anläßlich seines 80. Geburtstages zeigte er vom 6. bis 17. August 1997 in seiner letzten Ausstellung in der Orangerie des Schlosses Augustusburg in Brühl einen Ausschnitt aus seinem umfangreichen Schaffen: »Reisebilder« (Öl, Acryl, Aquarelle), »Illustrationen zur Bibel« (Holzschnitte) und »Der tanzende Tod« (Lithographien). In der überfüllten Orangerie eröffnete der stellvertretende Landrat des Erftkreises und stellvertretende Bürgermeister von Brühl die Ausstellung und würdigte das Werk von Franz Gold. Eine Kunsthistorikerin führte in seine Bilderwelt ein.

Der Zyklus »Der Tanzende Tod«, sein an sich letztes Werk – mit 80 Jahren wollte er aufhören – zeigt in 32 Lithographien die Allgegenwart des Todes: Der Tod als Begleiter eines schnittig in die Kurve fahrenden Motorradfahrers (Unser Freund Hein fährt mit.), als Begleiter der Bergleute, der Drogenabhängigen, der Raucher, der Box-Sportler, der Wald- und Naturschäden. Der Tod über Mechtal in den letzten Januartagen 1945, als Hunderte von Mechtalern, meist Bergleute, den Maschinenpistolensalven sowjetischer Soldaten zum Opfer fielen, ist ein weiteres Bild in dieser Reihe. Er verurteilt den »Öko-Terror« linksextremistischer Gruppen und unterlegt einer Raucherin einen jetzt zynisch klingenden Werbespruch der Zigarettenindustrie: »The best for the Ladies« (Das Beste für die Damen.). Sich selbst nimmt er vom Tod nicht aus. So schaut er am Ende seines Ausstellungskataloges aus einer Lithographie: sein Porträt trägt statt eines Schattens einen Totenkopf. Zeitkritisch setzt er sich im Stil der mittelalterlichen Totentanz-Darstellungen mit Problemen unserer Zeit auseinander und regt durch sie zum Nachdenken an. Der Tod gehört für Franz Gold notwendig zum Leben dazu. Für ihn gibt es keine Medaille ohne zwei Seiten. Begegnet man dem lebenslustigen, fröhlichen und sympathischen Menschen Franz Gold, käme man nicht auf den Gedanken, dass der Tod in so starker Weise sein Denken und seine Kunst begleitet.

Eindrucksvoll ist auch sein Bild »Die acht Seligkeiten«: Im Mittelpunkt der gekreuzigte Christus, der sich vom Kreuz tröstend zu den Menschen herab neigt. Um ihn herum Menschen, die den acht Seligkeiten entsprachen: Auf der linken Seite Papst Johannes XXIII., Henri Dunant, Janusz Korczak und Franz von Assisi. Rechts sind die Präsidenten Carter und Sadat mit Begin bei der Einigung über den Frieden in Nahost, Mahatma Gandhi, Mutter Teresa, trauernde Menschen und unten hungernde Kinder zu sehen. Zu Füßen Christi und über den hungernden Kindern hat Franz Gold seine Mutter als eine diesen Gruppen zugehörige Person verewigt und ihr damit ein großartiges Denkmal gesetzt. Dieses Ölbild (80 x 120 cm) hängt in der St. Johannes-Kapelle der Kirche St. Margareta in Brühl. Den dargestellten Personen (wie oben genannt) fügte er nachstehende Texte hinzu:

Herr, mache mich zum Werkzeug Deines Friedens.
Selig sind die Machtlosen, denn sie werden das Land erben.
Selig, die um der Gerechtigkeit willen verfolgt werden,
denn ihnen gehört das Himmelreich.

Selig, die arm in ihrem Geist, denn ihrer ist das Himmelreich.
Selig sind die Friedensstifter, denn sie werden Söhne Gottes genannt werden.
Selig, die hungern und dürsten nach der Gerechtigkeit, denn sie werden gesättigt werden.
Selig die Barmherzigen, denn sie werden Erbarmen finden.
Selig die Trauernden, denn sie werden getröstet werden.
Selig, die ihr jetzt hungert, denn ihr werdet gesättigt werden.

Annemarie Gold, seine Frau, schrieb eine Einleitung und kurze Texte zu den einzelnen Personen und Gruppen.

Ein besonderes Ereignis am Rande der Ausstellung war am 6. August das Zusammentreffen von drei Mechtalern aus der Fasaneriestraße, von Franz Gold, Gottfried Schyma und Joachim Stopik in der Chlodwigstraße 6 in Brühl. Nach mehr als 52 Jahren war es die erste Begegnung mit Franz Gold und seiner Gattin Annemarie. Beim Kaffeetrinken und nach der Ausstellung sassen wir lange in froher und unterhaltsamer Runde zusammen und tauschten viele Erinnerungen miteinander aus, bis wir uns um Mitternacht wieder auf die Heimreise machten. Es waren unvergessliche Stunden.

Seinen am 80. Geburtstag gefassten Vorsatz, mit dem Malen aufzuhören, gab er bald auf. Zwar hatte er die meisten seiner Malerwerkzeuge, Pressen usw. verkauft, sich aber eine Hintertür aufgehalten. Eine neue Idee hatte ihn gepackt. Wieder wagte er sich an ein religiöses Bildwerk, ein Fastentuch, das er »VELUM QUDRAGESIMALE« nennt. Etwa seit dem 10.Jahrhundert werden während der vierzig tägigen Fastenzeit die Altäre verhüllt. Meist geschieht dies bis heute mit violetten Tüchern, in deren Mitte oft ein Kreuz zu sehen ist. Später wurden diese Tücher mit einer einfachen Ornamentstickerei versehen. Ziel war es, die stille Einkehr und das Hinführen auf das Wesentliche, auf die Rettung des Menschen durch Gott, zu fördern. In späterer Zeit entwickelten sich an vielen Orten diese einfarbigen Tücher zu Bilderbibeln. Gedacht waren diese besonders für das einfache Volk, das weder schreiben noch lesen konnte und dadurch auf eine mündliche oder bildhafte Unterweisung angewiesen war. (Nach den Anmerkungen von Annemarie Gold.)

Auf dem 4,5 m x 3,2 m großen Tuch stellte Franz Gold dreißig Szenen aus dem Alten und neunundzwanzig Themen aus dem Neuen Testament dar. In zehn weiteren Bildern werden Probleme der heutigen Zeit angesprochen. Wie das oben beschriebene Ölbild der acht Seligkeiten, ist auch dieses neue in Eitempera auf Leinwand gemalte Bild in der Kirche St. Margareta zu Brühl zu sehen. Als zehn Probleme unserer Zeit zeigte Franz Gold die acht Atombombenstaaten auf, die sinnlosen Zerstörungen während des Zweiten Weltkrieges am Beispiel der Zerstörung Brühls, sicher als Hinweis auf die vielen Kriege unserer Zeit, die Umweltbelastungen, die Energieverschwendung, die Kinderarbeit, die Obdachlosigkeit, das Suchtproblem, den Hochhausbau als neue Form der Gettobildung, die Vertreibungen und die vielen Waffenstillstände heute, die oft Wurzeln eines neuen Krieges sind.

Das Fastentuch ist ein beeindruckendes Werk, zu dem wiederum Annemarie Gold einen einfühlsamen und deutenden Text schrieb.

Daneben zeigte er Illustrationen zur Bibel (Linolschnitte) und Bilder aus der Provence (Aquarelle). Zum Fest des 700. Jahrestages der Verleihung der Stadtrechte (1285) an Brühl im Jahre 1985 schuf Franz Gold 72 Illustrationen zur Geschichte dieser Stadt. Das Panorama Brühls brachte Gold großflächig auf die Leinwand. Es ziert heute das Rathaus der Stadt. Die Texte dazu schrieb wiederum seine Frau und widmete sie allen Kindern, die Geschichte mögen. Darin zeigt sie die Geschichte von Brühl von den ersten Besiedlungsanfängen vor über hunderttausend Jahren bis 1985 auf.

In den Jahren 2000 und 2001 arbeitete er an seinem bisher letzten Werk und malte achtundvierzig bedeutende Schlesier und Schlesierinnen in Öl und veröffentlichte diese in einer Broschüre »Schlesische Persönlichkeiten«. Einige von ihnen seien hier genannt:

Die heilige Hedwig, der mystische Dichter Angelus Silesius, der Barockdichter Andreas Gryphius, Carl Gotthard Langhans, der Architekt und Erbauer des Brandenburger Tores, Karl Godulla, der oberschlesische Zinkkönig, Joseph von Eichendorff, der große Dichter der Romantik, Franz von Winkler, der Miechowitzer Großindustrielle, der Industriepionier August Borsig, der Maler und Graphiker Adolph von Menzel, die bedeutende Schauspielerin Agnes Sorma, die Gründerin des Miechowitzer Friedenshortes Eva von Tiele-Winckler, der schlesische Heimatdichter Paul Keller, der Maler des Expressionismus Otto Müller, Maximilian Kaller, der Bischof der Vertriebenen, Käthe Kruse, die Puppenherstellerin, die Philosophin Edith Stein, der Philosoph und Publizist Max Tau aus Beuthen, die Physikerin und Nobelpreisträgerin Maria Goeppert-Mayer, der Mediziner und Nobelspreisträger Günter Blobel. Alle Gemälde sollen demnächst in Görlitz ihre endgültige Bleibe finden. Joachim Stopik aus Cappeln im Kreis Cloppenburg schrieb die meisten der Texte zu den einzelnen Persönlichkeiten. Dr. Herbert Hupka, der Ehrenvorsitzende der Landsmannschaft der Schlesier, schrieb anerkennende Worte zu den Gemälden und Texten und dankte den beiden Autoren.

Am Rande des Erscheinens dieses Werkes kam es wiederum zu einem kleinen Mechtaler-Treffen in Brühl, an dem Franz und Annemarie Gold, Leo Galuschka, der jüngste Bruder von Annemarie Gold und ehemaliger Klassenkamerad von Joachim Stopik, Lydia Skora, geb. Bless und Joachim Stopik mit Frau Gisela teilnahmen.

Seine künstlerischen Werke hatte er in Bonn, Brühl, Burgsteinfurt, Heinsberg, Hürth, Köln, Montelimar (F), Münstereifel, Sceaux (F) und Wesseling ausgestellt.

Bald nach seinem 85. Geburtstag machte ihm die Gesundheit sehr zu schaffen. Dennoch arbeitete er immer in seiner Wohnung und in seinem Kellerarchiv. Daneben überarbeitete er seinen Totentanz. Am 22. April 2003 starb Franz Gold im 86. Lebensjahr. Auf dem Brühler Südfriedhof fand er seine letzte Ruhestätte.

Freizeit-Hobbykünstler

Zu den Künstlern im weitesten Sinn zählten die vielen Freizeitschaffenden. Vor vielen Miechowitzer Häusern waren reizvoll verzierte oder geschnitzte Holzlauben an den Hauseingängen zu sehen. In ihnen saßen die Hausbewohner nach Feierabend zu einem Schwätzchen oder sie genossen die letzten Sonnenstrahlen in der abendlichen Stille. Einige dieser Vorlauben sind dort heute noch zu sehen.

Bergleute befassten sich während ihrer Freizeit mit dem Bearbeiten von Fettkohlenstücken, aus denen sie Briefbeschwerer, Schreibtischgarnituren, Bergmänner, Kohlenwagen usw. herstellten. Andere schufen Modelle eines Bergwerksdurchschnittes. Wieder andere bauten Krippenanlagen mit elektrischer Beleuchtung und beweglichen Figuren, komplette Puppenstuben, Schachfiguren oder malten in verschiedenen Techniken, schnitzten und vieles mehr. Die Frauen taten sich mit Handarbeiten verschiedenster Art hervor.

Im Jahr 1936 wurden die Ergebnisse der Freizeitschaffenden im Rathaus ausgestellt und vermittelten eine eindrucksvollen Überblick über diese Arbeiten. Zahlreiche Miechowitzer hatten ihre Freizeitprodukte dorthin gebracht, wo sie von vielen Miechowitzern bewundert wurden.

Kindheit in Mechtal vom 23. Juni 1932 bis zum 14. Mai 1946

Unsere Eltern lernten sich entweder in Meseritz in der Grenzmark Posen-Westpreußen durch Vaters Freund Georg aus dem Pilchowitzer Lehrerseminar oder durch Carla aus Altreichenau in Niederschlesien, einer Freundin Mutters aus ihrer Berliner Zeit im Xaverius-Stift oder durch beide kennen. Georg hatte infolge mangelnder Lehrerstellen bis Ende 1924 bei der Kreissparkasse in Meseritz eine Anstellung gefunden und war mit Carla, seiner späteren Frau, befreundet. Zum 1. Januar 1925 erhielt er eine Anstellung als Lehrer in Fraustadt oder in Geyersdorf bei Fraustadt. Ostern 1928 verlobten sich unsere Eltern in Meseritz und heirateten am 9. April 1931 ebenfalls dort. Danach zog Mutter nach Beuthen in Oberschlesien, wo Vater zunächst nur vorübergehende Anstellungen als Lehrer an verschiedenen Schulen in Beuthen, Miechowitz und Rokittnitz erhielt.

Die erste gemeinsame Wohnung unserer Eltern nach ihrer Hochzeit war vom 14. April 1931 an in der Dyngosstraße 36/II, der späteren Kattowitzer Straße, in Beuthen. Sie wohnten bei den Modistinnen Skatulla, wo Vater schon seit einigen Jahre seine Wohnung hatte. Von dort aus zogen sie am 5. Mai nach Miechowitz in einen Neubau in der damaligen Stollarzowitzer Straße 21. Im Rahmen der Umbenennungen vieler Orts- und Straßennamen wurde sie am 2. Mai 1936 zur Stillersfelder Straße. Dieses Haus steht direkt neben der Schule III, der bis dahin jüngsten Schule des Ortes. An ihr war Vater vom 26. Juni 1933 bis zum 18. Januar 1945 als Lehrer tätig. Die Eltern wohnten im Erdgeschoss links und waren Erstbezieher dieser Wohnung.

Während dieser Zeit wurde ich am 13. Juni 1932, einem Montag, gegen 16 Uhr im Städtischen Krankenhaus in Beuthen, Breite Straße 4, geboren und erhielt die Vornamen Joachim Johannes. Am Sonntag, dem 19. Juni, empfing ich in der St. Trinitatis-Kirche in Beuthen durch Kaplan Kempa die Taufe auf die Namen Joachim Johannes Antonius. Den dritten Namen, weil jemand aus dem Bekanntenkreis der Eltern auf den Antonius-Tag, meinen Geburtstag, hingewiesen hatte und der Meinung war, dieser Name gehöre darum unbedingt zu meinen Vornamen. Er ist aber nicht standesamtlich festgehalten, sondern nur im Taufbuch. Meine Taufpaten waren Tante Katharina aus Pilchowitz, eine Schwester Vaters, und Onkel Bruno aus Meseritz, der jüngste Bruder Mutters. Als meine Staatsangehörigkeit ist auf dem polizeilichen Ummelde-Schein »Preußisch« eingetragen.

Nach einer Karte der Säuglingsfürsorge- und Mütterberatungsstelle des Landkreises Beuthen-Tarnowitz wog ich am 3. August 4.400 g, am 31. bereits 5.250 g, Ende September waren es 6.250 g und am 2. November 7.350 g. Am 5. Mai 1933 wurde ich in Miechowitz, den gesetzlichen Vorschriften entsprechend, zum ersten Male erfolgreich gegen Pocken geimpft.

Als ich vier Monate alt war, wechselten die Eltern mit mir am 31. Oktober 1932 die wohl zu kleine Wohnung und zogen ebenfalls in einen Neubau der nahen Fasaneriestraße um. Es war das Haus Nr. 16, das modernste und imposanteste Gebäude der ganzen Straße, ein Mehrfamilienhaus. Der Mietpreis betrug fünfzig Reichsmark im Monat. Das waren mehr als 10 % des Einkommens Vaters. In späteren Jahren brachte in der Regel eins von uns Kindern den Betrag zum Monatsbeginn zum Hauswirt im ersten Stock. Die letzte Miete zahlten wir in den ersten Januartagen 1945. Eigentümer des Hauses war der Baumeister Erich Korinth. Nach seiner Heirat mit Hedwig K. aus Beuthen am 9. Januar 1933, Tochter eines Spirituosenhändlers, bezog er im ersten Stock die größte und komfortabelste Wohnung des Hauses. Bis dahin hatte er mit seiner alten Mutter im Bürohaus Nr. 16 a auf dem Bauhof gewohnt.

An die Zeit in der Wohnung in der Stollarzowitzer Straße habe ich natürlich keinerlei Erinnerungen. Nach noch vorhandenen Fotos bewohnten dieses Haus u. a. der Pensionär und ehemalige Maschinensteiger August Mimietz mit seiner Frau, Heinrich Schyma, ein Kollege Vaters, mit seiner Frau, und das Hauswirtsehepaar Theodor P., ein Chemietechniker und starker Trinker, der im Suff die Möbel seiner Wohnung zerschlug. Wir fürchteten uns später an seiner Wohnungstür im ersten Stock vorbeizugehen, wenn wir dort Bekannte besuchten oder bei ihnen etwas abzugeben hatten. Das Gebäude hebt sich noch heute wohltuend von den anderen Häusern ab, besonders von den Neubauten aus den siebziger Jahren, zeigt aber neuerdings Verfallerscheinngen.

Das Ehepaar Schyma zog im Laufe des Jahres 1934 ebenfalls in das Haus Fasaneriestraße 16. Mit der Familie Mimietz waren die Eltern, so lange wir in Mechtal lebten, befreundet. Deren Tochter Elisabeth wurde 1936 Taufpatin meiner Schwester Elisabeth.

Stollarzowitzer Straße

Die Stollarzowitzer Straße führte in den Nachbarort Stollarzowitz, später Stillersfeld. Zwischen beiden Orten durchquerte sie den ausgedehnten Kreiswald. Die Fasaneriestraße war nach einer einst in ihrer Verlängerung gelegenen Fasanerie benannt. Eine schöne Erholungsanlage mit einem großem Kinderspielplatz war auf dem Weg zum Wald an ihrer Stelle entstanden, später Ziel vieler unserer kindlichen Ausflüge. Die Straße führte geradeaus in den Kreiswald bis zum »Eva-Platz«. Dort gab es an einer etwas tiefer gelegenen Stelle eine Quelle und einen kleinen Waldteich, der im Laufe der Jahre austrocknete. In verschiedene Richtungen luden gut ausgebaute, breite Wege zum Großen Stern über die Kreisförsterei zur Kreisschänke und den idyllisch gelegenen Waldteichen zu erholsamen Spaziergängen durch die ausgedehnten Wälder ein. Der Eva-Weg führte an der Waldschule vorbei zum Kleinen Stern und zur Skiwiese, der Thomas-Weg zum »Düsterblick« und zum »Gottes Auge«, Stätten, an denen einst Menschen ermordet worden waren. Nördlich schließlich führte ein Weg am Waldrand entlang über die Stillersfelder Straße in den Beuthener Stadtwald. Schlug man von dort aus den Weg nach Osten ein, gelangte man zur »Spielwiese«, einer Grünfläche mitten im Wald und Ziel von Ausflügen vieler Gruppen und Familien. Sie lag in unmittelbarer Nähe der Grenzbaude an der bis 1939 bestehenden Grenze zu Polen. Hinter den letzten Häusern der Stillersfelder Straße in Richtung des Waldes entstand später auf der rechten Seite ein Arbeitsdienstlager, das während des Krieges abgebaut worden ist. Während einer Übung kam dort ein junger Arbeitsdienstler ums Leben.

In der Fasaneriestraße 16

Im neuen Wohnhaus in der Fasaneriestraße 16 lag unsere Wohnung im Parterre links. Zu ihr gehörten ein Entree, ein Bad mit WC, eine große Küche, ein Wohn- und ein Schlafzimmer, ein Arbeitszimmer Vaters, ein Keller- und ein Bodenraum. Die nachstehende Beschreibung gibt den Stand von 1944/45 an.

Entree: Die Eingangstür auf der Flurseite war durch ein zusätzliches Schloss, ein Zeiß-Ikon-Sicherheitsschloss, gesichert. Links gelangten wir in das Wohnzimmer, geradeaus in die Küche und rechts ins Badezimmer und

WC. Gegenüber der Eingangstür war die Garderobe, links von ihr ein Fotoschrank mit Vergrößerungsapparat und allen notwendigen Fotosutensilien Vaters.

Bad/WC: Links neben der Tür befand sich ein Wäschekasten für schmutzige Wäsche, darüber ein Wandregal, an der Fensterseite das WC und rechts der Badeofen mit einem kupfernem Kessel und die Badewanne.

Küche: Betrat man die Küche, so war links hinter der Tür ein Werkzeugschrank platziert, daneben eine Schuhbank am gekachelten Herd mit Warmwasserbecken und Bratrohr (Backofen) und drei rechteckigen Eisenplatten als Kochfläche. Während des Krieges konnten nur unter großen Schwierigkeiten verbrauchte Platten ersetzt werden. Ein Kohlenbehälter, Schaufel, Feuerhaken und zwei Kohleeimer hatten rechts neben der Feuerungsseite ihren Platz. Dann folgte ein ausziehbarer Spültisch mit zwei Emailleschüsseln, die Tür zum Arbeitszimmer, daneben ein Küchenstuhl, darüber hing die Kaffeemühle und ein Bild der Madonna della Sedia von Raffael. Das Küchenbuffet und ein Spielzeugregal mit Vorhang, in dem jeder von uns zwei Fächer für seine Spielsachen hatte, schloss diese Seite ab. Ein dreiteiliges Fenster mit doppelten Flügeln bot einen Blick auf den Hof. Unterhalb der Fensterbank waren »Kühl«- und Vorratsschränke eingebaut. Es folgte eine Vorrichtung mit einem mit Blaudruck versehenen Vorhang. Darunter hingen Handtücher, Besen, Schrubber, Staubwedel und Teppichklopfer. Rechts davon war der Wasserhahn mit einem gusseisernen Ausgussbecken installiert und schließlich kam in den letzten Kriegsjahren ein Kleiderschrank für uns Kinder hinzu. Auf diesem hatten wir Kinder ein Regal für einen Teil unserer Bücher. Im Tragebalken der Tür zwischen Küche und Korridor waren Haken für eine Kinderschaukel angebracht. In der Mitte der Küche standen ein großer Küchentisch und fünf Stühle. Den Fußboden bildeten zum Teil mit Linoleum belegte Holzdielen. In der Küche nahmen wir alle Mahlzeiten ein.

Arbeitszimmer: Links neben der Tür hing ein Medizinschränkchen, daneben stand ein kleiner Kachelofen. Es folgte Vaters Kleiderschrank, davor standen ein runder Tisch und zwei oder drei Sessel. In diesem Bereich hingen zwei Bilder, das Schweißtuch der Veronika und die Kartenspieler. Blickpunkt des Zimmers waren zwei Bücherschränke mit Glasschiebetüren. Auf ihnen standen Büsten von Goethe und Schiller. An der Schmalseite befand sich das Fenster. An der Wand zur Küche hatten der Schreibtisch mit einem dahinter stehendem Regalaufbau und ein Sessel ihren Platz.

Wohnzimmer: Von links aus standen im Uhrzeigersinn eine versenkbare

Singer-Nähmaschine aus Nussbaumholz, ein Wohnzimmer-Büffet, eine Chaiselongue und vor dem Fenster ein Blumenständer, an der Schlafzimmerwand eine Vitrine, neben der Schlafzimmer-Tür in der Ecke ein Kachelofen, davor ein Sessel, eine Stehlampe und ein Nähtisch. Die Mitte des Raumes war mit einem Teppich belegt, auf dem sich ein großer Tisch und sechs Polsterstühle befanden.

Schlafzimmer: Vom Wohnzimmer kommend, stand links von der Tür der Kleiderschrank. An der Wand zur Straße war das Fenster und daneben eine damals übliche Waschkommode mit Waschgeschirr, das aber nie benutzt worden ist. Die Elternbetten mit zwei Nachttischen hatten an der Rückwand ihren Platz und an der Innenwand zwei Betten für uns Kinder, für Klaus und Liesel, in der Ecke ein Kachelofen. 1942/43 bekam ich ein neues Bett, das quer vor den Elternbetten aufgestellt war. Unter den Betten stand das zu dieser Zeit noch übliche Nachtgeschirr aus Steingut.

Kellerraum: Links befand sich ein Regal für Einweckgläser, Vorräte usw. An der Wand hingen eine Schrotsäge, Äxte und Schaufeln. Die Hofseite in der ganzen Kellerbreite nahm der Kohlenbunker mit dem darüber befindlichen Fenster ein. Davor stand ein Hackklotz. An der Innenwand befand sich ein etwa 12 Zentner Kartoffeln fassender Kartoffelbunker mit einem kleinen Sandhaufen davor zum Einlagern von Mohrrüben und Sellerie. Neben der Tür waren ein Bunzlauer Sauerkrautbehälter, ein Steingutfass für Kürbis und saure Gurken platziert. In der Nische unter der Haustreppe hatten wir einen Abstellplatz für die beiden Fahrräder und Handwagen, einen kleineren, gelb-rot und einen größeren grün gestrichenen.

Bodenraum: Jeder Mieter hatte dort einen mit Lattengattern abgegrenzten Abstellraum. Während des Krieges mussten die Abtrennungen der Brandgefahr wegen entfernt werden, ebenso alle dort gelagerten Gegenstände. Stattdessen standen nur ein großer Kasten mit Löschsand und ein Wasserbehälter in diesem Bereich..

Gemeinschafträume waren der Waschraum im Keller und der Trockenraum auf dem Boden. Als einzige Familie im Haus besassen wir bereits eine Miele-Waschmaschine mit Schwungrad. Zum Einweichen der Wäsche standen große Zinkwannen in diesem Raum. Nach einem bestimmten Plan konnten ihn die Hausbewohner benutzen. Mit dem Einweichen am Vorabend begann stets der anstrengende Waschtag.

Während der ersten Kriegsjahre hätten wir hinter der Schule III, in der kurzen Straße rechts vom Ende der Neuen Pfarrstraße, hinter dem Schulhof der Schule III, ein allein stehendes Haus bekommen können. Aus irgendwelchen Gründen kam dieser Umzug nicht zustande. Im Hinblick auf den Januar 1945 war es ein Glück für uns.

Zu Beginn des Krieges erfolgte der Umbau von zwei größeren Kellerräumen zu einem Luftschutzraum. Die Decken wurden durch Balken und Querstreben gesichert, zu den Fenstern führten Tritteisen zum Ausstieg im Notfall, von außen waren die Kellerfenster mit starken Balken zum Schutz vor Splittern geschützt. Der Vorraum des Luftschutzkellers war durch eine eiserne Brandschutztür mit großen Hebeln gesichert. Die beiden Kellerräume enthielten Sitzgelegenheiten, ein doppelstöckiges Feldbett und eine große mit einer Platte abgedeckte Kartoffelkiste diente als weitere Schlafgelegenheit. Zur Beheizung stand ein Kanonenofen in jedem der Räume. Bei Fliegeralarm suchten auch die Bewohner des nicht unterkellerten Hauses Nr. 13 diese Räume auf.

Auf dem etwa acht Meter breiten Hof, der von einem Holzzaun mit davor gepflanzten Jasminsträuchern eingefasst war, stand eine stabile und schöne Teppich-Klopfstange, für uns ein hervorragendes Kletter- und Turngerät. Am Rand des Hofes, unterhalb der Einfahrt, diente eine gemauerte und verputzte Aschengrube für die anfallende Kohlenasche und sonstige Abfälle. Außerdem waren stabile Holzpfähle zum Spannen einer Wäscheleine vorhanden. Da aber durch die Industrieanlagen und das Heizen mit Steinkohle ständig viel Ruß vom Himmel fiel, brachte das Trocknen im Freien in der Regel nicht viel. Auf der Hofseite zog sich direkt am Haus ein etwa 2,50 Meter breiter Betonstreifen entlang. Auf ihm konnte bequem und relativ sauber die Kohle vor den einzelnen Kellerfenstern abgeladen und in die Kohlenbunker der jeweiligen Besitzer geschaufelt werden. Als wir Kinder etwas älter geworden waren, übernahmen wir das Hineinschaufeln der Kohle. Die Steinkohle zum Heizen lieferten Bauern oder Vekturanten, wie sich die Fuhrunternehmer damals bezeichneten, mit Pferdefuhrwerken an. Eine Fuhre enthielt wohl eine Tonne Kohle. Während des Krieges war die Kohle rationalisiert. Viele Bergleute verkauften einen Teil ihrer Deputatkohle unter der Hand zu höheren Preisen oder im Tausch gegen Tabakmarken oder anderer Mangelwaren.

Die linke Seite der Einfahrt ist mit heute noch stehenden Pappeln bepflanzt. An den Hof schloss sich der Bauhof mit einem Bürohaus an, in dem in der Regel Mitarbeiter des Baugeschäftes Korinth wohnten. Links an das Bürohaus waren eine Werkstatt und Holzhallen in der Länge des Grund-

Das Haus Fasaneriestraße 16 am 31. Dezember 1970

stückes vor allem zur Lagerung von Bauholz und Baumaschinen angebaut. Auf dem übrigen Platz befand sich eine Kalkgrube. Ansonsten diente er zur Lagerung von Gerüstbalken, Eisen und Sand bzw. Kies. Dieser Platz sollte ein Paradies für uns Kinder werden.

Im Wohnhaus lebten bis zum Januar 1945 neun Familien bzw. Einzelpersonen. Die Wohnung uns gegenüber war geteilt und von zwei Familien bewohnt. Entree und Bad/WC benutzten beide gemeinsam. Für jede Familie gab es außer einer großen Küche nur einen weiteren Wohnraum. In der größeren Hälfte wohnte ein Häuer der Preußengrube mit Frau und drei Kindern, in der kleineren ein Berghandwerker mit Frau und zwei Kindern. Über uns lebten eine Witwe mit ihrer Tochter und die Familie des Hauswirtes mit vier Kindern. Das zweite Stockwerk war in drei Wohnungen aufgeteilt, eine so groß wie unsere, in der Mitte eine mit nur einer großen Küche, Entree und Bad/WC. In ihr lebte eine alte Frau, die Mutter des Gemeindebaumeisters, der sich zu ihrem Leidwesen kaum um sie kümmerte. Die dritte war von einer alten wohl an Parkinson leidenden Frau und ihrer Tochter, Mitarbeiterin in einem großen Beuthener Musikgeschäft, bewohnt. Eine Mansardenwohnung im obersten Geschoss zwischen den Bodenräumen der Mieter und dem Trockenboden lebte zunächst eine Witwe mit ihrer Tochter und ihrem Sohn Heinz. Nach deren Umzug nach Martinau bezog eine Frau mit vier Kindern bis zu ihrer Flucht am 20. Januar 1945 diese recht kleine Wohnung.

Die meisten Hausbewohner waren katholisch, drei Parteien evangelisch, eine, eigentlich katholisch, religiös indifferent, dafür dem »Führer« sehr ergeben. Irgendwelche Probleme bezüglich der Konfessionszugehörigkeit gab es nicht. Jeder achtete die Religion des Anderen und alle verstanden sich gut miteinander. Eine Bewohnerin allerdings, die sich stets in alles einmischte, wurde von uns Kindern respektlos die Ratte genannt. Mit ihr hatten es auch die anderen Mitbewohner nicht immer leicht. Eine weitere alte Dame machte uns Kindern das Leben häufig schwer. Zu unserer Freude verzog sie recht bald und wir hatten unsere Ruhe. Wegen ihres Verhaltens uns gegenüber hatten wir sie natürlich auch entsprechend geärgert und sie dadurch immer wieder in Rage gebracht.

Für die NS-Frauenschaft, deren Mitglieder sie waren, engagierten sich zwei Hausbewohnerinnen. Mitglieder der NSDAP waren nur zwei Bewohner des Hauses.

Auf beiden Seiten der Fasaneriestraße zierten junge Lindenbäume, an deren Pflanzung ich mich noch erinnern kann, die äußeren Ränder der Bürgersteige. Nur ein Baum war älter und recht dick. Für uns war es einfach der dicke Baum. Bei zahlreichen Spielen diente er als markantes Zeichen, meist als Zielmarke oder Grenze. Bis auf den dicken Baum stehen sie heute noch. Auf jeder Straßenseite standen zehn Häuser unterschiedlichsten Alters und verschiedenster Bauart und Größe. Viele sind abgerissen worden, einige sind in schmucker Form neu gebaut worden. Am oberen Ende bog vor dem letzten Haus links die Wikarekstraße ab. Sie führte in einem Bogen zum sogenannten hölzernen »Brandenburger Tor«, einer alten Zollstelle, in die Stillersfelder Straße. Von ihr nahm auch die Fasaneriestraße ihren Anfang. An der Ecke Fasaneriestraße und Stillerfelder Straße stand ein Mehrfamilienhaus mit einem Kolonialwarengeschäft, einer Bäckerei und einer Gardinenspannstube. Gardinen mussten damals nach dem Waschen erst wieder gespannt werden, um eine ordentliche Form zu erhalten. Auf der linken Seite gab es ein Frisörgeschäft und eine Wäschemangel. Die meisten Häuser machten von ihrer Größe her einen eher bescheidenen Eindruck. Zu fast allen gehörte ein Stück Gartenland. Auf den Höfen gab es doppelstöckige meist als Stall- und Lageraum genutzte Nebengebäude. Kaninchen, Hühner oder Schweine erweiterten das Nahrungsangebot der Besitzer. In der Regel hatten diese Leute noch einen Garten oder ein kleines gepachtetes Feldstück, auf dem sie überwiegend Kartoffeln und Gemüse anbauten. Die Wohnungen der einzelnen Familien bestanden in ihrer Mehrzahl nur aus einer großen Wohnküche und einem geräumigen Wohn- und Schlafraum. Eltern, Vater und meist eine Reihe von Kindern schliefen in einem Raum. Toiletten lagen in den größeren Häusern auf dem Etagenabsatz, in den kleineren Häusern waren zum Teil auch noch Plumpsklosetts verbreitet.

Die Stillersfelder Straße führte, bog man links in sie ein, an verschiedenen Geschäften vorbei zum Valeska-Platz mit den Straßenbahnhaltestellen in Richtung Beuthen und Martinau – Randsdorf – Helenenhof. Die Straßenbahn durchquerte den Ort auf der Hauptstraße, der Hindenburgstraße, zugleich Reichsstraße 5 (Breslau – Beuthen). Nach links von der Fasaneriestraße aus ging es wieder an einigen Geschäften und einer großen Tischlerei vorbei zur Corpus-Christi-Kirche und zur Schule III. Auf der rechten Straßenseite lagen ein Milchgeschäft, eine Gastwirtschaft und eine Bäckerei. Nach links bogen die Kubothstraße und die Neue Pfarrstraße, nach rechts die Verbindungs-, die Holtei- und die Schillerstraße ab. Über die Verbindungs- aber auch über die Holteistraße konnten wir unseren kleinen Schreber-Garten rechts der Reptener Straße erreichen. Dieser Bereich und der nahe Wald waren unsere Erlebniswelt, die wir als Kinder zunächst näher erfahren und durchforscht hatten.

Hauptaktionsplatz für uns Kinder aber war unser Wohnhaus mit seinem sich an den Hof anschließenden Bauplatz. Der Sohn und die Tochter Ruth, ein fünf Jahre älteres Mädchen, von Frau Kleinert und ich waren zunächst die einzigen Kinder im Haus. Im Juli 1933 kam mein Bruder Klaus Georg, geboren am 22. Juli 1933 im Städtischen Krankenhaus in Beuthen, 1934 Gottfried Sch. geboren am 12. Januar 1934 in der Stollarzowitzer Straße 21 in Miechowitz, 1936 im Februar Eleonore K., im März Manfred B. und am 21. Juli Liesel (Elisabeth Maria, geboren am 9. Juli 1936 im Städtischen Krankenhaus in Beuthen – gestorben am 14. September 2007 in Helmstedt) in das Haus. Ich erinnere mich noch genau dieses warmen und schönen-Tages, als unsere Eltern mit der kleinen Liesel mit einer Taxe heim kamen. Liesel wurde sofort in das Kinderbett im Schlafzimmer gelegt.

In späteren Jahren folgten Helmut (11/1940) und Eckart B.(11/1943), Dieter (1938), Helga K., Horst K., Wolfgang Sch. (8/1942, gestorben 1968), Horst und Elly S.. Wir Kinder der Jahrgänge 1932 bis 1936 waren die

Hauptspielgruppe im Haus. Die später geborenen Kinder interessierten uns wenig und Ruth Radebrecht (Jg. 1927) war bereits zu alt.

Irgendwann kam die Zeit, da sollte ich in die Spielschule, den Kindergarten, bei den »lieben Schwestern«, den »Grauen Schwestern« in der Klosterstraße. Mit Händen und Füßen wehrte ich mich dagegen. So war ich nur wenige Male dort.

Wir Kinder wurden größer und fanden uns zu einer Spielgemeinschaft zusammen. Der Bauplatz in der Fasaneriestraße 16 war unser Kinderparadies. Ständig gab es etwas zu sehen, zu entdecken, fielen uns neue Spiele ein, so dass wir uns am liebsten den ganzen Tag über draußen aufgehalten hätten. Beeindruckt haben uns die Arbeiten der verschiedensten Bauarbeiter. Zum Beispiel das Löschen von Kalk. Roher Kalk wurde in große, flache Bottiche gekippt, Wasser hinzu gesetzt und dann mit an langen Stangen befestigten harkenähnlichen Vorrichtungen hin und her bewegt, bis sich eine breiige, quarkähnliche Masse bildete. Diese wurde dann in die recht tiefe Kalkgrube auf dem Bauhof hinein gelassen. Den fertigen Kalk konnten wir bei vielen unserer Spiele gut gebrauchen. Eine kleine Leiter erleichterte den Zugang in die Grube. Aus dem Kalk stellten wir u. a. beispielsweise »Eis« für unsere im Sand erbauten Kaufläden her. Um verschiedene Eis-Sorten zu erhalten, fügten wir dem weißen Kalk Zusätze zu, indem wir etwa Ziegelsteine zerrieben und roten Staub mit dem Kalk vermengten. Schon hatten wir das schönste Himbeer- oder Erdbeereis. Harte Kalkstücke benutzen wir zum Schreiben und Malen.

Häufig wurde auf dem Bauhof auch gezimmert. So entstanden vor unseren Augen Bau-Baracken. Diese waren tolle Spielplätze für uns. Maschinen, etwa die Aufzüge, wurden auf ihre Funktionsfähigkeit überprüft oder beim Bau der neuen Lagerhallen auf dem Bauhof eingesetzt. Immer herrschte hier ein reges Treiben. Manchmal wurde Holz angeliefert. Die Lieferfahrzeuge mussten auf der Straße halten. Da war es ein Vergnügen für uns, beim Abladen der Bretter oder Latten zu helfen. Auf den Schultern schleppten wir diese hinten auf den Bauhof, wo ein Zimmermann sie fachgerecht stapelte. Am Ende gab es dann etwa zehn Pfennige als Arbeitslohn. Darüber waren wir sehr stolz.

Spiele und Hobbys

Im riesigen Sandkasten und im davor liegenden Sandhaufen auf dem Bauhof bauten wir u. a. Burgen, Kaufläden und Wasserleitungen, die mit echten Wasserrohren erstellt waren. Auf der höher gelegenen Seite füllten wir Wasser hinein, das wir auf der anderen dann auffingen oder einfach versickern ließen.

Als kleinere Kinder liebten wir das Treiben eines Kreisels mittels einer Peitsche, der sich dann drehte und durch weitere Peitschenhiebe in Bewegung gehalten werden musste. Auch das Rollen eines dünnen Holzreifens, neben dem wir entlang liefen und ihn mit der Handfläche am Rollen hielten, machte viel Spaß. Mit Rollern, Dreirädern oder Holländern veranstalteten wir Rennen. Ziel oder Wendepunkt war meist der dicke Baum auf unserer Straße. Mit Hilfe von Handwagen spielten wir Eisenbahn. Auch hier ging es meist um die Schnelligkeit. »Bahnhöfe« gab es im Hof und auf der Straße. Fahrräder waren kaum vorhanden. Während der Kriegsjahre war es nicht erlaubt, einfach zum Vergnügen mit dem Rad zu fahren. Das Rad fahren lernten wir auf Herrenrädern, indem wir mit den Füßen unter der Querstange die Pedalen traten, ein nicht ganz einfaches Unternehmen. Mehr oder weniger harte Stürze waren anfangs das Lehrgeld. Eine unserer Vorlieben war der Bau von Höhlen, während des Krieges von Bunkern mit Flakständen auf dem Bauhof. Material dazu fanden wir rings herum genügend. Meist bauten wir heimlich, da solche Bauwerke nicht gern gesehen waren. Mit Argusaugen passte unsere Hauswirtin auf, vor der wir großen Respekt hatten oder auch Angst.

Später bauten wir in den Gärten von Nachbarn Erdhöhlen oder Erdbunker. So durften wir im Garten des Nachbargrundstückes von Ledwon richtige Erdbunker ausheben. Meist halfen uns dabei ältere Brüder der Spielkameraden. Die Gräben wurden abgedeckt und mit Erde überschüttet. Tagelang arbeiten wir an solchen »Projekten«. An irgendwelche Gefahren dachten wir nicht im Traume. Wie leicht hätte ein solcher Bunker, der keine Seitenabstützung hatte, zusammen fallen können. Wir hatten immer Glück. Die Freude an der Fertigstellung eines solchen Bauwerkes war groß. Doch leider mussten diese bald wieder beseitigt werden.

Die größte und komfortabelste Bude errichteten wir zu mehreren Jungen im Sommer 1945, also bereits in der Nachkriegszeit, in der Holz-Lagerhalle auf dem verwaisten Bauhof. Wir verwendeten Dielenbretter, die wir an die vorhandenen Ständerbalken nagelten, so dass wir einen Raum von etwa vier mal drei Metern erhielten. Da noch viel anderes Material vorgelagert war, war die Bude von außen nicht sichtbar. Auf der Vorderseite erhielt die Bude eine Tür, auf der gegenüberliegenden Seite einen Notausgang in Form einer verschließbaren Klappe. Dort konnten wir bei »Gefahr« in verschiedene Richtungen entweichen. Das Besondere an dieser Bude war, dass sie elektrisches Licht hatte. Wir hatten eine Leitung gelegt und eine Fassung an der Decke angebracht. Den Strom holten wie uns vom Dach dieses Lagerschuppens, indem wir das Kabel am Ende zu einer flachen Hakenöse formten und es über die auf dem Dach in etwa ein Meter Höhe aus einem Rohr herauskommende Kabel, das den Strom vom Wohnhaus zur Werkstatt führte, einhakten. Beim Anschließen fürchtete ich mich, einen Schlag zu bekommen. Aber es klappte und in unserer Bude brannte elektrisches Licht. Das Ein- und Ausschalten wurde durch das Lösen und Festdrehen der Birne bewerkstelligt. Wir waren stolz auf unsere Bude. Bis zu unserem Weggang im Mai 1946 hatte kein Erwachsener unsere Bude mit dem fragwürdigen Stromanschluss entdeckt.

Verstecken spielen auf dem Gelände des Bauhofes hatte seinen besonderen Reiz. Das beliebteste Versteckspiel war das »Erlösungsspiel«. Ein Mitspieler zählte an einer bestimmten Stelle bis etwa fünfzig. Während der Zeit hatten sich alle Mitspieler zu verstecken. Der Zähler begann danach mit der Suche. Fand er einen Mitspieler, so konnte er ihn abschlagen. Gelang es einem Spieler ungesehen aus seinem Versteck an die Zahlstelle zu kommen und »Eins, zwei, drei erlöst!« zu rufen, so war er erlöst, frei. Einer der Abgeschlagenen begann nach Ende des Spiels neu zu zählen. Häufig spielten auch die Kinder aus der Umgebung mit. So dauerten die Spiele oft lange und waren spannend.

Weit verbreitet war das Kugelspiel bei Mädchen und Jungen: Mit einer Glas- oder Tonscherbe, manchmal auch mit dem Schuhabsatz wurde ein kleines rundes Loch in den Boden geschabt oder gedreht. Der Boden um diese Grube wurde ringsum gesäubert und eben gehalten. Jeder Spiele brachte ein Leinensäckchen mit vielen verschiedenfarbigen Tonkügelchen mit. Von einer bestimmten Stelle aus in zunächst etwa einem Meter Entfernung vom Loch musste eine Kugel mit dem gekrümmten Zeigefinger auf das Loch zu gestoßen werden. Wer geschickt war oder Glück hatte, dessen Kugel rollte in das Loch. Beim nächsten Spieler blieb die Kugel auf halbem Wege liegen. Der wiederum nächste versuchte, diese in das Loch zu befördern. Gelang es ihm, so hatte er zwei Kugeln gewonnen, ohne seine eigenen ins Spiel gebracht zu haben. Irgendwann wurde der Abstand verlängert und weitergespielt. Das konnte Stunden dauern. Mancher konnte so seine Kugeln um ein vielfaches vermehren oder auch vermindern.

Ebenso beliebt war das Geld- oder Knopfspielen. Dabei ging es darum, einen Mitspieler um sein Geld oder um seine Knöpfe zu bringen. Gespielt wurde aber nur mit Geld oder nur mit Knöpfen. Ein Münzstück oder ein Knopf wurde von einem der Spieler zwischen zwei Finger genommen und gegen die Hausmauer geworfen. Danach warf der nächste Spieler. Fiel dieses zweite Geldstück nur eine Spanne weit, gemessen vom Daumen bis zum ausgestreckten Mittelfinger, so gehörte die zuerst geworfene Münze dem zweiten Spieler. Fiel aber das zweite Münzstück in einer Entfernung, die länger war als eine Spanne, auf den Boden, so musste die Münze liegen bleiben. Der nächste Spieler kam an die Reihe und so ging es weiter. Wer am Ende die meistern Münzen oder Knöpfe hatte, war der Gewinner. Beim Spielen mit Geld wurden meist nur Ein- oder Zweipfennigstücke, manchmal auch Fünf- und ganz selten Zehenpfennigstücke benutzt. Für fünf Pfennige konnten wir beispielsweise in den ersten Kriegsjahren noch eine Tüte Bonbons oder ein Stück Kuchen kaufen!

Ein besonderes oberschlesisches Spiel war das mit der Klippe. Jeder Mitspieler benötigte ein etwa eineinhalb Zentimeter dickes und 15 bis 20 Zentimeter langes Holzstäbchen, das an beiden Seiten wie ein Bleistift angespitzt war und eine zirka 50 bis 70 Zentimeter schmale Latte. Um die Klippe wurde ein Kreis gezogen. Der Spieler schlug mit der Latte auf die angespitzte Seite der Klippe. War sie in der Luft, konnte er sie mittels der Latte weiter hinwegschleudern. Der andere Spieler musste nun versuchen, die Klippe von dort, wo sie niedergefallen war, in den Abschlagkreis zurückzuschlagen. Gelang es ihm, war er Sieger. Schlug der Versuch fehl, wurde die Entfernung von der Klippe zum Kreis mit der Schlaglatte gemessen und bei den weiteren Spiele »verrechnet«.

Zu anderen beliebten Spielen zählten Länderspiele, Völkerballspiel, manchmal auch das Fußballspiel. Dabei kam es vor, dass unbeabsichtigt eine Fensterscheibe getroffen wurde und zersprang.

Wir spielten auch Soldaten. Natürlich wurde marschiert und geschliffen, Krieg gespielt. Aus Blei gossen wir Eiserne Kreuze, die den jeweiligen »Helden« nach »harten Kämpfen« verliehen wurden. Ein aus Pappe oder Sperrholz angefertigtes Modell des Eisernen Kreuzes wurde in Lehm gedrückt. In die getrocknete Form gossen wir später dann Blei und erhielten die schönsten Eisernen Kreuze, die noch einer gewissen Bearbeitung bedurften.

Beliebt war auch das Schulespielen. Nicht weniger gern spielten wir »Kirche«. Ein langes Nachthemd und zwei zusammengesteckte Frotteehandtücher dienten als Albe und Messgewand. Ein weißes Band hielt die Albe zusammen. Einer war der Priester, die anderen die Ministranten bzw. das Volk. Wir hielten Messen, beerdigten tote Vögel und anderes Kleingetier in kleinen Särgen oder Schachteln meist zwischen den Jasminsträuchern. Auf die Grabhügel wurde ein Stein gesetzt. Irgendwann baute uns Vater einen richtigen kleinen Altar mit allem, was dazu gehörte. Das Tabernakel war innen mit Silberfolie ausgeklebt. Rechts und links davon waren zwei kniende Engel angebracht, davor die Kerzenbänke. Über dem Tabernakel in einem oben halbrunden Rahmen das Altarbild. Die Vorderseite des Altares schmückte in der Mitte das XP (CHI-RHO), rechts und links davon das Alpha (A) und Omega. ( ). Altardecken hatte unsere Cousine Cilli aus Gieraltowitz dafür genäht. Kerzenständer, ein Kelch mit einer Kännchengarnitur, eine Monstranz und ein größeres Weihrauchfass, das auch als solches benutzbar war, gehörte zur Ausstattung. Echten Weihrauch besorgten wir uns über uns bekannte Ministranten. Die notwendige Holzkohle stellten wir selber her, ebenso die Hostien. Bei der Kolende wurde der festlich geschmückte Altar im Wohnzimmer aufgestellt. 1945 fertigten wir uns aus stärkeren Tapeten, die wir in Korinths Bürohaus gefunden hatten, Messgewänder an, ein weißes in römischer und ein violettes in gotischer Form. All diese Sachen gingen bei unserem Weggang aus der Heimat im Mai 1946 zunächst an unseren Cousin Klaus nach Laband und von dort aus später nach Gieraltowitz. Dort soll der Altar noch vorhanden sein.

Ein von uns selbst erfundenes Spiel, war das Hexespielen. Der Keller unseres Wohnhauses war sehr groß, hatte zwei versetzte Längsgänge und zwei kurze Quergänge. Irgendwann kamen wir auf die Idee, ein Hexenspiel durchzuführen. Einer musste in den Keller, das Licht ausmachen und sich irgendwo verstecken. Nach kurzer Zeit durften die Mitspieler in den dunklen Keller und mussten die Hexe suchen, deren Aufgabe es war, einen der Suchenden zu fangen. Gelang ihr das, wurde dieser die neue Hexe. Dieses Spiel machte immer wieder Spaß und wurde nie langweilig.

Oft waren die Jungen mancher Straßen miteinander verfeindet. Dann wurde »Krieg geführt«. Mit langen Stangen oder Knüppeln und lautem Kriegsgeschrei ging man aufeinander los. Im Herbst fanden die Schlachten auf den abgeernteten Feldern statt. Erdklumpen und Pflanzenstrunke dienten als Waffen. Für Jungen der einen Straße war es oft gefährlich, durch die Straße der Gegner zu gehen. Schnell konnte man dort gefangen, verprügelt oder anderweitig schikaniert werden. Gefahrvoller war es in den Grenzbereichen der einzelnen Orte. Dort führte z. B. Mechtal gegen Karf »Krieg«. Ein Durchqueren dieser Gebiete bedurfte großen Geschicks, sich etwa als Mechtaler von den »Feinden«, den Karfern, nicht erwischen zu lassen.

Gerne liefen wir durch die hohen Getreidefelder, was den Eigentümern sicher nicht gepasst hat. Die Erwachsene warnten uns in der damals üblichen Art: Böse Menschen würden mitten in den Feldern einen besonderen Leim auslegen, um so die Kinder zu fangen und dann mitzunehmen und umzubringen. Letztlich hatten uns diese Geschichten nicht überzeugt.

Ein ganz besonderes Vergnügen im Herbst war die Kartoffelernte. Mit Jungen, deren Eltern ein kleines Feld besassen, zogen wir los. Das trockene Kartoffelkraut schichteten wir zu einem großen Haufen auf und steckten es an. In die sich bildende Glut wurden Kartoffeln hineingeworfen. Nach einer gewissen Zeit waren die Kartoffeln durch. Wir holten diese nun aus dem Feuer und aßen sie samt der knusprigen Schale, die besonders gut schmeckte.

Als weiteres Spielzeug waren selbst hergestellte Papierdrachen beliebt. Am meisten verbreitet waren die am Kopfteil bogen- oder spitz förmig gestalteten Drachen. Eine andere Form waren die Kastendrachen, oft in der Form eines vierseitigen Prismas konstruiert.

Als wir älter wurden, nutzten wir den Bauhof zu selbst ausgedachten spannenden Rollenspielen. In der »Ostdeutschen Morgenpost«, unserer damaligen Tageszeitung, hatten wir etwa 1943 unseren ersten Kriminalroman in Fortsetzungen gelesen. »Meyer III wird eingesetzt!«, war der Titel. Meyer III war ein Kriminalkommissar und machte Jagd auf den Verbrecher Komorinski, einen Zigeuner, wie es dem Geist der damaligen Zeit entsprach. Auch diesen Roman haben wir stundenlang völlig frei nachgespielt und nutzten die Möglichkeiten des Bauhofes total. Mischmaschinen, Holzstapel, Lagerhallen, das Gelände um das Haus boten alle Möglichkeiten für die Handlung, vor allem für die Verbrecherjagd. Mit solchen Spielen verbrachten wir wunderschöne Stunden oder Nachmittage.

An den langen Winterabenden waren die verschiedensten Gesellschaftspiele an der Reihe, vom »Mensch ärgere Dich nicht« bis hin zu Halma, Dame und Mühle. Beliebt war auch ein Würfelspiel, bei dem es um Geld – um Pfennige – ging. Der Würfel hatte auf der Unterseite einen Zapfen und auf der Oberseite einen kleinen Griff zum Drehen. Je nach dem, wie der Würfel stehen blieb, galt es etwa einen Pfennig zu geben oder alles. Alles konnte man bekommen, wenn es »Nimm alles!« hieß.

Mit Begeisterung widmeten wir uns unseren verschiedenen Baukästen. Klaus hatte einmal zu Weihnachten einen Record-Holzbaukasten erhalten, ich später einen Stabilbaukasten. Wir bauten nach den Vorlagen aber eben so sehr ließen wir unserer Phantasie freien Lauf. Dabei erstellten wir die schönsten Gegenstände. Karussells und verschiedene Maschinen trieben wir dann mit Hilfe unserer Dampfmaschine an. Während des Krieges war es oft schwierig, das notwendige Brennmaterial für die Dampfmaschine zu erhalten. Meinen Stabilbaukasten, für den mir Vater einen vorzüglichen Kasten mit entsprechenden Fächern gebaut hatte, packte ich vor unserer Ausreise im Mai 1946 lose in meinen Rucksack und bekam ihn heil bis nach Runstedt. Ende der vierziger Jahre habe ich ihn leider Gottes an einen Freund, der ihn sehr gern haben wollte, für fünfzehn D-Mark verkauft.

Beliebt waren auch die Blei- und Zinnsoldaten. Später gab es solche aus Gips oder Ton. Freunde besaßen manchmal Formen, in denen wir uns die Bleisoldaten selbst gossen. Blei »gewannen« wir aus alten Telefonkabeln. In einer Kelle kam das Blei in das Herdfeuer und schon nach kurzes Zeit war es rot glühend. Die aus zwei Teilen bestehende Form rußten wir innen ein, damit das flüssige Bei sich gleichmäßig verteilen konnte. Dann verschraubten wir die beiden Teile und begannen mit dem Gießen. Unten an der Form waren Öffnungen zum Entweichen der Luft, da sonst die Figuren wegen des Luftstaus nicht vollständig gewesen wären. Schon nach ganz kurzer Zeit konnten wir die Formen öffnen und hatten die schönsten Bleisoldaten. Damit und mit den gekauften Ton- oder Gipsfiguren – meist hatten wir sie zu irgendwelchen Anlässen geschenkt bekommen – spielten wir oft stundenlang, indem wir Schlachtreihen, Marschkolonnen oder Appellformationen usw. aufstellten. Wir hatten eine Figur des damals legendären Feldmarschalls von Mackensen mit seiner Husarenmütze, ein anderer Junge aus dem Haus besass eine Hitlerfigur. Darüber hinaus sammelten wir Briefmarken, Zigarettenbilder und sonstige Bilder. Unter den Zigarettenbildern gab es eine besonders schöne Reihe aller deutschen oder europäischen farbig abgebildeten Singvögel. Ich besass ein altes Briefmarkenalbum und eine Reihe verschiedenster Marken. Die verschiedenen Serien an Zigarettenbildern sammelte besonders Vater, der seinen Nachschub von den Schülern erhielt. Für eine gewisse Anzahl von Bildern bekamen sie von ihm etwas geschenkt. Er besass auch die dazu erforderlichen Alben mit ausführlichen Beschreibungen der einzelnen Abbildungen.

Irgendwann schaffte ich mir ein mittelgroßes Aquarium an, richtete es mit einem Sandboden, einigen Steinen und Wasserpflanzen ein und besorgte mir einige Zierfische: Guppys, rote und grüne Schwerfische. Später kam ein kleiner Raubfisch hinzu. Um zu Fischen zu kommen, tauschten wir untereinander. Anfangs gab es noch Fischfutter in der Drogerie zu kaufen. Im Sommer fütterte ich die Fische mit lebenden Wasserflöhen, die ich in der Skarotka fing. Ein kräftiges Stück Draht wurde kreisförmig gebogen und mittels eines verlängerten Drahtteils an einem kräftigen Stock oder an einem alten Besenstiel befestigt. Am ringförmigen Teil wurde ein Stück eines alten seidenen Damenstrumpfes befestig und unten zusammen gebunden. Mit Hilfe dieses Netzes ging es zum Teich. Die gefangenen Wasserflöhe kamen in ein mit Wasser gefülltes größeres Glas. Einen Teil der Wasserflöhe trocknete ich auf einem Zeitungsbogen oder auf einem Pappstück in der Sonne. So erzeugte ich das notwendige Winterfutter. Etwa alle vier Wochen musste das Aquarium gereinigt werden, eine eher unschöne Arbeit. Damit die Fische nicht aus dem Wasser sprangen, was immer wieder vorkam, legte ich eine Glasscheibe über den größten Teil der Öffnung. das Aquarium hatte seinen Standort in der Küche, nahe den Fenstern.

Winterfreuden

Schon im Dezember, mal früher, mal später, schneite es ausgiebig. Damit verbunden war eine entsprechende Kälte bis weit unter minus zehn Grad. Dieses Wetter, teilweise durch Tauwetterperioden unterbrochen, hielt meist bis zum März an. Auch das war unterschiedlich. Für uns Kinder bedeutete ein schneereicher Winter eine herrliche Zeit. Aus großen Schneekugeln, wie man sie zum Bau eines Schneemannes brauchte, erichteten wir große Schneehöhlen, deren Dächer kuppelartig aussahen. Um ihnen eine größere Stabilität zu geben, übergossen wir das fertige Bauwerk mit Wasser, das bei den niedrigen Temperaturen schnell gefror und die Hütte von außen spiegelglatt und stabil machte. Manchmal schaufelten wir den Schnee auch zu einem großen Berg zusammen und höhlten ihn dann aus. Meist konnten wir das auf dem gegenüber liegenden Grundstück in der Fasaneriestraße 13 bei Rienow und Langner tun. Andere Winterfreuden waren das Kascheln. Auf einem Weg, oft auf dem Bürgersteig der Straße, wurde durch Rutschen über den Schnee eine glatte Fläche geschaffen, verschiedentlich halfen wir auch mit Wasser nach, das eine spiegelglatte Fläche erzeugte. Dann stellten wir uns etwa zehn oder fünfzehn Meter vor der glatten Fläche auf, nahmen Anlauf und rutschten mit Vergnügen über die glatte Eisfläche. Oft verdarben uns die Erwachsenen unsere Freude und streuten Asche auf die Bahn. Bald hatten wir an anderer Stelle wieder eine neue fertig gestellt.

Ein Stück hinter dem Valeska-Platz befand sich an der rechten Straßenseite ein mittelgroßer Teich, die Skarotka, im Winter fast durchweg mit einer dicken Eisschicht bedeckt. Vom Morgen bis zum Abend war ihre Fläche von vergnügten großen und kleinen Schlittschuhfahrern belegt. Auf der Straße und auf den Höfen durften wilde Schneeballschlachten nicht fehlen. War der Schnee etwas feuchter, bauten wir Schneemänner aller Art.

Ein ganz besonderes Vergnügen aber war das Skifahren. Zu Weihnachten 1938/39 bekam ich meine ersten etwa 1,70 Meter langen Skier. Klaus und Liesel bekamen ein Jahr später welche, allerdings angefertigt von einem Tischler in der Nähe. Das war etwas ganz Besonderes. Viele Kinder hatten nur aus Fassbrettern selbst hergestellte Skier mit einfachsten Bindungen aus Lederriemen. Die Hauptsache aber war, etwas unter den Füßen zu haben. Der nahe Wald lockte uns im Winter in jeder freien Minute zum Skifahren. Die Skier konnten wir bereits vor der Haustür anschnallen. Eine erste Gelegenheit dazu hatten wir am Eva-Platz, wo es Abhänge mit einem geringen Gefälle gab. Weitaus interessanter war die Skiwiese tief im Wald mit ihren Hängen, kleinen und größeren Sprungschanzen. Über den »Düsterblick« oder über den »Kleinen Stern« gelangten wir dorthin und vergnügten uns oft stundenlang, bevor wir uns müde und hungrig wieder auf den Heimweg machten. Oft konnten wir auch direkt auf der Fasaneriestraße unsere Skier benutzen. Der von den Bürgersteigen geschaufelte Schnee war so hoch aufgeschüttet, dass wir von diesen »Bergen« hinunter fahren konnten. Kamen wir heim, so waren unsere Hände oder Füße oft gefroren. In kaltes Wasser gelegt oder gestellt, wurden sie schnell wieder warm. Probleme machten immer wieder die Bindungen. Die Lederriemen versagten mit der Zeit ihre Dienste und waren schwer zu ersetzen, da sie kaum noch zu bekommen waren. Meist mussten Provisorien herhalten.

Advents- und Weihnachtszeit

Auf das Weihnachtsfest, besonders aber auf den heiligen Abend, freuten wir Kinder uns schon Wochen zuvor. Die Adventszeit war immer eine sehr schöne und geheimnisvolle Zeit. Vor dem ersten Adventssonntag wurde ein Adventskranz gebunden und an einem roten Tischständer aufgehängt, dessen Spitze ein goldfarbener Stern zierte. Dazu kamen rote Kerzen. Der Kranz stand im Wohnzimmer und vor allem an den Sonntagen wurde die entsprechende Anzahl von Kerzen angezündet. Verschiedentlich bekamen wir auch einen Adventskalender etwa in DIN A4 Größe, deren Fensterchen wir täglich öffneten. Oft gab es während dieser Zeit die köstlichen, im Bratrohr gebackenen Bratäpfel.

Auch in der Kirche hing ein großer Adventkranz von der Decke herab. Es erklangen die schönen alten Adventslieder, wie »Wachet auf, ruft uns die Stimme… « oder »Tauet Himmel den Gerechten… «. Während der Messen am Sonntag ertönte jeweils dreimal hintereinander, jedes Mal in einer etwas höheren Tonlage, das festliche und gern gesungene »Ecce, Dominus veniet… « (»Siehe, der Herr wird kommen… «) von Schnabel. Geheimnisvoll waren die Rorate Messen am frühen Morgen im Advent in der dunklen, nur von Kerzen erhellten Kirche. Die Adventszeit galt seitens der Kirche als geschlossene Zeit, während der Festlichkeiten, Hochzeiten usw. nicht erlaubt waren. Erst vom zweiten Weihnachtstags an durfte wieder gefeiert werden.

In diese Zeit fiel das Fest der heiligen Barbara. In vielen Familien war es Brauch, an diesem Tag, dem 4. Dezember, einen Kirschzweig in die Vase zu stellen, damit er zu Weihnachten blühte. Barbara war die Patronin der Bergleute. Diese begingen den Tag groß und festlich, trugen ihre schwarzen Uniformen und ihre Kopfbedeckungen, deren Oberteile mit bunten Federn geschmückt waren. Es gab Festzüge mit Musik und Fahnen zur Kirche. Nach den Gottesdiensten wurde zur Freude aller tüchtig gefeiert. Und nicht selten wurde dabei stark dem Alkohol zugesprochen. So wurde der Heimweg für viele von ihnen oft recht beschwerlich. Einige machten Randale. So mancher landete irgendwo am Straßenrand. Als Kinder fürchteten wir uns immer vor diesen Betrunkenen in der Dunkelheit. Viele schauerliche Geschichten über Handgreiflichkeiten der Betrunkenen hatte wir durch Erzählungen gehört. In der Kriegszeit entfielen all die offiziellen Feiern. Die Bergleute selbst ließen es sich nicht nehmen, traditionsgemäß auf ihre alkoholischen Getränke zu verzichten. Der Nikolaus-Tag war ein Fest für uns Kinder. Am Vorabend dieses

Tages stellten wir einen Teller auf die Fensterbank. Andere benutzten dazu ihre Schuhe. Gespannt wartete jeder darauf, was wohl der Nikolaus da hinein tun würde. Es konnte auch vorkommen, dass an Stelle von Süßigkeiten, Pfefferkuchen und Nüssen in Stanniol verpackte Kohlestückchen darin waren. Das war die Gabe für die Unartigen. In viele Familien kam der Nikolaus persönlich ins Haus, begleitet von einem furchterregenden Knecht Ruprecht. Letzterer hatte einen großen Sack und eine ebensolche Rute bei sich. Standen zu viele Unarten im Buch des Nikolaus, konnte es vorkommen, dass Ruprecht das entsprechende Kind recht unsanft mit seiner Rute bearbeitete oder versuchte, das Kind in seinen Sack zu stecken. Viele Eltern sahen darin in der Regel eine erzieherische Unterstützungsmaßnahme. Die Kleinen versprachen hoch und heilig, sich künftig artig zu verhalten. Der Nikolaus kam bis zu einer bestimmtem Zeit auch in die Schulen, wo es ähnlich her ging. Manches Mal wurde hierbei über die Stränge geschlagen und der Besuch zu einer wilden Rauferei herabgewürdigt. Zu uns ist der Nikolaus nie in eigener Person ins Haus gekommen.

Vor dem Kriege waren die Geschäftsstraßen in Beuthen festlich erleuchtet, auf den Plätzen standen erleuchtete Christbäume. An den drei Sonntagen vor dem Fest, dem Kupfernen, Silbernen und Goldenen Sonntag, waren die Geschäfte geöffnet.

In den Familien und Schulen wurden Weihnachtsgeschenke gebastelt und Pfefferkuchen gebacken. Ein herrlicher Duft erfüllte die Wohnung. Wir Kinder waren eifrig mit dabei. Bei den durch den Kohlenherd erhitzten Backöfen musste sehr aufgepasst werden, damit nichts zu scharf gebacken wurde. Temperaturregler kannte man zu dieser Zeit noch nicht.

Mit großer Spannung erwarteten wir Kinder in jedem Jahr den Heiligen Abend. Die Zeit bis zu diesem Tag wollte und wollte für uns nicht vergehen. Was mag es zu Weihnachten wohl geben? Vorsichtig schnupperten wir in allen Schränken nach versteckten Geschenken. Manchmal entdeckten wir Spielsachen im großen Schrank in Vaters Arbeitszimmer. Sie lagen verdeckt auf dem Schrankboden. Das Gesehene behielten wir für uns. Die Küche war an den Winterabenden in eine Werkstatt verwandelt und Vater schuf dort Spielsachen, so gab es 1933, als wir noch recht klein waren, ein schönes Schaukelpferd. Später erhielt Liesel eine wunderschöne Puppenstube mit großartigen Möbeln und anderen Einrichtungsgegenständen. Sie ist noch erhalten und befindet sich in Gieraltowitz. Im folgenden Jahr baute er einen komplett ausgestatteten Altar, zu dem es alle liturgischen Geräte und sogar ein richtiges Weihrauchfass mit Weihrauchschiffchen gab. Unsere Küche verwandelte sich in den Abendstunden meist in eine kleine Werkstatt. Eine längliche Bank stand dann zwischen Herd und Küchentisch und diente zum Hobeln und Zusammensetzen.

Rechtzeitig vor Weihnachten wurde Kuchen gebacken. Käse-, Mohn- und Streuselkuchen durften bei keinem Fest fehlen. Andere beliebte Kuchenarten waren die Napfkuchen oder Käsetorten. Die Backtage waren stets spannend und aufregend. Begehrt bei uns Kindern war das Auskratzen der Backschüsseln. Sobald der Kuchen fertig war, brachten wir Kinder ihn auf größeren oder kleineren Blechen in die Bäckerei, wo sie gebacken wurden. Vor den Festtagen herrschte dort immer Hochbetrieb. Zur Kennzeichnung wurde auf jedes Blech ein kleines Papierschild in den Teig gedrückt, damit auch jeder seinen Kuchen wieder bekam. Gegen Zahlung einer Backgebühr holten wir den Kuchen nach einer gewissen Zeit wieder ab. Zu Hause wurde zunächst ein frisches Stück Kuchen gekostet. Solch große Backtage wiederholten sich zu Ostern und zu Pfingsten oder zu besonderen Angelegenheiten. Schon zum Frühstück gab es dann an den Feiertagen den in Streifen geschnittenen Kuchen, den wir mit großem Appetit aßen..

Endlich war der Heilige Abend angebrochen. Das Wohnzimmer war verschlossen. Dort spielte sich, als wir noch kleiner waren, etwas für uns Geheimnisvolles ab. Wir schauten durch das Schlüsselloch, ohne jedoch etwas entdecken zu können. Als kleine Kinder glaubten wir manchmal, das Christkind in einem hellen Lichtschein gesehen zu haben. Die für uns lange Zeit bis zum Abend verbrachten wir Kinder in der Küche oder auch zeitweise im Freien. Der Tag wollte einfach nicht vergehen. Ein Mittagessen gab es wegen des Fasttages nicht, dafür einige Scheiben Brot für uns Kinder. In der Küche herrschte ein geschäftiges Treiben. Mutter bereitete den Karpfen vor. Einen oder zwei Tage war er in der Badewanne hin und her geschwommen. Dann kam eine Mitbewohnerin des Hauses und schlachtete den Fisch. Wir Kinder waren immer darauf erpicht, die heile Fischblase zu bekommen. Die Gerichte am heiligen Abend entsprachen alten oberschlesischen Bräuchen. Den Karpfen aß Mutter wohl allein. Vater stellte die in Oberschlesien am heiligen Abend übliche Hanfsuppe, im oberschlesischen Dialekt Schiminjotka genannt, in vielen Arbeitsgängen her. Nur er allein nahm sie am Abend zu sich. Ferner bereitete er die üblichen Mohnklöße zu. Endlich war es dann so weit. Auch draußen im Freien war es weihnachtlich. Der Schnee, ohne den wir uns Weihnachten gar nicht vorstellen konnten, glitzerte und es lag eine feierliche Stille über allen Straßen. Alles wirkte wie verzaubert. Bald nach Einbruch der Dunkelheit versammelte sich die ganze Familie um den besonders festlich gedeckten Tisch. Ein Kreuz, von zwei Kerzen umgeben, die Bibel, eine Geldbörse, damit das Geld nie ausginge, schmückten zusätzlich den Tisch. Zum Beginn des Essen las einer aus der Familie das Weihnachtsevangelium vor. Danach wurde gegessen. Als Nachtisch gab es Pflaumenkompott und ganz zum Schluss die in keiner oberschlesischen Familie am heiligen Abend fehlenden Mohnklösse, im Dialekt auch Makufki (makówki) genannt.

Nach dem Tischgebet am Ende verschwanden die Eltern noch einmal in das von Geheimnissen umwobene Wohnzimmer. Die Spannung bei uns Kindern war riesengroß. Endlich erklang ein heller Glockenton und wir durften das Wohnzimmer betreten. Dort stand an der Fensterseite der mit Lametta, Wachskerzen, Süßigkeiten und gelegentlich auch mit Wunderkerzen geschmückte leuchtende Christbaum. Links in einer Ecke des Wohnzimmers war etwa in Augenhöhe eine Krippe aufgebaut, deren Stall mit einer roten Lampe erleuchtet war und dessen Hirtenfeuer ebenfalls rot leuchtend schimmerte. Den Krippenstall, ein Fachwerkhaus, und die Anlage hatte Vater selbst hergestellt. Die Figuren stammten aus der Kunsthandlung Ludwig Auer in Donauwörth. Krippenstall und Figuren sind bis heute erhalten und schmücken zu Weihnachten das Wohnzimmer der Familie Kuszka in Gieraltowitz. Während der beiden letzten Kriegsjahre wurde die Krippe zum großen Bedauern von uns Kindern entweder aus Platz- oder Zeitmangel nicht mehr aufgestellt. Zunächst sangen wir einige der alten Weihnachtslieder. Wir schielten dabei bereits auf das, was unter dem Baum lag. Dann endlich durften wir uns auf die Geschenke stürzen. Immer erlebten wir irgendwelche Überraschungen. Da Vater ein sehr geschickter Bastler war, gab es oft auch die bereits erwähnten und von ihm hergestellten Spielsachen. Andere Geschenke im Laufe der Jahre waren Kreisel, Bauklötze mit Märchenmotiven, mechanische Eisenbahnen, Burgen, Bücher, Spiele und Baukästen. Klaus erhielt zu einem Fest einen Holzbaukasten der Marke »Rekord«, aus dessen Teilen wir die tollsten Gegenstände konstruierten: Fahrzeuge, Karussells, Geräte verschiedenster Art und viele andere Sachen. Ein Jahr später erhielt ich einen Stabilbaukasten, der noch wesentlich mehr Möglichkeiten bot. Für Klaus stand einmal eine Dampfmaschine unter dem Baum, mit deren Hilfe wir die von uns gebauten Mühlen und Karussells antrieben. Während des Krieges war es ein Problem, den notwendigen Brennspiritus für die Dampfmaschine zu erhalten. So behalfen wir uns mit Hindenburglichten, die wir z. T. selbst herstellten. Diese Baukästen boten unserer Phantasie großen Spielraum. An den langen Winterabenden verbrachten wir unzählige Stunden damit. 1939 lag für mich ein etwa 1,70 Meter langes Paar Skier unter dem Christbaum. Das war eine ganz besondere Freude. Während der bei uns immer schneereichen Winter wurden sie fast täglich untergeschnallt. Ein Jahr später lagen auch für Klaus und Liesel je ein Paar von einem Tischler aus der Stillersfelder Straße Ecke Kubothstraße gefertigte Skier unter dem Christbaum. Liesels Paar war recht kurz, etwa neunzig bis hundert Zentimeter lang. Diese Skier hatten einen Nachteil, sie waren im oberen Bereich nicht elastisch. Trotzdem waren sie großartig und sehr willkommen. Außer den Geschenken gab es einen bunten Teller mit Pfefferkuchen, Äpfeln, Nüssen und Süßigkeiten. Die Pfefferkuchen waren nach alten Rezepten gebacken worden. Eine besondere Spezialität waren die »Liegnitzer Bomben«, die mit Quittengelee gefüllt waren. Gebacken hatte sie für uns in jedem Jahr eine Kollegin Vaters. Das Gelee war aus Früchten unseres Schrebergartens hergestellt worden. Für uns waren sie ein ganz besonderer Leckerbissen. An diesem Abend durften wir natürlich länger aufbleiben und mit unseren neuen Sachen spielen. Als wir größer waren, gingen wir mit in die Christmesse. Während die Leute sich nachts auf den Weg in die Kirche machten, spielte bis zum Kriegsbeginn eine Musikkapelle vom Turm der Corpus-Christi-Kirche Weihnachtslieder. Ursprünglich fand sie um Mitternacht statt. Während der letzten Kriegsjahre musste sie in die frühen Morgenstunden verlegt werden. Dieser Gottesdienst war besonders festlich und wurde als Levitenamt gefeiert. 1943 und 1944 assistierte dabei unser Beuthener Religionslehrer Kalitta, ein Freund Dr. Sossallas, als Diakon oder Subdiakon. Der Chor sang. Feierlich erklang das ebenfalls in Schlesien zu Weihnachten nicht weg zu denkende »Transeamus usque Betlehem … « von Schnabel. Eine große und in unseren Augen schöne Krippe war immer im linken Seitenschiff aufgebaut. Nach den Gottesdiensten gingen wir zu ihr hin und warfen auch ein Geldstück in den damals üblichen Opferkasten mit einem zum Dank nickenden Neger. Nach dem Heimkommen gab es noch einmal Mohnklösse, die nun noch besser schmeckten. Danach ging es ins Bett.

Am letzten Tag des Jahres, dem Silvestertag, fand in der Kirche eine feierliche Jahresschlussandacht statt, an deren Ende aus voller Brust das festliche Te Deum erschallte. Danach saßen die Familien daheim in ihren Wohnstuben oder -küchen. Nach dem Abendessen, bei dem meist noch einmal

Mohnklöße auf den Tisch kamen, gab es Pfannkuchen (Berliner) und Glühwein. Dabei wurde erzählt, die Ereignisse des vergangenen Jahres und Fragen nach dem neuen Jahr oder Pläne für dieses waren Inhalt der Gespräche. In vielen Häusern amüsierten sich die Leute beim Bleigießen. Glühendes, flüssiges Blei wurde ins Wasser gegossen. Dabei entstanden die verschiedensten Figuren, aus denen Schlüsse für die Zukunft gezogen wurden. Um Mitternacht begann auf den Straßen das heute noch übliche Knallen, das allerdings in den Kriegsjahren nicht mehr erlaubt war.

In vielen Wohnungen stand der Baum oft bis zum 2. Februar, dem Ende der kirchlichen Weihnachtszeit. Bei uns geschah das bereits früher, da der Baum, es war stets eine einfache Fichte, zu sehr zu nadeln begann. So durften wir ihn nach dem Dreikönigstag vor dem Abbauen plündern, d.h. wir Kinder konnten die Süßigkeiten abnehmen, die natürlich gleichmäßig verteilt worden sind. So mancher süßer Kringel aber hatte längst auf unerklärliche Weise den Weg in den Magen eines von uns Kindern gefunden. Zu Weihnachten und zu anderen Festen gab es während des Krieges Sonderzuteilungen an Süßigkeiten. Vor den Festen wurden sie in den Zeitungen aufgerufen und waren danach erhältlich. Im Laufe des übrigen Jahres gab es sie selten. Jeder musste sich darum seine ihm zugeteilten Leckereien gut einteilen.

Während der Weihnachtszeit gab es zwei schöne Bräuche. Der eine war die Kolende. In alter Zeit diente sie der Entgegennahme der Abgaben an die Geistlichen und den Küster. Jetzt war sie eine gute Gelegenheit, die Gemeindemitglieder kennen zu lernen und deren Wohnungen zu segnen. Diese wurden dafür erneut auf Hochglanz gebracht. Vom zweiten Feiertag bis zum Dreikönigstag besuchten die Pfarrgeistlichen alle Familien ihrer Gemeinde. Pfarrer und Kaplan hatten ihre bestimmten Straßen, die im nächsten Jahr gewechselt wurden. So kam jeder Pfarrgeistliche einmal in alle Familien. Es kam natürlich auch vor, dass die Geistlichen nicht in die Wohnung herein gelassen wurden. Das waren aber die Ausnahmen. Wir Kinder warteten immer gespannt auf die Ankunft des betreffenden Geistlichen, der vom Küster oder Organisten und einigen Ministranten in ihren Gewändern begleitet wurde. Immer wieder schauten wir hinaus, wo der Pfarrer oder Kaplan gerade war. Endlich war der sehnsüchtig erwartete Besuch da. Schon vor der Korridortür sangen die Ministranten ein Weihnachtslied. Dann trat der Geistliche ein. Er kniete sich auf die Fußbank vor dem Wohnzimmertisch, auf dem zwischen zwei Leuchtern ein Kreuz stand, betete das Segensgebet und besprengte den Raum mit Weihwasser. Der Küster schrieb mit geweihter Kreide auf den oberen Türbalken der Wohnzimmertür die Buchstaben C + M + B: »Christus mansionem benedicat« (»Christus segne diese Wohnung«) und die Jahreszahl. Dann unterhielt sich der Geistliche mit Eltern und Kindern. Jedes Familienmitglied erhielt als Andenken an diesen Besuch ein Andachtsbildchen, der Geistliche und sein Anhang ein kleines Geldgeschenk. Durch diesen Kolende-Brauch lernten die Pfarrgeistlichen die Familien ihrer Gemeinde und deren Lebensverhältnisse besser kennen und hielten eine gewisse Verbindung zu ihnen aufrecht. Ein Brauch, der vor allem die heutige Seelsorge sehr bereichern würde.

Zur Jahreswende 1944/45 war die Kolende staatlicherseits verboten worden. Während der Jahresabschlussandacht 1944, die Kirche war überfüllt, wollten die Gläubigen ihre Solidarität mit den Geistlichen und der Kirche zum Ausdruck bringen. Nach der Predigt stürmten sie in den Altarraum, um bei einem Gang um den Altar ihr Opfer darbringen, obwohl vorher bereits darauf hingewiesen worden war, dass ein Opfergang verboten worden sei. Die beiden Geistlichen hatten alle Mühe, die Gläubigen aus dem Altarraum zurück zu drängen.

Ein zweiter Brauch waren die Besuche der »Drei Könige«. Um das Dreikönigsfest zogen die drei Könige mit einem Schäfer und Herodes von Haus zu Haus. Alle entsprechend gekleidet. Sie klingelten an den Haustüren und wurden fast immer heringelassen. Zu uns kamen sie meist zur Zeit des Abendessens. In der Küche begannen sie in verteilten Rollen zu singen:

Wir treten herein mit unserem Gott,
einen schönen guten Abend,
das gebe euch Gott!
Wir kamen zu Herodes Haus.
Herodes schaute zum Fenster hinaus.
»Ihr lieben drei Weisen, wo wollt ihr hin?«
»Nach Betlehem ins jüdische Land,
das ist den Weisen gar wohl bekannt.«
Herodes sprechend:
»Der König Herodes werd ich genannt,
trage das Schwert in der rechten Hand.
Und wer sich gegen mich wehrt,
den schlage ich nieder mit dem Schwert.«

Der Mohr:
»Ich bin der Mohr aus dem Morgenland,
die Sonne hat mich schwarz gebrannt.
Hätt' mich die Mutter gewaschen mit einem Schwamm,
so wär' ich weiß wie ein Lamm.
Aber sie hat mich gewaschen mit einem Lappen,
drum bin ich so schwarz wie ein Rappen.«

Der Schäfer mit einem langen Stab in der Hand tanzte, rhythmisch klopfend, um seinen Stab herum:

»Ob ich gleich ein Schäfer,
hab' ich doch ein'n frohen Sinn.
Frohen Sinn und Leben
hat mir Gott gegeben.
Ob ich wache oder schlafe:
Gott behüte meine Schafe,
wo ich stets alleine bin.
Alle zusammen:
»Gut Nacht, gut Nacht, ihr lieben Leut',
unser Weg ist weit, mit Schnee bestreut.«

Ein Mitglied der Gruppe hatte eine Spardose für eine kleine Geldspende. Drei- bis viermal hatten wir alljährlich während der Weihnachtszeit diesen Besuch.

Auch wir wollten einmal als Könige los und hatten uns goldene Kronen gebastelt und Gewänder zurecht gemacht. Besuche wollten wir nur zu dritt bei einigen wenigen Bekannten und evtl. im nahen Pfarrhaus machen. Vater verbot uns das mit dem Hinweis, dies sei Bettelei. Wir sahen das anders.

Die Nächte zwischen Weihnachten und dem Dreikönigstag galten als die zwölf »heiligen Nächte«, während der ein wildes Heer durch die Lüfte zog. In der Schule hatten wir gelernt oder gehört, wir müssten das Wetters jedes dieser zwölf Tage aufschreiben. Daraus könnten wir auf das Wetter in den entsprechenden Monaten des neuen Jahres schließen. Manchmal beobachteten wir das Wetter, hielten es aber nicht immer schriftlich fest. Bei vielen älteren Erwachsenen waren diese Nächte obendrein mit zahlreichen abergläubischen Vorstellungen verbunden, an die sie ernsthaft glaubten. Noch heute sind viele, auch jüngere Oberschlesierinnen, von diesen abergläubischen Vorstellungen überzeugt und halten sich daran.

Das letzte Weihnachtsfest in Mechtal erlebten wir 1945. An einen Christbaum war zunächst nicht zu denken. So schlossen wir Jungen unserer Straße, sie hieß jetzt ul. Stalmacha, uns zusammen und stapften durch den Schnee in den nahen Wald zu einer Tannenschonung in der Nähe des Eva-Platzes, um dort einen Christbaum zu »erstehen«. Eine Hausbewohnerin, die davon etwas mitbekommen hatte, bat mich, auch ihr einen Baum zu besorgen. Sie versprach mir dafür fünf Zloty, einen für uns damals großen Betrag. Als wir im Wald unsere Bäume geschlagen hatten, tauchte plötzlich bewaffnete polnische Miliz auf, die jetzt das Sagen hatte. Eine wilde Jagd begann. Da wir uns aber besser auskannten und auch schneller als die Milizianten waren, gelang es uns, mit unseren Bäumen zu entkommen. Einen der beiden Bäume lieferte ich bei meiner Auftraggeberin ab und erhielt von ihr tatsächlich die fünf versprochenen Zlotys. Dafür kaufte ich mir in der Bäckerei am Anfang unserer Straße einen kleinen Brotlaib etwa in der Größe zweier Semmeln (vier Brötchen). Den anderen Baum brachte ich in unserem Keller unter. Im Sommer hatten neue polnische Bewohner in Beuthen Christbaumkugeln aus einem Wohnungsfenster geworfen. Ich erwischte eine Reihe davon und nahm sie mit nach Hause. Nun schmückten wir Kinder das erste Mal selbst den Christbaum. Kerzen hatten wir aus Wachsresten in Tablettenröhren gegossen. So konnte der Baum auch während dieser damals traurigen Zeit in festlichem Licht erstrahlen. An Geschenke war nicht zu denken. Trotzdem fanden wir etwas unter dem Christbaum. So erhielt ich ein etwa gut postkartengroßes, wohl zehn Zentimeter dickes, rot eingebundenes Lexikon aus dem Bestand von Vaters Büchern. Darüber habe ich mich ungemein gefreut. Auch dieses Lexikon habe ich in meinem Rucksack mit in den Westen genommen. Irgendwann in späteren Jahren ging es leider verloren. Die Christmesse fand erstmals wieder um Mitternacht statt. Die Eltern, Klaus und Liesel machten sich auf den Weg in die nahe Kirche. Ich blieb zurück und hütete die Wohnung. In dieser unsicheren Zeit war es dringend nötig, dass jemand zurück blieb. Was es an diesem Tag zu essen und ob es Mohnklöße gab, weiß ich nicht mehr. Erstmals fand auch wieder die Kolende statt. Wir hatten uns darauf gefreut. Vater hatte es aber nicht zugelassen. Sicher weil kein Geld vorhanden war, um dem Pfarrer und seinem Anhang etwas zu geben.

Schulzeit

Am Tag vor dem Schulbeginn stand ich an der Tür zwischen Bau- und Haushof und stellte etwas wehmütig fest, dass nun die schöne freie, ungebundene Zeit für mich vorbei sei. Ein Tag um den 1. April 1938 war mein erster Schultag. Die für mich zuständige Schule III lag nur fünf Minuten von unserem Wohnhaus entfernt. Damals nannte sie sich Volksschule und hatte acht Klassenstufen mit den Klassen VIII bis I. Mutter brachte mich zur Schule. Voller Neugierde betrat ich das Gebäude. In meinem zukünftigen Klassenraum herrschte ein reger Betrieb. Jeder neue Schüler wurde begrüßt. Ich bekam eine sechseckige, unten spitz zulaufende Schultüte. Neben anderen Süßigkeiten fand sich darin ein Riesenstift aus Schokolade. Zu meiner Schulausrüstung zählte ein lederner dunkelbrauner Ranzen, eine Schiefertafel mit einem an einer Kordel befestigten Schwamm und Wischlappen, die notwendigen Schiefer- und Milchstifte und eine Brottasche. Erstere waren hart, kratzten und quietschten, die anderen weicher und dadurch besser zum Schreiben geeignet. Sie waren jedoch auch schneller verbraucht. Eine Fibel rundete die Ausstattung ab. »Erste Klasse Nuckelflasche, zweite Klasse Bukkeltasche, dritte Klasse Aktentasche… « waren Verse eines Spottliedes auf die Grundschüler. Vater war mein Klassenlehrer. Allgemein waren die Erstklässler die »I-Männchen«. Das i der Sütterlinschrift war der erste zu lernende Buchstabe. Bis zum dritten Schuljahr war sie die verbindliche Schrift. 1941 schafften die Nationalsozialisten diese Schrift ab. Durch einen Erlass des Reicherziehungsministeriums wurde an deren Stelle ab 1. September 1942 die Antiqua, die lateinische Schrift, zur deutschen Normalschrift bestimmt. Die Sütterlin-Schrift hatte danach nur noch für das Schönschreiben eine Bedeutung. In der Schule und zu Hause wurde während der beiden ersten Schuljahre zum Schreiben und Rechnen nur die Tafel benutzt. Geschmiere konnte also schnell weggewischt werden. Der Schreiber musste von vorne beginnen. Die 1913 erbaute Schule, auch »Jubiläums- oder Kriegsschule« genannt, hatte eine für die damalige Zeit fortschrittliche Ausstattung mit Duschanlagen und einer großen Lehrküche im Keller, Bastelräumen und einem Filmraum im obersten Geschoss, im Hochparterre lag das Lehrerzimmer. Die Klassenräume verteilten sich auf zwei Geschosse. Die unteren Teile der Wände waren mit einem Ölfarbenanstrich versehen, die Oberteile hell gestrichen und im oberen Bereich mit Sprüchen verziert: »Nicht für die Schule, sondern für das Leben lernen wir!« usw. Alle Schulen rochen damals gleich nach Wachs oder Öl, mit dem während jeder Ferien die Holzfußböden eingerieben worden waren. An der Fensterseite eines jeden Klassenraumes gab es den Lehrerkatheder mit einer sesselartigen Sitzgelegenheit auf einem Podest, einen schmalen, hohen Schrank, eine drehbare Tafel, eine Rechenmaschine, der sogenannte Abakus, ein Metallgestell mit einer emaillierten Waschschüssel und einer ebensolchen Wasserkanne. In einer Ecke jedes Raumes war zudem ein in der Regel mit Sand gefüllter Spucknapf platziert. Zwei Wandseiten waren auf einer stärkeren Holzunterlage mit gusseiserne Kleiderhaken versehen. An den Wänden hingen Lehrbilder, an der Frontseite ein Hitlerbild anstelle des um 1938 von den Nazis verbotenen Kreuzes. Später stand am oberen Rand der Tafel in besonders schöner Schreib- oder Druckschrift der sogenannte Wochenspruch, der allwöchentlich wechselte. Betrat der Lehrer zum Beginn der Stunde den Klassenraum, musste ein dazu bestimmter Schüler »Achtung!« rufen. Alle Schüler standen auf. Es folgte der Hitlergruß mit erhobener und ausgestreckter rechter Hand. Vor Beginn der ersten Stunde musste gemeinsam der Wochenspruch aufgesagt werden. Dann hieß es: »Setzen!« Die Hände gehörten flach vorn auf die Tischplatte, die Daumen hatten unter der Tischplatte zu sein. Das war die allgemeine Sitzhaltung während der ersten vier Schuljahre. Wurde jemand aufgerufen, hatte er aufzustehen und seine Antwort zu geben. Die Klassen, meine war eine reine Jungenklasse, zählten im Durchschnitt um die fünfzig Schüler. Daneben gab es ebensolche Mädchenklassen. Reichte die Zahl der Jungen und Mädchen nicht mehr zur Bildung einer Klasse, wurde eine gemischte Klasse eingerichtet. Die Klassenbezeichnungen zählten rückwärts. Das erste Schuljahr war die Klasse VIII a–b–c usw. Für die Lehrer bedeuteten so große Klassen eine schwierige Arbeit. So war, um Ruhe und Ordnung aufrecht zu erhalten, der Rohrstock ihr ständiger Begleiter. Und es verging wohl kaum ein Tag, an dem nicht mehrere, oft auch viele Schüler mit ihm Bekanntschaft machten, auch im ersten Schuljahr. Nicht nur Unruhestifter wurden damit bestraft, auch wer viele Fehler aufzuweisen hatte oder sonst schlechte Leistungen erbrachte. Meist gab es etwas auf den Hosenboden, manchmal auch über die Finger. Die verschiedenen Lehrer machten unterschiedlich Gebrauch davon. Ein Lehrer, er hatte einen Schnäuzer wie Hitler und eine gewisse Ähnlichkeit mit ihm, zelebrierte die Bestrafungen regelrecht. Mal musste der Betroffene sich über die Bank legen, mal sich im Stehen bücken, die Fingerspitzen mussten den Boden berühren, mal musste er sich über den Stuhl legen. Mit besonderer Härte bestrafte er ihm von den Jungvolkführern gemeldete Jungen, die nicht zu den Dienstnachmittagen erschienen waren. Manche von Ihnen sprangen danach vor Schmerz in die Höhe. Alle Schüler während des vierten Schuljahres waren als Zehnjährige am 20. April ins Jungvolk aufgenommen worden. In jeder Klasse gab es aber auch eine Reihe von Wiederholern, die schon länger zum Jungvolk gehörten. Sie stellten das Gros der Bummler. Mädchen dagegen bekamen durchweg welche über die Hände. An einem Wintertag erwischte beispielsweise der Rektor einige Mädchen höherer Klassen während der Pause bei irgendwelchen Dummheiten, sicher harmlosen. Jedes Mädchen musste vor allen Schülern auf dem Hof die Hand ausstrecken. Der Rektor hielt die Hand am Gelenk fest und schlug zweimal auf jede Innenfläche mit dem Rohrstock. Die Mädchen steckten danach ihre Handflächen vor Schmerz unter die Achseln, drückten die Arme fest an und standen mit nach vorn geneigtem Oberkörper da, bis die Schmerzen nachließen. Während der Pausen kam es oft zu Ringkämpfen zwischen verfeindeten Schülern. Schnell hatte sich eine Traube von zuschauenden Schülern um das Ringerpaar gebildet. War ein Lehrer in Sicht, erfolgte meist ein Warnruf aus der Mitte der Neugierigen und im Nu war alles auseinander. Erwischte der Lehrer jemanden, hing es von seinem Ermessen ab, was mit denjenigen geschah. Meist war das mit einer Ermahnung oder einigen Ohrfeigen abgetan.

Filme sahen wir vorwiegend im Heimatkundeunterricht, meist sehr gut gemachte Tierfilme oder Filme über Landschaften und ihre Eigenheiten oder über bestimmte Berufe. Je nach Unterrichtsfach wurden auch Dias eingesetzt, deren Format etwa 12 x 12 Zentimeter betrug und riesige Projektionsapparate erforderte. Anstelle von Verdunklungsrollos waren die Fensterscheiben des Filmraumes schwarz gefärbt.

Wandertage stellten eine beliebte Abwechslung der Unterrichtstage dar. Etwa einmal im Jahr, im Mai oder Juni, ging es in der Regel gemeinsam mit weiteren Klassen los. Ziel war ausschließlich die Kreisschänke im Kreiswald. Viele Schüler, auch ich, trugen einen kleinen Rucksack mit dem nötigen Proviant mit sich. An der Kreisschänke unweit von Martinau erfolgte die große Frühstücks- und Spielpause. Manche Schüler holten sich auch irgendein Getränk aus dem Lokal, vorwiegend eine Flasche Brause. Gegen Mittag ging es dann wieder heimwärts. Alle Teilnehmer waren froh und zufrieden. Ein ganz besonderes Erlebnis für mich war die Teilnahme an einer Vorführung mit flüssiger Luft in der Schulküche, die für ältere Schüler bestimmt war. Die vielen Experimente faszinierten mich.

Die unangenehmste Erinnerung an die Grundschulzeit ist für mich der Musikunterricht bei einem bestimmten Lehrer. Vor den Zeugnissen hatte jeder Schüler der Reihe nach ein Lied vorzusingen, für das es eine Note gab. Als ich »Wohlauf Kameraden, auf's Pferd, auf's Pferd...« gesungen hatte, lächelte mich dieser Lehrer höhnisch an und bemerkte: »Wenn das Singen sein soll, dann...«. Seit diesem Vorfall habe ich nie wieder ein Lied vorgesungen. Das Singen war mir für immer vergangen.

Welcher Schüler mochte die Ferien nicht? Die Herbstferien lagen immer so, dass die Kinder bei der Kartoffelernte helfen konnten. Im Volksmund hießen sie darum »Kartoffelferien«. Zur damaligen Zeit mussten die Kartoffeln noch mühselig mit einer »Kartoffelhacke« in ziemlich gebückter Haltung aus der Erde geholt werden. Auf diese folgten wie auch teilweise heute noch die Weihnachts-, Oster-, Pfingstferien und Sommerferien.

Um die gesundheitliche Widerstandskraft von uns Schülern zu stärken, erhielten wir während des Krieges zeitweise als Ersatz für eine vitaminarme Ernährung Vitamintabletten. Täglich verteilte der Lehrer an jeden Schüler eine Tablette.

So ging die Grundschulzeit ihrem Ende entgegen. Vor den großen Ferien 1942 fanden an den weiterführenden Schulen, an der Mittelschule in Mechtal und an den Gymnasien und Oberschulen in Beuthen, die Aufnahmeprüfungen für die Eintrittsklassen statt. Wegen der Kriegszeit waren sie auf einen Tag begrenzt worden.

Jungvolk – NS-Organisationen

Vom 10. Lebensjahr an war nach dem Gesetz über die Hitlerjugend vom 1. Dezember 1936 jeder Junge und jedes Mädchen zwischen 10 und 18 Jahren verpflichtet, Mitglied des Jungvolkes oder der Jungmädel und dann der Hitlerjugend (HJ) zu werden. »Der Zehnjährige wird Pimpf im Deutschen Jungvolk und lernt das Gesetz der Gemeinschaft kennen. Hier setzt«, so das Reichsbürger-Handbuch, »die Erziehung zum nationalsozialistischen Denken und Handeln ein: denn bei ihnen liegt die Zukunft des deutschen Volkes.« Alle Jungen und Mädchen mussten bis zum 15. März des Kalenderjahres, in dem sie das 10. Lebensjahr vollenden durch den gesetzlichen Vertreter zur Aufnahme in das Jungvolk gemeldet werden. Die Dienstpflicht galt vom 10. bis zum 18. Lebensjahr. So mussten sich an einem Sonntag um den 20. April 1942 alle zehnjährigen Mädchen und Jungen, darunter auch ich, vor dem Mechtaler Rathaus versammeln. Dort fand die »feierliche« Aufnahme in das Jungvolk bzw. zu den Jungmädeln statt. Fahnenaufmärsche, Fanfarenzüge, Reden an diesem Tag sind mir noch in Erinnerung, allerdings nicht, was gesagt wurde. Das war der Beginn der Erfassung aller Menschen in nationalsozialistischen Massenorganisationen mit dem Ziel, sie nie wieder sich selbst zu überlassen, sie nie mehr zur Besinnung kommen zu lassen, keine wirklichen Gemeinsamkeiten, keinerlei freiwillige Zusammenschlüsse aufkommen zu lassen. Der angehende Jugendliche sollte den Fängen nationalsozialistischer Organisationen nie mehr entkommen, wie es Hitler in einer seiner Reden hervor gehoben hatte. Nach der Hitlerjugendzeit folgten der Reichsarbeitsdienst, der Wehrdienst, die Partei (NSDAP) und die verschiedensten nationalsozialistischen Organisationen. Nach Hitlers Willen sollte der deutsche Junge »Flink wie ein Windhund, zäh wie Leder und hart wie Kruppstahl sein«.

Unser Gebiet trug den Namen »Ostland«. Von jetzt ab hatten alle neu Aufgenommenen jeden Mittwoch- und Samstagnachmittag zum »Dienst« im Jugendheim in der Nähe der Schule II zu erscheinen. Zumindest zum Mittwoch durften keine Schulaufgaben gegeben werden. Ich gehörte dem Fähnlein 42 oder 43 an. Mein erster Fähnleinführer war Karl T., der Sohn eines Kollegen von Vater. Nach seiner Einberufung zur Wehrmacht wurde ein K. neuer Fähnleinführer. Im Laufe der Zeit wurden die Führer immer jünger und der »Dienst« entsprechend langweiliger. Vielfach wurde nur noch marschiert und gescheucht, d.h. Kniebeugen, Liegestütze und viele andere

Schikanen. Im Heim ein Singen »schnittiger« Lieder und eine Abfragerei über das Leben von Hitler, Horst Wessel, Herbert Norkus usw. Einige der am meisten gesungenen Lieder waren die sogenannten Kampf-Lieder. Teilweise verfasst vom ersten Reichsjugendführer der Hitlerjugend, Baldur von Schirach und von dem Nazi-Schreiber Hans Baumann. Andere Lieder waren das Westerwaldlied und viele andere. Ich habe allerdings nie das Singen antisemitischer Lieder erlebt, wie es vielfach der Fall war.

Zum Beginn und am Ende des Dienstes fanden Appelle aller Fähnlein statt, anfangs vor dem Jugendheim, später auf dem Schulhof der Schule II. Letzter Jungstammführer war der arrogante Klaus D. aus der Klosterstraße 8. Er hatte einen ungemein stechenden Blick und gab sich sehr von oben herab. Stammführer war ein im Bergbau beschäftigter M., ein ebenfalls unangenehmer Zeitgenosse, der ab und zu die einzelnen Fähnlein aufsuchte und jedesmal in manchmal penetranter Weise über seinen Werdegang als Bergmann und Hitlerjugend-Führer berichtete. Gelegentlich erhielten auch junge Mechtaler Offiziere während ihres Urlaubs Einladungen seitens der Fähnleinführer zum Jungvolkdienst. Sie schilderten interessant ihre Soldaten- und Fronterlebnissen und stellten das Soldatenleben, besonders auch die Aufstiegschancen, als etwas Großartiges heraus. Die letzten Jungvolkdienste fanden schon im Zuge von Auflösungserscheinungen Anfang Januar 1945

Das Jugendheim

aus mir unbekannten Gründen in der Schule III statt. Das waren die letzten Dienste, bevor die Sowjets kamen.

Eine Uniform besass ich zu meinem damaligen Leidwesen nicht. Im Sommer 1944 erhielt ich vom Jungvolk einen Sonderbezugschein für ein Braunhemd mit Halstuch und Knoten und für eine Manchesterhose. Eine so genannte lange Überfallhose aus dunkelblauem Stoff konnte ich nie ergattern. Sie hätte sich äußerst gut als Winterhose geeignet. Solche Scheine und Beförderungen waren wohl weitgehend Söhnen von Parteigenossen vorbehalten.

Mein letzter Jungzugführer war ein Kollegensohn. Im Laufe des Sommers 1945 traf ich ihn kurz im Rathaushof. Er sass in einer Art Ersatz-Rollstuhl, einem Hand- oder Kinderwagen. Beim Einmarsch der Sowjets in das Sudetenland, wohin die Familie auf der Flucht gekommen war, erlitt er eine Schussverletzung. Seine Mutter war mit den fünf jüngeren Kindern von der Flucht in ihre fast vollständig ausgeplünderte Wohnung in der Hindenburgstraße zurückgekehrt. Der älteste Sohn war bereits etwa 17 Jahre alt und als Flakhelfer eingezogen. Vom Vater gab es keinerlei Nachricht.

Im Deutschen Jungvolk gab es die verschiedensten Rangstufen: Gebietsführer, Jungbannführer (Mädelringführerin), Jungstammführer mit weißer Kordel, Fähnleinführer (Jungmädelgruppenführerin), Hauptjungzugführer mit grün-schwarzer Kordel, Jungzugführer mit grüner Kordel (Jungmädelscharführerin), Jungenschaftsführer mit rot-weißer Kordel (Jungmädelschaftsführerin) und die Pimpfe und Jungmädel als das Fußvolk. Überall im öffentlichen und privaten Leben war der Deutsche Gruß »Heil Hitler!« mit erhobener, ausgestreckter rechter Hand verpflichtend.

Mein Vater, in der Weimarer Republik Mitglied der Zentrumspartei bis zu ihrer Auflösung 1933, war niemals der NSDAP beigetreten, obwohl er Lehrer war. Außer ihm waren an der Schule III, soweit mir bekannt ist, nur drei Herrn und drei Damen keine Parteimitglieder. Wie weit ihm dies Nachteile einbrachte, vermag ich nicht zu beurteilen. Diese Tatsache bewahrte ihn allerdings im Februar 1945 vor der Deportierung in die Sowjetunion. Dafür war er Zellen- oder Blockwart in der NSV, der nationalsozialistischen Wohlfahrtorganisation, die an die Stelle der früheren Wohlfahrtsverbände getreten war. In dieser Eigenschaft suchte Vater viele alte Menschen auf, bei denen er sehr beliebt war. Das zeigte sich noch bei unserem Weggang im Mai 1946 in Form vieler vorzüglich belegter Schnitten, die wir zu unserem Leidwesen nicht alle mitnehmen konnten.

Bei den unter dem Motto »Ein Volk hilft sich selbst« regelmäßig durchgeführten Aktionen für das Winterhilfswerk (WHW), darunter Straßensammlungen, gab es u. a. Abzeichen oder Erinnerungsstücke verschiedenster Art, die in der Regel schnell vergriffen waren: Blumensträuße, Keramikfiguren, Schmetterlinge, Glasanhänger mit eingravierten Tieren, deutsche Märchen, deutsche Vögel, Trachten, Spitzenrosette (Plauener Spitze) usw.

Obere Hindenburgstraße mit Blick auf den Nordschacht

Am Beuthener Hindenburg-Gymnasium von September 1942 bis zum 18. Januar 1945

Am Ende des vierten Schuljahres fanden an den weiterführenden Schulen Aufnahmeprüfungen in verschiedenen Fächern und im Sport statt. Für die Aufgenommenen hieß es nach den großen Ferien nun, es war im September 1942, täglich mit der Straßenbahn nach Beuthen zu fahren. 1943 kam Klaus hinzu. Wir fuhren mit der Linie 6 auf der Hinfahrt vom Valeska-Platz bis zum damaligen Adolf-Hitler-Platz (vorher: Kaiser-Franz-Joseph-Platz und Boulevard). Die Rückfahrt traten wir vom Ring oder von der Tarnowitzer Straße (Trinitatis-Kirche) aus an. Für die Schülerfahrtkarte war monatlich eine Marke für fünf Reichsmark zu erwerben, die auf die Jahreskarte in die Spalte für den jeweiligen Monat geklebt werden musste. Am Jahresende holten wir uns im Straßenbahndepot am Ende der Piekarer Straße in Beuthen eine neue Jahreskarte. Mit dieser Karte konnten wir beliebig oft nach Beuthen und zurück fahren. Später, als wir schon länger dabei waren, ärgerten wir in der Straßenbahn oft die Mädchen, indem wir ihnen Zettel mit irgendeinem dummen Text am Mantelgurt befestigten: »Ich bin doof« oder »X + Y

Hindenburg-Gymnasium in Beuthen im Jahre 2006

lieben sich« und ähnliches. Die Straßenbahn war morgens stets sehr voll und zahlreiche ältere Menschen hatten keinen Sitzplatz. Eine Reihe von uns, darunter auch ich, boten regelmäßig unseren Sitzplatz älteren Mitfahrern an. Dafür lobte uns die Schaffnerin öffentlich in der Bahn und machte abfällige Bemerkungen über die, die das nicht taten. Manchmal durften wir sogar, meist in der Mittagszeit, wenn die Straßenbahn ziemlich leer war, das Klingelzeichen geben.

Lange hatte Beuthen auf ein Gymnasium warten müssen. Landrat von Tieschowitz drängte über zwanzig Jahre in Verhandlungen mit dem Kultusministerium auf die Einrichtung einer solchen Lehranstalt. Endlich beschlossen die Beuthener Stadtverordneten am 20. Februar 1865 den Bau eines Gymnasiums, das einen katholischen Charakter haben sollte. Das im neugotischen Stil gehaltene zunächst Städtische Gymnasium eröffnete endlich mit einem glänzenden Festakt am 9. März 1867 die neue Schule. Im Auftrag des Breslauer Fürstbischofs Heinrich Förster eröffnet der aus Königshütte stammende Weihbischof Adrian Wlodarski die Feierstunde. Beim anschließenden Festmahl wurde eine Sammlung durchgeführt, deren Ertrag den Grundstock zum Weihbischof-Wlodarski-Stipendium bildete. Die Zinsen wurden dann jährlich an bedürftige Schüler dieser Anstalt verteilt. Am 29. April 1867 öffnete sie ihre Tore mit den Klassen bis zur Sekunda als »Städtisches Katholisches Gymnasium« für die Beuthener Schuljugend und die vieler anderer Orte in der Gymnasialstraße zwischen Hohenzollern- und Kaiserstraße. Erster Direktor wurde der Königliche Professor Kayser (1867–1874). Sein Nachfolger war von 1874–1878 Dr. Wentzel. Ihm folgte Dr. Wilhelm Schulte (1884/97), der nach seiner Pensionierung 1905 in Glatz in den Franziskanerorden eintrat und 1911 zum Priester geweiht wurde. Als Pater Laurentius verstarb er am 9. April 1919 in Scheibe bei Glatz. Ihm verdankt die schlesische Forschung eine Reihe bedeutender Schriften zur älteren Geschichte Schlesiens. Im Jahre 1889 wurde diese Anstalt staatlich und nannte sich »Staatliches Königliches Katholisches Gymnasium«. 1877 zählte die Schule 477 Schüler, von denen 299 aus Beuthen, 178 von auswärts und 8 aus dem Ausland kamen. Ihrer Konfession nach waren 208 katholisch, 180 jüdisch und 89 evangelisch. Schülerzahlen einiger Jahrgänge: 1867: 248, 1878: 477 (11 Klassen), 1925: 749, 1930: 674 (19 Kl., 25 Lehrer) und 1935 waren es 620 Schüler (18 Kl., 25 Lehrer).

Nach Schulte übernahm die Leitung Robert Buchholz (1897–1906), gefolgt von Julian Ziaja (1906–1919), Dr. Heinrich May (1919–1936) und von 1936 bis Januar 1945 Oskar Poppke. Unter May und Poppke wurde ein Neubau des Gymnasiums geplant und 1938 auch genehmigt. Der Ausbruch des II. Weltkrieges verhinderte aber den Bau, der zwischen der Ostland- und Gartenstraße etwa gegenüber der Reichsbank errichtet werden sollte.

Bald nach Beginn des Ersten Weltkrieges, vom 21. bis zum 28. September 1914, hatte der Oberbefehlshaber Ost, der spätere Generalfeldmarschall Paul von Hindenburg mit General Erich Ludendorf das Hauptquartier des Oberkommandos der Wehrmacht in seinen Mauern aufgeschlagen. Ihm zu Ehren benannten die Beuthener Stadtväter diese Schule 1915 bald darauf in »Königliches Hindenburg-Gymnasium« um. Nach Kriegsende hieß es dann bis zu seinem Ende 1945 Hindenburg-Gymnasium. Bis 1945 wies eine Marmortafel neben dem Hauptportal auf diesen Aufenthalt Hindenburgs hin, der während dieser Zeit im Reichshof wohnte, dem heutigen Hotel Bristol.

Das Gebäude besass im oberen Stockwerk eine große und schöne neugotische Aula mit einem Altar. Dort fanden die Schulgottesdienste statt, bis sie von den Nazis verboten wurden. Den Altar hatten sie verkleiden lassen. In ihr wurde wegen des dort stehenden Flügels vielfach der Musikunterricht erteilt. Ansonsten diente sie allgemeinen Schulveranstaltungen, Weihnachts- und Abiturfeiern oder Versammlungen zu besonderen Anlässen. Um in den Kunst- und Werkraum und in einige Klassenräume zu gelangen, mussten wir die Aula durchqueren. Die Einrichtung der Klassenräume unterschied sich kaum von den bisher gewohnten. Für uns Schüler gab es auf einem niedrigen Podest stehende Zweiertische. Viele der neuen Lehrer hatten den Doktortitel und trugen einen Spitznamen wie Piefke, Toddo, Grent, Apollo, Apolline oder Jumbo. Neu für uns war das von einem vom Ordinarius beauftragten Schüler geführte Klassenbuch. Außer dem durchgenommenen Unterrichtsstoff, den Fehltagen enthielt es Raum für Tadel oder verhängte Strafen, wie etwa Arrest. Wir Jüngsten waren die Sextaner, die unterste Klasse also. Die in der Volksschule üblichen Wochensprüche gab es hier nicht, soweit ich mich erinnere, allerdings das »Achtung«-Rufen und das Aufstehen, sobald der Lehrer erschien. Meine neuen Mitschüler kamen aus Beuthen, Mechtal, Martinau, Randsdorf, Pilzendorf, Stillersfeld und Orzegow. Eine Reihe von uns trafen sich darum bereits morgens in der Straßenbahn. Leiter der Schule war seit 1936 Oberstudiendirektor Oskar Poppke. Erster Klassenlehrer, Ordinarius, war unser Lateinlehrer, Dr. Z., mit dem Spitznamen Jumbo. Ein älterer Herr, Dr. P., erteilte den Deutschunterricht. Während der Abstimmungszeit war er, wie er uns immer wieder erzählte, in verschiedenen deutsch-polnischen Kommissionen tätig gewesen. Bis Ende der zwanziger Jahre lebte er in Pless, arbeitete in den deutschen Vereinigungen in Ostoberschlesien mit und war Ratsherr der Stadt Pless. Den Religionsunterricht gab, für uns ungewohnt, ein Geistlicher, Studienrat Erich K., ein Freund Vaters aus der gemeinsamen Zeit an der »Privaten Höheren Fliegnerschule«. Er war Orientalist. 1945 vernichteten die Sowjets all seine diesbezüglichen Forschungsunterlagen. Im Kunstunterricht erhielten wir viele Anregungen durch den Kunstmaler Franz Hoffmann, Apollo genannt. Bei seiner Frau, Apolline, hatten wir in der Quinta Deutsch. Sie ließ uns u.a. Feldpostbriefe an verwandte oder bekannte Frontsoldaten schreiben. Darin sollten wir von unserer Tätigkeit an der Heimatfront berichten. Die Briefe wurden von ihr zensiert, mussten auf einen Briefbogen geschrieben, in einen Umschlag gesteckt und abgeschickt werden. Zum Glück sammelte sie die Briefe nicht ein. Jeder sollte ihn selbst in den Briefkasten stecken. In der Pause hieß es unter den Mitschülern: »Diesen Brief schicken wir doch so nicht ab!« Für mich war das ein Anlass, Kontakt zu meinem ältesten Cousin Willi aufzunehmen. Von da an schrieben wir uns regelmäßig bis eines Tages keine Antwort mehr kam. Er war, wie wir Jahre später erfuhren, an der Grenze zu Südostpreußen in sowjetische Gefangenschaft geraten. Erst 1949 kehrte er wieder heim. Ein anderes Mal hatten wir nach dem Gedicht »Gerdauen ist schöner« einen Aufsatz zu schreiben »Beuthen ist schöner«. Verglichen werden sollte Beuthen z.B. mit der Ruhrgebietsstadt Essen, der Heimat unseres nach Beuthen evakuierten Mitschülers Helmut. Diesen Aufsatz schrieben wir mit viel Freude. Als Frau H. uns vor den großen Ferien 1944 mitteilte, dass Dr. G. unser neuer Deutschlehrer in der Quarta würde, ging ein Jubel durch die Klasse. Sie fand das äußerst geschmacklos. Neuer Lateinlehrer wurde Dr. Carl H., mit dem Spitznamen Grent, dessen Sohn Alexander auch in unserer Klasse war. Als neues Fach kam Griechisch bei Studienrat Dr. Alfred A. hinzu.

Im neuen Schuljahr hatten wir bei Frau H. so etwas wie Staatsbürgerkunde und nahmen intensiv die am 18. Februar 1943 von Goebbels erlassenen »Zehn Gebote des totalen Krieges« durch. Immer wieder forderte sie uns auf, jeden Erwachsenen zu melden, der negative Äußerungen über den Krieg usw. machte, auch die eigenen Eltern. Außerdem sollten wir wachsam auf eventuelle Spione achten. Jeder von uns wollte natürlich einen Spion ausfindig machen.

Unser Musiklehrer H. war ein wohl höherer SA-Mann. Immer wieder erzählte er uns, dass er häufig zu den Jungvolkdiensten ginge. Seine erste Frage an die Jungen lautete stets: »Hast du schon deine Schulaufgaben gemacht?« Verneinte der Gefragte dies, schickte er ihn zur Erledigung seiner Aufgaben nach Hause. Diese hätten Vorrang vor dem Dienst war seine Ansicht. An sich gab es vom Dienstag zum Mittwoch wegen des Jungvolkdienstes kein Hausaufgaben auf. Wie es am Freitag war, also über das Wochenende, weiß ich heute nicht mehr. In einer anderen Stunde, er gab noch Erdkunde oder Geschichte bei uns, hatten wir über die Kriegsereignisse gesprochen. Seinen Kopf auf die Kathederkante gelegt, äußerte er: »Jungs, ich kann mir nicht helfen, aber einmal bekommen auch wir hier etwas ab.« Ein gewagtes Wort. In der Weihnachtszeit sangen wir kaum noch die alten und schönenWeihnachtslieder, sondern übten das zum »Julfest« passende »Hohe Nacht der klaren Sterne… « usw. ein. Erdkunde erteilte zeitweise auch Dr. E. in unserer Klasse.

Dr. B. erteilte den Mathematik und 1944 in der Quarta auch Chemie. Dieses Fach, sonst an humanistischen Gymnasien in dieser Klassenstufe unüblich, war neu eingeführt worden. In dieser Phase des Krieges sollten alle verborgenen naturwissenschaftlichen Talente entdeckt und gefördert werden. Zu Beginn der ersten Chemiestunde, als uns Dr. B. das Labor zeigte und erläuterte, fiel so ganz nebenbei die ironische Bemerkung: »Ihr sollt ja jetzt die großen Erfinder werden und alles retten.« Wir waren vom Chemieunterricht mit den zahlreichen Versuchen begeistert. So kauften wir uns Reagenzgläser, Kolben, Chemikalien und diverse Säuren. Damit experimentierten wir daheim. Besonders gern stellten wir Schwarzpulver her. Die dazu u. a. notwendige Holzkohle produzierten wir selbst. Die erforderlichen Chemikalien kaufte ich in unserer Mechtaler Drogerie Hildebrand am Valeska-Platz. Dabei wurde ich im Herbst 1944 Zeuge eines Gespräches zwischen dem Drogisten und einem ihm wohl gut bekannten Kunden. Beide unterhielten sich über die V-Waffen. Der Drogist erklärte, er könne sich nicht denken, dass den Engländern nicht mal eine solche V1 oder V2 unversehrt in die Hände fiele. In den ersten Februartagen 1945 holten die Sowjets ihn an einem frühen Morgen wegen seiner Mitgliedschaft in der NSDAP aus unserem Haus in der Fasaneriestraße 16 ab.

Der Sportunterricht fand in der auf dem Schulhof quer zum Hauptgebäude stehenden Turnhalle statt. Zum Schwimmen ging es in das Hallenbad im Stadtpark. In Anlehnung an Lale Andersons »Vor der Laterne… « sangen viele Jungen »Vor der Laterne, vor dem Beuthner Hallenbad, standen der und die und küssten… «. Das Toilettenhäuschen stand in der Verlängerung zur Turnhalle, eingerichtet wie das an der Schule III beschriebene. Dort versammelten sich auch die heimlichen Raucher, immer auf der Hut, nicht erwischt zu werden.

Bald wurden auf dem an den Kaiserplatz grenzenden Teil des Schulhofes ein Luftschutzbunker für Schüler und Lehrer errichtet. Es war ein Komplex mit schmalen Gängen und Tonnengewölben. Darüber lag eine hohe Erdschicht. An den Innenmauern waren lange Sitzbretter angebracht. Gab es während der Unterrichtszeit Fliegeralarm, ging es schnellstens in diesen Bunker. Einige Lehrer führten Aufsicht, die übrigen verbrachten die Alarmzeit wohl im Luftschutzkeller des Hauptgebäudes. Gewöhnlich ging es während der Zeit im Bunker laut und lustig zu. Die älteren Schüler sangen doppeldeutige Lieder, z. B.: »Und wenn im Dorf die Bratkartoffeln blüh'n, ist alles wieder gut, ist alles wieder gut… «. Ein anderes in vielen Variationen ebenso häufig gesungenes Lied, lautete: »Unsre Oma fährt Motorrad, ohne Bremse ohne Licht… «. Wir erlebten nie, so oft wir im Bunker waren, einen Bombenangriff. Meist überflogen die Bomberpulks das Gebiet irgendwo in der Nähe der Stadt, um die u. a. Benzin erzeugenden Blechammer-Chemiewerke zu erreichen.

Schüler höherer Klassen erhielten, von uns Jüngeren beneidet, Einberufungen zur Flak und trugen Uniformen. Andere hatten während der Nacht Alarmwache, um im Notfall Hilfe herbeizurufen und selbst mit zu helfen. Während solcher Nächte wurde natürlich auch Unfug getrieben. So rannten Nachtwachen zu sogenannten Mutproben auf die Gymnasialstraße, sprangen in der Kurve links zur Hohenzollernstraße auf die an dieser Stelle langsamer fahrenden Straßenbahnen auf. Dabei kam es eines Nachts zu einem Unfall mit schweren Verletzungen. Wie diese Angelegenheit ausging, erfuhren wir nicht.

Nach einem nächtlichem Fliegeralarm begann der Unterricht erst bis zu zwei Stunden später. Wegen Verspätungen der Straßenbahn erschienen wir Fahrschüler oftmals mehr oder weniger lange nach Beginn des Unterrichtes. Neben wohl fahrplantechnischen Gründen kam es vereinzelt auch zu schweren Unfällen: So erlebten wir einmal auf der Hindenburgstraße genau vor dem Wohnhaus unseres Pflichtjahrmädchens Gertrud P., den Zusammenstoß zweier Bahnen. Dabei konnten wir alle Formalitäten bei einem solchen Unfall mit Krankenwagen und Polizei direkt erleben. Eine später aus Beuthen gekommene Ersatzbahn brachte uns an unseren Bestimmungsort. Ein anderer Unfall an der Haltestelle »Mechtal-Schloss« mit tödlichem Ausgang ereignete sich an einem Sommertag. Ein mit dem Fahrrad fahrender älterer Schüler hatte sich an einen Lkw gehängt, war in eine Schienenspur geraten, gestürzt und von einer Straßenbahn überfahren worden. Am vorletzten Schultag vor dem Einmarsch der Roten Armee, am 17. Januar 1945, war in Karf an der Mechtaler Straße, der Hauptstraße, ein Haus von Bomben getroffen worden. Es hatte mehrere Tote gegeben. Die Trümmer lagen fast bis an die Schienen heran. Wasser floss in Strömen auf die Straße und gefror schnell. Die Straßenbahn jedenfalls konnte nicht weiter. Für uns Schüler war es der Anblick des ersten durch Bomben zerstörten Hauses. Nachdem wir die Unglücksstelle ausgiebig inspiziert hatten, fuhren wir mit einer jenseits der Unglücksstelle stehenden Straßenbahn weiter. Vorher hatten wir während der Fahrt erfahren, dass der sonst mit uns fahrende Schüler Fuchs aus Martinau bei einem Bombenangriff ums Leben gekommen sei. Das war der erste Todesfall infolge von Kriegseinwirkungen eines uns bekannten jungen Menschen.

Die Unterrichtsstunden verliefen je nach Lehrer mehr oder weniger interessant. Als Strafen gab es den Klassenbucheintrag oder den Arrest. Der an der Volksschule übliche Rohrstock war fast ganz verschwunden. Nur unser Lateinlehrer ließ ab und zu, wenn die Mitarbeit wohl sehr zu wünschen übrig ließ, durch einen Schüler den Rohrstock aus dem Klassenschrank oder aus einem anderen Klassenraum holen. Danach ging es rund. Meist machte während der restlichen Stunde gut die Hälfte aller Schüler mit dem Stock Bekanntschaft. Eine verkehrte Antwort, falsch dekliniert oder konjugiert und der betreffende Schüler musste nach vorn und sich über einen bestimmten Schülertisch legen. Die beiden Schüler dieser Bank waren bereits darin geübt, die Hosen der Betroffenen stramm zu ziehen. Wehe, sie taten es nicht ordentlich! Dann gab es einige kräftige Hiebe auf das Hinterteil des Deliquenten. Ein Mitschüler, dessen Eltern Inhaber einer Drogerie waren, wurde von Dr. Z. häufiger wegen irgendwelcher anderweitig nicht mehr zu bekommender Produkte angesprochen. Der Klassenkamerad besorgte sie ihm. Nachdem auch er über die Bank gemusst hatte, berichtete er nachher, von den Schlägen nichts gespürt zu haben. Sicher wollte sich der Studienrat eine solche Bezugsquelle nicht entgehen lassen und schlug darum nur zum Schein zu. Alle in der Klasse atmeten auf, wenn solch eine sich unendlich in die Länge ziehende Stunde schließlich zu Ende war. Auf der anderen Seite war Dr. Z. immer wieder, wenn wir ihn darum baten oder auch von selbst bereit, am Ende einer Stunde oder vor den Ferien eine Geschichte zu erzählen. Er erzählte uns von den sieben Weltwundern oder aus griechischen und römischen Sagen. Auch sonst begegnete er uns Schülern stets zuvorkommend und fürsorglich.

Schreib- und Rechenhefte bekamen wir nur gegen Vorlage einer vom Schulsekretariat bestätigten Bescheinigung. Diese hatte jeder Schüler vorher selbst zu erstellen. Zum Beispiel: »Der Schüler ... benötigt 1 Schreibheft, 1 Rechenheft. Beuthen, den 25. Juni 1944 – Stempel und Unterschrift«. Wir fügten dann der 1 eine Null hinzu. In einem kleinen Papierwarenladen in einer Seitenstraße nahe der Schule kauften wir dann ein. Die alte Frau, wohl die Besitzerin, wurde nie misstrauisch, wir hatten vielmehr den Eindruck, es kam ihr mehr auf das Verkaufen an. So verfügten wir immer über einen entsprechenden Heftvorrat. Die Hefte hatten die Größe von DIN A 5 und kosteteten nur wenige Pfennige pro Stück.

Eines Tages übergab G., Sohn eines Apothekers, dem Religionslehrer ein Schreiben seines Vaters mit der Mitteilung, die Familie sei aus der Kirche ausgetreten und Herbert dürfe darum nicht mehr am Religionsunterricht teilnehmen. Diesem war das nicht angenehm. Während des Religionsunterrichtes hatte er einen anderen Raum aufzusuchen oder durfte sich im Klassenraum mit etwas anderem beschäftigen. Dabei sollte er aber nach dem Willen des Vaters nicht dem Unterricht zuhören. Wie mir ein anderer ehemaliger Mitschüler Jahre nach dem Krieg erzählte, sei der Vater dieses Schüler von den Russen erschossen worden. Er selbst soll in der Bundesrepublik Benediktinerpater geworden sein. Ein anderer Mitschüler brachte in den Religionsunterricht zur Demonstration des Unterrichtsstoffes jüdische Gebetsmühlen mit. Seine Familie bewohnte eine zuvor Juden gehörende Wohnung.

1943 kam ein neuer Schüler zu uns, Helmut L., ein sehr netter Junge, Sohn einer aus Essen/Ruhr evakuierten Familie. Sein Vater, Offizier, war in britische Gefangenschaft geraten. Etwa 1943/44 kam er im Rahmen einer durch das Internationale Rote Kreuz initiierten Austauschaktion frei. Unsere Deutschlehrerin griff die Angelegenheit auf und schlug vor, den Vater zu einem Bericht über seine Erlebnisse in der Gefangenschaft in die Schule einzuladen. Außerdem regte sie an, dem Heimgekehrten und Vater unseres Klassenkameraden ein Geschenk zu machen. Jeder von uns zahlte einen festgelegten Betrag. Die Geschenke besorgten die Söhne verschiedener Geschäftsinhaber. An einem Vormittag kam dann der Vater in seiner Uniform und sprach vor den Schülern zahlreicher Klassen in der

Aula über seine Erlebnisse in England. An den Engländern ließ er kein gutes Haar.

Interessant waren die wenigen Ausflüge. Einmal fuhren wir mit der Straßenbahn nach Kattowitz zu einer großen Marine-Ausstellung. Dort sahen wir zum ersten Mal die verschiedensten Wasserminen und hatten Gelegenheit, ein U-Boot näher kennen zu lernen. Die Enge dieses Bootes war beklemmend. Vielleicht diente diese Ausstellung damals auch der Werbung für die Marine. Ein anderer Ausflug führte uns in die Gegend von Tarnowitz an einen kleinen Stausee im ehemaligen bis 1939 polnischen Ostoberschlesien. Auf dem Weg dorthin kamen wir durch ein Dorf mit Ruinen 1939 ausgebrannter Häuser. Ebenfall nach Tarnowitz ging es in einem Winter zum Rodeln. Über Schloss Neudeck wanderten wir zum Zug nach Beuthen zurück. Ein letzter Ausflug war in den Kreiswald angesetzt. Treffpunkt war die Straßenbahnhaltestelle Kreisschänke im Mechtal-Martinauer Wald. Nach einstündigem oder längeren Warten war noch kein Lehrer da. So machten wir uns wieder auf den Heimweg, nachdem wir zuvor noch unser Frühstück verzehrt hatten. Ein Mitschüler schenkte mir zwei Stück besten Käsekuchens, den er nicht mochte. Unser Sportlehrer lud uns zu einer Flugmodel-Bau-AG ein, die immer an einem bestimmten Nachmittag stattfinden sollte. Nach zwei Treffen im Werkraum der Schule, wir hatten bereits einige einfache Modelle angefertigt, war es zu unserem großen Bedauern auch damit vorbei.

Seitens der Kirche wurde zu einer Art Einkehrtag für Schüler höherer Schulen in die Kreuzkirche in Beuthen eingeladen. Dort erfuhren wir, das die Veranstaltung ausfallen müsse.

Schüler verschiedener höherer Schulen waren an der Napola (Nationalpolitische Erziehungsanstalt) aufgenommen worden. Ein solcher Schüler aus Martinau fuhr häufiger in seiner entsprechenden Uniform in der Straßenbahn mit. Mir ist allerdings nicht bekannt, dass ein Schüler des Hindenburg-Gymnasiums die Napola besuchte.

Oft fiel auch mal eine Stunde aus oder wir durften früher nach Hause. Dann bummelten wir durch die Stadt, aßen ein Eis oder gingen ins Kino, meist in die Kammerlichtspiele in der Bahnhofstraße. Bei einem dieser Stadtbummel sah ich an der Ecke Gerichtsstraße/Gartenstraße die junge Mechtalerin Martel W. vor dem Gefängnis beim Fegen der Straße. Ich kannte sie von der Volksschule her, wo sie manchmal in unserer Klasse Aufsicht führte, wenn ein Lehrer fehlte. Sie war als Lehrling oder bereits junge Angestellte bei der Gemeindeverwaltung oder einer anderen Behörde wegen eines Bezugscheinvergehens zu einer Haftstrafe verurteilt worden.

Ein- oder zweimal im Jahr gab es einen unterrichtsfreien Tag, an dem wir Schüler Altmaterial, Lumpen, Knochen, Alteisen und Papier sammeln mussten. Mit meinem Klassenkameraden Leo besuchten wir in der Fasaneriestraße und Umgebung alle Häuser. Meist bekamen wir nicht viel. Von einer Reihe alter Frauen erhielten wir allerdings einige Pfunde ausgelaugter Knochen. Als wir wieder einmal nur wenig Material gesammelt hatten, wo sollte es auch noch herkommen, nahmen wir einfach auf dem Weg zum Wald einen Kanaldeckel ab, eine flache Eisenplatte, um an der Abgabestelle wenigstens etwas aufweisen zu können. Erstaunlich war, dass uns dieser Deckel, ohne nach dessen Herkunft zu fragen, einfach abgenommen wurde. Der offene Kanalschacht bildete natürlich eine Gefahrenquelle. Aber daran dachten wir zu jener Zeit nicht. Für die abgegebenen Knochen gab es für jedes Kilogramm Marken mit dem Aufdruck »1 kg Knochen abgeliefert«. Dafür wiederum konnten wir in einem Geschäft ein oder mehrere Stücke grauer Seife erhalten, ein Gemisch aus Sand und etwas Undefinierbaren. Nach dem Sammeln und der Abgabe, durchstreiften Leo und ich stets noch einige Zeit den nahen Wald.

Aus der Grundschulzeit besitze ich noch eine Urkunde für eine »Metallspende des deutschen Volkes« zum Geburtstag des Führers im Kriegsjahr 1940 mit der Unterschrift: »Göring – Generalfeldmarschall« (Metallspende: z.B. Kupfer-, Messing-, Bronzegegenstände oder -geräte).

Aus mir nicht mehr bekannten Gründen hatten wir wohl seit Mitte 1944 an einigen Tagen vormittags, an anderen nachmittags Unterricht. Etwa vom 15. Januar 1945 an konnten wir in der Ferne bereits das Grollen der Artillerie hören. Am 18. Januar, der Unterricht fand an diesem Tag nachmittags statt, hatten sich die Reihen der Mitschüler bereits erheblich gelichtet. Die Schule falle ab morgen, 19. Januar, vorläufig aus, wurde uns mitgeteilt. In der Wirklichkeit war dies der letzte Schultag in weiten Teilen des Industriegebietes vor dem Eindringen der Sowjets. Das Schulgebäude überstand den Einmarsch am 28. Januar unbeschädigt. Bei einem Besuch Beuthens im zeitigen Frühjahr traf ich zwei meiner Mitschüler, Heinrich B. aus Martinau und Rudolf P. aus Orzegow. Sie berichteten von Lehrern, die sie in der Stadt gesehen hatten, so Dr. Pokorny und unseren Sportlehrer Kaluza. Ich selbst sah im April unseren Griechischlehrer Dr. Ansorge. Unserem Religionslehrer Erich Kalitta begegnete ich im Sommer in Mechtal kurz vor seiner Ausweisung in der Stillersfelder Straße, wo wir uns einige Zeit unterhielten. Er klagte darüber, dass ihm die Russen alle seine von ihm eingemauerten wissenschaftlichen Unterlagen, er war Orientalist, vernichtet hätten. Rudolf P. berichtete mir später, dass alle Unterlagen des Hindenburg-Gymnasiums schon im Frühjahr 1945 von den Polen verbrannt worden wären. In Mechtal besuchte mich im Sommer 1945 ein weiterer Mitschüler, Willi K., aus Stillersfeld. Immer, auch nach dreißig Jahren noch, führte mich mein Weg bei einem Besuch in Beuthen auch zum ehemaligen Hindenburg-Gymnasium, das heute eine Musikschule in seinen Mauern beherbergt. Turnhalle und Toilettenhaus sind verschwunden. An deren Stelle ist ein neuer, einen bereits sehr abgenutzten Eindruck machender Querbau entstanden. Das Hauptgebäude und der Schulhof sind unverändert. Vor der Schule zur ehemaligen Gymnasialstraße hin befinden sich teilweise noch die alten Abgrenzungsmauern.

Von anderen Mitschülern las ich während der Jahrzehnte nach dem Krieg verschiedentlich im »Gleiwitzer – Beuthener – Tarnowitzer – Heimatblatt«. Der Mitschüler Horst Z. aus Pilzendorf war Geistlicher geworden und verstarb in den achtziger Jahren als Pfarrer in Braunschweig. Edgar G., Apotheker, starb 1990. Der Mitschüler G., dessen Vater, der Apotheker Otto G., von den Sowjets erschossen wurde, soll Benediktiner in der Bundesrepublik sein. Heinrich B. aus Martinau wurde in Oberschlesien Franziskanerpater, trat später aus dem Orden aus und heiratete. Rudolf P. aus Orzegow wurde ebenfalls Geistlicher und war bis zu seiner Pensionierung 2000 infolge einer Krebserkrankung Pfarrer von Winicze, bis 1945 Kirschen, in der heutigen Diözese Gleiwitz. Am 28. November 2004, dem ersten Adventssonntag, verstarb er plötzlich an seinem Ruhestandsort in Niemysowice, früher Buchelsdorf, im Kreis Prudnik (Neustadt). Nachdem ich ihn im Frühjahr 1987 während einer Oberschlesienreise in seinem Dienstort besucht hatte, sahen wir uns häufiger bei mir. Ansonsten telefonierten wir regelmäßig miteinander. Peter Sch. besitzt eine Druckerei in Süddeutschland. Ludwig van den D., Sohn eines Professors an der ehemaligen Pädagogischen Akademie und später Lehrerbildungsanstalt in Beuthen, war ebenfalls Geistlicher geworden, schied später aus und war zuletzt Rektor im Bergischen Land. Dieter Honisch, geb. 11. Mai 1932, Sohn eines Dozenten der LBA in Beuthen, war von 1975 bis 1997 Direktor der Nationalgalerie in Berlin. Er verstarb am 7. Dezember 2004 nach kurzer Krankheit. Leo G. aus Mechtal war bis zu seiner Pensionierung Realschullehrer in Köln, großer Sportler und Trainer

Kölner Rudermannschaften. Ihm begegnete ich in den neunziger Jahren erstmals in Brühl bei Köln, einige Jahre später noch einmal am gleichen Ort. Weitere Mitschüler waren Werner K., Dipl.-Ing. (grad.) und Ludger E., Dipl.-Kaufmann, aus Martinau. Alexander H., Sohn unseres letzten Lateinlehrers, war ein bedauernswerter Junge. Seine Mutter war früh verstorben und er litt sehr unter der Stiefmutter, was sich auch beträchtlich auf seine Psyche auswirkte. Er freute sich immer, wenn er von einem Mitschüler eine Schnitte Brot oder ein Stück Kuchen erhielt. Ein weiterer Mitschüler war Klaus M. Sein Vater war höherer Bergwerksbeamter oder Bergwerksdirektor und wurde nach dem Einmarsch der Sowjets von diesen in Beuthen erschossen. Helmut L. war aus Essen/Ruhr nach Beuthen evakuiert worden, F. kam aus Mechtal, Horst G. (gestorben 2005) aus Randsdorf, Willi K. aus Stillersfeld, Gerhard K., Rechtsanwalt und Ulrich Z. aus Beuthen. Ulrich Z. stammte aus einer kinderreichen Beuthener Familie und hatte sieben oder acht Geschwister. Sein Vater, ein Großhandelskaufmann, hatte im Januar 1945 vor dem Einmarsch der Roten Armee die ganze Familie und sich selbst vergiftet. Die Mutter und eine Schwester überlebten allerdings.

Im Jahr 2007 wurde dieses altehrwürdige Schulgebäude 140 Jahre alt und dient immer noch seinem eigentlichen Zweck, der Jugend ein entsprechendes Rüstzeug mitzugeben, seit 1945 auf dem Gebiet der Musik. Den Grundstock für das musikalische Wirken überführt man damals aus dem Cieplik'schen Konservatorium in dieses Gebäude.

Kristallnacht – Judenverfolgung – Antisemitische Kinderbücher

Es war an einem trüben Tag 1941 oder 1942 in Mechtal. Am Ende der Fasaneriestraße etwa an der Linie Martinauer und Stillersfelder Straße, am Rande der Klein- und Dominiumfelder, war eine große Zahl von Juden zur Schwerstarbeit eingesetzt. Sie hatten tiefe Gräben für etwa 50–60 cm starke Eisenrohre auszuheben. Außerdem mussten sie in die Rohre kriechen und sie von innen streichen. Wir Kinder sahen erschüttert zu, wie sie in unbeobachteten Augenblicken mit bloßen Händen Kartoffeln aus dem Boden ausgruben. Frauen aus den umliegenden Häusern steckten ihnen heimlich Brote zu, der Enkel eines Fleischbeschauers brachte Würste, Klaus lief nach Hause und holte Kartoffeln für die Juden. Alle wussten, dass dies sehr gefährlich war. Die meisten Aufseher schauten zur Seite, nur ein Aufseher raste immer von einem Ende zum anderen und trieb die Juden zur Arbeit an. Ein hagerer jüdischer Mann in einem dunkelblauen Streifenanzug, nicht groß von Gestalt, zeigte an sich herab und sagte zu uns Jungen: »Früher war ich Rechtsanwalt und heute muss ich so etwas tun.« Mit Hilfe eines Löt- oder Schweißbrenners erhitzten sie einen Topf von unten und kochten darin ihr Essen. Wir waren sehr beeindruckt, behielten das für uns und schwiegen auch absolut über die Essensgaben. Uns war bekannt, dass dies streng verboten war. Außer Klaus und mir waren noch viele Jungen aus den umliegenden Häusern zugegen. Bei meinen Besuchen 1974/75 in Mechtal wurden diese Rohre erneuert. Das Erlebnis von 1941/42 stand mir wieder deutlich vor Augen.

In der Hindenburgstraße 29 Ecke Tiele-Winckler-Platz war das große Eisenwarengeschäft des Kaufmanns Nathan Eisenberg. Während der Kristallnacht im November 1938 wurden die Fensterscheiben eingeschlagen und das Geschäft verwüstet. Bald danach waren alle Schaufenster mit Brettern vernagelt. In diesem Haus wohnte unsere damalige Haushaltsgehilfin Hildegard Freitag. Als ich Tage danach mit ihr zu ihren Eltern ging, fürchtete ich mich, an der Korridortür der Familie Eisenberg im ersten Stock vorbei zu gehen. So sehr hatten mich die fürchterlichen Schauerbilder, etwa der Jude als Giftpilz, wie wir sie aus den entsprechenden antisemitischen Büchern von Kindern einer Familie im Haus (etwa: Der Giftpilz – Ein Stürmerbuch für Jung und Alt) kannten, verängstigt. Wir wussten auch, dass in Beuthen die Synagoge niedergebrannt worden war. Dabei wurden die Juden verhöhnt und gezwungen, sich vor der brennenden Synagoge niederzuknien. Anführer der Nazis war der Hauptsturmführer »... fleisch«. Er ließ 145 Juden einsperren und am 11. November in das KZ-Buchenwald überführen. Zu dieser Zeit, 1938, lebten noch rund 1.500 Juden in Beuthen (1929: 3.600). Über all diese Angelegenheiten wurde daheim nicht gesprochen. Den Gesprächen der Erwachsenen, auch der Eltern, aber konnten wir verschiedentlich entnehmen, wie gut man früher in den meisten Beuthener jüdischen Geschäften, vor allem in den Textilgeschäften, einkaufen konnte. An der Stelle der einstigen Synagoge steht heute ein Wohnblock ohne jeglichen Hinweis auf diese.

Die Familie Eisenberg konnte nach England emigrieren und hat so überlebt. Ihr großes Geschäftshaus ist in den vergangenen Jahren abgerissen worden.

Synagoge in Beuthen

Bücher

Sobald ich lesen konnte, las ich viele Bücher. Jeder von uns besass im Laufe der Jahre eine größere Anzahl, ich gut vierzig. Zu Geburtstagen und zu Weihnachten fehlte nie ein Buch auf dem Gabentisch. Einige meiner Bücher brachte ich 1974/75 aus Laband mit. Sie waren alle von mir nummeriert und mit meinem Namensstempel »Joachim Stopik, Mechtal O/S« versehen. Besonders gern las ich die damals weit verbreiteten autobiographischen Nonni-Bücher des isländischen Erzählers und Jesuiten Jón Svenson (für Jón Stefán Sveinsson – 1857 bis 1944). Sie hatten eine große Lesergemeinde in vielen europäischen Ländern. Alle Bücher Svenssons waren ursprünglich deutsch geschrieben und 1913 auch zuerst in deutscher Sprache erschienen. In ihnen schildert er seinen Weg zum Jesuitenpater und seinen jungen und älteren Lesern auch die Schönheit seiner isländischen Heimat: Nonni (1913), Nonni und Manni (1914), Auf Skipalon (1926), Wie Nonni das Glück fand (1934), Nonni erzählt (1936), Zwischen Eis und Feuer (1934), Sonnentage. Andere Bücher waren »Dr. Kleinermacher führt Dieter in die Welt«, ein naturkundliches Buch, Märchen von Grimm, Andersen und Bechstein, Till Eulenspiegel, Reineke Fuchs, Onkel Toms Hütte, Robinson Crusoe, Geschichten über den Berggeist »Skarbnik«, Rübezahl, Südseegeschichten, Heldensagen, Zukunftsromane von Hans Dominik und später Karl May. Regelmäßig holten wir uns auch Bücher aus der Borromäus-Bücherei. Eine besonders interessante Reihe waren eine Zeit hindurch die Bände über die »Wilden in Afrika«, so wurden damals die nicht zum Christentum bekehrten Schwarzen genannt. Meist waren das Missionsgeschichten über das Leben der Schwarzen und über ihre Bekehrung.

Witze

Die bekanntesten Witzfiguren Oberschlesiens waren Antek und Franzek, über die es bis heute unzählige Witze gibt. Es sind Figuren, wie sie ständig im alltäglichen Leben vorkamen, über die man lachen und schmunzeln kann. Das Leben und Treiben der Kumpel im Industriegebiet, ihre einfache und derbe Art, ihre Pfiffigkeit und Hintergründigkeit reizen immer zum Lachen. In ihren Witzen zeigt sich unter einer rauen Schale stets ein weicher Kern, ebenso die Anhänglichkeit zu Freunden und zur Familie sowie Treue und Hilfsbereitschaft.

Antek und Franzek bummeln in philosophischem Schweigen am Klodnitzkanal entlang, so auf Laband zu. Auf einmal bleibt Antek stehen, guckt sich den Franzek durchdringend an und sagt: »Weißt du, Franzek, da macht ich ja schont lange wissen, warum den Fische und kenn ieberhaupt nich sprechen.« Franzek überlegt eine Weile und fragt dann verwundert: »Waas, das wundert dich?« »Jäsder, ja, das wundert mich.« »Du Duppa«, sagt Franzek, »da brauchs dich je kein bissel wundern! Sprich du doch mal, wenn du hast dem Frässe unten im Wasser!«

Einmal fährt Antek mit dem Fahrrad frühmorgens »auf Schicht« – immer so zwischen den Schienen der Elektrischen. Die kommt hinterher und hat ihn bald ein. Der Schaffner klingelt wie verriekt, doch Antek fährt ruhig weiter. Da wird der Schaffner schlächt, reißt das Fenster auf und schreit: »Kann Sie nich ausweichen?« Antek ruft ganz trocken zurück: »Ich schon, bloß du nich!«

Eine von vielen Erklärungen wurde im Amtsgericht in Tost überprüft. Antek hat den Franzek wegen Beleidigung verklagt. Der Richter bei der Verhandlung vor dem Amtsgericht in Tost: »Wodurch fühlen Sie sich beleidigt?« Antek: »Hat Franzek mich einen Pieron geschimpft!« Der Richter: »Na, na, Pieron ist doch hierzulande kein böses Schimpfwort!« Antek: »Wenn so, dann leb wohl, du Pieron Amtsgerichtsrat!«

Antek und Franzek philosophieren miteinander, und da fragt Antek: »Sag mal Franzek, was is sich für ein Unterschied zwischen Frau und Hund?« Drauf Franzek: »Nu, Hund bellt sich auf Fremde und schmeichelt sich bei eigene Leute, bei der Frau ist es umgekehrt.«

Antek geht zur Polizei und meldet, dass seine Frau verschwunden sei. Der Polizeibeamte fragt, wie lange die Frau schon weg ist. Darauf Antek: »Is schon gut ein Monat weg!« »Ja, warum haben Sie das nicht schon früher gemeldet?« fragt der Beamte. »Na, wissen Sie, Herr Polizeimeister, ich konnte an das große Glück nicht so schnell glauben.«

Antek und Franzek trinken in der Kneipe Schnaps, dabei macht Antek beim Trinken die Augen zu. Franzek bemerkt das und fragt: »Antek, warum machst du denn beim Trinken die Augen immer zu?« Darauf Antek: »Weißt du, ich habe doch meiner Alten versprochen, dass ich nie wieder ins Glas gucken werde.«

Antek und Franzek gehen von der Beerdigung eines Kumpels heim. Antek sagt zu Franzek: »Du, wenn sie mich mal auf die unterste Talsohle runterlassen, dann gießt du mir einen doppellöten Korn auf den Sarg.« »Ja, das mache ich, aber dieser Korn geht erst durch meine Niere!«

»Kommst du noch einmal so betrunken nach Hause wie gestern,« sagt Anteks Frau, »dann spreche ich drei Wochen kein Wort mit dir!« Antek: »Kann ich mich darauf aber ganz bestimmt verlassen?«

Anton und Franzek trinken Sobschik (scharfer Schnaps mit Himbeersaft). Franziska, Anteks Frau, kommt hinzu, nippt an seinem Glas und schreit auf »Jässusmaria! Fui Teufel! Das schmeckt ja wie Helle!« Antek: »Siehste, jetzt kannste nicht mehr sagen, Trinken macht mir Spaß!«

Erstkommunion

Im Sommer oder Herbst 1940 begann der Vorbereitungsunterricht für alle Jungen und Mädchen, die 1941 zur Erstkommunion kommen sollten. Die Mädchen wurden von Pfarrer Cichon, die Jungen von Kaplan Urbanczyk unterrichtet. Der Unterricht fand jeweils an einem Nachmittag der Woche in der linken Sakristei statt, in der auch die Borromäus-Bücherei untergebracht war. Bei der Prüfung vor der Erstkommunion mussten wir die Katechismusfragen auswendig beantworten können.

Als Erstkommunion-Termin war der Weiße Sonntag 1941, der 20. April, vorgesehen. Da dieser Tag auf den Geburtstag Hitlers fiel, musste er auf den 27. April verlegt werden. An diesem Wochenende zum 19./20. April 1941 war unser Großvater aus Meseritz zu uns gekommen, da er am Tag der Erstkommunion seinen siebzigsten Geburtstag feierte. Er schenkte mir beim Abschied fünfzig Reichsmark. Von uns aus fuhr er zu seiner Schwester Hedwig und deren Familie nach Breslau. Es war unsere letzte Begegnung mit ihm. Im September starb er an Magenkrebs.

An den Tagen vor der Erstkommunion wurde in der Kirche für die Feier geübt. Samstag vor dem Festtag war nachmittags Beichte für alle. In der Regel beichteten die Jungen bei Kaplan Urbanczyk. Er war der bevorzugte Beichtvater. Zu Pfarrer Cichon wollte kein Junge. Wenn zwischendurch die Schlangen beim Kaplan zu lang wurden, musste der Kaplan einen Teil der Jungen vor den Beichtstuhl des Pfarrers bugsieren, was bei uns Jungen auf größten Unwillen stieß. Am Erstkommunion-Tag, einem trüben Sonntag, versammelten sich alle Erstkommunikanten in der Sakristei. Streng wurde gefragt, ob jemand etwas gegessen hätte. Niemand meldete sich. Danach zogen alle feierlich in die Kirche ein und der festliche Gottesdienst begann. Vor der Kommunion wurde das Lied »Jesu, Jesu, komm zu mir… « gesungen. Und während die Kommunion ausgeteilt wurde, bekam ein Junge wohl Gewissensbisse und bekannte, schon etwas gegessen zu haben. Er wurde nach dem Gottesdienst in die Sakristei geholt und musste sich seitens der Geistlichen eine Strafpredigt anhören. Wie penetrant kleinlich, nur auf den Buchstaben des Gesetzes bedacht, man doch damals selbst kleinen Kindern gegenüber war. Für einen anderen Jungen war nach einem etwas anders gearteten Vorfall – Schwänzen des Kommunion-Unterrichtes und zweimalige Zurückstellung von der Erstkommunion – die Kirche für sein ganzes Leben gestorben. Das häusliche Umfeld spielte bei der Beurteilung solcher Fälle wohl absolut keine Rolle.

Daheim wurde dann gefrühstückt. Einige Hausbewohner kamen zum Gratulieren und brachten Blumen oder ein Buch. Meine Patentante Katharina war aus Laband gekommen. Von ihr erhielt ich eine Taschenuhr, die mein ganzer Stolz war. Geschenke, an die ich mich noch erinnere, kamen auch per Post aus Babelsberg und aus Putlitz. Ein Buch von Liesel und Klaus mit dem Titel »Das Märchenbuch« von Gertrud Elsner mit der Widmung: »Unserem Bruder Joachim zu seiner Erstkommunion am Sonntag, 27. April 1941 der Klaus und die Liesel.«, ein Buch einer Kollegin Vaters besitze ich noch »Ich schreite zum heiligen Opfermahl« von Dina Schaefer aus dem Laumann-Verlag in Dülmen mit der Widmung: »Dem Erstkommunionkind Joachim Stopik – gewidmet von A. Gromnitza, Ln. Mechtal, d. 27.4.41«, ich brachte diese Bücher 1975 nach einem Besuch in Oberschlesien mit, ebenso zwei Gratulationskarten. Ein anderes Buch trägt den Titel »Der große Tag«, Erzählung für Erstkommunionkinder, ebenfalls aus dem Laumann-Verlag in Dülmen. Unter den Geschenken befanden sich auch viele Süßigkeiten. Ein besonderes Geschenk war eine wunderschön verzierte Sahnetorte von unseren Nachbarn Rienow aus dem gegenüberliegenden Haus. Zu ihm brachten wir immer unsere Kartoffelschalen zum Füttern des Kleinviehs hin. Die Torte war der Dank dafür. Nachmittags war eine Dankandacht. Danach erhielt jeder Erstkommunikant als Andenken ein DIN A4 großes Bild mit dem Hochaltar der Corpus-Christi-Kirche, unter dem der Name und Tag der Erstkommunion in altdeutscher Druckschrift eingetragen ist. Ich besitze das Bild noch.

Das Wetter an diesem Tag war kalt und regnerisch. Wir Kinder spielten nachmittags draußen. Dabei machte uns eine evangelische Nachbarin, Frau Sczendzina, darauf aufmerksam, dass man an einem solchen Tag doch nicht draußen herum toben dürfte. Wir zogen bedrückt ab und gingen nach Hause.

Am Montag, dem 28. April 1941, machten wir nach dem Kaffeetrinken mit Mutter und einigen Mechtaler Kaffeegästen einen Spaziergang in den Wald. Unterwegs wurden immer wieder Süßigkeiten gereicht.

In einem der Erstkommunion folgenden Nachbereitungsunterricht wurde uns aufgetragen, alle vierzehn Tage zur Beichte und zur Kommunion zu gehen.

Ein Jahr später ging Klaus am 12. April 1942 zur Erstkommunion. Vorbereitet wurde er von Kaplan Johannes Frenzel. Gast am Erstkommunion-Tag war u. a. sein Patenonkel Peter Misch aus Beuthen.

Am Mittwoch, dem 9. November 1942, wurden Klaus und ich in der

Corpus-Christi-Kirche, die seit Oktober dieses Jahres einen neuen Pfarrer hatte, durch den Weihbischof von Breslau, Dr. Joseph Ferche, gefirmt. Firmpate für alle Jungen war der Lehrer Adolf Suchannek und für die Mädchen die Lehrerin Agatha Gromnitza von der Schule III. In Schlesien war es üblich, dass jeder Firmling einen weiteren Namen erhielt, den wir Kinder uns selbst aussuchen durften. Klaus wählte den Namen Michael, ich den Namen Josef. Damals erlebten wir zum ersten Mal einen Bischof. Ihm zu Ehren war trotz aller Nazi-Schikanen gegen die Kirche eine große Ehrenpforte am Eingang zum Kirchengelände an der Stillersfelder Straße errichtet worden. Auch dem Spruchband stand sinngemäß: »Wir grüßen unseren Bischof!«. Der Bischof kam über die Hauptstraße mit einer Pferdekutsche von der Kreuzkirche her. Am anderen Morgen sah ich ihn, während ich auch die Straßenbahn wartete, auf dem Valeskaplatz wieder, als er in der Kutsche zur Corpus-Christi-Kirche fuhr. Eine Anzahl von Jungen, darunter auch ich, liefen zur Kutsche hin, um den Bischof zu sehen.

Liesel sollte 1945 zur Erstkommunion gehen. Im Spätsommer oder Herbst 1944 begann der Vorbereitungsunterricht für die Mädchen bei Pfarrer Dr. Johannes Sossalla. Mit ihr ging ihre Freundin, deren Vater seit August 1944 in Rumänien vermisst war, ebenfalls zum Vorbereitungsunterricht. Bis dahin hatte die Familie der Kirche absolut fern gestanden. Der Unterricht wurde durch den Einmarsch der sowjetischen Truppen Ende Januar 1945 für längere Zeit unterbrochen und später, als es etwas ruhiger geworden war, wieder aufgenommen. Eine größere Anzahl von Erstkommunionkindern war im Januar mit ihren Müttern geflüchtet. Die übrigen nahmen weiter am deutschen Unterricht teil. Viele ihrer Väter waren im Januar 1945 von den Sowjets erschossen oder im Februar 1945 in die Sowjetunion verschleppt worden. Andere steckten an irgendeiner Front als Soldaten oder waren in Gefangenschaft geraten. So war in kaum einer Familie an diesem Tag ein Vater zugegen. Ein trauriges Fest! Der Erstkommunion-Gottesdienst am 8. April 1945 war der letzte deutsche Gottesdienst in Mechtal, das inzwischen die Polen übernommen hatten. Es trug nun den Namen Miechowice. Noch war auch der Krieg nicht beendet. An ein Feiern an diesem Tag war nicht zu denken, da es weder Lebensmittel noch sonst etwas gab. Das Kommunionkleid für Liesel hatte eine Bekannte aus Mechtal genäht. Vater hat an diesem Tag im Hof Aufnahmen von Liesel gemacht, obwohl bereits in den ersten Februartagen 1945 alle Fotoapparate an die Sowjets abgegeben werden mussten. Eine Nichtbefolgung dieses Befehls sollte von einem Kriegsgericht geahndet werden. Vater hatte seine Fotoapparate alle versteckt und nicht abgeliefert, es sei denn, er hatte mit unserem Radio irgend ein altes Gerät zur Abgabestelle im Rathaus gebracht. An den Abenden entwickelte Vater dann Film und Bilder, wobei wir immer gern und interessiert zuschauten.

Innenraum der Corpus-Christi-Kirche im Jahr 2006

Alltägliches Leben

Unser Familienleben verlief nach ganz bestimmten festen Regeln. Die Mahlzeiten nahmen wir gemeinsam in der Küche ein, das Mittagessen, wenn Vater oder später auch wir aus der Schule kamen, das Abendessen gegen 18.30 Uhr. Vor und nach dem Essen wurde ein Tischgebet gesprochen. Zum Abendessen gab es Brot und Tee oder im Sommer auch das beliebte Einfachbier. Schlafenszeit war gegen 19.30 Uhr. Davor verrichteten wir gemeinsam das Abendgebet. Eltern und Kinder schliefen im gemeinsamen Schlafzimmer. Klaus und ich hatten ein eigenes Bett, Liesel schlief zwischen den Eltern. Später erhielt auch sie ein eigenes Bett. Als wir größer waren, erzählten Klaus und ich uns vor dem Einschlafen im Wechsel selbst erdachte Geschichten. Das war immer eine spannende Angelegenheit. War es im Winter sehr kalt, wärmten wir unser Deckbett am Kachelofen an oder bekamen eine Wärmflasche ins Bett.

Das alltägliche Leben spielte sich durchweg in der Küche ab. Nur sonntags benutzten wir auch das Wohnzimmer. Dann spielten wir »Mensch ärgere dich nicht« oder Halma und andere Spiele. Beliebt war das Würfelspiel »Nimm alles! Gib alles«, bei dem um Pfennige ging. Später bauten wir mit unseren Baukästen, lasen oder beschäftigten uns anderweitig. Als wir kleiner waren, las Mutter oft Märchen der Gebrüder Grimm, von Andersen oder Bechstein vor, die wir alle sehr mochten.

Am Sonntag Nachmittag unternahm die ganze Familie einen Spaziergang. Oft gingen auch bekannte Familien mit. Wir Kinder spielten rechts und links des Weges. Entweder ging es in den nahen Wald mit seinen zahlreichen und abwechslungsreichen Wegen und Zielen Nach wenigen hundert Metern erreichte man die ehemalige Fasanerie, umgestaltet in eine schöne Freizeitanlage mit einem großen Sandkasten für Kinder. Eine riesige Grünfläche lud zum Ballspielen ein. Ringsherum standen zahlreiche Birken. Im Sommer 1945 schnitten viele Menschen die Birken an und fingen den Saft der Birken auf, um ihn als Haarwasser zu benutzen. Der Weg von der Fasanerie war links und rechts von alten, dicken und hohen Bäumen eingerahmt. Während heftiger Gewitter war oftmals der Blitz in einen von ihnen eingeschlagen und hatte dicke Äste zerbrochen. Die Fasaneriestraße endete am Eva-Platz, der an Eva von Tiele-Winckler erinnerte, die Schöpferin des großen Sozialwerkes Friedenshort. Hier waren Bänke zum Ausruhen, etwas tiefer sprudelte eine Quelle und rechts davon war ein kleiner Teich, der irgendwann ausgetrocknet ist. Am Teich vorbei führte der Weg zunächst an der terrassenförmig angelegten Wasserbecken des einstigen Waldheimes für erholungsbedürftige Kinder. Das Herumklettern dort war für uns eine beliebte Unterbrechung des Weges. Weiter ging es danach zu zwei schaurigen, an Mordtaten erinnernde Plätze: Den »Düsterblick« und das »Auge Gottes« oder »Gottesauge«. Bei einem Spaziergang mit Mutter an einem Wochentag rasteten wir auf dem Weg zum Düsterblick, als ein Mann aus dem tiefen Wald die hohe Böschung auf uns zu herunter kam. Eine gerade mit dem Fahrrad vorbeikommender Förster warf sein Rad hin und rannte auf den Mann zu, der schleunigst das Weite suchte. Wir machten uns eiligst auf den Heimweg. Gelegentlich spazierten wir bis zur Kreisschänke an der Grenze zum Martinauer Wald. Dabei kamen wir an der wunderschön im Walde gelegenen Kreisförsterei vorbei. In deren Umgebung idyllische Waldteiche zu finden waren. In der Kreisschänke wurde eingekehrt und es gab etwas zu trinken. Ein anderes beliebtes Ziel war der einst zum Schloss gehörende Tiele-Winckler-Park mitten im Ort. Schöne Spazierwege, ein großer Teich, alte Bäume und ein Brunnen mit dem bronzenen »Knaben und dem Schwan« von Theodor Kalide, einem Schwager Franz von Wincklers. Er war ein berühmter Bildhauer und Eisengießer in Oberschlesien und Berlin, wo heute noch einige seiner Werke zu sehen sind. Andere Wege führten zur Spielwiese unweit der polnischen Grenze. Niemals suchten wir eigenartigerweise den Grytzberg auf, einen Kalkberg und zugleich die höchste Erhebung Mechtals. Auf dem Gipfel steht eine gotische Barbara-Kapelle von einer gepflegten Parkanlage umgeben. Franz von Winckler, der soziale Berg- und Grundherr von Miechowitz, hatte diese Anlage in der Mitte des 19. Jahrhunderts zur Erholung für die Einwohner des Ortes anlegen lassen. Ringsherum waren ansprechende Siedlungshäuser entstanden. Während der letzten Kriegsjahre unternahmen Mutter und ich fast regelmäßig einen Waldspaziergang am Sonntag.

Ab und zu besuchten wir auch Bekannte. Gern waren wir bei dem gemütlichen und netten Ehepaar Mimietz in der Karfer Straße. Im Eingangsbereich hingen Degen aus dem Ersten Weltkrieg und auf dem Boden lag ein Tigerfell mit einem ausgestopften Tigerkopf, der uns sehr beeindruckte. Schön war es auch bei anderen Bekannten. Hatten wir Besuch, sammelten wir nach dem Weggang desselben die Zigarrenstummel ein und versuchten den Rest des Weines. Waren Kinder mitgekommen, so spielten wir ausgiebig mit ihnen.

Im Sommer, zur Zeit der Blaubeerreife, sammelten wir diese im Wald in eine Milchkanne. Dazu bedurfte es eines Erlaubnisscheines des Försters, den es gegen eine geringe Gebühr gab. Manchmal besassen wir auch keinen Schein. Daheim gab es dann eine Blaubeer-Milchsuppe oder Eierkuchen mit Blaubeeren.

Schon damals wurde größter Wert auf den Schutz der Pflanzen und auch der Tiere gelegt und uns Kindern verständlich gemacht. Bestimmte Stellen im Wald durften darum nicht betreten werden. So war z. B. auch das Pflücken von Maiglöckchen zu unserem Leidwesen untersagt. Im Wald lebten noch die verschiedensten Tiere. Wenn wir Glück hatten, konnten wir äsende Rehe beobachten. Ich erinnere mich noch, mal einen Fuchs und eine, allerdings tote, Kreuzotter gesehen zu haben. Blaubeersammler erlebten häufiger eine Kreuzotter. Falls sie zugebissen hatte, berichtete die Zeitung darüber und warnte.

Ein weiterer Entspannungs- und Erholungsort war unser Schrebergarten. 1933 gründeten Gartenliebhaber im damaligen Miechowitz einen Schrebergartenverein. Das Terrain dafür lag unweit des evangelischen Friedhofes. Über die Stillersfelder-, Verbindungs- und Reptener Straße gelangten wir dort hin. Die ganze Anlage war umzäunt. Sobald wir das Tor durchschritten hatten, stießen wir direkt vor uns auf die Reste einer alten Halde. Für uns Kinder ein beliebter Ort zum Herumtollen und eine kleine Abkürzung zu unserem Gartenstück. Mitten durch die Gartenanlage führte ein schmaler Weg. Rechts und links davon lagen die einzelnen Gartenstücke. Vater hatte einen halben Schrebergarten gepachtet. 1937/38 erbaute er dort mit Hilfe unseres Cousins Willi aus Hindenburg eine schöne Gartenlaube. Um die Laube herum war ein eingezäunter Spielbereich für uns Kinder mit einem Sandkasten und einer Schaukel. Im Sommer konnten an der Laube entlang Sitzbänke angebracht und auch ein Tisch hinzu gestellt werden. Den Eingang bildete ein breites Holzgitter, an dem die Rosen empor kletterten. Die beiden Randstreifen des Gartens waren Blumenrabatten. Der Duft von Phlox erinnert bis heute an unseren Garten, wie auch der Duft wilder Rosen, der Hagebutten, an die Fasanerie. In einer Ecke gab es einen Komposthaufen und an der Seite des Hauptweges eine Wasserzapfstelle. Die jungen Obstbäume wuchsen heran und trugen erste Früchte. Aus den Quitten z. B. wurde ein herrliches Quittengelee hergestellt, mit dem zu Weihnachten die berühmten »Liegnitzer Bomben« gefüllt wurden. Erdbeeren, Stachelbeeren und drei Sorten an Johannisbeeren waren weitere Erzeugnisse des kleinen Garten. Aus einem Teil der Johannisbeeren stellte Vater Johannisbeerwein her. Wir erlebten den Weg von der Beere bis zum Wein, das Abfüllen in Flaschen und deren

Verkorkung mit einem entsprechenden Gerät. Von dem Wein bekamen wir Kinder lediglich eine winzige Kostprobe. Ansonsten gab es im Garten Gemüse und Kürbisse. Ein besonderer Tag für uns war die Ernte und das Heimbringen der Früchte. Jedes von uns Kindern hatte außerdem ein kleines Beet, das wir selbst bestellen konnten. Radieschen waren jedes Mal auf unseren Minibeeten dabei. So lieferte uns unser kleiner Garten während des Krieges zusätzlich das knappe und notwendige Obst und Gemüse. Während des Krieges zogen wir einige Enten groß, die vor allem gegen notwendige Gebrauchsgegenstände in Beuthener Geschäften eingetauscht wurden.

In diesem Garten feierten wir auch manchen Kindergeburtstag. Den Kuchen und allen anderen nötigen Sachen transportierten wir gemeinsam mit unseren Gästen mit einem Handwagen dorthin.

Eine für uns Kinder unangenehme Arbeit war das Beschaffen von Mist für den Garten. Wir erhielten von Vater den Auftrag, Pferdemist auf den Straßen zu sammeln. Mit dem großen Handwagen zogen wir also los, immer darauf bedacht, nicht unbedingt von Schulkameraden bei dieser Arbeit gesehen zu werden. Das war eine mühsame Arbeit. Straße um Straße durchfuhren wir, ohne eine sich lohnende Menge an »Pferdeäpfeln« gefunden zu haben. Eines Tages entdeckten wir eine ergiebigere Mistquelle, die Dominiumkoppeln, auf denen unzählige Kühe weideten. Wir zwängten uns durch die Stacheldrahtzäune und sammelten die massenhaft daliegende Kuhfladen mit einer Schippe in einen Eimer und füllten so unseren Handwagen. Diese Methode zu Mist zu kommen, machte uns sogar Spaß. Außerdem hatten wir in wesentlich kürzerer Zeit eine große Menge zusammen. Den gesammelten Dung entluden wir in einer dafür bestimmten Ecke des Gartens.

Die andere Gartenhälfte gehörte einem netten Ehepaar mit zwei bereits erwachsenen Kindern, einem Sohn und einer Tochter. Hier erlebten wir erstmals die für uns damals unvorstellbare Trennung eines Ehepaares. Herr U., der Mann unserer Gartennachbarin, hatte seine Frau aus irgendeinem Grund geschlagen. Darauf trennte sie sich von ihm. Nach mehreren Monaten aber fanden die Eheleute wieder zusammen. Der Frau verkaufte Vater vor unserer Ausreise unseren Gartenteil mit allem, was dazu gehörte. Ihr Mann war in der sowjetischen Internierung in der Sowjetunion und ist dort umgekommen. Daneben kannten wir die meisten der in der Regel sehr netten Gartenbesitzer. Viele von ihnen hatten besonders schöne Gartenlauben mit entsprechenden Anlagen. Eine gehörte dem Gemeindeinspektor A., eine anderer unserem Bäcker W. und einer Familie K. Das waren außer der Familie U. Gartennachbarn, deren Namen mir noch einfallen. Da besonders in der zweiten Kriegshälfte aus den Gärten Gemüse und Obst gestohlen wurde, legten manche Eigner sogenannte Fußangeln aus, um Diebstähle zu verhindern. Ein Schild im Garten warnte: »Vorsicht! Fußangeln!«.

Beim Spielen auf dem Bauhof zogen wir uns oder besser ich, zahlreiche Verletzungen zu, die am Abend von Vater verarztet wurden. Selten war ich ohne einen Verband. Eine schwarze Zugsalbe wirkte wie eine Art Wundermittel. An einem Weihnachtsmorgen rutschte ich aus und fiel mit meinem rechten Arm auf eine glühende Herdplatte. Die Narbe war viele Jahre noch zu sehen. An Krankheiten machten wir wohl alle bekannten Kinderkrankheiten durch. Im Winter kamen entsprechende Erkältungen hinzu.

Außer den erwähnten Spielsachen bastelte Vater, der darin äußerst geschickt war, so manchen Haushaltsgegenstand wie Hocker, einen Werkzeugschrank, Kellerregale.

In der Küche stand ein mit hellen Fliesen verkleideter Herd mit drei rechteckigen einteiligen Eisenplatten, einem Bratrohr und einem Heißwasserbehälter. Zum Heizen benutzten die Bewohner des Industriegebietes fast durchweg Steinkohlen, die im Keller gelagert wurden. Schon früh begannen wir Kinder, die Kohlen in Zinkeimern aus dem Keller zu holen. Ein Kohlenbehälter und ein Eimer standen immer gefüllt neben dem Herd. Ein weiterer Eimer diente der Aufnahme der Asche. Zum Anmachen des Feuers benötigte man trockenes, dünn geschnittenes Holz und Papier. Auf das Papier wurde kreuz und quer Holz gelegt, darüber eine kleine Schaufel voll Kohle. Dann steckte man das Papier an und gewöhnlich klappte es auch. Sobald die Kohlen glühend waren, wurde nachgelegt. Mit einem Feuerhaken konnte die glühende Kohle gut verteilt und durchlüftet werden. Die Töpfe kamen auf die Platten und das Kochen konnte beginnen. War die Glut sehr intensiv, wurden die Herdplatten glühend rot.

Seitlich vom Herd, stand rechts ein ausziehbarer Spültisch. Beim Herausziehen des Unterteils kam ein Gestell mit zwei Emailleschüsseln zum Vorschein. Eine diente zum Spülen, die andere zum Einstellen des nassen Geschirrs. Auch das Spülen war oft eine unserer Aufgaben zu Hause. Zum Frühstück gab es Kaffee und Brot, selten einmal Semmeln. Kathreiner war die bekannteste Gerstenkaffeesorte, die in einer an der Wand hängenden Kaffeemühle per Hand gemahlen werden musste. Diesem wurde zur Geschmackverbesserung etwas Zichorie hinzu gefügt.

Das wohl typischste und beliebteste Mittagsgericht in Oberschlesien waren Klöße mit einem Braten und Sauerkraut oder einer anderen Kohlsorte. Es gab zahlreiche Arten von Klößen: Polnische Klöße, verschiedene Arten von Mehlklößen und Hefeklöße. Die polnischen Klöße bestanden zu zwei Dritteln aus rohen und zu einem Drittel aus gekochten Kartoffeln. Um möglichst wenig von den eigentlichen Kartoffeln zu verlieren, schälten wir sie im Krieg mit besonderen Sparmessern, die eine nur sehr dünne Schale abwarfen. Die notwendigen rohen Kartoffeln wurden nach dem Schälen auf einer Kartoffelreibe gerieben. Eine nicht sonderlich angenehme Aufgabe, bei der stets die Finger zu leiden hatten. Die erhaltene Masse legte man portionsweise auf ein Leinentuch und presste sie aus. Im übrig gebliebenen Kartoffelwasser setzte sich mit der Zeit das Stärkemehl ab, das ein Nebenprodukt darstellte und anderweitig verwendet werden konnte. Das gekochte Drittel der Kartoffeln wurde mit Hilfe einer Kartoffelpresse zerquetscht. Beides musste miteinander nach Zugabe von Salz vermengt werden. Ob noch andere Zutaten beigemengt wurden, ist mir nicht mehr in Erinnerung. Aus dem entstandenen Teig formte man zwischen den Handflächen größere oder kleinere Klöße und legte sie in kochendes Wasser. Wir Kinder nahmen uns gern etwas von dem Teig, drückten ihn platt und backten uns daraus auf der heißen Platte einen Puffer. Mit etwas Butter bestrichen, schmeckte er sehr gut. Beim Essen wetteiferten wir miteinander, wer wohl die meisten Klöße verdrücken konnte. Auf die Beilagen kam es uns Kindern nicht sonderlich darauf an.

Mehlklöße gab es als reine Klöße oder als mit gerösteten Brötchenstücken gefüllte. Zu letzteren gab es als Beilage gekochtes Trockenobst. Ein Hefeteig bildete die Grundlage für die Hefeklöße. Auf einem Topf mit kochendem Wasser, über den straff ein Leinentuch gebunden war, wurden die Klöße gelegt und mit einer Schüssel zugedeckt, bis sie gar waren. Diese Hefeklöße gab es nicht sehr oft, aber sie schmeckten besonders gut. Gegessen wurden sie zu einem Braten, aber auch zu Obstbeilagen.

Zu anderen beliebten Speisen zählten Milchreis mit Zimt und Zucker, Arme Ritter, Kartoffelsuppe, Eierkuchen (Pfannkuchen), Pfannkuchen (Berliner), mit Zucker bestreute Kartoffelpuffer, Graupen- und Semmelwürste, mit Butter und Knoblauch eingeriebene Röstschnitten oder mit Zucker bestreute Brote und viele andere Speisen. Kuchen gab es zu allen Festtagen und manchmal zwischendurch: Käse-, Mohn und Streuselkuchen auf Blechen gebacken, Napfkuchen, Torten zu besonderen Anlässen, meist sehr schmackhafte Käsetorten, während des Krieges auch eine Art Kartoffelkuchen. Den in Streifen geschnittenen Blechkuchen gab es bereits zum

Frühstück. Ab und zu versuchten wir Kinder heimlich, uns in einer Bratpfanne Malzbonbons zuzubereiten, was nicht immer ganz gelang.

Einmal in der Woche war während der Kriegszeit zusätzlich zu dem auf Karten zugeteilten Brot das Brotbacken angesagt. Nach jedem Backen ließ man etwas Sauerteig für das nächste Mal in der Backdiese zurück. Am Abend zuvor wurde der Teig angesetzt, über Nacht stehen gelassen, morgens durchgeknetet und in längliche, aus Stroh oder Korb geflochtene Formen gelegt. Auf jedes der drei Brote kam ein kleine Papierschildchen mit dem Namen zum Wiederfinden beim Abholen. Dann brachten wir die Brote zum Backen in die Bäckerei. Zuerst immer zu Knejski in der Fasaneriestraße. Nachdem der Bäcker der Bäckers zum Militär eingezogen worden war zu Wötzker in der Stillersfelder Straße. Nachmittags holten wir die fertigen Brote wieder ab. Für das Backen war eine geringe Gebühr zu zahlen. Mir ist nicht bekannt, dass beim Bäcker jemals ein Brot verloren ging. Das Selbstbacken von Brot war weit verbreitet und der Bäcker hatte mit dem Backen desselben viel zu tun und sichere Einnahmen.

Im Sommer fuhr ein von Pferden gezogener Wagen mit einem Riesenfass darauf durch die Straßen. Sein Fahrer bimmelte mit einer Messingglocke und rief: »Einfachbier! Einfachbier!« Mit Eimern kamen die Leute herbei und kauften diese dunkle noch nicht trinkbare Flüssigkeit, auch wir. Daheim erfolgte die Zubereitung: Dem »Rohbier« wurde eine bestimmte Menge Zucker hinzugefügt. Dann wurde es gekocht und in dunkelgrüne Literflaschen mit einem Hebeverschluss abgefüllt, in denen das Bier einige Tage »ruhen« musste. Manchmal platzte auch eine Flasche während dieser Zeit. Beim Öffnen konnte gelegentlich viel Schaum aus dem Flaschenhals heraus schießen. Das fertige, wohlschmeckende und alkoholfreie Bier tranken wir im Sommer gern zum Abendessen. Irgendwann während der Kriegsjahre war es auch damit vorbei.

Im Haushalt waren viele, heute nicht mehr gebräuchliche, Hilfsmittel vorhanden. Eins war der Spirituskocher, der dazu diente, schnell etwas zu erwärmen, einen Kaffee oder Tee zu kochen oder die Lockenwickler-Zange zum Verschönen der Haare zu erhitzen. In das einfache Plätt- oder Bügeleisen konnte ein im Herd glühend gemachter Eisenbolzen geschoben werden, der das Eisen genügend erhitzte. Ein zweiter Bolzen lag im Feuer, um ohne lange Pausen weiter bügeln zu können. Daneben besassen wir bereits ein elektrische Bügeleisen und einen Staubsauger.

In der näheren Umgebung waren Geschäfte aller Art zu erreichen:

Kolonialwarenläden, so nannte man damals die Lebensmittelgeschäfte, Bäckereien, Fleischereien, Milch- und Käsegeschäfte, Kaisers Kaffeegeschäft, das Süßwarengeschäft Borgiel, Obstgeschäfte und auch Haushalts- und Eisenwarengeschäfte, Drogerien, eine Apotheke, zwei Fotogeschäfte und zwei Buchhandlungen.

Beim Fleischer gab es, bevor alle Fleischwaren streng rationiert waren, meist für uns Kinder eine Scheibe Wurst dazu, in manchen Lebensmittelgeschäften ab und zu einen Bonbon.

Im Sommer zog der Eismann mit einem zweirädrigen Schiebewagen, in den die Eisbehälter eingelassen waren, durch die Straßen. Außer Eis verkaufte er auch Schlagsahne in Waffeltüten. Fortschrittliche Eisverkäufer benutzten zum Verkauf bereits ein kleines dreirädriges Auto. Daneben fuhren auch Milchwagen regelmäßig durch die Straßen und boten ihre Produkte an.

Eine für uns interessante Angelegenheit war der im Sommer etwa alle vier Wochen mit einem zweirädrigen Handkarren oder mit einem Bauchladen auftauchende »Lumpensammler«. Mit einem Werbespruch machte er auf sich aufmerksam. Wir brachten meist alte Textilstücke zu ihm und konnten uns dafür etwas aussuchen: Abziehbilder, einen Stern mit Zwirn, zehn Nähnadeln, eine Anzahl Hemdenknöpfe, einen Kamm, eine Blechpfeife, einen kleinen Ball, einen Taschenspiegel oder sonstige Kleinigkeiten. Gelegentlich waren auch Stelzenmänner oder Bärenhalter zu sehen. Letztere führten einen mit einem Maulkorb versehenen Bären an einer Kette neben sich. An bestimmten Punkten hatte er dann seine Kunststücke vorzuführen.

Die Eltern hatten ein Abo beim Beuthener Stadttheater. Sie fuhren regelmäßig zu einer Schauspiel-, Operetten- oder Opernaufführung mit der Straßenbahn dorthin. Von Zeit zu Zeit sahen auch wir Kinder Theaterstücke. Das erste, an das ich mich erinnern kann, war der »Struwwelpeter« im Deutschen Haus in Mechtal. Bühnenbild und handelnde Personen sahen genau so aus, wie wir sie aus dem Struwwelpeter-Buch kannten. Um die Weihnachtszeit besuchten wir das Stadttheater in Beuthen zum Weihnachtsmärchen. Erinnern kann ich mich noch an die »Die Prinzessin auf der Erbse« nach dem Märchen der Gebrüder Grimm, ein anderes später war »Aladin und die Wunderlampe« in einer damals neu erschienenen und wohl dem braunen Zeitgeist angepassten Fassung. Die Aufführung der Wunderlampe war mein letzter Besuch im Beuthener Theater. Es muss wohl um den Jahreswechsel 1943/44 gewesen sein.

Bis in die ersten Kriegsjahre hinein, bauten verschiedene Zirkusunternehmen ihre Zelte am Beuthener Stadion auf, deren Vorstellungen wir verschiedentlich besuchten. Einer der Zirkusnamen ist mir noch in Erinnerung, der Zirkus AEROS. Nach dem Krieg war er in der DDR ansässig. Im Sommer 1943 hatte sich in Mechtal die »Camilla-Maier-Hochseilgruppe« zu einem Auftritt hinter dem Tiele-Winckler-Park angesagt. Die Truppe konnte im Westen Deutschlands der vielen Luftangriffe wegen nicht mehr auftreten. Ich besorgte mir eine Eintrittskarte im Vorverkauf. Leider wurde die Vorstellung im letzten Augenblick aus unbekannten Gründen abgesagt, obwohl die Gruppe gerade in Beuthen auf dem Moltke-Platz aufgetreten war. Das Eintrittsgeld erhielten alle Kartenbesitzer zurück. Schon unmittelbar nach dem Krieg traten diese Drahtseilartisten wieder in Berlin auf, etwa vor der Ruine des Berliner Schlosses.

Im Sommer nach der Ernte wurde bei den Wirtschaftsgebäuden des Schlosses vom Dominium geerntete Korn mit Hilfe einer riesigen Dampfmaschine gedroschen. Alljährlich um diese Zeit sahen wir uns dieses grandiose Schauspiel an. Das staatliche Dominium umfasste die ehemaligen Ländereien der Familie von Tiele-Winckler. Auf den riesengroßen Feldern waren alle Getreidearten zu finden, dazu Kartoffeln und Rüben, während des Krieges auch Flachs und Zuckerrüben. Die blau blühenden Flachsfelder beeindruckten uns Kinder ganz besonders, ebenso die Ernte. Dazu besass das Dominium ungezählte Mengen an Rindvieh, das auf den vielen Koppeln weidete.

Bei Hochzeiten brachte eine mit zwei Pferden bespannte weiße oder schwarze Kutsche das Brautpaar zur Kirche und wieder zurück. Die Feiern nach der Trauung fanden im allgemeinen in den elterlichen Wohnungen der Braut statt. Zu Hochzeiten in der Nachbarschaft brachten wir Kinder Glückwunschkarten der Eltern hin. Zum Dank dafür bekamen wir fast immer einen Teller mit meist sehr guten Käse- und Mohnkuchens mit nach Hause. Für uns immer eine willkommene Gelegenheit, zu einem Stück Kuchen außerhalb der Reihe zu kommen.

Im Winter schlachteten zahlreiche Leute in unserer Straße ihre Schweine. Dabei war es bei den Nachbarn üblich, sich dort eine Kanne Wurstbrühe abzuholen. Meist erhielten wir zu der Brühe einige frische Graupen- und Semmelwürste, die gebraten zu Kartoffeln einmalig schmeckten.

Der Samstag war Badetag, ein Vergnügen für uns. Der Badeofen wurde eingeheizt und erhitzte das Wasser in einem Kupferkessel. Liesel wurde zuerst gebadet. Klaus und ich badeten danach und blieben stets recht lange in der Wanne. Das Abbrausen am Ende machte viel Spaß. Danach ging es ins Bett.

Ein langwieriges und arbeitsreiches Unternehmen war der alle vier Wochen stattfindende Waschtag. Am Vorabend des eigentlichen Waschens musste die Wäsche nach Weiß- und Buntwäsche getrennt in großen Zinkwannen in der sich im Keller befindlichen Waschküche eingeweicht werden. Am folgenden Morgen begann das eigentliche Waschen, das sich meist bis in den frühen Nachmittag hinzog. Wir waren die einzige Familie im Haus, die zu der Zeit bereits eine elektrische Waschmaschine besass, eine der Marke Miele mit einem Schwungrad und einer Hand-Wringe. Die fertige Wäsche trugen Vater und einer von uns Jungen auf den Trockenbogen, wo sie dann aufgehängt wurde. Bettwäsche und andere große Wäscheteile brachten wir nach dem Trocknen in einem Wäschekorb zur Wäschemangel, die sich in unserer Straße befand. Bekannte Reinigungs- und Waschmittel damals waren u. a. Schmierseife, Kernseife, Persil, Fewa, IMI, ATA, Sidol für Messing.

Im Haushalt hatten wir in der Regel eine Haushaltshilfe oder später ein Pflichtjahrmädchen. Eine sehr nette und liebe Haushaltshilfe war Hilde F., die am Tiele-Winckler-Platz wohnte. Nach der Schulentlassung, damals gab es nur acht Schuljahre, mussten alle Mädchen ein Pflichtjahr im Haushalt oder anderswo ableisten. Drei von diesen Mädchen sind mir noch im Gedächtnis geblieben, Helene J. aus der Reptener Straße, Gertrud P. aus der Hindenburgstraße und eine Christa aus der Skaletzstraße. Christa war nur kurze Zeit bei uns, da sie ständig Lebensmittel entwendete. Mit Helene J., heute Bregulla, stehe ich noch in Verbindung. Sie lebt mit ihrem Mann Eduard in Plauen im Vogtland. Ihren einzigen Sohn, damals Student, verlor das Ehepaar durch einen Auto- oder Motorradunfall.

Durch Mutters häufige Krankheit waren wir Jungen früh sehr selbständig und halfen im Haushalt. Ich holte beispielsweise jeden Abend Kohle aus dem Keller, machte den Herd an und deckte den Abendbrottisch. Am Sonntag bereitete ich die Klöße zu und half bei vielen anderen Arbeiten. Anfang 1940 war Mutter für mehrere Wochen in einem Sanatorium in Obernigk im schlesischen Katzengebirge unweit Breslaus. An den Sonntagabenden saßen wir im Wohnzimmer und schrieben Briefe und malten etwas für Mutter.

Zu Ostern bekamen wir natürlich auch unsere Ostereier. Nach einem alten Brauch bespritzten an diesem Fest die junge Männer die junge Mädchen und Frauen mit Kölnisch Wasser oder mit einfachem Wasser. Dafür erhielten die Jungen von den Mädchen gewöhnlich ein Osterei.

Kindliche oder jugendliche Vergehen in der damaligen Zeit zogen fast durchweg eine Tracht Prügel, die zu dieser Zeit verbreiteste Strafe, nach sich. In Bergmannsfamilien vollzogen sie die Väter mit dem Riemen, dem »Pass«. Der Vater nahm seinen Sprössling zwischen die Oberschenkel, zog die Hosen stramm und bearbeitete das Hinterteil. In anderen Familien gab es dafür den Teppichklopfer, den Rohrstock, den Kochlöffel, den Kleiderbügel, die Hand, einen Ochsenziemer oder eine mehrschwänzige Peitsche. Manch ein Delinquent musste danach obendrein in den Keller. Letzteres war eine von vielen Kindern besonders gefürchtete Strafe, zumal die Keller meist finstere Löcher waren. Vereinzelt noch wurden in manchen Familien die Kinder gezwungen, lange Zeit auf getrockneten Erbsen zu knien, eine Strafe, die einst weit verbreitet war. Die Erwachsenen erzählten oftmals davon. Wie weit es auch Hausarrest gab, weiß ich nicht mehr.

Fünf aus der Fasaneriestraße beim Skilaufen 1942

Ferien

Hatten die Ferien begonnen, rüsteten sich Mutti mit Klaus und Liesel für einen längeren, meist mehrwöchigen Aufenthalt in Meseritz. Der große Reisekorb wurde vom Boden, später aus dem Keller geholt, gepackt und als Reisegepäck aufgegeben. Eines Tages ging dann die Reise los. Mit der Straßenbahn fuhr die ganze Familie nach Beuthen zum Hauptbahnhof. Für uns Kinder war der Bahnhofsbetrieb immer äußerst interessant und spannend. Während des Krieges hatten die Züge meist Verspätung. Lief der D-Zug endlich ein, begann der Lauf zu den Türen und der Kampf um die Abteile. Meist glückte es, einen guten Platz zu bekommen. Ein Teil des Gepäcks wurde dann durch das Abteilfenster gereicht. Der Abschied für so lange Zeit war immer etwas wehmütig. Ich war nur als kleines Kind in Meseritz. Irgendwann hatte Opa mich wohl gehauen. »Er hat mich gehaut«, war mein Kommentar. Außerdem hatte er uns eine Glatze geschnitten. So war ich nicht mehr zu bewegen, noch einmal nach Meseritz zu fahren. Diesen Ort sah ich erst im Juni 1974 in Begleitung von Gisela, Andrea und Anja Britta wieder. Das Haus der Großeltern stand nicht mehr, ebenso fehlten einige Nachbarhäuser. Ein Rasen bedeckte die Gründstücke. 1941 starb der Großvater in Meseritz. Mutter fuhr zur Beerdigung. Trauerkleidung gab es nur auf Sonderbezugscheine. Mutti kaufte sich dafür ein schwarzes Samtkostüm. Dieses trug sie noch lange nach der Vertreibung. Zum Teil wurden auch Kleider schwarz gefärbt. Das Färben war nicht ganz einfach und gelang auch nicht jedesmal einwandfrei.

So fuhr ich mit Vater immer nach Laband zu meiner Patentante Katharina, die eine Landwirtschaft besass. Dort gab es viel Abwechslung und viel zu erleben. Von Laband aus machten Vater und ich alljährlich anlässlich des Ablassfestes einen Besuch in Pilchowitz, dem Geburtsort Vaters. Ein großes Vergnügen für mich war die etwa einstündige Fahrt mit der Kleinbahn von Gleiwitz-Trinneck nach Pilchowitz. Oft hatte der Zug auch offene Wagen, die wir besonders mochten. Vom Pilchowitzer Bahnhof aus war es nicht weit zur Familie von Onkel Theodor, bei der wir übernachteten. Mein Spielkamerad dort war mein einige Jahre älterer Cousin Raphael, Bubi genannt. Am Sonntag nach dem Gottesdienst besuchten wir das Grab unserer Großmutter, das auf dem Platz vor der Kirche lag. Nach dem Mittagessen machten wir einen Spaziergang zur Familie von Onkel Viktor in der sogenannten Kolonie. Tante Klara besass dort einen Kolonialwarenladen, der für uns stets von besonderem Reiz war. Vor dort aus folgte ein Gang in das nahe Niederdorf zum Geburtshaus Vaters und seiner Geschwister. Neben dem Haus stand noch die alte Scheune und eine schöne Gartenlaube. Am Abend ging es wieder heim nach Laband. Manchmal machten wir auch einen Abstecher nach Gieraltowitz, das von 1922 bis 1939 zu Polen gehört hatte. Dort lebte Vaters zweitältester Bruder Michael mit seiner Frau und drei Töchtern, von denen die älteste, Hedwig, bereits verheiratet war. Auch das war immer ein schöner Tag. Während Mutter mit Klaus und Liesel mehrere Wochen in Meseritz blieben, kehrten wir nach etwa vierzehn Tagen wieder nach Mechtal zurück. Ich wartete dann bereits sehnsüchtig auf die Heimkehr der Meseritz-Reisenden. War es dann so weit, machten Vater und ich uns zum Bahnhof nach Beuthen auf. Auch jetzt hatte der Zug meist Verspätung. Lief er endlich ein, war meine Freude groß. Nach der Heimkehr hatten wir Brüder uns viel über unsere Erlebnisse während unserer Ferien zu erzählen.

Als Kinder während der Ferien in Laband

Meine frühesten Erinnerungen an Laband gehen zurück auf das alte Grundstück meiner Patentante Katharina an der Niepaschützer Straße 15, der späteren Wiesenstraße. Dort stand das an frühere Zeiten erinnernde alte, weiße Bauernhaus mit den entsprechenden Stallgebäuden. Markantes Kennzeichen des Hofes war Onkel Ludwigs Vater mit seiner langen Pfeife, ein gemütlich ausschauender alter Herr mit zerfurchtem Gesicht. Irgendwann starb er. Wir Kinder haben das gar nicht richtig wahrgenommen. Die Gebäude wurden danach bis auf die heute noch stehende Scheune 1936/37 abgerissen und durch ein neues Wohnhaus und neue Stallgebäude ersetzt. An Besuche im alten, 1913 errichteten Wohnhaus, in dem Tante Katharina mit ihrer Familie und ihrer Mutter, unserer Oma, lebte, kann ich mich nicht mehr erinnern. Der Neubau dagegen ist mir seit seinem Entstehen in lebendiger Erinnerung. Zu den ebenfalls frühen Erlebnissen gehört der Um- und Neubau des Klodnitz-Kanals, die Begradigung und der Ausbau des Flussbettes der Klodnitz, die direkt hinter dem Garten von Tante und Onkel dahinfließt. Mein Spielgefährte war Tante Katharinas manchmal sehr draufgängerischer einziger Sohn Klaus, mein Cousin. Zum Unterschied zu meinem Bruder Klaus wurde er, da jünger, der kleine Klaus genannt. Wir kleineren Jungen schlossen uns älteren Jungen an und suchten mit ihnen immer wieder die für uns höchst interessante Baustelle am neuen Klodnitzdamm auf. Dort versuchten wir gern ein Stück mit den für die Bauarbeiten notwendigen Feldloren auf dem neuen Damm zu fahren. Oft entgleisten die Loren sehr bald und die großen Jungen waren nicht immer in der Lage, sie wieder auf die Schienen zu stellen. Das Treiben an dieser Baustelle hat uns außerordentlich viel Spaß gemacht. Und wir nutzten jede freie Minute nach dem Feierabend der Bauarbeiter, um dorthin zu kommen. Am Tag war es ihrer Anwesenheit wegen nicht möglich. Nebenbei konnten wir von Tantes Hof und von der Klodnitz aus das Wachsen des Neubaus der katholischen Pfarrkirche St. Georg im neueren Teil von Laband beobachten. Am deutlichsten sahen wir die Fortschritte am Höherwerden des Kirchturmes.

Das Flussbett der Klodnitz wurde in seinem unteren Teil mit Betonsteinen befestigt, so dass das Wasser keine Schäden durch Auswaschungen mehr anrichten konnte. Gewöhnlich führte die Klodnitz nicht all zu viel Wasser und wir konnte sie einfach durchschreiten. Eine von Tantes Wiesen grenzte an den Klodnitz-Damm und stieg dann steil bis zu den höher gelegenen

Feldern an. Diese Wiese war ebenfalls einer unserer bevorzugten Spielplätze. Es war uns ein Vergnügen, von oben herab hinunter zu purzeln. Im unteren Teil befand sich eine kleine mit Entengrütze bedeckte Wasserstelle, die ebenfalls einen großen Reiz auf uns ausübte. Einige hundert Meter entfernt nistete alljährlich ein Storchenpaar auf einer abgestorbenen Baumkrone.

Die Klodnitz war noch nicht lange reguliert und ausgebaut, da kam es nach heftigen Regenfällen während der Ferienzeit zu Beginn der vierziger Jahre zu einer großen Flut. Unmittelbar vor der nahen neuen Klodnitz-Brücke in Richtung Gleiwitz brach der noch junge Damm. Die Wassermassen der Klodnitz überschwemmten weit das umliegende Land. Hilfsmannschaften des Arbeitsdienstes, der Feuerwehr und anderer Organisationen kamen mit ihren mit Sandsäcken beladenen Lastkraftwagen und warfen die Sandsäcke in die offene Bruchstelle. Es dauerte ziemlich lange, bis der Schaden zumindest provisorisch behoben war. Für uns Kinder war das ein einmaliges Erlebnis.

Über die Brücke hinweg führte der Weg in den nahen Gleiwitzer Kanal-Hafen, der auf uns stets eine ungemeine Anziehung ausübte. Der Hafen war für uns eine neue und ferne Welt, legten doch dort Kähne aus Hamburg und anderswo an. An den Abenden kamen häufig die Besitzer der Kähne zur Tante ins Haus, war doch ihr Haus das erste auf dem Weg vom Hafen in den Ort. Meist suchten sie etwas Obst oder andere Erzeugnisse der Landwirtschaft mitzubekommen. Sicher hatten sie auch bestimmte Tauschwaren mit. Es war eine ganze Reihe immer wieder kommender Schiffer, die wir alle bereits persönlich kannten. Die Erzählungen dieser Männer versetzten uns in eine andere Welt. Wir konnten gar nicht genug zu hören bekommen. Als im Sommer 1943 die schweren Luftangriffe – »Gomorrah« – auf Hamburg erfolgt waren, berichteten sie von den Auswirkungen der Bomben- und Minenabwürfe, den zerstörten Häusern, von den durch die gewaltigen Brände ausgelösten Feuerstürmen und den durch die übergroße Hitze zusammen geschrumpften toten Menschen, die überall in den zerstörten Straßen Hamburgs lagen. Ingesamt starben über 30.000 Menschen bei diesen Angriffen. Allein der Feuersturm in der Nacht vom 27. auf den 28. Juli 1943, dem schlimmsten bis dahin erfolgten Luftangriff hatte fast 20.000 Menschen das Leben gekostet.

Das größte Erlebnis für uns aber war immer wieder ein Besuch im Gleiwitzer Hafen auf den Schiffen dieser Männer. Manchmal gingen wir mit Erlaubnis der Eltern hin, einige Male auch allein. Die Schiffer zeigten uns ihre Kähne, wir durften in ihre fast puppenstubenhaft wirkenden Schiffswohnungen und konnten gar nicht genug zu sehen bekommen. Unser Aufenthalt dort hätte nie enden dürfen. Der Hafen war einfach eine andere Welt. Manchmal, wenn wir auf eigene Faust in den Hafen gegangen waren, gab es bei der Rückkehr Ärger, weil niemand gewusst hat, wo wir uns aufgehalten hatten. Einer der Schiffer hat sogar ein Mädchen aus dem Nachbarhaus der Tante geheiratet und lebte mit ihr nach dem Kriege in Hamburg.

An den Abenden kamen häufig auch Nachbarn ins Haus und es wurde viel erzählt. Einer der interessantesten war der Nachbar K., der infolge einer Unachtsamkeit beim Einlegen von Sägespänen in einen Ofen durch das die Sägespäne entflammende Feuer so im Gesicht und am Oberkörper verbrannt wurde, dass er lange Zeit in einer Klinik verbringen musste. Er sprach eigenartig undeutlich. Ich traf ihn am Neujahrstage 1971 erstmals nach 25 Jahren wieder. Da berichtete er mir, dass mein Vater niemals polnisch gesprochen hätte. Gesprochen wurde auch über mögliche Bombenangriffe auf unsere Heimat. Ich erinnere mich noch, wie Vater gelegentlich während dieser Gespräche sagte, er könne sich nicht vorstellen, dass wir davon verschont bleiben würden. In der Nacht vor einer Rückfahrt nach Mechtal waren einige Bomben auf die Gleisanlagen zwischen Gleiwitz und Beuthen gefallen. Der Zug musste oft halten oder wurde umgeleitet. Dieser völlig unbedeutende Angriff war der einzige für lange Zeit. Ansonsten blieben wir bis auf das Überfliegen durch amerikanischen Bombenflugzeuge, die ab 1944 die chemischen Werke in Blechhammer bombardierten, von allen direkten Kriegshandlungen fast völlig verschont.

Bauern und Kleinbauern, also alle, die landwirtschaftliche Produkte erzeugten, waren während des Krieges volle oder teilweise Selbstversorger. Sie erhielten keine Lebensmittelmarken für Butter, Mehl, Eier, Fleisch usw. Jeder Landwirt hatte entsprechend der Größe seiner Ländereien und seinem jeweiligen Viehbestand eine seitens der Behörden festgesetzte bestimmte Menge seiner Erzeugnisse regelmäßig abzuliefern. Auf Vergehen gegen diese Bestimmungen wurde ungewöhnlich harten Strafen gedroht. Mancher, der dabei erwischt oder von lieben Nachbarn angezeigt worden war, musste ins Gefängnis. So waren z. B. alle Milchverarbeitungsmaschinen verplombt, auch die Zentrifuge und die Buttermaschine der Tante. Statt der früher selbst hergestellten Butter gab es einen festgesetzten Butteranteil, der von der Molkerei bei der Rückgabe der leeren Kannen in diese hineingelegt wurde. Das reichte, vor allem wenn längere Zeit Besuch im Hause war, nicht aus. So wurde also schwarz gebuttert. In aller Herrgottsfrühe erschallte plötzlich das Radio ganz laut. Währenddessen wurde von Tante Katharina mit Hilfe eines alten Butterfasses und eines dazu gehörigen Stampfers zusätzliche Butter hergestellt. Niemand von den Mietern oder Nachbarn durfte das Stampfen hören oder sehen. Uns Kindern wäre es nie eingefallen, anderen gegenüber auch nur ein Wort über diese zusätzliche Art der Versorgung zu verlieren, die übrigens allgemein verbreitet war.

Häufig hüteten wir eine Kuh, was uns nicht besonders behagte und was auch etwas langweilig war. Dennoch hatten wir auch dabei manchen Spaß, wenn Klaus zum Beispiel versuchte, dem Euter der Kuh einige Tropfen Milch zu entlocken oder auf ihr zu reiten. Das nahm die Kuh in der Regel übel und rannte uns mit großer Geschwindigkeit davon. Wir hatten dann große Mühe, sie wieder einzufangen und zu beruhigen. Auch mit der Ziege erlaubten wir uns manchen Spaß. Sollten wir sie zu einem Weideplatz bringen, so spannten wir sie vor einen Handwagen, den eigentlich wir ziehen sollten, und ließen uns von ihr abschleppen. Das ging nicht lange gut. Bald stürmte die Ziege eine Böschung hinauf, der Wagen kippte um und wir lagen daneben. Zum Glück konnte sie uns nicht entwischen, da sie am Handwagen festgebunden war. Wir hatten unseren Spaß daran.

Größte Freude hatten wir während der Erntezeit. Bevor das Mähen des Getreides begann, droschen die Erwachsenen auf dem Tennenboden der Scheune Roggen per Hand mit Dreschflegeln. Das lange Rogenstroh wurde nach dem Mähen des Getreides zum Binden der Garben bzw. des gedroschenen Strohs verwandt. Ein Großteil des Getreides wurde damals noch mit der Sense gemäht. Meist war das Vaters Aufgabe als sein Ernteeinsatz während der Ferien in der Kriegszeit. Zwischendurch musste die Sense immer wieder einmal abgezogen oder gedengelt werden. Die Frauen gingen hinter dem Mäher her, fassten das Getreide und banden es zu Garben. Nach dem Mähen wurden die Garben zu sogenannten Puppen zum Trocknen aufgestellt. Letztere dienten uns bei unseren Spielen häufig als Behausung oder Versteck. Ein Höhepunkt für uns war das Einfahren des Getreides. Wir Jungen sassen, sobald der untere Teil des Leiterwagens gefüllt war, oben auf dem Erntewagen, nahmen die zugereichten Garben an und legten sie entsprechend auf den Leiterwagen. Zum Schluss, wenn der von Pferden gezogene Wagen hochbeladen und die Garben mittels einer langen Holzstange und Stricken befestigt waren, saßen wir ganz stolz hoch oben auf dem Leiterwagen in den Garben und fuhren heim zur Scheune. Dort wurden die Garben so gelagert, dass sie leicht zur Dreschmaschine gereicht werden konnten. Die Dreschtage konnten wir kaum erwarten. Dann durften wir die Garben zur Maschine anreichen. Die Dreschmaschine war ein älteres Modell, wie man es heute noch in vielen landwirtschaftlichen Museen sehen kann. Auf einem Gestell, so hoch, dass es bequem von einer Person bedient werden konnte, war ein Kasten mit einer größeren Walze, die mit vielen konisch zulaufenden Eisenpickeln versehen war. Angetrieben wurde die Maschine von einem Elektromotor. Dahinter war eine längliche Öffnung. In diese wurden nun einzeln die aufgebundenen Garben geschoben. Vorn lief über eine schräg verlaufende Ebene das ausgedroschene Korn auf den Tennenboden und wurde mit einem Holzrechen von Zeit zu Zeit ein wenig nach vorn gezogen, um Staus zu vermeiden. Gleiches geschah mit dem ausgedroschenen Stroh, das wiederum gebunden und auf der linken Seite der Scheune bis fast unter das Dach eingelagert wurde. Die Maschine bediente, waren wir in Laband, immer Vater. Für uns Kinder war ein solcher Dreschtag viel zu schnell zu Ende. Nicht weniger Spaß machte uns das Reinigen des ausgedroschenen Korns. Eine über eine große Kurbel mit der Hand zu bedienende Reinigungsmaschine mit zahlreichen Zahnrädern und verschiedenen Sieben in jeweils unterschiedlicher Höhe trennte das ungereinigte Korn von der Spreu, die hinten aus der Maschine heraus geschleudert wurde und gewaltige Staubwolken hinterließ. Aus dem Vorderteil der Maschine rieselten unten die blanken Getreidekörner heraus. Zu gern wühlten wir darin herum. Diese Körner wurden mit einer großen Holzschaufel in Säcke gefüllt und auf den Boden gebracht, wo sie ausgeschüttet wurden. Bald danach war meist die Ferienzeit zu Ende und es ging zu unserem Leidwesen wieder heimwärts.

An den Sonntagen gab es immer vorzüglichen auf Blechen gebackenen Käsekuchen. Der auf den Hefeteig aufgetragene Käse wurde von Tante mit einer ganz dünnen Teigschicht überzogen und mit Streusel versehen. Die Bleche mit dem Kuchen brachten wir zum Bäcker M. an der Hauptstraße, der neben der Bäckerei noch einen Kolonialwarenladen betrieb. Dieser Kuchen schmeckte außergewöhnlich gut. Der Sonntag war stets mit dem Kirchbesuch verbunden. Vater sagte, mich hätte die Kürze des Gottesdienstes in Laband sehr beeindruckt. Onkel Ludwig besuchte die Kirche nicht. Ich erinnere mich an einen Disput zwischen Vater und ihm, Vater wies Ludwig darauf hin, dass er jetzt noch Gelegenheit zum Kirchbesuch habe. Wenn dieser eines Tages verboten, d.h. die Kirchen geschlossen würden, würde er jammern und weinen.

Vom Hof der Tante konnten wir sehr gut die Eisenbahnstrecke einsehen. Gespannt schauten wir den vorbei rasenden D-Zügen mit ihren schnittigen, fast stromlinienförmigem Lokomotiven nach. Dazu sahen wir unendlich lange Güterzüge, die Soldaten und Kriegsgerät an die Front brachten. Im Frühsommer 1942 fuhren ebensolche Züge mit landwirtschaftlichen Maschinen, darunter unzähligen Dreschmaschinen, in Richtung Ukraine, um die dortige Ernte zu verarbeiten. Aus der Ukraine verschleppten die Nazis u. a. Abertausende junger Mädchen und Männer zum Arbeitseinsatz nach Deutschland. Unmittelbar an der Klodnitz-Brücke in Richtung Gleiwitz, unweit der Wiesenstraße, standen Baracken, in denen ukrainische Mädchen untergebracht waren. Hinweise auf die Ukrainerinnen waren die um die Baracken stehenden unzähligen Sonnenblumen. An den Abenden sangen sie dort oft ihre heimischen Lieder. Zur Arbeit waren sie in den verschiedensten Betrieben der Umgebung eingesetzt. Auf der diesseitigen Seite der Brücke hatte sich nach den großen Überschwemmungen eine Art Teich gebildet, der von der Dorfjugend als Badeanstalt genutzt wurde. Badehosen gab es nicht. Alle badeten nackt. Des vielen Wassers in der Umgebung von Tantes Hof wegen war im Sommer die Mückenplage fast unerträglich, zumindest für mich, der ich darunter besonders zu leiden hatte. Ein besonderes Augenmerk richteten wir im Sommer auf den großen Obstgarten, in dem zahlreiche Mirabellen-, Pflaumen-, Apfel- und Birnbäume standen. Dieses Obst war neben dem Eigenbedarf ein wertvolles Tauchhandelsgut. Aus Gleiwitz kamen sogar leitende Angestellte irgendwelcher Werke und holten bzw. organisierten sich bei Tante Obst. Sobald wir uns sicher fühlten, saßen wir in den Bäumen und füllten unsere Hosentaschen meist mit den großartig schmeckenden verschiedenen Birnensorten. Tante sah das nicht gern. Aber wir ließen uns dabei auch kaum einmal erwischen. Kam ein Küken oder ein anderes Jungtier ums Leben, so bestatteten wir es feierlich in einer entsprechenden Pappschachtel irgendwo im Garten. Ging es wieder heimwärts, dann gab uns Tante Lebensmittel mit. Nach dem Schlachten gab es auch Fleisch und Wurst und später ein Schinkenstück. Ich bekam meist einen kleinen Geldbetrag für meine Hilfe bei der Ernte. Natürlich bekamen wir im Herbst auch Obst, darunter die lange haltbaren Boskop-Äpfel. Um die Weihnachtszeit und als Bratäpfel schmeckten sie besonders gut. Um diesen Nachschub zu holen, fuhren wir meist an einem Tag hin und zurück. Oft erledigte ich diese Wege allein. Laband war für uns Kinder stets ein Paradies, dessen Möglichkeiten wir gar nicht ausschöpfen konnten.

Kriegsjahre von September 1939 bis Mai 1945

Im Frühjahr oder in den Sommermonaten 1939 bauten Pioniere oder Arbeitsdienstler zwischen der Fasanerie und dem Eva-Platz einen Erdbunker. Es war der einzige Bunker, der mir in Mechtal bekannt war. Wenige Tage vor Ausbruch des Krieges erfolgten mit der Einführung von Lebensmittelkarten und Bezugscheinen für Kohlen und Treibstoffe die ersten Kriegsmaßnahmen. Gleichzeitig wurden Ernährungs- und Wirtschaftsämter gegründet, die alle mit der Einführung der Zuteilungskarten und Bezugscheine zusammenhängenden Fragen regelten.

Als der Krieg dann am 1. September 1939 begann, wir wohnten nur gute zwei Kilometer Luftlinie von der polnischen Grenze entfernt, spürten wir in Mechtal so gut wie nichts davon. Irgendwo in der Ferne war wohl kurze Zeit Geschützdonner zu hören, aber dabei blieb es. So weit meine Erinnerungen. In den Nachrichten erfuhren wir später vom Verlauf des »Feldzuges« und dass der 1922 an Polen gefallene Teil Oberschlesiens wieder mit dem übrigen vereint sei. Nach drei Wochen hieß es überall, Polen sei in achtzehn Tagen geschlagen worden. An einem schönen, klaren herbstlichen Sonntag, kamen eine Unzahl deutscher Soldaten aus Richtung Stillersfeld und aus dem Walde heim aus dem Feldzug zurück. Die ganze Fasaneriestraße war angefüllt von Soldaten und Bewohnern der Straße. Die Offiziere ritten hoch zu Ross, die Mannschaften marschierten in loser Ordnung zu Fuß mit ihren Waffen durch die Straße, in der überall Fahnen wehten. Die Bewohner unterhielten sich mit den Soldaten und umgekehrt. Sicher ist den Militärs auch etwas zum Essen und Trinken angeboten worden. Es war wohl ein freudiger Tag. Der Weg der Soldaten war übrigens der gleiche, auf dem gut fünf Jahre später die Rote Armee nach Mechtal eindringen sollte.

Kurz zuvor waren die ersten Lebensmittelkarten ausgegeben worden, nach denen die notwendigen Nahrungsmittel noch reichlich bemessen waren. Einiges gab es sogar noch ohne Marken, so u. a. alle Kuchensorten beim Bäcker. Später, im November, kam die »Reichskleiderkarte« hinzu. Für einhundert Punkte pro Person und Jahr konnten im weitesten Sinne Textilien erworben werden, also auch Garne, Wolle. Für Kinder waren diese Punkte knapp, da Kinderkleidung schneller verschliss oder bald zu klein wurde. Meine Kleiderkarte von 1944 besitze ich noch. Viele Textilien damals waren sehr grob und rau und kratzten mehr oder weniger auf der Haut. Bestimmte Lebensmittel oder Sonderzuteilungen, etwa Kartoffeln zum Einkellern oder

Süßigkeiten vor Weihnachten und Ostern, erhielt die Bevölkerung nach Freigabe-Aufrufen in den Zeitungen.

Jede Familie hatte pro Person eine Gasmaske, die sogenannte Volksmaske VM 37, zu erwerben. Sie sollte gegen alle bekannten chemischen Kampfstoffe schützen. »Wer sie nicht erwirbt, handelt leichtsinnig und fahrlässig«, hieß es von offizieller Seite. Hinweise besagten außerdem, dass es wichtig sei, die Gasmasken genau nach Vorschrift aufbewahren und jede Gelegenheit zu nutzen, sich in ihrem Gebrauch zu üben. Beim Aufziehen klebten die sehr engen Masken fast an der Haut und lösten ein unbehagliches Gefühl aus. Später mussten die Masken aus irgendeinem Grunde wieder abgegeben werden. Erst nach Beginn der Luftangriffe erhielten wir wieder neue Gasmasken.

In allen Häusern mit entsprechenden Voraussetzungen, also einigermaßen stabilen Kellern, mussten befestigte und »sichere« Luftschutzkeller eingerichtet werden. Die Fenster dieser Räume wurden außen zum Schutz gegen Splitter mit dicken Balken verkleidet. Die Bezeichnung LSR oder Luftschutzraum wies Fremde auf die Räume hin. Ein weißer Pfeil wies auf die Eingangstür.

Am Abend waren alle Fenster zu verdunkeln. Jeden Abend, bevor das Licht angeschaltet wurde, hängten wir dafür angefertigte Decken vor die Fenster. Machte jemand aus Versehen das Licht vor dem Verdunkeln an, wetterten die Luftschutzwarte entsetzlich. Einen solchen gab es für jedes Haus und darüber hinaus einen für einen größeren Bezirk. Fahrräder und Autos durften nur mit abgeblendeten Lampen in der Dunkelheit fahren. Sämtliche Bodenräume in den Häusern waren von allen brennbaren Gegenständen total zu räumen. Letztlich standen nur noch Wasserbehälter und Kisten mit Sand, Schaufeln und Feuerpatschen in diesem Bereich und auch in den Hausfluren.

Strengstens verboten und mit schweren Strafen bedroht war das Hören ausländischer Sender. Ein Onkel meiner Mutter, Pfarrer in der Diözese Berlin, verhungerte 1944 in einem pommerschen Gefängnis während der Verbüßung einer Zuchthausstrafe für dieses Vergehen.

Es erfolgten Aufrufe zur Sammlung kriegswichtiger Metalle. Die Bevölkerung sollte als Beitrag zur »Reichsverteidigung« alle entbehrlichen Gegenstände aus Kupfer, Bronze, Messing, Zinn, Blei und Nickel zur Verfügung stellen. Eines Tages beendeten die Bau-Truppen auch den Bau der Reichsautobahn, deren Ende aus Richtung Gleiwitz kommend, unweit des Grytzberges in Mechtal gelegen war.

Auch bei uns in der Familie hatte sich etwas verändert. Unsere Cousinen Cilli und Gertrud, aus dem ostoberschlesischen Gieraltowitz kamen zu uns nach Mechtal, um die deutsche Sprache zu erlernen, in der sie Vater unterrichtete. Dadurch waren sie vom Pflichtjahr oder anderen Einsätzen befreit.

Im Laufe des Jahres 1940 erfolgten die ersten größeren Luftangriffe der britischen Royal Air Force auf nichtmilitärische Ziele, besonders auf Öllager und Bahnanlagen des Ruhrgebietes. Am 28. August kam es zum ersten Großangriff auf Berlin. Regelmäßig am Abend hörten Vater und ich den Wehrmachtsbericht im Radio.

Als die Siegesperiode der Wehrmacht vorüber war, erfolgten immer einschneidendere Maßnahmen im Leben der Bevölkerung. Kennzeichen für den Erwerb freigegebener Lebensmittel waren die langen Schlangen vor den entsprechenden Geschäften. Ich erinnere mich, in der Hindenburgstraße oftmals längere Zeit um Obst angestanden zu haben. Kurz bevor ich an der Reihe war, gab es oft kein Obst mehr. Da hieß es warten, bis das nächste Obst, Äpfel, selten auch mal Apfelsinen, angeliefert wurde.

Nicht anders war es mit dem Fleischeinkauf. Wurst und Fleisch für den Sonntag und die Woche verkauften die Fleischer vorwiegend am Wochenende. So zog meist am Freitag Nachmittag einer von uns Jungen los zur Fleischerei Nowak am Tiele-Winckler-Platz, um nach Fleisch und Wurst anzustehen. Zwei Stunden oder mehr dauerte die Angelegenheit. Bei jedem Kunden wurden zuerst die Fleischmarken von der Lebensmittelkarte abgeschnitten. Das Zuschneiden des Fleisches und der Wurst dauerte ebenfalls eine geraume Zeit. So verkürzten sich die Schlangen der Wartenden nur langsam.

Für Haushaltsgegenstände, Schuhe und andere Sachen gab es Bezugscheine, die nach einem genau festgelegten System und in zeitlich vorgeschriebenen Abständen auf Antrag zugeteilt worden sind. Anstelle normaler Schuhe konnte man als leichtes Schuhwerk im Sommer die sogenannten Klapperlatschen (Sandalen) erwerben. Das waren Schuhe entweder mit einer ganzen Holzsohle oder einer solchen, die im Vorderteil aus mehreren mit Lederstreifen verbundenen Holzstreifen zusammengesetzt war. Das Oberteil setzte sich aus Leder- oder Kunstlederstreifen und Halterungen zusammen. Mal hielten die Sohlen, mal die Oberteile länger. Beim Gehen klapperten diese »Schuhe« laut, darum der Name.

Nach dem Überfall auf die Sowjetunion am 22. Juni 1941, mit der Hitler überraschend erst im August 1939 einen Nichtangriffspakt geschlossen hatte, verschleppten Sicherheitsdienst und SS in großem Maße ukrainische Männer und junge Ukrainerinnen zur Arbeitsleistung nach Deutschland. Oft wurden diese Menschen von der Straße weg ohne jeden Abschied von ihren Angehörigen deportiert. Im Reichsgebiet hatten sie in den verschiedensten Fabriken, in der Rüstungsindustrie und in der Landwirtschaft zu arbeiten. Nicht anders erging es vielen Polen. Die Ukrainer trugen auf ihren Sachen ein aufgenähtes Schild mit der Aufschrift »Ost«, die Polen ein quadratisches Schild mit gelbem Rand und einem »P« in der Mitte. Bei unserem Hauswirt arbeitete ein junger Pole als Mädchen für alles. Wir Kinder verstanden uns gut mit ihm. Ich erlebte auch nie, dass die Hauswirtin den Polen je angeschrieen oder sonst schlecht behandelt hätte. Für diese Polen gab es im Ort ein so genanntes Schlafhaus. Wo und von wem sie verpflegt wurden, ist mir unbekannt. Kurz vor dem Einmarsch der Roten Armee war der junge Pole plötzlich verschwunden. Fünf Polen in Mechtal fanden übrigens durch die sowjetischen Soldaten den Tod. Ukrainer arbeiteten vorwiegend in der Industrie und Landwirtschaft. Die jungen ukrainischen Mädchen erhielten allem Anschein nach nur eine Mindestmenge an Nahrungsmitteln. Ihres ständigen Hungers wegen bettelten sie oft in den Häusern um ein Stück Brot. Wir waren gerade bei Bekannten, als solche Mädchen dort erschienen. Ein Sohn der Familie machte sich über diese Mädchen lustig und bekam prompt von seiner Mutter ein paar Ohrfeigen und eine entsprechende Verwarnung. Im Januar 1945 gingen einige der zwangsverpflichteten Ukrainer den sowjetischen Soldaten mit einer roten Fahne entgegen und wurden auf der Stelle von diesen erschossen.

Ebenfalls zu dieser Zeit tauchten die ersten russischen Kriegsgefangenen im Ort auf. Millionen sowjetischer Soldaten waren in deutsche Kriegsgefangenschaft geraten und mussten unter unbeschreiblich schwierigen Bedingungen leben. Ich erinnere mich noch an Abbildungen in Illustrierten, die Reste angeblich von ihren Mitgefangenen aufgegessener verstorbener Kameraden zeigten und die Sowjetsoldaten als Untermenschen verhöhnten. In Mechtal lebten diese armen Menschen im Kriegsgefangenenlager hinter der Schule II. Sie arbeiteten in drei Schichten auf der Preußengrube und fuhren z. T. am Nordschacht ein. Bis dorthin mussten sie täglich gut einen Kilometer in Vierer- oder Fünferreihen hin und zurück marschieren. Sie trugen dunkelgrüne Mäntel und bückten sich auf der Straße nach jeder Zigarettenkippe. Anfangs fertigten sie während ihrer Freizeit im Lager russisches Spielzeug aus Holz an, etwa pickende Hühner. Das waren runde Holzscheibe mit einem Haltegriff mit fünf oder sechs Hühnern. Diese waren durch Bindfäden unterhalb der Scheibe miteinander verbunden und an einer Kugel oder einem kleinen Holzquader waren Fäden zusammen geführt. Drehende Bewegungen mit der Scheibe ließen die Hühner nach ihrem Futter picken. Ein weiteres Spielzeug waren Vögel auf Rädern. An den Vögel war eine Stange zum Schieben angebracht. Schob man die Vögel, so schlugen sie mit den Flügeln. Zunächst sah man viele dieser Spielzeuge bei den Kindern. Die Gefangenen hatten sie gegen Lebensmittel bei den Bergleuten eingetauscht. Eines Tages erging ein Verbot, das den Besitz dieses Spielzeuges unter Strafe stellte. Das Spielzeug musste also aus den Familien verschwinden, um einer Bestrafung zu entgehen. Auch Herr B., ein Oberhäuer aus unserem Haus, hatte für seine Kinder solches Spielzeug eingetauscht, mit dem sie draußen spielten. Er musste es seinen Kindern wieder wegnehmen. Trotzdem steckten die Bergleute den Gefangenen nach wie vor heimlich Brot und andere Lebensmittel zu. Es war einfach nicht möglich, hinter jeden Gefangenen im Bergwerk einen Wächter zu stellen. Ende Januar 1945 zogen die sowjetischen Grubenoffiziere auf den Schächten Erkundigungen ein, wie z. B. noch anwesende Steiger sich gegenüber den Gefangenen verhalten hätten.

Infolge der absolut ungenügenden Ausstattung der deutschen Truppen mit Winterkleidung in Russland riefen die zuständigen Reichsbehörden im Januar 1942 unter großem Propaganda-Aufwand zu einer Sammlung von Pelz-, Woll- und Wintersachen auf. Mehr als 67 Millionen Kleidungsstücke kamen bei dieser Aktion zusammen. Einen Monat später führten die Wirtschaftsämter die Reichsraucherkarte für Männer über 18 und für Frauen über 25 Jahren ein. Frauen erhielten nur die Hälfte der Männerration.

Die Niederlage bei Stalingrad, die größte der Wehrmacht in diesem Krieg Ende Januar und Anfang Februar 1943, löste in der Bevölkerung einen Schock aus. Das dauernde Siegen schien vorbei zu sein. Auf dem Heimweg vom Jungvolkdienst Anfang Februar diskutierten wir darüber, ob es möglich sei, dass die Russen auch einmal bis zu uns kommen könnten. Gefährliche Vermutungen! Zwei Jahre später waren sie bereits da.

Mit der Zunahme der Luftangriffe auf deutsche Städte, besonders auch auf Berlin, kamen seit 1943 immer mehr Evakuierte aus Berlin nach Oberschlesien, auch nach Mechtal. In der vierten Klasse war ein evakuierter Berliner Junge namens Holger unser Klassenkamerad. Er wohnte in der Martinauer Straße. Alte Menschen und Oberschulklassen mit ihren Lehrern fanden im Friedenshort ein Unterkommen. Einzelne Mütter mit ihren Kindern erhielten irgendwelche Wohnungen zugewiesen. Wir machten uns damals einen Spaß daraus, die größeren Berliner Schüler mit gewissen Sprüchen zu necken. Ganz Schlesien galt zu dieser Zeit als der Reichsluftschutzkeller. Die Luftangriffe hatten in den westlichen und mittleren Teilen des Reichs erheblich zugenommen. Bald gab es auch bei uns häufiger Luftalarme. Manchmal trat die Flak in Aktion. Am Abendhimmel bot das Licht der Scheinwerfer und das Leuchten der explodierenden Granaten ein schauriges, aber uns Jungen faszinierendes Bild. Am Morgen nach den Fliegeralarmen suchten wir eifrig nach Flaksplittern und fanden nur wenige.

Der allgemeine Rohstoffmangel veranlasste die staatlichen Behörden alle Kirchenglocken, wie auch schon während des I. Weltkrieges, bis auf eine ganz kleine einzuziehen. Ich erinnere mich noch, wie wir das damals nicht ganz einfache Herunterholen der Glocken vom Kirchturm beobachteten. Auf einem großen Lkw verschwanden sie auf Nimmerwiedersehen auf irgendeinem Glokkensammelplatz. Erst 1957 sollte die Kirche wieder neue Glocken erhalten.

Wir Schüler bekamen im Laufe des Schuljahres einen freien Tag zum Sammeln von Eisen, Lumpen und Knochen. Für eine entsprechende Menge abgegebener Knochen erhielten wir bei der Abgabestelle Gutscheine für ein Stück Seife, das eine Menge eines sandigen Stoffes enthielt. Anfang 1943 erfolgte die Einberufung höherer Schüler ab 15 Jahren zum Kriegsdienst als Luftwaffenhelfer. In Mechtal waren davon die Jahrgänge 1928 der Klassen 9 und 10 der Mittelschule betroffen.

Eine Neuerung bei der Reichspost stellte 1943 die Einführung von Postleitzahlen zur schnelleren Beförderung von Briefen und Paketen dar. Unser Gebiet erhielt die Postleitzahl 9a. Bis zur Einführung der vierstelligen Postleitzahlen lange nach dem II. Weltkrieg galten diese Zahlen im Gebiet der Besatzungszonen und später in der Bundesrepublik Deutschland und in der DDR.

Die Lehrer der einzelnen Schulen hatten mit Zunahme der Alarme abwechselnd nächtlichen Wachdienst in der Schule, um im Falle eines Bombeneinschlags erste Maßnahmen ergreifen zu können. Auf dem Kirchturm der Corpus-Christi-Kirche nisteten sich Wachposten der Luftwaffe oder Wehrmacht bis unmittelbar vor dem Einmarsch der Roten Armee ein und beobachteten die Umgebung und den Luftraum.

Mutter nahm 1943/44 an der Hochzeit ihrer Schwester in Berlin teil und berichtete nach ihrer Rückkehr, in Berliner Geschäften oder davor wären auf dem Fußboden oder auf der Straße gegen Hitler gerichtete Sprüche zu sehen gewesen sein wie etwa: »Nieder mit Hitler!«

Um Kindern ausgebombter Familien zu helfen, forderte die NSDAP alle Kinder zur Abgabe von Spielzeug auf. Wir gaben unsere Burganlage und andere Spielsachen dafür im Rathaus ab.

Immer wieder erlebten wir in Mechtal den Durchzug motorisierter deutscher Truppen an die Ostfront. Manchmal war der Ort voll von Militärfahrzeugen, wenn eine Marschpause eingelegt wurde. Die Mechtaler versorgten die Soldaten mit Kaffee, Tee und oft auch mit etwas Essbarem. Junge Mädchen scherzten mit den Soldaten. Zum Abschied winkten die Mechtaler, meist Mechtalerinnen, den Soldaten nach. Für uns Jungen war das immer ein großes Ereignis, bei dem es viel zu sehen gab.

Vom Attentat auf Hitler am 20. Juli 1944 erfuhr ich durch eine Hausbewohnerin, die uns diese Meldung aus ihrem Küchenfenster zurief. »Das waren die Tschechen!«, kommentierte sie die Nachricht. Sicher dachte sie dabei an das Attentat auf Heydrich im Mai 1942 in Prag. Im Radio und in der Zeitung verfolgte ich interessiert alle Maßnahmen im Zusammenhang mit diesem Anschlag. In der Schule haben wir darüber nicht gesprochen. Ich weiß es jedenfalls nicht mehr.

Im gleichen Jahr mussten Frauen, Mädchen und alte Männer an bestimmten Tagen der Woche zum Ausschachten des »Ostwalls« ausrücken. Damit sollte der große Abwehrwall gegen die sowjetischen Truppen geschaffen werden. All diese Arbeiten nutzten nichts. Als es so weit war, überrannte die Rote Armee diese Anlagen wie kleine Wassergräben.

In der Zeitung, wir bezogen die »Ostdeutsche Morgenpost«, häuften sich die Todesanzeigen für gefallene Soldaten. Oft waren es mehrere Seiten. Fast ausnahmslos jede Anzeige enthielt die Formulierung: »Er starb für Führer, Volk und Vaterland«, manchmal hieß es auch: »Für Führer und Vaterland starb er den Heldentod...« oder »Er gab sein Leben für seinen heißgeliebten Führer und Großdeutschlands Zukunft«. Auch unser ehemaliger Hausbewohner Heinz K. fiel kaum zwanzigjährig. Ich hatte ihn noch während seines letzten Urlaubs getroffen und mit ihm gesprochen. Mit mehreren Hausbewohnern und Nachbarn nahm ich an einem Gottesdienst für ihn in Martinau teil. Aus dem Haus Fasaneriestraße 20 fiel in Frankreich, obwohl der Krieg dort längst zu Ende war, der kaum achtzehnjährige Richard G. Auch ihn hatten wir noch in lebendiger Erinnerung. Als in Rumänien vermisst galt seit August 1944 unser Hauswirt. Erst 1948 konnte er aus dem Ural zu seiner inzwischen bei Passau wohnenden Familie zurückkehren.

Überall tauchten im Laufe des Krieges Plakate mit nachstehenden Texten auf: »Pst! Feind hört mit!« Eine Maßnahme zur Wachsamkeit gegenüber Sabotage, gegen Zersetzer der deutschen Wehrkraft. Im Volksmund fanden die drei Buchstaben umgehend nachstehende Deutung: »Papa sucht Tabak!«. Das wurde ungeniert überall so weiter gegeben. Oder man warnte mit der NS-Brennstoffsparpropaganda vor dem »Kohlenklau«, also vor der Energievergeudung. In der Schule wurden wir aufgefordert, wachsam gegenüber Spionen zu sein und Verdächtige zu melden.

Ein besonderes Erlebnis für uns Jungen war die Notlandung eines Doppeldeckers am Ende der Stillersfelder Straße. Wir sahen bei dieser Gelegenheit zum ersten Mal ein Flugzeug aus der Nähe. Interessiert beobachteten wir die Vorgänge und das Starten der Maschine.

Frauen und Mädchen wurden während der letzten Jahre in immer größerem Maße in der Rüstungsindustrie oder in anderen Bereichen eingesetzt, etwa als Wehrmachtshelferinnen oder Blitzmädchen. Im öffentlichen Dienst und in der Wirtschaft lag die wöchentliche Arbeitszeit seit der zweiten Jahreshälfte 1944 bei 60 Stunden. Das waren zehn Stunden pro Tag.

Mit der immer größeren Verknappung von Lebensmitteln und Gebrauchsgegenständen aller Art weitete sich trotz aller Strafandrohungen ein stetig skrupelloser werdender Schwarzhandel aus.

Eine lästige Erscheinung besonders für Mädchen gegen Ende des Krieges war der gehäufte und äußerst unangenehme Befall mit Haarläusen. Die meisten empfohlenen Wasser und Cremes halfen in der Regel nicht. Wirksamer erwiesen sich wahrscheinlich die Spezialkämme mit ganz engen Haarzähnen. Das erforderte allerdings täglich ein mehrmaliges zeitaufwändiges Durchkämmen der Haare.

Das letzte Aufgebot – Mechtaler Mittelschüler als Flakhelfer 1944/45

Als Männer, die zur Wehrmacht eingezogen werden konnten, immer knapper wurden, griffen die Machthaber des Dritten Reiches auf 15- und 16-jährige Schüler zurück, um sie in den für die Luftabwehr eingerichteten Stellungen der Heimatflakbatterien einzusetzen. Überall im oberschlesischen Industriegebiet waren diese Einheiten zu finden. Vorher, vom 7. Juli 1944 an, waren besonders die um Heydebreck eingesetzten Flakhelfer amerikanischen Großangriffen ausgesetzt und erlebten dort die Schrecken des Krieges im damals so genannten »Reichsluftschutzkeller des Reiches«. Viele von ihnen wurden dann im Januar 1945 von den in das Industriegebiet eindringenden sowjetischen Truppen zusammen geschossen und überrollt.

Auch die Mechtaler Mittelschüler holte eines Tages der Krieg ein. Alle Schüler des Jahrganges 1928 erhielten im Januar 1944 den Einberufungsbefehl als Luftwaffenhelfer. Manche von ihnen hatten erst kurz zuvor, im Dezember 1943, ihren 15. Geburtstag gefeiert. Meldeort war die Flak-Batterie Beuthen-Stadtwald. Da es noch nie so kleine Soldaten gegeben hatte, bereitete bereits die Einkleidung Schwierigkeiten. Zur Begrüßung scheuchte ein Unteroffizier vom Dienst mit besonderer Freude die »neuen Soldaten« vor dem Schlafengehen: »Unter die Betten! Auf die Betten! Auf die Spinde, unter die Spinde! Ins Kochgeschirr! Deckel zu! Ein Lied!« Nach einigen Tagen wurden die neuen Flaksoldaten gewogen. Alle, die keine 50 Kilogramm Gewicht auf die Waage brachten, stellten die Vorgesetzten für vier Monate zurück. Aus den beiden Klassen wurde eine mit den Mädchen, Zurückgestellten und den Angehörigen des Jahrganges 1929 gebildet, die an der Schule zurückblieb. Manche freundschaftliche Beziehung wurde dadurch zerbrochen.

Im Mai 1944 kam dann auch der Einsatzbefehl für die Zurückgestellten, die sich am 22. Mai 1944 bei der Heimat-Flakbatterie 20/VIII in Mechtal zu stellen hatten. Zur Batterie gehörten sechs 8,8 cm-Geschütze und zwei Geräte zur Ortung feindlicher Flugzeuge. Während der intensiven Ausbildungszeit marschierten die Neulinge täglich zum Unterricht zur Mittelschule. In den Sommermonaten verlebten die Flakhelfer, wie ein Beteiligter schreibt, auch recht schöne Tage. Sie hatten einen verständnisvollen jungen Offizier, der mit ihnen u.a. auch Fußball spielte. Nachts ertönten oft die Alarmsirenen. Manchmal wurde der Alarm auch durch unangemeldete deutsche Flieger, die von der Ostfront kamen, ausgelöst. Im Hochsommer flogen immer häufiger große amerikanische Flugzeugverbände in Richtung der chemischen Fabriken bei Heydebreck-Blechhammer. Sie kamen von ihren günstigen Standorten in der Nähe von Rom. Da sie sehr hoch flogen, konnten sie nur mit einem Sperrfeuer empfangen werden. Die von ihnen abgeworfenen Alu-Streifen brachten alle Funkmessgeräte durcheinander. Bei einem dieser Einsätze hatte das Geschütz Dora mehr als 250 Schuss abgegeben. Die Flakhelfer waren danach fast taub, da sie vom Alarm überraschte worden waren und kaum jemand seine Überdruckmembranen bei sich hatte, die das Trommelfell hätten schützen können.

Ausgang gab es selten, so dass sich die Flakhelfer auch mal auf eigene Faust einen solchen zu verschaffen suchten. Sie fielen dabei natürlich prompt herein. Die an sich schöne Zeit in der Mechtaler Stellung ging zu Ende. Neuer Standort wurde eine neu errichtete Stellung in einem kleinen, lichten Tannenwald zwischen Stillersfeld und Friedrichswille in der Nähe einer Feldscheune. Dort wurde ein 1,2 m aus der Erde herausragender flacher, rechteckiger Bunker erbaut. Er wurde die Befehlsstelle der Batterie, kurz B I genannt. Zwischen Bunker und Geschützen stand ganz allein die Unterkunftsbaracke des Batteriechefs der neuen Großkampfbatterie Stillersfeld, die sich aus zwei Batterien zusammen setzte mit zwölf Geschützen, zwei Funkmessgeräten und zwei Kommandogeräten. Dazu lag ein großer Parabolspiegel zum Aufbau bereit. Insgesamt war die Anlage moderner und konnte durch die Kommandogeräte schneller agieren.

Der Weg der Flakhelfer von ihrer Unterkunft bis zum Befehlsstand führte an einem riesigen Mohrrübenfeld vorbei, so dass die »Flaksoldaten« mit Hilfe der rohen Möhren ihre eintönige Militärkost ergänzen konnte. Unterricht fand ein- bis zweimal in der Woche in einem Raum der Stillerfelder Kindergartens statt. Dazu kamen die Lehrer nun mit der Straßenbahn aus Mechtal. Manches sonst im Unterricht gesungenes Lied fiel weg, vor allem das sonst vom Geschichtslehrer vor jeder Geschichtsstunde geforderte »Es zittern die morschen Knochen... «. Von allen Fronten meldete der Wehrmachtsbericht nur noch planmäßige Rückzüge. Die Stillersfelder Flakbatterie wurde zur »Festung« erklärt. Der Ernst der Lage offenbarte sich nach Beginn der sowjetischen Winteroffensive immer stärker. Von den Flakhelfern mussten Schützengräben um die Stellung herum gegraben werden. Die Spaten dazu lieferten die Leute der nahe gelegenen Kreuzbergsiedlung. Die gesamte Anlage wurde »verteidigungsbereit« gemacht. Die höher liegenden Geschütze eigneten sich allerdings nicht zum Erdbeschuss.

Das Weihnachtsfest 1944, von den Nazis als Julfest bezeichnet, vereinte die Stellungsbesatzung noch einmal in einem festlich geschmückten Gasthof in Friedrichswille. Es gab Weihnachtsgebäck, Obst, Kaffee und ein Gläschen Wein. Als Weihnachtsgeschenke gab es kleine Bücher mit einer Widmung des Batteriechefs. Während alle das Lied »O, du fröhliche,... « sangen gab es plötzlich Alarm. Der Gesang verstummte augenblicklich, die Lichter wurden ausgelöscht, alles drängte sich dem Ausgang zu. Die Teilnehmer der Feier liefen mit einem Fluch auf den Lippen über die holprigen Felder ihrer Stellung entgegen. Über ihnen war das Knattern der einmotorigen sowjetischen

Doppeldecker, Kaffeemühlen genannt, zu hören. Eine Leuchtbombe ging über den Dominium-Feldern nieder. Statt des Sterns von Bethlehem war es der Sowjetstern. Die Sowjets wollten unbedingt die Flakstellung ausfindig machen. Sie flogen ungemein niedrig. Um nicht entdeckt zu werden, herrschte absolutes Schießverbot. Dazu kam ein Heizverbot in der gesamten Stellung, um Rauchspuren zu vermeiden. Bei der damals herrschenden großen Kälte war das für die Besatzung eine besonders schwerwiegende Herausforderung. Die Front jedenfalls rückte immer näher. Am Neujahrstag 1945 wurde während des Morgenappells eine absolute Ausgangs- und Urlaubssperre verhängt. Dennoch wurde in den folgenden Tagen ein Flakhelfer zur Offiziersprüfung in die Breslauer Keith-Kaserne beordert. Ergebnis dieser Prüfung war die Mitteilung, dass der betreffende Flakhelfer demnächst als Offiziersanwärter bei den Gebirgsjägern ausgebildet werde. Danach kehrte er in seine Stillersfelder Stellung zurück. Vom 1. Januar 1945 an wurden Vorbereitungen zur Verteidigung der Stellung und ihrer weiteren Umgebung getroffen. Schon am Abend des 22. Januars durchbrachen sowjetische Truppen die Front bei Naklo und Tarnowitz. Die Stillersfelder Batterie erhielt den Befehl, sofort das Feuer auf die feindlichen Truppenansammlungen bei Tarnowitz und Umgebung zu eröffnen. Plötzlich mussten die Geschütze um 180° gedreht werden und in Richtung Gleiwitz schießen. Die Sowjets rückten also von zwei Seiten heran. In der Batterie I herrschte reges Leben. Kein Besatzungsmitglied fand in dieser Nacht auch nur einen Augenblick den notwendigen Schlaf.

Am 23. Januar, einem Dienstag, wurde der Beschuss fortgesetzt. Beim Sonnenuntergang hinterließ die Sonne einen gräulich-roten Schleier am Horizont. Dies wurde als schlechtes Omen gedeutet. Und tatsächlich begannen zu dieser Zeit die sowjetischen Maschinengewehre zu rattern. Die ersten Schüsse kamen von der linken Seite, vom Walde her. Der Himmel glich einem Feuerwerk. Gefährlich waren auch die Panzergeschosse und die Granatwerfer. Ein Mechtaler Flakhelfer hatte Wache an der Zufahrt zur B I in der Nähe der Feldscheune. Die Leuchtspurgeschosse flogen über seinen Kopf hinweg. Alle zwei Stunden löste sich die Wache ab. Es war bitterkalt. Der Frost setzte den Flakhelfern und Soldaten zu. Während der Ablösungspausen konnte niemand schlafen. Im Morgengrauen des 24. Januars näherte sich ein sowjetischer Panzer von der Friedrichswiller Kreuzung her der Stellung. Die Kanoniere des Geschützes »Frieda« machten ihn unschädlich. Ein Stoßtrupp, der den Panzer völlig unschädlich machen wollte, musste feststellen, dass ein anderer sowjetischer Panzer diesen bereits im Schlepptau hatte und aus der Frontlinie herauszog. Bei Tagesbeginn steigerte sich das Geschützfeuer der Sowjets. Sie hatten sich in den Häusern von Friedrichswille entlang der Landstraße eingenistet und schossen mit ihren MGs aus deren Fenstern, unterstützt von Scharfschützen und Panzerkanonen. Sowjetische Kampfflugzeuge, die immer wiederkehrten, griffen pausenlos in den Kampf ein. Der sowjetische Angriff auf die Stillersfelder Flakbatterie hatte begonnen. Die sofort reagierenden Geschütze der Flakbatterie feuerten ihre Geschosse mit Nahkampfzündung in Richtung der Sowjets und verhinderten so einen geschlossenen Angriff auf die Flakstellung. Die Besatzung der Flakstellung war an sich nicht für einen Erdkampf ausgerüstet. Unmittelbar vor dem einsetzenden Kampf hatte sich die Flakhelfer und Soldaten der Batterie Gewehre und Munition für jeden Mann von einem Laster geholt, der auf dem Stillersfelder Marktplatz zur Bewaffnung des Volkssturmes stand. Über den weiteren Verlauf des Geschehens berichtet einer der ehemaligen Mechtaler Flakhelfer wie folgt: »Ich war als Melder des Oberleutnants fast immer in seiner Nähe. Als ich neben ihm beim vorgezogenen Geschütz ›Frieda‹ stand, vernahm ich sein durch die Zähne gefletschtes Fluchwort und die Frage: ›Warum schießt Geschütz Heinrich nicht?‹ Er schickte mich hin, um nachzuschauen. Der Graben durch den ich mich hindurch rackerte, war teilweise von wellenartigen Schneewehen gefüllt. Er führte vor dem Geschützwall von ›Heinrich‹ vorbei. Ich lauschte und hörte nur ein röchelndes Hilferufen. Mit dieser Meldung eilte ich zurück. Gemeinsam mit dem Sanitätsgefreiten Meier gingen wir zum Geschütz ›Heinrich‹. Ein Volltreffer hatte das Geschütz und die Besatzung zerfetzt. Der Wachtmeister Hanke und die Geschützbedienung waren tot. Luftwaffenhelfer Stahl, am Hals verwundet, war der einzige Überlebende der Besatzung. Mit dem Ausfall dieses Geschützes war die linke Flanke unserer Stellung geschwächt. Die Sowjets drangen ins Wäldchen und somit in unsere Unterkünfte ein. Die Küchenbaracke war voll mit auserlesener Stützpunktverpflegung, die nicht mehr zur Verteilung gekommen war. Alkohol war natürlich auch vorhanden. Mit all dem stopften sich die Russen die Bäuche voll. Wir dagegen waren hungrig wie die Wölfe. Unsere Führung glaubte, die Festung ›Stillersfeld‹ längere Zeit halten zu können und hatte darum die Verteilung der Stützpunktverpflegung verschoben, bis die Rotarmisten sich daran labten. In dem Wäldchen verschanzten sich russische Scharfschützen. Von dort aus hatten sie bessere Möglichkeiten, unsere Leute einzeln aufs Korn zu nehmen. Das Geschütz ›Frieda‹, das ohne jeglichen Schutz frei neben der Straße stand, hielt sich tapfer. Es brachte so manches russische MG-Nest zum Schweigen. Truppenansammlungen beschoss es mit Granaten. Um 13 Uhr bekam auch das Geschütz ›Frieda‹ den Gnadenstoß. Ein Volltreffer brachte es zum Schweigen. Die Obergefreiten Ahn und Herner sind dabei gefallen, andere waren schwer verwundet worden. Während dieser Zeit holte der Oberleutnant einen Zug Volkssturmmänner zur Verstärkung in unseren Graben. Sie hatten vom höher gelegenen Helenenhof dem Kampf zugeschaut. Er ermutigte alle zum Kämpfen und zum Aushalten, bis die zugesagte Verstärkung von Tiger-Panzern ankäme.

Ich bekam vom Oberleutnant den Befehl, in seiner Baracke auf einen Tempo-Lieferwagen zu warten, um einen Blechkasten mit Geheimpapieren und seine Privatsachen fortzuschaffen. Während der Wartezeit lag ich auf dem Fußboden der Baracke an der Stirnwand, die der Front zugekehrt war. Zum Glück war die Offiziersbaracke von einem kleinen Schutzwall umgeben. Die Fenster waren durch Fensterläden verschlossen. Plötzlich – ein Einschlag kurz vor dem Schutzwall an der Stirnwand. Die Scherben der Scheiben flogen mir auf den Rücken. Das Dach über mir war teilweise zertrümmert und von den Bordwaffen der russischen Tiefflieger durchlöchert. Die vielen zur Baracke führenden Telefondrähte, hingen von Granaten zerrissen in den Schnee herab. Es schien mir, als wäre die allein stehende Offiziersbaracke ein besonderes Ziel der Angreifer. Statt des Lieferwagens kam endlich ein Wagen mit einem Pferdegespann vom Dominium her im Galopp angebraust. Es fuhr an dem Blechkasten und dem Privatgepäck des Oberleutnants vorbei und blieb erst im Schutz des Bunkers der Befehlsstelle stehen. Schnell wurden die Schwerverwundeten aufgeladen und so schnell wie der Wagen gekommen war, fuhr er wieder an mir und dem Gepäck vorbei, ohne auf meine Haltezeichen zu reagieren. Nun war ich ratlos. Ich wollte den Oberleutnant aufsuchen, konnte ihn aber nicht finden. Die Sowjets umkreisten uns bereits von drei Seiten. Ich sah, wie die ersten Volkssturmmänner aus den vorderen Gräben die Flucht ergriffen. Es war 1 Uhr. Der Sturmangriff der Russen begann. Sie schossen aus allen ihnen zur Verfügung stehenden Rohren. An einigen Geschützständen brannte es bereits. Nach den Volkssturmmännern verließen auch die Luftwaffenhelfer die Gräben. Der Lauf ums Überleben begann. Ich lief zur Befehlsstelle, um mir Rat zu holen. Plötzlich hörte ich den Ruf: ›Volle Deckung!‹ Ich warf mich auf den Boden. Die Kommando- und die Funkmessgeräte wurde in meiner unmittelbaren

Nähe gesprengt. Die meisten Geschützbedienungen sprengten beim Verlassen ihrer Stellungen auch ihre Geschütze. Ich stand immer noch neben dem Blechkasten mit den Geheimpapieren und schaute den Flüchtenden nach. Endlich kam ein junger Unteroffizier auf mich zu und fragte, warum ich hier stehe. Ich wies auf den Kasten mit den Papieren. Er zog zwei Eierhandgranaten ab und legte sie unter den Kasten. Mir befahl er, die Stellung zu verlassen. Die Angst um mein Leben beflügelte meine Kräfte. Ich lief fast ununterbrochen bis zum kleinen Berg am Abzweig der Straße in Richtung Helenenhof-Martinau. Wir bekamen den Befehl, uns bei der Flakbatterie in Schomberg zu stellen. Alle Überlebenden der ›Festung Stillersfeld‹ nahmen den Weg über Helenenhof, Martinau und Mechtal. Luftwaffenhelfer R., einer von den Lehrlingen aus Kreuzburg und ich, schlugen den kürzeren, wenn auch gefährlicheren Weg durch den Wald nach Mechtal ein. In Mechtal passierten wir die Stillersfelder Straße und dann die Kirchstraße. Zum vermeintlich letzten Male ging ich am grauen Gebäude unserer Mittelschule, der Schmiede unserer Jugend, vorbei. Bald hinter dem Grytzberg, wir waren auf dem Fußweg nach Karf, tauchte plötzlich ein sowjetischer Tiefflieger über uns auf. Wir warfen uns in die Sträucher neben den Straßenbahnschienen. Etwa zehn Meter von uns entfernt fiel eine kleine Bombe auf ein Feld. Wir zogen weiter. Vor mir, auf der linken Seite, sah ich bereits das letzte Haus von Mechtal, eine graue Mietskaserne mit durchgehend langen Balkonen. Dort wohnten meine Eltern. Da wir durch den kürzeren Waldweg einen kleinen Vorsprung hatten, beschloss ich, meine Eltern zu besuchen. Es war etwa kurz nach 16 Uhr, als ich bei meinen Eltern eintraf. Die Stimmung war fatal. Alle hatten Angst vor der herannahenden Roten Armee. Ich musste schnell die Socken wechseln. Mutter hielt ein Paar selbstgestrickte Strümpfe für mich bereit. Nach dem Verzehr einer Schnitte Brot mit Schweinespeck, die wir hastig hinunterwürgten, verabschiedeten wir uns. Wir mussten weiter. Mutter begleitete mich weinend bis an die Ecke der Zollhäuser. Dort sagte ich zu ihr: ›Geh, ich kann dich nicht mehr weinen sehen!‹ Mutter drückte mich an sich und wir trennten uns. Sie ging langsam, mit mütterlichem Schmerz im Herzen, wieder heim. An der Kreuzung in Karf standen Feldpolizeiposten mit ihren großen Blechen an der Brust, die versprengte Landser anhielten und neu für den Kampf formierten. Zum Glück kam gleich nach uns unser Obergefreiter Scholl, der den Herren der Feldpolizei unseren Befehl erläuterte. Wir zogen weiter. Es ging an der Karfer Kirche, am Johannaschacht und an der Julienhütte vorbei in Richtung Schomberg. Kaum hatten wir Bobrek verlassen, kamen wir an einem ehemaligen englischen Kriegsgefangenenlager vorbei. Gefangene gab es dort nicht mehr, aber genügend Konservendosen, die an uns verteilt wurden. Ich erhielt eine Dose mit weißen Bohnen in Tomatensaft und zwei kleine Dosen mit Leberpastete. Zufrieden, dass wir wieder etwas zu essen hatten, gelangten wir gegen 19 Uhr in der Schomberger Flakstellung an. Die Schomberger Besatzung schoss auf entfernte Ziele. Ich fand nach 20 Uhr endlich auf der Pritsche eines Schomberger Kollegen einen seligen Schlaf, natürlich marschbereit in Uniform.

Am 25. Januar wurden wir nachts geweckt. Wir mussten schnell handeln, um dem russischen Kessel um das Industriegebiet, der an dieser Stelle noch durchlässig war, zu entkommen. Sofort verließen wir die Schomberger Flakstellung. In schweigendem Marsch zogen wir bis hinter Friedenshütte. Dort hielten wir uns auf, bis unsere Kundschafter die Gewissheit brachten, dass eine Flucht aus dem Kessel noch möglich sei. Um 7 Uhr morgens marschierten wir in einem Gewaltmarsch weiter durch Orzesche bis nach Sohrau. Im Sohrauer Rathaus fanden wir unser Übernachtungsquartier. Als wir bereits auf den Strohsäcken hockten, erhielten wir etwas Büchsen-Blutwurst und eine Scheibe Brot.

Am 26. Januar, morgens um 7 Uhr, fuhren Lastwagen vor das Rathaus. Wir stiegen ein und wurden bis nach Oderberg gebracht. Gegen 11 Uhr hielten wir vor der dortigen Klosterschule. Hier gab es endlich die Gelegenheit, sich gründlich zu waschen. Am anderen Tag erhielten wir sogar zum ersten Mal nach langer Zeit ein warmes Mittagessen. Der blonde Unteroffizier von der Besatzung unseres Funkmessgerätes hatte ein Ferkel organisiert. Es gab dicke, breite Nudeln mit einer reichlichen Fleischeinlage. Noch eine Nacht schliefen wir auf den Strohsäcken im Saal der Klosterschule.«

Danach begann eine Zeit des ständigen Unterwegseins, die bis zum Ende des Krieges andauerte. Allein sechs Nächte verbrachten die Flakhelfer im Zug, bis sie am 7. Februar 1945 in Unterfürberg bei Fürth in Bayern landeten, wo sie bis zum 27. Februar blieben. Der 26. Februar war ihr letzter Tag als Flakhelfer, an dem abends ein bunter Abschiedsabend statt fand, der bereits um 20.30 Uhr durch einen Fliegeralarm abgebrochen werden musste.

Am folgenden Tag ging es in das Reichsarbeitsdienstlager nach Scheinfeld in der Nähe von Markt Bibart im Steigerwald, wo die Übernahme zum Arbeitsdienst erfolgte. Am 28. Februar erfolgte die Einkleidung und am 1. März begann das neue Dasein als Arbeitsdienstler mit Morgenappellen, Dienstunterricht, Wehrausbildung, Sport und Rodungs- und Aufräumungsarbeiten. Dazwischen gab es häufig Fliegeralarm. Jeden Morgen wurde auf Anordnung des Abteilungsführers das Lied »Wer recht in Freuden wandern will...« gesungen, dessen zweite Strophe folgenden Text hat:

»Die ganze Welt ist wie ein Buch,
darin aufgeschrieben,
in bunten Zeilen manch ein Spruch,
wie Gott uns treu geblieben.
Wald und Blumen, nah und fern
und der helle Morgenstern,
sind Zeugen von seinem Lieben.«

Dieses Lied empfanden Joachim und seine Kameraden stets wie eine Art Morgenandacht. Die gute Verpflegung beim Arbeitsdienst war für sie das Schönste an ihm. Am Sonntag, dem 18. März 1945 wurden die jungen Arbeitsdienster vereidigt und erhielten ihren ersten Ausgang. Die letzten Märztage waren sonnig und warm.

Inzwischen rückten die Fronten von Ost und West immer näher zusammen. Das Ende des Krieges und damit das Ende des »Großdeutschen Reiches« stand bevor. Unter normalen Umständen hätten diese Tage in Mechtal die letzten Schultage für die Mechtaler Flakhelfer sein sollen. Jeder hatte von einer schönen Schulentlassungsfeier geträumt, bei der alle festlich gekleidet ihre Entlassungszeugnisse und die Glückwünsche von Lehrern und Eltern zum erfolgreichen Schulabschluss hätten entgegennehmen können. Statt der Zeugnisse hatten sie schwere Tornister, Gasmasken und Gewehre auf ihren jungen Schultern zu tragen und in Nachtmärschen in Richtung Süden zu marschieren. Das geschah am Ostersonntag, am 1. April 1945, einem sonnigen Frühlingstag. Kroll schreibt dazu: »... Zu unserem dröhnenden Gleichschritt klang aus 120 Männerkehlen der zweistimmige Refrain: ›Ja, wenn die roten Rosen blühn und alles vorbei ist, dann werden wir uns wiedersehen, leb wohl mein Schatz, ade.‹ Die Frauen und Mädchen aus Scheinfeld begleiteten unsere Kolonne mit winkenden Taschentüchern und mit Tränen in den Augen. Sie wussten recht wohl, wenn wir abrücken, war die Front nicht mehr weit...«.

Am 13. April wurde die Mannschaft der Flakhelfer durch Einberufungen zur Wehrmacht verkleinert. Nur noch drei Jungen der ehemaligen Mechtaler Klasse blieben beim Arbeitsdienst. Bald ging es wieder weiter in Richtung

Süden. Tiefflieger unterbrachen immer wieder die Fahrt. Es ging durch den Bayerischen Wald, durch das brennende Regensburg bis nach Saal an der Donau. In der Nähe von Rosenheim fanden die jugendlichen Arbeitsdienstler einen vorläufigen Aufenthaltsort. Als sich die Amerikaner näherten, ging es weiter. Unterwegs bekamen die jungen Männer ein »Verteidigungsgebiet« zugeteilt. Am 1. Mai wurden sie für den Kampf in den Bergen mit schweren Karabinern mit Zielfernrohren ausgerüstet. Während des Appells erfuhren sie vom »heldenhaften Tod des Führers«. Freiwillige sollten sich für einen Stoßtrupp melden. Niemand tat das. Am 4. Mai wurde am Fuße des Wilden Kaisers Schluss gemacht. Alle in den Westgebieten beheimateten Arbeitsdienstler wurden entlassen. Zwei Mechtaler, darunter Joachim Kroll, blieben noch beim Tross. Nach den Strapazen der letzten Tage waren dies Erholungstage. Am 8. Mai vernahmen sie in ihrem Quartier die Unterzeichnung der bedingungslosen Kapitulation. Und am 10. Mai erhielt die Restgruppe den Besuch einer amerikanischen Militärkommission. Da die beiden verbliebenen Mechtaler keinerlei Verbindungen nach Westen hatten, beschlossen sie die Heimreise nach Oberschlesien. Joachim Kroll darüber: »... Aus den grünen Arbeitshosen machten wir uns Shorts, dazu besorgten wir uns Zivilhemden, so dass wir alle wie Zivilisten aussahen. In den Tornister steckte ich neun Fleischbüchsen und Brot; dann wurde er in eine Decke und in eine Zeltplane verpackt und auf den Gepäckträger eines RAD-Fahrrades geschnallt. Am 19. Mai verabschiedeten wir uns von Herrn Feldmeister Eggmann und den übrigen ehemaligen Vorgesetzten und traten die Heimreise von Mühlbach bei Oberaudorf aus auf unseren Fahrrädern an.« Am 28. Mai passierten die beide Mechtaler die Grenze zur Sowjetischen Besatzungszone. Dort bedeutete das Fahrradfahren ein Risiko, da ein Fahrrad für jeden Rotarmisten eine attraktive Kriegsbeute darstellte. Am 1. Juni musste Georg O., der Klassenkamerad von Joachim K., sein Fahrrad an einen Russen abgeben. Nach langem Warten und Bitten brachte der sowjetische Soldat Georg ein altes Damenfahrrad als Ersatz für sein stabiles RAD-Rad (RAD = Reichsarbeitsdienst). Am 2. Juni erreichten beide Jungen die Lausitzer Neisse, die niemand überqueren durfte. Hier machten sie ein herrenloses Haus in dem kleinen Ort Ludwigsdorf bei Görlitz zu ihrem Quartier. In Görlitz war eine Brücke über die Neisse unzerstört geblieben. Häufig standen die beiden Freunde vor ihr und konnten nicht hinüber. Auf westlicher Seite der Brücke standen sowjetische Posten, die angeblich wegen Truppentransporten gesperrt war. »Tatsächlich«, so schreibt Joachim K., »passierten täglich unendlich lange Züge Deutscher, aus ihren Heimatgebieten von den Polen auf grausame Art vertrieben, die Brücke. Es war meist alte Leute und Frauen mit ihren Kindern. ... Auf der westlichen Seite der Lausitzer Neisse löste sich der Zug dann auf. An der Westseite der Brücke bildeten sich große Menschenansammlungen. Es waren vorwiegend noch vor den Kampfhandlungen geflohene Menschen. Sie glaubten nun, sie könnten in ihre östliche Heimat zurück. Hin und wieder schoss ein sowjetischer Posten in die Luft, um die Menschen vom Brückeneingang zu verjagen. ... Zu uns gesellten sich noch zwei junge Burschen aus Gleiwitz und aus dem Sudetenland. Zwischendurch bettelten wir um Lebensmittel oder arbeiteten dafür. ... Am 3. Juli gingen wir erneut nach Görlitz, um die Möglichkeit einer Brückenüberquerung zu erkunden. In der Stadt ergatterten wir einen Blumenkohl. ... Am 4. Juli zogen wir um sechs Uhr früh mit dem wichtigsten Gepäck nach Görlitz an die Brücke. Vorher hatten wir uns aus den Zeltplanen Rucksäcke anfertigen lassen. Die Fahrräder, Tornister usw. ließen wir bei unserer Nachbarin in Ludwigsdorf zurück. Den ganzen Vormittag warteten wir auf eine Gelegenheit, um uns auf die Brücke zu pirschen. Die ununterbrochene Prozession der Vertriebenen kam manchmal direkt vor uns zum Stillstand, da diese Menschen vollkommen erschöpft waren. Als der russische Posten sein Essgeschirr leerte, gelang es uns, in diese Menschenmenge zu schlüpfen. Unbemerkt vom Posten, bewegten wir uns in Gegenrichtung des Vertriebenenzuges zur östlichen Brückenseite. Dort stand ein polnischer Posten, der uns gleich anschrie. Wir erklärten ihm, wir kämen vom Arbeitsdienst und wollten nach Hause. Er schickte uns zur nahe gelegenen polnischen Kommandantur. Dort wurden wir vom Kommandanten sofort ausgefragt. Zum Schluss gab er uns doch einen Passierschein und ließ uns gehen.« Nach wechselvoller und erlebnisreicher »Heimreise«, gelangten Joachim und Georg am Abend des 7. Juli nach Hindenburg. Dort sprangen sie von einem langsam fahrenden Güterzug, den sie als blinde Passagiere benutzt hatten. Bei einer Tante in der Nähe übernachteten sie. »Am 8. Juli 1945 verabschiedete ich mich«, so schreibt Joachim K. weiter, »von meinem Mechtaler Klassenkameraden, meinem Freund und Leidensgenossen Georg, der durch Klausberg und Martinau nach Stillersfeld fuhr. Ich stieg in die Straßenbahn Nr. 5, mit der ich bis Bobrek gelangte. Beim Johannaschacht schlug ich links den Feldweg nach Mechtal ein. Als mich in unserem Hof mein neunjähriger Bruder entdeckte, rief er laut vor Freude: ›Der Achim kommt, der Achim kommt!‹ Viele Bewohner der Mietskaserne kamen auf die durchgehenden Balkone, um den

Heimkehrer zu sehen. Unser Haus hatte in der Mitte einen Bombeneinschlag. Die Küchenfenster waren mit Brettern vernagelt. Meinen Vater hatten die Sowjets zu Zwangsarbeiten in die Sowjetunion verschleppt. Meine ältere Schwester war auch nicht daheim. Sie musste den Russen helfen, die chemischen Anlagen von Heydebreck-Blechhammer zu demontieren. Meine Mutter, die für den Vater in der Grube arbeitete, lag krank im Bett. ... Ich wollte bald wieder zurück nach Deutschland; aber meine Mutter flehte mich an zu bleiben. So blieb ich als Familienernährer. Es verstrichen 31 Jahre, bis ich mit meiner eigenen Familie am 6. Dezember 1976 in Friedland freien deutschen Boden betrat. Meine besten Lebensjahre hatte ich, wie so viele meiner oberschlesischen Landsleute, für den Wiederaufbau Sowjet-Polens geopfert. All die Demütigungen, die wir als Deutsche während dieser Jahre erdulden mussten, will ich verschweigen. Wir wollen doch vergessen und mit den Polen in Frieden leben.«

Unmittelbar nach den Kampfhandlungen und noch Jahrzehnte danach, ging in Mechtal das Gerücht umher, das auch Chronisten der dortigen Ereignisse »bestätigten«, die Flakhelfer und die Soldaten der Flakbatterie Stillersfeld seien in die neben ihrer Stellung stehende Scheune geflüchtet, die dann von den Sowjets in Brand gesteckt worden sei, so dass alle in ihr sich befindenden Männer verbrannt bzw. beim Ausbruchversuch erschossen worden seien. Zum Glück entspricht diese von einem Mechtaler Gerüchtesammler bis heute verbreitete Version nicht der Wahrheit. Es sind wohl Soldaten während der Gefechte in der Batterie gefallen. Von den Flakhelfern des Jahrganges 1928 der Mechtaler Mittelschule haben damals alle überlebt. Die noch lebenden Klassenkameraden dieser sinnlosen Flakhelferzeit treffen sich regelmäßig jedes Jahr an einem anderen Ort in Deutschland.

Schreckenszeiten 1945 –
Ein fünfzehnjähriger Mechtaler Junge flieht im Januar 1945
allein in den Westen

Am Donnerstag, dem 18. Januar 1945, stellten in Beuthen und Umgebung alle Schulen ihren Unterricht ein. Auch die Schule III in Mechtal schloss ihre Tore. Für die Schüler der Abschlussklassen (8. Schuljahr), darunter Emanuel, waren dies willkommene zusätzliche Ferien. Es lag viel Schnee und es war sehr kalt. Aus der Ferne war der Geschützlärm der nicht mehr weit entfernten Front zu hören. In die Schule III waren Soldaten der Fronttruppe eingewiesen worden. Ein Verpflegungswagen, mit allem Notwendigen eingerichtet, stand auf dem Schulhof. Der Koch wollte Wurst zubereiten, hatte aber keine Därme. Er wandte sich an die zuschauenden Jungen der achten Klasse und forderte sie auf, irgendwo Därme zu besorgen. Die Jungen verwiesen ihn auf den Beuthener Schlachthof. Der Koch gab Emanuel und einem weiteren Schüler einen Bezugschein und das entsprechende Geld mit. Die Jungen zogen los. Im Schlachthof erhielten sie die gewünschten Därme. Auf dem Rückweg begegneten sie einem langen Zug von schwer bewachten KZ-Häftlingen aus Auschwitz. Am Ende des Zuges zogen und schoben völlig erschöpfte Häftlinge einen Wagen, auf dem Häftlinge saßen und lagen, die nicht mehr in der Lage waren, selbst zu gehen. Es war ein furchtbarer, unvergesslicher Anblick. Auf dem Hof der Schule III lieferten sie die Därme ab und der Koch begann, seine Würste für die Soldaten herzustellen. Diese erhielten neben Brot und verschiedenen Konserven auch eine Flasche Schnaps für je zwei bis drei Mann. In Mechtal sammelten sich immer mehr Truppen. Schweres Kriegsgerät bewegte sich auf Lafetten und anderen Fahrzeugen von der Front weg durch die Hindenburgstraße. Eisenbahnlehrlinge berichteten über eilige Zusammenstellungen und Vorbereitungen von Reichsbahnzügen für die Flucht.

Da suchte der SA-Sturmbannführer Theofil Wagenknecht aus der Reptener Straße 5, im Volksmund »Millionär« genannt, Kontakt zu den Jungen, lud sie in sein Haus ein, zeigte ihnen seine Jagdwaffen und die entsprechende Munition. »Damit werden wir Mechtal verteidigen!«, erklärte er großspurig den Jungen. Die Unsinnigkeit eines solchen Vorhabens war selbst den Jungen klar, zumal sie die starken Rückzugsbewegungen durch Mechtal beobachteten. Sie folgten dem großen Verteidiger nicht, der Tage später den Sowjets in voller SA-Uniform entgegentreten sollte, so dass diese ihn mit ihren Gewehrkolben schlugen, bis nur noch eine breiige Masse von ihm übrig blieb. Niemand durfte an ihn herantreten, so lange er noch lebte.

Emanuels Familie entschloss sich zum Verlassen Mechtals. Sie bekam in Bobrek einen Platz in einem Zug. Da die Strecke inzwischen unbefahrbar geworden war, konnte der Zug den Bahnhof nicht mehr verlassen. So musste die Familie am gleichen Tag wieder nach Mechtal in ihre Wohnung zurück. Daheim fragte Emanuel zunächst seine Mutter, ob er nicht allein etwa zu seiner Tante nach Halle dürfte. Schließlich wurde auch der Vater gefragt. Schweren Herzens gaben die Eltern ihre Zustimmung. Mutter packte

Lebensmittel in seinen Schultornister und oben drauf eine blaue Decke. Sie wollte ihm noch mehr mitgeben. Emanuel aber wollte kein unnötiges Gepäck. An Kleidung hatte er nur das bei sich, was er am Körper trug.

Am Morgen des 24. Januars, einen Tag, bevor die sowjetischen Truppen zum ersten Mal Mechtaler Boden betraten, nahm Emanuel bewegt Abschied von seinen Eltern und von seinem Bruder. Tränen flossen, niemand wusste, ob man sich noch einmal wiedersehen würde. Mit seinem wenigen Gepäck zog Emanuel los zum Valeskaplatz. Dort stand ein mit Panzerfäusten geladener Militär-LKW einer Panzerabwehrtruppe. Die Soldaten erklärten, dass die Sowjets bereits im nur wenige Kilometer entfernten Stillersfeld seien. Die Soldaten nahmen Ernst bis Martinau mit. Der ganze Ort war voller Militär. Gerade verließ ein im Rathaus residierender General dasselbe, verabschiedete sich von den Soldaten und fuhr im offenen Wagen in Richtung Klausberg–Hindenburg davon. Lautsprecher übertrugen eine Rede des Gauleiters Bracht, der zum Dableiben und Durchhalten aufforderte. So machte sich Emanuel allein auf den Weg in Richtung Gleiwitz. Unterwegs waren Volkssturmleute damit beschäftigt, Sprengladungen an Bäumen anzubringen, um bei Gefahr diese in Luft zu jagen und dadurch die Straße zu sperren. Feuerwehrautos aus Kattowitz und Königshütte nahmen ihn ein Stück mit. Er sass auf einem der Schutzbleche und hielt sich am Außenspiegel des Fahrzeuges fest. Vor Gleiwitz wurde der Gefechtslärm so laut, dass Emanuel nicht mehr in die Stadt ging, sondern in Richtung Schönwald lief und auf einen Bauernhof, dem Vorwerk eines Dominiums, gelangte. Dort gab es heißen Kaffee, ein Essen und für unterwegs eine Doppelschnitte. Emanuel hatte sich drei Fuhrwerken angeschlossen. Ein Lkw mit Hausrat und zahlreichen Personen, von einem SA-Mann begleitet, lehnte es ab, ihn aufzunehmen. Es war inzwischen Nacht geworden. Der Himmel war hell vom Geschützdonner. Emanuel bekam es mit der Angst zu tun und lief zurück zum Vorwerk. Dort traf er auf zwei Soldaten und einen Angehörigen der Wlassow-Armee, die ihn in Richtung Rybnik mitnahmen. Als erfahrene Soldaten gingen sie nicht auf der Straße, sondern benutzten die Straßenseiten, um stets genügend Deckung zu haben. In einem Straßengraben lagen zwei tote KZ-Häftlinge im Schnee. Er sah sich die Leichen an. Er entdeckte einen Brotbeutel und öffnete ihn neugierig. Er fand darin ein so genanntes »Kochgeschirr 45« (eine Konservendose mit einem Drahtbügel), ein zusammensteckbares Wehrmachtsbesteck aus Aluminium und zwei Sternchen mit weißem und schwarzem Zwirn. In der Tasche war nichts Essbares. Ein furchtbares Bild des schrecklichen Systems, das Deutschland beherrschte!

Bei einem der ersten Häuser in Rybnik trennte sich Emanuel von den drei Soldaten. Mit der Eisenbahn fuhr er bis nach Ratibor. Inzwischen war es Donnerstag geworden, der 25. Januar 1945. Der Ratiborer Bahnhof war voller Menschen, die irgendwie weiter wollten. Sie warteten viele Stunden hindurch. Da sprach ihn ein älteres Ehepaar an und bat ihn, ihre Koffer zu einem außerhalb des Bahnhofes bereits unter Dampf stehendem Zug für Bahnbedienstete zu tragen. Emanuel trug die Koffer dorthin und verabschiedete sich von dem Ehepaar. Er wartete einen Augenblick, schaute sich um und stieg trotz des Geschimpfes der Fahrgäste in den anfahrenden Zug. So gelangte er bis nach Troppau. Dort mussten alle Menschen auf Anordnung der Bahnpolizei den Zug und den Bahnhof verlassen und wurden in Hotels, Lokalen und Cafes der Stadt für die folgende Nacht untergebracht. Emanuel landete in einem Cafe. Am anderen Morgen fand er den Bahnhof verschlossen vor. So suchte er das Ende des Bahnhofgebäudes und musste feststellen, dass der Bahnsteig übervoll mit Menschen war. Ein ebenfalls überfüllter Zug lief in den Bahnhof ein. Er riskierte es und fuhr auf dem Trittbrett bis nach Waldenburg mit. Dort stiegen viele Menschen aus. In einem der Eisenbahnwagen fand er einen Stehplatz und schlief im Stehen ein. So erreichte er Hirschberg, die Endstation dieses Zuges. Hirschberg lag da wie im tiefsten Frieden. Schnell besorgte er sich eine Fahrkarte und erreichte schließlich am 26. Januar das noch unzerstörte Dresden und stieg in den Zug nach Leipzig um. Aus irgendwelchen Gründen fuhr dieser zunächst nicht ab. NSV-Schwestern verteilten Getränke und Lebensmittel an die Mitfahrenden. Endlich ging es weiter. Der Leipziger Bahnhof war bereits zerstört. Die Lampen schaukelten gespenstisch im Wind. Es war Samstag, der 27. Januar, der Tag, an dem in Mechtal Hunderte von Zivilisten, fast ausschließlich Männer, ihr Leben lassen mussten, darunter auch Freunde von Emanuel. Aus dem Keller seines Wohnhauses wurden ebenfalls alle Männer von 14 Jahren aufwärts von sowjetischen Soldaten herausgeholt und bis zum Nimptschacht geführt, wo sie durch Maschinenpistolen-Salven niedergemetzelt worden sind. Nur zwei Männer aus dem Wohnhaus seiner Eltern überlebten das Massaker. Einer, weil er sich im Keller des Hauses seiner Tochter am Grytzberg befand und Emanuels Vater, der nur ein Bein hatte und nicht gehen konnte. Er wurde deswegen von einem sowjetischen Soldaten in den Keller zurückgeschickt.

In Leipzig bestieg Emanuel endlich den Zug nach Halle, wo er am anderen Tag bei seiner Tante und ihren Kindern eintraf. Der Onkel war Soldat und war irgendwo an einer Front. »Da bin ich! Ich bin allein geflüchtet!« Die Tante machte ihm Vorwürfe und erklärte ihm nach einigen Tagen: »Junge, du musst etwas tun!« Auch die Eltern hatten ihm in Mechtal empfohlen, irgendeiner Beschäftigung nachzugehen, vielleicht in der Landwirtschaft, dort würde er immer etwas zu essen haben. Eine Nachbarin der Tante vermittelte ihm eine Lehrstelle bei dem Bauern R. in der Nähe von Halle. Dieser stellte ihn als landwirtschaftlichen Lehrling ein und schloss mit Emanuel einen Lehrvertrag. Die Arbeit dort allerdings behagte ihm, der noch nie in der Landwirtschaft gearbeitet hatte, nicht. Er wurde mit den Tieren nicht fertig und war unglücklich.

Eines Tages befahl der Bürgermeister, ein großer Bauer aus dem Dorf, alle Bauern sollten mit Gespannen nach Nienberg bei Halle fahren. In der ständig bewachten und sich nicht mehr in Betrieb befindlichen dortigen Zuckerfabrik lagerten Unmengen an Lebensmitteln, Geräten, Uniformen, Radios usw. Diese sollten sie herbeischaffen, damit sie an die Bevölkerung verteilt werden konnten. Die verschiedensten Konserven (Gemüse, Fleisch, Wurst), Mehl, Zucker, Reis usw. wurden aufgeladen, ins Dorf gebracht und dort bei den Bauern eingelagert. Es dauerte nicht lange und plötzlich kamen drei Jeeps mit amerikanischen Soldaten ins Dorf gebraust. Die Soldaten beschlagnahmten den günstig in der Dorfmitte gelegenen Reuter'schen Hof und richteten dort einen Gefechtsstand ein. Nebenbei ertönte amerikanische Musik. Es gab Leben auf dem Hof. Die Soldaten durchstöberten die Gebäude und fanden auch die eingelagerten Lebensmittel. Die mit Mehl, Zucker, Reis und anderen Lebensmitteln gefüllten Säcke wurden aufgeschlitzt. Auf dem ausgeströmten Inhalt der Säcke verrichteten die Soldaten ihre Notdurft. Bei den anderen Bauern geschah nichts, so dass die Lebensmittel später tatsächlich an die Bevölkerung verteilt werden konnten.

Im Stall aber standen vierzig Melkkühe, die gefüttert und gemolken werden mussten. Nur noch zwölf bis fünfzehn Kannen standen für die gemolkene Milch zur Verfügung. Sie konnte zu dem Zeitpunkt nicht weiter gebracht werden. Der Bauer schickte Emanuel zu einer Milchannahmestelle in ein Dorf. Unterwegs wurde er von amerikanischen Soldaten angehalten und gefragt, wo er hin wolle. Er nannte den Ort. Die Amerikaner erklärten ihm, dass dort die Front sei. Nur ein kleines Stück weiter lägen deutsche Soldaten. So kehrte Emanuel um und fuhr zurück zu seinem Hof bei Halle. Der Bauer war über die Nachricht erstaunt. Auf dem Hof befanden sich auch

Roman und Henryk, zwei ehemalige polnische Offiziere, mit einem P-Schild, ein Ukrainer und eine Ukrainerin mit einem OST-Schild, in Brusthöhe auf ihrer Kleidung. In den Tagen vor der Übernahme dieses den Sowjets zugesprochenen Besatzungsgebietes durch die Rote Armee verlangten die Polen Roman und Henryk vom Bauern Pferd und Wagen für ihr Gepäck. Der Bauer schickte Emanuel mit den Polen nach Halle. Dort versuchten die beiden Polen ihn zu bewegen, mit ihnen zu gehen. Das Pferdegespann sollte er einfach an den Straßenrand stellen. Sie wollten nicht in die Hände der Sowjets fallen. In einer Halle der Siebel-Flugzeugwerke-Halle trafen sich viele Polen, um sich vor den Sowjets abzusetzen. Emanuel aber zog es vor, sich nicht noch weiter von seiner oberschlesischen Heimat zu entfernen und kehrte auf den Reuter'schen Bauernhof zurück. Gleich nach seiner Rückkehr erhielt er den Auftrag, Arbeitskräfte für den Hof zusammen zu holen. Er zog los. Vor dem einzigen Laden des Dorfes standen ein Lkw und zwei Panjewagen, gefüllt mit geplünderten Sachen. Es war seine erste Begegnung mit sowjetischen Soldaten. Die Sowjets waren dabei, das von den Amerikanern besetzte Gebiet vertragsgemäß zu übernehmen. Am folgenden Tag plünderten sie den Reuter'schen Hof. In der Scheune befand sich ein Pkw der Marke Opel, der zwar von der Wehrmacht vor langer Zeit beschlagnahmt, aber nie abgeholt worden war. Einige Russen schüchterten Emanuel ein, machten den Wagen wieder fahrbereit und waren mit ihm verschwunden. Auf dem Speicher stöberten andere mehrere Paar Stiefel auf, zogen ihre »Knobelbecher« aus, passten sich die Stiefel an und ließen ihre großzügig zurück. Emanuel suchte sich ein passendes Paar aus und kam auf diese Weise zu vernünftigen Arbeitsschuhen.

Im Sommer, nach der Heuernte, wollte Emanuel endlich wieder nach Hause zu seinen Eltern. Er kündigte seinen Lehrvertrag, verabschiedete sich von den Bauersleuten Reuter und stieg in einen Personenzug, der ihn in Richtung Osten bringen sollte. Er kam allerdings nicht weit, denn die Sowjets ließen von einem bestimmten Punkt an keine Züge mehr in Richtung Osten durch. So kehrte Emanuel zu seiner Tante mit den drei Kindern nach Halle zurück. Sofort machte er sich auf die Suche nach einer neuen Arbeitsstelle. Auf dem Arbeitsamt fragte man ihn, was er denn könne. »Ich war Geschirrführer!« In diesem Bereich gab es keine entsprechende Stelle. »Vielleicht kann ich etwas anderes tun?« Das Arbeitsamt wies ihm eine Stelle bei einem Bäckereigroßhandel (Bäckereibedarf) zu. Mit dem Chef B., seiner Frau und Emanuel als Laufburschen zählte der Betrieb drei Personen. Als Laufbursche brachte Emanuel die bestellten Waren zu den einzelnen Bäckereien. Dort bekam er immer etwas Essbares, in der Regel ein Stück Brot. Später gab es auch einmal ein ganzes Brot oder einige Brötchen. Um die Zeit nach Feierabend bei der Tante mit ihren Kindern nicht zu lang werden zu lassen, besuchte Emanuel abends oft ein Kino und aß dort während der Vorstellung sein Brot. Manchmal tauschte er auch Hefe gegen Brot und verteilte dieses an die Hausbewohner. Auf diese Weise konnte er ganz gut leben. So ging das Jahr seinem Ende entgegen. In manchen Geschäften gab es unter dem Ladentisch Schnaps zu kaufen, in Flaschen abgefüllt und nicht versiegelt, sondern nur mit einem Korken verschlossen. Auf dem »Schwarzen Markt« zahlte man für eine Flasche 70 bis 90 Mark und mehr, für ein Brot etwa 150 Mark an Besatzungsgeld. Da kam Emanuel auf eine Idee. Bei seinem Chef lagen viele Flaschen herum. Er suchte sich einige mit entsprechenden Etiketten aus. In einer Drogerie kaufte er sich Korken. Dann füllte er die Flaschen mit Wasser, färbte es mit etwas Malzkaffee und begab er sich damit auf den »Schwarzen Markt«. Dort verkaufte er diese Flaschen an sowjetische Soldaten. Einer von ihnen zahlte sogar 150 Mark für eine Flasche. Das genügte. Ein weiteres Mal wagte er sich nicht dorthin. Wehe, die Russen hätten ihn wiedergesehen! Das hätte eine Katastrophe bedeutet.

Inzwischen hatte Emanuel erfahren, dass es in Leipzig eine polnische Repatriierungsstelle gab. Also machte er sich nach dort auf und erklärte beim Amt für Repatriierung sein Vorhaben: Seine Eltern lebten in Oberschlesien und er wolle zu ihnen. Zunächst einmal sollten seine Polnisch-Kenntnisse überprüft werden. Emanuel stammte aus Ostoberschlesien, aus Radzionkau, und kam erst etwa 1940/41 ins westliche Oberschlesien nach Mechtal. In Ostoberschlesien hatte er bereits die beiden ersten Schuljahre besucht. U. a. wurde er während der Prüfung aufgefordert, polnische Gebete aufzusagen. Mit Hilfe des Prüfers konnte er das »Vater unser« polnisch nachsprechen. Plötzlich ging das Telefon. Emanuel wurde herausgeschickt. Nachher hieß es: »Die Prüfung ist bestanden!« Ihm wurde erklärt, er bekäme zu gegebener Zeit eine schriftliche Mitteilung. Eines Tages war es dann so weit. Er wurde zum Antritt der Heimreise bestellt. Die erste Nacht verbrachten die »Heimreisenden« in einer großen Lagerhalle in Leipzig. Am folgenden Tag ging es mit polnischen Begleitpersonen bis nach Görlitz. Unterwegs boten diese den Rückkehrern polnische Zlotys zum Tausch an. Wie sich bald herausstellte, hatten sie zu einem äußerst ungünstigen Kurs getauscht. In Görlitz ging es zu Fuß über die Lausitzer Neisse in den polnisch gewordenen Stadtteil Zgorzelec. Zur Übernachtung wurden die Heimkehrenden in die Wohnungen vertriebener Görlitzer eingewiesen. In diesen sah es aus, als hätten die Bewohner nur einmal ganz kurz ihre Wohnung, etwa zu einem Einkauf, verlassen und würden gleich wieder kommen.

Der junge Emanuel schloss sich einer Gruppe von drei Personen an, darunter ein ausgedienter Offizier der Wehrmacht und eine junge Frau, ein ehemaliges Blitzmädchen. Am nächsten Tag ging es mit der Eisenbahn in Richtung Schweidnitz – Breslau weiter. In Schweidnitz befand sich ein Auffanglager für Heimkehrer, die dort den Zug verlassen sollten. Andere mitreisende »Repatriante« warnten vor dem Aussteigen wegen eines zu erwartenden längeren Lageraufenthaltes. Also stiegen eine Anzahl von Betroffenen, darunter auch die Gruppe mit Emanuel nicht aus, sondern fuhren bis Breslau und von dort aus in Richtung Oppeln weiter. Im Zug sprachen sie untereinander deutsch und wurden deswegen von der Bahnpolizei kritisiert. Sie zeigten den Beamten ihre Registrierscheine und durften einen Zug nach Brieg besteigen. In Brieg wurden sie ihres Deutschsprechens wegen von der Bahnpolizei festgenommen und gefilzt. Die junge Frau wurde wegen einer bei ihr gefundenen Monatsbinde in niederträchtigster Weise verhöhnt. Danach durften sie ihr Gepäck wieder einpacken und wurden von mit Maschinenpistolen bewaffneten Polizisten zur städtischen Miliz gebracht und dort verhört. Auf Grund ihres Registrierscheines wurden sie jedoch wieder entlassen und konnten weiter. Was sollten sie tun? Sie setzten ihren Weg zu Fuß in Richtung Oppeln fort. Unterwegs hielt ein russischer Lkw an und nahm die Gruppe bis Oppeln mit. An der Stadtgrenze von Oppeln war eine polnische Straßenkontrolle. Die »Mitfahrer« saßen hinten im Laderaum auf von den Russen irgendwo »requirierten« Sesseln. Die Polen entdeckten die Gruppe. Es kam zu heftigen Auseinandersetzungen zwischen ihnen und den Russen. Die Sowjets fuhren einfach weiter und brachten ihre Mitfahrer bis zum Oppelner Hauptbahnhof. Mit einem Zug ging es nun weiter nach Gleiwitz. Unterwegs stiegen der ehemalige Wehrmachtsoffizier und das Blitzmädchen in ihren Heimatorten aus. Die dritte Person, ein ehemaliger Soldat, hatte sich bereits zu Fuß in Richtung seines Heimatortes Kirschen (Wischnitz) auf den Weg gemacht. Alle anderen fuhren bis Gleiwitz weiter. Mitreisende, mit denen sie ins Gespräch gekommen waren, warnten sie vor den ständigen Kontrollen der Bahnpolizei in Gleiwitz. Geschickt umgingen sie diese in Gleiwitz und stiegen in einen Zug nach Beuthen. Wegen der auch dort zu erwartenden Kontrollen verließen die beiden letzten Gruppenmitglieder bereits in

Bobrek den Zug. Der Gefährte Emanuels war Bobreker und somit am Ziel seiner langen Reise. Emanuel ging bis nach Karf und fuhr von dort aus mit der Straßenbahn nach Mechtal, das nun Miechowice hieß. Da er kein Geld mehr hatte, erklärte er der Schaffnerin seine Lage. Sie ließ ihn umsonst mitfahren. So kam er am Donnerstag, dem 16. Mai 1946, wieder bei seiner Familie an, die er am 24. Januar 1945 verlassen hatte. Die Freude des Wiedersehens war groß. Seine Eltern hatten die langen sechszehn Monate hindurch nichts von ihm gehört. Er musste nun erfahren, dass die Jungen seines Alters aus seinem elterlichen Wohnhaus in der Stillersfelder Straße zusammen mit den älteren Männern in Richtung Nimptschacht geführt und dort erschossen worden waren. So hatte ihm die lange Flucht das Leben gerettet.

Nun musste er sich an die neuen und ungewohnten Verhältnisse in der Heimat gewöhnen. Es folgten Schule und Ausbildung. Später heiratete er ein Mädchen aus Martinau und zog dorthin. Der größte Wunsch der jungen Familie war, möglichst schnell nach Deutschland ausreisen zu dürfen. Eine Gelegenheit, 1953 die polnisch gewordene Heimat verlassen zu können, hatte sich zerschlagen. Erst 1957 kam es endlich zur ersehnten Ausreise. Mit seiner Frau und seinen beiden kleinen Kindern verließ er nun die Heimat für immer. Nach einer gewissen Übergangszeit fand er in Hamm am Rande des Ruhrgebietes eine neue Heimat, in der er bis zu seiner Pensionierung als Steiger tätig war.

Mechtal wird Frontgebiet

Weihnachten 1944 feierten wir und die meisten Menschen im Industriegebiet wohl weitgehend fast noch »normal«. Wir Kinder ahnten nichts vom bevorstehenden Ende. Die Eltern wussten sicher mehr. In der ersten Januarhälfte brachten wir anlässlich eines entsprechenden Aufrufes die letzten noch entbehrlichen Kleidungsstücke, darunter Vaters Frackhemd, mehr war nicht mehr da, zur Abgabestelle im Rathaus. Am 12. Januar, einem Freitag, begann die Rote Armee ihre große Winter-Offensive. Die I. Ukrainische Heeresgruppe unter Marschall Iwan Konjew durchbrach südlich von Warschau am Baranow-Brückenkopf an der Weichsel die deutschen Verteidigungslinien. Innerhalb von achtzehn Tagen standen die sowjetischen Truppen an der Oder. Am 22. Januar erreichten sie die Stadtgrenze von Breslau. Einen Tag später entbrannten heftige Kämpfe um das oberschlesische Industriegebiet, das sie Sowjets etwa von Oppeln aus durch einen Stoß nach Süden hin abgeschnitten hatten. Noch am 14. Januar, einem Sonntag, feierten wir Kinder den 11. Geburtstag eines Freundes, nicht ahnend, dass eine Woche später bereits viele Familien unseres Wohnhauses längst auf der Flucht sein würden, darunter auch unser Freund. So war diese noch recht vergnügte Geburtstagsfeier ein Abschied für viele Jahre. Erst im September 1949 sahen wir uns wieder. Bis zur nächsten gemeinsamen Geburtstagsfeier sollten noch Jahrzehnte vergehen.

Der Januar 1945 war sehr kalt und schneereich. Das Thermometer zeigte ständig Temperaturen zwischen minus fünfzehn und minus zwanzig Grad Celsius an. Die Zeit zwischen Weihnachten und dem Schulbeginn nutzten wir Kinder zum Skifahren im nahen Wald. Es sollten die letzten Male gewesen sein. Zu Beginn der zweiten Monatshälfte war in der Ferne bereits das dumpfe Grollen der Artillerie zu hören. Auf dem Weg zur Schule hatten wir am Morgen des 16. oder 17. Januars in der Straßenbahn erfahren, dass im Nachbarort unser Mit-Fahrschüler Fuchs bei einem nächtlichen Bombenangriff in Martinau ums Leben gekommen war. Für uns war es der erste Tod eines ganz jungen Menschen infolge der Kriegsereignisse. Im nächsten Ort, in Karf, musste die Straßenbahn halten. Bomben hatten in der Nacht an der Mechtaler Straße etwa ein Drittel eines Wohnblockes zerstört. Es hatte Tote gegeben. Für uns Schüler war es das erste bombardierte Haus, das wir zu Gesicht bekamen. Vor dem Haus die Feuerwehr und Helfer. Das Wasser lief in Strömen über die Trümmer und den Bürgersteig auf die Straße und gefror.

Die Straßenbahn konnte nicht weiter. Wir schauten uns an der Unglücksstelle ausgiebig um und fuhren dann mit einer hinter der Unglücksstelle wartenden Straßenbahn weiter nach Beuthen. Der Unterricht hatte längst begonnen. Wir entschuldigten uns, wie es üblich war. Während der Pausen war auf dem Schulhof der ferne Geschützdonner immer deutlicher zu hören. Einen Tag später, am Donnersteg, dem 18. Januar, war der letzte Schultag. Wir hatten an diesem Tag Nachmittags Unterricht. Zahlreiche Klassenkameraden waren bereits nicht mehr da. Nach der Mitteilung, vorerst fiele der Unterricht aus, verließen wir das alte Hindenburg-Gymnasium in der Gymnasialstraße in Beuthen, ohne zu wissen, dass wir es nie wieder betreten würden. Der Unterrichtsausfall war uns Schülern gerade recht.

Nach der Heimkehr erfuhr ich von der Abreise unserer Hauswirtin mit ihren vier kleinen Kindern. Einen Tag später rüsteten sich andere Familien für die Flucht. Am Freitagabend verabschiedete ich mich von meinem Freund Gottfried, seiner Mutter und seinem kleinen Bruder. Im Morgengrauen des 20. Januars, eines samstags, machten sich dann fünf Familien (fünf Frauen und zwölf Kinder) auf den Weg und begaben sich bei eisiger Kälte auf die Flucht. Ich selbst fuhr an diesem Tag kurz nach sieben Uhr morgens unter vielen Hindernissen noch einmal zu unserer Tante nach Laband, um einige Lebensmittel zu besorgen. Die Mitteilung am Schalter des Beuthener Hauptbahnhofes, alle Züge seien bereits fort und weitere würden vorerst nicht fahren, machte mir nichts aus. Kurz entschlossen verließ ich den Bahnhof und fuhr mit der Straßenbahn über Hindenburg nach Gleiwitz. Für 60 Reichspfennige gab es eine Rundfahrkarte durch das Industriegebiet. Auf dem Gleiwitzer Hauptbahnhof erwischte ich gerade noch einen überfüllten Zug, drängte mich hinein und fürchtete nach der Abfahrt, der Zug würde in Laband nicht mehr halten. Er hielt. Mit meinem Rucksack auf dem Rücken marschierte ich an der Klodnitz entlang zum Haus der Tante. Da im Laufe des Tages kein Zug mehr in Richtung Gleiwitz–Beuthen fuhr, blieb mir nichts weiter übrig, als zunächst einmal bei der Tante zu bleiben und die Entwicklung der Dinge abzuwarten. In der Nacht gab es Fliegeralarm. Bomben fielen in unmittelbarer Nähe. Das war für mich das Zeichen zum Aufbruch. Ich wollte heim, zumal es keinerlei Aussicht auf einen Bahnverkehr mehr gab. Nach dem Frühstück machte ich mich in Begleitung meines Onkels an der Klodnitz entlang auf den Weg nach Gleiwitz. Onkel Ludwig hatte sein Fahrrad mitgenommen. So konnte ich streckenweise damit fahren, während er neben mir her lief. Kurz vor Gleiwitz stießen wir auf eine unendlich lange

Reihe fast durchweg weiß getarnter oder lackierter Pkws. Ein einzelner mit einem weißen Mantel bekleideter Soldat mit aufgepflanztem Gewehr bewachte diese lange Reihe. In der Stadt ein kurzer Abschied vom Onkel. Die Straßenbahn brachte mich über Hindenburg wieder nach Beuthen. Dort stieg ich in die Linie 6 nach Mechtal um. Am Marktplatz, damals A.-H.-Platz, war Endstation für die Straßenbahn. Die Oberleitung war bei einem Fliegerangriff zerstört worden. So legte ich den Rest des Weges zu Fuß zurück. Unterwegs sah alles ungewohnt anders, fast fremd aus. Es war Sonntagnachmittag geworden. Zu Hause erwartete mich sehnsüchtig die Familie. Vater nahm mich in die Arme. Meine Eltern hatten geglaubt, ich wäre unterwegs ins Frontgebiet geraten oder mir wäre sonst etwas passiert. Die Ereignisse überstürzten sich.

Am 18./19. Januar hatten erstmals sowjetische Truppen die Grenzen Oberschlesiens und damit die alte Reichsgrenze überschritten. Und bereits am 20. Januar war das Industriegebiet von Norden und Osten her eingeschlossen: Von Norden durch die 3. Garde-Panzer-Armee, die nach Süden vorstieß und von der Weichsel durch die 1. Ukrainische Front unter Marchall Konjew. Die zerschlagene, zur Verteidigung Oberschlesiens bestimmte 17. Armee, musste eine oberschlesische Stadt nach der anderen den Sowjets überlassen. Beängstigend schnell kam die Front auch näher zu uns. Insgesamt gelang nur relativ wenigen Menschen die rechtzeitige Flucht. Familien von Parteigenossen waren wohl bevorzugt und ihnen wurde vorzeitig das Verlassen des Industriegebietes erlaubt. Die daheim gebliebenen Menschen, das war der überwiegende Teil der Bevölkerung, harrten der Dinge, die da kommen sollten. Dies war ein Verschulden der Verantwortlichen für Oberschlesien mit ihren Durchhalteparolen. Nur für die Gau-Hauptstadt Kattowitz mit dem Gauleiter Fritz Bracht an der Spitze, der sich im Mai 1945 in Bad Kudowa das Leben nehmen sollte, war rechtzeitig eine Abreisegenehmigung erteilt worden. Für Gleiwitz und Beuthen dagegen kam sie viel zu spät. Als unsere Familie am Montagmorgen versuchte, noch fort zu kommen, gab es keine Möglichkeit mehr dazu. Die Bahnhöfe waren überfüllt und es kamen keine Züge mehr. Unzählige Menschen mussten voller Ungewissheit wieder zurück in ihre Häuser und Wohnungen.

Die hohen Nazis selbst verschwanden rechtzeitig und überließen die Bevölkerung einem ungewissen Schicksal. Eine lange Kolonne von Pkws mit den leitenden Männern in brauner Uniform fuhr zum Teil in offenen Wagen durch Mechtal in Richtung Martinau, darunter auch der Mechtaler Ortsgruppenleiter. Bei einem zurückbleibenden Parteigenossen, einem Lebensmittelkaufmann in der Hindenburgstraße, nahmen die »tapferen Durchhaltprediger« noch ein sicher feudales Mittagessen ein. Danach ging es auf Nimmerwiedersehen los. Vorher aber noch hatten sie die kaum ausgebildeten und miserabel ausgerüsteten Volkssturmmänner des Industriegebietes an verschiedenen Stellen der Übermacht der Sowjettruppen entgegengeworfen. Bei der ersten Berührung mit diesen wurden die meisten von ihnen zusammengeschossen und niedergewalzt. Bis heute sind die Schicksale vieler dieser Männer nicht geklärt. Volkssturmangehörige wurden von den Sowjets nicht als Soldaten anerkannt, sondern wie Partisanen behandelt. Abgeworfene sowjetische Flugblätter enthielten die Aufforderung: »Deutsche Volkssturm-Soldaten! Kämpft nicht für Hitler! Wer für Hitler kämpft, verfällt dem Tode. Wenn Ihr also leben wollt, ergebt Euch und kommt zu uns! Die Rote Armee«.

Den übrigen Männern war es verboten, den Ort ohne Genehmigung zu verlassen. Die Bergleute hatten bis zur letztmöglichen Stunde zu arbeiten. Eine große Zahl von Kumpeln waren auf verschiedenen Gruben noch im Schacht, als über der Erde längst die Kämpfe tobten.

»Oberschlesien steht und produziert!« verkündete in großen schwarzen Lettern verlogen die letzte Ausgabe der »Ostdeutschen Morgenpost«. Zeilen, die mich damals sehr beeindruckten und auch Hoffnung weckten.

Auf der Hauptstraße bewegte sich mühsam ein Zug entkräfteter KZ-Häftlinge aus Auschwitz vorwärts, streng von SS-Soldaten überwacht. Am Ende des Zuges zogen Häftling einen flachen Wagen mit nicht mehr marschfähigen Häftlingen. An den Straßenrändern fand man später von der SS-Bewachung erschossene Häftlinge.

In einer Villa in der Reptener Straße lebte ein im Volksmund »Millionär« genannter 68jähriger hoher Partei- und SA-Bonze, im Zivilberuf Kaufmann. Vor den Kampfhandlungen nahm er Kontakt zu einer Reihe von 14 bis 15 jährigen Jungvolk- bzw. Hitlerjungen auf und versuchte, sie für die Verteidigung von Mechtal zu gewinnen. Waffen und Munition hätte er genug, ermunterte er sie und zeigte auf sein Jagdwaffen. Die Jungen, wachsam und clever, hatten längst auf der Hauptstraße den Rückzug der Wehrmacht mit schwerstem Kriegsgerät beobachtet. Mit ihnen war daher im Hinblick auf eine Verteidigung nichts zu machen. An einem späten Nachmittag, es war bereits dunkel, beobachteten wir auf dem Schulhof der Schule III deutsche Soldaten. Sie hatten in der Schule Quartier gemacht. Vor dem Aufbruch erhielten sie ihre Marsch- oder Kampfverpflegung, darunter ein Kommisbrot für zwei oder drei Mann, Wurst und Käse und eine Flasche Schnaps. Das Essen gaben Soldaten von einem Lastwagen her aus.

In den Tagen vor dem Sturm auf Mechtal, am 23. und 24. Januar, tauchten ständig sowjetische Tiefflieger am Himmel auf und schossen auf alles, was sich bewegte. Hinter den Häusern einer Straße am Ortsrand waren einige Bomben abgeworfen worden. Wir Jungen eilten hin, uns die Bombentrichter anzuschauen. Kaum waren wir dort, rauschte der nächste Tiefflieger heran. Im Schutz der Hauswände erreichten wir, vorsichtig stets in Deckung gehend, unsere Wohnhäuser. Um den 22./23. Januar zogen die in Mechtal verbliebenen Menschen in die Keller und harrten dort einem ungewissen Schicksal entgegen. Viele Tage hindurch bis zum Monatswechsel sollten wir nicht mehr aus unserer Kleidung herauskommen. In unserem gut ausgebauten Luftschutzkeller waren die Bewohner aus drei Häusern, etwa dreißig Personen, untergebracht und saßen dicht an dicht in den zweieinhalb Räumen. Die Familien eines der drei Häuser hatten sich in einem weiteren behelfsmäßig hergerichteten Raum niedergelassen. Am 24. waren die Sowjets in den Nachbarorten Martinau und Stillersfeld. Dort waren auch Schüler des Jahrganges 1928 der Mechtaler Mittelschule als Luftwaffenhelfer eingesetzt. Erst nach kurzen heftigen Kämpfen mit den Sowjets, die einige Soldatenleben forderten, wurde der Rückzugsbefehl gegeben. Sammelstelle war eine Flakbatterie südlich von Beuthen. Alle Überlebenden der »Festung Stillersfeld« zogen sich über Helenenhof, Martinau, Mechtal, Karf und Beuthen nach Schomberg zurück.

Plötzlich war der Artilleriedonner ganz nahe. Die letzten Nachrichten des Rundfunks, die wir im Keller zu hören bekamen, meldeten schwere Straßenkämpfe in Gleiwitz. Danach setzte der elektrische Strom aus, es gab auch kein Wasser mehr. Karbidlampen sollten für länger Zeit unsere Lichtspender sein. Vorsorglich standen in der Waschküche im Keller zahlreiche große Wannen voller Trinkwasser. Dort standen auch eine Reihe von Eimern, die das WC ersetzen mussten.

Erste Artilleriegeschosse schlugen in die Dächer ein. Zwischen 14 und 15 Uhr brauste am 25. Januar ein sowjetisches Flugzeug über den Mechtaler Wald und schoss einige Male. Das war das Zeichen zum Sturm auf Mechtal. Zwei Maurerpoliere bei uns im Keller, sie waren nicht mehr zu ihren Familien heimgekommen, betätigten sich als Kundschafter. Als erfahrene ehemalige Soldaten des Ersten Weltkrieges schlichen sie sich nach oben in den

Hausflur und beobachteten das Kampfgeschehen. Wir Kinder bewunderten den Mut dieser Männer. So versorgten sie uns im Keller mit Nachrichten über die jeweilige Lage. Die Sowjets kamen aus dem Wald aus Richtung Stillersfeld. Mann neben Mann stapften sie durch den hohen Schnee über die völlig frei liegenden Dominiumfelder in Richtung Wikarek-, Fasanerie-, Kuboth-, Neue Pfarr- und Stillersfelder Straße. Unsere Straße führte zum Wald und nach einer guten Viertelstunde bereits zogen die ersten sowjetischen Soldaten schießend durch unsere Straße. Angsterfüllt hörten wir in den Kellern das Geratter der Maschinengewehre und -pistolen der einrückenden sowjetischen Soldaten. Eine unheimliche Stille war eingetreten. Die Menschen im Keller gingen ihren Gedanken über das nach, was die nächsten Minuten oder Stunden bringen würden. Viele von ihnen beteten still, auch ich. Der Besitzer des Hauses Nr. 10 hatte noch einmal auf die Straße geschaut und war von den sowjetischen Soldaten gesehen worden. Sie polterten an die Haustür. Der Hausbesitzer wollte diese öffnen, wurde aber von den anderen Männern zurückgehalten. Die Sowjets warfen eine Handgranate in das sogenannte Herrenzimmer und zogen weiter. Die Einschläge in den Schrank und ein Splitter sind heute noch zu sehen. Der alte Herr Schüller machte sich auf, um Milch für seine Frau zu besorgen. Die Russen verlangten seine guten Stiefel. Als er sich weigerte, erschossen sie ihn einfach. Die Hausbewohner mussten seiner blinden Frau die furchtbare Nachricht überbringen. Andere sowjetische Truppen rückten aus den Richtungen Borsigwerk und Martinau nach Mechtal ein. Auf dem Hof eines Hauses der gegenüber liegenden Straße patrouillierten sowjetische Soldaten. Dort wurden aus dem Keller des Hauses Nr. 13 die ersten sechs Zivilopfer herausgeholt und auf der nahen Stillersfelder Straße vor dem Haus Nr. 4 erschossen, unter ihnen zwei sechszehnjährige Schüler. Einer der beiden, dessen Vater mit zu den Opfern zählte, überlebte schwer verletzt und wurde in einer Kampfpause zurück in den Keller seines Wohnhauses gebracht. Zwei weitere Männer überlebten mehr oder weniger verletzt. Sie hatten sich wohl schnell fallen gelassen. Der Kaplan der nahen Corpus-Christi-Kirche wurde zu dem schwerverletzten Jungen gerufen und blieb bis zu dessen Tod um sieben Uhr am anderen Morgen, dem 26. Januar 1945, und anschließend bei den verängstigten Frauen und Kindern zurück. Sowjetische Soldaten holten ihn, der gerade die Beichte hörte, und andere Männer bald danach aus diesem Keller. Dem Kaplan rissen sie die Stola von den Schultern. Im Schaufenster der Bäckerei W. fand man nach den Kampfhandlungen die Versehgeräte des

Kaplans. Er muss dort wohl kurz gestanden haben. Die Sowjets verschleppten ihn und andere Männer infolge eines deutschen Gegenstosses in den Stillersfelder Wald. Später fand man ihn dort erschossen, furchtbar zugerichtet und seiner Oberkleidung beraubt. Nur am Kollar war er noch als Priester erkennbar. Ein Einschuss durch das linke Auge hatte sein junges Leben, er war 38 Jahre alt, beendet. Das geschah in unmittelbarer Nähe des Bunkers der Flakstellung, in der sich inzwischen der sowjetische Stab eingerichtet hatte. Dorthin hatten sich die Sowjets nach dem deutschen Gegenstoß zurückgezogen.

Als es nach dem Einmarsch der ersten sowjetischen Kampftruppen am Donnerstag, dem 25. Januar, draußen ruhig geworden war, wagten wir uns in der beginnenden Dämmerung in die Wohnung und auf die Straße. Viele Fensterscheiben waren bereits zerschossen, unser Schlafzimmer wies eine Reihe von Einschüssen auf. Auf der Straße lagen im Schnee Unmengen von Patronenhülsen. Etwa zweihundert Meter weiter, auf der Stillersfelder Straße, zogen sowjetische Truppen in geschlossener Formation in den Ort. Am Freitagmorgen, dem 26. Januar, hatten deutsche Truppen unsere und andere parallel verlaufende Straßen zurückerobert. Alles atmete auf. Ein Feldwebel und einige Soldaten, aus Ungarn nach Oberschlesien verlegt, hatten sich in den Gärten des letzten Hauses zum Wald hin eingegraben. Das Haus selbst musste von allen Bewohnern verlassen werden. Die Sowjets lagen knapp 500 m weiter im nahen Wald. Bald brachen die Kämpfe erneut aus. Sowjetische Truppen näherten sich und waren den deutschen Soldaten an Zahl weit überlegen. Letztere waren gezwungen, sich zurückzuziehen. Den Feldwebel dieser Truppe traf vor unserem Wohnhaus eine Kugel oder ein Splitter mitten in die Stirn. Seine Kameraden hatten noch seine Erkennungsmarke abbrechen können, wie später festzustellen war. Bald lag eine dicke Schneeschicht über ihm. Der Geschützdonner war heftig. Zwischendurch war das furchtbare und furchterregende Geheul der Stalinorgel von der Ortsmitte her zu vernehmen. Das Dach unseres Wohnhauses hatte zwei Treffer erhalten, sehr viele andere Häuser ebenfalls. Die Kämpfe zogen sich bis zum 27. Januar hin. Mehrmals wurden Teile Mechtals von deutschen Truppen, die äußerst harten Widerstand leisteten, zurück erobert.

Zwei Kolleginnen Vaters von der Schule III, aus deren Wohnhaus oder Nachbarhaus in der Braustraße alle Männer aus dem Keller geholt und erschossen worden waren, nutzten die Gelegenheit des Stellungswechsels zur Flucht mit Hilfe eines deutschen Panzerspähwagens. Eine geringere Zahl deutsche Soldaten fielen bei diesen Kämpfen. Diese Gefallenen wurden später in einem Grab auf dem Friedhof hinter der Kreuzkirche beigesetzt. Die Sowjets verloren einige Offiziere, sehr viele Soldaten und mehrere Panzer vom Typ T 34. Einer der durch eine Panzerfaust abgeschossenen Panzer lag an der Martinauer Straße, dort, wo sich die Straßenbahnhaltestelle nach Beuthen befand. Später holten wir uns aus ihm das fest gepresste Zündpulver und brachten es zum Brennen.

Am Samstag, dem 27. Januar, fiel an der Ecke Stillersfelder Straße und Holteistraße, etwa gegenüber der Schule III, ein sowjetischer Major. Es war der letzte Kampftag, und die sowjetische Truppen waren bereits bis fast an

»Der Tod über Mechtal« von Franz Gold

die Grenze Beuthens vorgedrungen. Der Tod des Majors führte zu einem furchtbaren Blutbad in Mechtal. Die Sowjets behaupteten, er wäre von einem Mitglied der Hitlerjugend erschossen worden. Von allen annähernd 450 in Mechtal erschossenen Zivilpersonen verloren mehr als zwei Drittel an diesem 27. Januar ihr Leben, das andere Drittel am 25., 26. und vereinzelt am 28. Januar. Davon besonders betroffen wurde der westliche Teil Mechtals. Die Männer, durchweg Bergleute, aus verschiedenen Häuserblocks wurden in Gruppen zum nahen Ortsrand oder bis zum Waldrand geführt und dort erschossen. Wie immer, mussten die kleinen Leute die Zeche bezahlen. Im Treppenhaus der Fasaneriestraße 2 erlitten alle Männer, darunter ein fünfzehnjähriger Junge, das gleiche Schicksal. Ein vierzehnjähriger Junge aus einem anderen Haus verlor nur seiner Größe wegen sein Leben. Aus einem Haus in der Hindenburgstraße holten die Russen die Männer zum Erschießen heraus. Als sie bei einem jungen Mann unter der Zivilkleidung eine Uniformhose erblickten, schossen sie ihn nicht wie die anderen nieder, sondern schlugen ihn mit den Kolben bestialisch tot. Seine Schreie drangen bis zu den im Keller bangenden Frauen. Dieser junge Mann, der Urlaub hatte und bei seinen Eltern weilte, hatte sich beim Einmarsch der Sowjets schnell einen Zivilanzug übergezogen. Einzelne überlebten schwerverletzt und starben eines qualvollen Todes. Unter den Erschossenen befanden sich fünf Frauen im Alter von 38 bis 68 Jahren. Die jüngsten Toten waren 13 und 14 $^{1}/_{2}$ Jahre alt, der älteste war 78 Jahre alt. Der Major wurde zunächst an Ort und Stelle in der Mitte eines großen Sandkastens eines Hofes bestattet. Männer aus den umliegenden Häusern hatten einen Sarg zu besorgen, andere das Grab auszuheben. Nach Abschluss ihrer Arbeit wurden die meisten von ihnen erschossen. Einzelne retteten mit Hilfe ihrer Uhr ihr Leben. Das Grab des Majors zierte ein mit rotem Stoff bezogener Obelisk mit Sowjetstern und Hammer und Sichel, der von einem sowjetischen Bestattungskommando errichtet worden war.

Der bereits erwähnte Obernazi, SA-Obersturmbannführer Theofil W., trat den Sowjets am Abend des 27. Januars 1945, nach dem Ende des Kampfgeschehens auf seinem Grundstück in voller SA-Uniform entgegen. Die russischen Soldaten schlugen diesen Fanatiker mit ihren Kolben, bis nur ein blutiger, aber noch lebender Fleischklumpen übrig blieb. Niemand durfte ihm helfen. Dafür sorgte eine zurückgelassene Wache. Eine Kugel war ihnen zu schade für diesen Mann, der nach einer gewissen Zeit wohl erfroren ist.

Nachdem die hochschwangere Frau des Fahrsteigers Fabry von russischen Soldaten mehrfach vergewaltigt worden war, erschoss dieser am 28. Januar gegen 23 Uhr seine Frau, seine beiden kleinen Töchter und sich selbst. Während des Kampfes hatte er sich auf der Preußengrube aufgehalten. Der Vater eines meiner Beuthener Schulkameraden hatte seine große Familie mit sieben oder acht Kindern und sich selbst vergiftet. Die Mutter und eine kleine Schwester überlebten. Verschleppte ukrainische Zwangsarbeiter gingen den Sowjettruppen zur Begrüßung mit einer roten Fahne entgegen und wurden ebenso erschossen wie fünf polnische Zwangsarbeiter.

Am Vormittag des 28. Januars, einem Sonntag, erschien Frau G. aus einem Nachbarhaus in unserem Keller und erklärte: »Die Russen kommen die Straße rauf und erschießen alle Männer!« Wir alle waren wie erstarrt. Die Männer saßen in sich gesunken auf der Kellerbank und schienen mit dem Leben abzuschließen. Die Frauen und wir Kinder wurden unruhig bei dem Gedanken, dass die Ehemänner und Väter in wenigen Minuten vielleicht nicht mehr am Leben sein würden. Nach einigen Minuten schlug mein Vater vor, alle Männer sollten sich in ihre Wohnungen begeben und sich dort mit irgendeiner Sache beschäftigen. So fänden die Russen nicht so viele Männern an einer Stelle. Dieser Rat wurde befolgt. Bisher hatten die Menschen in der Fasaneriestraße, bis auf das Haus Nr. 2, noch keine Berührung mit sowjetischen Soldaten gehabt. Es dauerte nicht lange, da betraten sowjetische Militärs, darunter einige Offiziere, unser Wohnhaus. Mein Vater saß kartoffelschälend in der eiskalten Küche. Im ganzen Wohnhaus war keine einzige Fensterscheibe mehr vorhanden. Ein Offizier kam herein, öffnete die Tür zum Arbeitszimmer meines Vaters, sah die vielen Bücher und fragte: »Ingenieur?« Mein Vater erwiderte: »Nein, Lehrer.« Darauf klopfte ihm der Offizier auf die Schulter, sagte: »Gutt!« und verließ die Wohnung. Ich selbst wollte gerade vom Keller aus in die Wohnung und lief an der Eingangstür zum Keller einem russischen Soldaten in die Arme. »Urry!?« Und ich war meine zur Erstkommunion geschenkt bekommene Taschenuhr los. Der Soldat lächelte mich freundlich an. Uhren zählten zu den begehtesten Beutestücken sowjetischer Soldaten. Manche Russen besassen eine Reihe solcher Uhren und trugen sie stolz mit sich herum. Keinem Menschen im Haus und auch in den anderen Häusern der Fasaneriestraße geschah an diesem Tag etwas. Durchsucht und geplündert wurden nur die Wohnungen derer, die geflüchtet waren. So ließen die Offiziere einen Lkw holen, um den Flügel aus der Wohnung unseres Hauswirtes abzutransportieren. Sechs Soldaten schleppten in ihren dicken Mänteln das schwere Instrument die Treppen hinunter.

Ein Wohnungsnachbar beobachtete durch sein Küchenfenster, wie ein russischer Soldat sein Gewehr auf einen Mann vor dem gegenüberliegenden Haus Nr. 13 anlegte. Da warf sich dessen Frau schützend vor ihn und verhinderte so Schlimmeres. Die Haustür blieb von nun an ständig geschlossen, als Eingang benutzten wir nur noch die Haustür von der Hofseite aus. Ebenso geschah es in allen anderen Häusern.

In der Nacht vom 27. zum 28. Januar 1945 wurde das Ausweichen der deutschen Truppen aus dem mit absolut unzulänglichen Mitteln schwer zu verteidigendem Industriegebiet verfügt. Eine neue Front wurde danach an der Oder mit dem Schwerpunkt bei und in Ratibor gebildet, wo sie sich bis zum Karfreitag, dem 30. März, hielt. Ab sofort herrschte vom Einbruch der Dunkelheit bis zum anderen Morgen der Ausnahmezustand. Niemand durfte während dieser Zeit die Häuser verlassen. Ebenfalls fast unmittelbar nach dem Einmarsch der sowjetischen Truppen waren an den Haustüren vieler Häuser Zettel mit polnischer Schrift zu sehen auf denen stand »Wir sind oberschlesische Polen«

Dadurch glaubten viele Menschen, sich vor Übergriffen sowjetischer Soldaten schützen zu können. Ich selbst bekam auf diese Weise erstmals polnische Schriftzüge zu Gesicht.

Einige Tage noch blieben wir in den Kellern. In allen Wohnungen waren die Doppelfensterscheiben durch den starken Luftdruck zerstört oder zerschossen worden. Während des Krieges mussten über den Sommer hin die Innenteile der Doppelfenster ausgehängt und an einem sicheren Ort gelagert werden. So brachten alle Hausbewohner diese in die oberen Etage des Bürohauses auf dem hinteren Hof. Zu Beginn des Winters waren sie wieder eingehängt und dadurch natürlich zerstört worden. Zunächst verschalten wir die Küchenfenster mit Brettern. In die Mitte fügte Vater eine einem Bilderahmen entnommene Scheibe als einzige Lichtquelle ein. Am Abend legten wir die Matratzen für die Nacht auf den Küchenboden und schliefen dort. Die Küche war viele Tage hindurch unser einziger Wohnraum. Danach zogen wir ins Wohnzimmer und viel später erst wieder in das Schlafzimmer.

Einige Mechtaler Gebäude waren in Flammen aufgegangen, so das Schloss im Park der Familie Tiele-Winckler, ein großes Geschäfts- und Wohnhaus am Valeskaplatz, die Buchhandlung Jannek gegenüber dem Rathaus und einige andere Häuser. Insgesamt waren es sechs oder sieben

Gebäude. Gemessen an den tagelangen heftigsten Kämpfen in Mechtal hielt sich die Zahl der zerstörten Häuser in Grenzen. Tagelang lag der Brandgeruch über dem Ort. In dem Haus am Valeskaplatz züngelten die Flammen und schwelte es noch viele Tage. In diesem Haus hatten die Russen die alte Geschäftsfrau Dittmann erschossen, als sie beim Auftrennen eines Militärmantels von ihnen überrascht wurde. Eine große Zahl an Häusern hatte natürlich irgendwelche Granattreffer erhalten. In der Regel waren die Dächer beschädigt. Unmittelbar nach Beendigung der Kämpfe hatten Menschen aus niedergebrannten Häusern in den verlassenen Wohnungen ein neues Unterkommen gesucht und gefunden. In unserem Wohnhaus in der Fasaneriestraße waren es der Drogist Friedrich Hildebrandt vom Valeska-Platz 3, ein sehr netter und sympathischer Mann und seine Haushälterin. Ein Ehepaar K. hatte ihre Wohnung im Hause der Buchhandlung Jannek in der Hindenburgstraße 64 verloren.

Hochinteressant waren die Abende. Dann versammelte sich die Hausgemeinschaft in unserer Küche im Parterre, um bei Plünderungen oder anderen unerbetenen Besuchen zusammen zu sein oder sie zu verhindern. Die Männer erzählten beim Schein einer Karbidlampe spannende Erlebnisse oder gar die Geschichte ihres Lebens. Einer der interessantesten Erzähler war der Drogist. Auch die Poliere erzählten packend von ihren Erlebnissen. Zu später Stunde begaben sich die einzelnen Gruppen wieder in ihre Wohnungen. An einem sehr frühen Februarmorgen polterte es an der Haustür. Sowjetische Soldaten mit einem oder zwei ihrer deutschen »Begleiter« holten auch ihn, den schwer zuckerkranken Drogisten, wegen seiner Zugehörigkeit zur Partei ab. Wir haben nie wieder etwas von ihm gehört. Die beiden Maurerpoliere hatten sich bald nach den Kampftagen auf den Heimweg zu ihren Familien aufgemacht. Als erfahrene Weltkriegssoldaten sind sie unterwegs allen drohenden Gefahren sicher entkommen, wie sich später heraus stellte.

Wie wir nach den Kampfhandlungen hörten, waren in vielen Straßen Frauen und Mädchen von den eindringenden Sowjetsoldaten zum Teil bestialisch vergewaltig worden, oft mehrmals hintereinander. So manche Frau gebar nach neun Monaten ein Kind dieses Gewaltaktes. Leider gab es aber auch eine Reihe von Frauen, die sich freiwillig mit den Russen einließen.

Mit Beendigung der Kampfhandlungen begannen die Plünderungen der Geschäfte und anderer Einrichtungen. Makaber war es im Lebensmittelgeschäft unserer Straße, im Haus Nr. 2, wo der Inhaber und mehrere Männer erschossen im Hausflur lagen. Die plündernden Frauen versorgten sich mit allem, was sie zu fassen bekamen. Vielleicht war das sogar richtig, da sonst alles Lebensnotwendige in die Hände der Sowjets gefallen wäre, die sich um die Versorgung der Bevölkerung nicht kümmerten. Eine Frau hatte unter Hinweis auf die Toten versucht, die Plünderung zu verhindern. Ohne Erfolg! Die Bäcker z. B. wurden gezwungen, ihre Mehlvorräte für die Russen zu verbacken. Regelmäßig musste täglich zu einer bestimmten Zeit eine angeforderte Zahl von Broten fertig sein. Leider wurde bei den Plünderungen auch vieles sinnlos zerstört, so Büro- und ganze Werkseinrichtungen. Sinnvoll wäre es gewesen, vor der Einnahme durch die Sowjets die vorhandenen Lebensmittel und andere Gebrauchsgüter an die Bevölkerung zu verteilen und die Spirituosenvorräte zu vernichten.

Aus den Wohnungen verschwanden alle Hitlerbilder und andere NS-Symbole oder Bücher, vor allem Hitlers »Mein Kampf«. Auch alle vorhandenen Uniformen, Waffen usw. wurden verbrannt oder in Jauchegruben geworfen. Aus der Wohnung von S. vergruben wir einen Luftwaffen-Ehrendolch auf dem Bauhof. Die neuen Bewohner hatten ihn aus dem Kleiderschrank entfernt.

Mein erster Gang in den Ort nach den Kampftagen führte zur Bäckerei W. in der Stillersfelder Straße, wo ich Brot holen sollte. Auf den Straßen lagen viele Waffen im Schnee, vor allem Handgranaten. Zuerst musste ich an der mit einer hohen Schneeschicht verdeckten Leiche des gefallenen deutschen Feldwebels vorbei, weiter unten in der Straße an der des alten Herrn Schüller. Vor dem kleinen Kolonialwarengeschäft J. in der Stillerfelder Straße lag ein gefallenes Pferd. Viele Leute waren dabei, sich Stücke aus dem Kadaver herauszuschneiden. Nach kurzer Zeit war von dem Pferd nichts mehr übrig. Brot gab es natürlich nicht. W. musste für die Russen backen. Wie schon früher schnauzte er laut herum und schrie, dass er kein Brot geben könne. Die schrecklichen Ereignisse hatten ihn wohl kaum beeindruckt.

Zweimal während meiner Gänge in den Ort grüßte ich unbeabsichtigt vor dem Haus Fasaneriestraße 2 eine bekannte Frau gewohnheitsmäßig mit »Heil Hitler!«. Diese klärte mich auf, dass dieser Gruß nicht mehr erlaubt sei und unangenehme Folgen haben könnte. Ein, zwei Tage später passierte mir dies fast an der gleichen Stelle noch einmal. Insgesamt hatte sich das Leben total verändert. Nichts war mehr wie vorher. Der Einmarsch der sowjetischen Truppen hatte den Menschen in Mechtal und in fast allen anderen Orten der deutschen Ostgebiete neben dem Tod während der Kampf- und Einmarschzeit Rechtlosigkeit, Gesetzlosigkeit, Elend, Entbehrung, Unsicherheit, Verschleppung, Armut und später die Vertreibung gebracht.

Sowjetische Soldaten zogen durch die Straßen und holten aus den Häusern Frauen zum Beseitigen der Schneemassen auf der Martinauer Straße, um eine reibungslose Durchfahrt für die Fronttruppen und den Nachschub zu gewährleisten. Auch Mutter musste mit. Die im Post- und Polizeigebäude in der Hindenburgstraße untergebrachte sowjetische Ortskommandantur ordnete Aufräumungsarbeiten an. Alle Kampfhinterlassenschaften sollten unverzüglich beseitigt werden. Den Kommunisten August Staschek aus der Grünstraße, von den Nazis verfolgt und eingesperrt gewesen, bestimmte der sowjetische Kommandant zum Bevollmächtigten der Mititärkommandantur. Ihm standen weitere Kommunisten und andere Männer bei seiner Arbeit zur Seite. Sie waren mit der Verwaltung des Ortes beauftragt. Alle übrigen verbliebenen Männer hatten sich vor dem Rathaus zu melden und wurden in Gruppen aufgeteilt. Ihre Aufgabe war es, die überall auf den Straßen herum liegenden Waffen einzusammeln und unter Anleitung von Fachleuten die zerstörten Strom- und Wasserleitungen instand zu setzen. Nach relativ kurzer Zeit gab es wieder elektrischen Strom und bald danach auch Wasser. Bis dahin hatten sich die Bewohner aus den wenigen im Ort auf Privatgrundstücken befindlichen Wasserpumpen mit dem notwendigen Wasser versorgt. Manche Pumpen versiegten zwischendurch. Dann musste gewartet werden, bis sich wieder genügend Wasser angesammelt hatte. Den ganzen Tag über standen Menschenschlangen vor diesen Pumpen. Die während der Kampfhandlungen im Januar 1945 beschädigten zahlreichen Häuser, besonders aber die Dächer, wollten von ihren Eigentümern oder von den Bewohnern repariert werden, um Schäden durch Nässe vorzubeugen. So kamen unmittelbar nach den Kampfhandlungen Anfang Februar eine große Zahl der betroffenen Hausbesitzer zu Vater und wollten Holz zur Reparatur ihrer Häuser aus den Lagerbeständen des Korinth'schen Bauhofes. Dort lag genügend Holz verschiedenster Art: Schalbretter, Dielenbretter, Bohlen, Kanthölzer, Rundholz. Den Leuten musste geholfen werden und so ging es ans Werk. Auf dem Bauhof suchten sich die Leute das erforderliche Holz aus. Sie waren vorsichtig bezüglich der Menge, da sie nicht zu viel Geld ausgeben wollten, wenn Herr K. später die Rechnungen schreiben würde. Alle dachten noch, es würde eines Tages alles wieder wie früher. Mein Bruder und ich maßen die Holzmengen aus und gaben Vater die Maße an, die er in einer Liste eintrug. Alle Unterlagen sollten für Herrn K. aufgehoben werden. Verschiedentlich half auch Herr B. dabei, mit dem mein Bruder und ich uns angefreundet hatten. Am 12. Februar hörte das auf, da sich alle Männer im Alter von 17 bis 50 Jahren zum Einsatz im »hinteren Frontgebiet« in der Saarlandstraße in Beuthen melden mussten. Nur noch vereinzelt kamen ältere Männer. Auch der Pfarrer der Corpus-Christi-Kirche brauchte schwere Bohlen für den erheblich beschädigten Dachstuhl der Kirche. Freiwillige Helfer deckten das Kirchendach einigermaßen wieder ab und machten es zunächst einmal wasserdicht. Diese Arbeit auf dem Bauhof hat uns viel Spaß gemacht.

Andere Gruppen sammelten die auf den Feldern zwischen dem Wald und Ortsrand beim Sturm auf Mechtal auf den Dominium-Feldern gefallenen sowjetischen Soldaten ein und luden sie auf einen großen Wagen. Unter den Leichen befand sich auch ein so genanntes »Flintenweib«, wie der Volksmund die weiblichen sowjetischen Soldaten bezeichnete. Manche Tote waren ziemlich zerfetzt. Nachdem etwa acht bis zehn Leichen auf dem Wagen lagen, brachten die Männer diesen zum Ort der Beisetzung. Die toten russischen Soldaten wurden zunächst irgendwo beigesetzt. Wir Kinder beobachteten diese Arbeiten aus nächster Nähe. Im Sommer dann zwangen die Sowjets Frauen, darunter zahlreiche Frauenschaftsmitglieder und Ehefrauen von Parteigenossen während der Nächte die so beigesetzten russischen Soldaten wieder auszugraben, in Särge zu legen und zur neuen Bestattungsstelle an der Klosterstraße zu bringen. Dort entstand ein sowjetischer Soldatenfriedhof, in dessen Mitte ein etwa drei Meter hoher Obelisk aus Beton errichtet wurde. Hammer und Sichel und die Jahreszahl 1945 waren in die Frontseite eingraviert worden.

Massengrab eines Teils der im Januar 1945 erschossenen Mechtaler Zivilisten

Verschiedene Gruppen hatten die von den sowjetischen Soldaten erschossenen Männer zu beerdigen. Ihre Leichen lagen rechts und links des langen Hauptweges am Friedhof aufgereiht. Fast alle waren nur in eine Decke gehüllt. Auf einem Schlitten hatten die Frau und Mütter ihre Männer und Söhne, meist in Begleitung der Kinder und Geschwister, zum Friedhof gebracht. Es waren traurige Züge. Ein Teil von ihnen fand in einem Massengrab mit etwa einhundert Toten auf einem Feldstück hinter dem Friedhof an der Klosterstraße die letzte Ruhestätte. Auf jede Leichenschicht wurde Kalk gestreut, bevor die nächsten Toten darauf gelegt wurden. Viele andere Erschossene erhielten Einzelgräber auf dem katholischen Friedhof hinter der Kreuzkirche, einige auch auf dem evangelischen Friedhof, der etwas abgelegen am nördlichen Rand des Ortes liegt. Die gefallenen deutschen Soldaten ruhen in einer Grabstätte auf dem katholischen Friedhof, Einzelne wohl auch auf dem evangelischen. Die außerhalb der Gemeindegrenzen erschossenen Mechtaler fanden in den Auffindungsorten durchweg in einem Massengrab ihre letzte Ruhestätte. Eine größere Anzahl Mechtaler Männer fand auf Stillersfelder Gemeindegebiet den Tod und wurde auch dort in einem Massengrab beigesetzt.

Grab der bei den Kämpfen um Mechtal im Januar 1945 gefallenen deutschen Soldaten

Ein Stillersfelder Aufräumkommando fand die Leiche von Kaplan Johannes Frenzel am 2. Februar 1945 im Stillersfelder Wald und brachte sie auf den Friedhof von Stillersfeld. Außer ihm wurden dort vierzehn weitere erschossene Männer aus Mechtal gefunden, deren Beisetzung in Stillersfeld erfolgte. Frenzels Leichnam wurde nicht ins Massengrab gelegt, sondern am 3. Februar separat an der Kirchenmauer beerdigt. Seine Schwestern Lucia machte sich auf die Suche nach ihm. Am 4. Februar 1945 erfuhr sie vom Tod ihres Bruders und von seiner Beisetzung in Stillersfeld. Der Leichnam lag ohne Sarg in einem nicht sehr tief ausgehobenem Grab und war mit Erde bedeckt. Sie bat dort um die Mitnahme der Leiche ihres Bruders, die sie zunächst nach Mechtal brachte. Dort wuschen Schwestern des Klosters der Borromäerinnen den Leichnam, legten ihm priesterliche Gewänder an und bahrten ihn in der Mechtaler Friedhofskapelle auf. Von der Mechtaler Friedhofskapelle aus brachte die Schwester Frenzels den Sarg auf einem Handwagen nach Birkenhain. Bis zur Ortsgrenze begleiteten vorwiegend Frauen betend diesen traurigen Zug. Auf dem Weg nach Birkenhain hielt ein sowjetischer Posten Frau Frenzel mit ihrer traurigen Last kurz an. In Birkenhain wurde Kaplan Johannes Frenzel am Freitag, dem 9. Februar 1945, fünfzehn Tage nach seinem gewaltsamen Tod, auf dem dortigen Friedhof beigesetzt. Die Beerdigung nahm der damalige Ortspfarrer Dr. Herbert Bednorz vor, der spätere Bischof von Kattowitz.

Über die Beisetzung am Freitag, dem 9. Februar 1945, in Birkenhain berichtete Frau L. Frenzel mir, dass die Angst vor den Sowjets zu diesem Zeitpunkt riesengroß war. Um jedes Aufsehen bei diesen zu vermeiden, wurde der Zeitpunkt des Requiems und der Beerdigung nicht bekannt gegeben. Trotzdem war die Kirche während des Requiems voll. Der Pfarrer bat die Gläubigen, sich nicht dem Beerdigungszug anzuschließen. Diese Bitte wurde ignoriert und der Zug der Menschen von Birkenhain zum Grab war sehr lang.

Verantwortliche Steiger der Preußengrube hatten alle wichtigen Unterlagen in einem Stollen sicher versteckt und Maßnahmen getroffen, die Grube nicht absaufen zu lassen. Der verantwortliche Bergingenieur Paul Adamek erhielt vom Bergwerksdirektor Machens unmittelbar vor dessen Flucht am 23. Januar 1945 den Auftrag, die Bergwerksleitung zu übernehmen und die Grube zu erhalten. Am Sonntag, dem 28. Januar, wurde er auf dem Weg zur Grube von einem Sowjetsoldaten erschossen. Sein Vertreter Friedrich Biegon und andere Steiger waren während des Kampfgeschehen in der Grube geblieben und hatten das Eindringen der Sowjets von dort aus beobachtet. Bald nach den Kämpfen tauchten sowjetische Spezialoffiziere mit einem Pkw auf, fuhren mit Biegon zur Kommandantur und ernannten ihn nach Erkundigungen über seine Vergangenheit und über sein Verhalten sowjetischen Gefangenen gegenüber zum Leiter der Preußengrube. Dazu erhielt er eine in deutscher Sprache abgefasste maschinengeschriebene Ernennungsurkunde. Diesen Posten bekleidete er bis zur Übergabe der Preußengrube im April 1945 an die Polen. Der Steiger Friedrich Biegon hatte über die Ereignisse beim Russeneinmarsch und danach Aufzeichnungen gemacht. Sie sind die einzigen authentischen Darstellungen über die Zeit des Kampfes um Mechtal und danach, aber weitgehend auf die Preußengrube bezogen. Diese deutschen Aufzeichnungen Biegons wurden später ins Polnische und Ende der neunziger Jahre wieder ins Deutsche übersetzt worden. Vor einigen Jahren wurde der wesentliche Inhalt dieser Aufzeichnungen erstmals veröffentlicht. Das Original mit den deutschen Aufzeichnungen ist nach der Übersetzung verloren gegangen oder vernichtet worden.

Zu den ersten Aktionen der Sowjets während der ersten Februartage war die Verhaftung aller Parteigenossen, die sich über einige Wochen bis April hinzog. Betroffen waren nur die kleinen Mitglieder, da alle einflussreichen Parteifunktionäre bis auf den bereits Genannten sich rechtzeitig in Sicherheit gebracht hatten. Von vielen war gar nicht bekannt, dass sie überhaupt in der Partei waren. Den Sowjets war die Mitgliederliste aller Mechtaler Parteimitglieder in der Ortsgruppenstelle der NSDAP in die Hände gefallen. Das hatte allerdings den Vorteil, dass viele Menschen haltlosen, aber nicht zu beweisenden Denunziationen entgangen sind, wie es in anderen Orten vielfach vorkam. Die Verhaftungen fanden stets beim Morgengrauen statt. Immer wurden die sowjetischen Soldaten von einem oder zwei Mechtaler Kommunisten bei diesen Aktionen begleitet. Ein Mechtaler, der über diese Zeit Tagebuch führte, nennt die Namen zweier dieser Männer. Bei den meist bald nach der Verhaftung durchgeführten Hausdurchsuchungen fungierten diese wiederum als Helfer. Die beiden noch in Mechtal verbliebenen Ärzte, der praktische Arzt Dr. Sliwka, bis zu seiner Verschleppung hielt er täglich Sprechstunden und machte Krankenbesuche, und der Zahnarzt Dr. Sch. zählen zu diesen Opfern. Beide kehrten nicht mehr aus der Sowjetunion zurück. Ausnahmslos, ohne Rücksicht auf Alter oder Krankheit wurden diese Männer und Frauen nach kurzem Aufenthalt im Beuthener Gerichtsgefängnis, dem zentralen Sammelort für alle oberschlesischen Parteigenossen, in langen Zügen in die Sowjetunion gebracht. Ein Nebenlager gab es in Hindenburg. Den Menschen in Mechtal stand ärztliche Hilfe nicht mehr zur Verfügung.

Ebenfalls zu dieser Zeit waren unter Androhung schwerster Strafen sämtliche Radio- und Fotoapparate im Rathaus abzugeben. Einige ganz Mutige hatten die »Innereien« der Radiokästen, meist waren es Volksempfänger, geleert und anderes Material hineingelegt, um ein vollständiges Radio vorzutäuschen. Auch Vater hatte seine Fotoapparate nicht abgegeben oder nur einen ganz einfachen. Die Apparate wurden später eine Beute der Polen.

Um zu verhindern, dass nachts sowjetische Soldaten von der Hofseite durch die Fenster einsteigen konnten, sicherte Vater die betreffenden Fenster mit Eisenrohren zwischen den Doppelfenstern, die jeden Abend wieder eingesetzt wurden.

Alle Männer zwischen 17 und 50 Jahren werden in die Sowjetunion verschleppt

Mit System und nach einheitlichen Grundlinien begannen wenige Tage oder Wochen nach den Kampfhandlungen die Zwangsverschleppungen von Frauen und Männern aus Ostpreußen, Pommern und Schlesien und den übrigen ostdeutschen Gebieten östlich von Oder und Neiße zur Arbeitsleistung in die Sowjetunion. Diese waren zentral von der sowjetischen Führung geplant und in allen sowjetischen Armeebereichen in den genannten Gebieten in gleicher Weise ab Februar 1945, vereinzelt bereits im Januar, praktiziert worden. In gleicher Weise hatten die Sowjets schon 1944 in Ungarn, Rumänien und Jugoslawien tausende von Volksdeutschen in die Industriegebiete am Donez und Don, in den Ural und in den Kaukasus deportiert. Vom 4. bis 11. Februar 1945 begann die Konferenz von Jalta mit Roosevelt, Churchill und Stalin. Letzterem gelang es, während dieser Konferenz, seinen westlichen »Kollegen« die Zustimmung abzuringen, dass die Sowjetunion nach dem Siege über Deutschland als Teil der ihr zustehenden Reparationen Arbeitskräfte aus Deutschland in die UdSSR verbringen könne. Als diese Vereinbarung der drei Alliierten zustande kam, war die Aktion der Sowjets schon weitgehend abgeschlossen. Zehntausende von deutschen Männern und Frauen waren bereits in der Sowjetunion oder auf dem Wege dorthin. Dennoch gab diese Vereinbarung der Sowjetunion eine Art Rechtsgrundlage für die Verschleppungen deutscher Zivilisten. Diese Aktion dauerte bis zum April 1945. Da bis zu diesem Zeitpunkt fast nur die Gebiete östlich der Oder und Lausitzer Neiße von der Roten Armee erobert waren, erfolgten die Verschleppungen nur in diesem Raum. Auf dem Gebiet der späteren sowjetischen Besatzungszone fanden die Bestimmungen keine Anwendung mehr. Jeder sowjetische Militärbereich hatte eine bestimmte Anzahl von Menschen, die in die Sowjetunion deportiert werden sollten, bereitzustellen. In Ostpreußen z. B., wo es kaum arbeitsfähige Männer gab, griffen die Mititärbefehlshaber zu den härtesten und unmenschlichsten Maßnahmen, um die von ihnen geforderte Zahl von Arbeitskräften erfüllen zu können. So griffen sie dort vorwiegend Mädchen und Frauen im Alter zwischen 15 und 50 Jahren auf. Eine große Zahl von Müttern wurde brutal von ihren kleinen Kindern getrennt und verschleppt. Das gleiche Schicksal erlitten in Ostpreußen besonders auch viele alte Leute. Trotz dieser rigorosen Maßnahmen konnte der ostpreußische sowjetische Armeegruppenbereich unter Tschernjakowkij nur die mit Abstand geringste Zahl von Verschleppungsopfern stellen: 44.000 Menschen. Anders sah es in Schlesien aus, besonders in Oberschlesien. Hier konnte die sowjetische Heeresverwaltung ohne Mühe ihr Verschleppungssoll erfüllen, da genügend Männer zur Verfügung standen. Die Heeresgruppe Konjew (Schlesien) stand mit 62.000 deportierten Deutschen, durchweg Männern, weit an der Spitze der vier Heeresbereiche in Ostdeutschland. Im oberschlesischen Industriegebiet waren Tausende von Berg- und Industriearbeitern, die wegen ihrer Unabkömmlichkeit nicht zum Militärdienst eingezogen worden waren. Im Januar 1945 war ihnen wegen dieser ihrer Unabkömmlichkeit die Flucht verboten worden. Sie mußten zurückbleiben, fördern und produzieren. Während in vielen anderen Gebieten alle Männer bis zu 55 oder 60 Jahren deportiert wurden, erfassten die Sowjets im Industriegebiet »nur« die Männer im Alter von 17 bis 50 Jahren. Insgesamt deportierten sie 218.000 deutsche Zivilisten in die UdSSR. Dies geschah vorwiegend in der Zeit von Februar bis April 1945. Auch in Mechtal begannen fünfzehn Tage nach der endgültigen Besetzung durch die Rote Armee die Erfassungen und Deportierungen aller Männer. Plötzlich waren am 12. Februar überall im Ort große Plakate angebracht worden. Alle Männer im Alter von 17 bis 50 Jahren wurden aufgefordert, sich innerhalb von 48 Stunden in Beuthen in der Saarlandstraße (einem ehemaligen Gefangenenlager), zwecks Aufräumarbeiten im »rückwärtigen Frontgebiet« zu melden. Mitzubringen waren Wäsche zum Wechseln, Kleidung, Bettdecken und Verpflegung für etwa 14 Tage. Bei einem Nichterscheinen wurde mit dem Kriegsgericht gedroht. Bald ging auch das Gerücht um, mit dem rückwärtigen Frontgebiet sei die Sowjetunion gemeint. Das sollte sich bald bewahrheiten. Dennoch gab es einzelne Männer, die sich an abgelegenen Stellen oder bei Verwandten versteckten, um so der Verschleppung in die Sowjetunion zu entgehen. Sie lebten allerdings in ständiger Anspannung und Furcht, entdeckt oder auch verraten zu werden. Erst Monate später, als die ersten Internierten aus der Sowjetunion zurückkehrten, konnten sie es wagen, aus ihren Verstecken hervorzukommen.

Schnell stellte sich heraus, dass unerwartet viele Männer da waren und die Registrierung in so kurzer Zeit nicht durchgeführt werden konnte. Ebenso schnell hatte es sich herumgesprochen, dass Männer, die Prothesenträger oder gebrechlich waren, und Geistliche wieder nach Hause geschickt wurden. Die Geistlichen waren in ihren Talaren bei der Meldestelle erschienen.

Mein Vater, dem mit vierzehn Jahren wegen eines Sportunfalls der rechte Unterschenkel amputiert wurde, gehörte zu diesem Personenkreis. Mit nur wenig Gepäck war er mit einer Gruppe anderer Männer in der Gewissheit nach Beuthen gegangen, am gleichen Tag wieder daheim zu sein. So geschah es auch. Unmittelbar nach der Registrierung konnte er nach Hause gehen. Ihm wurde dadurch der Weg in die Sowjetunion erspart. Ich besitze noch den Schein, den er als Ausweis bekam. Es ist die Hälfte eines Grubenformulars, auf dessen Rückseite mit grüner Tinte geschrieben steht: »Stopik Richard kann nach Hause. Er hat nur ein Bein. gez. Borissowa. 14. 2. 1945«.

Es war der Aschermittwoch. Dieser Zettel ohne Kopf und Stempel sollte ihm über ein Jahr als überaus fragwürdiger Ausweis dienen.

Für die geringe Anzahl von fünfzig Männern erwirkte die von den Sowjets ernannte Grubenleitung der Preußengrube eine Freistellung, um den Grubenbetrieb aufrecht erhalten zu können. Von diesen Männern fehlten nach wenigen Tagen siebzehn, die sich irgendwie aus dem Staube gemacht hatten.

Frauen und Mütter eilten immer wieder nach Beuthen und versuchten, ihren Söhnen und Männern Lebensmittel bzw. fertige Gerichte (Klöße, Kartoffeln usw.) zu übergeben, was nicht immer einfach war. War eine bestimmte Anzahl von Männern registriert, etwa eintausend, mussten sie auf immer unterschiedlichen Wegen und über verschiedene Orte von Beuthen aus mit ihrem Gepäck in das Sammellager Laband bei Gleiwitz marschieren. An einem späten Nachmittag im Februar bewegte sich ein solch langer Zug auf der Hindenburgstraße in diese Richtung. Frauen und Kinder, alte Männer standen an den Straßenrändern oder begleiteten die Männer am späten Nachmittag bis zum Waldrand. Dann hieß es Abschied nehmen. Die Männer durften nicht anhalten oder aus der Reihe gehen. Für sehr viele war es ein Abschied für immer. Mein Bruder und ich verabschiedeten uns von unserem Wohnungsnachbarn Erich B. aus der Fasaneriestraße 16. Auch er sollte nicht wiederkehren. Im März 1947 verstarb er in einem der Zwangsarbeiterlager im Donezbecken, ein Foto seiner Frau und seiner Kinder in den Händen haltend.

In Laband hatten die Sowjets – der günstigen Lage an der Bahn wegen – die neue, große und schöne Wohnsiedlung Waldenau beschlagnahmt, deren Bewohner auf die Straße gejagt und als zentrales Verschiebe-Lager für die Zivilinternierten eingerichtet. Um Platz zu schaffen, wurden die Möbel zum Teil einfach aus den Fenstern geworfen.

Bald wusste man in Mechtal, wohin die Männer gebracht worden waren. So machten sich einige Mechtaler Frauen im Februar auf den Weg nach Laband in der Hoffnung, Kontakt zu ihren Männern aufnehmen und ihnen Lebensmittel zukommen lassen zu können. Auf dem Rückweg kehrte eine Frauengruppe zufällig bei unserer Tante ein und bat um etwas zu Trinkbares. Im Gespräch stellte sich heraus, dass die Frauen aus Mechtal kamen und eine sogar in der Fasaneriestraße wohnte. Von ihnen erfuhr unsere Tante, dass wir alle überlebt hätten. Sie schrieb schnell einen Zettel, den ich noch besitze, mit einem Lebenszeichen an uns und gab den Frauen eine Kleinigkeit für uns mit. Wir waren über diese Nachricht natürlich sehr froh. Bereits im Februar 1945 begab ich mich mit diesen Frauen auf nicht immer ungefährlichen Wegen mit nach Laband, um von der Tante einige Lebensmittel zu holen. Da in Bobrek die Brücke gesprengt war, gingen wir von Mechtal aus an der ehemaligen Mariagrube vorbei bis nach Bobrek und stiegen dort in die Straßenbahn nach Hindenburg und Gleiwitz. Dieser Weg war zudem etwas sicherer, da man dadurch der Suche nach Arbeitskräften durch russische Soldaten in Beuthen entging. Die Fahrkarte wurde mit deutschem Geld bezahlt und kostete wie vor dem Einmarsch der Roten Armee 60 Reichspfennige. Eine solche »Reise« dauerte zwei Tage. Unterwegs wurde die Straßenbahn häufig von sowjetischen Soldaten angehalten, die Arbeitskräfte suchten. Dann waren die Frauen immer in Not. So oft ich dabei war, hatten wir jedesmal Glück. Von Gleiwitz aus ging es zu Fuß weiter. Wir kamen durch die weitgehend ausbrannte Wilhelmstraße, gingen an der Frauenklinik und am Botanischen Garten vorbei auf dem Klodnitzdamm entlang nach Laband. Am Ausgang von Gleiwitz befand sich am linken Rand des Klodnitz-Dammes ein mit einem Birkenkreuz und einem Helm geschmücktes deutsches Soldatengrab. In Neuweide (Niepaschütz) bog ich links zur Tante ab, die nur gut zweihundert Meter von der Klodnitz entfernt wohnte. Das Haus war im Gegensatz zu früher verschlossen. Ich klopfte und Tante war freudig überrascht, mich vor ihrer Tür zu sehen. Es gab ungemein viel zu erzählen. Die sowjetischen Soldaten hatten das allein stehende Haus häufig und intensiv geplündert. Onkel hatte gute Kleidung und andere wertvolle Gegenstände tief unter dem Stroh der Scheune und in einer Zwischenwand im Klosett versteckt. Die Russen hatten alles aufgespürt. Einmal hatte ein Russe den Onkel niedergeworfen, sich auf seinen Brustkorb gesetzt und ihm ein Messer an die Kehle gehalten, um noch mehr aus ihm herauszupressen. Ich dagegen schilderte, was wir in Mechtal an Grauenvollem erlebt hatten.

Die Frauen waren weitergegangen. Der Mann der Frau R. aus der Fasaneriestraße war Bäcker und als solcher außerhalb des Lagers in einer Bäckerei für das Lager tätig. Dort gaben sie die Lebensmittel für ihre Männer ab. Durch diese gelangten dann die Lebensmittel durch Männer, die das Brot für die Lagerinsassen abholten, ins Lager und zu den entsprechenden Internierten. Die Frauen fanden bei Leuten in der Nähe der Bäckerei oder in der Bäckerei ein Nachtquartier. Am frühen Nachmittag des nächsten Tages ging es zurück nach Mechtal. Ich hatte einen Rucksack voller Lebensmittel. Nachdem wir zwei oder drei Kilometer an der Klodnitz entlanggegangen waren, standen am anderen Ufer plötzlich sowjetische Soldaten. Sie forderten die Frauen auf, mit dem kleinen auf unserer Seite liegenden Boot zu ihnen rüber zu kommen. Neben dem Damm auf unserer Flussseite waren frische, mit Brettern befestigte Laufgräben ausgehoben worden. Die Front verlief zu dieser Zeit in nicht großer Entfernung bei Ratibor. Wir konnten unterwegs das entfernte Grollen der Artillerie hören. Daher auch diese Schutzmaßnahmen. So rannten wir vom Damm in die Laufgräben, um den Soldaten zu entkommen. Jeder lief in der Aufregung in irgendeine Richtung. Als ich wieder aufschaute, waren die Frauen nicht mehr da. Ich überlegte kurz, was zu tun sei: Zurück in das nahe Laband oder heim nach Mechtal? Ich entschied mich für Mechtal. Unterwegs traf ich eine alte Frau, die mir ihr Leid klagte und mir »neueste Nachrichten zur Kriegslage« mit auf den Weg gab. Unter anderem klagte sie, der »arme Führer« hätte einen Arm verloren. Allein marschierte ich bis zur Straßenbahnhaltestelle in Gleiwitz. Ohne Hindernisse gelangte ich nach Bobrek. Von dort ging ich an der Mariagrube vorbei nach Mechtal. Inzwischen war bereits die Sperrzeit eingetreten. Auf Umwegen, die sowjetische Kommandantur lag an der Hauptstraße, schlich ich mich bis in die Fasaneriestraße. Dort war die Aufregung groß. Meine Eltern hatten befürchtet, ich wäre von den Sowjets mitgenommen worden. Vater umarmte und drückte mich an sich. Von den bereits zurückgekommenen Frauen hatten sie erfahren, was unterwegs geschehen war. Trotzdem ging ich bei der nächsten Gelegenheit wieder mit nach Laband. Beim zweiten oder dritten Mal erlebte ich in Laband in aller Herrgottsfrühe das Schlachten eines erst wenige Tage alten Kälbchens. Bei dieser Gelegenheit aß ich zum ersten Mal gebratenes Kalbshirn. Etwas von dem Fleisch kam neben anderen Lebensmitteln in meinen Rucksack. Als sich die Gesamtsituation ein wenig beruhigt hatte, übernahm dann Vater diese Wege, auf denen ihn meist eins von uns Kindern begleitete.

Von Laband aus wurden die Männer in langen, aus Viehwagen zusammen gesetzten Zügen in wochenlanger Fahrt in die Weiten der Sowjetunion befördert. Bereits auf der Fahrt dorthin waren in fast jedem Waggon unterwegs bereits Tote zu beklagen. An irgendeinem Haltepunkt mussten die Leichen an den Bahndamm gelegt oder dort schnell verscharrt werden. Auch im Lager am Zielort waren die Verluste durch Krankheit und mangelnde Ernährung enorm hoch. Aus diesem Grunde wurden schon im Sommer und Herbst 1945 die ersten Internierten in die Heimat zurücktransportiert. Während der Heimfahrt oder kurz nach der Ankunft in der Heimat starben ebenfalls viele dieser Verschleppten. Die nach ihrer Rückkehr daheim verstorbenen ehemaligen Verschleppten hatten auf diese Weise das »Glück«, ihre Angehörigen noch einmal gesehen zu haben. Die Angehörigen wiederum hatten das Grab ihrer Lieben in ihrer Nähe. Aus Mechtal wurden etwa neunhundert bis neunhundertfünfzig Männer in die Sowjetunion verschleppt, von denen fast zwei Drittel dort umkamen.

In der zweiten Märzhälfte 1945 wurde an der Eisenbahnstrecke bei Borsigwerk ein etwa 13 x 11 cm großer Zettel gefunden und unmittelbar danach dem Adressaten ausgeliefert. Bekannte Mechtaler hatten ihn aus dem Zug geworfen, der sie in die Sowjetunion brachte. Auf diesem mit einem Bleistift geschriebenen Zettel war zu lesen: »Den Finder dieses Zettels bitten einige seit dem 17.2.1945 verhaftete Oberschlesier, an Lehrer Chrobok in Mechtal bei Beuthen, Schlageterstr. 1, zu senden, irgendwie und irgendwann. Gott lohne Sie dafür! Am 21.3. wurden wir in Richtung Osten verladen. Wir Mechtaler fühlen uns leidlich wohl und grüßen unsere Freunde und Verwandten daheim. A. Gal., Ed. Ha., Ri. Ci., H. Lud., W. Kal., A. Fal., J. Kuch., G. Fie., Ri. Kont.« (Bedeutung der Abkürzungen: Mittelschullehrer August Galuschka, Gemeindeinspektor Eduard Hayn, Rektor Richard Cibis (Schule III), Rektor Heinrich Ludwig (Schule II – kehrte später krank zurück und verstarb auf dem Weg zu seinen Kindern im Januar 1949 in Thüringen/SBZ), Gemeinde-Oberinspektor Wilhelm Kalus (gestorben in der Sowjetunion), Albert Falk, Gemeindeangestellter, Johann Kucharczyk, Bäckermeister, Georg Fiebach und Kaufmann Richard Kontny (gestorben in der Sowjetunion). Bei diesen Männern handelte es sich ausschließlich um verhaftete Parteigenossen. Ihrem Alter nach wären sie nicht interniert worden, da sie bereits das 50. Lebensjahr z.T. sogar weit überschritten hatten. Die Parteigenossen gingen nicht über das Lager Laband. Sie wurden vielmehr direkt vom Beuthener Gefängnis aus, dem zentralen

Auffanglager für alle oberschlesischen NSDAP-Mitglieder, in die Sowjetunion verbracht.

Ich besitze zwei Berichte bzw. Tagebuchaufzeichnungen von Mechtalern über diese Ereignisse. So berichtete mir ein Mitarbeiter der Gemeindeverwaltung Mechtal, Hans Sonsalla aus der Hindenburgstraße 8, über seine Erlebnisse von der Verschleppung bis zur Heimkehr. Darüber hinaus gab er mir einen schriftlichen Bericht über diese, seine »Reise«, in die Sowjetunion. Er wurde am 14. Februar 1945 in Beuthen für die Internierung registriert und musste nach einigen Tagen mit seinen Leidensgenossen über Bobrek und dann auf der Autobahn bis nach Gleiwitz marschieren. Nach einer Nachtpause ging es dann weiter nach Laband in das oben genannte Auffanglager. Nach entsprechenden Verhören wurden eine Reihe von Männern als Angehörige der Partei ausgesondert, darunter auch Hans S. Am 18. März 1945 marschierten diese dann über die Autobahn, Bobrek und Schomberg wieder nach Beuthen zurück, wo sie im Gerichtsgefängnis untergebracht wurden. Dort mussten sie sich noch einmal einer gründlichen Filzung unterziehen, während der sie ihrer letzten Habe entledigt wurden. Alle Mitglieder nationalsozialistischer Organisationen sollten auf diese Weise herausgefunden werden. Nicht überall waren den Sowjets die Mitgliederlisten der NSDAP in die Hände gefallen. Manches NSDAP-Mitglied hatte sich bereits zum Arbeitseinsatz (Internierung) gemeldet, bevor es an Ort und Stelle verhaftet werden konnte. Auch von den nicht Betroffenen suchten die Verhörenden irgendwelche Geständnisse herauszupressen. Schon dieser erste Abschnitt der Gefangenschaft ließ viele krank werden und forderte einzelne Todesopfer.

Am 3. April, am Osterdienstag, um 13.45 Uhr verließen sie in einem geschlossenem Zug unter schwerster Bewachung das Gerichtsgefängnis und marschierten über die Gartenstraße zum Beuthener Güterbahnhof. Dort stand ein sehr langer Zug mit 72 Waggons, in denen etwa 2.000 Männer und 260 Frauen zu je 42 bzw. 45 Personen je Wagen, die begleitenden Wachmannschaften, Verpflegung usw. untergebracht wurden. Um 16.10 Uhr setzte sich dieser Koloss von Zug in Richtung Osten in Bewegung, einem unbekannten Ziel entgegen. Tausende von Menschen standen zu beiden Seiten des Bahndamms. Sie weinten und schimpften. Helfen konnte kein Mensch. Kilometerweit war der Bahndamm durch sowjetisches Militär abgeschirmt. In den Waggons mussten sogar die Luftklappen verschlossen werden. Die Insassen kamen sich vor wie wilde Bestien. Wochenlang dauerte die Fahrt.

Hunger und Kälte lösten einander ab. Nicht einmal Wasser gab es genügend: Einen Viertelliter pro Tag. Die gleiche Menge gab es an warmer Nahrung, dazu ein Brot für fünf Mann. Nach einigen Tagen bereits begannen die ersten Männer und Frauen zu kränkeln. Bevor der Zug am 26. April 1945 sein Ziel in Kemerowo (Hauptlager Nr. 503) am Jenissej in Westsibirien erreichte, hatte der Waggon, in dem Hans Sonsalla war, bereits fünf Tote zu beklagen. Im gesamten Transport waren es 234 Tote, also etwa zehn Prozent aller Insassen. Gegen 23 Uhr waren die Männer und Frauen in dem für sie bestimmten Lager angekommen. Von jetzt an gab es keinen Tag ohne Tote. Fast zweieinhalb Kilometer vom Hauptlager entfernt lag der Massenfriedhof. Die Erde dort war bis zu 2,5 m tief gefroren. Das Hauptlager bestand aus vier Baracken für je 360 Mann, einer Baracke für 200 Mann, einer solchen für 240 Frauen und einer für etwa 100 Kranke (gemischt). Nach Ankündigung der Lager-Kommandantur sollten alle Ankömmlinge eine vierzehntägige Quarantänezeit zur Erholung und Eingewöhnung erhalten. Doch bereits am achten Tag begann die Lagerverwaltung mit Verschiebungen und Abkommandierungen: 120 Mann mußten nach Jaganowka, 100 Mann nach Komorowka in den Bergbau, 60 Mann in den Steinbruch und 320 Mann in eine Ziegelei.

Im Hauptlager Kemerowo war Hans S. vorwiegend mit dreiundzwanzig Mechtalern zusammen, von denen elf dort gestorben sind: Polizeimeister E. Bauch (†), K. Demarczyk (†), Möbelkaufmann Görlich (†), St. Golombek, V. Grutzka, Paul Joiko, Tagessteiger P. Kadlubski, Hausmeister I. Knefel, Gastwirt Konietzny (bereits auf der Fahrt in die Sowjetunion gestorben), Buchdrucker R. Kowoll, Baumeister K. Kupski (†), P. Moorbach (Moncziwoda), K. Peschke (†), Schlafhausverwalter J. Piontek, Eduard Pyras (†), Zahnarzt Dr. Schendera (†), Gemeindeangestellter M. Rother (†), Ehrenfried Skorzetz, Th. Tkotz, Frl. Trocha, Alois Wasserek (†), Kapellmeister H. Wiemtzek (†) und der Zigarrenkaufmann R. Wyppler.

Ende Juni 1945 mussten drei Baracken geräumt werden, um für 1.600 deutsche Kriegsgefangene Platz zu machen. Das Lager sollte vergrößert werden. Die Zivilinternierten führten die Schachtarbeiten für neue Baracken aus, beendeten ihren Bau aber nicht mehr. Sehr viele der zivilen Leidensgenossen waren krank. Die noch transportfähigen Zivilinternierten wurden am 19. Oktober 1945 im Teillager Jaganowka in Waggons verladen. Am 20. Oktober fuhr der Zug in Richtung Westen los. Daran hatte niemand mehr geglaubt. Nach vierzigtägigem Waggonaufenthalt gelangte der Zug mit den »Rückkehrern« am 28. November 1945 in Frankfurt/Oder an. Nach Registrierung und nach Aushändigung eines sowjetischen Ausweises ging es am 30.11.1945 weiter in ein Lager nach Brandenburg. Dort sollten die Heimkehrer erfahren, wo sich ihre Angehörigen befinden. Doch das geschah nicht. In Brandenburg hieß es, dass es weiter nach Mecklenburg gehen solle. Die Männer waren bereits in den Waggons. Da stiegen Hans S. und einige seiner Leidensgenossen aus und begaben sich in die Umgebung von Berlin. Ihren täglichen Lebensunterhalt erbettelten sie sich. Unterwegs erfuhren sie, dass Oberschlesien von den Polen übernommen worden sei. Da sie aber zu ihren Angehörigen nach Mechtal zurück wollten, mussten sie ein polnisches Konsulat aufsuchen. Durch Zufall hörten sie von der Existenz einer polnischen Militärmission in Berlin-Zehlendorf. Am 19.12.1945 ließen sie sich dort eintragen und konnten am Abend des 20.12.1945 in Berlin-Kaulsdorf einen Zug in Richtung Posen besteigen, wo sie am 21.12.1945 ankamen. Nach Erledigung aller Formalitäten bei den polnischen Behörden für »Repatrianten« konnten sie heimfahren. Hans S. kam am 23.12.1945 glücklich, aber mit gemischten Gefühlen wieder im jetzt Miechowice genannten Mechtal an. Die polnische Miliz schikanierte ihn unmittelbar nach seiner Rückkehr und in den Wochen danach auf schlimmste Weise. Nach den ersten Entlassungswellen nach Deutschland oder in die oberschlesische Heimat zogen sich die weiteren Rücktransporte in oft langen Abständen durch die Jahre 1946, 1947, 1948 bis zu den letzten im Jahre 1949. Bis zu vier Jahren Zwangsarbeit also haben unzählige deutsche Zivilisten in der UdSSR leisten müssen. Von den rund 218.000 Zwangsverschleppten haben mindestens 125.000 während dieser Zeit ihr Leben in der Sowjetunion gelassen.

Ein anderer Internierter, der bekannte und beliebte Mechtaler Arzt Dr. Hans Sliwka (* 2.4.1899 – † 9./10.6.1945), Klosterstraße 8, führte heimlich Tagebuch über seine Erlebnisse. Danach wurde er, der als einziger Arzt seit dem Januar 1945 die Mechtaler medizinisch versorgt hatte, am Donnerstag, dem 12. April 1945, morgens um 8.30 Uhr während des Frühstücks aus seiner Wohnung von dem Mechtaler Sowjethelfer Slotta abgeholt und zur Kommandantur gebracht. Dort erfolgte sofort eine Vernehmung. Anschließend wurde in Gegenwart von Dr. Sliwka eine Durchsuchung seiner Wohnung, seines Kellers und seiner Garage durch einen sowjetischen Offizier, einen Dolmetscher und durch die beiden Mechtaler Slotta und Ludziarcek, die deutschen Handlanger der Sowjets, durchgeführt. Anschließend erfolgte eine Durchsuchung der Apotheke in der Hindenburgstraße. Von dort aus ging es wieder zur Kommandantur, wo drei weitere Mechtaler gefangen gehalten wurden. Am 13.4.1945 erhielt Dr. S. früh am Morgen Besuch von seiner Mutter und von der Frau des Apothekers Pospiech. Unmittelbar darauf wurde er und die drei Mitgefangenen von einem Offizier nach Beuthen ins Gerichtsgefängnis gebracht. In der Zelle 77 verbrachte er die Tage bis zum 17. April 1945. Zur ersten Vernehmung wurde er am 14. April geholt. Sein Bein war verbunden und er gebrauchte eine Krücke. Allem Anschein nach muss Dr. S. von den Russen geschlagen oder getreten worden sein. Nach dem Verhör holte ihn ein Posten zu den Kranken, für die er einige Rezepte aufschrieb. In den Zellen und im Schulsaal traf er viele Mechtaler und zahlreiche bekannte Beuthener. Am 16. April erlebte er die ersten Sterbenden. Dieser Tag war zugleich der 14. Geburtstag seines ältesten Sohnes. Am 17., einem Dienstag, wurde morgens um 6 Uhr eine große Zahl Gefangener, darunter Dr. S., zum Beuthener Bahnhof gebracht und in Viehwagen verladen. Zufällig fiel mir der Bericht eines Mannes aus dem Kreis Neiße in die Hände, der ebenfalls im Beuthener Gerichtsgefängnis eingesperrt war und mit dem gleichen Zug am 17. April 1945 in Richtung Osten fuhr. Nach seinen Aussagen umfasste der Zug 1.000 Männer und 600 Frauen. Am 15.4. war von Beuthen aus ebenfalls ein Transport mit 2.300 Internierten nach Tscheljabinsk abgegangen, von denen 45 unterwegs verstorben sind. Gegen 7.30 Uhr begann die Fahrt ins Ungewisse über Kattowitz, Krakau, Kiew, Woronesch, Orel und Kursk. Am 6. Mai 1945, einem Sonntag, war Kopeisk, wenige Kilometer südlich von Tscheljabinsk im südlichen Ural, etwa 50 km von der europäischen Grenze entfernt, das Ziel dieses Zuges, erreicht. Nach dem Bericht des Verschleppten aus Neiße starben während dieser dreiwöchigen Fahrt etwa 50 Personen. Ihre Leichen wurden unterwegs beim Halten des Zuges am Bahndamm notdürftig verscharrt. Die letzte Nacht im Zug war sehr kalt gewesen. Nach der Ankunft im Lager wurden alle Männer und Frauen ärztlich untersucht und nach Gruppen 1 bis 4 eingeteilt. Die Kräftigen, Männer und Frauen, mussten in die Bergwerke, die übrigen wurden zur Landarbeit oder zu Arbeiten innerhalb des neu errichteten Lagers Kopeisk herangezogen. In diesem und auch in anderen Lagern schikanierten besonders Polen und Tschechen die deutschen Lagerinsassen.

Dr. S. hatte eine schwere Angina. Nach Stunden wurden die Kranken endlich ausgeladen und in einen unsauberen Krankenraum gebracht. Herr F. aus Mechtal war bereits schwer krank. Eine nette russische Ärztin empfing sie. Es gab Tabak und etwas zu essen. Am folgenden Tag, nach einem leidlichen Schlaf, wurde um 6 Uhr aufgestanden. Die Kranken waren durchweg sehr schwach. Es standen keinerlei Medikamente für sie zur Verfügung. Das Fleckfieber war weit verbreitet. Um 10 Uhr verstarb Herr F. aus Mechtal. Gegen 11 Uhr hieß es: »Alle zum Entlausen und Rasieren in die Sauna«. Mehrere Stunden vergingen bei großer Kälte, bis sie endlich dran waren. Am Dienstag gab es nach einem wiederum leidlichen Schlaf Grießbrei und Kaffee. Danach hatte Dr. S. Sprechstunde in der Baracke 3. Während dieser traf er viele Bekannte, auch aus Mechtal. Es gab den Tag über viel zu tun.

Am 9. 5. 1945 schrieb er: »Der Krieg soll zu Ende sein! Nachts viel gehustet – Asthma. Aussicht auf Heimkehr sehr klein.« Und am Sonnabend, dem 9. Juni 1945, erfolgte seine letzte Eintragung: »Leidlich geschlafen. Draußen kalt. Essen nicht besonders. Asthma. Meine arme Frau, meine vier Kinder«. Zu unbekannter Stunde in der Nacht vom 9. zum 10. Juni 1945 verstarb Dr. med. Hans S. in diesem Lager. Die russische Ärztin und eine deutsche Krankenschwester waren an seinem Sterbebett. Die Ärztin hatte ihm zuvor noch eine Spritze gegeben. Der deutschen Krankenschwester gelang es, die Tagebuchaufzeichnungen und eine Totenliste, die Dr. Sliwka angefertigt hatte, aus der Sowjetunion herauszubringen. Das war – wurde jemand dabei erwischt – in den Augen der Sowjets ein Kapitalverbrechen. Nach ihrer Rückkehr aus der Sowjetunion brachte sie diese Unterlagen zur Ärztekammer in Berlin. Von dort erhielt Frau S. im Jahre 1947, nachdem man ihren damaligen Wohnort Grimma in Sachsen ausfindig gemacht hatte, die Todesnachricht, die Tagebucheintragungen und die Totenliste. Letztere übergab sie dem Suchdienst. Die Mutter von Herrn Dr. S. erhielt die Nachricht vom Tode ihres Sohnes wohl von einem frühen Heimkehrer bereits im Sommer oder Spätsommer 1945 in Mechtal. Unmittelbar danach verstarb sie plötzlich. Ich sah sie damals aufgebahrt in der Friedhofskapelle bei der Kreuzkirche.

Alle im Zusammenhang mit der Verschleppung stehenden Vorgänge brachten den betroffenen Menschen in Mechtal und Oberschlesien erneut unsägliches Leid. Es begann mit der Trennung von den Familienangehörigen und der Ungewissheit nach dem Ziel im »rückwärtigen Frontgebiet«. Es folgte der Aufenthalt in den Meldelagern, die langen Märsche in die zentralen Sammellager, die dabei erduldeten Drangsalierungen durch das bewachende Militär und die ständigen Verhöre, denen die gefangenen Menschen an jedem neuen Aufenthaltsort ausgesetzt waren.

Schwerer und verlustreicher war der Weg in die UdSSR. An den Hauptverladestationen in der Nähe der zentralen Lager wurden in regelmäßigen Abständen Transporte mit etwa 2.000 Personen zusammengestellt. Drei bis sechs Wochen dauerte die Fahrt an die Zielorte in der Sowjetunion. Die Versorgung mit Nahrungsmitteln und Wasser unterwegs war völlig unzureichend. Jegliche sanitären Einrichtungen fehlten. Im Februar und März wirkte sich auch die noch vorherrschende große Kälte verheerend auf die Menschen aus. Darum war die Sterblichkeit unterwegs verhältnismäßig hoch. Das letzte Stadium waren die Arbeitslager, denen die Deportierten zugeleitet wurden. Sie lagen über fast die ganze Sowjetunion verteilt. Die meisten der Lager befanden sich in den großen Industriegebieten am Donez, am Don und am Ural. Manche waren nur mit einigen hundert Gefangenen belegt, andere mit mehreren tausend. Die Strapazen des langen Transportes hatten die Zivilinternierten völlig erschöpft. Sie bedurften nach ihrer Ankunft einige Wochen der Ruhe, um sich wieder zu erholen. In den sowjetischen Arbeitslagern hörten gewöhnlich die Quälereien durch die Wachmannschaften auf. Meist wurde ihnen eine gewisse Zeit der Quarantäne zugesagt. Doch in der Regel wurden die Verschleppten schon nach etwa einer Woche zu schwerer, ja schwerster körperlicher Arbeit gezwungen. Sie mussten in den Waldgebieten Nordrusslands und des Ural Bäume fällen, zersägen und aufschichten, Erd- und Torfarbeiten leisten, in überlangen Schichten unter Tage Kohle und Erz fördern, schwere Verlade- und Transportarbeiten durchführen, in Fabriken, Ziegeleien, Steinbrüchen und beim Straßen- oder Gleisbau arbeiten. Im Sommer wurden sie oft in den Kolchosen und Sowchosen eingesetzt. Die Arbeitszeit betrug zwölf und oft mehr Stunden täglich. Auch das sowjetische Leistungs- und Normprinzip spielte eine verhängnisvolle Rolle. Um etwas mehr an Lebensmitteln zu erhalten, da sie von der normalen Ration nicht leben konnten, versuchten die Internierten häufig, ihr Soll zu überbieten. Solche regelmäßigen Übersollerfüllungen bedeuteten nicht nur eine Auszehrung der Arbeitskraft, sondern führten zu einer Normerhöhung, also einer weiteren Ausbeutung ihrer Arbeitskraft. Während die dieses System kennenden russischen Arbeiter, sich davon kaum mehr antreiben ließen, fielen viele Deutsche diesem ausgeklügelten System zum Opfer. Dies, die absolut unzureichende Verpflegung und die unhygienischen Verhältnisse in den Lagern führten zu immer mehr Krankheits- und Sterbefällen. Da nutzten auch die in der Regel anerkennenswerten Bemühungen der russischen Ärzte wegen des völligen Mangels an entsprechenden Medikamenten nichts. Zudem wurden Lager mit Zivilisten in der Sowjetunion in der Regel ganz allgemein als Straf- oder Besserungslager angesehen. Dadurch waren die verschleppten deutschen Zivilpersonen wesentlich schlechter gestellt als etwa die deutschen Kriegsgefangenen. Die weitaus meisten Verluste unter den verschleppten Deutschen fielen in die Zeit vom Frühjahr bis zum Herbst/Winter 1945.

Jahrzehnte hindurch wurde hinter dem Eisernen Vorhang über die Verbrechen an der deutschen Zivilbevölkerung und über die Massendeportationen deutscher Jugendlicher, Frauen und Männer geschwiegen. In Mechtal wurde z. B. 1969 das Massengrab der im Januar 1945 erschossenen Deutschen beseitigt, um lästige Fragen nach dem »Warum?« nicht mehr aufkommen zu lassen. Bei dieser Gelegenheit wurde auch die sowjetische Gefallenenanlage neben dem Massengrab der Deutschen entfernt. Erst in den Jahren nach 1980 begann man in Polen kommentarlos die Namen der in die Sowjetunion verschleppten Menschen aus Oberschlesien in einer Zeitung unter dem Titel »Lista Górników Wywiezionych do ZSRR« (»Liste verschleppter Bergarbeiter in die UdSSR«), zu veröffentlichen. Im Untertitel heißt es: »Verzeichnis der polnischen Bürger (!) – verschleppter Bergarbeiter aus dem Bereich Oberschlesiens und des Oppelner Schlesiens zu Beginn des Jahres 1945 in die UdSSR«. Diese Listen weisen nach mir vorliegenden Unterlagen 9.875 Namen auf. Das sind sicher längst nicht die Namen aller aus diesen Gebieten verschleppten Menschen.

Zum Gedenken an aller Mechtaler Opfer aus dem Jahr 1945 tragen heute die ehemalige Hindenburg- und Martinauer Straße, von 1945 bis 1993 »Straße-der-Roten-Armee«, den Namen eines der deutschen Opfer. Sie heißt ul. Ks. Jana Frenzla, d. h. Kaplan-Johannes-Frenzel-Straße. In der Friedhofskapelle wurde 1993 zur Erinnerung an den Januar 1945 eine Tafel in deutscher und polnischer Sprache mit nachstehendem Text angebracht:

»Zum Gedenken an Kaplan Johannes Frenzel und Hunderte Miechowitzer, die im Jahre 1945 durch die Sowjetarmee ermordet wurden.«

Leider wurden auf dieser Tafel nicht auch die in die Sowjetunion verschleppten und dort verstorbenen Hunderte von Frauen und Männern erwähnt. Ein grobes Versäumnis! Auch diese Männer und Frauen sind Opfer brutaler und menschenverachtender Siegerwillkür.

Vor geraumer Zeit wurde zu Recht immer wieder nach Wiedergutmachung an zu Unrecht zur Arbeitsleistung in fremde Länder verschleppte Menschen gerufen und dafür an Verhandlungstischen verbissen gekämpft. Bedauerlicherweise werden die auch zu diesen Menschen zählenden ehemaligen deutschen Zwangsarbeiter in der Sowjetunion dabei nicht einmal erwähnt.

Nachdem das Gros aller arbeitsfähigen Männer in die Sowjetunion verschleppt worden war, benötigte die sowjetische Besatzungsmacht ständig neue Arbeitskräfte zur Demontage der verschiedensten Fabrikanlagen. So holten sie nun Frauen und Jugendliche, oft auch alte Männer zu diesen Arbeiten heran, zur Demontage des modernen Mechtaler Kraftwerkes und der Chemiewerke um Heydebreck-Blechhammer.

Frauen demontieren das moderne Mechtaler Kraftwerk im Frühjahr 1945

In unmittelbarer Umgebung der Preußengrube stand eines der modernsten Kohlekraftwerke Europas, das Mechtaler Kraftwerk. Am 13. März 1945, einen knappen Monat nach der Internierung aller Männer im Alter von 17 bis 50 Jahren, begannen die Sowjets mit der Demontage dieses Kraftwerkes. Ein Schreckenstag auch für die Preußengrube! Diese benötigte dringend Strom für die Wasserpumpen, um des Wassers in den verschiedenen Sohlen der Grube Herr zu werden, sollte das Bergwerk funktionstüchtig bleiben. Auch für die Region bedeutete dieser Akt einen immensen Verlust. Da es an männlichen Arbeitskräften mangelte, wurden einfach die Mechtaler Frauen, aber auch ältere Männer für diese Arbeiten herangezogen. Sie hatten sich unter Androhung von Strafen vor dem Rathaus einzufinden. Aus Furcht vor Repressalien und aufgrund gewohnter deutscher Disziplin folgten die Betroffenen diesem Aufruf. Darunter befand sich auch die damals 18-jährige Gertrud. Bis zum 19. Januar 1945 war sie bei der Firma »Ostbau« in Karf beschäftigt. Ein Komitee empfing vor dem Rathaus alle erschienen Frauen und trieb sie wie eine Schafherde zum Kraftwerk. Die meisten Frauen sahen diese Anlage zum ersten Mal bewusst. In einem Büro erfolgte die namentliche Erfassung aller Anwesenden und die Einteilung in Brigaden zu je sechzehn Frauen. Gertrud erhielt zudem ein Heft und den Auftrag, jeden Morgen die Anwesenheit aller Frauen ihrer Gruppe festzustellen und dies im Büro zu melden. Gearbeitet wurde in zwei Schichten: Von 6 Uhr morgens bis 18 Uhr am Abend und von 18 bis 6 Uhr am Morgen. Ihrer Gruppe wurde das Kesselhaus als Arbeitsplatz zugewiesen, wo sie für den Transport der demontierten Teile zuständig war, einer sehr schweren Arbeit. An ihrer Seite arbeiteten sowjetische Soldaten in schäbigen, armseligen Uniformen. Sie gehörten wohl einer Genesungskompanie an. Viele von ihnen hinkten, waren pockennarbig oder auch regelrecht krank. Diese Russen mussten die Kessel mit Hilfe von Schweißbrennern auseinander schneiden. Alle Einzelteile wurden beschriftet und von der Frauenbrigade auf die Waggons verladen. Die Arbeiten erfolgten unter russischer Bewachung und unter meist ungünstigsten und vor allem gefährlichen Bedingungen. Um die Teile abtransportieren zu können, mussten zunächst bestimmte Gleisanlagen auf die russische Breitspur umgesetzt werden. In Bereichen der Kohlegruben war dies bereits unmittelbar nach dem Einzug der Sowjets zum Abtransport der auf den Halden gelagerten Steinkohlen geschehen.

Da Treppen und Absätze aus Gittern bestanden, konnte man bis ins obere Stockwerk sehen und umgekehrt. Die russischen Soldaten arbeiteten im oberen Geschoss und waren vorwiegend mit Schweißarbeiten betraut. Manchmal fiel ein Hammer oder Meißel herunter, manchmal standen die Russen in Gruppen zusammen und pinkelten unter Gelächter auf die Frauen hinab. Immer wieder ertönten auch die Rufe: »Panienka, komm schlafen gehn!«. Die Frauen hielten sich aus Vorsicht immer in Gruppen auf und blieben den Russen möglichst fern. Später taten ihnen diese Männer leid, weil sie von ihren Offizieren äußerst schlecht und wie Strafgefangene behandelt worden sind.

Die Arbeiten schritten voran und es wurde langsam Sommer. Gertrud bediente inzwischen einen Aufzug mit riesigen Trommeln. Die demontierten Teile mussten zunächst befestigt und dann nach unten befördert werden. Ein russischer Soldat gab stets das Zeichen: Nach oben oder nach unten. Häufig flog ein schlecht gesichertes Teil nach unten. Einer Freundin von Gertrud fiel bei einer solchen Gelegenheit ein schwerer Eisenhaken auf den Fuß. Das Mädchen war ohnmächtig vor Schmerzen. Einen Sanitäter oder Arzt gab es nicht. So brachten zwei Frauen die Verletzte nach Hause in die Feldstraße. In einer anderen Abteilung mussten die Mädchen eine Mauer an zwei Seiten durchtrennen, da die demontierten Teile zu groß waren und nicht durch die vorhandenen Öffnungen passten. Als die Mauer fast durchbrochen war, arbeitete Agnes J. aus der Kuhnastraße noch beim letzten Mauerabschnitt. Ohne eine Vorwarnung brachten die Russen die Mauer zum Einsturz. Agnes wurde von der umstürzenden Mauer erschlagen. Die beteiligten Russen zimmerten eine Trage aus Holz und legten die tote Agnes, so verkrümmt wie sie da lag, darauf. Zwei Soldaten brachten die Tote in die Kuhnastraße, legten sie mit der Trage in die Küche ihrer Mutter ab und verschwanden. Einzig wichtig für die Sowjets war, dass die Arbeit voran ging.

Verheerend war das Fehlen von Toiletten und Waschgelegenheiten. Jeder ging irgendwo ins Gebüsch. Und man musste sehr darauf achten, nicht in einen der unzähligen Haufen zu treten. Den russischen Soldaten machte es nichts aus, in aller Öffentlichkeit ihre Notdurft zu verrichten. Diese Zustände waren ekelhaft.

Zur Verpflegung der vielen arbeitenden Frauen und Männer war eine Suppenküche eingerichtet worden. In ihr arbeiteten privilegierte Frauen, in der Regel Bekannte des Leitungskomitees. So auch eine Frau K., die sich mit ihrem Mann in einer verlassenen Wohnung in der Fasaneriestraße 16 eingenistet hatte. Sie zählte zu den Menschen, die immer auf der »richtigen« Seite standen. Gern zeigte sie Mechtaler bei der Miliz an, bestahl Hausbewohner und gab sich als große Polin aus. Jeden Tag nach Schichtende brachte sie zwei Kannen voller Suppe heim. Gegen 13 Uhr heulte eine Sirene auf. Das war das Zeichen zum Essen. Die Demontagearbeiterinnen stellten sich mit ihrem mitgebrachten Essgeschirr an der Ausgabestelle der Küche an. Es gab eine Kartoffelsuppe mit etwas Fleisch, 300 g Brot und einen Löffel voll braunen Zuckers. Manche Frauen behielten davon noch etwas für ihre Kinder oder Angehörigen übrig. Besonders betroffen waren die Mütter von kleineren Kindern, die den ganzen Tag, oft hungrig, auf die Heimkehr ihrer Mutter warten mussten. Gertrud N. machte abwechselnd hinter den Namen dieser Mütter ein Anwesenheitszeichen, obwohl sie nicht bei der Arbeit waren. Das war eine gefährliche Angelegenheit. Sie hatte immer eine Heidenangst dabei. Es gab natürlich auch eine Anzahl von Mechtalerinnen, die irgendwann geschlachtet hatten und mit den schönsten und duftenden Broten zur Arbeit erschienen, so dass den anderen Frauen das Wasser im Munde zusammen lief. Ende Juli waren die Demontagearbeiten abgeschlossen. Alle Arbeitenden mussten sich vor dem ehemaligen Werk versammeln und wurden der polnischen Kommandantur übergeben, von deren Leitern sie nach Hause entlassen worden sind. Für die Frauen war das eine Erlösung nach den langen und qualvollen Monaten. Eine Reihe von Mädchen allerdings fuhr danach freiwillig mit den Russen nach Breslau, um dort bei der Demontage anderer Werke mitzuwirken. Ob das Mechtaler Kraftwerk in der Sowjetunion je wieder aufgebaut worden ist, weiß niemand. Häufig kam es nach Berichten von Heimkehrern aus der Sowjetunion vor, dass ganze Zugladungen demontierter Werke irgendwo an den Bahndämmen lagen und verrosteten. Irgendwann begannen die Polen das Kraftwerk wieder aufzubauen. 1953 erfolgte die Inbetriebnahme des neuen Mechtaler, nun Miechowicer Kraftwerkes, das weitgehend dem demontierten alten Werk glich. Schweizer, schwedische und tschechoslowakische Firmen waren maßgeblich an der Wiedererrichtung beteiligt.

Jugendliche und Frauen mussten von April bis August 1945 die Chemiewerke in Heydebreck-Blechhammer demontieren

Der gewaltsame Tod Hunderter Mechtaler Männer und die Verschleppung von knapp tausend Männern aus Mechtal hatte den Ort fast männerlos gemacht. Die Preußengrube benötigte dringend Arbeitskräfte. Und im April wurden erneut Kräfte, diesmal für die Demontage der Chemiewerke in Heydebreck (bis 1934: Kandrzin)-Blechhammer benötigt. Jede Ortskommandantur hatte ein bestimmtes Kontingent an Arbeitskräften zu stellen. Im gesamten oberschlesischen Industriegebiet wurde nach noch einsetzbaren arbeitsfähigen Menschen gesucht. Dies war in Mechtal und anderswo aus den oben genannten Gründen besonders schwierig, wo es nur noch Jungen im Alter bis zu 16 Jahren und die restlichen noch arbeitsfähigen Frauen gab. Sie wurden nun zu den Demontagearbeiten in den o. g. Orten aufgerufen. Bei den Frauen griffen die Sowjets u. a. auch auf solche zurück, die in der NS-Frauenschaft oder in anderen Nazi-Organisationen aktiv tätig gewesen sind. Falls diese Frauen nicht arbeitsfähig waren oder noch kleine Kinder zu versorgen hatten, musste ein Sohn einspringen, sofern es einen im entsprechenden und evtl. arbeitsfähigen Alter gab. Meist waren es die noch nicht vierzehnjährigen Jungen. Kräftig gebaute Mädchen galten als Frauen und mussten ebenfalls mit. Da sich aufgrund der Plakataufrufe nur wenige Arbeitskräfte meldeten, schickten die Sowjets ihre deutschen Helfeshelfer los, um die entsprechende Anzahl zusammen zu bringen. Einer dieser Männer war ein gewisser L., der den Sowjets gleich nach ihrem Einmarsch bereits viele Mechtaler ans Messer geliefert hatte. Er bezeichnete sich als Kommunist, versuchte zunächst in der Gemeinde mitzuwirken und wollte sich auch bei der neuen polnischen Verwaltung beliebt machen. So ging er beispielsweise in die Häuser und drängte die Menschen, mehr zu arbeiten, die Bauern, mehr zu erzeugen und größere Abgaben an landwirtschaftlichen Produkten zu leisten. Da er allerdings zu »intelligent« war, schob man ihn bei der Gemeinde bald wieder ab. Er war, wie ihn ein Mechtaler charakterisierte, »dummschlau« und ein großer Wichtigtuer. Gern gesellte er sich überall dorthin, wo Menschen in Gruppen zusammen standen, um herauszufinden, worüber sie redeten. Damals reichte jede Anzeige für die Behörden zu irgendwelchen Strafmaßnahmen. Bewiesen werden musste zu dieser Zeit nichts. Die Mechtaler hatten seine Art, etwas in Erfahrung bringen zu wollen, schnell raus. Gesellte er sich zu einer Gruppe, war äußerste Vorsicht geboten. Die dort stehenden Leute verließen augenblicklich die Runde. Er war aus diesem Grunde eine der unbeliebtesten und zweifelhaftesten Personen in Mechtal. Solche Menschen, die damals ihre Stunde gekommen sahen, gab es viele in Mechtal. Nach unrühmlichen Zwischenstationen landete er auf der Preußengrube. Dort bekam er, bei der Arbeit übrigens als großer Drückeberger bekannt, lediglich eine seinem Können entsprechende Hilfsarbeiterstelle.

Einer dieser Jungen, die nach Blechhammer mussten, war Hans. Als er am 11. oder 12. April auf der Hindenburgstraße nach Hause ging, musste er am Rathaus vorbei. Vor der Hofeinfahrt desselben standen zwei Sowjetsoldaten mit Maschinenpistolen. Hans blieb angesichts der beiden Soldaten stehen und überlegte, ob er umkehren und auf Umwegen nach Hause gehen sollte. Er schaute sich den einen der Russen an. Da er ihm sympathisch erschien und gerade dabei war, sich eine neu gedrehte Zigarette mit dem Stummel der alten anzuzünden. »Jetzt kommst du durch!«, dachte er. Doch das war ein Fehlschluss. Der Soldat ließ seinen Zigarettenstummel fallen und drückte Hans mit der Maschinenpistole in die Einfahrt zum Rathaushof. Sofort wurde er von anderen Soldaten in Empfang genommen und zu der auf dem Hof bereits wartenden Menge gebracht, die ebenfalls auf diese oder eine andere Art eingefangen worden waren. Gegen Abend mussten sie Lkws besteigen. Unter sowjetischer Bewachung ging es dann los nach Blechhammer. Hans dachte an den Kummer seiner Mutter, wenn er am Abend nicht nach Hause gekommen war. Sein Vater war im Februar mit unzähligen anderen Männern in die Sowjetunion verschleppt worden. Die Mutter war nun allein mit den jüngeren Geschwistern. Am anderen Morgen erfuhr sie dann von anderen Menschen, was geschehen war. Diese Art, Menschen für irgendwelche Arbeitseinsätze zu finden, war eine sehr beliebte sowjetische Vorgehensweise. In Blechhammer wurden die so zur Demontage entführten Jungen, Mädchen und Frauen in einem früheren Gefangenenlager aus Holzbaracken untergebracht, deren Einrichtung bereits sehr morsch war. In jedem Raum der Baracke mussten 14 bis 16 Jungen oder Frauen zusammen leben. Die Jungen hatten zunächst die Barackenstuben zu reinigen und in Ordnung zu bringen. Alle Mechtaler Jungen waren in einer Baracke untergebracht. Sie waren 13 bis 16 Jahre alt. Der Jüngste, Max aus der Hindenburgstraße, war erst 13 Jahre alt. Da seine Mutter kranke Füße hatte, musste er mit.

Im Lager trafen sie auf Menschen aus Martinau, Groß Strehlitz, Gleiwitz und aus vielen anderen Orten Oberschlesiens. Eine größere Anzahl von ihnen türmte während der ersten Wochen erfolgreich aus dem Lager.

Morgens um sechs Uhr wurden die Lagerinsassen von einem Sowjetsoldaten, der die Tür des Schlafraumes mit einem Gewehrkolben aufstieß, mit »Dawaj, dawaj!« (»Schnell, schnell!«) aus den »Betten« gejagt. Meist wütete der Wächter, da fast immer einige »Haufen« auf dem Flur lagen. Niemand durfte die Baracke verlassen. Der Kübel mit der Suppe und das Brot wurde schnell geholt. Kaum hatten die Jungen mit dem Essen begonnen, kam auch schon der Befehl: »Antreten!« Die Suppe wurde stehen gelassen, das Brot mitgenommen. Nun folgten die langwierigen Zählappelle. Die sowjetischen Soldaten hatten mit dem Zählen immer ihre Schwierigkeiten. Sie lasen die Namen von einer Liste vor. Dabei wurden natürlich auch die Namen von Geflüchteten vorgelesen, so dass die Zahlen oft nicht stimmten. Das Zählen begann erneut, nun aber mit der Hand. Die Ergebnisse waren immer unterschiedlich und die Zählerei wiederholte sich. Das war am Abend schlimmer, da dann meist wieder einige Insassen des Lagers fehlten. Dadurch verzögerte sich leider der Rückmarsch ins Lager. Die sowjetischen Wächter drohten wegen der Geflüchteten: »Morgen alles erschossen!« Es geschah natürlich nichts. Nur am Morgen begann wiederum das leidliche und unendlich lange Zählen. Einmal, als acht Jungen fehlten, wurden die übrigen bestraft. Einige von ihnen mussten Löcher graben und das Abendessen in diese hineinschütten. Ohne Abendessen sollte es also ins »Bett« gehen. Die Jungen allerdings hatten für schlechte Zeiten vorgesorgt und einen Teil ihres Brotes getrocknet und aufbewahrt, so dass ihnen diese Strafe nichts ausmachte. Das getrocknete Brot wurde christlich geteilt. Jeder bekam einen gleich großen Anteil. Am anderen Morgen gab es wieder Suppe und trockenes Brot. Nach Aussagen der Betroffenen war die Verpflegung unter den damaligen Verhältnissen recht gut: Dreimal am Tag gab es eine Suppe und ein Stück Brot. Mittags war in der Suppe regelmäßig ein Stück Fleisch. Dazu gab es einen Esslöffel voll braunen Zuckers. Verteiler des Essens in der Stube war ein vom sowjetischen Bewacher eingesetzter sechzehnjähriger Mechtaler, der sogenannte Stubenälteste. Die Jungen forderten bei der Essensausgabe immer »Dickes«. Als dem Verteiler einmal wegen des vielen Geschreis der Kragen platzte, verpasste er einem die hartnäckigsten Forderer eine saftige Ohrfeige, die dessen Backe anschwellen ließ. Sofort setzte Ruhe ein. Zu trinken gab es abgekochtes Wasser, das von zwei Frauen vorbereitet wurde. Die Frauen waren nicht in der Lage, dem Bedarf der Jungen an Wasser gerecht zu werden. Darum tranken viele Lagerinsassen auch Wasser aus Leitungen, die mit »Kein Trinkwasser« gekennzeichnet waren. Das führte zu vielen Krankheitsfällen. Hans und andere deckten ihren Flüssigkeitsbedarf durchweg mit ihrer Suppe.

Viele Erwachsene erkrankten an Bauchtyphus und wurden in nahe Krankenhäuser gebracht. Die Jungen waren meist widerstandsfähiger. Nur Gerhard K. aus der Baracke der Mechtaler Jungen, Sohn des Bäckermeisters K. an der Ecke Stillersfelder- und Fasaneriestraße, starb in einem Coseler Krankenhaus an einer sich im Lager zugezogenen Infektionskrankheit.

Oft bettelten die Jungen ihre sowjetischen Bewacher um Machorka (Tabak) an und hatten dabei gelegentlich Erfolg. Von den Soldaten konnte kaum jemand etwas mehr als einige Wörter deutsch sprechen. Nach dem morgendlichen Zählappell erfolgte unter Bewachung durch sowjetische Soldaten der halbstündige Marsch ins Chemiewerk. Als Bewacher hatte die Gruppe der Mechtaler Jungen während der Arbeitszeit einen fahnenflüchtigen Österreicher von großer Gestalt. Er hieß Johann, von den Russen einfach Iwan genannt, gab sich als Kommunist aus und trug eine sowjetische Uniform. Nach der Ankunft im Werk warteten die Jungen, bis er erschien und sie zur Arbeit einteilte. Diese begann zwischen 7.30 und 8.00 Uhr. Nie duldete er es, während der Arbeitszeit eine Pause einzulegen. So verlegten die Jungen diese in die Plumps-Klosettanlage, die aus zwei Reihen mit je acht Sitzgelegenheiten bestand. Sobald Johann erschien, setzten sich die »Drückeberger« auf die Sitze und ließen die Hosen runter. Einen Jungen hatte er schon häufiger erwischt. Eines Tages holte er mit dem Gewehr aus und traf diesen am Ohr, das fast ganz abgerissen wurde und herabhing. Andere sowjetische Soldaten hatten das beobachtet und brachten den betroffenen Jungen in ein Krankenhaus, wo das Ohr wieder angenäht wurde. Der Junge hatte danach arbeitsfrei und musste nun die Stuben rein halten. Für diese Arbeiten wurde sonst stets ein Gesunder freigestellt. Immer wieder wurden trotzdem Versuche gemacht, sich vor der Arbeit zu drücken oder sich in irgend einem Versteck zu einem Schläfchen niederzulassen. Hans berichtet: »Einmal gelang es meinem Cousin, mich zum Schwänzen der Arbeit zu überreden. Während der Mittagspause suchten wir uns ein entsprechendes Versteck. Auf dem Werksgelände standen zahlreiche alte Firmenbuden, die noch deutsche Aufschriften trugen. In einigen von ihnen wurden Werkzeuge und Materialen gelagert, andere waren leer. In einer dieser Buden ließen wir uns zum »Mitttagsschlaf« nieder. Ein Russe hatte wohl bemerkt, dass wir uns in eine dieser Buden verdrückt hatten. Er ging zu allen Buden und fragte in russischer Sprache: »Ist dort jemand?« Wir gaben keine Antwort. Der Russe gab nicht auf. So wurde das »Ausruhen« für uns zu einer Qual. Schließlich gaben wir auf und fielen dem Russen direkt in die Hände. Er packte uns an den Köpfen und schlug sie so heftig gegeneinander, so dass es sehr weh tat. Dann stellte er uns vor einen riesigen Betonbunker. Er nahm sein Gewehr, öffnete immer wieder das Gewehrschloss, nahm Kugeln heraus und steckte sie wieder rein, zielte aus etwa zehn Meter Entfernung auf uns, drückte aber nicht ab. Wir bekamen es mit der Angst zu tun. Als ich aber im Gesicht des Russen ein schelmisches Lächeln entdeckte, war alle Angst verflogen. Ich merkte, dass er mit uns spielte und dass es ihm Spaß machte, uns Furcht einzuflößen. Mein Cousin hatte immer noch große Angst, da er das Lächeln nicht wahr genommen hatte. Schließlich entließ uns der Russe mit einem kräftigen Fußtritt. Auf dem Weg zur Arbeitsstätte fassten uns zwei andere Russen, denen wir helfen mussten, ihren Jeep anzuschieben. Danach machten wir uns endgültig auf den Weg zu unserem Arbeitsplatz. Dort wurden wir mit einem Murren empfangen, da die anderen Jungen wegen uns bereits lange warten mussten. Das Wachpersonal drohte uns im Lager eine Strafe an. Diese unterblieb allerdings. Dann, auf der Stube, alle waren neugierig, berichteten wir ausführlich über unser ›Erlebnis‹. Die Jungen hatten geglaubt, wir wären bereits geflohen.«

Es gab im Lager kaum eine Möglichkeit sich zu waschen oder einmal die Wäsche zu wechseln, da keine vorhanden war. Hans hatte sich während seines siebzehntägigen Aufenthaltes im Lager weder waschen noch umziehen können. Nachts schliefen die Jungen in Bade- oder Turnhosen. Das Schuhwerk bestand häufig nur aus Gummistiefeln, die Füße wurden mit Fußlappen umwickelt.

In der Barackenstube gab es einen Kameraden, der stundenlang Witze erzählen und Lieder, manchmal nicht stubenrein, singen konnte. Trotz aller Müdigkeit wurden untereinander Streiche gespielt. In gemischten Baracken gab es Versuche von Frauen, sich nachts einen Jungen zu angeln. Einer der jüngeren Verschleppten klagte jeden Abend, dass seine Mutter allein in Mechtal und er im Lager wäre. Danach betete er im Bett laut den Rosenkranz. Als sich anderen und ihm eines Abends ein älterer Junge in unflätiger Weise näherte, verpasste er diesem einen Kinnhaken und schrie: »Du Schwein!«. Damit war der Spuk beendet.

Die katastrophalen hygienischen Verhältnisse im Lager, vor allem die mangelnden Waschgelegenheiten führten zu immer mehr Krankheitsfällen. Da begannen etwa Ende April oder Anfang Mai die Wachmannschaften, die Jungen gruppenweise an einen Teich zu führen, in dem sie sich waschen durften. Fast durchweg geschah das ohne Seife. Viele sprangen einfach mit ihren Sachen ins Wasser und wuschen so auch diese.

Jede Gruppe lebte in der ihr zugewiesenen Baracke. Das Aufsuchen anderer Baracken war verboten. Bei Dunkelheit durfte niemand raus, nicht einmal aufs Klosett. So geschah es, dass morgens auf dem Korridor stets entsprechende Haufen lagen. Anfangs wurden sie vor dem Frühstück entfernt. Danach wurde vom Stubenältesten ein Diensthabender bestimmt, der mit dem Wegräumen dieser nächtlichen Überbleibsel neben dem Sauberhalten der Stuben eine zusätzliche Beschäftigung erhalten hatte. Zum Stubendienst eingesetzt zu sein, war ein Privileg, da die Arbeit im Werk entfiel. Hans übernahm wegen seiner Fluchtabsicht nie einen Stubendienst, denn er wollte sich dazu keine sich bietende Gelegenheit zu einer Flucht entgehen lassen.

Von 13 bis 15 Uhr war Mittagspause. Während des Rückmarsches ins Lagen am Abend forderten die russischen Bewacher die Jungen zum Singen auf. Am Straßenrand und am Kanal standen immer einige Kinder und Frauen. Im Kanal war ein versenktes Schiff zu sehen. Die Schifffahrt war noch nicht wieder möglich. Oft trafen sie auf dem Heimweg auch auf eine Gruppe gefangener Polen, die aus unbekannten Gründen ebenfalls im Lager eingesperrt war. Die Jungen sangen auf Befehl ihrer sowjetischen Bewacher deutsche Lieder. Das erregte die Polen und sie begannen ihre polnischen Lieder zu singen. Sie drehten sie sich um und drohten mit den Fäusten zu den Jungen hinüber. Sahen die sowjetischen Bewacher das, forderten sie die Jungen auf, lauter zu singen, was diesen damals großen Spaß bereitete. Die dagegen protestierenden Polen wurden von ihrer Bewachung mit dem Gewehrlauf gestoßen und auf ihre Marschordnung hingewiesen. Ein Kleinkrieg, wie er immer wieder zwischen Russen und Polen damals zu beobachten war.

Im Werk waren Hunderte von Arbeitskräften. Jede Gruppe hatte einen Bewacher. Die russische Bewachung trieb die Arbeitenden ständig mit »Dawaj, dawaj!« an. Russische Soldaten arbeiteten als Facharbeiter bei der Demontage mit. Dabei wurde absolut planlos vorgegangen. Die demontierten Teile wurde nicht zusammengehörig oder nummeriert gelagert, sondern völlig durcheinander, so dass ein Wiederaufbau in der Sowjetunion wohl nicht mehr möglich war. Nur noch die Motoren und Rohre mögen eventuell verwendbar gewesen sein. Wichtig war nur, das tägliche Soll unbedingt zu erfüllen. Demontierte Teile waren auf Waggons zu verladen, damit sie in die rodina (Heimat) transportiert werden konnten.

Einige Mechtaler Jungen wurden eines Tages zu einer, wie sie es nannten, »Sauarbeit«, abkommandiert. Aus einer etwa vier Meter hohen Mauer hatten sie Rohre, durch die eine unbekannte und stinkende Flüssigkeit geführt worden war, heraus zu stemmen. Die Jungen waren mit breiten Textilriemen abgesichert, da es nach einer Seite steil und tief hinunter ging. Die Mauer musste von oben her aufgestemmt werden. Bald war ein Netz von Röhren zu sehen, das aus dem Mauerwerk heraus ragte. Hans berichtet: »Alle Jungen hatten ihre Hände und vor allem die Knöchel wund. Das schmerzte heftig. Ich hätte heulen können. Ab und zu ließ der eine oder andere Junge einen Meißel in die Tiefe fallen, um ihn dann langsam wieder heraufzuholen. Unten warteten wir so lange, bis ein Aufseher uns lauthals aufforderte, wieder den Arbeitsplatz aufzusuchen. Eines Tages standen plötzlich mehrere höhere sowjetische Offiziere unterhalb von uns arbeitenden Jungen. Einer von ihnen forderte mich auf, schneller und effektiver zu arbeiten. Ich konnte es meiner wunden Hände wegen einfach nicht. Das war einem der Offiziere zu viel. Und er verprügelte mich mit einem längeren Stock, während ich an der Mauer baumelte. Ich zeigte ihm meinen stumpfen Meißel und meine wunden Hände. Da forderte der Offizier mich auf, herunter zu kommen. Er nahm den Meißel in die Hand und zeigte mir, wie ich arbeiten müsse. Seine »Arbeit« (Kurzarbeit) konnte sich sehen lassen. Dann schickte der Offizier mich in die Werkzeugkammer, um einen neuen Meißel zu holen. Ich lief vor lauter Angst schnell dorthin und bat den Werkzeugverteiler um einen neuen Meißel. Dieser hatte allerdings keine mehr. Angsterfüllt lief ich zurück. Mein Herz klopfte rasend, während ich die Treppen zu meiner Baustelle hinauf rannte. Oben konnte ich aufatmen. Die Offiziere waren fort. Am nächsten Tag zeigte ich Johann, dem Wächter unserer Mechtaler Gruppe, meine wunden Hände und bat ihn um eine andere Arbeit. Er hatte Verständnis dafür und wies mir einen anderen Arbeitsplatz zu. Die neue Arbeit aber war nicht leichter. Jetzt musste ich mit anderen Arbeitern Maschinenteile aus einem engen Kellerraum nach oben schleppen. Dem russischen Aufseher ging das alles zu langsam. Im Laufschritt mussten wir zurück in den Keller und neue Teile holen. Es war ein Sonntag. Ich dachte dabei wehmütig an daheim, wo ich die Sonntagsruhe immer sehr genossen hatte. Nach einigen Tagen waren die Hände ohne Behandlung einigermaßen ausgeheilt. Da bat ich Johann, mich wieder in seine Gruppe aufzunehmen, was er auch tat. Außerdem erhielt ich von ihm, der zu den geizigsten Wächtern zählte, eine Portion ›Machorka‹. Zum Dank für sein Mitleid bin ich dann am Samstag getürmt.«

Frauen mussten vorwiegend die Waggons beladen. Daneben wurden sie zum Abkochen des Wassers und zum Essenverteilen eingesetzt. Von 13 bis 15 Uhr, also in der Mitte der Arbeitszeit, gab es eine zweistündige Mittagspause. Die sowjetischen Bewacher aßen nicht mit uns. Zur Beaufsichtigung blieben nur einzelne Soldaten zurück. Während dieser Zeit wurden in der Regel die Fluchtversuche unternommen. Immer waren irgendwelche Kameraden vorher in die geplanten Vorhaben eingeweiht worden. Keiner von ihnen hat je einen Fluchtwilligen verraten. Im April 1945, dem ersten Monat in Blechhammer, gelang einer großen Anzahl von Jungen die Flucht durch den Stacheldrahtzaun aus dem Lager. Hans, wohnhaft in Mechtal, floh nach 17 Tagen, wohl am Samstag, dem 28. April, aus dem Lager. Er berichtet darüber: »Während der Mittagspause, etwa gegen 14 Uhr, versuchten wir, unseren Fluchtplan in die Tat umzusetzen. Wir waren vier Jungen. Zwei von uns gaben am Lagerzaun auf und kehrten in ihre Unterkunft zurück. So durchquerten Engelbert und ich den Zaun. Dabei blieb ich am Stacheldraht hängen. Engelbert befreite mich aus dieser Misere. Der sowjetische Wachsoldat, der sich gerade eine Zigarette drehte, entdeckte uns Flüchtende, lief in die Wachstube und holte seine Maschinenpistole. Er schoss auf uns. Doch wir hatten bereits den Wald erreicht und waren somit in Sicherheit. Nun liefen wir quer durch den Wald. Fast wären wir auf ein verwesendes Schwein getreten. Ein Stück weiter fanden wir während der Kampftage abgeworfene und an die Volkssturmmänner gerichtete Flugblätter.

Nach einiger Zeit war endlich der Wald zu Ende. Vorsichtig beobachteten wir das freie Gelände und spähten nach eventuellen sowjetischen Patrouillen. Außer einem alten Landwirt und einem Pferd entdeckten wir niemanden. So wagten wir uns aus dem Wald heraus und gingen auf den Bauern zu. Bereitwillig zeigte er uns die gewünschte Richtung nach Tost. Noch vor dem Abend erreichten wir diesen Ort und schlichen uns auf Seitenwegen durch das Städtchen. Hinter Tost entdeckten wir auf freiem Felde eine Baracke, schlichen uns heran und stellten fest, dass sie nicht bewohnt war. Der Wind ließ die Tür klappern. Mein Kamerad wusste Rat. Er schloss die Tür und kippte den in der Baracke stehenden Tisch um. Schnell aßen wir unser mitgenommenes Lagerbrot. Danach schliefen wir sitzend im umgekippten Tisch. Bevor es hell wurde, machten wir uns wieder auf den Weg und gelangten bald nach Peiskretscham. Dort trafen wir zwei Frauen, die zum Hamstern unterwegs waren und einen Wagen mit Kartoffeln vor sich herschoben. Sie waren aus Beuthen. Plötzlich tauchten zwei zivile Milizionäre mit einer weißroten Armbinde auf und hielten uns an. Sie wollten wissen, wo wir herkämen. Da gaben uns die Frauen als ihre Söhne aus. Die Milizionäre begannen laut zu lachen. »Gebt zu, dass ihr aus Blechhammer ausgerissen seid, sonst sperren wir euch ein!« Vor lauter Angst gaben wir unsere Flucht zu. Und siehe, die Milizionäre, die ein so bekanntes Wasserpolnisch sprachen, ließen uns laufen. Bis Randsdorf halfen wir abwechselnd den beiden Frauen, den Wagen zu schieben. Als wir dort die Straßenbahn entdeckten, ließen wir die Frauen im Stich und stiegen ein. Wir hatten keinen Pfennig in der Tasche. Der Schaffnerin gestanden wir, dass wir aus Blechhammer geflohen seien. Sie machte keine Schwierigkeiten, sondern riet uns nur, nicht nach vorne zu gehen. Am Valeskaplatz in Mechtal, das nun Miechowice hieß, verließen wir freudig erregt um 9 Uhr morgens die Straßenbahn. Ich war schnell zu Hause. Engelbert musste noch bis zu den Familienhäusern in der Reptener Straße gehen. Die Tür zu unserer Wohnung war verschlossen. Es war Sonntag der 29. April 1945. Mutter und die Geschwister waren in der Kirche. Da hob ich den Türläufer hoch und strahlte, denn dort lag tatsächlich in altgewohnter Weise der Wohnungsschlüssel. Sofort zog ich meine viel zu großen Gummistiefel aus, die während des ganzen Weges gegen meine dünnen Waden geschlagen hatten. Ich erschrak. Alles war blutig. Unterwegs hatte ich zwar Feuchtigkeit in den Stiefeln verspürt, aber kein Blut darin vermutet. Die Beine waren durchgescheuert, die Füße dagegen durch die Fußlappen verschont geblieben. Ich suchte nach etwa Trinkbarem. Am Ofenrand entdeckte ich einen Rest warmen Getreidekaffees. Bald kamen meine Mutter und meine Geschwister heim. Die Freude war groß. Ich erhielt ein den Umständen entsprechend reichliches Frühstück und viel Getreidekaffee. Danach musste ich ein heißes Bad nehmen. Anschließend konnte ich endlich wieder frische Wäsche anziehen. Ich versuchte etwas zu schlafen. Es gelang nicht. Die Strapazen der etwa fünfzig Kilometer weiten Flucht waren plötzlich verflogen. Am Nachmittag hielt ich es nicht mehr aus. So machte ich mich auf den Weg durch Mechtal. Kaum war ich ein kleines Stück gegangen, erfuhr ich vom Tod eines jüngeren Schulkameraden. Es war Horst Scheliga (gestorben am 27. April) aus dem Häuschen Ecke Stillersfelder- und Verbindungsstraße, etwa gegenüber der Corpus-Christi-Kirche. Er war bei der Explosion einer Granate, an der er hantiert hatte, getötet worden. Wie ihm erging es mehreren Kindern und Jugendlichen, die bei ähnlichen Spielereien oder Basteleien an Granaten verstümmelt oder getötet wurden. Die Türen zu diesem alten Haus standen offen. Und alle, die seinen Leichnam sehen wollten, konnten hineingehen. Ich nahm mit damals vor, unter keinen Umständen, ein Geschoss oder einen Blindgänger anzufassen.

Am nächsten Tag wurde mir geraten, mich möglichst umgehend in der Schule zu melden, was ich auch tat. Am folgenden Sonntag traf ich Eduard P., der sich bei unserer Flucht am Stacheldraht mit einem andern Jungen zurückgezogen hatte. Tage später war auch ihm mit einem Kumpel, wie allen Ausreißern vorher, die Flucht gelungen.« Beide gehörten zu den letzten Ausreißern. Die Sowjets hatten inzwischen die Sicherheitsmaßnahmen am Lagerzaun wesentlich verbessert. Bemerkenswert war, dass die Russen die Geflüchteten nicht verfolgten. Vielleicht war ihnen das bei diesen jugendlichen Arbeitskräften zu aufwändig.

Im August oder September wurden nach Abschluss der Demontagearbeiten alle Arbeitskräfte aus dem Lager entlassen. Für die über viermonatige Arbeitszeit erhielten die Entlassenen wertloses alliiertes Geld, für das sie sich nichts kaufen konnten. Ob das Werk oder Teile davon infolge des völligen Durcheinanders der wahllos hingeworfenen und nicht gekennzeichneten demontierten Teile in der Sowjetunion je wieder aufgebaut worden sind, dürfte kaum denkbar sein. Der mehrmonatige schwere Arbeitseinsatz so vieler deutscher Mädchen, Jungen und Frauen dürfte daher vergebens gewesen sein.

Das Leben unter Sowjets und Polen bis Mitte Mai 1946

Mit der Einnahme Mechtals durch die Rote Armee und später nach der Übernahme durch die Polen hatte für alle da gebliebenen Deutschen eine Zeit absoluter Rechtlosigkeit und Unsicherheit begonnen. Das Leben hat sich von einem auf den anderen Tag grundlegend verändert.

Relativ schnell waren die Strom- und Wasseranschlüsse wiederhergestellt, die gröbsten Kriegsspuren beseitigt und auch die Straßenbahnoberleitungen wurden erneuert. Noch im Laufe des Februars verkehrte die Straßenbahn wieder zu den alten Fahrpreisen. Eine Fahrt durch das Industriegebiet kostete nach wie vor 60 Reichspfennige. Deutsch blieb weiterhin Verkehrs- und Amtssprache. Alle Anordnungen erschienen in deutscher Sprache.

Um die Monatswende vom März zum April übernahmen die Polen Oberschlesien und natürlich auch Mechtal, das den Namen Miechowice erhalten hatte. Unsere Fasaneriestraße wurde zur ul. Stalmacha und Jahre später zur ul. Daleka (Breite Straße), wie sie heute noch heißt. Die Hauptstraße, bis Januar 1945 Hindenburgstraße, wurde in »Straße der Roten Armee« bzw. »ul Armii Czerwonej« umbenannt. Seit der Wende zu Beginn der neunziger Jahre trägt sie den Namen eines der Opfer vom Januar 1945 und heißt nun ul. Ks. Jana Frenzla (Kaplan-Johannes-Frenzel-Straße).

Am Karfreitag, gerade zur Zeit des Machtwechsels, beging Vater seinen 45. Geburtstag. Über Ostern besuchte uns Onkel Michael aus Gieraltowitz, und später auch unsere von dort kommenden Kusinen. Zur Feier des Osterfestes gab es eine undefinierbare, nicht schmackhafte Art von Kuchen, gebacken aus allerlei zusammen gesuchten Zutaten. Eine Woche später ging meine Schwester zur Erstkommunion. Damit verbunden war der letzte deutsche Gottesdienst in der Corpus-Christi-Kirche. An eine Feier war nicht zu denken. Der Krieg war zudem noch nicht zu Ende. Dennoch machte Vater, trotz der Abgabepflicht aller Fotoapparate, Aufnahmen von unserer Schwester.

Arbeitskräfte waren Mangelware. Alles, was irgendwie geeignet war, auf der Grube zu arbeiten, wurde eingestellt. Ich sah viele meiner älteren Schulkameraden auf ihrem täglichen Weg zum oder vom Nordschacht, wo sie in die Grube einfuhren. Um den Bergbau anziehend zu machen, gab es zahlreiche Anreize, darunter die begehrten und nicht dem eigentlichen Zweck entsprechend verteilten »Unrra-Pakete«. Sie erhielten kostbare und begehrte Lebens- und Genussmittel, die fast nur noch vom Hörensagen bekannt waren. Viele Frauen gefallener, erschossener und verschleppter Männer verdienten sich auf verschiedenste Weise ihren Lebensunterhalt, manche auf der Grube.

Ein großes Problem die ganze Zeit hindurch war die Beschaffung von Lebensmitteln. Wir lebten von den eingelagerten Kartoffeln und anderen Vorräten. Nicht einmal Salz war bald mehr vorhanden. So benutzten wir irgendwo erhaltenes Rohsalz, lösten dieses in Wasser auf und salzten damit. An Fett und andere Lebensmittel war nicht zu denken. So aßen wir lange Zeit hindurch morgens, mittags und abends nur eine wässrige, nicht schmackhafte dünne Kartoffelsuppe. Eine Zeitlang gab es angefrorene Kartoffeln mit einem sehr süßlichen Geschmack. Eine kurze Zeit nach dem Fall Mechtals war auf dem Gelände des Friedenshortes eine Art Volksküche eingerichtet worden. Jede Familie in unserem Wohnbereich erhielt einige Tage hindurch täglich eine Milchkanne voll eines schmackhaften Eintopfgerichtes. Später, im Sommer, sammelten viele Leute Brennnesseln und Löwenzahn und bereiteten daraus eine Art Spinat zu. Ab und zu gab es in unregelmäßigen Abständen ein wenig Mehl auf irgendwelche Zuteilungsscheine. Vorwiegende Überlebenshilfe waren die aus Laband von unserer Tante erhaltenen Lebensmittel. Unser Schrebergarten lieferte uns Gemüse und einiges Obst, vor allem Beeren. Die Winterkartoffeln bezogen wir von unserem Bauern, der sie uns in all den Jahren geliefert hatte. Wie diese allerdings bezahlt worden sind, ist mir nicht bekannt, aller Wahrscheinlichkeit nach mit Sachwerten. Um zu überleben, wurden die verschiedensten Sachen aus dem Haushalt auf dem »Wolny handel« verkauft. Für das erhaltene Geld konnten Lebensmittel gekauft oder die notwendigen Abgaben für elektrischen Strom, Miete usw. bezahlt werden.

Aus Hafenbeständen hatten die Labander Kisten voller Packungen mit Dr. Oetker's Pudding. Davon erhielten wir ständig genügend. Da es aber keine Milch gab, wurde der Pudding mit Wasser zubereitet, was widerlich schmeckte. Der Hunger aber trieb ihn in uns rein. Auch Zigarettenpapier stand uns in großen Mengen als Tauschobjekt zur Verfügung. Da der Hof der Tante etwas abseits lag, deponierten sowjetische Soldaten ihre aus dem Hafen mitgenommen Waren in deren Scheune. Sie benutzten sie zu Tauschgeschäften in der Umgebung. So waren in der Scheune u. a. Säcke voll ungebrannten Bohnenkaffees und Fässern mit Speiseöl unter dem Stroh oder Heu versteckt. Die Säcke waren von den russischen Soldaten kunstvoll verschnürt und genau gewogen worden, um eine Fremdbedienung zu verhindern. Mein Onkel öffnete die Kaffeesäcke mit großem Geschick, entnahm ihnen Bohnen und mischte Kieselsteine mit entsprechendem Gewicht unter den restlichen Kaffee, den er gut umwälzte. Die Speiseölfässer hatten die Soldaten ebenfalls auf irgendeine Weise trickreich »gesichert«. Auch hier bediente sich Onkel vom Inhalt der Fässer. Natürlich bekam er von den Russen wohl auch einen gewissen Anteil als »Lagermiete«. Für uns war das Speiseöl etwas köstliches. Hatten wir bisher unsere Kartoffelpuffer, die bis auf ein wenig Salz keinerlei weitere Zutaten enthielten, einfach auf der Herdplatte gebacken, so konnten wir dies nun mit Hilfe des Speiseöls in der Pfanne tun, was zu einer wesentlichen Geschmacksverbesserung führte. Kartoffelpuffer waren einige der wenigen Abwechslungen vom alltäglichen Einheitsgericht. Nach unseren jeweiligen Laband-Besuchen besserte sich unser Speisezettel für kurze Zeit.

Dazu kam es immer wieder zu Plünderungen durch sowjetische Soldaten. In der Umgebung der Stillersfelder Straße suchte eines Tages ein größerer Trupp den Keller eines Mehrfamilienhauses auf und schleppte alle Vorräte der Bewohner von den Kartoffeln bis zum Eingeweckten zur Eigenversorgung fort. Jeder Russe nahm so viel, wie er gebrauchen oder tragen konnte. Davon waren wir in der Fasaneriestraße erfreulicherweise verschont geblieben. Vielleicht war das ein gewisser Vorteil der Seitenstraßen. Not leidende Frauen zogen von Haus zu Haus und versuchten, Lebensmittel für ihre Kinder zu erbetteln.

Berittene sowjetische Soldaten, manchmal mit asiatischem Einschlag, trieben von Zeit zu Zeit lange Züge erschöpfter, elend aussehender deutscher Kriegsgefangener durch die ehemalige Hindenburgstraße. Mit ihren Pferden galoppierten sie hin und her, immer bis scharf an die Soldaten heran. Dabei kamen mir die ebenfalls auf dieser Straße bis Anfang 1945 zur Arbeit oder zum Lager ziehenden Kolonnen sowjetischer Kriegsgefangener in den Sinn. So hatten sich die Verhältnisse verändert.

Auf einem Feld hinter der Fasaneriestraße fand meine Schwester ein eigenartiges kleines Gerät. Sie hob es auf und nahm es mit. Als sie auf dem Hof daran herum spielte, knallte es gewaltig. Instinktiv warf sie das Gerät fort. Da knallte es wiederum ungemein laut. Im Betonboden vor dem Haus entstand eine kleine Vertiefung. Sie hatte Glück gehabt. Bei dem unbekannten Gerät handelte es sich um den Zünder einer Eierhandgranate. Durch das

Spielen von Kindern mit Panzergranaten und anderen explosiven Munitionsarten, die überall, vor allem noch auf den Feldern und im Wald herum lagen, kam es zu zahlreichen mehr oder weniger schweren Verletzungen, aber auch zu einigen Todesfällen. Ein ehemaliger Klassenkamerad aus der Grundschule hatte im Mai mit einem Hammer auf das Zündplättchen einer Artilleriegranate geschlagen. Die Granate explodierte und Horst starb. Bei einem anderen Unfall riss die explodierende Granate einem der beteiligten Jungen ein Bein ab. Er nahm sein Schicksal gelassen und versuchte nach seiner Genesung mit einem Bein genauso zu laufen und zu springen wie die gesunden Jungen auch. Seine Beweglichkeit war bewundernswert.

Frisöre gab es noch nicht wieder bzw. der Besuch war mangels des entsprechenden Geldes nicht möglich. So schnitt uns während der ganzen Zeit in Mechtal ein Bekannter regelmäßig die Haare in einem 08/15-Schnitt. Was er von Vater dafür bekam, ist mir nicht bekannt.

Anlässlich des 1. oder 3. Mai fanden erstmals lange Umzüge mit Musikkapellen, Fahnen, Ansprachen und vielen Menschen statt. Alle Schüler waren gezwungen, daran teilzunehmen.

Am Mittwoch, dem 9. Mai 1945, einem wunderschönen Sonnentag, schossen sowjetische Soldaten den Tag über wild in die Luft, lachten über das ganze Gesicht und riefen: »Woina (Krieg) kaputt, woina kaputt, Gittler kaputt!« Das H konnten die Russen nicht aussprechen. So erfuhren wir vom Ende des Krieges. Die Bedrängnisse der letzten Monate aber blieben. In der heißen Sommerzeit holten Sowjets und Polen vorwiegend Frauen von Parteigenossen und ließen sie die an den verschiedensten Stellen beigesetzten gefallenen Sowjetsoldaten wieder ausgraben. Nachts hatten sie dann die Leichname aus dem Grab zu heben, in Särge zu legen und diese dann auf einen Platz neben dem Massengrab der deutschen Zivilisten in die Klosterstraße zu bringen. Dort entstand eine große Grabanlage für alle bei den Kämpfen um Mechtal gefallenen Sowjetsoldaten. Die Offiziere erhielten Einzelgräber, die Mannschaftssoldaten Reihengräber. Die ganze Anlage krönte ein Betonobelisk mit einem roten Sowjetstern und der Jahreszahl 1945.

Während der späten Sommer- und Herbstmonate zwangen die Polen die meisten Frauen, deren Männer Parteimitglieder gewesen waren, mit ihren Kindern Mechtal zu verlassen und sich in die Sowjetische Besatzungszone zu begeben.

Im Wald gab es zahlreiche schöne Teiche. Im Sommer zog die Ortsjugend in großen Scharen dorthin. Manchmal wurden mit gefundenen Eierhandgranaten auf gefährliche Weise Fische gefangen. Meist aber wurde dort gebadet, Badehosen gab es nicht. Alle badeten nackt. Das war eines der wenigen Vergnügen der damaligen Zeit. In der nahen Fasanerie traf sich die Schuljugend zum Fußballspiel. Die Anlage war noch völlig unversehrt. Da dort viele Birken standen, bohrten wohl meist Jugendliche und Erwachsene die Bäume an, befestigten unterhalb der so entstandenen Öffnung einen Behälter oder eine geeignete Flasche und fingen so den Birkensaft auf, den sie als Haarwasser zur Pflege des Haares und der Kopfhaut benutzten. Eine damals weit verbreiteten Sitte. Auf der Fasaneriestraße selbst spielten wir oft und ausgiebig Völkerball. Zurufe und die Unterhaltung dabei erfolgten durchweg in deutscher Sprache.

An einem schönen Sommertag klingelte es an unserer Korridortür. Ein freundlicher, deutschsprechender sowjetischer Offizier stand davor. Er verlangte nach einer Flasche Schnaps und versprach als Gegenleistung einen Sack voll Mehl. Das war natürlich ein verlockendes Angebot. Er kam in die Küche. Vater und er unterhielten sich miteinander. Zwischendurch sang der Offizier »Es geht alles vorüber, es geht alles vorbei ... «. Schließlich gab Vater ihm eine Flasche Branntwein, die er im Keller versteckt hatte. Auf den Sack Mehl allerdings warten wir noch heute.

Sowjetische Soldaten erzählten immer wieder, dass sie nach ihrer Rückkehr in die Heimat zunächst in Lager, Umerziehungslager, kämen. Sie hatten zu viel von der Not der im kapitalistischen Westen lebenden Arbeiter gesehen. Wie oft war es bei der Frage nach dem Beruf eines Wohnungsinhabers zu einem ungläubigen Staunen gekommen, wenn sie hörten, dass es sich um eine Arbeiterwohnung handelte. So ist es in der Praxis bei der Heimkehr auch geschehen.

Im Sommer zottelten in langen Zügen sowjetische Soldaten mit ihren kleinen Panjewagen ostwärts. Oft schenkte mancher dieser Soldaten am Straßenrand stehenden Kindern ein Stück Brot. Züge in Richtung Osten mit viel Vieh, meist Kühen, kampierten verschiedentlich für eine Nacht auf den Dominiumfeldern. Meist wurde eine Kuh geschlachtet und dann an einem riesigen Spieß gebraten. Dabei wurden russische Weisen auch zur Freude der Zuschauer gesungen.

Immer wieder kam es vor, dass Leute einen ihrer Nachbarn denunzierten. So hatte z. B. ein Mann irgendwo ein Jagdgewehr vergraben. Auf eine Anzeige hin erschien die Miliz, ließ sich das Versteck des Gewehrs zeigen und schlug den Besitzer erbarmungslos zusammen und nahm ihn mit.

Das Haus Fasaneriestraße 16, nun ul. Stalmacha, in dem wir wohnten, war von der polnischen Gemeindeverwaltung übernommen worden. Etwa im April erhielten alle Fenster des Hauses neue Glasscheiben, für die Bewohner eine große Wohltat nach der langen Finsternis. Vater wurde zu einer Art Hausverwalter bestimmt, wofür er monatlich einige Zlotys bekam. Die Bewohner dieses Hauses waren zum Teil andere geworden. In die Wohnungen der im Januar geflüchteten Mieter waren andere Familien gezogen. Bei B. im Erdgeschoss lebten zwei junge polnische Lehrerinnen. Zunächst hatte die Mutter des internierten Herrn B. aus Klausberg darin gelebt. Im Frühjahr war sie in ihre Klausberger Wohnung zurück gekehrt. Frau S., die am 20. Januar geflüchtet war, kam mit ihren beiden Kindern aus der Tschechoslowakei, wo sie auf ihrer Flucht gelandet war, zu Fuß mit einem Kinderwagen und ganz wenig Handgepäck zurück. Sie sprach kein Wort Polnisch und hatte es sicher nicht einfach. Als die Internierungen begannen, hatte sich ihr Mann irgendwo in einem anderen Ort, wahrscheinlich in Karf, versteckt und tauchte erst wieder auf, als vereinzelt Zivilinternierte aus der UdSSR heim kehrten. So war die Familie wieder zusammen.

Die Hausbesitzerwohnung im ersten Stock hatte die sehr nette Familie des polnischen Bauingenieurs Cibulski aus Wilna mit ihren Kindern und einer Oma belegt. Letztere war klein, hutzelig, immer freundlich und hatte ständig eine Zigarette zwischen ihren Lippen. Ein für uns ungewohntes Bild. Mit der ältesten Tochter freundete sich meine Schwester rasch an und lernte auf diese Weise sehr schnell die polnische Sprache. Eines Nachts im späten Sommer 1945 wurde es im Hausflur sehr unruhig. Es ging die Treppen rauf und runter, es polterte, als würde etwas hinunter geschleppt. Keiner wagte sich auf den Flur. Der Morgen brachte des Rätsels Lösung. Die Wohnung des ehemaligen Hausbesitzer war völlig leer geräumt und die Familie Cibulski spurlos verschwunden. Außerdem fehlten eine Anzahl von Maschinen und Geräten auf dem Bauhof. Der Bauingenieur hatte wohl vor, sich irgendwo selbständig zu machen. Die Untersuchungen der polnischen Miliz waren oberflächlich, schließlich war es ja ein Pole, der sich diese Sachen angeeignet hatte. Bis zu unserem Weggang war diese große Wohnung nicht wieder belegt worden.

Auf der gegenüberliegenden Seite lebte eine Mechtaler Ehepaar, dessen Wohnhaus ausgebrannt war. Mein Bruder und ich halfen diesen Leuten später noch, mit einem Handwagen in der Hindenburgstraße gerettete Gegenstände in die Fasaneriestraße zu transportieren. Dieses Ehepaar gehörte zu den Menschen, wir hatten es zunächst nicht erkannt, die auf plumpe Weise mit den Polen sympathisierten und versuchten, sich auf Kosten der Deutschen bei jeder Gelegenheit rücksichtslos Vorteile zu verschaffen. 1957, als deutsche Oberschlesier die Möglichkeit erhielten, auf Anforderung in die Bundesrepublik auszureisen, waren diese bisherigen »Superpolen« plötzlich die größten Deutschen. Auf die in der zweiten Etage befindliche Wohnung der alten Frau K., die nur aus Korridor, Bad und einer großen Wohnküche bestand, hatte eine zur gleichen Kategorie zählende sehr rabiate Frau mit ihrer etwa 14 bis 15 jährigen Tochter ein Auge geworfen und sich bei der Wohnungsinhaberin rücksichtslos eingenistet. Ihre Vorliebe war es, sich ebenfalls bei jeder Gelegenheit als große Polin auszugeben und andere Deutsche zu verdächtigen oder zu denunzieren. Als sich in den fünfziger Jahren die Möglichkeit zur Übersiedlung in die Bundesrepublik bot, war sie plötzlich ebenfalls die große Deutsche und gehörte zu den ersten Umsiedlern.

Weiter wohnte in der zweiten Etage der bereits erwähnte polnische Lehrer Gruca mit seiner Frau und einer kleinen Tochter. Gegenüber hatte die alte an Parkinson leidende Frau Olga C. mit ihrer Tochter Charlotte ihre Wohnung, die sie wohl seit der Fertigstellung dieses Hause bewohnte.

Die durch einen Granattreffer beschädigte Dachgeschosswohnung hatte eine Frau aus der Fasaneriestraße 17 mit ihrem etwa dreizehnjährigen Sohn Jorgel bezogen, einem unserer Spielkameraden. Im Sommer hatten wir verschiedentlich auf waghalsige Weise versucht, das Loch im Dach zu schließen. Im Bürohaus, der Fasaneriestraße Nr. 16 a, in der neben den Büroräumen Übernachtungsräume für auswärtige Poliere eingerichtet waren, wohnten jetzt die ehemalige Ladenbesitzerin Galle aus der Stillersfelder Straße und im Obergeschoss die ledige Schwester eines Bauern aus der Verbindungsstraße, Klara D. Wir konnten es nicht fassen, wie Frau D. dort wohnte. Kaninchen und Hühner liefen frei in ihrer Wohnung herum, in der es sehr schmutzig war und in der ein fürchterliches Durcheinander herrschte. Einmal halfen wir ihr, einen zweitürigen Schrank nach oben zu tragen. Als es oben zu eng wurde, rutschte der Schrank und quetschte meinen linken Mittelfinger und den links daneben liegenden zwischen der Schrankkante und dem Geländer kräftig. Der Schmerz war stechend und ließ nicht nach. Die Narben dieser Aktion sind noch heute, mehr als sechzig Jahre danach, schwach sichtbar. Bei dem sonderbaren Gehabe der Frau, blieb es nicht aus, dass wir uns manchen Spaß mit ihr erlaubten. Manchmal petzte sie dann daheim, ohne dass dies aber Folgen für uns hatte.

Mit Frau Galle hatten wir uns angefreundet. Freunde. Leute, die sie schon länger kannten, ahmten einige ihrer wohl früher im Geschäft gebrauchten Redewendungen nach, wie »Semsem«, »Hat's nit«. »Semsem« war ein Spitzname für sie geworden. Wir besuchten sie oft. Manchmal war es ganz lustig. Sie versuchte, uns ulkige polnische Lieder beizubringen. Bei manchen Gelegenheiten halfen wir ihr auch. So transportierten wir eine Reihe ihrer Sachen mit dem Handwagen zu ihrer augenblicklichen Wohnung. Als sie uns einmal fragte, was wir dafür haben wollten, entschieden wir uns spontan und einmütig für Tabak. Sie hatte aus ihren früheren Geschäft noch schweren Pfeifentabak, Presstabak genannt, der gedreht wie eine lange Wurst aussah. Davon schnitt sie uns ein Stück ab, zerkleinerte dieses mit einem Messer und trocknete es in ihrem Bratrohr. Aus Laband hatten wir genügend Zigarettenblättchen. So drehten wir uns stolz eine Anzahl von Zigaretten und bewahrten sie in einem flachen Etui auf. Danach begann ich zu rauchen. Nach eineinhalb dieser schweren Zigaretten auf den leeren Magen wurde mir hundeübel. Ich musste mich übergeben, aß danach einige Kartoffeln, um der Übelkeit Herr zu werden. Auch das nutzte nichts. Seit diesem Tage konnte ich Jahre hindurch keinen Tabak mehr sehen und riechen, ohne dass ich mich dabei fast übergeben musste. Diese Erfahrung bewahrte mich für immer vor dem Rauchen.

Frau Galles Mann war kurz vor Kriegsende gestorben. Für sein Grab hätte sie gern ein Kreuz gehabt. Irgendwie ergab es sich, dass ich ihr ein solches anzufertigen sollte. So suchte ich entsprechende rechteckige Kanthölzer und schnitt sie zurecht. In der Werkstatt neben dem Bürogebäude spannte ich die Holzteile zum Hobeln in die Werkbank ein. Einen Hobel hatte ich dort gefunden. An der Stelle, wo Längs- und Querbalken zusammen gefügt werden sollten, stellte ich die entsprechende Vertiefung her, so dass die Teile genau ineinander passten und verschraubte sie fest miteinander. Beide Seiten des Querbalkens und das obere Längsteil versah ich mit einem spitzwinkligen Abschluss. Zuletzt strich ich das zusammen gesetzte Kreuz mit grauer Ölfarbe an, der einzigen Farbe, die ich hatte auftreiben können. Schließlich ließ ich noch eine Eisenstange in das untere Längsteil ein, um das Kreuz auf dem Grab entsprechend tief versenken zu können. Ein kleiner Bilderrahmen mit dem Namen, dem Geburts- und Todesdatum kamen hinzu. Damit zog ich dann eines Tages zum Friedhof und stellte es auf dem Grab von Herrn G. auf. Ich war ganz stolz auf mein Werk. Für diese Arbeit bekam ich natürlich etwas Essbares. Davon hatte Frau G. immer genügend vorrätig. Unsere ständiger Traum damals bestand darin, uns einmal richtig satt essen zu können. Die Wassersuppe morgens, mittags und abends hing uns zum Halse raus.

Zu Frau Galle kam häufig die im Haupthaus wohnende Frau K., die Mutter des Gemeindebaumeisters, eine sehr gläubige evangelische Frau, die wohl täglich in der Bibel oder anderen religiöse Schriften las. Sie hatte alle Stellen, an denen es etwa hieß »der Führer zum ewigen Leben« oder ähnlich mit Hitler in Verbindung gebracht. Das Wort Führer in der Bibel und in religiösen Schriften war für sie gleichbedeutend mit Hitler. Darum war er für sie ein entsprechend großer Mann und dabei blieb sie. Selbst wir Dreizehnjährigen versuchten leidenschaftlich, ihr verständlich zu machen, dass es sich in der Bibel dabei nicht um Hitler handelte. Ohne Erfolg!

Irgendwann im Herbst 1945 mussten beide Frauen das Haus Nr. 16a verlassen. Frau Galle hatte eine nicht gerade einladende Kellerwohnung in der Verbindungsstraße zugewiesen bekommen. Klaus und ich transportierten einen Großteil ihrer Sachen mit dem Handwagen dorthin.

Von der Art Menschen, sich bei den Polen hervortun zu wollten, gab es viele. So waren es sicher zur Freude der Polen immer Deutsche, die sich in der Regel freiwillig an der Beseitigung all dessen beteiligten, was an die deutsche Vergangenheit des Ortes erinnerte. Einige junge deutsche Mechtaler Männer taten sich vor allem darin hervor, das Denkmal für die Gefallenen des Ersten Weltkrieges zu zerstören und restlos zu beseitigen. Einer von ihnen lebte heute wohl versorgt in einer Stadt des Rheinlandes.

Im Sommer 1945 war in der Nachbarschaft erzählt worden, Frau S. sei mit ihren Kindern zurück gekommen und lebte nun bei ihrer Schwiegermutter und Schwägerin in Karf. So machten wir, mein Bruder Klaus und ich, uns eines Tages auf den Weg nach Karf. Wir beobachteten das Haus von Sch. von allen Seiten, wagten aber nicht, hineinzugehen. In manchen Augenblicken, glaubten wir, jemanden hinter den Vorhängen gesehen zu haben. Aber letztlich war diese Nachricht eine der zahlreichen Fehlmeldungen.

Zu den verbreitesten und in immer neuen Versionen auftauchenden Gerüchten zählten die über das bevorstehende Kommen der Amerikaner, die unsere kärglichen Lebensverhältnisse hier grundlegend ändern und die Polen verjagen würden. Ein Strohhalm, an dem sich viele Menschen festhielten und der es ihnen erleichterte, die Zeit mit all ihren Sorgen und Nöten zu überstehen. Realisten konnten an eine solche Lösung nicht für möglich halten. Der Traum aber war schön. Die Gerüchteküche brodelte das ganze Jahr hindurch mit immer neuen Gerüchten über bevorstehende Änderungen in allen Lebensbereichen, alles Wunschträume, die sich nie erfüllen sollten.

Im April 1945 ergingen Aufrufe, die alle schulpflichtigen Jungen und Mädchen zur Anmeldung an einer Schule aufforderten. Da wir, Klaus und ich, vorher das Gymnasium in Beuthen, nun Bytom, besucht hatten, meldeten wir uns in der Aufnahmestelle für Schüler höherer Schulen in der ehemaligen Humboldt-Oberschule für Mädchen in der Poststraße. Eines Tages begann für uns der Schulbetrieb in der einstigen Dietrich-Eckart-Mittelschule (davor Städtische Mittelschule) in der Breiten Straße, nahe der Hyazinth-Kirche und des Städtischen Krankenhauses. Vor der Fahrt zur Schule erfuhr ich eines Morgens an der Haltestelle am Schloss durch ältere Schüler vom Tod des amerikanischen Präsidenten Franklin D. Roosevelt. Die Jungen hatten aller Wahrscheinlichkeit nach heimlich Radio gehört. Der Direktor dieser Schule begrüßte uns und erläuterte uns den kommenden Schulbetrieb fließend und akzentfrei in deutscher Sprache. Zum Schluss dieser Eröffnungsveranstaltung übte er mit uns das polnische Morgenlied »Kiedy ranne wstajązorze« (etwa: Wenn der Sonne Strahlen aufsteigen) ein. Zunächst sprach er den Text vor, den wir nachzusprechen hatten. Dann sang er das Lied mit uns. Der eigentliche Unterricht sollte am anderen Tag beginnen. Morgens ging es zunächst in die St. Hyazinth-Kirche, wo ein feierliches Leviten-Hochamt zelebriert wurde. Während des Gottesdienstes suchten verwundete sowjetische Soldaten aus dem nahen Städtischen Krankenhaus wiederholt die Kirche auf, standen ziemlich weit hinten und kicherten. Niemand sagte auch nur ein Wort. Nach kurzer Zeit verließen die Soldaten den Kirchenraum von selbst wieder. Nach dem Gottesdienst ging es in die Klassen. Die Lehrer sprachen nur Polnisch, obwohl die meisten Schüler kein Wort davon verstanden. Während einer Religionsstunde bei einem Beuthener Geistlichen verstand der von ihm aufgerufene Schüler nicht, was er sagte. Der Geistliche wurde lauter bis er schließlich wütend auf Deutsch sagte, worum es ging. In meiner Klasse war auch der Sohn von Dr. S., dem ärztlichen Direktor des Beuthener Krüppelheimes. Wir hatten uns in der kurzen Zeit miteinander angefreundet.

Das einzig Positive für uns an dieser Schule war, dass es täglich etwa nach der zweiten oder dritten Unterrichtsstunde eine Art Schulspeisung gab, meist in Form eines größeren Brotstückes. Die Essensausgabe erfolgte in der einstigen Humboldt-Mädchen-Oberschule. Den Weg bis dahin legten alle Schüler gemeinsam zurück. Nach relativ wenigen Tagen beschloss ein größere Zahl von Schülern, darunter auch ich, nach der Essensausgabe zu verduften. Wir trieben uns in der Stadt herum oder besuchten und beobachteten den »Wolny handel« auf dem Moltke- und Reichspräsidentenplatz. Klaus und andere Jungen halfen bei einem solchen Bummel durch die Stadt z. B. russischen Soldaten auf deren Aufforderung Waren aus einem Papierwarenlager zu verladen. Dabei versteckten die beteiligten Jungen ganze Stapel von DIN-A 4-Heften in hervorragender Vorkriegs-Qualität in irgendwelchen verborgenen Winkeln. Nach ihrer Arbeit nahmen sie die Hefte mit nach Hause. Unsere neue Hausbewohnerin K. bot sich an, diese auf dem »Wolny handel« in Beuthen zu verkaufen. Von vornherein hatte sie dabei wohl im Sinn, damit auch einen guten Profit für sich herauszuschlagen, wie wir später leider feststellen mussten. Auf diesem Markt wurde getauscht und gehandelt. Es gab alles an Lebensmitteln und Gebrauchsgegenständen zu kaufen, was man sich denken konnte. Natürlich fehlte uns das notwendige Geld dazu. So verkauften die Menschen alles, was ihnen entbehrlich erschien, um für das erhaltene Geld, die polnischen Zlotys, das Lebensnotwendigste einzukaufen. Auch Mutter ging fast regelmäßig auf diesen Markt, obwohl sie kein Wort Polnisch sprechen und verstehen konnte. Ihre Geschäfte glückten stets und sie kam auch jedes Mal unbehelligt wieder zurück.

Bald gaben wir die Beuthener Schule auf und mussten in Miechowice zur Schule gehen. Die für unser Wohngebiet zuständige Schule III wurde aus unbekannten Gründen damals noch nicht wieder als Schule genutzt. Zuständig für uns war die am Sonnenplatz gelegene neue Schule I, die vorherige »Josef-Joachim-Adam-Schule«, benannt gewesen nach einem führenden oberschlesischen Nazi aus dem Schul- und Verwaltungsbereich. Mein Klassenlehrer war Herr Gruca, der in unserem Wohnhaus lebte. Bis auf einen zugewanderten polnischen Schüler waren alle anderen deutsche Mädchen und Jungen. Mit mir in der Klasse waren die nette Gerda K. aus der Hermannstraße, Hans K. aus der Stillersfelder Straße, Alfred M. aus der Reptener Straße und einige Jungen aus der Fasaneriestraße. Auch in diesem Unterricht wurde nur Polnisch gesprochen. Wir mussten in den Fächern Polnisch und Geschichte viel aufschreiben, Bücher gab es keine. Am einfachsten war es in der Mathematik. Die beherrschten wir auch ohne größere Sprachkenntnisse. Die polnischen Zahlwörter konnten wir uns schnell merken.

Auch an dieser Schule gab es über eine bestimmte Zeit hin eine Art Schulspeisung, die wir uns nach dem Unterricht in der Küche der Schule III abholen mussten. Während wir in großen Scharen auf das Brot warteten, sangen etwas ältere der wartenden Jungen und Mädchen deutsche Lieder, meist nicht ganz stubenreine. In Abwandlung des Brecht'schen Mecky-Messer-Songs grölten sie: »... Muter zieht sich nackt aus, Vater holt das Messer raus«. Von dem ganzen Lied habe ich nur diesen einen Vers behalten, ohne damals gewusst zu haben, was er bedeutete. Bis zu unserem Weggang im Mai 1946 besuchten wir also diese polnische Schule. Untereinander sprachen wir Schüler während der Pausen und auch sonst nur Deutsch, lasen deutsche Bücher und liehen sie untereinander aus. Dabei mussten wir stets auf der Hut sein, nicht von den Lehrern mit diesen Büchern erwischt zu werden. Im günstigsten Fall wären wir die Bücher los gewesen. Gelernt habe ich in dieser Schule, der ich zu der Zeit die Polen und alles, was damit zusammen hing, gehasst habe, zumindest die polnische Aussprache und Schreibweise. Vater sagte später, ich wäre eines Tages in einem polnischen Gefängnis gelandet. Gerechterweise muss ich allerdings sagen, dass uns die polnischen Lehrer fast durchweg fair behandelt haben. Es gab auch keinerlei antideutsche Äußerungen. Mir jedenfalls sind keine bekannt. Einmal erwischte mich Gruca mit antipolnischen Witzen aus der Abstimmungszeit, die Vater gerade aussortiert hatte. Er sprach mich darauf an, und fragte mich deutsch, ob ich verstehe, um was es dabei ginge. Ich bejahte es. Er behielt die Witze und die Angelegenheit war erledigt. Kurz vor unserer Ausreise im Mai 1946 stellten wir den Schulbesuch ein.

Am Allerheiligentag, einem wunderschönen sonnigen Tag, besuchten mein Bruder und ich nachmittags den Friedhof. Bei unserem Ankommen war gerade die Friedhofs-Prozession, geleitet von Pfarrer Lerch, zur Segnung der Gräber unterwegs. Wir schmückten das Grab eines von den Sowjets im Januar erschossenen Bekannten, dessen Frau im Sommer aus Mechtal ausgewiesen worden war, und stellten selbstgefertigte kleine Laternen darauf. In gleicher Weise verfuhren wir mit dem Grab eines Kollegen von Vater, dessen Familie mit unserer befreundet war. Der Friedhof mit den unzähligen kerzengeschmückten Gräbern bot in der Dunkelheit ein grandioses Bild.

Im Laufe des Jahres 1945 eröffneten verschiedene Leute unterschiedliche Geschäfte, um ihren Lebensunterhalt zu sichern. Darin gab es viele, lange nicht mehr gesehene Waren. Vor Ostern 1946 sahen wir die schönsten österlichen Süßigkeiten wohl noch aus alten Beständen. Uns war es nicht möglich, in einem dieser Läden einzukaufen.

Einer meiner Träume in dieser Zeit war der Besitz von Tauben. Viele Kameraden und Freunde besaßen welche. Ich baute mir einen kompletten

Taubenschlag im oberen Teil des Kaninchenstalls unseres früheren Hauswirtes. Der nahe Winter und die Futterbeschaffung verhinderten die Verwirklichung dieses Vorhabens. Inzwischen waren aber unsere Pläne bezüglich einer Ausreise schon sehr konkret. Vor diesem Stall befand sich ein winziges Gartenstück, das ich mit Kartoffeln bepflanzte. Da ich die Saatkartoffeln zu nah aneinander legte, entwickelten sich zu meinem Leidwesen keine entsprechenden Knollen. Das Kartoffelkraut dagegen war gewaltig hoch gewachsen.

Café Hindenburg, ab dem 28. Januar 1945 sowjetische Kommandantur in Beuthen

Abschied von Mechtal/Miechowice am 14. Mai 1946

Bis in unsere Tage hinein ist unser Jahrhundert eins der Flüchtlinge und Vertriebenen. Seit 1912 werden fast ständig Menschen vertrieben oder sind heimatlos unterwegs. 1945 und in den Jahren danach waren es weitgehend die Deutschen, die dieses Schicksal traf. Sie mussten ihre Heimat verlassen, weil die Kriegsereignisse sie dazu zwangen oder weil sie nach dem verlorenen Krieg abgeschoben, über die Grenze gejagt wurden wie lästiges Ungeziefer, das man los werden wollte.

Den Vorschlag Trumans auf der Potsdamer Konferenz, die Grenzen von 1937, wie sie im Versailler Vertrag 1919 festgelegt worden waren, als künftiges Territorium Deutschlands zu betrachten, verstand Stalin in eine Diskussionsgrundlage umzuwandeln. In der Tat hatten die Siegermächte mit ihrer Deklaration vom 5. Juni 1945 die Regierungsgewalt über das ehemalige Reichsgebiet in den Grenzen von 1937 übernommen. Stalin bestand im weiteren Verlauf der Potsdamer Konferenz auf einer Herauslösung der deutschen Gebiete östlich der Oder und Görlitzer Neiße und damit aus der Zuständigkeit des Kontrollrates. Die USA und Großbritannien waren dazu nicht bereit. Da ein Rückgängigmachen der von Stalin bereits verfügten Abtretung dieser Gebiete nur mit Gewalt hätte erreicht werden können, einigte man sich auf einen Kompromiss. Die deutschen Ostgebiete mit Ausnahme des nördlichen Ostpreußens, das der Sowjetunion unterstellt worden war, sollten unter polnische Verwaltung gestellt und die Grenzfrage erst in einem Friedensvertrag gelöst werden. Dieser Kompromiss kam der Anerkennung einer Annektion sehr nahe. Bedauerlich für den Westen und für Deutschland war das Ausscheiden Churchills nach den verlorenen Unterhauswahlen und sein Ersatz durch Attlee.

Stalin hatte seinen westlichen »Kollegen« einzureden versucht, dass in den Gebieten östlich der Oder und Neiße kein einziger Deutscher mehr lebe. Schon der etwas später von ihm zu dieser Konferenz hinzugezogene polnische KP-Chef Boleslaw Bierut entlarvte ihn, indem er von mindestens noch eineinhalb Millionen Deutschen in diesen Gebieten sprach. Tatsächlich lebten noch mehr als vier Millionen Deutsche dort. Dazu kam der Strom derer, die nach der Flucht wieder in die Heimat zurückkehrten. Bereits vor der Potsdamer Konferenz hatten die Polen Hunderttausende von Deutschen in unmenschlichster Weise aus diesen Gebieten vertrieben. Beabsichtigt war, das waren Sinn und Ziel der Vertreibung überhaupt, in diesen Gebieten jedes Minderheitenproblem durch die radikale Vertreibung aller Deutschen zu verhindern. Sicher war dies auch eine Folge der rücksichtslosen Germanisierungspolitik Hitlers im Osten, vor allem in Polen.

Die Potsdamer Konferenz legte fest, die »Umsiedlung« in humaner und geordneter Weise durchzuführen. Davon konnte keine Rede sein. Die Berichte über die Vorgehensweise bei den Vertreibungen waren grauenhaft. Erst Anfang 1946 gab es aufgrund dieser Veröffentlichungen geregelte Transporte. So wurde zum Beispiel in Kohlfurt, einer Kleinstadt unweit der Lausitzer Neiße, britisches Militär zur Überwachung geordneter Vertriebenentransporte in die Britische Besatzungszone Deutschlands stationiert.

Von den etwa 9.576.000 Einwohnern der deutschen Gebiete östlich der Oder und Neiße kamen durch Flucht und Vertreibung 2.111. 000 Menschen ums Leben. Das bedeutet, dass fast jeder fünfte Bewohner dieser Region im Zusammenhang mit den Vertreibungen sterben musste.

In der Heimat meiner Großeltern mütterlicherseits, in Meseritz, in der Grenzmark Posen-Westpreußen, der späteren Mark Brandenburg, vertrieben die Polen beispielsweise schon am 26. Juni 1945 – die Potsdamer Konferenz begann erst am 17. Juli 1945 – bis auf ganz wenige Ausnahmen alle Deutschen. In Fußmärschen wurden diese Menschen bis an die Oder getrieben und dann sich selbst überlassen. Mitgenommen werden durfte nur Handgepäck. Einzig erlaubte Beförderungsmittel waren Schubkarren, Hand- und Kinderwagen. Unterwegs wurden weder Nahrungsmittel, Unterkunft oder sonstige Hilfen gewährt. Vor allem ältere Menschen und kleinere Kinder starben auf diesem Wege vor allem durch Hunger. Viele der Überlebenden trugen schwere Schäden davon. Dieser Fußmarsch dauerte für einen Großteil der Betroffenen bis zu fünf Wochen, bis sie nämlich die ihnen in der Sowjetischen Besatzungszone zugewiesenen Wohnorte erreicht hatten.

Im oberschlesischen Industriegebiet erfolgten die Ausweisungen im Gegensatz zu den übrigen Vertreibungsgebieten nach anderen Maßstäben. Die Industrie und die Zechen benötigten dringend Arbeitskräfte. Auch die Bereitschaft, für Polen zu optieren, war dort relativ groß. So wurden in den Sommermonaten 1945 Angestellte, Beamte und Angehörige anderer Berufsgruppen in der Regel in die Sowjetische Besatzungszone ausgewiesen. Andere wurden zunächst nur aus Oberschlesien abgeschoben. Einer mit unserer Familie befreundeten Familie, der Mann, Steiger, war im Januar von den

Sowjets erschossen worden, wurde ein Pole in die Wohnung gesetzt. Die Frau mit ihrer kleinen Tochter musste innerhalb einer kurzen Frist ihre Wohnung und Mechtal verlassen. So schlug sie sich nach Leobschütz zu Verwandten durch und wurden von dort gemeinsam mit allen Leobschützern 1947 endgültig vertrieben.

Als weiteres Beispiel mag der evangelische Pfarrer von Mechtal, Pastor Walter Zilz, dienen, der seit 1921 in Miechowitz-Mechtal gewirkt hatte. Am 22. August 1945 kam der Befehl der polnischen Machthaber, den Friedenshort innerhalb von vier Wochen zu räumen. Pastor Zilz und die Schwestern wurden aus Mechtal, das inzwischen in Miechowice umbenannt worden war, nach Niederschlesien ausgewiesen. Ein halbes Jahr später, im April 1946, wurde er endgültig ausgewiesen und gelangte mit einem Teil der Schwestern in die Britische Besatzungszone.

Auf besondere und nicht alltägliche Weise hat unsere Familie Mechtal verlassen. Eine Denunziation durch ein Mechtaler Ehepaar hatte im Juli 1945 zur Verhaftung meines Vaters durch die polnische Miliz geführt. Dieses Ehepaar K. war in der Nacht zuvor in unseren Keller eingebrochen und hatte alle unsere »Luftschutzkoffer« mit Kleidung, Wäsche und Wertsachen gestohlen. Das war uns allerdings zu diesem Zeitpunkt noch nicht bekannt. Am Morgen des 21. Juli hatten wir diesen Einbruch bemerkt. Geöffnete Einmachgläser standen unter den Jasminsträuchern auf dem Hof, das Kellerfenster samt Gittervorsatz war offen. Ein Blick in den Keller zeigte uns, dass die Luftschutzkoffer fort waren. Das, wie sich später herausstellte, diebische Ehepaar tat besonders entrüstet über eine solche Dreistigkeit und zeigte ohne unser Wissen den Einbruch bei der polnischen Miliz an. Mit der Mitteilung, mein Vater solle sich nach seiner Rückkehr bei der Miliz melden, kam das Ehepaar zurück. Als Vater von seiner Hamsterfahrt aus Laband zurückkehrte, ging er zur Miliz. Dort wurde nicht über den Einbruch verhandelt, vielmehr wurde mein Vater unter dem Vorwurf Mitglied der NSDAP gewesen zu sein verhaftet und in eine Zelle gesperrt. Unmittelbar danach erfolgte eine Durchsuchung unserer Wohnung durch die polnische Miliz. Alles wurde durchwühlt. Nur das Arbeitszimmer Vaters nicht, da es verschlossen war und der Schlüssel bei der Miliz lag. Also sollte dieser Raum später durchsucht werden. Mitgenommen wurden zwei gerahmte Bilder, die meine Schwester im April als einziges Geschenk zu ihrer Erstkommunion erhalten hatte und unsere beiden Fahrräder, die im Keller standen. Einer der drei oder vier Milizianten, ein polnischer Mechtaler, sagte mir in deutscher Sprache beim Weggehen: »Bring deinem Vater etwas zu essen ins Milizgebäude!« In einen Korb packten wir schnell notwendige Lebensmittel ein und legten sogar ein Messer zum Fertigmachen der Brote bei. Es war Samstag, der 21. Juli 1945, ein sehr heißer Tag. Wache vor dem Milizgebäude, dem ehemaligen deutschen Polizeisitz, hielt der Miliziant, der mich aufgefordert hatte, Vater etwas Essen zu bringen. Er führte mich die Treppen in den Polizeikeller hinunter, schloss die Zelle auf, in der Vater untergebracht war und ließ mich mit ihm allein. Der Inhalt des Korbes war nicht kontrolliert worden. Wir begrüßten uns und besprachen schnell, was nun zu tun sei. Vater gab mir eine Reihe von Hinweisen, was aus seinem Arbeitszimmer unbedingt heraus müsse. Weiterhin beauftragte er mich, zum Pfarrer Lerch der Kreuzkirche zu gehen und ihm über seine Verhaftung zu berichten. Zum anderen sollte ich einen ehemaligen Kollegen, inzwischen polnischer Lehrer, aufsuchen. Die Zeit war um. Ich musste gehen. Den Korb ließ ich zurück. Die Kreuzkirche und das dazu gehörende Pfarrhaus waren in der Nähe. Also ging ich sofort dorthin. Pfarrer Lerch öffnete persönlich die Tür und ließ mich hinein. Bei ihm war gerade ein Beuthener Jesuit angekommen, den die Polen am Vormittag aus seiner Beuthener Wohnung verjagt hatten. Unter Tränen berichtete ich Pfarrer Lerch von der Verhaftung Vaters. Er versprach mir, sich um die Angelegenheit zu kümmern. Danach suchte ich den besagten Lehrer in der Schlageterstraße auf. Der ließ mich nicht einmal auf sein Grundstück, sondern fertigte mich an der Gartenpforte mit der Bemerkung ab, dass er in dieser Sache nichts tun könne. Enttäuscht machte ich mich auf den Heimweg. Dort hatte sich im ganzen Haus inzwischen russisches Militär einquartiert. Alle Offiziere und Soldaten waren gerade eine Etage höher in der Wohnung der diebischen Elster, die für die Sowjets kochte. Lebensmittel hatten die Soldaten mitgebracht. Auch für uns fiel eine gute Suppe ab. Ein köstliches Essen im Vergleich zu unserem sonst üblichen Einheitsessen, das es fast täglich morgens, mittags und abends gab. Mit einem selbstgefertigten Dietrich öffnete ich das Arbeitszimmer meines Vaters, schaffte alles, was er mir aufgetragen hatte hinaus und versteckte es zunächst im Schlafzimmer unter den Elternbetten. Auch unsere Lebensmittelvorräte brachte ich dort in Sicherheit. Am Abend bezogen mehrere Sowjets unser Wohnzimmer und legten sich zum Schlafen nieder. Wir, meine Mutter und meine beiden Geschwister hatten uns im Schlafzimmer eingeschlossen. Die Soldaten verhielten sich ordentlich und nahmen auch nichts mit. Früh am Morgen verließen sie die Wohnung. Wir standen natürlich auch sofort auf und entdeckten im Wohnzimmer unter einem Sofakissen, das ein Soldat wohl als Kopfkissen benutzt hatte, dessen Pistole. Eine Waffe in der Wohnung war lebensgefährlich. Wir liefen den Soldaten nach und wiesen sie auf die vergessene Pistole hin. Ein Soldat holte sie aus unserem Wohnzimmer. Uns fiel ein Stein vom Herzen. Danach gingen wir alle zum Gottesdienst. Wir waren voller Sorge um den Vater. Ich war zuerst wieder daheim. Da der unruhigen Zeiten wegen die Haustür zur Straße hin immer abgeschlossen blieb, wollte ich über den Hof ins Haus. Als ich von der Einfahrt aus den Hof betrat, hörte ich Geräusche aus dem Arbeitszimmer Vaters. Ich stutzte. Auf einmal sah ich meinen Vater und lief voll Freude ins Haus. Was war geschehen? Pfarrer Lerch hatte noch am Samstag den Beauftragten der sowjetischen Ortskommandantur, August Staschek, einen Mechtaler Kommunisten, der von den Nazis verfolgt und eingesperrt worden war, aufgesucht. Dieser wiederum ging am Sonntagmorgen zum sowjetischen Kommandanten und klärte ihn über die Verhaftung meines Vaters auf, der nie der NSDAP angehört hatte. Die Sowjets waren ja im Besitz der Mitgliederlisten. Alle Parteimitglieder waren übrigens bereits in den Wochen zwischen Februar und Anfang April ohne Rücksicht auf das Alter oder den Gesundheitszustand verhaftet und bald darauf in die Sowjetunion verbracht worden. Beide Männer gingen nun zum polnischen Milizkommandanten. Auf Anordnung des sowjetischen Kommandanten mussten die Polen Vater am Sonntagvormittag, dem 22. Juli 1945, zugleich der 12. Geburtstag meines Bruders, wieder entlassen. So wurde dieser Tag ein Freudentag für die ganze Familie.

Ein polnischer Lehrer und ein polnischer Ingenieur, die seit einiger Zeit mit im Haus wohnten und uns gegenüber sonst immer sehr freundlich waren, unterhielten sich am Tag der Verhaftung meines Vaters im Flur – ich bekam das Gespräch mit, und stellten fest: »Er war doch ein Parteijnik« (»Mitglied der NSDAP)« Als sie meinen Vater nach seiner Entlassung das erste Mal begegneten, gratulierten sie ihm freundlichst dazu.

Dem diebischen Ehepaar K., das über uns in der Wohnung einer geflüchteten Mutter und ihrer Tochter wohnte, kamen wir bald auf die Schliche. Wir recherchierten: Am Abend des 20. Julis, wir waren bereits alle im Bett, klingelte es zu später Stunde an unserer Wohnungstür. Ich stand auf und fragte an der Tür: »Kto tam jest?« (Wer ist dort). Unsere Mutter sprach kein Wort Polnisch, so dass wir Kinder, die wir uns einige Polnischkenntnisse angeeignet hatten, solche Angelegenheiten übernahmen. An der Tür war die diebische Elster. Scheinheilig fragte sie, ob bei uns alles in Ordnung sei und ob wir schon im Bett wären. So etwas hatte sonst noch niemand getan und gefragt. Ich dachte mir nichts dabei und beruhigte Mutter und die Geschwister: »Es war nur Frau K.« Eines Tages beobachtete mein Bruder, wie Herr K. Sachen aus unseren gestohlenen Koffern in gebückter Haltung aus dem Keller nach oben in seine Wohnung brachte. Meinen Bruder hatte er in der Eile seiner »Arbeit« nicht gesehen. Nun war uns alles klar, auch das Klingeln an unserer Wohnungstür am Abend des 20. Julis. Wir konnten nichts tun und mussten schweigen. Noch einmal, am Abend des 14. Mai 1946, schwärzten sie uns bei der polnischen Miliz an. Das Bestreben meines Vaters und unserer ganzen Familie war von da an, möglichst bald und ohne Lageraufenthalt aus Mechtal herauszukommen. Mutige junge Mechtalerinnen hatten sich mit Hilfe sowjetischer Soldaten bis in das Grenzgebiet an der Neiße, nach Kohlfurt und über die Grenze in die SBZ gewagt und herausgefunden, wie man in den Westen gelangen konnte.

Nachdem bekannt geworden war, dass die Briten in Kohlfurt die für die Britische Besatzungszone bestimmtem Vertriebenentransporte übernehmen und auf eine humane Behandlung der vertriebenen Menschen achten würden, galt es, sich bis dort irgendwie auf eigene Faust durchzuschlagen. Da wir Verwandte in Ostoberschlesien hatten, das von 1922 bis 1939 zu Polen gehörte, versuchte mein Vater alles um den Polen nichts von unserem Besitz zu überlassen. Wir Kinder sammelten leere Kartons von »UNRRA-Paketen«, die den Bergleuten von Zeit zu Zeit zugeteilt worden sind. In diese Kartons wurden Bücher, Haushaltsgeräte usw. verpackt. All dies musste unter größten Vorsichtsmaßnahmen und völlig unauffällig geschehen, um nicht wegen des verbotenen Transfers von Privateigentum in ein Lager gebracht zu werden. Niemand von uns hat auch nur ein Wörtchen darüber verloren. Unseren Freunden sagten wir, wir zögen nach Knurów, wo Vater eine Arbeit bekommen hätte. Dennoch verkaufte ich meine Skier für 150 RM an einen Freund. Nach langen Vorbereitungen stand der Termin für unseren Weggang fest: Dienstag, der 14. Mai 1946. In den Abendstunden, viele Menschen gingen gerade zur Maiandacht, fuhr ein LKW vor unserem Wohnhaus vor. Pakete und Möbel wurden schnell aufgeladen. Der Lastwagen brachte die Sachen nach Gieraltowitz bei Knurów und war relativ schnell wieder zurück. Der Rest wurde verstaut. Die Denunzianten vom Juli 1945 und eine weitere Frau aus unserem Wohnhaus, die sich bei der alten Frau K. eingenistet hatte, waren zur Miliz gegangen, die auch prompt erschien. Ein langes Verhandeln zwischen der Miliz und den Ostoberschlesiern begann. Wie meist in der

Collage über unsere Vertreibung 1946

damaligen Zeit half eine massive Bestechung. Die Miliz zog ab, und wir konnten losfahren. Viele Bewohner der Fasaneriestraße brachten uns zum Abschied wunderbare Wurst- und Schmalzbrote, von denen wir bisher nur träumen konnten. Am Ende war ein halber Kartoffelsack gefüllt. Leider konnten wir nicht alle dieser guten Brote mitnehmen. Später sehnten wir uns danach zurück. Wir hockten inmitten der Möbel auf dem Lkw. An einer Kreuzung wurde der Wagen von einer Milizstreife angehalten. Einige Geldscheine hatten auch dieses Problem schnell gelöst. Es folgte eine kurze Nacht in Gieraltowitz bei der Familie von Vaters Bruder Michael. Nach dem Frühstück ein herzlicher Abschied. Vater und sein Bruder sollten sich nicht mehr wiedersehen. Ein Lkw brachte uns mit unserem »Reisegepäck« nach Laband bei Gleiwitz, wo wir nach einem guten Mittagessen Abschied von unseren Verwandten und auch von unserer Heimat nahmen. Die Familie der Schwester Vaters brachte uns zum Bahnhof. Das Gepäck wurde auf einem Handwagen transportiert. Jeder von uns hatte einen Rucksack, Mutter einen Koffer, und einen Ballen mit einem Kopfkissen, Bettwäsche, Schuhen und anderen Kleinigkeiten. Am Bahnhof ging es schnell. Wir verabschiedeten uns voneinander. Für Vater und seine Schwester war es ebenfalls ein Abschied für immer. Mit dem Zug ging es die wenigen Kilometer nach Gleiwitz. Der Bahnsteig, von dem uns ein Zug in Richtung Kohlfurt bringen sollte, war übervoll von Menschen. Eine Mechtaler Familie, die mit uns das Unternehmen wagte, erwartete uns bereits. Der Mann hatte in Stalingrad einen Arm und ein Bein verloren und war in letzter Stunde ausgeflogen worden. Inzwischen haben er und seine Frau bereits seit Jahren die Diamantene Hochzeit hinter sich. Kürzlich verstarben beide nacheinander. Er war bereits über 90 Jahre alt. Das Warten auf den Zug zog sich endlos hin. Zwischendurch kontrollierte uns noch einmal die Miliz. Nach einigem hin und her ließ sie uns zufrieden. Endlich lief der nur aus Güterwagen bestehende Zug ein. Die Menschen stürmten die Eingänge. Mit großer Mühe fanden auch wir einen Platz in einem Waggon. Wir lagen kreuz und quer zwischen unserem Gepäck und konnten weder richtig stehen noch sitzen. Erleichtert atmeten wir auf, als der Zug sich endlich in Bewegung setzte. Es wurde eine schreckliche und endlose Fahrt. Ich hatte unterwegs einen unendlichen Druck auf meiner Blase. Als ich es nicht mehr aushalten konnte, verrichtete ich mein Geschäft in meinem Essentopf und versuchte danach, den Urin aus der Wagenöffnung zu gießen. Dabei bekam eine dort stehende Polin wohl einige Spritzer ab und begann fürchterlich zu schimpfen. Gegen 0.30 Uhr kamen wir in Kamenz an.

Hier mussten wir umsteigen. Von unserem Gepäck waren noch im Waggon die größeren Stücke verschwunden. Die Polin aus dem Waggon zeigte uns bei der Bahnhofsmiliz an, die uns auf dem Bahnsteig sogleich in Empfang nahm. Zunächst hieß es, wir müssten in ein Lager. Nach einer Weile winkte der oberste Miliziant ab und ließ uns gehen. Vorher hatte er Vater noch um 1.600 RM aus der Innentasche seiner Jacke erleichtert. Besondere Wertsachen und auch Geld hatte mein Vater im Unterteil seiner Beinprothese versteckt und auch gerettet. Auf einem Abstellgleis stand ein aus regulären Personenwagen bestehender Zug nach Liegnitz bereit. Dort durften wir einsteigen und den Rest der Nacht verbringen. Am hellen Tage nun sahen wir zerstörte Gebäude, und vor allem viele brach liegende Felder. Gegen Mittag erreichten wir mit diesem Zug Liegnitz. Auch hier wurden wir sofort von der Miliz in einen Raum in einer Unterführung gezwungen und mussten all unser restliches Gepäck vorzeigen bzw. unsere Rucksäcke auf einem Tisch ausschütten. Alles, was noch irgendwie wertvoll war, wurde uns weggenommen. Ein Milizmann taste mich ab. Sicher suchte er nach versteckten Wertgegenständen. Dabei stellte er mir Fragen nach der beruflichen Tätigkeit meines Vaters vor allem bezüglich der Fotoapparate, welche die Miliz in unseren Rucksäcken gefunden hatte. Meine Mutter, die sich weigerte, ihre Pelzjacke herzugeben, erhielt eine saftige Ohrfeige und war die Jacke los. Auch die Uhren, Armbanduhren, die mein Vater uns durch einen befreundeten Beuthener Uhrmacher wieder beschafft hatte, wechselten die Besitzer. Nach der Kontrolle mussten wir schnell einpacken und eine weiße Armbinde anlegen, die uns als Deutsche kennzeichnen sollte. »A teraz na peron drugi!« (»Und jetzt zum Bahnsteig II!«) rief uns ein Miliziant nach. Stolz ob der weißen Armbinde zogen wir trotz der Plünderung froh zum Zug, der uns nach Kohlfurt bringen sollte. Am Nachmittag des 16. Mai 1946 hatten wir dann endlich Kohlfurt, das Ziel unserer »Reise«, erreicht. Das Bahnhofsgelände glich einem Heerlager. Überall Familien inmitten ihres verbliebenen Gepäcks. Da wir noch Zlotys besassen, wollten wir diese in der Stadt in Lebensmittel umsetzen. Heimlich verließen mein Bruder und ich wie auch viele andere Menschen das Bahnhofsgelände und kauften in einem Laden hinter dem Bahnhof verschiedene Lebensmittel ein. Bei der Rückkehr lauerte die Miliz auf alle Rückkehrer vom Einkauf. Meinen Bruder bekam sie zu fassen, nahm ihm alles Eingekaufte ab und ging mit ihm zu meinen Eltern. Ich beobachtete das Geschehen, hielt mich in der Menge versteckt und ging erst wieder zu meiner Familie, als die Luft rein war. So hatten wir wenigstens

Bahnhof in Kohlfurt 2006 – unverändert wie 1946

einige Lebensmittel gerettet. Eigenartigerweise hinderte die Miliz trotz des Verbotes niemanden am Verlassen des Bahnhofgeländes. Sie wartete auf die Rückkehr, um dann entsprechende Beute machen zu können. So war den Geschäftsleuten gedient, die das Geld einnahmen und den Milizianten, die die eingekauften Waren wegnahmen.

60 Jahre später, am Vormittag des 25. Juli 2006, sah ich den Bahnhof Kohlfurt wieder. Das riesige Bahnhofsgelände und auch das Geschäft, in dem wir eingekauft hatten, bot sich fast unverändert meinen Blicken dar. Der Anblick dieser Stätte und die Erinnerung an die damaligen Ereignisse wühlten mich stark auf.

Die Nacht zum 17. Mai 1946 verbrachten wir in der Bahnhofshalle. Auf dem Steinfußboden, die Rucksäcke als Kopfkissen gebrauchend und ohne jede Decke schliefen wir, so gut es in dieser kühlen Nacht eben möglich war. Um alle Decken, in die wir Kissen, Bettwäsche und Schuhe eingepackt hatten, waren wir bereits unterwegs erleichtert worden. Am Morgen begann die Registrierung und die Zuweisung zu einem Transport. Die britischen Militärs nahmen eine Entlausung mit DDT vor. Und die Polen kontrollierten ein letztes Mal das Gepäck. Bei uns war nichts mehr zu holen. Gegen 17 Uhr fuhr der Zug ein, unendlich lang, zusammengesetzt aus lauter Güterwagen. Er war voll mit Vertriebenen aus Landeshut. Mit einigen Zusteigern erhielten wir einen leeren Waggon in der Mitte des Zuges zugeteilt. Bald setzte sich der Zug in Bewegung. Kurz nach 19 Uhr überquerten wir die Neiße. Ein Glücksgefühl kam in uns auf. Endlich waren wir dem polnischen Einflussbereich entronnen. Wir fuhren durch Wehrkirch, Hoyerswerda und viele andere Städte. Der Zug fuhr die ganze Nacht hindurch. Wir schliefen auf dem rohen Waggonboden. Draußen war es kühl, und wir froren. Auf irgendeiner Station wurde ein Brot pro Familie hereingereicht. Über Dessau gelangten wir am frühen Morgen nach Magdeburg. Hier hielt der Transport längere Zeit. Auf dem Bahnsteig waren riesige Klosettanlagen, Plumpsklosetts, errichtet, Sitz an Sitz, völlig offen und allen Blicken ausgesetzt. Mittags, es war Samstag, der 18. Mai 1946, verließ der Zug zwischen Marienborn und Helmstedt die Sowjetische Besatzungszone. Ein nochmaliges Aufatmen. Nun hatten wir auch den sowjetischen Machtbereich hinter uns. Von Helmstedt waren es nur noch wenige Kilometer bis Alversdorf, der Endstation für diesen Transport. Registrierung, Verpflegung. Zum ersten Mal seit Tagen eine warme Suppe. Danach, es war ein imposantes Bild, saßen Hunderte von Vertriebenen dieses Transportes bei strahlendem Sonnenschein inmitten ihres Gepäcks auf dem Lagerplatz und warteten auf den Weitertransport. Wir bedauerten, keinen Fotoapparat mehr zu haben. Unzählige rote Reichsbahnbusse standen bereit. Gegen Abend ging es weiter. Nach etwa zwölf Kilometern kamen wir im Nissenhüttenlager Jerxheim-Bahnhof an, unmittelbar an der Grenze zu Sowjetischen Besatzungszone. Jeder Familie wurde eine Koje, sie glich einem Stallpferch, zugewiesen. Der Boden war mit Stroh bedeckt. Es gab eine für uns ungewohnt gute Verpflegung. Danach legten wir uns müde und erschöpft, aber dennoch zufrieden in unsere Koje und schliefen fest in den Sonntag hinein. Das Waschen am Morgen erfolgte an einem einfachen Wasserhahn. Irgendwann am späten Vormittag tauchten Trecker mit offenen Anhängern aus der näheren und weiteren Umgebung auf. Jedem Gefährt wurden einige Familien zugeteilt. Dann ging es einem uns unbekannten Ziel entgegen, nach Runstedt. Zum ersten Mal konnten wir unterwegs unsere neue »Heimat« erleben: Gepflegte Dörfer und bebaute Felder, eine abwechslungsreiche und hügelige Landschaft. Nach gut zwanzig Kilometern waren wir am Ziel.

In der »neuen« Heimat

So waren wir mit nur noch geringem Gepäck nach vielen unterwegs erlittenen Schikanen am frühen Nachmittag des 19. Mai 1946, einem Sonntag, mit dreißig weiteren Männern, Frauen und Kindern in Runstedt im Kreise Helmstedt angelangt, darunter die andere Mechtaler Familie.

Der Gemeindedirektor begrüßte uns Neuankömmlinge auf dem Hof des Dorfkruges, sprach vom Verlust der Heimat und wünschte einen guten Aufenthalt im neuen Heimatort. Jede Familie oder Einzelperson bekam einige Haushaltsgeräte. Wir erhielten jeder ein zusammensteckbares Alu-Militärbesteck und für den Hausgebrauch ein Küchenmesser, das uns viele Jahre hindurch gute Dienste leistete. Danach erfolgte die Verteilung auf einzelne Häuser des Dorfes. Ein etwa vierzehn Jahre alter Junge führte uns über eine Wegabkürzung in unser Quartier in der Hinterstraße Nr. 48, einem Landarbeiterhaus, das dem Bauern A. gehörte und dessen Räume viele Schäden aufwiesen. Von den Hausbewohnern, der alten Frau R. und den Familien R. und H. wurden wir freundlich empfangen. Sie hatten für uns den Tisch gedeckt und luden zum Kaffee ein.

Anschließend nahmen wir unsere »Wohnung« in Augenschein und waren erschüttert. »Hier bleiben wir nicht!«, war der einhellige Kommentar. Wir wollten in den Kreis Duderstadt zu einem Freund Vaters. Das aber war, wie wir erfuhren, nicht realisierbar. Niemand von uns ahnte, dass wir über vier Jahre in dieser Behausung und die Eltern fast zwanzig Jahre in diesem Ort leben sollten. Eine Küchenwand lag im Erdreich und war total durchnässt, in einer Ecke stand ein frisch gemauerter Herd, an der feuchten Wand ein schmuddeliger »Küchenschrank« mit ein wenig Geschirr. Unmittelbar vor den beiden kleinen Fenstern dampfte ein Misthaufen, in dessen Ecke ein Plumpsklosett ohne Grube für die damals dreizehn und bald danach fünfzehn Hausbewohner stand. Eine Woche vorher noch hatten wir daheim ein WC in der Wohnung zur Verfügung. Außer der Küche hatten wir ein Wohnzimmer, von dessen Wänden der Lehm bröselte, eine schmale Kammer und oben eine Art Schlafkammer mit zwei Dachverschlägen. Die Bettdecken waren schwer und feucht, die Inletts verschlissen und ließen die Federn durch. Morgens war das Zimmer weiß. Schon bald mussten wir zudem feststellen, dass die Wohnung, vor allem im oberen Bereich, völlig verwanzt war. Unter diesen Viechern hatte besonders ich zu leiden. Monate später nach dem Einsatz eines Kammerjägers, hörte diese Plage auf. Die zerschlissenen

Betten ersetzten nun Militärdecken, die wir irgendwo herbekommen hatten. Sie dienten uns bis etwa 1950/51 als Bettdecken. Während der kalten Winter waren sie nicht immer genügend warm. In diesem relativ kleinen Haus lebten bis Mitte 1950 fünfzehn Personen im Alter von 0 bis etwa 65 Jahren, sieben Erwachsene und acht Kinder bzw. Jugendliche.

Am Tag darauf erfolgte die Anmeldung bei der Gemeinde in der Straße nach Wolsdorf. Bei dieser Gelegenheit erhielten wir auch die Lebensmittelkarten. Das alltägliche Leben in der neuen Heimat hatte uns erreicht. Darauf folgte eine zunächst flüchtige Inaugenscheinnahme des Ortes. Die alten Braunkohletagebaue waren besonders für uns Kinder reizvoll, etwas Neues und Interessantes. Rings um den Ort lagen die schönen und großen Buchenwälder von Elz und Eiz. Mit einer jungen Frankensteinerin unseres Transportes unternahmen wir Kinder viele Spaziergänge in den Eiz und zu den stillgelegten Tagebauen. Auf dem Rückweg kehrten wir häufig in der Gastwirtschaft Meyer, dem Dorfkrug, ein und labten uns an einem der wenigen dort erhältlichen Getränke.

Am Tag nach unserem »Einzug« in dieses Haus lud uns der Eigentümer, der Landwirt A., Besitzer eines mittelgroßen Hofes, zum Mittagessen ein. Es gab ein Eintopfgericht, das wir allein in einem kleinen Raum einnahmen. Vom Abendessen an, lebten wir von den knappen Rationen, die uns nach den Lebensmittelkarten zustanden. Anfangs, uns fehlte die Übersicht, kauften wir etwas zu großzügig auf diese Karten ein und kamen schnell in eine Lebensmittelklemme. Die meisten Vertriebenen waren zunächst in der Landwirtschaft oder bei den BKB (Braunschweigische Kohlen-Bergwerke) untergekommen und hatten genügend zu essen, was bei uns leider nicht der Fall war.

Radios gab es nicht und Tageszeitungen erschienen nur an bestimmten Wochentagen und waren kaum erhältlich. In Helmstedt war die jeweilige Ausgabe in einem Schaukasten ausgehängt. Dort holten wir uns die notwendigen Informationen. Die erste Zeitung nach unserer Ankunft erschien zwei Tage später, sechsseitig, am Dienstag, dem 21. Mai 1946. Es war die Nr. 39 der »Braunschweiger Zeitung« ihres 1. Jahrganges (Nachkriegsjahrganges). Die in dieser Ausgabe angesprochenen Probleme kennzeichnen allgemein die frühe Nachkriegszeit und vor allem das Jahr 1946. Nachstehend eine Auswahl der Schlag- und Titelzeilen:

»Sicherung der Lebensmittelzüge«

Drastische Maßnahmen der Militärregierung – Polizei begleitet wichtige Transporte

»Rationen unverändert« für die Periode vom 27. Mai bis 25. Juni.

»Moskau lehnt ab« Generalissimus Josef Stalin hat die Aufforderung von Präsident Truman, mit den USA und Großbritannien in der Bekämpfung der Welthungersnot zusammen zu arbeiten, abgelehnt.

»Kriegsverbrecherprozesse« Bericht über den Nürnberger und einen Celler Kriegsverbrecherprozess und solche in Braunschweig und Helmstedt. In Helmstedt waren acht Frauen und Männer angeklagt, in Wolfsburg und Rühen eine Anzahl polnischer und russischer Kinder durch absichtliche Vernachlässigung getötet zu haben. Für den Prozeß waren etwa drei Wochen angesetzt. Er fand im Kreisjägerhof statt.

»Überflüssige Reisen unterlassen« Aufruf der »Deutschen Reichsbahn«: Bahnpolizei werde das Mitfahren auf Trittbrettern, Puffern, Wagendächern und in Bremshäuschen unterbinden

»172.000 Besucher in Leipzig« darunter 13.000 aus den Westzonen und 292 aus dem Ausland, die der Leipziger Messe einen Besuch abstatteten.

»Entnazifizierung« Die Bevölkerung des Landes Braunschweig wurde im Zusammenhang mit der Entnazifizierung aufgefordert, Angaben über besondere nationalsozialistische Aktivitäten dem Staatsministerium in Braunschweig mitzuteilen (nicht anonym).

»2 1/2 Millionen Kriegsgefangene entlassen«

»Gesundheitszustand verbessert« Erkrankungen an allen ernsten Infektionskrankheiten sind seit Januar in der britischen Zone laufend geringer geworden

»Sozialisierung des Bergbaus gefordert« (von den Gewerkschaften)

»Schafft den Felderschutz!« Niemand sollte nachts Felder ohne besonderen Ausweis betreten dürfen, um den stark zugenommenen Felddiebstählen entgegenzuwirken. Selbst die Saatkartoffeln wurden aus den Feldern geholt, was eine Ernte zunichte machte. Saatkartoffeln waren kaum erhältlich. Nur durch Einfuhren konnte die zur Aussaat erforderliche Menge aufgebracht werden.

»Medizin gehört den Kranken« Gewarnt wurde unter Androhung von Zuchthaus- und Gefängnisstrafen vor dem Horten medizinischer Heilmittel und der Weigerung, die in genügender Menge hergestellten Medikamente an die Apotheken zu liefern.

»Todesanzeigen« Elf Anzeigen für gefallene oder in der Kriegsgefangenschaft verstorbene Soldaten

Immer wieder berichteten die Zeitungen in der Folgezeit über die vielen Grenzgänger, über Grenzführer aller Art, über Raub und Mord an der Zonengrenze. Die Zeitung brachte Fotos von völlig – oft bei eisiger Kälte – durchnässten Menschen. Sie entzündeten Feuer, tanzten und sprangen z.T. nackt um sie herum, um sich selbst warm zu halten und ihre Sachen zu trocknen.

Abend für Abend kamen bis zu hundert Flüchtlinge aus der SBZ schwarz über die Grenze, um für eine Nacht auszuruhen. So viel Elend und Not von geschundenen Menschen, von vor Hunger weinenden Kindern, ist kaum vorstellbar. Bleiben durften diese Menschen nicht. Sie mussten weiterziehen.

Helmstedt, die Kreisstadt, lag gut sechs Kilometer entfernt. Meist legten wir den Weg nach Helmstedt und danach auch nach Schöningen zu Fuß zurück. Bald suchten wir die Stadt auf und lernten zunächst vorwiegend die Neumärker Straße, den Gröpern, den Markt, den Holzberg und den Papenberg kennen. Kürzer war der Weg in das östliche Nachbardorf Harbke, das in Sachsen-Anhalt und damit in der Sowjetischen Besatzungszone lag. Damals war es noch leicht, in diesen Ort zu gelangen. Der Weg zur Zonengrenze führte über die höchste Erhebung Runstedts, den 155,5 m hohen Hungerberg. Verwandte beider Orte besuchten sich gegenseitig, Mannschaften der Sportvereine trafen sich regelmäßig zu Spielen und Wettkämpfen.

Menschen aus allen Teilen Deutschlands drängten sich in Runstedt auf engstem Raum zusammen: Insgesamt waren es 483 Flüchtlinge und Vertriebene aus den deutschen Ostgebieten und aus dem Sudetenland, 76 Ausgebombte und Evakuierte aus Berlin, aus Teilen Niedersachsens, aus dem Ruhrgebiet, aus dem Rheinland und 28 Flüchtlinge aus dem Bereich der damaligen Sowjetischen Besatzungszone (SBZ), die im Laufe der ersten Nachkriegsjahre in Runstedt lebten. Die Einwohnerzahl des Ortes war z.B. von 875 Einwohnern im Jahre 1939 auf 1.298 (+ 67,4 %) im Jahre 1946 angestiegen. Viele Alltagsnöte und -sorgen bestimmten das tägliche Leben. Die Vertriebenen und Flüchtlinge mussten sich nicht nur auf ihre neue Umgebung einstellen. Sie hatten zum Teil ihre Angehörigen auf der Flucht verloren. Zahlreiche Familien waren auseinander gerissen worden. Die Einheimischen konnten sich nicht an die neuen Mitbürger gewöhnen. Zwistigkeiten blieben nicht aus. Die einen hatten alles verloren, die anderen mussten eng zusammenrücken. Es gab viele Einheimische, die geholfen haben, wo sie nur konnten. Es gab aber auch solche, die die Vertriebenen zum Teufel wünschten. Kartoffelkäfer war eine der wohl schäbigsten Bezeichnungen für die »Zugereisten«, eine weitere »Rittergutsbesitzer«. Letztere war wohl darin begründet, dass so manch ein Flüchtling oder Vertriebener beim Erzählen von seinen früheren Besitztümern reichlich aufschnitt, so dass dieser Eindruck entstand.

Jeder Vertriebene sah sich nach einem Arbeitsplatz um. Viele ehemalige Bauern kamen als Landarbeiter auf einem der verschiedenen Bauernhöfe unter. Ein Großteil der Dorfbevölkerung war in der auf Hof und Feldern sehr personalintensiven Landwirtschaft tätig. Andere fanden bei den Braunschweigischen Kohlenbergwerken, einem der begehrtesten Arbeitgeber, Arbeit und Brot. Beide dieser Arbeitsplätze boten in der damaligen Zeit ungewöhnliche Vorteile bezüglich zusätzlicher Lebensmittel. Bei den BKB gab es außerdem bald Punktkarten, die zum Kauf zusätzlicher Textilien und Haushaltsgegenstände berechtigten. Für den Normalverbraucher stand weniger auf dem Tisch. Für ihn gab es auch keine Bekleidung oder Haushaltsgeräte.

Bald nach unserer Ankunft ging es um den Besuch einer Schule. Bis zum 18. Januar 1945 hatten mein Bruder Klaus und ich das humanistische Hindenburg-Gymnasium in Beuthen in Oberschlesien besucht. Unterlagen hatten wir nicht. Die Zeugnisse waren bei der Schule und von den Polen im Frühsommer 1945 vernichtet worden. Versuche, an der Helmstedter Oberschule unterzukommen, scheiterten wegen deren angeblicher Überfüllung. So blieb uns nichts anderes übrig, als die Runstedter Dorfschule mit den Klassen 1 bis 4 und 5 bis 8 zu besuchen. Seit dem 18. Januar 1945 hatten wir keine Schule mehr besucht. Meine Schwester kam in die dritte, mein Bruder in die sechste und ich in die achte und damals letzte Klasse. Die Klassen waren sehr groß. So zählte 1946 die dritte Klasse 25 und die vierte Klasse 22 Mädchen und Jungen. Beide Klassen wurden gemeinsam von einem Lehrer unterrichtet, also mit insgesamt 47 Schülerinnen und Schülern. Der Unterricht begann um 8 Uhr und endete um 13.15 Uhr. Bis zu den Herbstferien 1946 unterrichteten die Lehrer Perl und Dräger, nach diesen auch Vater an der Schule. Alle drei Lehrer waren Flüchtlinge oder Vertriebene. Da die Schülerzahl enorm zugenommen hatte, wurden die Jahrgänge im Herbst 1946 anders aufgeteilt: In das 1. und 2., in das 3. und 4. und in das 5. bis 8. Schuljahr. Später, von 1947 an, gab es wegen Raummangels Nachmittagsunterricht in der Zeit von 13 bis 17.15 Uhr.

Mir fiel es anfangs sehr schwer, mich an diese Schule zu gewöhnen. Häufig ging ich nur bis zur Schule und machte wieder kehrt. Allmählich gewöhnte ich mich an diese Schule und ging dann sogar sehr gern hin. Unser Klassenraum war im Obergeschoss des Gebäudes. Wir Schüler der 8. Klasse saßen ganz hinten auf der rechten Klassenseite in Viererbänken. Zur Fensterseite hin konnte niemand heraus. Herr Otto Perl, unser Klassenlehrer, zugleich Schulleiter, ein bereits 64-jähriger Herr, ebenfalls Vertriebener aus Lötzen in Ostpreußen, nannte diese Ecke manchmal wohl nicht ganz ernst gemeint die »Räuberhöhle«. Die Mädchen hatten ihre Plätze vor uns Jungen. Der Unterricht begann stets mit dem Kopfrechnen, bei dem viele Rechenvorteile angewandt wurden, so dass neue Schüler und auch ich zusehen mussten, uns schnell rein zu finden.

Ansonsten hatten wir vorwiegend Deutsch und Rechnen. An die anderen Fächer kann ich mich nur noch schwach erinnern: etwas Erdkunde, Naturkunde (Biologie), Naturlehre (Physik/Chemie) und Religion. Geschichte wurde gar nicht unterrichtet. Das unangenehmste Fach war Musik. Hier wurde ohne vorherigen Unterricht, zwischendurch wurden wohl mal einige Lieder gesungen, fast nur für das Zeugnis geprüft. Die meisten von uns im Stimmbruch befindlichen Jungen weigerten sich, zur Benotung im Fach Musik ein Lied vorzusingen. Das brachte natürlich glatt eine Fünf ein, mit der wir später auch die Schule verließen. Sport wurde nur im Sommer erteilt. Er spielte sich auf dem Schulhof ab und bestand fast durchweg aus Leichtathletik und gymnastischen Übungen. Am Zaun zur Hauptstraße war eine Springgrube, die einzige sportliche Errungenschaft der Schule. Außer dem Weitspringen übten wir hier auch den Hochsprung. Irgendwann erhielten wir im Laufe des Sommers einmal in der Woche oder vierzehntägig am Nachmittag Verkehrsunterricht vom Dorfpolizisten.

Im Deutschunterricht lernten wir zahlreiche Gedichte kennen, die ich bis heute nicht vergessen habe. Sie wurden im Chor und mit verteilten Rollen aufgesagt: »Nis Randers« von Otto Ernst (Krachen und Heulen und berstende Nacht), »John Maynard« von Theodor Fontane, »Des Sängers Fluch« (»Es stand in alten Zeiten … «) von Ludwig Uhland, »Der Lotse« (»Siehst du die Brigg dort auf den Wellen?«) von Heinrich Ludwig Giesebrecht und von Annette von Droste-Hülshoff »Der Knabe im Moor« (»Oh, schaurig ist's, übers Meer zu gehn … «) und andere.

Die meisten von uns vertriebenen Schülern hatten weder irgendeinen Tornister oder einen Beutel noch Hefte oder gar Bücher. Geschrieben wurde zum

Teil auf Sackpapier, das von Schnitzelsäcken der Zuckerfabrik stammte. An Hefte kamen wir nur äußerst selten gegen einen entsprechenden Anteil von Altpapier heran. Woher aber sollten wir dieses bekommen? In Helmstedt gab es irgendwann kleine graue Beutel aus Militärbestanden, die uns dann als »Schultaschen« dienten. Zwischen den einheimischen und vertriebenen Kindern gab es übrigens keinerlei Probleme. Wir verstanden uns einfach, als wären wir immer zusammen gewesen.

Insgesamt aber hatten wir in dieser Schule sehr viel Spaß: Da sollte ein Schüler seinen Aufsatz vorlesen, den alle als Hausaufgabe anzufertigen hatten. Er hatte ihn aber nicht geschrieben, stand auf, nahm sein Heft und begann zu lesen, blätterte auch weiter. Der Lehrer merkte nichts. Ein anderer Schüler versuchte das später ebenfalls, starrte beim Lesen immer nur auf eine Stelle und begann etwas zu stottern. Herr Perl ließ sich das Heft zeigen und der »Schwindel« flog auf. Dann gab es Schüler, die während des Unterrichtes unter den Bänken kreuz und quer durch die Klasse krochen, ohne erwischt zu werden. In der Regel holten sie sich Schulaufgaben von einem Freund oder wollten sich nur beweisen. Ich habe damals so manchen Aufsatz für Mitschüler geschrieben. Ein sportlich veranlagter Junge machte in den engen Viererbänken des öfteren während des Unterrichtes in dem übervollen Klassenraum einen Kopfstand. Ich sehe Alexander A. noch vor mir. Oder wir banden den Mädchen vor unseren Plätzen die Zöpfe zusammen. Da Herr Perl die Schüler der Klasse in verschiedenen Abteilungen unterrichten musste, war es ihm nicht möglich, stets alle Schüler im Blickfeld zu haben.

Stellte ein Schüler außerhalb der Schule und des Unterrichtes etwas an, meldeten die »Geschädigten« dies dem Lehrer. So hatte ein Junge beim Bäcker Herzog einige Brötchen mitgehen lassen, vielleicht, weil er Hunger hatte. Der Bäcker zeigte den erkannten »Übeltäter« beim Lehrer an. Der Junge, gewarnt, erschien am anderen Morgen mit einem gut gepolsterten Hinterteil in der Schule. Gleich zu Beginn des Unterrichtes musste er nach vorn kommen und sich über die Bank legen. Als der Lehrer den Rohrstock in Aktion setzte, schrie der Junge wie am Spieß, obwohl er nichts spürte. Bei einem anderen Vorfall bald danach ereilte ihn das Schicksal ungeschützt.

Im Sommer mussten wir uns zum Kartoffelkäfer-Sammeln nachmittags vor der Schule treffen. Gemeinsam mit dem aufsichtführenden Lehrer ging unsere große Gruppe zum Eiz. Unser Begleitlehrer setzte sich an den Waldrand. Und wir suchten »intensiv« nach Kartoffelkäfern. Das Feld ging zunächst bergan und wurde danach abschüssig. Sobald der Lehrer uns nicht mehr sehen konnte, rannten wir den Hang hinunter bis zu den Apfelbäumen an der damaligen Reichsstraße 244 (später Bundesstraße), packten unsere Taschen voll mit Frühäpfeln und eilten wieder den Hang hinauf, bis wir wieder zu sehen waren. Dann ging es langsam weiter bis zum Waldrand. Kartoffelkäfer haben wir nicht gefunden. Wir hatten allerdings auch ein Feld abzusuchen, das wohl nicht befallen war. Selten nur bekamen wir einen irgendwo aufgelesenen Kartoffelkäfer zu Gesicht, um überhaupt eine Vorstellung von ihm zu bekommen. Während des Sommers hieß es auch Heilkräuter zu sammeln, die zur Herstellung von Medikamenten dienen sollten. Wir trockneten die von uns gesammelten Kräuter in einer unbenutzten kleinen Bodenkammer und gaben sie dann in der Schule ab: Blätter wilder Himund Brombeeren, Blätter von Trauerbirken, Huflattich, Johanniskraut, Schachtelhalm, Schafgarbe, Spitzwegerich, echte Kamille, Liebstöckel und viele andere Kräuter mehr. Dadurch habe ich damals sehr viele Kräuter kennen gelernt. Täglich während der großen Pause war Abgabezeit. Herr Perl »wog« das Abgegebene, indem er es in die Hand nahm, anhob und das Gewicht bestimmte. Dies trug er dann neben dem entsprechenden Schülernamen in seine Liste ein. Eigenartigerweise kamen dabei die Jungen immer besser weg als die Mädchen. Wir merkten es daran, dass wir manchmal ein von den Mädchen bereits abgegebenes Bündel noch einmal »abgaben«. Das vom Lehrer festgestellte Gewicht war immer wesentlich höher als das bei den Mädchen für dasselbe Bündel. Manch ein Flegel ließ vorsichtig einige Blattläuse auf Herrn Perls Glatze fallen. Alle freuten sich, wenn dieser dann mit seiner Hand auf seinen Kopf schlug oder sich dort kratzte. Viel Spaß machte uns im Spätsommer das nach Sorten getrennte Verpacken der Heilkräuter in große Jutesäcke. Diese luden wir dann auf einen oder zwei größere Handwagen und brachten sie zum Helmstedter Güterbahnhof, wo wir sie aufgaben. Bis wir wieder zurück waren, verging mehr als der Vormittag. Zum Beginn der Adventszeit mussten wir älteren Jungen Tannengrün aus dem Elz holen, aus dem die Mädchen später einen Kranz banden. Ein während der Pause zur Schule kommender Schüler hatte nach Ansicht eines Lehrers nicht ordentlich gegrüßt. Er musste kehrt machen und erneut grüßen. Das wiederholte sich so oft, bis es nach Meinung des Lehrers richtig war.

Eines Tages erschien während einer großen Pause wütend ein Schweitzer in seiner Montur auf dem Schulhof, stellte sich vor einen der Lehrer, brüllte fürchterlich und hielt ihm die geballte Faust unter das Kinn. Er sollte seine Tochter ungerecht behandelt haben. Alle schauten gespannt zu und wir glaubten, dass er den Lehrer gleich zusammenschlagen würde. Auch zwei dabei stehende Lehrer konnten nichts gegen ihn ausrichten, so tobte dieser Schweitzer. Es dauerte lange, bis er wutschnaubend und mit den Armen und Händen fuchtelnd wieder abzog.

Das Leben vieler Menschen und das unserer Familie im neuen Heimatort war nicht einfach. Im Grunde war es ein Kampf um das tägliche Brot und das zum Leben Notwendige. Die Leute zogen in die Wälder und sammelten Himund Brombeeren, Pilze und was der Wald sonst noch hergab. Im Herbst waren die Bucheckern an der Reihe. Für eine bestimmte Menge gesammelter Bucheckern erhielt man einen Liter Speiseöl. Für die fleißigen Sammler war das eine große Hilfe im fettarmen Speiseplan der damaligen Zeit. Zur Erntezeit strömten vor allem Frauen und Kinder, aber auch alte Männer auf die abgeernteten Getreidefelder und suchten sie nach Ähren ab. Es dürfte wohl kaum eine solche auf dem Feld zurückgeblieben sein. So mancher Bauer fuhr stolz mit einer Kutsche zu seinen Feldern und verjagte recht oft unter grobem Geschimpfe oder Flüchen die Ährensammler, Kartoffeln oder Zuckerrüben suchenden Leute von den Fluren. Neben dem Anbau von Zuckerrüben und Weizen waren auch große Erbsen- und Möhrenfelder vorhanden. Die Ausbeute des anstrengenden Lesens musste daheim mühselig ausgedroschen, gereinigt und nachher meist mit Hilfe einer alten Kaffeemühle gemahlen werden, um den Speisezettel in Form zusätzlichen Brotes oder dicker Suppen geringfügig zu erweitern.

Während der Rübenernte blieb keine vom Erntewagen herabfallende Zuckerrübe auf der Straße liegen. Manch ein Treckerfahrer warf in der Nähe seiner Wohnung einen Sack voller Rüben für den eigenen Bedarf ab. Zuweilen holten sich die Leute auch aus der Zuckerrübenwaschanlage am Trendelbusch eine größere Portion an Rüben, darunter auch ich. So zog ich an einem späten Nachmittag mit einem Handwagen und zwei Säcken allein zum Trendelbusch, um an der Waschanlage Zuckerrüben zu »organisieren«. Mir war nicht wohl dabei. Kurz vor der Zuckerfabrik traf ich einen älteren mir bekannten Herrn, Vertriebener aus der Grenzmark. Er zeigte mit eine günstige Stelle und half mir beim Beladen des Handwagengens und beim Füllen der beiden Säcke. Als ich unbemerkt das Gelände wieder verlassen und mich ein Stück davon entfernt hatte, wurde ich ruhiger. Zu Hause ging es dann an die Verarbeitung: Die Rüben mussten gewaschen, geschnitzelt und dann in der Regel in den kupfernen Waschkesseln der sich in einem Stallgebäude befindlichen Waschküchen gekocht werden. Danach benötigte man eine

Rübenpresse, die rechtzeitig für einen bestimmten Termin bei einem der wenigen Besitzer bestellt werden musste. Die gekochten Schnitzel kamen in die Presse und der ausgepresste Saft wurde in einem Eimer aufgefangen. Diesen goss man in den inzwischen gereinigten Kessel. Waren alle Schnitzel ausgepresst, begann das Eindicken des Saftes, bis sich eine streichfertige Sirupmasse bildete. Diese Arbeit nahm meist eine ganze Nacht in Anspruch. Die Beteiligten wechselten sich etwa stundenweise ab, da der einzudickende Saft stets gerührt und beobachtet werden musste. Nach der Abkühlung des in Gefäße oder blecherne Marmeladeneimer gefüllten Sirups, hatten die betreffenden Familien für längere Zeit einen Vorrat an Aufstrich und als Süßmittel. Jeder atmete nach der langen Herstellungszeit auf und freute sich über das hergestellte Produkt. Sirup gab es tagtäglich, so dass viele Leute in späteren Jahren keinen mehr essen mochten. Ich mag ihn bis heute nicht mehr.

Hinter den Stallgebäuden unseres »Wohnhauses« hatten wir einen kleinen Garten mit Gemüse. Dazu erhielten wir im Herbst eine kleine Gartenparzelle am Feldweg von Runstedt in Richtung Eiz/Wolsdorf, eine weitere Möglichkeit, unsere karge Speisekarte zu erweitern. Da mein Vater Raucher war, er rauchte Pfeife oder Zigarren, baute er in unserem kleinen Gartenteil hinter dem Haus Tabak an. Es gab kaum einen Garten, in dem damals nicht eine bestimmte wegen des Tabakmonopols begrenzte und erlaubte Anzahl von Tabakpflanzen zu finden war. Nach der Ernte wurden die Blätter getrocknet, fermentiert und schließlich als Tabak verbraucht. Auch die Stiele der Pflanzen dienten zur Tabakherstellung. Für die Pfeife reichten sie immer. Zur Verarbeitung gab es Handreichungen in einem winzigen gedruckten Heftchen »Der Tabak – Anleitung für den Kleinanbau von der Aussaat bis zum fertigen Rauchprodukt«, die ich noch besitze. Ein Teil der Raucherkarten diente als Tauschmittel für Brot und andere Lebensmittel. Der Mangel an Nahrungsmitteln ließ viele Menschen stets auf der Jagd nach etwas Essbarem sein. Vater ging zu verschiedenen Bauern und versuchte, einige zusätzliche Kartoffeln zu ergattern. Vom Landwirt A. erhielten wir gelegentlich einen Sack voller Kartoffeln. Ein anderer, ein großer Bauer, schlug Vater die Tür mit der Bemerkung »Arschpauker!« vor der Nase zu. In späteren Jahren verstanden sich beide gut. Gegen Lebensmittel erteilte Vater über einen längeren Zeitraum Kindern Geigenunterricht gegen zusätzliche Esswaren. So manches Mal stibitzten wir Kinder uns ein Riesenexemplar einer gegarten Kartoffel aus einem Schweinetrog, setzten uns in eine Ecke und verspeisten die prächtige Kartoffel mit Wohlbehagen.

Zwischenzeitlich hatte wir Kinder natürlich auch viele Freuden und Vergnügen: Wir streiften durch die Wälder, durch die stillgelegten Tagebaue und über die Felder. Auf den abgeernteten Feldern gruben wir nach Hamstern, die damals eine große Plage für die Landwirtschaft waren und für uns ein großes Vergnügen. Oft holten wir aus diesen Bauten einen Eimer voller Erbsen heraus. Die Hamster versuchten bis zum letzten Augenblick zu entfliehen. Erwischt wurden sie stets in der ihnen am Ende noch zur Verfügung stehenden letzten Ausgangssröhre. Dort schließlich richteten die Hamster sich fauchend auf und fuchtelten mit ihren Vorderpfoten. In der Regel wurden sie in diesem Zustand mit einem Spaten erschlagen. Einfacher war es, einige der unzähligen Mäuse auf den Feldern auszugraben. Die Tagebaue boten obendrein zahlreiche Spielmöglichkeiten.

An allen Feldwegen standen damals Obstbäume, meistens Apfelbäume. Im Herbst standen sie zur Versteigerung an. Ein Vertreter der Wegegenossenschaft zog mit einem Schwarm von interessierten Leuten hinaus zu den Bäumen. Die Höchstgebote waren meist recht niedrig. Viele der Teilnehmer konnten auf diese Weise zu Äpfeln für den nahen Winter kommen. Nach der Apfelernte machten mein Bruder und ich uns an einem Sonntagnachmittag auf und holten die nicht abgepflückten Früchte bei zum Teil gefährlichen Klettermanövern aus den Spitzen- und Außenbereichen der Bäume. Stolz kehrten wir dann mit unserem Obst heim.

Im Herbst ließen die Briten durch irgendwo in Lagern lebende Ukrainer etwa in der Höhe des Trendelbusch einen größeren Teil des Buchenbestandes des Eiz als Reparationsleistungen schlagen. Die Engländer waren nur an den schönen dicken und langen Stämmen interessiert. Das war ein Signal für die Runstedter. Täglich zogen mehr oder weniger Einwohner dorthin und holten sich das notwendige Brennholz. Kohle bzw. Braunkohlenbriketts waren äußerst knapp und reichten im Winter nicht zum Heizen. Da die kräftigen Seitenäste fast alle liegen geblieben waren, war natürlich genügend Holz leicht zu bekommen. Auch ich zog im Herbst 1946 fast täglich mit einem geliehenen größeren Handwagen in den Eiz. Mit einem Beil oder einer Axt bewaffnet, schlug ich die dickeren Äste so zurecht, damit sie gut und zahlreich auf dem Handwagen zu verstauen waren. Bei dieser Arbeit kam man mit anderen Leuten ins Gespräch, hörte Neuigkeiten aller Art und Berichte über die täglichen Nachrichten im Radio. Um zu einem Hackklotz zu kommen, brachte ich ein dickes Meterstück heim, getarnt durch dünnere Äste und darum nicht ohne weiteres sichtbar. Dieser Klotz hat uns viele, viele

Jahre zum Zerkleinern des Brennholzes gedient. Kam ich mit dem Wagen nach Hause, so wurde das Holz zersägt und Vater begann mit dem Zerkleinern. Unsere Öfen schluckten viel Brennmaterial, vor allem der bereits erwähnte Küchenherd, dessen Hitze zum größeren Teil sofort in den Schornstein ging. Etwas sparsamer waren die gusseisernen Zirkulationsöfen, mit denen zwei Räume gleichzeitig beheizt werden konnten. Besonders schöne und gute Holzstücke legte Vater zur Seite und ließ sie trocknen. Aus ihnen stellte er, der in solchen Dingen äußerst geschickt war, die verschiedensten Gegenstände für den Haushalt her: Kochlöffel, Rührkellen für den Waschkessel, Stopfpilze, Schreibgarnituren und Werkzeuge, z. B. zwei Hobel und Spannsägen. Die meisten dieser Gegenstände besitze ich heute noch. Für seine Raucherkarte erhielt er in einem Helmstedter Eisenwarengeschäft die notwendigen Hobeleisen oder Sägeblätter. Für Tabakwaren und Raucherkarten war in dieser Zeit alles nur Denkbare zu bekommen. Eine Zigarette hatte je nach Art einen Wert von fünf bis zehn oder mehr Reichsmark. Oft sprach man daher auch von der Zigarettenwährung.

Neuanschaffungen waren zu dieser Zeit unmöglich. Seit 1944 gab es keine neue Wäsche und Oberbekleidung, keine Schuhe. Die Sachen waren zu klein geworden oder verschlissen. Irgendwo hatte ich eine schwarze Panzerjacke und eine britische Uniformjacke geschenkt bekommen. Sie leisteten mir lange Zeit gute Dienste. Als Oberhemdenersatz gab es für Erwachsene gelegentlich bezugscheinfreie Chemisettes. Bezugscheine für Kleidung, Wäsche und für die notwendigsten Haushaltsgeräte waren schwer und selten erhältlich.

Verschiedentlich gab es Spenden caritativer ausländischer Organisationen meist in Form von Lebensmitteln, darunter sehr schmackhafte Käsesorten. Eine überaus große Hilfe waren Pakete aus den Vereinigten Staaten von Amerika. Eine Freundin Mutters aus New York schickte in unterschiedlichen Abständen solche. Die Ankunft eines Paketes galt jedes Mal als Festtag. Außer Lebensmitteln enthielten die Pakete auch Kleidungsstücke, die uns mit ihren ungewohnten und frischen Farben amerikanisch aussehen ließen und unsere verschlissenen Kleidungsstücke ablösten. Weitere Hilfe erhielten wir von einem 1938 aus dem Sudetenland nach Glencros in South Dakota emigrierten Geistlichen, der unzähligen Vertriebenen vielfache Hilfe zukommen ließ. Lebensprinzip damals war das Hoffen auf sich ändernde, bessere Zeiten.

In den großen und größeren Städten hatten die Menschen unter der

Lebensmittelknappheit wesentlich mehr zu leiden als die Landbevölkerung. So zogen sie aufs Land, um Lebensmittel zu »hamstern«, wie es damals hieß. Nach Runstedt und in die umliegenden Dörfer kamen vor allem Bewohner Braunschweigs. Sie schleppten ihre Wertgegenstände, Silberbestecke, Porzellan und Teppiche zu den Bauern und erhielten nur einen minimalen Gegenwert für ihre mitgebrachten Sachen in Form von Lebensmitteln: ein paar Eier, etwas Mehl, ein wenig Fett, eine geringe Menge Kartoffeln.

Einen Beitrag zur Hygiene für die Dorfbewohner leisteten die BKB. Jeden Samstagnachmittag stellten sie ihre Duschanlagen bei der Brikettfabrik Trendelbusch zur Verfügung. In Scharen pilgerten Erwachsene, Jugendliche und Kinder dorthin, um sich einmal in der Woche richtig reinigen zu können.

Im eisigen Winter 1946/47 zogen große Gruppen von Runstedtern in langer Kolonne, darunter auch ich, mit Rodelschlitten und Säcken zur Brikettfabrik Trendelbusch, um von dort in größeren Haufen gelagerte lose, oft pulvrige Braunkohle zu »holen«. Vater hatte schnell einen provisorischen Schlitten gebaut, auf den wir unsere Säcke laden konnten. Ein zusätzlicher Beitrag zur Sicherung einer warmen Wohnung. Außerdem wurde jedes von den Brikettwagen fallende Brikettstück aufgesammelt. Während dieses eisigen Winters war die auf eine lange Strecke abschüssige Hinterstraße bald zu einer hervorragenden Rodelbahn geworden. An den Nachmittagen tummelten sich die Kinder dort, am frühen Abend fanden sich die Dorfjugend und zahlreiche Erwachsene ein und rodelten bis spät in den Abend hinein die Straße herunter. Das war stets ein vergnügtes und lustiges Treiben. Es kam immer darauf an, den unangenehmen Zeiten auch gute Seiten abzugewinnen.

Die Runstedter trafen sich auch bereits wieder zu vergnüglichen Tanzfesten im Herbst und im Winter im Saal der Gastwirtschaft »Zu den vier Linden«. Lieder wie »Lustig ist das Zigeunerleben… « und andere waren zu der Zeit groß in Mode. Die Musik drang bis in meine Dachkammer.

Nach den Herbstferien wurde mein Vater am 16. Oktober 1946 wieder als Lehrer des kurz vor seiner Aufhebung stehenden damaligen Landes Braunschweig angestellt, fünf Monate nach unserer Ankunft in Runstedt. Nun kam wieder Geld ins Haus. Bis dahin hatten wir von dem mitgebrachten Geld gelebt.

Schon bald begannen die Vertriebenen, sich für ihre Interessen einzusetzen. Im Herbst 1946 traten sie in einer der beiden Runstedter Gastwirtschaften zusammen und wählten ihren ersten Vertreter, den Flüchtlingsbetreuer. Die Wahl fiel auf meinen Vater Richard Stopik. Viele Jahre hindurch übte er dieses Amt mit großer Hingabe aus und half den meisten Vertriebenen bei der Erledigung ihrer Angelegenheiten. Später leistete er Hilfe bei den Anträgen zur Hausratshilfe und zum Lastenausgleich. Offiziell wurde dieses Amt erst 1948 mit der Bezeichnung »Amtlicher Flüchtlingsbetreuer« im Auftrage des Landkreises Helmstedt.

Gegen Ende des Jahres 1946 schrieb mein damals dreizehnjähriger Bruder einen Brief in die Heimat. Alle Post wurde zu dieser Zeit von den Briten zensiert und mit einem entsprechenden Vermerk versehen. Ich erhielt diesen Brief bei einem Besuch Oberschlesiens 1974. Der Inhalt kennzeichnet noch einmal die Situation der damaligen Zeit:

»Liebe Tante Katharina!

... denn Du warst immer eine gute Tante. Wärest Du nicht gewesen, so hätten wir oft Hunger leiden müssen und wären wohl gar schon verhungert. Jetzt merken wir ja, wie sehr Du uns fehlst. Wie oft denke ich an Dich zurück, besonders dann, wenn ich mal nicht satt bin oder wenn ich mal Hunger habe... Liebe Tante, wenn Du unsere jetzige Wohnung sehen würdest, würdest Du beim ersten Anblick erschrecken. Was wir für eine Wohnung gehabt haben und in was für einer wir jetzt hausen müssen. Als wir in der Wohnung eintrafen, hatten wir zu nichts Lust. Wir hatten nicht einmal Lust, unser Gepäck auszupacken. Alles war so verdreckt, dass wir uns davor ekelten. Sie haben uns drei Betten gegeben, die sind ja so schmutzig, nur im Inlett und dies so zerrissen, dass bei jeder Berührung die Federn nur so fliegen. Als wir hier her kamen, hatten wir nur zwei Betten. Da mußten der Papa und die Liesel bei unseren Nachbarn schlafen. Dann brachten sie uns ein Bett, das war ganz von Würmern zerfressen. Jetzt haben die Nachbarn uns ein Bett geborgt. Liebe Tante, wir schlafen alle auf Strohsäcken, Du weißt nicht, wie froh wir sind, dass wir sie nur haben. Unsere Aussicht aus dem Küchenfenster will ich Dir kurz beschreiben. Vor unserem Küchenfenster ist der Mist. Wenn er jetzt nicht raus gefahren wird, steht er uns bald ins Fenster hinein. 3 Meter von unserem Fenster ist der Stall. Rechts in der Ecke ist das Klosett. Das ist unsere Aussicht aus dem Küchenfenster... «

Während der Vorweihnachtszeit fand in der Gastwirtschaft Schliephake eine Weihnachtsfeier für alle Gemeindemitglieder statt. Kinder der Grundschulklassen sangen und führten ein kleines Theaterstück auf. Andere Vereine brachten weitere Beiträge. Bürgermeister Hermann Künnemann hatte alle Anwesenden begrüßt und ihnen ein frohes Weihnachtsfest gewünscht.

Der 24. Dezember 1946 war angebrochen, Heiligabend erstmals in der

Fremde. Ein Baum war nicht vorhanden. Sollte dies unser erstes Weihnachtsfest ohne Baum werden? Das konnte nicht sein. Kurz entschlossen zog ich mir meine Jacke, eine britische Militärjacke an, steckte ein Beil unter sie und machte mich vormittags auf den Weg in den nahen Wald, den Eiz. Der Schnee knirschte unter meinen Tritten, es war bitterkalt. Weit und breit war kein Mensch zu sehen. Bald hatte ich ein kleines Fichtenbäumchen gefunden, das passend für unsere enge Wohnung war. Schnell war es abgeschlagen. Ich nahm es unter den Arm und zog damit heimwärts. In den folgenden Jahren zogen dann jeweils größere Gruppen gemeinsam in den Elz um einen Weihnachtsbaum zu fällen.

Wir fertigten einen provisorischen Ständer an und stellten den Baum am Nachmittag in unser »Wohnzimmer«. Aus Pappe hatten wir schon vorher Sterne, Kreise und andere Gebilde hergestellt, die einen eventuellen Baum schmücken sollten. Alte Wachsreste, die wir irgendwo aufgetrieben hatten, waren bereits während der vergangenen Tage in Tablettenröhrchen zu Kerzen gegossen worden. Mit altem Draht, den wir spiralförmig um die Kerzen drehten, befestigten wir sie am Baum. Die Baumspitze zierte ein größerer Pappstern. Das war unser Christbaum 1946. Immerhin, wir hatten einen und fanden ihn trotz seiner großen Einfachheit wunderschön. Was es zum Abendessen gab, ist mir entfallen. Mit Sicherheit war es ein ganz einfaches Mahl. Eins aber gab es wie daheim in Oberschlesien, die am Heiligen Abend traditionellen Mohnklöße. Hinter den Stallungen unseres Wohnhauses hatten wir einen kleinen Garten, in dem auch der Mohn angebaut worden war. Er wurde mühselig in einer alten Kaffeemühle gemahlen. Nach dem Essen schmeckte er uns köstlich. Geschenke gab es so gut wie keine. Wir Kinder hatten einige Kleinigkeiten für die Eltern gebastelt.

Bereits gegen 22.30 Uhr machten wir uns auf den Weg zur Christmesse in der kleinen katholischen Diasporakirche im gut drei Kilometer entfernten Wolsdorf. Etwa eine Stunde warteten wir, bis der Gottesdienst um 24 Uhr begann. In fast völliger Dunkelheit schritt der Pfarrer mit den Messdienern an den Altar. Das Harmonium spielte und dann erklang das Lied »Heiligste Nacht«. Nachdem der Pfarrer das Gloria angestimmt hatte, wurde es hell in der Kirche. Die meisten Leute in der Kirche waren Vertriebene und für die meisten von ihnen war es das erste Weihnachtsfest in der Fremde. Auch der Pfarrer des kleinen Ortes Wolsdorf kam aus dem Osten. Bereits seit 1945 wirkte er in dieser kleinen Gemeinde, die er bis zu seinem Tode im Januar 1966 betreute. In seiner Predigt ließ er die Gedanken zunächst in die Heimat schweifen und erinnerte an die dort gefeierten Weihnachtsfeste. Das trieb so manchem, vor allem älteren Teilnehmern, die Tränen in die Augen.

Nach der Christmette stapften wir durch den knirschenden Schnee und bei grimmiger Kälte in unser armseliges Domizil nach Runstedt zurück. Dort wurde noch einmal der Zirkulationsofen von der Küche aus tüchtig eingeheizt. Wir wärmten uns auf, unterhielten uns miteinander und verspeisten die restlichen Mohnklöße, die jetzt besonders gut schmeckten.

Diese allgemeinen Lebenszustände sollten noch lange bis zum Tag der Währungsreform am 20. Juni 1948 anhalten. Erst von diesem Zeitpunkt an konnte wieder daran gedacht werden, sich schrittweise neu einzurichten und die zum täglichen Leben dringend erforderlichen Gegenstände und die notwendige Bekleidung zu erwerben. Allerdings war das Geld zu dieser Zeit dann äußerst knapp.

In all diesen Jahre lag stets eine schützende Hand über uns, mit deren Hilfe wir die schwierigen Zeiten unversehrt überstanden haben.

Anhang

Im nachstehenden Teil zunächst zwei Berichte über Menschen aus Mechtal. In einem werden die Versuche der noch in Miechowitz lebenden Deutschen aus den Jahren 1947/50, die damals insgeheim versuchten ihr Deutschtum zu pflegen, aufgezeigt. Es folgen Gedichte, Sagen, Erzählungen, Erlebnisberichte verschiedener Autoren und statistisches Material im Zusammenhang mit Miechowitz/Mechtal.

Verschiedene Mechtaler Schicksale

Häufig zogen in der Zeit bis zum Kriegsausbruch junge Mädchen, oft Polinnen, durch die Straßen und sangen vor den einzelnen Häusern Lieder. Dafür warfen Hausbewohner ihnen kleine Geldstücke aus den Fenstern zu.

Einmal erlebte ich ein solches Mädchen im Flur des Erdgeschosses unseres Wohnhauses. Es hatte sich an das Treppengeländer direkt neben unserer Wohnung gestellt und ein Lied gesungen. Da erschien plötzlich unser Hauswirt und brüllte das Mädchen fürchterlich an. U. a. sagte er, der Führer sorge für alle, darum brauche niemand zu betteln und verwies das Mädchen lautstark des Hauses. Ich war erschüttert.

Es war an einem 1. Mai auf der Stillersfelder Straße etwa zwischen Kuboth- und Fasaneriestraße. Ein Festumzug mit vielen festlich geschmückten Wagen bewegte sich durch die Mechtaler Straßen. Ein uns vom Schrebergarten her gut bekannter Junge, der Vater war Oberinspektor bei der Gemeindeverwaltung, grüßte während des Umzuges die Fahne nicht. Auf die Frage eines in der Nähe stehenden Mannes, warum er das nicht tue, antwortete er »Mein Vater hat mir das verboten.« Der betreffende Mann berichtete diesen Vorfall dem Vater, der dadurch seinen Posten hätte verlieren können. Eine heftige Tracht Prügel war die Strafe durch den Vaters.

Ein in der Schule sehr tüchtiges Mädchen war Ruth (Name geändert). Fehlte ein Lehrer, so beschäftigte sie die Schüler der Grundschulklassen in einer sehr liebevollen Art. Mich tröstete sie an dem Tag, als im Frühjahr 1940 Mutter in ein Sanatorium nach Niederschlesien fuhr. Ich mochte sie gern. Nach Ihrer Schulentlassung etwa 1940 begann sie bei der Gemeindeverwaltung in Mechtal oder bei einer städtischen Verwaltung in Beuthen eine Verwaltungslehre. Unmittelbar nach Beendigung ihrer Ausbildung hat sie wohl Bezugscheine unterschlagen. Sie kam vor Gericht und wurde wegen eines Kriegswirtschaftsvergehens zu einer Gefängnisstrafe verurteilt, die sie im Gefängnis an der Gerichtstraße in Beuthen verbüßen musste. Als wir an irgendeinem Tag in einer Freistunde oder nach früherem Unterrichtsschluss durch die Stadt bummelten, sah ich sie mit anderen weiblichen Gefangenen in ihrer Gefängniskleidung an der Ecke Gerichts- und Gartenstraße beim Fegen der Straßen um das Gefängnis herum. Sie tat mir unendlich leid. Ab und zu wurde ihr wohl ein kurzer Hafturlaub zum Wochenende oder zu Weihnachten gewährt. Dann sah ich sie verschiedentlich sonntags in der Kirche.

Im Spätsommer der ersten Kriegsjahre wurde das etwa 17- bis 18-jährige Mädchen P. von einem SA-Mann durch einen Kopfschuss beim Ährensammeln auf einem Stoppelfeld erschossen. Das Mädchen hatte nur zwei Häuser hinter uns in der Fasaneriestraße 20 gewohnt. Sein Tod löste große Unruhe unter der Mechtaler Bevölkerung aus. Für den betreffenden SA-Mann ging dieser Vorfall ohne ernsthafte Konsequenzen aus. Da die Bevölkerung aber unruhig blieb, sah man sich allerdings gezwungen, den Täter zum Verlassen von Mechtal zu veranlassen. Wir Kinder sahen uns das tote Mädchen an. Es lag in einem weißen Sarg in der elterlichen Wohnung und hatte eine weiße Binde um die Stirn.

Mehrfach erlebten wir auch plötzliche Todesfälle von Kindern. So war ein kleiner Junge im Haus gegenüber an Genickstarre erkrankt und starb innerhalb kürzester Zeit. Ein etwa fünfjähriger Junge aus dem Nachbarhaus wurde Opfer einer Alkoholvergiftung. Seine Eltern hatten ihm wohl ab und zu Alkohol auf einem Löffel mit Zucker gegeben. Als der Junge einmal kurze Zeit allein in der Wohnung war, ging er an die Alkoholflasche und trank wohl zu viel davon. Auch er starb sehr schnell. Ein weiterer Junge aus unserer näheren Umgebung hatte unreife Stachelbeeren gegessen und Wasser darauf getrunken. Bis wohl die Ursache seiner Bauchschmerzen ersichtlich war, kam jede Hilfe zu spät. Ein letzter mir in Erinnerung gebliebener Fall ist der Tod eines etwa zwölf Jahre alten Mädchens, das einen Wasserkopf hatte. Wir kannten das Mädchen von der Straße her. Als es tot war, schauten wir uns seine Leiche in der Totenhalle des Valeska-Stiftes an.

Eines Tages stand während des Krieges in unserer Zeitung, der »Ostdeutschen Morgenpost« eine Notiz unter der Überschrift »Ins Konzentrationslager eingewiesen«. Dabei handelte es sich um eine Frau vom Valeska-Platz. Grund für ihre Festnahme war ihr Verhältnis zu einem niederländischen oder belgischen Kriegsgefangenen. Die Einweisung in ein KZ erfolgte grundsätzlich ohne richterliche Befragung oder Anweisung nach § 4 des Gesetzes zum Schutz der Wehrkraft des deutschen Volkes. Über ihr weiteres Schicksal ist nichts bekannt.

Im Januar 1945 erschien die Polizei in der Wikarekstraße und verlangte Eingang in ein Haus. Ein junger Soldat, Vater eines kleinen Kindes, war noch nicht aus dem Urlaub zu seiner Einheit zurück gekehrt. Als er die Polizei sah, versuchte er zu fliehen. Der gelang es aber wohl, ihn zur Aufgabe zu veranlassen und ihn zu bewegen, mit ihr mitzugehen. Auch von ihm hat man nichts mehr gehört.

Bald nach der Übernahme Mechtals durch die Polen im Frühjahr 1945 erfolgte die Zerstörung des am 23. August 1925 eingeweihten Denkmals für die Gefallenen von 1914 bis 1918 an der Hindenburgstraße. Es trug u. a. die Inschrift: »In Dankbarkeit – die Heimat ihren Söhnen«

Zu diesem schändlichen Werk meldeten sich eine Reihe junger deutscher Männer, um ihr »Polentum« tatkräftig unter Beweis zu stellen. Zumindest einer von ihnen siedelte später als »Deutscher« in die Bundesrepublik Deutschland aus und erfreut sich heute im Rheinland all ihrer Vorzüge. In ähnlicher Weise hat sich leider so mancher Mechtaler verhalten.

In der Corpus-Christi-Kirche waren die Namen der aus dieser Pfarrgemeinde gefallenen Mitglieder rechts und links an den Seiten des Herz-Jesu-Altares aufgeführt. Auch diese Inschriften sollten beseitigt werden. Dr. Sossalla ließ die Namenstafeln sorgsam verkleiden. In den Jahren nach der Wende wurden die Verschalungen abgenommen, so dass sie heute wieder wie einst zu sehen und zu lesen sind.

Im heißen Sommer 1945 holten sich die Russen Frauen ehemaliger Parteigenossen und auch andere Frauen direkt von der Straße. Sie ließen sie in der Nacht die im Februar an verschiedenen Stellen beigesetzten während der Kampfhandlungen gefallenen sowjetischen Soldaten wieder ausgraben und ordnungsgemäß einsargen. Die Särge mussten zur Klosterstraße gebracht werden, wo die Sowjets direkt neben dem Massengrab der im Januar erschossenen deutschen Zivilisten einen Ehrenfriedhof für die vielen in Mechtal gefallenen Soldaten einrichteten. Ein Betonobelisk mit einem reliefartigen Sowjetstern und Hammer und Sichel mit der Jahreszahl 1945 im Hintergrund der Anlage zierte diesen Soldatenfriedhof bis 1969. Dann wurde die Anlage beseitigt. Die Überreste der toten Soldaten wurde in einer Beuthener Anlage erneut beigesetzt.

Es war im Oktober 1991. Mit meinen beiden Töchtern, damals noch Studentinnen, machte ich eine Reise durch unsere oberschlesische Heimat. Als wir eines Tages den Mechtaler Friedhof besuchten, trafen wir dort ein Ehepaar aus der Bundesrepublik, ebenfalls ehemalige Mechtaler. Beide, Mann und Frau, hatten einen dürftigen kleinen Blumenstrauß in der Hand. Sogleich entspann sich ein Gespräch. Der ehemalige Mechtaler begann lautstark, Hitler als einen großen Mann zu preisen, Auschwitz als ein Märchen hinzustellen und zu betonen, Oberschlesien müsse wieder deutsch werden. Politisch bekannten er und seine Frau sich zu den Republikanern. Daheim erhielten sie die »Deutsche Nationalzeitung« oder ähnlich. Meine Töchter und ich waren entsetzt. Das Ehepaar war keinem Argument zugänglich. Auf der anderen Seite lief der Ehemann jedem Bischof hinterher und ließ sich als heimattreuer Oberschlesier nach Möglichkeit mit ihnen fotografieren. Als es ihm in den späteren Jahren nach der politischen Wende opportun erschien, nahm er auch Verbindungen nach Beuthen auf, um dort als großzügiger Förderer zu erscheinen.

Wegen der Pflege des Deutschtums gequält und ins Gefängnis geworfen

»Das grüne Ohr«

Während der Nachkriegsjahre, als viele Oberschlesier noch hofften, ihr Heimatland würde bald wieder deutsch, schlossen sich im nun seit dem Frühjahr 1945 Miechowice heißenden Ort Männer zu Gruppen zusammen, die sich um die Pflege des Deutschtums bemühten. Ähnliches geschah auch an anderen Orten im Bereich der ehemaligen deutschen Ostgebiete. In Mechtal/ Miechowice nannte sich diese Vereinigung »Das grüne Ohr« (»Zielone Ucho«). Diese Gruppe hatte sich vorgenommen, deutsches Liedgut zu pflegen, deutsche Sitten und Bräuche zu wahren und weiterzugeben und Gedanken untereinander auszutauschen.

Einer dieser Männer war ein im Jahre 1947 aus polnischer Kriegsgefangenschaft nach Miechowice entlassener Mechtaler. Er war bei einem Frisör in der ehemaligen Hindenburgstraße, die nun »Straße der Roten Armee« genannt wurde, beschäftigt. Insgesamt gehörten elf Männer zu diesem Kreis, die sich regelmäßig an stets verschiedenen Stellen in Mechtal trafen. Mittels dieser Vereinigung suchten diese Männer sich der durch die kommunistische polnische Regierung angeordnete Unterdrückung alles Deutschen zu widersetzen. Es war strengstens verboten, sich in der Öffentlichkeit der deutschen Sprache zu bedienen oder deutsches Gedankengut zu verbreiten. Ungeachtet dieses Verbotes bauten diese elf Männer ihre Vereinigung immer weiter aus. Sie vereinbarten einen Pfiff nach der Melodie eines deutschen Liedes, mit dessen Hilfe sie sich bei ihren Treffen zu erkennen gaben oder sich bei Gefahr gegenseitig warnten.

Im September 1949 drangen Männer der UB (Geheimpolizei) aus Beuthen in die Wohnung des betroffenen Frisörs ein, schlugen ihn und die übrigen Familienmitglieder und zerstörten das Mobiliar. Sie drohten ihm und forderten ihn auf, zuzugeben, dass er der Organisation »Das grüne Ohr« angehöre und dadurch dem polnischen Staat Schaden zugefügt habe. Alle Mitglieder dieser Gruppe weigerten sich, irgendwelche Straftaten zuzugeben, hatten sie alle doch nur ihr »altes Leben« weitergeführt und sich untereinander zu ihrem Deutschtum bekannt. Innerhalb von etwa sechs Wochen sind an einem Tag im August und an einem im September 1949 diese elf Männer verhaftet worden. Deutsche Frauen, die mit polnischen Männern liiert waren, hatten sie angezeigt.

Der betroffene Frisör kam drei Monate in Einzelhaft, während der er und seine mitgefangenen Freunde in regelmäßigen Abständen misshandelt worden sind. So schlugen die Vernehmungsbeamten ihm und anderen die Zähne aus, lösten in den Zellen Kalk in Wasser auf, um den Gefangenen das Atmen zur Qual werden zu lassen. Dauerhafte organische Schäden waren die Folgen dieser Quälereien während der Gefangenschaft im polnischen Gefängnis in Beuthen.

Nach der langen Zeit der Einzelhaft sperrten die Polen die Männer in Zellen mit Mördern und anderen Gewaltverbrechern, unter deren Herrschaft sie nochmals unbeschreibliche Qualen erdulden mussten.

Die mir zur Verfügung gestellte Anklageschrift ist leider nicht vollständig. Wiedergegeben wird nachstehend der Inhalt der vorliegenden Fragmente der Anklage vom Oktober 1949:

Die Staatsanwaltschaft beim Bezirksgericht in Beuthen
- Aktenzeichen III - S. 104/49 -

erhob am 24. Oktober 1949 Anklage gegen:

Hier werden zunächst nur die Namen der elf Angeklagten, die nachstehend aufgezählt werden, genannt. Dann folgt:

Ich klage an: 1. Horst S., geb. 26. 9. 1928 in Rokittnitz, Sohn von Maximilian S., Schlepper (Füller), allgemeine Ausbildung, Junggeselle, nicht vorbestraft, verhaftet am 4. 8. 1949.

2. Rudolf S., geb. 25. 1. 1927 in Miechowitz, Junggeselle, Sohn von Konrad und Franziska, geb. K., verhaftet am 4. 8. 1949.

3. Karl C., geb. 8. 8. 1926, Sohn von Vinzenz und Maria, geb. S., Bergmann, Junggeselle, Volksschule, wohnhaft in Miechowice, verhaftet am 4. 8. 1949.

4. Josef M., geb. 1928 in Miechowitz, Junggeselle, Sohn von Leo und Agnes, geb. G., Bergmann, allgemeine Ausbildung, wohnhaft in Miechowice, verhaftet am 4. 8. 1949.

5. Heinrich G., geb. 26. 6. 1926 in Miechowitz, Junggeselle, Sohn von Richard und Angela, Volksschule, wohnhaft in Miechowice, verhaftet am 4. 8. 1949.

6. Josef K., Sohn von Johann und Gertrud, geb. N., geb. 13.9.1922 in Miechowice, Junggeselle, Schlosser, Volksschule, nicht vorbestraft, wohnhaft in Miechowice, verhaftet am 22.9.1949.

7. Karl B., geb. 29.7.1928 in Miechowitz, Junggeselle, Sohn von Josef und Martha, geb. S., Schichtmeister, allgemeine Ausbildung, wohnhaft in Miechowice, verhaftet am 22.9.1949.

8. Karl S., geb. 17.1.1925 in Miechowitz, Junggeselle, Sohn von W. und Franziska, geb. D., Elektromonteur, allgemeine Ausbildung, wohnhaft in Miechowice, verhaftet am 22.9.1949.

9. Reinhold B., geb. 5.8.1929 in Miechowitz, Junggeselle, Sohn von Paul und Rosalie, geb. K., Schlepper (Füller), Volksschule, wohnhaft in Miechowice, verhaftet am 22.9.1949.

10. Karl K., geb. 19.10.1927 in Miechowice, Junggeselle, Sohn von Franz und Franziska, geb. K., Schlosser, nicht vorbestraft, wohnhaft in Miechowice, verhaftet am 22.9.1949.

11. Emil K., geb. 28.3.1928 in Miechowitz, Junggeselle, Sohn von Nikolaus und Martha, geb. S., ohne Beschäftigung, Volksschule, nicht vorbestraft, wohnhaft in Miechowice, verhaftet am 22.9.1949.

In der Begründung der Anklage heißt es:

Die oben genannten Angeklagten haben in der Zeit vom Mai 1947 bis zu ihrer Verhaftung in Miechowice falsche Informationen, deren Inhalte Staatsgeheimnissen entsprechen, verbreitet. Das ist ein Vergehen nach § ... des Strafgesetzbuches und außerdem noch gegen Horst S., Josef M., Heinrich G., Josef K., Karl B., Karl S. und Reinhold B. wegen Verbreitung falscher Informationen, die den Interessen des polnischen Staates widersprechen, indem sie z. B. behaupteten, daß die Deutschen zurückkehren würden und es wieder zu einem Krieg käme.

Diese Tat ist ein Verbrechen gegen den Artikel 23 des polnischen Strafgesetzbuches.

Weiterhin gegen Rudolf S., Karl C. und Josef M., weil sie am 26. Mai 1947 in Miechowice einem Unbekannten die Kleidung mit Gewalt vom Leibe gerissen und diese sich angeeignet hätten und weil sie im Juni 1947 bei einem Einbruch in das Gemeinde-Magazin Elektrogeräte im Werte von 50.000 Zloty entwendet hätten.

Diese Tat ist ein Verbrechen gegen den Artikel III des Strafgesetzbuches.

Emil K. wird außerdem angeklagt wegen des Versuches, am 30. Mai 1946 und in den ersten Tagen des Juli 1947 in der Gegend von Zgorzelec (Görlitz) die polnische Grenze illegal mit dem Ziel »Deutschland« zu überschreiten.

Diese Tat ist ein Verbrechen gegen Artikel 23 vom 23.3.1927 über die Staatsgrenze und gegen das Dekret vom 15.2.1948 (erst nach der Tat erlassen!) ebenfalls gegen die Staatsgrenze.

Hier fehlen die weiteren Teile der Anklagebegründung. Aus den erhaltenen Fragmenten geht ergänzend hervor, dass die Angeklagten versucht hätten, einen polnischen Zeugen zu verprügeln, falls er aussagen würde. Außerdem hätten sie ihm gedroht, ihn zu erledigen, wenn die politische Lage sich ändern würde, d.h. die Polen aus Schlesien abziehen müssten.

Die Zeugin Rosa W. bestätigte diese feindlichen Taten der Angeklagten. Sie sagte weiterhin aus, dass die Angeklagten einen Wächter verprügeln wollten, nur weil er Pole war. Der Wächter bestätigte diese Aussage. Darüber hinaus verbreiteten die Angeklagten falsche Nachrichten und fügten dadurch dem polnischen Staat Schaden zu. Die durchgeführte Untersuchung ergab zudem, dass die Angeklagten Sl., M. und Ko. sich in der zweiten Hälfte des Jahres 1946 darauf verständigt hätten, das Deutschtum im Bereich von Miechowice durch den Gebrauch der deutschen Sprache und das Hören deutscher Sendungen im Radio beizubehalten. Weiterhin kritisierten sie die polnische Grenze an der Oder und Neisse. Anfang Mai 1947 gründeten sie einen geheimen Verein, deren Mitglieder eine feindliche Gesinnung gegenüber den polnischen Behörden einnahmen. Sie warben um weitere Mitglieder wie z.B. die Angeklagten Sch., Bi., Ba., Cz., Sl., Ga., Ku. und Ka. Mit ihnen begannen sie ihre feindliche Tätigkeit und trafen sich in den Wohnungen von Bi. und Ma. Erkennungszeichen der Mitglieder war ein Pfiff nach einer deutschen Melodie. Unter der Bevölkerung verbreiteten sie die Ansicht, dass die Behörden aus ihnen keine Polen machen und sie auch nicht zum polnischen Militär gehen würden. Alle Angeklagten waren den Polen gegenüber feindlich gesinnt und steckten durch die von ihnen verbreiteten Meinungen anständige Menschen an. Der Angeklagte Ko. sagte aus, dass sie sich organisiert hätten, weil sie den Einmarsch der Amerikaner erwarteten, die die Polen verjagen würden. Bei allen sich bietenden Gelegenheiten bekundeten die Angeklagten ihre Feindschaft gegenüber dem polnischen Volk. Selbst beim Tanz suchten sie eine Schlägerei gegen Mitglieder der ORMO (zivile Hilfspolizisten und Helfer der Geheimpolizei) zu entfachen, indem sie diese und aus Zentralpolen eingewanderte Polen durch das Singen deutscher Lieder im Saal provozierten.

Zeugen (der Anklage) waren:
Elisabeth W., wohnhaft in Rokitnica, ul. Generala Zawadskiego 10a
Rosa W., wohnhaft in Rokitnica (Martinau), ul. Karola Miarki 17
Maria F., wohnhaft in Miechowice (Mechtal), ul. Korfantego 7/6
Hildegard W., wohnhaft in Rokitnica, ul. Karola Miarki 4
Paul F., wohnhaft in Miechowice, ul. Kopalnia 7
Antonia C., wohnhaft in Rokitnica, ul. Karola Miarki 1

Unterzeichnet ist die Anklageschrift von nachstehenden Personen:

Szef Urzędu:
(Leiter des Amtes) Michalik
Oficer Sledczy PUBP-Bytom
(Vernehmungsoffizier des PUBP-Beuthen) Kowalik
Für die Richtigkeit: Siegel
Kierownik sekretariatu
(Leiter des Sekretariates)

Initiatoren und Begründer der Gruppe »Das grüne Ohr« waren nach der Anklageschrift die Mechtaler Horst S. (1), Josef M. (4) und Karl K. (10).

Auffällig ist, dass die politischen Vergehen bei einigen Angeklagten mit angeblichen kriminellen Taten vermischt worden sind, die vom Zeitpunkt der Anklage her gesehen, bereits lange – falls sie überhaupt verübt worden sind – zurücklagen (1946/47).

Bei dem möglicherweise erfolgten »Grenzvergehen« bei Görlitz in den Jahren 1946 und 1947 wurde u.a. nach einem Gesetz geurteilt, das erst 1948, also nach der Tat, erlassen worden ist. Das zweite ging auf das Jahr 1927 zurück und dürfte demnach nicht auf die Lage nach 1945 zugeschnitten gewesen sein. Außerdem muss davon ausgegangen werden, dass viele Geständnisse durch die brutalen Verhörmethoden und Haftgegebenheiten zustande kamen, wie sie in den unter kommunistischer Herrschaft stehenden Ländern Osteuropas fast durchweg üblich waren.

Der Prozess gegen die Mitglieder der Gruppe »Das grüne Ohr« begann am 21. Juli 1950 in Beuthen. Der »Zulieferungsschein« eines Gefangenen gibt die Zeit von 12 Uhr bis 14.40 Uhr an. So lange dauerte der Aufenthalt im Gerichtsgebäude, also wohl auch der Prozess. Das polnische Gericht verurteilte alle Männer zu Gefängnisstrafen. Leider ist das Strafmaß nicht bekannt.

Vielleicht ist davon auszugehen, dass das Strafmaß etwa dreieinhalb Jahre betrug, wie es der nachstehende Bericht eines Ermländers zeigt. Interessant im vorliegenden Fall ist, dass unter den damals gegebenen Verhältnissen 1947/49 Versuche gemacht wurden, sich sein Deutschsein zu bewahren. Dazu bildeten sich geheime Gruppen, was übrigens die Polen während des Zweiten Weltkrieges unter umgekehrten Vorzeichen viel intensiver praktiziert hatten und darauf sehr stolz waren. Bekannt waren von früh an die illegalen Unternehmen, in Kellergelassen oder anderen versteckt liegenden Räumen Deutschunterricht zu erteilen. Es gab immer besorgte Eltern, die ihren Kindern die deutsche Sprache für die Zukunft erhalten wollten.

Auch in anderen Teilen der ehemaligen deutschen Ostgebiete gab es ähnliche Gruppen oder einzelne Menschen, die sich wie »Das grüne Ohr« für ihr Deutschtum engagierten. Gegen sie wurde in fast gleicher Weise wie in Beuthen vorgegangen. Hier der bereits erwähnte Bericht des Ermländers, der im Jahre 1965 verhaftet und verurteilt worden ist, also fünfzehn Jahre nach den Ereignissen in Mechtal-Beuthen. Er schreibt: »... Ich hatte das Glück, noch in der großen Masse der Ermländer im nun polnisch gewordenen Ermland aufgewachsen zu sein. Mit siebzehn oder achtzehn Jahren wurde mir bewusst, wer ich bin und zu welcher Nation ich gehörte. Im Jahre 1964 begann ich Briefe an die Presse und an den Rundfunk zu schreiben. In meinen Schreiben fragte ich, warum die Ermländer nicht ihre Sprache und Kultur in eigenen Vereinen pflegen dürften, warum es keinen Deutschunterricht in den Schulen gäbe und warum keine Gottesdienste in deutscher Sprache gehalten werden dürften. Dabei berief ich mich auf die Verankerung dieser Rechte in der polnischen Verfassung. Auf meine Briefe bekam ich nie eine Antwort. Aus Protest gegen die Missachtung dieser selbstverständlichsten Menschenrechte ging ich darum auch nicht zur Wahl.

Bald musste ich feststellen, dass ich beschattet wurde. Der polnische Geheimdienst hatte den Verdacht, ich gehöre einer Organisation für das Deutschtum an, die es in Ostpreußen, etwa in Sensburg gab, wie ich später erfuhr. Am 28. Juni 1965 wurde ich plötzlich von der Geheimpolizei verhaftet. Die Untersuchung leitete ein gewisser Adolf M., der früher Mitglied der

Gestapo oder der SS war und zu dieser Zeit in polnischen Diensten stand. Meine Wohnung wurde durchsucht, alle Briefe aus dem Westen und alle Hefte mit deutschen Volksliedern wurden beschlagnahmt.

Am 13. Oktober 1965 begann der Prozess gegen mich. Ich saß mit Handschellen gefesselt im Gerichtssaal. Die Gerichtsverhandlung fand ohne einen Verteidiger, dieser war aus Angst nicht erschienen, hinter verschlossenen Türen statt. Niemand durfte dabei sein, auch nicht meine Familie. Der Staatsanwalt warf mir die Verbreitung falscher Angaben über die Volksrepublik Polen vor. Am Schluß der Verhandlung forderte er fünf Jahre schweres Gefängnis und Zwangsarbeit. Das Urteil lautete auf dreieinhalb Jahre Haft. So wurde ich nach dem Prozess ins Gefängnis von Wartenburg (Barczewo) gebracht und in einer mit dreißig Schwerstkriminellen belegten Zelle untergebracht. Dort musste ich in der Gefängnistischlerei arbeiten. Die Wachposten haben mich den Umständen entsprechend gut behandelt. Einer hat sich sogar für seine Tätigkeit entschuldigt. Während dieser Zeit habe ich dort einige Männer kennen gelernt, die sich ebenfalls für das Deutschtum eingesetzt hatten. Ein Peter L. aus Allenstein hatte fünfzehn Jahre zu verbüßen. Mit erst sechzehn Jahren wurde er ins Gefängnis gesteckt. Er war Mitglied der Gruppe der Gebrüder T. und hatte in den Jahren 1957 bis 1959 deutsche Flugblätter verteilt. Die Gebrüder T. wurden 1959 zum Tode verurteilt und gehängt. Von den 1.600 Insassen des Gefängnisses waren etwa 25 Prozent politische Häftlinge. Auch der frühere Gauleiter von Ostpreußen, Erich Koch, ein Kriegsverbrecher, verbüßte dort seine lebenslange Haftstrafe. Ursprünglich war er zum Tode verurteilt worden. Ebenso verbüßte in diesem Gefängnis der polnische Sozialminister Kuron seine Strafe. Auch er war nach dem gleichen Strafartikel wie ich zu dreieinhalb Jahren Haft verurteilt worden. Einen Teil der schönsten Jahre meines Lebens musste ich so im Gefängnis verbringen.«

Die Bildung der oben geschilderten Gruppe »Das Grüne Ohr« war demnach eine von vielen voneinander unabhängigen ähnlich gearteten Vereinigungen zur Pflege des Deutschtums im Bereich der ehemaligen deutschen Ostgebiete. Wie viele Menschen mögen wegen ihres Bekenntnisses zu ihrem Deutschtum deshalb viel Leid erduldet und schwere Haftzeiten durchgemacht haben?

Die Bergmannstochter von Valeska von Tiele-Winckler, der Mutter von Eva von Tiele-Winckler

Als Erbteil bekam ich
Des Vaters Bergmannssinn
Zum Suchen und zum Finden
Zieht es mit Macht mich hin.

Für wen heißt's auszubeuten
Was tief im Grunde ruht?
Blieb alles nur dein Eigen,
Dann wär dir nimmer gut.

Mein Ohr will stets sich neigen,
Ob's klingt im toten Stein.
Es tönt! Es klingt ja wahrlich!
Hör' ich nur recht hinein.

Ich weiß, du suchst für jene,
Die Gott dir hat geschenkt,
Für deine süßen Kinder
Dein Sinnen sich versengt.

Ein Lied hör' leis ich tönen
Hin durch die ganze Welt,
Aus allem hallt ein Ton mir,
Der einzig mir gefällt.

Für sie zu Tag zu fördern,
was geistig reif sie macht,
Für sie herauf beschwören,
Was ruht im dunklen Schacht.

An jedem Ort da find' ich
Gar Schätze mannigfalt,
Und meine Bergmannsmühe
Mit tausendfach bezahlt.

Für sie trägst du die Ampel,
Klopfst du an das Gestein,
Und immer möcht'st du »fördern«,
Soll's nur ihr eigen sein.

Hier ist es eine Sage,
Dort ist's ein alter Spruch,
Ein Stück aus frühern Zeiten,
Auch wohl ein wertvoll Buch.

Und sind sie stumm und fühllos,
Dann wird der Blick dir trüb –
Nur Mut! Nur Mut! schreit weiter,
Nicht sauf die Hoffnung gib.

Aus dem heraus ich lese,
Was grad zu wissen Not,
Auf neue Spur mich leitend,
Lautend wie ein Gebot.

Die »Knappenjahre« wollen
Ja auch der Jugend Recht;
Es kommt die Zeit der Reife
Wo sie verstehn – was Recht.

Dem Bergmann tagt's im Schachte,
Ihm leuchtet das Gestein.
Auch mir so hell ja leuchtet
Ein Licht ins Herz hinein.

Wo nicht den falschen Glimmer
sie vorziehn reinem Gold,
Geh' deine Fahrt nur weiter,
Stehst in des Höchsten Sold.

Dank, Vater! für dies Erbteil,
Steh' »geistig mir zu Seit«,
Und geht die Fahrt noch weiter,
Glück auf! gib zum Geleit.

Was möchtest du denn finden,
Du närrisch Bergmannkind?
Für wen suchst du die Schätze
Die sonst verborgen sind?

Ist erst der Ampel Schimmer
Gedrungen tief hinein,
Dann öffnet sich der Mutter
Ein köstlich goldner Schrein.

Glück auf! Komm hilf mir wecken
Des Bergmanns Enkelschar.
Glück auf! Glück auf! hilf weiter,
Für jetzt und immerdar.

In seinem Namen poche
Ans Kinderherz nur an;
Erst leis, dann immer stärker,
Bis dir wird aufgetan.

Miechowitzer Schloss im 19. Jahrhundert

Mechtaler Heimatlied von Ludwig Chrobok

Lass viel tausendmal dich grüßen,
Du mein trauter Heimatort;
Ob ich wache, ob ich träume,
Seh dein Bild ich immerfort.

Rüstig deine Häuser steigen
aus der Niedrung engem Raum,
Über well'ge Ackerbreiten
Nach des Waldes grünem Saum.

Von der nahen Preußengrube
Dröhnt der Arbeit ernstes Lied,
Dort die Schar der wackren Knappen
Schwarzes Gold zum Lichte zieht.

Und das Schloss, das einsam-stolze,
Träumt von alter Herrlichkeit.
Und der Kirche Türme mahnen
Mich an Gott und Ewigkeit.

Von dem Grytzberg spähen Müde
Neu erstarkend weit ins Tal;
Friedenshort und Kloster lindern
Leibesnot und Seelenqual.

Nach der Straße bunte Zeilen
Sorgend ernst das Rathaus schaut,
Während drängend hast'ges Leben
Sich zu seinen Füßen staut.

Weich sind meiner Brüder Herzen,
Blickt das Auge oft auch hart;
Stark ist noch der Stamm der Bürger
Und von guter, alter Art.

Ja, so lebst du mir im Herzen
Frisch und blühend fort und fort;
Ob ich lebe, ob ich sterbe,
Lieb ich dich, mein Heimatort!

Die einstige Ronotmühle
von Ludwig Chrobok

Mitten im Walde, etwa ein Kilometer von Rokittnitz entfernt, befindet sich dicht an der Grenze der Gemarkungen Miechowitz und Rokittnitz die Stelle, an der einst die Ronotmühle stand. Von dem früheren Gehöft ist nur der von ein paar alten Linden beschattete Platz zu erkennen, von der Mühlenanlage nur eine Andeutung eines Staudammes. Die Mühle soll bis in die Mitte des vorigen Jahrhunderts (19. Jh.) gestanden haben, hat aber um diese Zeit nicht mehr gemahlen, weil der Bach, der sie trieb, nicht mehr das nötige Wasser lieferte. Der Ronotbach, ein Nebenfluss der Rokittnitza, an dem die Mühle lag, muss einst den Charakter eines rasch dahin brausenden Bergbächleins gehabt haben, darum hat man ihm den Namen »Stock wrzonzy« oder »wrzonzestog«, d. h. kochender Bach, gegeben. Sein Wasser aber hat sich wahrscheinlich schon im 14. Jahrhundert, als man in Miechowitz nach Silberbleierzen suchte, verloren. Denn schon im Jahre 1743 war das Wasser nicht hinlänglich, obwohl die Mühle nur mit einem Gange mahlte.

Ihren Namen hat die Mühle von einem früheren Besitzer, Paul Ronot, erhalten, der sie im Jahre 1697 von der Herrschaft zu Ober-Miechowitz kaufte. Er besaß die Mühle nebst dem zu ihr gehörigen Acker von 1 Malter 3 Scheffel Aussaat erb- und eigentümlich. Der Besitzer der Ronotmühle war der einzige Freimann in Miechowitz. Er besaß sein Anwesen zu eigen, brauchte auch weder Hand- noch Spanndienste zu leisten. An die Herrschaft entrichtete er bloß einen jährlichen Zins von 6 Talern und 2 Kapaune (Kapp- oder Masthahn – ein mit zwölf Wochen verschnittener und gemästeter Hahn) als Ehrung.

Paul Ronot blieb nicht lange Besitzer der Mühle – 1743 schon gehörte sie dem Erb-Müller Albrecht Pyßkortscheck –, aber sie behielt doch nach ihm den Namen. Die Ronots lebten als Bauern und Gärtner noch viele Jahrzehnte in Miechowitz, heute ist der Name im Orte nicht mehr anzutreffen. Auch die Flurbezeichnung Ronotmühle, die lange für den ganzen Ortsteil galt, ist fast völlig erloschen; man findet sie nur noch in alten Akten, Plänen und Karten. Im Volksmunde wird außer dem Ronotbach noch die an ihm bis zum Dorfe Rokittnitz sich hinziehende Wiese als Ronotwiese bezeichnet. Der Flurname »Ronotmühle« aber wurde der Vergessenheit überantwortet, als die Herrschaft Tiele-Winckler bei der Ausgestaltung des Parkes die Häuser in dem betreffenden Ortsteil abbrechen und nach dem Dorfe (Miechowitz) verlegen ließ.

Aus den von Ludwig Chrobok gesammelten Miechowitzer Sagen

Wie Miechowitz entstanden und zu seinem Namen gekommen sein soll

Während der Herrschaft des Polenkönigs Boleslaus II., dessen Stern erlosch, seitdem er den Bischof Stanislaus ermordet hatte, verließen viele polnische Magnaten und Ritter ihr Vaterland, um dadurch ihr gefährdetes Vermögen und ihr Leben in Sicherheit zu bringen. Zu dieser Zeit kam aus dem Krakauer Lande ein schwerer Erntewagen, mit Strohseilen beladen, als führe er zur Kornernte. Ein älterer Mann, Wach mit Namen, lenkte die Pferde. Der Leiterwagen bog aber nicht aufs Feld ab, sondern verfolgte beständig und ohne Rast zu machen bis zum Abend und die ganze darauffolgende Nacht die nach Westen führende Landstraße. Am zweiten Reisetage machte er Halt. Wach geht zu dem größten Bunde, macht es vorsichtig auf, spricht, weint, tröstet und reicht Nahrung, fährt dann weiter. Bald sind sie in Schlesien, kommen an Beuthen vorbei, ruhen endlich am Fuße eines Hügels aus. Die Pferde werden ausgeschirrt, damit sie sich in dem dichten, undurchsichtigen Walde Futter suchen. Wach nimmt vom Wagen das erwähnte Bund, öffnet es, und daraus schlüpft ein Knabe, schön wie ein Engel. Verwundert blickt er in die Gegend hinein, ruft dann kläglich: »Mutter, Muter! Wo ist die Mutter?« Wach antwortet: »Mein kleiner Thaddäus, die Mutter ist nicht da, sie wird aber kommen, wenn du gehorsam und ruhig bleibst.« Darum erkundigte sich Tadzio viele lange, traurige Jahre nicht nach seiner Mutter. Wach baute auf dem Gipfel des Hügels ein kleines Häuschen – es musste nun das Schloss von Krakau ersetzen – und errichtete vor der Tür ein hohes Holzkreuz. Hier sprach der kleine Thaddäus seine Gebete, hier kühlte Wach seinen heißen Schmerz, von hier blickten beide an arbeitsfreien Tagen gegen Polen hin und trösteten sich gegenseitig.

Wenn Tadzio doch einmal nach seiner Mutter fragte, vertröstete ihn Wach auf gelegenere Zeiten. Nach zwanzig Jahren aber sprach er zu ihm: »Es ist nun Zeit, dich aus deinem Kerker zu befreien. Du bist schon großjährig, ich habe keine Macht mehr über dich. Willst du, so kehre in dein Vaterland zurück, bedenke aber, dass der stets recht tut, der auf den Rat Älterer hört! Oft fragtest du nach deiner Mutter. Der König hat deine Mutter in den Tod getrieben wie König David den Urias. Deine Mutter, meine Schwester, starb vor Angst, dass sie das Schicksal Bethsabees ereilen könnte.

Du hast Feinde, von denen sich aber deine Armut und diese finsteren Wälder bargen. Hier lerntest du arbeiten, leben und demütig sein; lebe nur hier so weiter, wie Gott es schickte. Ich habe für dich Dokumente, in welchen die heiligste Gewissheit deinen Namen, deinen Reichtum und deine Rechte kund tut. Kehrst du in dein Vaterland zurück, dann wird der Ruhm deiner Ahnen wieder aufleben; doch dein Herz wird bluten, weil du immerfort an das Schicksal deiner Eltern erinnerst wird. Allein, mach, was du willst! Mein Segen geht mit dir, ob du hier bleibst oder in die Ferne ziehst!« Der Greis wischte eine Träne aus seinem Auge, senkte sein Haupt und seufzte tief auf. So sitzt er lange. Da er keine Antwort vernimmt, hebt er den Kopf. Da kniet Thaddäus vor ihm und stößt aus seinem blutenden Herzen die Worte hervor: »Vater, Vater, sei mein Vater!« Am nächsten Morgen, am Tage des heiligen Judas Thaddäus, reisen die beiden Einsiedler, mit reichen Kleidern angetan, nach Beuthen. Vor der Obrigkeit breitet Wach die Akten und die Siegel aus, wiederholt die Tatsachen, zählt die Dukaten auf, und ehe ein Monat vergangen ist, hat der junge Magnat Thaddäus Zborowski die Hälfte der Beuthener Ländereien in seinem Besitz. Seine Herrschaft, tausend Morgen groß, breitet sich um den Hügel aus, an dessen Fuß einst Thaddäus und sein Oheim weinten. Den ganzen Winter über wurden die Wälder gerodet, und im Frühjahr konnte man auf weite, fruchtbare Fluren blicken. Kurze Zeit darauf entstand auch ein Vorwerk. Darin lebte in den folgenden Jahren die Familie des Thaddäus Zborowski als die glücklichste der Welt. In ihrer Mitte weilte täglich Wach, der Schutzgeist des jungen Besitzers, und wurde wie ein Heiliger verehrt. Doch verließ er, wie er einst gelobt, seine Einsiedelei auf dem Hügel nicht. Hier fastete und betete er, bis Gott seine Seele aus dem hinfälligen Leib befreite. Man fand den Toten unter dem Kreuze kniend. In der Nähe seines eigenen Wohnhauses begrub der junge Gutsherr die sterblichen Überreste seine väterlichen Wohltäters und errichtete über dem Grabhügel ein Kreuz, auf welchem er die Inschrift anbrachte: »Mniechowo« (»Er zog mich auf.«) Mit der Zeit entstand über dem Grabe eine Kapelle, welche die frommen Beter aus der ganzen Umgebung in sich versammelte, und in welcher auch Zborowski an der Seite seines Oheims seine letzte Ruhestätte fand. Sie wurde der Grundstein zu der ersten Kirche in Miechowitz, und Mniechowo wurde nach und nach zu Mniechowo, Miechow, Miechowice umgebildet.

(Nach Chrobok »Wie Bontzek den Dorfnamen Miechowitz erklärt«. A(us) d(em) B(euthener) L(ande) 1/1924.)

Der Berggeist auf der Maria- und auf der Preußengrube

Der Berggeist warnt vor Gefahr. Ein Arbeiter legte sich einmal auf der Mariagrube während der Nachtschicht unten in den Pferdestall, um ein wenig auszuruhen. Da warf ihm jemand ein Bündel Stroh auf den Leib. Der Mann sprang sofort auf, sah aber niemanden und ging weg. Als er durch die Strecke ging, hörte er ein Sausen und Brausen wie von Wasser, sah aber nichts. In der zweiten Nacht um die dieselbe Zeit hatte der Arbeiter in der Dynamitkammer die Büchsen mit Pulver zu füllen. Als er fertig war, setzte er sich ein wenig auf den Dynamitkasten, um wieder etwas auszuruhen. Da kam ein kleiner, bärtiger Mann herein, würgte den Arbeiter am Halse und rief ihm zu, dass er schleunigst die Kammer verlassen solle. Kaum war der Arbeiter draußen, da flog der Kasten in die Luft, und die ganze Kammer wurde zertrümmert.

Der Berggeist in Steigergestalt führt einen Bergmann durch sein Reich. Ein Erzbergmann von der Mariagrube arbeitete tüchtig an seinem Pfeiler. Zur Frühstückszeit saß er allein in seinem Stollen und verzehrte sein Brot. Da sah er weit von sich ein kleines Licht, das immer größer wurde und näher kam. Auf einmal stand der Berggeist vor ihm und grüßte: »Glück auf!«. Der Bergmann antwortete mit denselben Worten. Jetzt sah unser Bergmann auch die Pferdefüße mit den glänzenden Hufeisen, sonst aber war der Bergmann einem Steiger ähnlich. Er bat um Feuer, und der Bergmann gab es ihm auch mit der Hand. Sogleich führt ihn der Berggeist fort. Alle suchten ihn, aber sie konnten ihn nicht finden und glaubten, er sein vom Erz verschüttet. Nach drei Tagen kam der Bergmann auf die Schale, und die übrigen Bergknappen staunten. Er erzählte ihnen auch, dass er durch schöne Straßen und Häuser gegangen sei, ab der Berggeist habe ihm geraten, nie wieder nach unten zu kommen, da ihm sonst ein Unglück zustoße. Aus Angst vor dieser Drohung fuhr der Knappe nie wieder nach unten.

Man muss dem Berggeist auf die Füße sehen. Zu einem Bergmann, der auf der Preußengrube unter Tage arbeitete, kam eines Tages ein feiner Herr im Gehrock und in Lackschuhen und bat ihn mitzukommen. Der Arbeiter aber sah dem Berggeist nur auf die Füße, da verschwand dieser sofort.

Bei einem anderen Häuer erschien einmal ein Steiger und grüßte: »Glück auf!« Der Bergmann war gerade in gebückter Stellung damit beschäftigt, die Zündschnur zu legen, blickte dem Steiger also nicht ins Gesicht, sondern sah nur seine Füße. Da gewahrte er, dass der Steiger Pferdefüße hatte, die mit

Hufeisen beschlagen waren. Sogleich wusste er, dass er es mit dem Berggeist zu tun hatte, spie aus und sprach: »Gott sei mit mir!« In demselben Augenblick verschwand der Berggeist. Den Häuer aber fanden seine Kollegen am nächsten Morgen tot auf seiner Arbeitsstätte liegen.

Grab der 1905 verunglückten Bergleute der Preußengrube, in den neunziger Jahren stark verändert

Erinnerung an die Beuthener Wälder von August Brzenskot

Wälder des Beuthener Hinterlandes – welch anziehendes Zauberwort! Ich denke dabei mit Freude und mit Wehmut besonders an den Beuthener Stadtwald, an den Miechowitz-Rokittnitzer (Mechtal-Martinauer) Wald, den wir als Kreiswald zu bezeichnen pflegten, und den Stollarzowitzer (Stillersfelder) Wald, um nur die zu nennen, die uns das Schicksal nach dem ersten Weltkrieg noch belassen hatte. Auf jeden Fall war der Aufenthalt in dieser Landschaft und ihre Durchstöberung für mich, der ich damals an der Miechowitzer Schule III amtierte, die naturkundlich arbeitsreichste und anregendste Zeit meines Lebens. Sonnige Tage leuchtenden Glückes werden daher beim Lesen der diesbezüglichen heimatkundlichen Schriften und Aufsätze wieder in mir lebendig. In seliger Selbstvergessenheit durchstreifte ich damals immer wieder diese interessanten Reviere und stand dadurch mit ihnen sozusagen auf dem »Duzfuße«. Die hier überall auftretende Vorgebirgsflora war für den naturwissenschaftlich Interessierten das wertvollste Schatzkästchen dieses Gottesgartens. Die Üppigkeit seiner Pflanzenwelt war insbesondere auf die durch die Höhenlage bedingte niedrige Temperatur, durch das den Muschelkalk bedeckende fruchtbare Schwemmland und den idealen Mischwald zurückzuführen. Es dürfte in Schlesien nur noch wenige Stellen gegeben haben, die auf verhältnismäßig kleinem Raum eine ebenso reichhaltige und üppige Flora aufzuweisen hatten. So waren die Wälder mit ihrem Gottesfrieden nicht nur zur Erholung, sondern auch zum botanischen Studium bestens geeignet, was für mich in meiner vierundzwanzigjährigen Miechowitzer Amtszeit Anlass wurde, naturwissenschaftliche Führungen durch die Wälder zu veranstalten, die sich zahlreichen Zuspruchs erfreuten. Ob sich wohl noch Teilnehmer daran erinnern werden? Wenn ja, wird auch bei ihnen die Erinnerung an diese schönen Jahre in der geliebten Heimat heute noch gleichsam als Glorie über allem Elend, allen Sorgen und und den Nöten des verflossenen und unglücksschweren Jahrzehntes stehen. Es kommt mir daher heute vor, als strahlten Sonne, Mond und Sterne damals viel schöner als jetzt. Aus diesem Paradies der Erinnerung kann uns niemand vertreiben. Diese schönen Tage von Aranjuez sind zwar vorüber. Seien wir aber deswegen nicht allzu traurig, sondern freuen wir uns, dass solche Tage überhaupt gewesen sind und geben wir niemals die Hoffnung auf, dass die in ständiger Bewegung fließende Weltgeschichte uns doch noch einmal in die liebe Heimat zurückkehren läßt.

Herrlich waren auch die Bäder in der Rokittnitza und in den wohltemperierten Teichen, die verstreut und verborgen in unseren Wäldern vorhanden, aber nicht jedem zum Baden zugänglich waren. Jauchzend und glücklich stürzten wir uns im Sommer in Neptuns Arme. Dass im Tonteich des Stollarzowitzer Waldes unweit des Trockenberges auch Krebse vorhanden waren, habe ich erst erfahren, als ich merkte, dass sie auch beißen konnten.

Inmitten des Miechowitz-Rokittnitzer Waldes ließ bekanntlich Landrat Dr. Urbanek, dessen Tatkraft die Erschließung dieses Waldes für Erholungszwecke zu verdanken ist, die schöne Kreisschänke (nach 1945 kommunistische Parteischule) erbauen, die damals der Mittelpunkt der Erholungsstätten des oberschlesischen Industriegebietes wurde. Da Dr. Urbanek nicht nur ein großer Freund des Waldes, sondern auch ein guter Kenner von Bäumen und Blumen war, hatten wir in ihm den besten Heger, der hierin in vorbildlicher Weise vom Förster Herzog unterstützt wurde.

Doch auch im Nachbarrevier regte es sich. Dieses Revier gehörte der Stadt Beuthen, in der Oberbürgermeister Dr. Knakrick am Ruder war. Er öffnete den Stadtwald der Allgemeinheit und sorgte dafür, dass dieser Wald noch um das Verbindungsstück zwischen Stadt- und Kreiswald vergrößert wurde. Es war nach meiner Erinnerung ein Betrag von vielen hunderttausend Mark, den damals die städtischen Körperschaften für dessen Ankauf bewilligten.

Wer dann den Wald durchstreifte, der konnte bald feststellen, wie der Gartenbaudirektor Zeblin mit Feuereifer ans Werk ging, um binnen kürzester Zeit eine waldparkartige Erschließung des gesamten Stadtwaldes durchzuführen, womit er sich ein schönes Denkmal gesetzt hatte. Wie das immer bei solchen Unternehmen ist, tauchte auch bald die Frage auf, wer das alles bezahlen sollte. Da konnten die Beuthener Lehrerkollegen die beste Antwort geben, denn Dr. Knakrick hatte in den Volksschulen zu einem Preisdichten aufgerufen. Die Kinder sollten Vierzeiler anfertigen, die auf Tafeln im Walde prangen und dem Leser verkünden sollten, wie er sich im Walde zu benehmen habe und dass er die Waldfreuden seiner Stadtsparkasse verdanke, weil deren Reingewinn der »Finanzminister« war.

Auch Namen für Wege und schöne Plätze sollten die Kinder finden. So wurden Wald und Sparkasse über die Schulkinder populär gemacht. Damit den Beuthenern der Weg in ihren Wald recht bequem sein sollte, legte man vom Stadion aus den »Staubfreien Weg« an, der nach dem Stadtrat Galuschke benannt wurde.

Wen die Wanderung durstig oder müde gemacht hatte, der konnte sich in der »Waldschänke« erholen, ehe er die Weiterwanderung durch den Wald antrat, bei der ihn der nach dem 2. Bürgermeister benannte Leeberweg durch die landschaftlich schönsten Teile des Waldes führte. Wer aber bei dieser Wanderung Böses im Schilde führte, der wurde durch »Des Waldes Bürgermeister« – als welcher die stärkste und wohl auch älteste Buche gekennzeichnet war – zur Ordnung gerufen. Wer stille Andacht suchte, fand sie in der idyllisch gelegenen Waldkapelle, und Jugend, die sich austoben wollte, konnte das in ausreichendster Weise auf der mitten im Wald gelegenen Spielwiese (bei Miechowitz/Mechtal in Richtung Grenzbaude) tun.

So war in Kreis und Stadt durch weitschauende Kommunalpolitik dafür gesorgt, dass die großen und gepflegten Waldflächen fernab von dem Betrieb der ruhelosen Industriegemeinden den überarbeiteten Menschen den rauen Kampf ums Dasein vergessen und seine Freizeit in Ruhe in frischer Waldesluft genießen ließen. Mit diesen Wäldern war eine Quelle reiner Freude und edlen Genusses erschlossen, und sie hatten in volkshygienischer und volksethischer Hinsicht eine ganz besondere Bedeutung.

Ohne Zweifel haben auch die Wälder meiner jetzigen bayerischen Zwangsheimat (Bayerischer Wald) ihre landschaftlichen Reize und bieten dem Naturfreund ebenfalls ein reiches Betätigungsfeld. An den Abhängen ihrer hohen Berge sind sogar die vornehmsten Aristokraten der Pflanzenwelt zu finden. Aber bei meinen fünfundsiebzig Jahren sind sie für mich nicht mehr erreichbar. Auch wenn sie nicht auf den hohen Gipfeln ständen, könnten sie mir die alte Heimat nicht ersetzen, denn es ist und bleibt ein altes Naturgesetz, dass man einen alten Baum nicht mehr verpflanzen soll (in unserer heutigen Zeit gilt dieses Gesetz in dieser Form nicht mehr), weil er im fremden Boden nicht gedeiht. Doch immer, wenn sich meine Gedanken mit den heimatlichen Wäldern beschäftigen, kommen mir zwei Erlebnisse in Erinnerung, die ich noch zu der Zeit hatte, als sich nur einsame Wanderer in diesen Wäldern aufzuhalten pflegten. Das eine dieser Erlebnisse wird besonders die im Lesen von Kriminalgeschichten so eifrigen Jungen interessieren.

Ich wurde nämlich eines Tages für einen »Gangster« gehalten. Nichtsahnend war ich bei meiner Wanderung in die Gegend der Eisenbahnbrücke beim Stadtwald angelangt, als plötzlich zwei Männer aus dem Getreidefeld aufsprangen, sich als Gleiwitzer Kriminalbeamte auswiesen und mich verhafteten. Mein Schreck war groß, überhaupt, wo sich weit und breit niemand fand, der mich ausweisen konnte. Ich war von den Kriminalen für den Erpresser gehalten worden, der von dem Gastwirt Lipinski in Karf die Hinterlegung von 500,- RM bei der Eisenbahnbrücke verlangt hatte.

Das andere Erlebnis hatte mit »kriminal« nichts zu tun, es sei denn, dass man es unter »Jagdfrevel« einreihen will. Bei einer meiner Abendwanderungen verscheuchte ich nämlich einen Bock, und zwar just in dem Augenblick, als der Herr Oberpräsident Dr. Lukaschek auf ihn zum Schuss angelegt hatte. Ich war mir in keiner Weise dieses »Frevels« bewusst gewesen, ich erfuhr vielmehr davon erst, als der Förster Herzog bei der Suche nach dem Übeltäter auf mich stieß. Bei der Freundschaft, die mich mit ihm verband, glaube ich nicht, dass er mich damals bei seinem Jagdherrn verraten hat, aber jetzt kann ich es wohl ohne Gefahr für Leib und Leben selbst tun.

Wo ich auf diese Weise so unversehens auf die Jagd zu sprechen gekommen bin, so sei noch angeführt, dass die Beuthener Wälder einen solchen Wildreichtum, vor allem an Fasanen und Hasen hatten, dass jedes Jahr zwei Treibjagden veranstaltet werden mussten.

Dann klang auch das »Waidmannsheil« und »Waidmannsdank« durch unsere Wälder und wenn die Strecke verlesen wurde, dann bliesen unsere Förster, von denen mir neben dem Förster Herzog noch die Namen Pgorzallek, Teichmann und Christof in Erinnerung sind, auf ihren Jagdhörnern das »Halali«. Und dieses Jagdidyll inmitten der rauchenden Schlote. O, unsere schöne Heimat!

Blumen im Miechowitz-Rokittnitzer Wald
nach August Brzenskot

Baldrian, echter, Valeriana officinalis
Baldrian, echter, Valeriana polygama
Buschwindröschen, Anemone memorosa
Christopfskraut, Actaea spicata
Einbeere, Paris quadrifolia
Fingerhut, blassgelber, Diditalis ambigus
Frauenschuh, Cypripedium Calceolus
Frühlingswalderbse, Orobus vernus
Germer, hellgrüner, Veratrum lobelianum
Grannenlabkraut, Galium Schultesi

Hahnenfuß, wolliger, Ranunculus lanuginosus
Haselwurz, Asarum, europaeum
Herbstzeitlose, Colchicum autumuale
Hopfen, Humulus lupulus
Knabenkraut, geflecktes, Orchis maculatum
Kreuzkraut, krauses, Senecio crispatus
Kuckucksblume, Platanthera bifolia
Leberblümchen, Hepatica triloba
Lerchensporn, hohler, Coridalis cava
Lungenkraut, Pulmonaria officinalis
Maiglöckchen, Convalaria majalis
Moorenzian, Gentiana, pneumonantha
Pestwurz, weiße, Petasites albus
Salomonssiegel, Polygonatum officalinale
Sauerklee, Wald-, Oxalis acetosella
Scharbockskraut, Ranunculus ficaria
Schattenblume, Majanthemum bifolium
Schaumkraut, bitteres, Cardamine amara
Schlüsselblume, duftende, Primula officinalis
Schwertlilie, sibirische, Iris sibirica
Schwertlilie, deutsche, Iris germanica
Schwertlilie, florentiner, Iris florentina
Seidelbast, Daphne mezereum
Siegwurz, Wiesen-, Gladiolus imbricatus
Springkraut, Wilde Valsamine, Impatiens noli tangere
Strenze, Astrantia major
Sumpfdotterblume, Caltha palustris
Sumpfwurz, breitblättrige, Epipactis latifolia
Schwarzwurz, weiße, Epipactus,palustris
Tausendguldenkraut, Erythraea Centaurium
Teufelskralle, ährige, Phyteuma spicatum
Teufelskralle, kugelige, Phyteuma orbiculare
Türkenbund, Lilium Martagon
Waldlabkraut, Galium silvaticum
Waldplatterbse, Lathyrus silvester
Waldvögelein, schwertblättriges, Cephalantera ensifolia
Waldvögelein, rotes, Cephalantera rubra

Wasserschwertlilie, Iris psendacorus
Weißwurz, vielblütige, Polygonatum multiflorum
Weißwurz, quirlblättrige, Polygonatum verticillatum
Wiesenschaumkraut, Cardamine, pratensis
Zweiblatt, eiblättriges, Listera ovata

In dieser Beschreibung und Auflistung der Flora des Miechowitz-Rokittnitzer Waldes von 1928 wies Brzenskot bereits auf die negativen Einflüsse etwa der Preußengrube auf die Pflanzenwelt dieses Waldes hin und rief dazu auf, die spärlich vorhandenen einheimischen Pflanzen zu schonen und zu schützen. Dadurch würde man dazu beitragen, die Flora unseres Waldparks nach und nach wieder zu bereichern und seine frühere Blumenpracht zurück erhalten können.

Blick auf den Nordschacht der Preußengrube 1975

Geschichten des Heimatdichters Karl Franz Mainka

Ein Ablassfest in Miechowitz

In den Tagen meiner Kindheit – es war 1880 – hatte ich Gelegenheit, das Ablassfest in Miechowitz, auf welches ich einen Schulfreund, welcher eine Tante in Miechowitz hatte, begleitete, das erste Mal kennen zu lernen. Ich entsinne mich, dass das doch geräumige Gotteshaus die Scharen der Gläubigen nicht aufzunehmen vermochte und ich mit meinem Begleiter die Messe – extra muros – (außerhalb der Kirchenmauer) hörte. Nach dem Gottesdienste gingen wir zu den zahlreichen Krambuden, welche für Kinder bei einem Ablassfeste ja doch die Hauptsache waren und sind. Die Stände mit den Andachtsgegenständen, welche das gläubige Volk von einem Ablassfeste heimbringen muss, waren gleich an der Kirchenpforte. An sie reihten sich die Buden der Pfefferküchler, Zuckerbäcker, der Obsthändler und der Bäcker und Fleischer, welche die »Kiolbassa« über einem Kohlenfeuer in einem mit heißem Wasser gefüllten Kessel ständig warm hielten, die heutige Hindenburgstraße, welche noch keine Straßenbahn zierte, am Schlossparke entlang. Die wenigen damals noch mit Menschenkraft bewegten Karussells hatten ihre Stände auf dem Vorplatze bei dem Mazurschen Gasthause (heute Schindler).

Schon damals hatte das Ablassfest zu Miechowitz für die Dörfer der Umgebung eine starke Anziehungskraft, die sich aus den Arbeitsverhältnissen jener Zeit erklären lässt. Wieschowa, Rokittnitz, Friedrichswille, Stollarzowitz, Alt- und Neu-Repten, Bobrownik, Rudy Piekar, Trockenberg, ja auch Radzionkau waren auf die bei Miechowitz gelegenen Galmeigruben Elisabeth und Maria, auf die königliche Friedrichsgrube angewiesen. Hier fanden die Bewohner des Kreises Tarnowitz ihr Brot und machten täglich den Weg zu und von der Schicht durch das Dorf. In den Tagen der alten Bergmannsherrlichkeit, da der Häuer mit dem Häuer eng befreundet war und der Schlepper in seinem Mitarbeiter noch seinesgleichen sah, war es selbstverständliche Pflicht des Miechowitzer Bergmanns, den auswärts wohnenden Kameraden zum »odpust« (Kirchweih, Ablass) besonders einzuladen. Der auswärtige Freund folgte der Einladung gern, wusste er doch, dass bei Gelegenheit des Patroziniums seiner Pfarrkirche zu Wieschowa oder Repten er den Miechowitzer wiedersehen werde. Nun bestand dieser Besuch nicht im Aufsuchen des Arbeitsfreundes in dessen Wohnung. Hierzu kam es höchst selten. Der Besucher genügte seiner kirchlichen Pflicht, und nachher trafen sich die auswärtigen mit den einheimischen Bergleuten zusammen und gingen zunächst nach den Krambuden, wo sie den Frauen, wenn sie nicht mitgekommen waren, und den daheim gebliebenen Kindern das übliche Ablassgeschenk kauften. War dies Geschäft erledigt, so trat die Freundschaft in ihr Recht und die vier Gasthäuser des Ortes: Wechselmann, Mazur, Herzberg und die Panitzka hatten nicht Räume und Hände genug, die zusammen strömenden Gäste zu fassen und zu befriedigen. Eine fröhliche Stunde in heiterem Geplauder unter den Kameraden und dann zogen die Ablassbesucher durch den herbstlichen Wald gegen Westen und Norden den heimatlichen Dörfern zu.

Die Zeit vergeht rasch und bringt Neuerungen. Auch in Miechowitz traten wichtige, das Leben, den Erwerb und den Verkehr betreffende Änderungen, ein. Zunächst wurde die Elisabethgrube eingestellt, in etlichen Jahren traf die Mariagrube das gleiche Geschick. Dafür erhoben sich im Südwesten und Südosten des Ortes die Anlagen der Preußen- und Castellengo- und der Gräfin Johanna-Grube. Auch die Julienhütte erweiterte im Laufe der Zeit ihr Werk durch die Kokereien und die Nebenprodukte gewinnenden Einrichtungen und das groß angelegte Stahlwerk. Die in Miechowitz heimischen Arbeitskräfte genügten nicht mehr, es wanderten Hunderte von Arbeitern ein, und der Ort, welcher vor 50 Jahren 1.500 Seelen zählte, ist heute ein Marktflecken von 15.000 Einwohnern mit einer Straßenbahn nach der Kreisstadt. Miechowitz ist ein moderner, aufblühender Industrieort, in welchem der Bürger mit Treue noch am Althergebrachten hält und seinen Stolz darin setzt, das Ablassfest nach der Väter Weise zu begehen.

Die Woche vor dem Feste bringt in die Familien die Vorfreude und ihre Aufregung. In den Wohnungen drehen die Hausfrauen das Unterste zu Oberst; es spielt sich das Hauptreinemachen, wie vor den Hochfesten, ab. Das Äußere des Hauses kann nicht mehr wie in früheren Tagen durch einen Kalkanstrich ein Festtagsgewand bekommen, denn die modernen Mietskasernen haben alle das eintönige Rot des Rohbaues. Dafür aber wetteifern die Familien mit dem Erneuern des Zimmerwandschmuckes in Stube und Küche und die Maler – wie die Anstreichkünstler heißen – haben vor dem Feste die Hände voll Arbeit. Die Schneider und die Schneiderinnen geraten mählich an den Rand der Verzweiflung, denn die Kunden und Kundinnen wollen die Anzüge und die modernen Fähnchen bis zum Feste fertig haben.

Der Hausvater mordet im Kaninchenstalle den feisten Bock, welcher für das Fest bestimmt ist. Und Mütter und Töchter kneten den Kuchenteig auf die butterglänzenden Bleche, denn ohne Kuchen und Festtagsbraten ist ein Miechowitzer Ablassfest nicht denkbar.

Wertbezeichnend für die Wichtigkeit des Tages ist die Anzahl der Besucher in einer Familie. An dem Ablassfeste heißt es in Miechowitz: Je mehr Gäste, desto mehr Ehre!

Endlich bricht der große Tag an, und zwar am Sonntage nach dem Feste Kreuzerhöhung. Dieses Jahr begünstigte ein heller Spätsommertag mit warmer Luft und klarem Himmel die Festfeier. Drei Messandachten, bei denen die Predigt ein fremder Geistlicher hält, geben den Gläubigen Gelegenheit, ihrer kirchlichen Pflicht zu genügen.

Kaum dass wir das auf einem Hügel gelegene Gotteshaus erreichten, zieht das kürzlich (1926) errichtete Kriegerdenkmal, welches die dankbare Gemeinde ihren gefallenen Kindern herstellen ließ, durch seinen eigenartig altarähnlich gehalten Bau, welcher durch die mächtigen Pappeln des Parks einen wirkungsvollen Hintergrund erhält, die Augen auf sich. Doch schon wird die Aufmerksamkeit abgelenkt. An dem Weg den Kirchhügel hinunter sitzen und knien allerlei bresthafte (verstümmelt, krank, behindert) Bettler, welche von dem Ablass auch ihren Teil in klingender Münze haben wollen.

Die Hindenburgstraße mit ihrer Straßenbahn und dem rastlos sich abwickelnden Verkehr ist von dem Treiben und Leben des Festes verschont geblieben. Dafür reihen sich an der Kirchstraße Bude an Bude von der Kirche bis zum Konsum und den Hang hinunter über den Marktplatz hinaus. Dieser ist mit Karussells, einer Rodelbahn, einer Tierschau und anderen ähnlichen Kunsttempeln derart bestellt, das für das schaulustige Publikum wenig Raum zum Bewegen bleibt.

Nach dem Hauptgottesdienst beginnt das Treiben und Leben auf den Straßen: Miechowitz feiert sein Volksfest.

Zunächst sind es die Fremden, welche aus den Dörfern der Landwirtschaft treibenden Kreise Oberschlesiens hier ihre Verwandten besucht haben, die den Ablassmarkt aufsuchen, und dann folgen die ungeduldigen Kinder, welche nicht mehr warten wollen, bis sie ihren Teil an den ausgestellten Herrlichkeiten eingeheimst haben.

Am Nachmittag kommen die Bewohner von Karf, Bobrek und Rokittnitz, die das Ablassfest der Mutterkirche nicht versäumen wollen. Auch die Beuthener Bürger wollen an dem ihnen bekannten Feste nicht fehlen und finden sich mit der Bahn und als Spaziergänger ein. Die Straßenbahn kann den steigenden Verkehr nicht bewältigen. Der Anhänger hinter dem Motorwagen genügt nicht mehr, es muss ein besonderer Kraftwagen hinter dem planmäßigen in einem Abstand von 100 Metern folgen. Und auf dem Wege von Bobrek nach Karf zieht sich ein Heerwurm von festlich gekleideten Menschen mit frohen Mienen dahin.

Ein dichter Menschenschwarm wogt vor dem Marktplatze. Aus dem Gewühle und Geschiebe löst sich unaufhörlich ein stetig wachsender Zweig, welcher auf der Kirchstraße hin und her pendelt.

Und all diese Frauen und Männer, die heitere sonnenfrohe Jugend, die erhitzten, johlenden Kinder bewundern und kaufen die Pfefferkuchen, das Zuckerwerk, den Kram und das Obst, welche in den Buden verführerisch vor die Augen gelegt sind.

Unter den vielen Fremden gewahren wir auch die aus unserer Mitte verstoßenen Mitbürger, welchen ihre Schwärmerei für das »heilige Polen« ein trauriges, aber wohl verdientes Geschick gebracht hat. Auch sie können den Hauptfesttag ihrer Heimat nicht vergessen und sind hierher geeilt, um das Glück, die Freude der Miechowitzer um so bitterer zu empfinden. Dasselbe Gefühl lesen wir auch auf den Mienen der Besucher, welche von jenseit der unseligen Grenze, die unser Volk in zwei entgegengesetzte Lager scheiden soll, herüber gekommen sind. Die ersteren wie die letztgenannten Gäste unseres heutigen Festes wollen aber von einer solchen Scheidung nichts wissen. Heute sind sie Oberschlesier, und als solche feiern sie nach altem Brauche das Ablassfest! – Morgen? – Nun, da sind sie wieder drüben in ihrem Lande, wo ihnen die fremden Machthaber und die eigenen Brüder das Leben schwer genug machen werden!

In dem Wühlen und Schieben der drängenden Menge gewahren wir die festtäglich geputzte weibliche Jugend, welche entweder selbst unter sich oder mit dem ebenso elegant gekleideten Kavalier den Ablassmarkt besuchen. Wie weiße Raben nehmen sie sich in dem modern gekleideten Menschenschwarm etliche ländlich gekleidete Schönen aus. Mit Wohlgefallen liegt unser Auge auf den in faltigem Rock und anmutig fallender Jacke gekleideten schlanken Mädchengestalten, welche auf dem Kopfe nicht den unschönen Kübel (Hut) tragen, sondern barhäuptig das glänzende Haar in einen wirkungsvollen Knoten geschlungen sehen lassen. Diese Tracht würde dem landschaftlich schönen Miechowitz seinen Reiz, seinen Zauber, welche die um sich greifende Großmannssucht und Nachäfferei verscheucht haben, wiedergeben.

Haben die Kramleute und Händler der Kirchstraße, das »fahrende Volk« auf dem Marktplatze es auf den Geldbeutel der Ablassbesucher abgesehen, so kommen die Gastwirte des Dorfes bei der allgemeinen Stimmung auch auf ihre Rechnung. Bis spät in die Nacht sind die Lokale voll und die Straßen belebt, auch noch, nachdem die Straßenbahn zahlreiche Gäste wieder hinüber über den Grytzberg geschafft hat und eine noch größere Menge bei dem schönen Wetter den Heimweg zu Fuß angetreten hat. Noch in den Abendstunden hört man in den entlegensten Straßen das »ablassfrohe« Pfeifen, Flöten und Knallen der Kinder, vom Marktplatz her die Melodien der die Karussells begleitenden Drehorgeln. Sie sind die letzten Zuckungen des scheidenden Miechowitzer Ablassfestes, eines echten und rechten Volksfestes in unserer rastlos eilenden, alles glättenden und rasch vergessenden Zeit (ca. 1928/30).

Das Grubenlicht im oberschlesischen Bergbau

In einer alten Berggeistsage nennt der Volksmund das Geleuchte des Bergmanns recht treffend: Die Augen des Knappen. Und der Ausdruck entspricht auch den Tatsachen. Denn da unten im grusigen Schoße der Erde, wohin ein Strahl der lichtspendenden Sonne nimmer und nimmer gelangen kann, ist das schwache Grubenlicht ein unentbehrliches Hilfsmittel, ohne welches der Mensch in der ewigen Nacht des Berges sich nicht bewegen, nicht zurechtfinden, geschweige denn erst eine Arbeit verrichten könnte. Uralt wie die Kultur des Menschen ist auch sein Bestreben, die in der Erde ruhenden Metalle und Erze sich nutzbar zu machen, und aus diesem Verlangen hinaus entstand die Kunst, nach bestimmten Regeln die Erze zu graben und zu gewinnen: Der Bergbau.

Schon die längst ausgestorbenen Völker der Assyrer und Ägypter betrieben Tagebaue, in denen die kriegsgefangenen Sklaven das Silber, Eisen, Kupfer und Blei herausholten und an den Flussbetten Waschanlagen schufen, wo selbst das lautere Gold von dem Flusssande geschieden wurde. Die Römer und Griechen verfolgten die Erzgänge hinein in das Gestein des Berges und trieben oft einen regelrechten Stollenbau. Bei ihren Arbeiten mögen die als Bergeleute schaffenden Sklaven als Beleuchtungsmittel sich der Äste eines stark harzhaltigen Holzes bedient haben. Da aber die Rückstände der stark qualmenden und rußenden Flamme die Grubenluft der engen und niedrigen Weitungen zum Atmen untauglich machten, mußte der alte Bergmann auf andere Geleuchte bedacht sein und griff zur Kerze und der Lichtschüssel. Und mit diesen beiden Hilfsmitteln des vorchristlichen Knappen kommen wir in die Geschichte unseres heimischen Bergbaus und seines Geleuchtes, welches uns in ihrem Schoße die heimische Erde mit vielen anderen Erinnerungen an die verflossenen Bergbauabschnitte getreulich überliefert hat.

In den letzten Jahrzehnten des vorigen Jahrhunderts fanden die das Brauneisenerz bauenden Erz-Bergleute auf den Feldern von Georgenberg und Zyglin alte, in dem Erzmittel zusammengepresste Baue einer längst entschwundenen Bergbauzeit und in ihnen oft Talgkerzen oder Lichte, bei deren Schein unsere Ahnen ihre Arbeit verrichtet hatten. Unsere Vorfahren steckten das Talglicht entweder einfach in das weiche Erz oder aber sie bedienten sich, um das Licht an einer bestimmten Stelle festzulegen, eines Hilfsmittels, des Lichthalters. Der Lichthalter war ein Eisenstab in Gestalt eines ungleichschenkligen Dreiecks, dessen zwei Längsseiten 15 bis 20, die Querseiten aber 6 bis 8 Zentimeter lang waren. Er lief in eine Spitze aus, mittels welcher der Bergmann das Hilfsmittel ohne Mühe in des Holz des Ausbaues oder aber in das milde Erzmittel hineinstoßen konnte. Auf der Querseite befand sich eine Tülle oder aber nur eine Vertiefung zur Aufnahme des Lichtes.

Die Lichtschüssel fanden die heutigen Bergleute in den alten Bauen des Beuthener Bergbauabschnittes, welcher im 13. und 14. Jahrhundert auf den Hügeln bei Beuthen die Bleierze gewonnen hat. Sie war aus gewöhnlichem Töpferton mit der Hand hergestellt und in einem Töpferofen gebrannt. Ihre Länge betrug 10 bis 15 Zentimeter, ihre Höhe 8 bis 10 Zentimeter und ihre Breite etwa 12 Zentimeter. Die Form der Schüssel war eiförmig. An der einen Schmalseite hatte das Beuthener Grubenlicht einen Henkel zum Tragen, an der entgegengesetzten aber einen schnabelartigen Ansatz. In diesem befand sich ein Docht aus Pflanzenfasern, welcher das zum Brennen erforderliche Gas aus dem Talg sich selbst erzeugte. Der Docht lag in dem damals allgemein als Leuchtmaterial benutzten Rindstalg oder Unschlitt. Das Fett wurde in flüssigem Zustande in die Schüssel hineingegossen. Es erhärtete beim Erkalten und konnte daher auch bei unvorsichtiger Handhabung des Geleuchtes nicht verschüttet werden. Aber einen Übelstand hatte die Lichtschüssel. Sie konnte nicht an die Wand oder an den Stempel gehangen werden., denn es fehlte ihr hierzu die Vorrichtung. Das Geleuchte konnte nur hingestellt werden, und so traf man in den Stößen der niedrigen Beuthener Baue recht oft auf kleine Nischen, in welche der alte Bergmann die Lichtschüssel hineingestellt hatte.

Um die erloschene Lampe wieder anbrennen zu können, brauchte der Bergmann ein Hilfsmittel zur Erzeugung einer Flamme. Dieses Hilfsmittel war bei den Beuthener Bergleuten das Feuerzeug, welches bis zur Erfindung der Streichhölzer dem Menschen zur Entfachung eines Feuers unentbehrlich war. Auch die Beuthener Knappen benutzten das Feuerzeug, denn im Jahre 1896 fanden die Erzbergleute auf dem Bergwerk »Segeth Süd« am Südabhange des Silberberges die Leiche eines Kameraden aus den Tagen der Beuthener Bauperiode. Er trug in einem Ledertäschchen an seinem Gürtel Stahl, Stein und Zunder zum Anstecken seiner Lichtschüssel. Diese stand neben der Leiche und war der Unschlitt in der Schüssel vollständig aufgebraucht.

Beide Beleuchtungsmittel, die Lichtschüssel und der Lichthalter, gehören verschiedenen Bergbau-Abschnitten unserer Heimat an. Von der Lichtschüssel muß man sagen, daß sie von eingewanderten Knappen in Oberschlesien eingeführt wurde, da sie schon in der Römerzeit nachweisbar ist. Die Lichthalter aber dürfte von einheimischen Erzgräbern herstammen und dann ist in Oberschlesien sein Gebrauch älter als der der eingewanderten Lichtschüssel. Die Geschichte unserer Heimat erwähnt den Ort »Zyglin«, auf dessen Feldern der Lichthalter gefunden wurde, das erste Mal im Jahre 1065 und dann 1200 das zweitemal. Da der Ortsname Zyglin von dem altslavischen Ausdruck »zglys«, das heißt »schmelzen« herstammt, so kann man annehmen, dass vor der Gründung des Dorfes auf seinen Feldern schon Erze geschmolzen, also auch gegraben worden sind.

Im Jahre 1528 begründete der Markgraf Georg von Brandenburg-Ansbach bei dem Dorfe Tarnowitz den ersten regelrecht betriebenen Bergbau auf Bleierze. Es gab in demselben Jahre die erste Bergordnung für Oberschlesien. Nun waren die in Oberschlesien tätigen Bergleute in jener Zeit nicht in der Lage, Schächte und Strecken in wasserführenden Schichten zu teufen und zu treiben, und so berief Markgraf Georg aus seiner Heimat Franken deutsche Knappen nach Tarnowitz. Die Einwanderer brachten das in ihrer Heimat übliche Grubenlicht mit, welches dieserhalb »der fränkische Frosch« genannt wird.

Der »fränkische Frosch«, vom Oberschlesier Zabka geheißen, ist aus Eisenblech gefertigt und zeit die Form einer länglichen eirunden Schüssel. An ihrem Boden ist diese schmäler als an dem oberen Rande. Ähnlich wie die Lichtschüssel hat auch der Frosch einen schnabelartigen Ansatz zur Aufnahme des Dochtes. Der Name »Frosch« ist von diesem, einem geöffneten Froschmaule zu vergleichenden Schnabel hergeleitet. Dem Ansatz gegenüber ist an der Wand der Schüssel ein halbkreisförmig gebogenes Rundeisen befestigt. An dem waagerecht liegenden Ende des Rundeisens, über der Schüssel hat das Rundeisen ein Loch, und in diesem steckt der Wirbel. Er besteht aus einem Stück Eisendraht. An einem Ende hat der Draht eine Schleife, welche das Herausrutschen aus dem Loche verhindern soll. Das obere Ende des Wirbels besteht aus einer Öse, in welche der Haken zum Aufhängen des Geleuchtes eingeführt wird. So wie diese Vorrichtung zu beliebigen Aufhängen und zur jeweiligen Drehung des Grubenlichtes einst von den deutschen Bergleuten erfunden und in Gebrauch genommen wurde, ist sie bis auf den heutigen Tag bei allen bisher üblichen Bergmannslampen unverändert geblieben. Das Material zur Erzeugung der Leuchtgase war beim fränkischen Frosch auch das Rinderfett oder der Unterschlitt.

In den Tagen des ersten Bergbaues in unserer Heimat waren in dem noch unberührten Erdreich überall starke Wasserquellen anzutreffen. Beim Eindringen in die Tiefe wurden die Wasser frei und so tropfte und rann das unliebsame Naß dem werkenden Knappen allenthalben auf Kleidung und Licht. Dieses konnte durch einen auf den Docht fallenden Tropfen sehr leicht verlöscht werden. Um das Licht vor solchen, oft gefahrdrohenden Unfällen zu schützen, ersann der Bergmann ein Schutzvorrichtung, den Schirm. Er befestigte an dem Rundeisen ein halbkreisförmig gebogenes Eisenblech, welches die offene Lampe und die freiliegende Schüssel vor dem hernieder rinnenden Wasser bewahrte. Auch diese alte Einrichtung ist heute noch in Gebrauch bei offenen Lampen, wenn man mit solchen in Strecken oder Schächten mit Traufwasser fährt. Der Oberschlesier nennt die Schutzvorrichtung »Balldach« und denkt hierbei an den bei feierlichen Prozessionen angewendeten Traghimmel.

Nach der durch unglückliche Umstände herbeigeführten Einstellung des Tarnowitzer Bergbaues im Jahre 1646 ruhte derselbe bis zum Jahre 1784. In demselben Jahre fand Graf Reden, der Leiter des Breslauer Oberbergamtes, auf den Bobrowniker Feldern bei Tarnowitz reiche Bleierze und gründete alsdann die Königliche Friedrichsgrube bei Tarnowitz. Nun waren um das Jahr 1780 bei Tarnowitz keine gelernten Bergleute mehr zu haben, da mit der Einstellung des Bergwerkes auch die Knappen nach anderen Gauen verzogen waren. Wiederum kamen fremde deutsche Bergleute nach Oberschlesien, und zwar aus dem Harz und aus Waldenburg. Durch sie fand der sogenannte »Harzer Frosch« in unserer Heimat seine Einführung. Der Bau desselben unterscheidet sich von dem fränkischen durch eine wichtige Verbesserung, nämlich in der Anwendung eines anderen Leuchtmaterials. Der »fränkische Frosch« wurde mit Rindertalg gespeist, der »Harzer« aber mit Rüböl. Da letzteres flüssig ist und bei unvorsichtiger Handhabung der Lampe verschüttet werden kann, so mußte die Lampe anders gebaut sein. Und so hat denn auch der Harzer Frosch einen die Schüssel zuschließenden Deckel, welcher mit einer Flügelschraube angezogen werden kann. Außer der hier geschilderten, mit einem Deckel verschließbaren Harzer Lampe, gab es auch noch eine Abart, welche ganz geschlossen war und nur den Schnabel für den Docht und die Öffnung zu Einfüllen des Leuchtmaterials trug. Wegen ihrer stiefelähnlichen Gestalt nannte man diese Lampe »Stiefel«.

Mit dieser Neuerung machte der oberschlesischen Bergmann in der Beleuchtungsfrage einen Schritt vorwärts und kam zu der Tüllenlampe, welche nach 1830 im oberschlesischen Bergbau allgemein bekannt ist. Über ihre Herkunft läßt sich leider nichts genaueres berichten.

Die »Tüllenlampe«, vom Oberschlesier »Olejka« genannt, hat als Leuchtmaterial auch das Rüböl gehabt. Ihre Handhabung in der Grube war bequemer als die des Frosches, da sie doch kleiner und leichter war. Auch im Preise war sie billiger. Sie bestand aus zwei Teilen, dem Ölbehälter, der Seele, und dem Schutzmantel, dem Futteral. Die Seele war gegen das Verschütten des Öls und gegen das Hereindringen von Wasser in das erstere durch einen doppelten Verschluß gesichert und gegen etwaigen durch den Mantel geschützt.

Hergestellt war die Tüllenlampe aus schwarzem Eisenblech, welches als Rostschutz einen starken Überzug aus Zinn trug. Der Bügel, an dem in einem Wirbel der Haken und das Kettchen mit dem Dochtzieher, dem sogenannten »Räumer« angebracht waren, war aus schmalem Bandeisen gefertigt. Er diente dem Ölbehälter als sicherer Halt und konnte umgelegt werden, wenn der Behälter zum Einfüllen des Öls geöffnet wurde.

Die Markscheider und auch die Beamten benutzten, wenn sie in der Grube Messungen vornahmen, stets Lampen aus Messingblech. An ihren Geleuchten durfte kein Teil von Eisen sein, weil dieses sonst die Magnetnadel des Kompasses abgelenkt und eine unrichtige Aufnahme gezeitigt hätte.

Zum Herausziehen des Dochtes in der Tülle benutzte der Bergmann ein eisernes mit eunem Einschnitte versehenes Stäbchen, den Räumer, welcher ebenso wie die Lampe ein Gegenstand der Liebhaberei so manches eitlen und selbstbewussten Berggesellen war. Auch unter den Tüllenlampen gab es besondere Marken, die sich bei den Knappen einer eigenen Beleibtheit erfreuten.

Ich erinnere an die »Porembianka« und »Chorzowianka«. Die beiden Marken wurden als Sondererzeugnis von Invaliden, die ihren Ehrgeiz auf diese Weise zu befriedigen suchten, hergestellt.

Die Tüllenlampe fand auf den oberschlesischen Gruben ihre weiteste Verbreitung und auch den Weg in die Wohnungen des Knappen wie auch des Bauern. Ein findiger Kopf stellte die Tüllenlampe auf einen Ständer aus Eisenblech und schaffte hiermit ein Beleuchtungsmittel, welches bald die auf dem Lande übliche Kienspanbeleuchtung verdrängte.

Ein fremder Eindringling in das Reich der Tüllenlampe war das eigenartige Geleuchte, welches in der Zeit des großen Aufstieges der oberschlesischen Montanindustrie nach dem deutsch-französischen Kriege die auf unseren Werken zahlreich beschäftigten italienischen Tunnelarbeiter mit sich führten.

Die vielfachen Neuerungen auf dem Gebiete der Technik führten zur Herstellung des Kalciumcarbids, eines Stoffes, welches durch elektrische Schmelzung des Steinkohlenkokses und des Kalksteins erzeugt wird. Bei der Löschung mit Wasser gibt der eigenartige Kalk ein Gas ab, welches »Acetylen« heißt. Wegen dieser Eigenschaft wurde das Carbid ein wichtiges Beleuchtungsmaterial und mit einer eigens erfundenen Lampe in den Dienst des Bergmanns gestellt. Der Siegeszug der Carbidlampe in Oberschlesien beginnt um 1900. Die Erzbergleute hielten mit alter oberschlesischer Zähigkeit an ihrer »Olejka« fest und der Weltkrieg mit seiner Blockade, welche die Einfuhr der wichtigsten Rohstoffe sperrte, zwang den Erzbergmann zu der wegen ihrer Tücken unbeliebten Carbidlampe, da das Öl für die Tüllenlampe nicht zu erkaufen war.

Bis um die Jahrhundertwende waren auf den oberschlesischen Kohlengruben die in anderen Bergbaugebieten auftretenden gefährlichen Grubengase unbekannt, und so konnte der Oberschlesier mit seinem offenen Grubenlicht unbesorgt in allen Orten arbeiten. Als aber infolge des Tiefergehens der Baue und Anbruch der gashaltigen Andreasflöze auch in unserer Heimat das Grubengas sich zeigte, sah man sich gezwungen, Lampen mit Sicherungen einzuführen. Zu diesen zählte anfänglich die Davysche Sicherheitslampe, welche schon vor der Jahrhundertwende im Westen Deutschlands verbreitet war. Der heutige Bergmann kennt elektrische Grubenlampen in verschiedenen Ausführungen, die es ihm ermöglichten, auch an Gas verseuchten Orten zu arbeiten. (1935)

Die einsame Halde

Einsam steht im Segethwald als Zeuge alter Zeit,
Eine alte Berghalde, dem Vergessen längst geweiht.
Fort sind längst die reichen Erze, nur die Berge liegen hier,
Sturmverwittert, wie im Schmerze ob der Zukunft – sonder Zier.
Nicht doch! – Sieh in dem Gestein grünt und blüht manch Blümelein!
Will dem Alter, wie ich meine, seinen Zoll der Ehrfurcht weihn.
Jugend, komm und sieh: Mitleidig junges Grün, das Alter schmückt!
Nimm ein Beispiel dir, daß freudig einst dein Enkel dich beglückt.
(vor 1912)

Der zwischen Beuthen und Tarnowitz gelegene Segethwald war einer der schönsten Wälder Oberschlesiens. Wegen seiner üppigen Vorgebirgsflora und der eigenartigen Insektenwelt ist er zum Naturschutzgebiet erklärt worden.

Der sächsische Kurfürst Friedrich August I. (August der Starke) bekannte sich vor seiner Krönung zum König von Polen zum katholischen Glauben

Der berühmte Kurfürst Friedrich August II. von Sachsen (1670–1733), bekannter als August der Starke, war durch den frühen Tod seines älteren Bruders unerwartet in dieses Amt gelangt. Als 1696 der polnische König Johann Sobieski starb, bewarb sich August der Starke neben dem französischen Prinzen Conti um die polnische Königskrone. Voraussetzung für eine Wahl war sein Übertritt zum katholischen Glauben. Diesen gab er in Wien bekannt. Obwohl der polnische Reichstag am 27. Juni 1697 keine eindeutige Mehrheit für August erbrachte, setzte dieser seinen Anspruch durch und betrachtete sich als König von Polen. Für die öffentliche Bekanntmachung seines Übertrittes zum katholischen Glauben wählte er anstelle des berühmten polnischen Wallfahrtortes Tschenstochau den oberschlesischen Marienwallfahrtsort Deutsch-Piekar an der polnischen Grenze bei Beuthen.

Dort beeidigte er die so genannten »pacta conventa« (d. h. er bekannte sich zum katholischen Glauben), bevor er in Krakau zum polnischen König gekrönt wurde.

Auf dem Weg dorthin hielt er sich auch in Tarnowitz auf, wo er am 11. Juli 1697 mit seinem Gefolge einzog. Von diesem Besuch berichtet eine

Anekdote, nach der sich August der Starke auch im historischen Eckhaus am Ring aufhielt, in dem sich später – seit 1786 – die Weinhandlung Sedlaczek befand. Auf diesen Besuch dort bezogen sich in Tarnowitz bis in unsere Zeit (zumindest bis 1945) folgende Verse:

»Als August, Polens König, nach Warschau zog in Pracht,
gedacht er hier ein wenig zu rasten über Nacht.
Er saß im Hinterstübchen beim Rebensaft und barg
zur Seite sein Feinsliebchen, Aurorora Königsmarck.«

Die Frau August des Starken, Christiane Eberhardine, wandte sich nach Bekanntgabe des beabsichtigten Glaubenswechsels ihres Ehemannes, den sie nicht mit vollzog, von ihm ab und zog sich auf ein Schloss an der Elbe zurück. Für August begann die Zeit seiner Mätressen. Aurora von Königsmarck, eine Schwedin, war eine der bemerkenswertesten Frauen ihrer Zeit. Sie beherrschte mehrere Sprachen, verfasste Prosa und Dramen und spielte hervorragend die Viola da Gamba. Mit einem spektakulären Fest auf Schloss Moritzburg gewann August Aurora für sich. Schon am Tag danach wusste ganz Dresden, dass die Königsmarck die Geliebte August des Starken sei. Am 17. Oktober 1696 gebar seine legitime Ehefrau Eberhardine den einzigen legitimen Sohn August des Starken. Wenige Tage später brachte Aurora von Königsmarck einen Knaben zur Welt, welcher der berühmteste illegitime Sohn Augusts werden sollte: Moritz Graf von Sachsen. Nach zwei Jahren bereits erkaltete die Liebe zwischen beiden. August konnte es nicht hinnehmen, eine ihm überlegene Frau zu haben, zumal zu einem Zeitpunkt, da er sich selbst zu vergöttern begann.

In Tarnowitz hielt sich August der Starke seit dem 11. Juli 1697 auf. Dort erwartete er eine tausendfünfhundert Personen zählende Delegation, die ihm der Bischof von Kujawien entgegengesandt hatte, um ihm offiziell die Krone Polens anzutragen. Für den 14. Juli hatte er eine feierliche Audienz für diese Abordnung angesetzt. Dazu war vor der Stadt ein mit kostbaren Teppichen ausgeschmücktes Zelt errichtet worden. Er selbst trug an diesem Tag ein Gewand voller Edelsteine und Brillanten, die einen Wert von über einer Million Talern gehabt haben sollen. Nach einem opulenten Festmahl zu Ehren der polnischen Delegation schlossen sich in den folgenden Tagen bis zum 25. Juli rauschende Bankette an. Danach wurde bei strömendem Regen zur Weiterreise nach Deutsch-Piekar aufgebrochen. Kurz vor August war dort der Bischof von Samojitien, Georg von Kerschenstein, mit seinem Gefolge eingetroffen, der das Glaubensbekenntnis des Königs entgegennehmen sollte. Erst am Abend des 26. Juli 1697, dem Fest der heiligen Anna, gelangte August der Starke in Piekar an. Das ganze Dorf war bis in den letzten Winkel voll von Adligen. Dazu kamen die unzähligen Soldaten.

Der neue König übernachtete in einem Lagerzelt. Früh am Morgen des 27. Juli 1697 fanden noch Besprechungen zwischen dem König und der polnischen Delegation statt. Gegen neun Uhr begab sich August der Starke zu Fuß in die Gnadenkirche und vollzog dort den Glaubenswechsel. Am folgenden Tag brach er mit seinem Gefolge in Richtung Krakau auf, wo er am 2. September nach einigen Hindernissen eintraf. Im Krakauer Dom auf dem Wawel wurde er als August II. am 15. September 1697 zum König von Polen gekrönt.

Meine russische Gefangenschaft von August 1944 bis zum Mai 1948 Erlebnisse eines Mechtaler Baumeisters

Nach Aufgabe des Kuban-Brückenkopfes im Oktober 1943 befand sich meine Einheit, das Pionier-Brückenbataillon 699/Minden/Westf., bereits in rückwärtiger Bewegung. Nach der Überfahrt bei Kertsch zogen wir im ständigen Einsatz bei den Rückzugskämpfen durch die Krim und die Ukraine nach Rumänien, um nach Ungarn zu gelangen. Dort sollten zwischenzeitlich ausgebaute Stellungen zur Frontverkürzung bezogen werden. Anfang Juli 1944 befand sich das Bataillon in Isacea und Braila an der Donau in Rumänien und führte Brückenbauarbeiten für die Absetzbewegungen durch. Ich gehörte als Fahnenjunker-Unteroffizier der 1. Kompanie dieser Einheit an. Anfang August wurde ein Trupp von zwanzig Mann unter Führung von Oberleutnant Vogt auf einer Siebel-Fähre S 431 mit den erforderlichen Geräten und Materialien in die Gegend von Tulcea an der Donau abkommandiert. Diesem Kommando war ich als Techniker zugeteilt. Den Begleitschutz übernahm das L-Boot Nr. 450. Unsere Aufgabe war es, eine hölzerne Anlegestelle am Donauufer um acht Meter zu verlängern und den Schwimmerteil wieder vorzusetzen. Die Donau war zu dieser Zeit stark gefallen. Durch das Niedrigwasser konnten Flussschiffe nicht an den Anlegesteg heranfahren. Für die zur Zeit stattfindende Absatzbewegung war ein Verladen von Fahrzeugen aller Art unmöglich. Nach Übernahme von Holz- und Kleineisenmaterial und sonstigem Gerät fuhren wir zu der Anlegestelle. Nach dem Vermessen und Abstecken der Verlängerung begann eine Gruppe sofort mit dem Rammen der hölzernen Jochpfähle, eine andere mit dem Zuschneiden und Verlegen der Fahrbahnhölzer und dem Herrichten des Bohlenbelages. Wir waren mit der uns gestellten Aufgabe fast fertig, als ein Fluss-Polizeiboot an unserer Arbeitsstelle aufkreuzte. Uns wurde der Befehl erteilt, die Arbeiten sofort einzustellen und uns nach Braila abzusetzen, da russische Einheiten in nächster Nähe durchgebrochen waren.

Wir erleichterten unsere Siebelfähre um unnötigen Ballast und fuhren zusammen mit unserem Begleitboot nach Braila zurück. Da unser Bataillon bereits nach seinem neuen Einsatzort in Ungarn abgerückt war, meldete unser Kommandoführer, Oberleutnant Vogt, unseren Trupp beim Festungskommandanten zurück. Als neue Aufgabe erhielten wir den Auftrag, mehrere hölzerne Brückenbauten zur Sprengung bei einer erforderlichen Räumung Brailas vorzubereiten und diese nach einem besonderen Befehl zu sprengen. Zunächst sollten wir Sprengmaterial und ausreichend Proviant übernehmen. Die Räumung von Braila wurde demnach bereits vorbereitet. Nach Errechnung der nötigen Sprengstoffmengen begab sich Oberleutnant Vogt mit mir zur Festungskommandantur, um die Sprengstoff- und die Proviantanweisung zu holen. Da der im Vorzimmer des Generals diensttuende Offizier den Nachweis der erforderlichen Sprengstoffmengen in doppelter Ausführung verlangte, erhielt ich den Auftrag, eine Zweitschrift anzufertigen. Oberleutnant Vogt vereinbarte mit mir einen Treffpunkt nach Erledigung meines Auftrages und begab sich zur Proviantübernahme. Durch die Anfertigung der Abschrift wurde ich ungewollt Mithörer eines für uns alle bedeutsam werdenden Frontereignisses.

Auftragsgemäß hatte ich mich an einen Schreibtisch im Zimmer des Adjutanten gesetzt und schrieb an der Zweitschrift. Über dem Schreibtisch hing eine große Landkarte an der Wand. Ein plötzliches »Achtung« ließ mich aufstehen und Haltung annehmen, als der General mit einem Zivilisten in das Vorzimmer kam und zur Wandkarte schritt. Ich stand dadurch in unmittelbarer Nähe der Wandkarte und konnte das im Flüsterton geführte Gespräch mithören, das folgenden für uns wichtige Mitteilung enthielt: Den Russen war es gelungen, die Front bei Kischinew zu durchbrechen. Sie versuchten, die Südfront abzuschneiden, um die Südarmee einzukesseln. Dieses hieße für uns alle russische Kriegsgefangenschaft, wenn wir dieser Absicht nicht durch sofortige Räumung des bedrohten Gebietsteiles bzw. durch einen Durchbruch begegneten.

Nach Erledigung meiner Dienstobliegenheit machte ich Oberleutnant Vogt von meinem Erlebnis Mitteilung. Schöne Aussichten für uns alle, die in diesem Abschnitt eingesetzt waren. An der allgemeinen Nervosität merkten wir bereits, dass der Vormarsch der Russen auch der Zivilbevölkerung nicht unbekannt war. Vom Armeestab wurden bereits alle Vorbereitungen zur Aufgabe von Braila getroffen. Auch wir erhielten entsprechende Befehle. Die Sprengung der hölzernen Brücken konnten wir nur zum Teil durchführen. Die Bevölkerung nahm teilweise eine feindliche Haltung uns gegenüber ein. So beschränkten wir uns auf die Beschädigung der Fahrbahnen und Geländer und gingen an Bord unseres Fährschiffes. Gemäß der uns gestellten Aufgaben begannen wir, Versprengte der kämpfenden Truppen vom jenseitigen Ufer herüberzuholen. Die Donau bildet dort mit ihren zahlreichen Armen eigenständige Landpartien ohne feste Verbindungen. Um 17 Uhr gingen befehlsgemäß die Uferbauten in Flammen auf, angelegt durch Pioniereinheiten der Nachhuten der kämpfenden Truppen. Die zahlreichen Flussschiffe verließen Braila, darunter auch Verwundetenschiffe, voll belegt mit Insassen der geräumten Lazarette. Da sich immer noch Versprengte an den Ufern der Feindseite bemerkbar machten, verzögerte sich unsere Abfahrt durch die Herüberholfahrten. So verließen wir Braila erst um 19 Uhr in Richtung Czernavoda. Unsere Siebelfähre hatte nun durch die Übernahme der vielen Versprengten eine hohe Belegung. Die in Flammen stehenden Uferbauten loderten hoch empor. Ihr Feuerschein begleitete uns noch lange. Der Himmel war blutrot gefärbt. Unsere Fahrt blieb aber nicht lange eine Einzelfahrt. Gegen Morgen sahen wir am Ufer der Donau das L-Boot 457 liegen. Es wurde geentert. Von der Besatzung war keine Spur zu entdecken. Das Boot war ausgeraubt und lag vertäut am linken Donauufer. Da das Boot nach Feststellung unseres Fährkommandanten manövrierfähig war, wurde es mit einer Hilfsmannschaft unseres Bootes besetzt und folgte uns. Während der weiteren Fahrt stießen wir in Abständen bald auf zwei Boote mit Verwundeten aus geräumten Lazaretten, die auf Sandbänke aufgefahren waren und festsassen. Diese großen Flussschiffe waren bis auf den letzten Platz mit Verwundeten belegt. Mann neben Mann konnten wir auf Deck liegen sehen. Durch unsere Hilfe wurden die Schiffe wieder in die Fahrrinne gezogen und damit flott gemacht. Wir setzten im Verband unsere Fahrt nach Czernavoda fort. Verschiedentlich wurden wir unterwegs von rumänischen Flugzeugen überflogen. Gegen Mittag des 27. August 1944 gelangten wir im Hafen von Czernavoda an. In diesem Hafen, der oberhalb einer Eisenbahnbrücke liegt, stießen wir auf eine erhebliche Anzahl von Schiffen. Eine Lagebesprechung ergab folgenden Tatbestand:

Die Donau bildet oberhalb der Eisenbahnbrücke ein natürliches großes Hafenbecken. Die Strombreite an der Stelle, über der die Eisenbahnbrücke gebaut ist, beträgt ca. 132 Meter. Im Bereich dieses Engpasses ist die Donau sehr reißend. Das linksseitige Ufer ist flach und weist Baumbestand auf. Das rechtsseitige Ufer wird durch einen Höhenzug begrenzt. Abtrünnige rumänische Truppen paktierten mit den Russen und hatten bereits diesen Höhenzug besetzt. Sie beschossen jedes durchfahrende Schiff. Da sie gut eingeschossen waren, war ein Durchbruch in das vierzig Kilometer nahe Bulgarien und darüber hinaus zum Eisernen Tor kaum möglich. Die allgemeine Befragung ergab eine volle Zustimmung für das Wagnis eines Durchbruches. Dieser war für 17 Uhr festgesetzt. An der Spitze sollten Flussschiffe mit Kampfverbänden fahre, dann die Verwundeten- und die beiden L-Schiffe. Unsere Siebelfähre, die durch die Aufnahme der vielen Versprengten und wegen der an Bord befindlichen Geschütze eine große Feuerkraft hatte, sollte den Schluss des Verbandes bilden. Bis um 17 Uhr waren die Schiffe um alles nicht benötigte Material und um die nicht unbedingt notwendigen Betriebsstoffe zu erleichtern und kampffähig herzurichten. All dieses Material und die Benzinfässer warfen wir in die Donau. Die verbliebenen Benzinkanister bedeckten wir mit Bohlen. Auf diese legten wir die restlichen Schwimmgürtel, nachdem wir alle uns damit versehen hatten. Die eisernen Abdeckplatten des Schiffdecks stellten wir an der Rebling als Kugelfang mit Schießspartenspalten für unsere Gewehrläufe auf. Jeder legte genügend Munition neben den ihm zugewiesenen Platz. Der Zeiger der Uhr ging bereits auf 17 Uhr. Die Stahlhelme wurden aufgesetzt, die Feldmützen in die obere Knopfreihe des Uniformrockes gesteckt. Wir bezogen Stellung und legten uns flach aufs Deck, jeder hinter seiner hergerichteten Deckung. Folgender Befehl war ausgegeben worden: »Das Feuer wird erst eröffnet, wenn wir beschossen werden. Gezielt wird auf die sichtbaren Mündungsfeuer der gegnerischen Waffen. Die Entfernungseinstellung erfolgt durch die laufende Durchsage eines Unteroffiziers, der ein Entfernungsmessgerät besitzt!«. Diesen hatten wir in Braila als Versprengten aufgenommen. Es war 17 Uhr, als der Befehl zum Auslaufen gegeben wurde. Der Schiffsverband setzte sich in Bewegung. Unser Siebelsboot steuerte im Zick-Zack-Kurs und nahm Fahrt auf. Da hörten wir den Warnschuss zum Stoppen der Konvoispitze. Da ein Halten der Schiffe nicht erfolgte, setzte ein mörderisches Feuer auf alle Schiffseinheiten ein, auch auf die Verwundetenschiffe. Wir blieben die Antwort nicht schuldig. Doch leider war der Gegner zu gut eingeschossen. Zuerst erhielt unser Vierlingsgeschütz auf dem Turmaufbau einen Treffer und fiel aus. Die Bedienungsmannschaft sprang aufs Deck zum 2,5 cm-Schnellfeuergeschütz. Ein Mann der Geschütz bedienung hatte einen Armschuss erhalten und wurde vom Sanitäter verbunden. Das allgemeine Gewehr- und Geschützfeuer war, verstärkt durch den Widerhall, ohrenbetäubend. Da erhielten wir einen zweiten Treffer in die Bordwand, der ohne Wirkung blieb. Kurz danach krepierte ein Geschoss hinter uns auf Deck. Ein Geschosssplitter durchschlug ein Benzinfass und entzündete das auslaufende Benzin. Im Nu züngelten die Flammen hoch. Da kam das Kommando: »Alle Mann von Bord!« Wir sprangen auf und liefen zur rechtsseitigen Rehling. Der Stahlhelm wurde abgekippt. Wir stürzten uns in die Fluten der Donau. Einige Kameraden der Schiffsbesatzung hatten Schlauchboote in die Donau geworfen und konnten diese auch besetzen. Die eingetretene Panik ließ ein Rufen nach Aufnahme in die Boote ertönen. Durch den anhaltenden Feindbeschuss wurden die Schotten der Schlauchboote durchlöchert, und die Boote klappten wie Taschenmesser zusammen. Sie waren zu einer gefährlichen Zielscheibe für den Gegner geworden. Nun hingen alle hilflos in den Fluten. Unser Schiff steuerte führerlos als lodernde Fackel noch ein gutes Stück weiter in Richtung auf das Ufer zu. Das brennende Benzin hatte schnell die Munitionskammer erreicht und brachte das Schiff mit lautem Knall zur Explosion. Ein haushoher Feuerregen erhob sich darüber. Nach den ersten Schreckensminuten versuchten wir Schiffbrüchigen aus der Gefahrenzone herauszukommen und auf das linksseitige Ufer zu gelangen. Anfangs hatte ich wiederholt Wasser schlucken müssen. Die durch das Wasser schwer gewordene Uniform und die vollgelaufenen Stiefel hatten mein Gewicht so vergrößert, so dass ich Mühe hatte, meinen Kopf über Wasser zu halten. Bei den hochgehenden Wogen war das sehr schwer. Zu meinem großen Glück schwammen nach der Explosion unseres Schiffes vielerlei Bruchstücke und auch Schwimmgürtel flussabwärts. Mit großer Mühe gelang es mir, einen Schwimmgürtel zu erhaschen. Diesen legte ich unter meine Arme, so dass ich mich leichter bewegen konnte. Nach den ersten Schreckensminuten, in denen mein Leben kaleidoskopartig an mir vorübergezogen war, wurde ich ruhiger. Ich begann in Richtung Ufer zu schwimmen. Was hatte sich alles in dieser kurzen Zeit abgespielt! Das vor unserem Boot fahrende L-Boot und das vor diesem fahrende Verwundetenschiff sah ich in den Fluten versinken. So weit war mir die Sicht im Flussverlauf gegeben. Ob die übrigen etwas weiter vor uns fahrenden Schiffe dem Inferno entkamen, war kaum anzunehmen. Dazu pfiffen immer wieder Kugeln über unsere Köpfe hinweg. Die Rumänen schossen auf die hilflos im Wasser treibenden Soldaten. So mancher Kamerad wurde getroffen. Sein Gesicht tauchte unter und der Getroffene wurde von den Fluten mitgerissen. Infolge der geringeren Flussbreite bei der Eisenbahnbrücke fließt die Donau oberhalb dieser Brücke wesentlich schneller und mit erhöhtem Wellengang. Jeder von uns hatte Mühe, sich gegen ein Abtreiben zu wehren. Verzweifelt versuchten wir doch noch das linke Ufer zu erreichen. Mit großer Anstrengung hatte ich dieses fast erreicht, als mich eine Welle gegen ein frisch geteertes Flussschiff warf, das dort zur Überholung lag. Die starke Strömung schleifte mich am Schiff entlang und warf mich vom Ufer zurück. Da der

Schiffsrumpf frisch geteert war, waren meine Hände und meine Uniform über und über mit Teer beschmiert. Ich gab auf, das Ufer zu erreichen und kämpfte nur noch gegen die Strömung. Inzwischen war es 18.30 Uhr geworden. Rumänische Soldaten hatten begonnen, von Kähnen aus die noch im Wasser treibenden Schiffbrüchigen aufzunehmen. Ein Kahn steuerte auch auf mich zu. Ich klammerte mich an die Bordwand und ein Soldat zog mich in das Boot. Mit eigener Kraft hätte ich es nicht mehr gekonnt, da meine Beine bereits ihren Dienst versagten. Auf der Fahrt zum Ufer nahmen wir noch einen Kameraden auf. Dann steuerte der Kahn zu einer der Sammelstellen auf dem rechtsseitigen Ufer. Dort übernahm uns ein rumänischer Offizier mit drei Mann. Einige gerettete Landser standen bereits in einer Gruppe da. Wir wurden nach Waffen untersucht und mussten uns zu der Gruppe stellen. Zuerst zogen wir uns alle aus, gossen das Wasser aus den Stiefeln, wrangen alle unsere Sachen aus, schwenkten sie eine Weile durch die Luft und zogen sie wieder an. Inzwischen waren an unserer Sammelstelle zwanzig Gefangene zusammengekommen. Wir mußten uns zu einem Trupp aufstellen und wurden von zwei rumänischen Soldaten zur Schule von Czernavoda gebracht. Dort war von den abtrünnigen Rumänen ein Sammellager für deutsche und österreichische Wehrmachtsangehörige eingerichtet worden, in dem bereits etwa 1.500 andere Schicksalsgefährten festgesetzt waren. Eine große Zahl von Bagagewagen und anderer Fahrzeuge war im Schulhof als Beutegut aufgefahren. Auch mehrere Feldküchen standen dort. Alles wurde von rumänischen Soldaten bewacht. Wir wurden auf die bereits belegten Klassenzimmer verteilt, in denen wir mit großem Hallo empfangen wurden. Die sich dort befindlichen Landser hatten den Gefechtslärm gehört und hatten geglaubt, dass ein Angriff deutscher Truppen von Czernavoda aus erfolgte. Leider mußten wir sie enttäuschen. Wir Schiffbrüchige erhielten jeder eine Decke und ein Päckchen Zigaretten. Danach zogen wir uns aus, hingen unsere Sachen, so gut es ging, in der Nähe eines Ofens auf, wickelten uns in unsere Decken und schliefen bald tief in Ofennähe ein. Erst am Vormittag des nächsten Tages wachten wir wieder auf. Jeder suchte nun nach den Kameraden seiner Einheit. Unser Trupp sammelte sich im Laufe des Tages. Ich stellte fest, dass von unserem einundzwanzig Mann starken Kommando vierzehn Leute gerettet und sieben vermisst waren. Unter den Vermissten befand sich auch Oberleutnant Vogt. Drei Kameraden waren verwundet und kamen in das Militärlazarett von Czernavoda. Da wir kein Kochgeschirr besassen, fertigten wir uns ein solches aus einer Konservendose an. Ein Drahtbügel vervollständigte es. Zweimal am Tag gab es einen kleinen Schlag Suppe aus den Feldküchen.

Schon drei Tage später, am 30. August 1944, erreichten die Russen auf ihrem Vormarsch Czernavoda. Ein größerer Trupp sowjetischer Soldaten übernahm das Lager und machte Jagd auf Armbanduhren, Ringe und gute Lederstiefel. Sie sonderten Hiwis (russische Hilfswillige im deutschen Armeeverband) aus, verprügelten sie und transportierten sie ab. Über das Schicksal dieser Männer ist nie etwas bekannt geworden. Nur noch einmal am Tag erhielten wir ein Essen.

Bereits am 1. September kam der Abmarschbefehl mit vollem Gepäck. Bei sommerlicher Hitze marschierten wir über Tulcea zum Lager Ismail. Wir von unserer Einheit hatten die erhaltene Decke nach Art der Kosaken zusammengerollt und zusammengebunden über die Schulter gelegt und uns das Konservendosen-Kochgeschirr umgehängt. Mit Hilfe eines Stockes, den wir uns beschafft hatten, marschierten wir. Doch der größere Teil der gefangenen Kameraden, der noch im Besitz seiner vollen Rucksäcke und Tragetaschen war, schwitzte und keuchte unter der Last des schweren Gepäcks. Nach einiger Zeit wurde auf freiem Feld angehalten. Dort hieß es: »Alles Gepäck und allen sonstigen Besitz abgeben!« Jeder durfte entweder nur seinen Mantel oder seine Decke behalten. Als russische Soldaten das Beutegut auf bereitgestellte Wagen verluden und abfuhren, gab es manch lange Gesichter. Im weiteren Verlauf des Marsches machten eine Reihe von Kameraden schlapp. Sie wurden von den Begleitmannschaften erschossen. Das gab uns einen bitteren Vorgeschmack auf das, was uns blühte. Verpflegung gab es nicht. Nach einer Nacht auf freiem Feld – zum Glück regnete es nicht – gelangten wir in Tulcea an.

In diesem Lager hinter Stacheldraht wurden wir registriert. Angehörige der Waffen-SS kamen in ein besonderes Lager. Wir lagen müßig herum. Zu essen gab es täglich zweimal einen halben bis drei Viertel Liter Suppe. Wer noch etwas zu verscheuern hatte, versuchte es in Lebensmittel einzutauschen. Zunächst wurden nur freiwillige Arbeitskommandos gebildet. Auch ich meldete mich zu einem solchen, denn das wenige Essen am Tage und das untätige Herumlungern sagten mir nicht zu. Als Arbeitskommando marschierten wir an die Schiffsanlegestellen und mussten dort die Beuteschiffe entladen: Ganze Schiffsladungen von Meißener Porzellan, Hängematten, Kohle, Weizen u. a. Gütern. Dabei mussten wir so manchen Stoß mit dem Gewehrkolben der Russen einstecken. Dauern hörten wir das »Dawai!« und

»Bistrei!« (los, los, schneller). Einige der Bewacher standen ständig unter Alkoholeinfluss, den sie reichlich auf den Schiffen fanden. Wir aber hatten wenigstens Gelegenheit, nach etwas Essbarem Ausschau zu halten, auch wenn es nur Getreidekörner waren. Einmal hatten wir besonders großes Glück: In einem Schiffsraum fanden wir einen Rest von getrockneten Zwiebeln und ein großes Stück Trockenbrühe. Wir waren überglücklich. So vergingen drei Wochen in diesem Lager, als eine Gruppe russischer Offiziere erschien und einer von ihnen eine Rede hielt, die mit folgender Frage ausklang und allgemeine Zustimmung erhielt: »Ihr wollt doch alle arbeiten!?«

Am 26. September 1944 marschierten wir zum Bahnhof Tulcea, wo ein langer Güterzug für uns bereit stand. Immer 45 bis 50 Mann kamen in einen Waggon. Wir hockten uns mit angezogenen Beinen Mann neben Mann hin, denn die Bodenfläche reichte für so viele Leute nicht aus. So erwarteten wir die Abfahrt, die in der Nacht erfolgte. Da die Lukenfenster mit sperrigen Brettern vernagelt waren, war von der Außenwelt wenig zu sehen. Die Luft war stickig und heiß. Jeder schwitzte, denn es herrschten noch sommerliche Temperaturen. Da für unsere Notdurft nichts vorhanden war, wurde beschlossen, ein Loch in den Fußboden zu machen. Mit viel Mühe gelang das in einer Ecke des Waggons. Einer war auf den anderen angewiesen. Dadurch kam eine gewisse Kameradschaft auf. Da niemand wusste, wo die Fahrt hingehen sollte, war der kleine Schlitz an der Luke fast ständig besetzt, um die Fahrtrichtung herauszubekommen. Nach Tagen wussten wir, die Fahrt ging nicht in die Ukraine sondern in Richtung Sibirien.

Die äußerst karge Verpflegung, bestehend aus Hartbrot und gelegentlich etwas Trockenfisch, dazu einige Schluck Wasser, brachte es mit sich, dass es mit unserem körperlichen Zustand rapide abwärts ging. Oft standen wir viele Stunden auf dem Abstellgleis irgendeiner Station. Für einige Minuten durften wir aus dem Wagen heraus. Dann ging es wieder hinein in unser Gefängnis, das gut verschlossen wurde. Nicht alle waren diesen Strapazen gewachsen, Der Tod begann bereits nach einigen Tagen seine Ernte zu halten. Täglich wurden Leichen verstorbener Kameraden aus den einzelnen Waggons geladen, sobald der Zug auf einer Überholstation warten mußte. An den Stationen standen immer russische Menschen, welche die Toten zum Begraben übernahmen. Als Lohn für ihre Arbeit durften sie die Sachen der Toten behalten. Decken und Mäntel waren gesuchte Textilien. Es gab keinen Waggon, der nicht mehrere Tote zu beklagen hatte. So verschaffte sich der Russe eine Auslese von noch einsatzfähigen Arbeitskräften.

Als wir am 14. Oktober 1944 in Nischnig-Degerau im Ural ankamen, sahen wir erbärmlich aus. Drei Wochen waren wir unterwegs, ohne uns waschen, rasieren und kämmen zu können. Dazu waren wir verlaust und hatten entsetzlichen Hunger.

In diesem Hauptlager wurden unsere Sachen entlaust. Die Bärte mußten wir mit Haarschneidemaschinen abschneiden. Dann wurden wir rasiert, unsere Haare kurz geschnitten und anschließend gruppenweise zum Baden geführt. Nach Erhalt unserer inzwischen desinfizierten Uniformen erhielten wir ein warmes Essen: Suppe, einen so genannten Kasch (Hirsebrei) und eine Scheibe Brot. Das war zum Leben zu wenig und zum Sterben zu viel. In diesem Lager wurden wir wieder registriert und dann auf die vielen, vielen ehemaligen Strafgefangenenlager im Bereich von Nischnig-Tagil (Nieder-Tagil) im Kreise Swerdlowsk verteilt.

Am 18. Oktober 1944 kam ich mit einigen meiner Kameraden in das zwölf Kilometer entfernte Nebenlager 245/2, das insgesamt 500 Mann zählte. Unsere Bewacher waren mongolische Mannschaften, die eine heillose Angst vor uns hatten. Mit gefälltem Gewehr und aufgepflanztem Bajonett umkreisten sie in einem entsprechenden Abstand unsere Marschkolonnen. Nach einem beschwerlichen Marsch kamen wir am späten Nachmittag in unserem Lager an, einem ehemaligen Sträflingslager. Zunächst mussten wir alle zu einem Zählappell antreten. Bis aber alles in acht oder zwölf Reihen in Reih und Glied ausgerichtet war und die Zahl endgültig feststand, vergingen Stunden. Die Russen kamen einfach nicht mit dem Zählen zurecht. Wir waren zum Umfallen müde, als wir endlich in die leeren Baracken eingewiesen wurden. Hundemüde wickelten wir uns in die Decke oder den Mantel und legten uns auf dem nackten Barackenboden zum Schlafen nieder. Am nächsten Morgen wiederholte sich dieser Zählappell. Da der Winter bereits eingebrochen war, froren wir erbärmlich. Täglich erlagen mehrere Kameraden diesen Strapazen. Die inhaltlosen Wassersuppen und die Scheibe Brot taten ihr übriges. Für unser Lager 245/2 waren drei Wochen Quarantäne vorgesehen. Während dieser Zeit hatten wir die Aufgabe, die Baracken und die gesamte Lageranlage in Ordnung zu bringen. Zum Lagerältesten hatten die Russen einen ehemaligen Hauptfeldwebel eingesetzt, der auch einige russische Sprachkenntnisse hatte. Nun wurden wir in Berufsgruppen eingeteilt und registriert. Ich kam zu der Berufsgruppe 13 (Ingenieure und Techniker). Danach ging es an die Herrichtung des Lagers, das vor nur kurzer Zeit noch russische Strafgefangene beherbergt hatte. Das Lager war völlig verwahrlost.

Mit deutscher Gründlichkeit wurden die Baracken instandgesetzt und getüncht, Lagerstraßen und -wege wurden angelegt, Eiserne Bettstellen herausgeholt und aufgestellt. Jeder bekam einen Bettsack, den er mit Sägespänen füllen konnte. Auch die Speisekammer und die Küche erhielten ein neues Gesicht. Der größte Teil der Wohnbaracken, eine Holzkonstruktion mit beiderseitiger Bretterverschalung und einer Zwischenfüllung mit Sägespänen, lag etwa 1,50 Meter tief in der Erde. Durch die Erdeinbettung waren die Baracken etwas besser gegen die winterlichen Unbilden geschützt. Am 14. Oktober fiel der erste Schnee, Dauerfrost setzte ein. Im November gab es Temperaturen bis zu minus 31°. Nach Ablauf der Quarantäne Mitte November 1944 wurden aus den Berufsgruppen Arbeitsbrigaden zusammengestellt. Diese rückten zu den verschiedensten Arbeitseinsätzen in die dortige Eisen- und Hüttenindustrie aus. Einen Sonntag gab es nicht.

Bemerkenswert ist noch Folgendes: Als wir das erste Mal in das Lager kamen, erwartete uns dort bereits eine Gruppe junger deutscher Kameraden. Wie sich später herausstellte, waren es ausgesuchte Landser, die zu den ersten Kriegsgefangenen gehörten, darunter auch Stalingradkämpfer. Inzwischen waren sie geschulte Aktivisten geworden und hatten die Aufgabe, unsere Ansichten zu erforschen. Stets rückten sie als vorbildliche Arbeitsgruppe aus und waren die Nachrichtenzuträger für die Lagerleitung, einen russischen Offizier und seinen Stab. Es war noch Krieg, und die Russen suchten vor allem nach wissenswerten Informationen. Genügend Informanten gaben für eine Suppe geheime Instruktionen preis. Es gab aber auch Kameraden, die unverblümt ihrer Unzufriedenheit über das Essen und die Behandlung Ausdruck gaben. Dafür wurden sie schikaniert und von den eigenen Leuten verprügelt. In den Fabriken war die Panzerherstellung in vollem Gange. Dort, auf den verschiedensten Arbeitsstellen, in der Gießerei und in anderen Fabrikhallen, hatten wir uns tief beeindruckende Erlebnisse. So hörten wir dort deutsche Unterhaltung. Es waren Wolgadeutsche, Frauen und Mädchen, die nach Nischnig-Tagil zwangsevakuiert worden waren, um hier zu arbeiten. Die Männer waren, wie sie erzählten, nach Sibirien gebracht worden. Dort mussten sie in der Landwirtschaft und anderswo arbeiten. Nur alte Leute und Kleinkinder hatten zunächst in der wolgadeutschen Republik bleiben dürfen. Für die Betroffenen bedeutete dies ein schweres Schicksal.

So vergingen die ersten Wochen unseres Arbeitseinsatzes. Am 27. November folgte eine erneute Untersuchung. Der russische Militärarzt sagte nach dem Abhören meiner Herztöne: »Prima, prima!«. Ich dachte mir im

Stillen, »Gott sei Dank! Die bisherigen Strapazen hast du im Gegensatz zu vielen anderen Kameraden gut überstanden.« Doch ich hatte mich zu früh gefreut. Aufgrund meiner guten Verfassung erhielt ich am Abend die Mitteilung, dass ich am folgenden Tag morgens zu einem besonderen Kommando eingeteilt sei. Mit einem jungen Leutnant, zwei Zivilisten mit je einer Pistole im Gurt und einundzwanzig Gefangenen, die am Tag zuvor ausgesucht worden waren, mit einigen Säckchen an Lebensmitteln ausgerüstet, marschierten wir längere Zeit bis zur Station einer Schmalspurbahn. Diese führte quer durch das Land und bildete die Grenzmarkierung zwischen Ural und Sibirien. Mit dieser Bahn, die aus zwei Personen- und vielen Güterwagen bestand, fuhren wir über mehrere Stationen. Dann hieß es wieder: »Aussteigen!«. Wir mußten einige Kilometer bis in ein Waldgebiet marschieren. In einer Lichtung mitten im Hochwald war ein Waldlager mit fünf hölzernen Baracken errichtet. Eine Einzäunung hatte es nicht. Sie war auch nicht nötig, da ein Entweichen unmöglich war. Wiederholt sahen wir Spuren von Bären, die bis in die Nähe unseres Lagers führten. In den zwei Mannschaftsbaracken stand jeweils ein großer Backsteinherd, über dem Eisengerüste zum Trocknen unserer Sachen angebracht waren. Wie nötig dieser Raum war, sollten wir bald erfahren. Bevor wir in das Waldlager aufgebrochen waren, hatte man uns je zwei große Fußlappen gegeben, die aus alten Militärmänteln gerissen waren. Als Schuhwerk erhielten wir geflochtene Bastsandalen, deren zwei lange Bastschnüre kreuzweise über die angelegten Fußlappen bis unter das Knie gebunden wurden. Wie nützlich dieses »Schuhwerk« sein sollte, erfuhren wir bald. Als Beleuchtung diente in den Baracken eine Ölfunzel, die nur spärliches Licht gab. In diesem Milieu dachten wir an die Schilderungen über die Holzfäller in Kanada. Je zwei Mann bildeten eine Gruppe. Diese hatte pro Tag vier Kubikmeter Holz zu liefern. Die Bäume mussten gefällt, entästet, in Meterstücke geschnitten, gespalten und zu messbaren Haufen gestapelt werden. Darüber hinaus waren die Äste zu verbrennen. Die Kälte im Wald war schneidend. Für diese Arbeit standen jeder Gruppe zwei Äxte und eine Schrotsäge zur Verfügung. Das waren unmenschliche Anforderungen, zumal das Essen am Morgen vor dem Abmarsch nur aus 200 Gramm Wassersuppe und 200 Gramm Brot bestand. Ein gleiches Stück Brot gab es für die Mittagspause mit, zu der wir noch einen halben Becher ungesüßten Tee bekamen. Das Wasser dafür wurde in einem Eimer aus Schnee gewonnen. Im Lager, nach zehn bis zwölf Stunden Arbeit, gab es die gleiche Ration wie zum Frühstück. Dort mussten wir auch unsere Sachen trocknen.

Wenn wir morgens um sechs Uhr im Gänsemarsch zur Arbeit stapften, fiel der Schnee auf unsere Mäntel. Beim Verbrennen der Äste taute er auf und machte die Fußlappen nass. So mussten wir am Abend mehr als eine Stunde am Trockengerüst über dem Herd zubringen, bis unsere Sachen und Fußlappen wieder trocken waren. Es war zum Verzweifeln. Die anstrengende Arbeit machte uns innerhalb von vier Wochen zu menschlichen Wracks. Wir konnten uns kaum noch auf den Beinen halten. Zwei Kameraden waren während dieser Zeit gestorben. Hohlwangig, mit langen Bärten, Rasierzeug stand uns nicht zur Verfügung, erwarteten wir das nächste Opfer aus unseren Reihen.

Doch da kam für uns Hilfe dank einer Lagerkontrolle. So wurden wir am 4. Januar 1945 in das Hauptlager zurückverlegt. Der Weg zur Schmalspurbahn und danach zum Lager beanspruchte das Mehrfache an Zeit als auf dem Hinweg. Der Leutnant und seine beiden zivilen Helfer wurden abgelöst, wir restlichen neunzehn Mann ins Lazarett eingewiesen. Dort hatten wir in Gruppen Küchenarbeit zu verrichten und mußten die Töpfe reinigen. Dabei aßen wir den Bodensatz, um so unseren Hunger zusätzlich zu stillen. Was anfänglich nach einem Vorteil aussah, erwies sich bald als Verhängnis: Die Därme nahmen das Essen nicht an. Starker Durchfall und weiterer Lazarettaufenthalt waren die Folge. Nach drei Wochen war ich wiederhergestellt und kam zu einer Arbeitsgruppe. Inzwischen war der Krieg zu Ende. Unser Lager erhielt immer wieder Neuzugänge, darunter auch ungarische Kriegsgefangene, deren Kameradschaft vorbildlich war.

Während der langen Jahre der Gefangenschaft war ich an den verschiedensten Arbeitsplätzen eingesetzt: Zum Transport von Granatrohlingen, an Drehbänken, zum Nageln von Munitionskisten, zum Schachten von Kanalisationsgräben, im Sägewerk, zum Holztransport mit Gatterbedienung, zum Entladen von Kohlewaggons und von Ziegelsteinen, zum Sandtransport, wobei der Sand von Halden geholt werden musste, zum Mörteltransport bei Wohnhausbauten, zur Herstellung von Betonblocksteinen, zum Entladen von Zementwaggons (der Zement wurde lose angeliefert, nicht in Säcken), zur Schrottverladung und zu vielem anderen mehr. Mit der Gesundheit ging es ständig auf und ab. In kurzen Zeitabständen wurden wir untersucht, wobei die russischen Ärztinnen und Ärzte ihre Studien machen konnten. War jemand stark herunter gearbeitet, kam er zur »O. K.«, d. h. ohne Kraft und damit in die »O. K.-Baracke«. Bei nur zeitweise leichter Lagerbeschäftigung mussten sich die Gefangenen wieder erholen. Die Erholung trat nach ein bis zwei Monaten ein. Nach einer erneuten Untersuchung, erfolgten eine Zuweisung zu einem Arbeitsplatz. Nach langer Zeit war der Körper in keiner Weise mehr widerstandsfähig und der Betroffene wurde Dystrophiker. Der Körper hatte fast seine gesamte Fettsubstanz verloren. Statt der Brust waren nur noch die Brustwarzen vorhanden. Die Gesäßbacken verschwanden und die Haut konnte man wie einen Lappen vom Knochengerüst abziehen. In diesem Zustand war der Tod nicht mehr weit. Der Körperzustand der noch widerstandsfähigen Kameraden wurde auch bei leichter Lagerarbeit schlechter. Sie wurden zu Dystrophikern erklärt und brauchten nicht mehr zu arbeiten. Diesen Zustand hatte ich im Oktober 1947 erreicht. Zu meinem Glück kam Mitte Oktober eine größere Ärztegruppe, allem Anschein nach Ärzte anderer Nationen, um unser Lager zu besichtigen. Alle Lagerinsassen mussten zur ärztlichen Untersuchung. Die mich untersuchende Ärztin sagte: »Do Lazarett!« Als ich in meine Baracke kam, lag bereits die Order vor, sofort zum Arzt gebracht zu werden. Lagerarzt war ein Ungar, der auch gut deutsch sprechen konnte. Obwohl ich selbst gehen wollte, wurde ich auf einer Tragbahre in die Ambulanz getragen. Dort mußte ich mich auf Anweisung des Arztes auf eine hölzerne Liege legen. Er fragte mich nach meiner Blutgruppe. Ein Kamerad mit der gleichen Blutgruppe wurde herbeigebracht. Auf meine Frage, erklärte mir der Arzt, dass mein körperlicher Zustand einen Grad erreicht habe, in dem die Bauchspeicheldrüse ihre Arbeit einstelle und ich vertrocknete. Mittels einer Spritze wurde mir Blut übertragen. Nach einer kurzen Ruhepause kam ich in das Lazarett. In der Lazarettbaracke war ein Bereich mit fünf Einzelbetten durch ein Seil abgegrenzt. Hier lag ich nun mit vier Leidensgefährten, denen es so wie mir ging, um wieder zu gesunden. Mit einem kurzen Hemd und einer Unterhose bekleidet, lagen wir hier unter besonderer Aufsicht. Zu den anderen Lazarettinsassen hatten wir keinerlei Kontakt. Wir erhielten auch eine besondere Kost, die uns in kleinen Mengen alle drei Stunden verabreicht wurde: Morgens um sieben Uhr gab es eine nahrhafte Suppe, um zehn Uhr ein Zwischengericht, z. B. eine gebackene Reisschnitte mit einer etwas süßen Tunke, um 13 Uhr wieder 400 Gramm einer nahrhaften Suppe, gegen 16 Uhr drei kleine Plätzchen (Fünf-Mark-Stück-groß) und um 19 Uhr wieder eine Suppe. Dabei standen wir unter strengster Aufsicht. Zur Verrichtung unserer Notdurft hatten wir einen Begleiter. Eine neue Untersuchung ergab, dass wir nun nach vierzehn Tagen unserem Zustande nach wieder dem allgemeinen Lazarettbereich zugeteilt wurden und Lazarettkost erhielten. Bis Januar 1948 lag ich im Lazarett und kam Anfang Februar wieder in die »O. K.-Abteilung« zurück. Für einen

Arbeitseinsatz war ich nicht mehr zu gebrauchen. Bei leichten Lagerarbeiten verbrachte ich mit den anderen Leidensgenossen die Tage. Wir warteten sehnsüchtig auf den Tag des Heimtransportes. Plötzlich, am 3. Mai 1948, wurde offiziell bekannt, dass ein Heimkehrertransport bevorstehe und ich mich unter den Glücklichen befände. Die nervliche Belastung war unerträglich. Sie wurde es um so mehr, als der Barackenälteste nach einer Lagerbesprechung eine Anzahl Namen von Kameraden verlas, deren Heimreise bereits feststand. Ein Tumult unter denen, deren Namen nicht genannt wurden, brach los. Nach Aussage des Barackenältesten sollten am nächsten Tag weitere Namen bekanntgegeben werden. Die Barackeninsassen waren jedenfalls in hellem Aufruhr. Keiner dort machte in dieser Nacht ein Auge zu. Gegen Morgen klärte sich alles auf. Ein deutscher Landser kam in unsere Baracke, entfaltete eine Liste und sagte: »Ich lese jetzt die Namen all derer vor, die für den Transport ausgewählt worden sind. Kleidung und Schuhwerk, das nicht in Ordnung ist, kann vormittags in der Kleiderbaracke umgetauscht werden.« Er verlas nun die Namen. Jeder Aufgerufene musste vortreten. Auch ich war dabei. Mir passte alles. Die Gewissheit, unter den Heimfahrenden zu sein, ließ alle anderen Wünsche zurücktreten. Wir waren überglücklich. Schon am nächsten Tag wurden wir eingekleidet, d.h. wir erhielten z.T. gebrauchte deutsche, z.T. ausrangierte russische Uniformen. Nachmittags begann der Marsch in das sogenannte »Maierlager«. Gegen Abend kamen wir dort an und wurden wieder untersucht. Der Befund der russischen Ärztin lautete: »Do Lazarett!«. Das war um 19.30 Uhr. In der überfüllten Lazarettbaracke wusste keiner, woran er war.

Am 5. Mai 1948 marschierten wir um 9 Uhr morgens zum Bahnhof Swerdlowsk. Dort stand unser Zug. Wir waren 1.200 Gefangene und wurden zu je dreißig Mann in einen Waggon eingewiesen. Insgesamt fünfzig Wagen zählte unser Zug. Einige davon waren für das Begleitpersonal, für die Verpflegung, für das Heizmaterial usw. bestimmt. Gegen 23 Uhr setzte sich der Zug in Bewegung. Unser beglückendes Gefühl ist nicht zu beschreiben. Nun fuhren wir und fuhren, hielten auf Überholbahnhöfen und kamen am 10. Mai vor Moskau an. Hier wurden an unseren Zug noch Waggons mit weiteren 800 Kameraden angehängt, so dass wir jetzt mit 2.000 Mann in Richtung Heimat fuhren. Zunächst ging es an Moskau vorbei. Später, an der polnischen Grenze, übernahmen polnische Eisenbahner den Zug.

Am Sonntag, dem 16. Mai 1948, Pfingstsonntag, gelangten wir in Frankfurt an der Oder an. Es war 17 Uhr, als wir im Entlassungslager eintrafen.

Dort begann sofort die Registrierung und die ärztliche Untersuchung. Während wir badeten, wurden unsere Sachen entlaust. Danach erhielten wir frische Wäsche und konnten anschließend unsere Fahrausweise abholen. Gegen drei Uhr nachts war all dies erledigt. Um sieben Uhr früh fuhren wir nun unserem endgültigen Ziel entgegen. Für mich und einen anderen Kameraden war es die Fahrt zu einem neuen und unbekannten Wohnsitz, denn unsere Angehörigen waren ja heimatvertrieben und lebten im Lande Bayern. Wir fuhren zunächst nur bis Regensburg. Die Nacht wollten wir bei der Bahnhofsmission verbringen und mit dem Frühzug dann zu unseren Lieben weiterfahren. Eine große Menschenmenge befand sich in der Bahnhofshalle. Das Fragen und das Antwortgeben über das Woher, über die Zugehörigkeit der Formation des Kriegsgefangenenlagers wollte schier kein Ende nehmen. Das Heer der vermissten Kameraden ging wohl in die Millionen.

Gegen Mitternacht bezogen wir unser Nachtquartier und fuhren dann mit dem Frühzug nach Passau. Da mir durch die Briefe mit der Familie bekannt war, dass meine Tochter Eleonore bei den Englischen Fräulein die höhere Schule besuchte und dort im Internat wohnte, fragte ich mich in Passau zu dieser Schule durch. Von der Heimleiterin wurde ich herzlichst aufgenommen. Dann endlich gab es mit Eleonore ein freudiges Wiedersehen. Gegen Mittag fuhren wir mit einer privaten Omnibuslinie (Kastenwagen) nach Dommelstadl, wo meine Familie lebte. Auf halbem Weg kam mir meine liebe Familie entgegen. Es war ein bitteres und freudiges Wiedersehen zugleich nach vier langen Jahren des Getrenntseins.

Strassennamen in Mechtal bis 1945

Albertstraße
Am Graben
Beethovenweg
Blücherstraße
Bobreker Weg
Bobreker Straße
Bontzekstraße
Braustraße
Brucknerweg
Enge Straße
Fasaneriestraße
Feldstraße
Felixstraße
Florianstraße
Förstereiweg, Försterei im Kreiswald
Friedenhorststraße
Friedrichstraße
Gartenstraße
Grubenhof
Grünstraße
Grytzbergstraße
Hermannstraße
Hindenburgstraße
Hohenzollernstraße
Holteistraße
Karfer Straße
Kirchstraße
Kleine Parkstraße
Klosterstraße
Kronprinzenstraße
Kubothstraße
Kuhnastraße
Kurfürstenstraße
Lazarettstraße
Marktplatz (A.-H.-Platz)
Martinauer Straße
Mittelstraße
Moltkestraße
Mozartstraße
Mühlstraße
Neue Pfarrstraße
Neuviktoriastraße
Parkstraße
Pilgerschacht
Preußengrube
Wetterschacht
Preußengrubenweg
Reptener Straße
Saarlandstraße
Schillerstraße
Schlageterstraße
Schloßhof
Schloßstraße
Schulstraße
Schwarzer Weg
Skaletzstraße
Sonnenplatz
Sonnenstraße
Stillersfelder Straße
Teichstraße
Tiele-Winckler-Straße
Valeska-Platz
Verbindungsstraße
Wetterschacht-Preußengrube
Wiesenstraße
Wikarekstraße

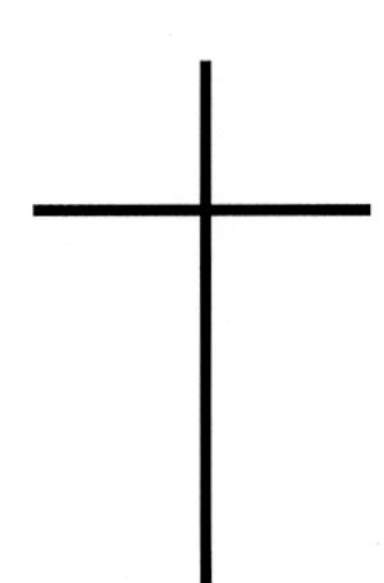

Opfer der Sowjets

Namen von Mechtalern, die in der Zeit vom 25.–28. Januar 1945 von den Sowjets erschossen und danach schriftlich festgehalten worden sind

Adamek, Paul *1893
Andraczek, Erich *1911
Bednarek, Siegmund *1918
Bednarek, Stanislaus
Beier, Oswals *1898
Benna, Dominik *1890
Bergmann, Reinhold *1911
Bezia, Reinhold *1928
Bienek, Franz *1896
Blazy, Klara
Bober, Vincenz *1906
Bocionga, Stefan *1920
Bock, Herbert *1929
Bock, Vinzenz *1904
Borscht, Wenzel *1915
Brich, Johann *1915
Brich, Wilhelm
Brich, Waldemar *1912
Burczyk, Richard *1913
Burschka, Alfred *1890
Cichowski, Georg *1902
Czaja, Peter *1893
Czaja, Heinrich *1893
Czech, Maximilian *1907
Czeka, Rudolf *1899
Czerneka, Konrad *1912
Demarczyk, Karl
Dittmann, Valeska *1877
Drzesga, Josef *1880
Drzesga, Georg *1914
Drzesga, Richard *1910
Drzesga, Valentin *1902
Drzesga, Herbert *1928
Drzymalla, Wilhelm *1909
Drzymalla, Roman *1914
Drzymalla, Paul
Drzymalla, Josef
Duda, Thomas *1876
Dzierzawa, Stanislaus *1904
Fikus, Josef
Frenzel, Johannes *1907
Fritsch, Josef *1905
Fröhlich, Franz *1906
Furmanek, Nikolaus *1898
Gajda, Wilhelm
Gajdas, Emanuel *1889
Gajowczyk, Stanislaus *1889
Galetzka, Franz

Galus, Ewald *1920
Garbacziok, Maximilian *1913
Garbacziok, Eugen *1911
Gawenda, Peter *1914
Görlich, Viktor *1903
Görlich, Ludwig
Görlich, Dominik *1903
Goschütz, Hubert *1873
Greiner, Viktor *1897
Grobosch, Paul *1923
Grochol, Franz *1907
Grun, Paul *1905
Grüner, Johann *1904
Grutza, Stefan *1902
Gryska, Johann *1905
Haberla, Anton *1907
Halor, Josef *1903
Heisig, Alfons *1899
Herda, Paul *1901
Herma, Oskar *1906
Horoba, Franz *1889
Hulla, Wilhelm *1911
Jahn, Alois *1903
Janta, Alois *1906
Jarosch, Heinrich *1905
Jarzombek, Alois *1901
Jarzombek, Emil *1929
Jarzombek, Johann *1903
Jendruschik, Konrad *1914
Jeziorski, Roman *1900
Kachel, Herbert *1913
Kaleja, August *1903
Kaletka, Franz *1898
Kaletta, Johann *1868
Kaletta, Heinrich
Kaliga, August *1879
Kaluza, Emanuel
Karch, Franziska *1897
Kawczyk, Emanuel *1913
Kensy, Hans *1928
Kensy, Franz *1888
Kintzer, Erich *1929
Kintzer, Alois *1896
Klinn, Josef *1905
Kogus, Josef (Ukr) *1917
Kolassa, Alois *1910
Konieczny, Thomas *1905
König, Johann *1892
Kontny, Emil *1893
Korus, Paul *1913
Koslowski, Alfons *1909
Kostorz, Josef *1897
Kostorz, Agnes *1899
Kotynia, Johann *1920
Kowoll, Karl *1900
Kowoll, Alois *1927
Kozlik, Alfred *1909
Krafczyk, Franz *1910
Krafczyk, Johann *1902
Krajczy, Walter *1902
Ksoll, Emanuel *1897
Kuberczyk, Heinrich *1905
Kucharczyk, Herbert *1929
Kuczera, Franz *1907
Kühnhard, Alfred *1913
Kure, Heinrich *1930
Kurtz, Franz *1914
Kurtz, Heinrich *1930
Kusch, Robert *1901
Kutschera, Franz
Kwiotek, Paul *1905
Kwiotek, Helmut *1929
Kwiotek, Franz *1883
Labus, Rufin *1914

Larisch, Emil *1902
Lasczyk, Stefan *1902
Lasczyk, Stefan *1901
Ledwon, Stefan *1891
Lischka, Emanuel *1887
Lischka, Theodor *1916
Liss, Theodor *1873
Litzba, Günter
Lypp, Gerhard *1913
Magalla, Franz *1893
Mainka, Richard *1912
Mallek, Ernst *1898
Mandat, Eugen *1926
Mansfeld, Konrad
Marek, Georg
Marek, Bernhard *1930/07
Marek, Franz *1928
Mateja, Anton *1913
Maxisch, Josef *1890
Meisner, Paul *1906
Menczyk, Hubert *1906
Merkel, Josef *1903
Mierzowski, Oskar *1879
Migura, Konrad *1908
Mike, Josef *1910
Misczyk, Alexander *1877
Mitschka, Stefan *1913
Mitschka, Eduard
Mitula, Valentin *1909
Mitula, Reinhold *1900
Mücke, Josef *1910
Mukek, Ernst *1898
Mularzyk, Johann *1898
Murek, Theodor *1897
Murek, Josef *1929
Muschol, August *1883
Musiol, August *1909
Musiol, Raimund
Myrta, Johann *1924
Myrta, Adam *1919
Nickel, Josef *1898
Nierly, Josef *1910
NN, Roman, Ukr
Nobis, Robert *1904
Nossek, Edeltraud *1907
Nowak, Rudolf *1873
Nowak, Richard *1902
Nowara, Richard *1915
Nowara, Engelbert
Olczyk, Josef *1928
Oleczko, Adolf
Pietzka, Wilhelm *1901
Plonka, Hermann *1903
Popczuk, Ignatz *1901
Pospiech, Werner *1929
Proczek, Richard
Pyka, Theodor *1890
Raier, Oswald *1898
Reinhold, Emil *1903
Respondek, Hubert *1928
Respondek, Alfons
Rogon, Konrad *1910
Rohner, Alfons *1905
Rossa, Paul *1905
Rossa, Thomas *1868
Rossa, Franz *1894
Rozek, Johann *1901
Rudek, Emma *1896
Scheja, Julius *1902
Scheliga, Anton *1900
Schendzielorz, Richard *1893
Schikora, Paul *1911
Schikora, Franz *1887
Schittek, Klemens *1897

Schlesiona, Hans Josef *1926
Scholz, Egon
Scholz, Alois *1891
Schulik, Leopold
Schüller, Johann *1871
Schyglowski, Wilhelm *1889
Schymura, Heinrich *1913
Seemann, Karl *1921
Seget, Johann *1899
Sikora, Heinrich *1913
Skaletz, Josef *1906
Skrzyballa, Bruno *1904
Skrzypuletz, Viktor *1892
Skupin, Georg *1914
Slotta, Maximilian *1906
Smuda, Josef *1903
Sotor, Josef *1928
Sotor, Wilhelm *1887
Sotor, Johann *1918
Spachowski, Willibald *1910
Sperling, Josef
Sperling, Karl *1891
Sperling, Emil *1913
Spiewok, August *1901
Starzynski, Alfons *1915
Starzynski, Adolf *1910
Syga, Johann *1893
Szczerba. Vincenz *1889
Szczudlik, Roman *1921
Szczudlik, Josef *1894
Szetszok, Gerhard *1913
Szyglowski, Wilhelm *1889
Szynski, Ignatz *1908
Waclawski, August *1909
Wagenknecht, Theofil *1877
Wagner, Paul
Wagner, Joachim *1921
Watzlawczyk, Florian *1903
Welenzek, Franz *1906
Wenzel, Paul *1908
Wiench, Paul *1910
Wikarek, Peter *1902
Woitalla, Alfons *1910
Woiteczek, Johann *1906
Wotzlawski, August *1909
Wrodaczyk, Paul
Wrodarczyk Karl *1920
Wrodarczyk, Franz *1893
Wycisk, Ignatz *1906
Wygas, Konstantin *1877
Wylensek, Franz *1906
Wyppler, Alois *1921
Wywiol, Josef *1903
Zawislok, Karl *1886
Zmieschkol, Anton
Zuber, Alois *1905
Zurek, Peter *1929

Die Namen sind einer um 1970 veröffentlichten Liste mit 135 Namen von im Januar 1945 erschossenen Mechtaler Einwohnern, dem Totenverzeichnis der Corpus-Christi-Kirche vom Februar 1945 und einer Liste in »Ofiary Stalinizmy na ziemi Bytomskiej« entnommen.

Das Verzeichnis ist unvollständig, da viele Erschossene nicht registriert oder weil sie in umliegenden Orten erschossen und beigesetzt worden sind.

Die ersten Opfer wurden am 25.1.1945 gegen 15 Uhr nach dem ersten Einmarsch der Roten Armee in der Stillersfelder Straße vor dem Haus Nr. 4 erschossen. Das jüngste Opfer dürfte der im Juli 1930 geborene Bernhard Marek, das älteste der 1868 geborene Thomas Rossa sein.

Selbstmorde

Der Steiger Fabry war während der Kämpfe gemeinsam mit Steiger Friedrich Biegon u.a. auf der Preußengrube geblieben. Als er heimkam, war seine hochschwangere Frau mehrfach von sowjetischen Soldaten vergewaltig worden. Gegen 23 Uhr am Sonntag, 28. Januar 1945, erschoss er seine beiden kleinen Töchter Karin und Gerlinde, seine Frau und sich selbst.

Trinitatiskirche in Beuthen 2006

Literaturverzeichnis

Adreßbuch Beuthen O/S 1937 einschließlich der Gemeinden Bobrek-Karf, Mechtal und Martinau, Beuthen 1937

Ahlfen, Hans von, *Der Kampf um Schlesien 1944/1945*, Motorbuch Verlag, Stuttgart 1977

Amtliches Ergebnis der Volksabstimmung vom 20. März 1921 aus »*GAZETA URZĘDOWA GÓRNEGO ŚLĄSKA*« *Nr. 21 vom 7. 5. 1921, Opole, unterzeichnet von Le Rond, de Marinis und Percival*

Behlau-Hirsch (Herausgeber), *Gedemütigt – Verachtet – Vertrieben*, Cloppenburg 2002

Bismarck, Otto von, *Gedanken und Erinnerungen*, Darmstadt 1998

Bontzek-Chrobok, *Schule und Pfarre in Miechowitz vor 70 Jahren, Heft 1*, Beuthen 1925

Bontzek-Chrobok, *Miechowitz um 1850, Heft 6*, Miechowitz 1926

Brzenskot, August, *Blumen im Miechowitz-Rokittnitzer Wald – Beiträge zur Heimatkunde des Beuthener Landes, Heft 7*, Beuthen O/S 1928

Chrobok, Ludwig, *Schule und Pfarre in Miechowitz vor siebzig Jahren, Heft 1 der Beiträge zur Heimatkunde von Miechowitz*, Verlag Beuthener Geschichts- und Museumsverein 1925

Chrobok, Ludwig, *Sagen von Miechowitz, Heft 5 der Beiträge zur Heimatkunde von Miechowitz*, Miechowitz 1926

Chrobok, Ludwig, *Miechowitz um 1850, Heft 6 der Beiträge zur Heimatgeschichte von Miechowitz*, Miechowitz 1926

Chrobok, Ludwig, *Die alte Kreuzkirche, Heft 8 der Beiträge zur Heimatgeschichte von Miechowitz*, Miechowitz 1926, Verlag Heimatkundliche Arbeitsgemeinschaft Miechowitz 1930

Chrobok, Ludwig, *Miechowitzer Gutsbesitzer, Heft 12 der Beiträge zur Heimatgeschichte von Miechowitz*, Miechowitz 1930

Chrobok, Ludwig, *Aus der Geschichte des Männergesangvereins Mechtal*, 1938

Conrads, Norbert, *Deutsche Geschichte im Osten Europas – Schlesien*, Berlin 1994

Dybel/Heblinski, *historia MIECHOWICE – kronika kopalni*, Bytom 1988

Festschrift anläßlich der 25-jährigen Dienstjubiläen von Frau Johanna Kuschel und Herrn Adolf Suchanek, Mechtal 1941

Friedenshort, Unsere Mutter, Johannis-Druckerei, Dinglingen/Baden, o. J., nach 1930

Führer für Investoren – Woiwodschaft Katowice, Wroclaw-Katowice 1995

Gleiwitzer-Beuthener-Tarnowitzer Heimatblatt, Quellen-Verlag Steinheim und Preußler-Verlag Nürnberg 1950 bis 2007, erschienen monatlich, heute zehnmal im Jahr, Aufsätze zu Miechowitz-Mechtal-Miechowice

Gramer, F., *Chronik der Stadt Beuthen in Oberschlesien,* Selbstverlag des Magistrats, Beuthen 1863

Gunter, Georg, *Letzter Lorbeer, Vorgeschichte und Geschichte der Kämpfe in Oberschlesien von Januar bis Mai 1945,* Laumann-Verlag Dülmen 2006

Heimatkalender 1944, NS-Gauverlag Oberschlesien, Beuthen 1944

Hoefer, Karl, *Oberschlesien in der Aufstandszeit 1918–1921,* Mittler & Sohn, Berlin 1938

Karski, Sigmund, *Albert (Wojciech) Korfanty,* Laumann-Verlag Dülmen, 1990

Katholische Lehrer Schlesiens, 17. Hauptversammlung der katholischen Lehrer Schlesiens in Beuthen O/S - 4. - 7. Oktober 1925, Beuthen 1925

Kosler, Alois M, *Die Preußische Volksschulpolitik in Oberschlesien 1742–1848 – unveränderter Nachdruck der 1929 in der Priebatschen Buchhandlung in Breslau erschienen 1. Auflage* , Neuauflage: Thorbecke Sigmaringen 1984

Landsmannschaft der Oberschlesier, *Volksabstimmung in Oberschlesien,* Laumann-Verlag Dülmen 1981

Magazyn Bytomski VIII – Z dziejów dzielnic Bytomia (Geschichte der Beuthener Stadtteile), Bytom 1991

Magazyn Bytomski VII - Zabytki Bytomia (Beuthener Sehenswürdigkeiten), Bytom 1988

Marschall, Werner, *Adolf Kardinal Bertram, Hirtenbriefe und Hirtenworte,* Köln 2000

Mitteilungen des Beuthener Geschichts- und Museumsvereins – Band 51, Dortmund 1997

Monographien deutscher Städte, Band XV, Beuthen O/S, Berlin 1925

Neubach/Zylla, *Oberschlesien im Überblick,* Laumann-Verlag Dülmen 1984

Pastucha, Rudolf, *Parafia Ewangelicko-Augsburska in Miechowice »Friedenshort«*, Bielsko Biala, o. J. (vor 1990)

Perlick, *Beuthen O/S,* Laumann-Verlag Dülmen 1982

Rieger, J., *»Heimatkunde des Stadt- und Landkreises Beuthen in Oberschlesien«*, Verlag A. Wilpert - Groß-Strehlitz 1896

Scholz, Franz, *Zwischen Staatsräson und Evangelium – Josef Knecht,* Frankfurt/Main 1988

Schyma, Heinrich, *Das oberschlesische Industriedorf Mechtal/Miechowitz (Kr. Beuthen O/S) in seinem kommunalen, sozialen und kulturellen Leben zwischen den beiden Weltkriegen (1919 -1939) – Eine dokumentarische Berichterstattung,* Dortmund 1974

Stopik, Joachim, Privatarchiv

Tiele-Winckler, Eva von, »*Nichts unmöglich!*«, Oskar Günther Verlag Dresden, ohne Jahr, (Schlusswort von 1929), 5. Auflage

Toaspern, Paul, *Eva von Tiele-Winckler – Ein Leben aus der Stille vor Gott,* Hänssler-Verlag, Neuhausen/Stuttgart, 1995

Triest, Felix, *Topographisches Handbuch von Oberschlesien,* Thorbecke, Sigmaringen 1984

Weczerka, Hugo (Herausgeber) *Handbuch der historischen Stätten – Schlesien,* Alfred Kröner Verlag Stuttgart, 1977

Wulff, Edith, *100 Jahre Friedenshort, Diakonissenhaus Friedenshort 1890–1990*, Festschrift

Zilz, Walther, *Mutter Eva,* Christliche Verlagsanstalt, Konstanz 1957